Kerstin Heil
Durchschreiten, Durchkämpfen, Durchwurschteln oder Durchleiden?
Soziale Milieus im Grundschullehramt

Studien zu sozialen Klassen, Milieus und Habitus

Herausgegeben von
Michael Vester | Helmut Bremer | Andrea Lange-Vester | Christian Schneickert

Die Reihe ist Bezugspunkt für Wissenschaftlerinnen und Wissenschaftler verschiedener Disziplinen, die zu sozialen Klassen, Milieus und Habitus arbeiten und besonders an Bourdieus relationale Theorie der Praxis und deren Weiterentwicklungen anknüpfen. Handeln, Sichtweisen und Lebensführung werden nicht einseitig ökonomisch, sondern ebenso aus den Klassifikations- und Bewertungsmustern der Alltagskultur und dem sozialen Kräftefeld erklärt. Die Reihe bündelt theoretische, empirische und methodologische Beiträge, die vor allem die Ungleichheit im Bildungs- und Sozialwesen, in der kulturellen und politischen Partizipation sowie im Arbeitsleben, aber auch grundlegende Analysen zur Klassen- und Milieustruktur und ihrer Geschichte sowie im internationalen Vergleich thematisieren.

Kerstin Heil

Durchschreiten, Durchkämpfen, Durchwurschteln oder Durchleiden? Soziale Milieus im Grundschullehramt

Eine qualitative Untersuchung von Studierenden einer Pädagogischen Hochschule

BELTZ JUVENTA

Die Autorin

Kerstin Heil ist Soziologin und hat in Bildungswissenschaften an der Universität Duisburg-Essen promoviert. Ihre Arbeitsschwerpunkte sind Bildungs- und Studierendenforschung, Habitus- und Milieuforschung.

MIX
Papier | Fördert gute Waldnutzung
FSC www.fsc.org FSC® C089473

Dieses Buch ist erhältlich als:
ISBN 978-3-7799-9142-7 Print
ISBN 978-3-7799-9143-4 E-Book (PDF)
ISBN 978-3-7799-9144-1 E-Book (ePub)

1. Auflage 2025

Verlagsgruppe Beltz
Werderstraße 10, 69469 Weinheim
service@beltz.de

Satz: xerif, le-tex
Druck und Bindung: Beltz Grafische Betriebe, Bad Langensalza
Beltz Grafische Betriebe ist ein Unternehmen mit finanziellem Klimabeitrag
(ID 15985-2104-1001)
Printed in Germany

Weitere Informationen zu unseren Autor:innen und Titeln finden Sie unter: www.beltz.de

Inhalt

Danksagung

Für die wertvolle und ermutigende Unterstützung, die ich im Verlauf der Anfertigung dieser Arbeit erfahren habe, kann ich mich eigentlich nicht genug bedanken. Dieser Support war für mich immer enorm wichtig und hilfreich, um mir eine Doktorarbeit überhaupt zuzutrauen und, einmal angefangen, die Promotion auch zum Ende zu bringen.

Allen voran geht mein großer Dank an die Studierenden, die sich auf eine Teilnahme an einer Gruppenwerkstatt eingelassen haben und mir einen persönlichen Einblick in ihren Studienalltag gegeben haben. Ein ganz besonderer Dank geht an meinem Erstbetreuer Helmut Bremer für seine fachliche Begleitung und sein konstruktives Feedback im Prozess der Entstehung dieser Arbeit. Danke auch an Lars Schmitt, der sich ohne Zögern darauf eingelassen hat, die Zweitbetreuung zu übernehmen. Ganz herzlich bedanke ich mich bei Andrea Lange-Vester und Christel Teiwes-Kügler, bei denen ich vor vielen Jahren als Studentin an der Universität Hannover die Habitus Hermeneutik kennengelernt habe und die mich von der ersten Promotionsidee bis zur Fertigstellung dieser Arbeit immer unterstützt haben. Ich danke allen Kolleg*innen, die mit mir gemeinsam im regionalen als auch im überregionalen Kolloquium Habitus- und Milieuforschung Material aus meinem Vorhaben interpretiert und diskutiert haben. Mein ganz besonderer Dank geht außerdem an alle aktuellen und ehemaligen Doktorand*innen im Kolloquium von Helmut Bremer an der Universität Duisburg-Essen: Der inhaltliche Austausch und euer konstruktives Feedback, das ich nach jedem unserer Treffen mit nach Hause genommen habe, hat mir immer sehr weitergeholfen und hat regelmäßig Einzug in die Überarbeitungen gefunden. Ich wünsche Euch allen viel Erfolg für Eure Vorhaben und Eure weiteren beruflichen Karrierewege. Stellvertretend (alle Namen kann ich hier nicht aufzählen) für diesen fruchtbaren Austausch möchte ich mich bei Sibylle Künzli Kläger und Martin Schmidt bedanken und mein ganz besonderer Dank geht an Heidrun Schneider, für ihren akribischen Blick und die vielen detaillierten inhaltlichen Anmerkungen.

Ferner danke ich der Max-Träger-Stiftung (GEW) für die finanzielle Förderung zur Anschaffung von sehr vielen Zeitschriften für die Collagenarbeiten im Rahmen der Gruppenwerkstatt.

Zuletzt geht ein richtig großer Dank an meinem Freund Wolfram, der alle Phasen der Fertigstellung dieser Arbeit miterleben durfte und mich immer wieder motiviert und unterstützt hat, dran zu bleiben. Danke dafür.

1 Einleitung

Durchschreiten, Durchkämpfen, Durchwurschteln oder Durchleiden?

> Leona: „Bis zum sechsten Semester, muss ich ehrlich sagen, dass viele Veranstaltungen dabei sind, wo man net genau sagen konnte, gibt das so oder so viele LPs? Reicht des mir überhaupt? Und werd ich überhaupt für Modul 3 oder für meine Endprüfung später zugelassen [...]. Also, mein Studienbuch ist voll, voller Veranstaltungen, aber ich weiß net, ob da überhaupt alles richtig ist, was ich da so gemacht hab [...] da war aber nie jemand da, wo irgendwie, zu dem Du hättest auch gehen können, auch mit solchen, sag ich jetzt mal, primitiven Fragen – aber das ist halt so, aber damit fängst es schon an – was soll ich überhaupt belegen? und was beleg ich vielleicht zuerst und wo hab ich vielleicht noch mehr Zeit, weil jetzt kommt man ja schon so in Verzug und man denkt sich – 'Mensch, jetzt im Nachhinein, da wärs ja toll gewesen, man hätt jemanden ghabt, der sagt – des hätt ich aber zuerst machen müssen' – und und jetzt is halt so, wies is, ne, jetzt musst halt schauen, wie de dich voll durchwurschtelscht." (Leona, Grundschullehramt, 6. Semester).

Mit ihrer Aussage thematisiert Leona, Studentin an einer Pädagogischen Hochschule im sechsten Semester im Studiengang Grundschullehramt, ihre Unsicherheiten bei der Studienorganisation. Eigentlich, so die Aussage, kann sie auch nach knapp drei Jahren im Studium nicht mit letzter Sicherheit davon ausgehen, dass es sich bei den von ihr besuchten Lehrveranstaltungen um die formal korrekte Auswahl gehandelt hat, um zum letzten Prüfungsmodul und der anschließenden Staatsexamensprüfung zugelassen zu werden. Pragmatisch scheint sich die Studentin dabei in erster Linie an den vorgegebenen, verpflichtenden Studieninhalten zu orientieren. Das Studium erfolgreich zu absolvieren bedeutet aus ihrer Perspektive, die durch die Hochschule gesetzten Vorgaben zu erfüllen. Die von ihr erwartete orientierungsgebende Unterstützung durch die Institution bleibt jedoch aus. Entsprechend wird Leona von einer kontinuierlichen Unsicherheit im Studium begleitet: Was, wenn sich am Ende herausstellt, dass bestimmte Leistungspunkte fehlen bzw. Lehrveranstaltungen „falsch" belegt wurden? Rückblickend hätte sich Leona Ansprechpartner*innen an der Hochschule gewünscht, um der Problematik von Studienbeginn an entgegenzuwirken. Dabei scheint ihre Unkenntnis über die Studienordnung schambesetzt und sie weiß nicht, an wen sie sich an der Hochschule mit ihren (von ihr selbst als „primitiv" klassifizierten) Fragen wenden soll. Aus Leonas Perspektive bleibt ihr nur, sich die verbleibende Zeit „durchzuwurschteln". Dabei orientiert sie sich, wie in anderen Beiträgen der Studentin deutlich wird, an ihren Kommiliton*innen. Diese Strategie scheint somit auch ein Resultat der Distanz zu den Ansprechpartner*innen im Studium, die aus ihrer Sicht als Unterstützer*innen nicht infrage kommen.

> Martha: „[...] also ich find wenn Studienordnungen zu kompliziert sind, dann sind wir da irgendwie auch nen bisschen verantwortlich uns da mal durchzukämpfen und Prüfungsvoraussetzungen find ich persönlich auch sehr – also wirklich schwer aber, also ich hab vor allen Dingen hier gelernt man ist einfach nicht mehr in der Schule, also es ist nicht so, dass man nen Zettel ausgeteilt kriegt, wo drauf steht – das musst Du können – sondern man muss sich da auch nen bisschen selbst durchkämpfen und das macht mir halt auch gerade einfach so Spaß Student zu sein, weil man eben sonen bisschen selbstverantwortlich arbeitet und irgendwie nicht mehr alles vorgegeben kriegt [...]." (Martha, Grundschullehramt, 6. Semester).

Auch die Studentin Martha thematisiert in einer Diskussionsgruppe die Studienorganisation. Sie präsentiert die Aufgabe, die „komplizierte" Studienordnung zu verstehen, als schwierig – aber durchaus selbstständig lösbar. Die Herausforderung, sich ein *„bisschen selbst durchkämpfen"*, nimmt sie gerne und mit *„Spaß"* an. Die Auseinandersetzung mit den Inhalten der formalen Anforderungen, wie etwa der Studien- und Prüfungsordnungen, wird zur selbstverständlichen Aufgabe, die im positiven Sinne als Entwicklungsschritt und Emanzipation vom Schüler*innenstatus hin zum eigenverantwortlich handelnden Studierendenstatus verstanden wird.

Beide Studentinnen studieren im sechsten Semester unter der gleichen Studienordnung, im selben Studiengang an der gleichen Hochschule. Beide haben als Teilnehmerinnen im Rahmen der hier vorgestellten Untersuchung an einer mehrstufig angelegten Gruppenwerkstatt partizipiert und sich dort mit anderen Studierenden über das Studium ausgetauscht. Die ausgewählten Zitate zeigen, dass sich die jeweiligen Sichtweisen, hier am Beispiel des Umgangs mit strukturellen und organisatorischen Anforderungen deutlich voneinander unterscheiden. Was von der einen Studentin als positive Herausforderung beschrieben wird, stellt für die andere Studentin einen Konflikt dar, der sie im Studium begleitet und verunsichert. So unterschiedlich hier eine Hürde im Studium bewältigt wird, so unterschiedlich verlaufen auch die Wege ins Studium, wie ein Blick auf die Bildungsverläufe der beiden Studentinnen zeigt: Leona ist zum Zeitpunkt der Gruppenwerkstatt 26 Jahre alt. Sie hat nach dem Realschulabschluss eine vierjährige Ausbildung zur Erzieherin absolviert und ein Jahr in dem Beruf gearbeitet. Zunehmend unzufrieden mit der fehlenden Anerkennung durch Vorgesetzte und Kita-Eltern, aber auch aufgrund der geringen finanziellen Entlohnung beschließt Leona, ein Studium aufzunehmen und damit einen beruflichen Aufstieg anzugehen. Sie holt zunächst das Abitur nach und bewirbt sich im Anschluss für das Grundschullehramtsstudium. In Leonas Familie gibt es keine akademischen Vorbilder. Die mütterliche Seite steht in einer beruflichen Tradition von pflegerischen und pädagogischen Berufen. Ihre Mutter hat nach dem Realschulabschluss eine Ausbildung im medizinisch-pflegerischen Bereich abgeschlossen. Die familiäre Seite des Vaters ist handwerklich-unternehmerisch geprägt. Der Vater hat nach dem Realschulabschluss eine technische Lehre absolviert, sich im weiteren Verlauf einem neuen beruflichen Bereich zugewandt und ist mittlerweile als Unternehmer tätig.

Die Studentin Martha ist zum Zeitpunkt der Gruppenwerkstatt 22 Jahre alt. Sie hat das Abitur auf einem Gymnasium absolviert und nach einem obligatorischen Praktikum im pädagogischen Bereich das Studium aufgenommen. Auch ihre Mutter hat nach dem Realschulabschluss eine Ausbildung im medizinisch-pflegerischen Bereich absolviert und sich im beruflichen Verlauf auf dem Sektor der Gesundheitsberatung weiterqualifiziert. Der Vater kommt aus einer akademisch geprägten Familie. Er absolvierte den gleichen universitären Studiengang wie bereits sein Vater und arbeitet als Mediziner. Auch die pädagogischen Präferenzen und die Studienwahlmotive weisen Unterschiede bei den beiden Studentinnen auf: Martha führt ihren Berufswunsch auf ihre besondere Eignung zurück, anderen Wissen zu vermitteln. Auch strebt sie eine Tätigkeit an, in der sie Verantwortung übernehmen kann. Leona hingegen bezieht ihre Berufswahl konsequent auf ihre Erfahrungen als Erzieherin. Mit Verweis auf ihre berufliche Praxis hebt sie besonders das Anliegen hervor, als Lehrerin in künftigen Kooperationen einen wertschätzenden Umgang mit der Statusgruppe der Erzieher*innen einzunehmen.

Unterschiede zeigen sich ferner im Umgang und der Bewältigung der Anforderungen im Studienalltag: Martha präsentiert sich im Umgang mit den Studienanforderungen souverän und leistungsstark. In ihren Diskussionsbeiträgen betont sie die Leichtigkeit, mit der sie die geforderten Leistungen erbringt. Sie verbindet mit ihrem Studium vor allem Autonomiegewinn. Sie schätzt besonders die intellektuelle Auseinandersetzung mit bestimmten Themen und versteht das Studium als Form der Persönlichkeitsentwicklung. Leona betont hingegen einen Pragmatismus, der im Umgang mit den Studienanforderungen im Vordergrund steht. Wichtig ist für sie in erster Linie die erfolgreiche Bewältigung der geforderten Leistungen im Studium. Ferner thematisiert sie die Sorge der Finanzierung des Studiums bei Überschreitung der Regelstudienzeit. Auch der Umgang mit den Lehrenden gestaltet sich bei beiden unterschiedlich: Martha sieht in den Lehrenden Unterstützer*innen, die sie als zugewandt und ansprechbar erlebt und die ihr durch positives Feedback einen Kompetenzzuwachs bestätigen. Leona hingegen erlebt das Handeln der Lehrenden oftmals als willkürlich und wenig unterstützend. Sie verharrt in Distanz und orientiert sich lieber an ihren Kommiliton*innen, die aus Marthas Perspektive nur eine Nebenrolle im Studienalltag einnehmen.

1.1 Soziale Ungleichheit und Hochschulbildung

„Studieren als Lebenswelt ist für alle neu, aber nicht für alle gleichermaßen fremd." (Schmitt 2010, S. 64).

Ein Studium fordert die Studierenden unterschiedlich heraus, eine Passung zum antizipierten Studienfach und zur Hochschule herzustellen. Dies gilt auch für die beiden Studentinnen, die hier exemplarisch zur Einleitung in die Thematik kurz vorgestellt wurden. Beide nehmen den Studienalltag sehr unterschiedlich wahr. Was sie eint, ist das gleiche Ziel: Das Staatsexamen zu absolvieren und im Anschluss als Grundschullehrerin zu arbeiten. Für die Bewältigung des Studienalltags greifen die beiden Studentinnen auf unterschiedliche Strategien zurück. In der Terminologie der Milieu- und Habitusforschung gesprochen, stehen die beiden exemplarisch für zwei Angehörige verschiedener sozialer Milieus, die dem Feld der Hochschule mit unterschiedlichen „Wahrnehmungs-, Denk- und Handlungsschemata" (Bourdieu 1987, S. 101), kurz habituellen Dispositionen, begegnen und auf dieser Grundlage erschließen. In der praxeologischen Theorie von Bourdieu ist der Habitus gerahmt und geformt über die Existenzbedingungen einer sozialen Klasse und wird ausgebildet mit und durch die Weitergabe der familiären kulturellen Praxen. Die Handlungspraxen und Positionierungen der Studentinnen sind somit nicht willkürlich oder zufällig gewählt, sondern strukturell gerahmt und verbunden mit dem sozialen Herkunftsmilieu und seinen objektiven Existenzbedingungen, in denen die Studentinnen aufgewachsen und sozialisiert wurden.

In den Perspektiven der Studentinnen auf das Studium äußern sich auch die Grundmuster der Bildungsmotivation und Bildungspraxis (vgl. Bremer 2010) sowie die Prinzipien ihrer Bildungsstrategien, mit denen sie die Herausforderungen im Feld der Hochschule und im Studienalltag bewältigen (vgl. Hild 2019). Diese Erwartungen, Haltungen und Zugänge zu Bildung sind milieuspezifisch gerahmt und somit Ausdruck einer unterschiedlichen Klassenzugehörigkeit. Beispielhaft kann hier wieder an die beiden Studentinnen verwiesen werden: Martha verbindet mit dem Studium vor allem Autonomiegewinn, intellektuelle Auseinandersetzung und Persönlichkeitsentwicklung. Formuliert werden Vorstellungen und Erwartungen, die gesellschaftlich führende soziale Milieus mit Bildung verbinden. Hingegen steht für Leona der Pragmatismus im Umgang mit den Studienanforderungen im Vordergrund. Wichtig ist für sie die erfolgreiche Bewältigung der geforderten Leistungen im Studium, um den Abschluss und den angestrebten beruflichen Status zu erreichen. Sie folgt einem Bildungsverständnis, das den gesellschaftlich mittleren Milieus zugeordnet wird: Bildungserwerb und berufliche Verwertbarkeit werden nicht losgelöst voneinander betrachtet. Höhere Bildungsabschlüsse und hochschulische Bildungszertifikate gewinnen immer mehr an gesellschaftlicher Bedeutung: Soziale Gruppen stellen ihre Reproduktionsstrategien auf Bildungskapital um[1], um ihre Stellung innerhalb der Klassenstruktur zu sichern oder aber zu verbessern (vgl. Klebig 2021, S. 97). So streben zunehmend soziale Gruppen an die Hochschulen, für die eine Studienaufnahme nicht in einer (selbstverständlichen) familiären Tradition einer akademischen Reproduktion steht. Dass sich mit Eintritt in das Studium herkunftsbedingte Ungleichheiten in vielfältigen Formen fortsetzen, ist ein vielfach untersuchter Befund in der Hochschulforschung. Aufgezeigt wird dies z. B. anhand des Zusammenhangs von Studienfachwahl und sozialer Herkunft (vgl. Georg 2005; Multrus 2007; Merkel 2015; Bremer/Lange-Vester 2019; Loge 2021). Auch die Studienzufriedenheit, die Studiendauer und der Studienerfolg werden in Hinblick auf die Bildungsherkunft von Studierenden ausdifferenziert betrachtet (vgl. Heublein et al. 2017; Kroher et al. 2023). Studien zur sozialen Mobilität und zum Bildungsaufstieg im Kontext hochschulischer Bildung diskutieren die kulturelle Distanz, die Bildungsaufsteiger*innen überwinden müssen, wenn sie ohne akademische Vorbilder in der Kernfamilie ein Studium aufnehmen (vgl. Schmitt 2010; El-Mafaalani 2012; Lange-Vester 2014; Spiegler 2015a). Verwiesen wird auf Akkulturationsprozesse im hochschulischen Bildungserwerb, die sich für soziale Klassen unterschiedlich gestalten und auf das Konzept der „kulturellen Passung" (Bourdieu/Passeron 1971). Der französische Soziologe Pierre Bourdieu (1930-2001) hat sich in seinen bildungssoziologischen Arbeiten mit dem Zusammenhang von ungleicher Verteilung von Bildungschancen und der Reproduktion von gesellschaftlichen Klassenstrukturen befasst. Seine Analysen zur Entstehung und Reproduktion von herkunftsbedingter Chancenungleichheit im- und durch das Bildungssystem sind bis in die Gegenwart Ausgangspunkt und Referenzrahmen für Bildungsforscher*innen und ihre Untersuchungen zur Bildungsungleichheit.

Ein Passungsverhältnis zwischen Habitus und Feld herzustellen, fordert demnach soziale Gruppen unterschiedlich heraus und gestaltet sich besonders für Bildungsaufsteiger*innen ungleich schwieriger. Der „mitgebrachte" Habitus ist gefordert, sich mit einem unvertrauten Regelwerk im neuen Feld auseinanderzusetzen, welches ihm zunächst fremd ist.[2] Studien, die auf hochschulische Bildungsaufstiege fokussieren, diskutieren unter Bezug auf die Habitus- und Feldtheorie von Pierre Bourdieu (1982, 1987), wie die sozialen Akteure unterschiedlich (heraus)gefordert werden, ihre alltagskulturellen Gewohnheiten auf das Feld der Hochschule abzustimmen. In ihren Arbeiten verweisen sie auf die ungleichen sozialen Bedingungen, unter denen ein milieu- und klassenspezifischer Habitus ge-

1 Bourdieu unterscheidet zwischen einer Umstellungsstrategie als Verlagerung innerhalb der Grenzen eines spezifischen Feldes als Änderung des Umfangs der dominierenden Kapitalsorten (Vertikalverlagerung) und der Umstellung von einer Kapitalsorte und dem Übergang in ein anderes Feld (Transversalverlagerung) (vgl. Bourdieu 1982, S. 220 f.; siehe auch Vester 2013).

2 Kritisch diskutiert Miethe (2017) die These der Fremdheit der Bildungsaufsteiger*innen im Hochschulsystem. In einer von ihr vorgelegten Studie stellt sie Passungskonflikte als punktuelle Erfahrungen dar.

prägt wird, mit welchem die Anforderungen und Bedingungen im Studienalltag bewältigt werden (vgl. Lange-Vester/Teiwes-Kügler 2004; Schmitt 2010; El-Mafaalani 2012; Maschke 2013; Lange-Vester/Sander 2016; Grunau 2017; Hild 2019; Lange-Vester/Schmidt 2020; Klebig 2021; Loge 2021; Bremer/Lange-Vester 2022; Pape et al. 2022; Evertz 2023; Meise 2023).

Um noch einmal den Bogen zu der Studentin Leona zu schlagen: Der von ihr als individuell erlebter und zu bearbeitender Konflikt mit den Anforderungen im Studium kann auch als ein Habitus-Struktur-Konflikt (vgl. Schmitt 2010) beschrieben werden. Beispielhaft zeigen sich in ihren Schilderungen vom Studienalltag Passungskonflikte, die sich für Bildungsaufsteiger*innen im hochschulischen Feld als „[...] angespannte Beziehung zwischen ihrem Habitus und dem akademischen Feld." (Lange-Vester 2009, S. 279) beschreiben lassen.

> „Was Bildung heißt, bemisst sich in erster Linie an den Vorstellungen oberer Milieus und ist Teil einer umfassenderen legitimen Kultur, die gesellschaftlich anerkannte Lebensart verkörpert. Sie gibt Bildungsstandards vor und bestimmt auch, wie Lernziele erreicht werden sollen. Die legitime Kultur folgt hier ihrer eigenen Möglichkeiten, die von anderen sozialen Klassen und Milieus nicht unbedingt geteilt werden." (Lange-Vester 2009, S. 275).

Im Vergleich zu Martha bereitet die Aneignung der „Spielregeln" im akademischen Feld für Leona größere Anstrengungen. Die Akkulturationsleistungen, die sie erbringt, um eine Passung zu den Anforderungen im Studium herzustellen, gehen einher mit Verunsicherung und Fremdheitsgefühlen. Dabei stehen weniger Leistungsprobleme im Vordergrund, vielmehr handelt es sich um größere und kleinere Konflikte, die im Studienalltag regelmäßig auftreten und sich in fehlender Orientierung und Unterstützung durch Ansprechpartner*innen äußern. Sie werden auch im Studienverlauf nicht weniger und summieren sich zu Zweifeln, ob die Hochschule für Martha eigentlich ein „passender" Ort ist. Fremdheit tritt besonders dann zutage, wenn sich z. B. für Fragen in der Studienorganisation keine Ansprechpartner*innen an der Hochschule anbieten. Soziale Distanz offenbart sich, wenn Nachfragen bei Lehrenden etwa bei unverständlicher Aufgabenstellung unvermeidbar werden und Leona auf Lehrkräfte trifft, die sie als wenig kooperativ erlebt. Der Studienalltag wird bestimmt über das Vermeiden von „Fehlern" bei gleichzeitigem Fehlen von Ansprechpartner*innen aufseiten der Lehrenden und der Institution: Jeder Misserfolg in der Kommunikation wirkt als Verstärker und Bestätigung der fehlenden Zugehörigkeit. Zweifel und damit auch eine drohende Selbsteliminierung werden so zu permanenten Begleitern im Studium. Martha hingegen stellt wie selbstverständlich eine Passung zur akademischen Kultur her, die ihren Ausdruck in einem souveränen und sicheren Umgang mit den Studienanforderungen findet. Aus ihrer Perspektive stellen sich bestimmte Fragen, die sich etwa bei Leona in Zweifeln und Verunsicherung äußern, erst gar nicht. Martha zeigt sich, wie selbstverständlich in der Lage, ihre Bedürfnisse und Bedarfe gegenüber den Lehrenden zu artikulieren und erfährt durchgängig positive Rückmeldungen von den Verantwortlichen, die sie darin bestärken, die richtige Studienwahl getroffen zu haben. In den unterschiedlichen Gruppendiskussionen mit Studierenden, die dieser Untersuchung als Grundlage dienen, zeigte sich, dass auch andere Studierende Erfahrungen von Fremdheit und Verunsicherung schilderten, die denen von Leona sehr ähneln. Es fanden sich aber auch Studierende unter den Teilnehmenden, die, wie Martha ein konfliktfreies Studieren betonten.

Die vorliegende Untersuchung macht es sich zur Aufgabe, die unterschiedlichen und geteilten Aussagen und Perspektiven auf den Studienalltag im Kontext ihrer Milieubezogenheit und somit im Kontext sozialstruktureller Ungleichheit zu analysieren: Zu erkennen sind Muster der Studienbewältigung, die z. B. von denjenigen Studierenden geteilt werden, die eine soziale Nachbarschaft bzw. eine milieuspezifische Nähe zueinander aufweisen. Aufgenommen wird der Blickwinkel der ungleichheitstheoretisch orientierten Bildungsforschung. Die Untersuchung schließt theoretisch an die Habitus- und Feldtheorie von Bourdieu (1982, 1987) und ihrer Weiterentwicklung in dem Ansatz der sozialen Milieus (Vester et al. 2001) an. Diese Perspektive auf Studierende des Grundschullehramts wird in der Forschungslandschaft eher selten eingenommen. Sie ist jedoch vielversprechend: Wie sich an der kurzen Hinleitung zum Thema bereits zeigt, ist davon auszugehen, dass sich innerhalb des Studiengangs Grundschullehramt ein heterogenes Spektrum von Studierenden zusammenfindet: Die unterschiedlichen Wahrnehmungen und Bewältigungsstrategien der Studierenden im Studium werden in dieser Untersuchung mit Blick auf das Verhältnis von Hochschulkultur und den kulturellen Gewohnheiten im Herkunftsmilieu untersucht und der Zusammenhang zur Privilegierung und Benachteiligung von sozialen Gruppen im Feld der Hochschule aufgezeigt. Der Studiengang Lehramt wird teils als attraktiv für einen Bildungsaufstieg diskutiert (vgl. Kapitel 3.3), bietet sich die Perspektive der Habitus- und Milieuforschung an, um die heterogene Gruppe der Bildungsaufsteiger*innen differenzierter zu betrachten. Besonders für hochschulische Diversitätsdiskurse, die über die Auswirkungen der zunehmenden Heterogenität der Studierenden diskutieren, sind Erkenntnisse der habitus- und milieuspezifisch orientierten Studierendenforschung relevant. Sie machen soziale Hürden im Feld der Hochschule sichtbar und diskutierbar. Sie können zu ihrem Abbau beitragen und Impulse geben, um in der Lehre und in hochschulischen Unterstützungsprogrammen stärker auf die diversen Bedarfe der unterschiedlichen Studierenden einzugehen. Schlussendlich knüpft die Untersuchung an Diskurse in der Lehrer*innenbildung an, die die Bedeutung von Bildungsprozessen in der Entwicklung einer professionellen pädagogischen Haltung im ersten Abschnitt der Lehramtsbildung diskutieren, um eine kritisch-reflexive Auseinandersetzung der künftigen Lehrkräfte gegenüber ihren beruflichen Aufgaben und ihrem Selbstverständnis anzustoßen.

1.2 Soziale Herkunft und Lehrer*innenbildung

Zweiter Anknüpfungspunkt der hier vorgestellten Arbeit ist die Einordnung der Untersuchung in die Forschungen zum Lehrer*innenberuf und der Lehrer*innenbildung. Diese zeichnet sich durch vielfältige und interdisziplinäre Zugänge aus, z. B. aus der Psychologie, den Erziehungswissenschaften und der Soziologie. Entsprechend vielfältig gestalten sich die Ansätze und Erkenntnisinteressen (Terhart/Bennewitz/Rothland 2014; Überblick bei Rothland/Cramer/Terhart 2018, S. 1014). Zusammenfassend kann von einer unüberschaubaren und breiten Forschungslandschaft gesprochen werden, in der die unterschiedlichen Forschungsstränge häufig unverbunden nebeneinanderstehen (vgl. Rothland/Cramer/Terhart 2018, S. 1013 ff.). Im Kapitel 3 werden einige dieser Forschungsstränge vorgestellt, der Forschungsstand zu Lehramtsstudierenden im Grundschullehramt zusammengetragen und Anknüpfungspunkte zu den Fragen dieser Forschungsarbeit diskutiert. Studien, die sich mit der sozialen Herkunft von Lehrer*innen befassen, stehen hingegen weniger im Zentrum von Forschungsinteressen und bekommen konjunkturbedingt mal mehr, mal weniger Aufmerksamkeit im Forschungsdiskurs (Cramer 2010). Auch zeigt sich anhand der unterschiedlichen methodologischen Vorgehensweisen, dass die teils voneinander abweichenden Ergebnisse wenig vergleichbar sind (vgl. Vogel 2019, S. 192). Am Forschungsstand kann aufgezeigt werden, dass die Einnahme einer Milieu- und Habitusperspektive auf das Lehramt kaum Gegenstand von Forschungen in der Lehrer*innenbildung ist. Die soziale Herkunft von Lehramtsstudierenden und der Zusammenhang von Milieuzugehörigkeit, Studienbewältigung und (Re)Produktion von sozialer Ungleichheit im Studium sind entsprechend wenig untersucht und finden sich eher vereinzelt in der Forschungslandschaft (vgl. Hild 2019; Stoll 2022; Holzmayer 2023). Um an die Forschungsperspektive dieser Arbeit anzuknüpfen, werden im Kapitel 3 ausgewählte Studien und Untersuchungen zur sozialen Herkunft von Lehrkräften und Lehramtsstudierenden kurz dargestellt und ihre Bedeutung in Bezug zur Fragestellung dieser Arbeit gesetzt. So wird in der Forschungsliteratur zur sozialen Herkunft von Lehrkräften vielmals die These diskutiert, ob der Beruf die Merkmale für einen vertikalen sozialen Aufstieg in sich trägt und besonders attraktiv für Studierende ist, deren Eltern nicht aus einem traditionell gehobenen Bildungsmilieu stammen (Schmidt/Schuchart 2002; Kühne 2006; Cramer 2010; Puderbach 2016; Drahmann/Rothland 2017; Lautenbach 2019). Deutlich wird anhand des Forschungsstands, dass in Untersuchungen und statistischen Aufarbeitungen der sozialen Herkunft von Lehrkräften teils Fragen von Berufsvererbung und sozialen Aufstiegstendenzen behandelt werden, sich gleichzeitig aber eine Unverbundenheit zur Bedeutung der sozialen Herkunft von Lehrkräften und der Reproduktion sozialer Ungleichheit im Bildungssystem abzeichnet: Auch wenn diese Studien zur sozialen Herkunft oftmals nicht explizit darauf abzielen, so diskutieren sie, wenn auch nur am Rand die Frage, inwieweit sich die soziale Herkunft auf die soziale Praxis und das Handeln der Lehrkräfte auswirkt und inwieweit sie damit ein selektives Schulsystem stützen. Die Aufarbeitung des Forschungsstands zur Lehrer*innenbildung mit Bezug auf das Grundschullehramt (Kapitel 3) zeigt ferner, dass die Themen und Forschungsansätze sich wenig mit der Bedeutung des Habitus für die Aneignung und Bewältigung eines Lehramtsstudiums beschäftigen. Trotz der thematischen Breite an Untersuchungen steht die differenzierte Betrachtung von sozialen Milieus innerhalb des Lehramtsstudiums Grundschule wenig im Fokus von Forschungsinteressen. Untersuchungen, die explizit eine Milieu- und Habitusperspektive auf Studierende im Lehramt Grundschule einnehmen, sind bisher kaum Gegenstand von wissenschaftlichen Studien. Aufgezeigt wird am Beispiel von Untersuchungen der Studienwahlmotive für bestimmte Lehramtsstudiengänge (vgl. Kapitel 3.2), dass Studierende eines Lehramtes häufig als homogene Gruppe dargestellt werden, deren Motiv- und Interessenslagen gegen andere Lehramtsformen abgegrenzt werden. Untersuchungen, die auf Lehramtsstudierende im Grundschullehramt fokussieren, diskutieren Binnendifferenzen häufig anhand von Fragen zum sozialen Geschlecht oder sie thematisieren die geringe Attraktivität des Lehramts für Studierende mit Migrationsgeschichte (Abschnitt 3.1).

1.3 Fragestellung, Ziel und Aufbau der Arbeit

Fragestellung der Untersuchung

Die hier vorgestellte Untersuchung schließt eine Forschungslücke: Im Fokus stehen Studierende im Lehramt Grundschule. Gefragt wird nach ihren milieuspezifischen Bewältigungs- und Aneignungspraktiken. Anhand der Ergebnisse wird diskutiert, wie sich herkunftsbedingte Ungleichheiten im Studium fortsetzen. Forschungen, die auf die soziale Herkunft von Lehramtsstudierenden abzielen, stellen eine Ausnahme dar und stehen gegenüber anderen Fragestellungen nicht im Mittelpunkt von Diskursen und Forschungsansätzen. Empirische Untersuchungen, die sich mit dem Zusammenhang von Habitus, beruflichem Handeln und der Reproduktion sozialer Ungleichheit im schulischen Feld beschäftigen und einen Bezug zur Habitus- und Milieuforschung herstellen, richten ihren Blick meist auf bereits ausgebildete und beruflich tätige Lehrpersonen bzw. Grundschullehrer*innen. Die Untersuchung bewegt sich an der Schnittstelle von Studierenden- und Hochschulforschung, Milieu- und Ungleichheitsforschung. Aus dem Blickwinkel der ungleichheitstheoretisch orientierten Bildungsforschung im Anschluss an Bourdieu und der darauf basierenden Milieuforschung (Vester et al. 2001) schließt diese Arbeit an Untersuchungen zu Studierendenmilieus an (vgl. Lange-Vester/Teiwes-Kügler 2004; Grunau 2017; Hild 2019; Klebig 2021; Loge 2021; Pape et al. 2022; Meise 2023) und erweitert das Feld der Untersuchungen auf Studierende im Lehramt Grundschule an einer Pädagogischen Hochschule. Anhand einer explorativen Studie wird untersucht, wie sich milieuspezifische Aneignungsprozesse unterschiedlicher sozialer Gruppen im Lehramtsstudium Grundschule gestalten. Ausgehend von der Annahme, dass Studierende aufgrund ihrer sozialen Herkunft über unterschiedliche habituelle Passung im Hochschulfeld verfügen, soll identifiziert werden, mit welchen Bewältigungsstrategien die Angehörigen unterschiedlicher Milieus den Anforderungen im Feld begegnen. Schlussendlich wird der Frage nachgegangen, was sich aus einer solchen Untersuchung über die Inklusion und Exklusion bestimmter sozialer Gruppen im ersten Abschnitt der Lehrer*innenbildung herausarbeiten lässt. Die Fragestellungen der Untersuchung lauten:

1. Aus welchen sozialen Milieus stammen Studierende im Lehramtsstudiengang Grundschule?
2. Wie gestalten sich milieuspezifische Praxen im Studium und welche Studienstrategien können als typisch für bestimmte soziale Milieus herausgearbeitet werden?
3. Was lässt sich abschließend aus der Untersuchung über soziale Ungleichheit im Feld der Hochschule ableiten?

Ziel der Untersuchung

Das Ziel der Untersuchung ist, einen Beitrag zur Studierendenforschung zu leisten, der auf den Zusammenhang von milieuspezifischer Prägung und habitueller Aneignung im Studium fokussiert. Ausgehend von der Annahme, dass sich die Studierenden innerhalb eines Studiengangs aus heterogenen Milieus im sozialen Raum zusammenfinden (Lange-Vester/Teiwes-Kügler 2004), wird diskutiert, mit welchen Strategien die Angehörigen unterschiedlicher sozialer Milieus die Anforderungen im Studium bewältigen, wie sich also die soziale Herkunft auf die Studienbewältigung auswirkt. Es können Aussagen über Konfliktlinien im Hochschulfeld getätigt werden und aufgezeigt werden, wie sich die Reproduktion von sozialer Privilegierung und Benachteiligung im hochschulischen Feld darstellt und fortsetzt. Angeregt werden soll damit Schwierigkeiten und Problemlagen im Studium weniger in den individuellen Verantwortungsbereich der Studierenden zu verschieben, sondern im Kontext sozialstruktureller Ungleichheit zu analysieren. Die Untersuchung soll dazu beitragen, die Effekte der sozialen Herkunft mehr in den Mittelpunkt von Forschungen im tertiären Bildungsbereich, im Allgemeinen und zum Lehramt und Lehramtsstudierenden im Besonderen zu stellen. Dargestellt werden soll, welche Logiken und Machtmechanismen das Feld Hochschule durchdringen. Schlussendlich soll die Arbeit zu einer kritischen

Reflexion des meritokratischen Prinzips im Bildungssystem (vgl. Vester 2004; Vester 2006) anregen und dazu beitragen, soziale Barrieren und Hürden im Feld der Hochschule zu erkennen, zu reflektieren und abzubauen. Für Akteur*innen im hochschulischen Feld kann die Untersuchung Impulse liefern, um didaktische (Lehr)Angebote und konzeptionelle Veränderung im Sinne der Bedarfe einer diversen Studierendenschaft zu überarbeiten. Schlussendlich werden Argumente dafür geliefert, warum es für den Abbau von sozialer Ungleichheit (nicht nur) im hochschulischen Alltag wichtig ist, den Ansatz der Habitussensibilität (Sander 2014) in den Fokus von Lehrenden und Lernenden zu stellen. Die Untersuchung schließt ferner an die Diskussionen um die Reproduktion sozialer Ungleichheit im Bildungssystem an, in der Lehrer*innen als Akteur*innen im Fokus stehen (ausführlich im Kapitel 3.4). Aufgezeigt werden kann, dass die pädagogischen Orientierungen der Studierenden habituell geprägt und milieuspezifisch geformt sind. Einstellungen und Haltungen, die von den Studierenden in Bezug auf den pädagogischen Auftrag als künftige Lehrpersonen herangetragen und formuliert werden, scheinen relativ abgetrennt von den vermittelten curricularen Inhalten und Lernzielen im Studium bezüglich des Wissens und des Umgangs mit einer heterogenen Schüler*innenschaft. Diskutiert wird damit auch die Frage, welchen Beitrag die Lehrer*innenbildung in der Entwicklung einer professionellen pädagogischen Haltung leistet bzw. leisten sollte. Die Untersuchung schließt an Diskurse an, die auf Professionalisierungsprozesse in der Lehrer*innenbildung fokussieren (vgl. Maschke 2013; Schwer/Solzbacher 2014; Helsper 2018a; Helsper 2018b, Rotter/Schülke/Bressler 2019; Kramer/Pallesen 2019; Helsper 2021; Betz/Meyer-Hamme/Halle 2022; Rutter/Weitkämper 2022; Holzmayer 2023; Pape 2023). Sie kann somit auch als Impulsgeberin für das Curriculum in der Lehrkräfteausbildung verstanden werden, um die künftigen Lehrkräfte zu einer verstärkten Auseinandersetzung mit den Mechanismen von Bildungsungleichheit im deutschen Schulsystem anzuhalten und sie darin zu unterstützen, ihre Verantwortung als künftige Lehrkräfte stärker zu reflektieren.

Aufbau der Untersuchung

Das Kapitel 2 geht ausführlich auf den Zusammenhang von sozialer Herkunft und Bildungschancen ein und stellt Untersuchungen vor, die sich auf die Auswirkungen der herkunftsbedingten Ungleichheit im Studium beziehen. Aufgezeigt wird zunächst der Forschungsstand zum Zusammenhang von sozialer Herkunft und Hochschulbildung. Dargestellt werden Forschungsergebnisse, die sich mit den Selektionsmechanismen des bundesdeutschen Bildungssystems beschäftigen und ihre Auswirkungen auf den Zugang bestimmter sozialer Gruppen zu einem Hochschulstudium diskutieren. Ferner wird auf die Entwicklungen in hochschulischen Diskursen um die Heterogenität der Studierenden eingegangen und aufgezeigt, welche Positionen und Perspektiven mit diesem Thema verbunden werden. Dem folgen bildungssoziologische Ansätze, die sich mit den ungleichen Bildungschancen im Hochschulbereich beschäftigen. Schließlich wird die Thematik auf die Forschungsperspektive der Habitus- und Milieuforschung verengt und das Konzept der kulturellen Passung und die theoretischen Ansätze fokussiert, auf welche sich diese Arbeit bezieht. Im dritten Kapitel folgt ein Blick auf die Forschungslandschaft mit Bezug auf das Lehramt und Studierende im Lehramt. Zunächst wird ein Überblick über ausgewählte quantitative und qualitative Forschungen zu den Studienwahlmotiven von Studierenden im Lehramt und die daran geknüpfte Frage der Eignung für den späteren Beruf gegeben. Vorgestellt werden im Anschluss Studien, welche die soziale Herkunft von Lehrer*innen in Bezug auf Berufsvererbung und soziale Aufstiegsmotive diskutieren. Daran anknüpfend folgt ein Exkurs zu Forschungen, die auf die Rolle der Lehrkräfte als handelnde Akteure in der Entstehung und Reproduktion von Ungleichheit im Bildungssystem fokussieren. Nachgezeichnet werden Forschungen, die den Zusammenhang von beruflichem Handeln und der sozialen Herkunft untersuchen und die auf die Milieuspezifik pädagogischen Handelns und pädagogischer Haltungen zielen. Die wenigen Untersuchungen, die zu habituellen Orientierungen von Grundschullehrer*innen existieren, werden im Anschluss diskutiert. Verengt wird der Forschungsstand dann auf Studien zu Grundschullehramtsstudierenden und dargestellt, welchen Themen in der Forschung ein besonderes Interesse entgegengebracht wird. Nach der Darstellung der Forschungsstände steht im vierten Kapitel die Auseinandersetzung mit den theoretischen Konzepten Bourdieus und dem Milieuansatz nach Vester et al. (2001) im Mittelpunkt. Zunächst wird im anschließenden Methodenkapitel (fünftes Kapitel) die für die Untersuchung genutzte Erhebungsmethode einer mehrstufigen Gruppenwerkstatt vorgestellt. Bei der Methode handelt es sich um eine spezifische Weiterentwicklung vom qualitativen Gruppendiskussionsverfahren, die in der Habitus- und Milieuforschung als Instrument für die Habitusexploration genutzt wird (vgl. Bremer 2004; Bremer/Teiwes-Kügler 2007; Bremer/Teiwes-Kügler 2012). Dem folgt die ausführliche Auseinandersetzung mit der Methodologie und der Methode der Habitushermeneutik, die als rekonstruktives Auswertungsverfahren für die Untersuchung verwendet wurde. Der empirische Teil der Arbeit stellt eine qualitative Studie mit Studierenden im Grundschullehramtsstudium vor, die im Jahr 2014 an einer Pädagogischen Hochschule durchgeführt wurde. Im sechsten Kapitel werden die Durchführung der einzelnen Gruppenwerkstätten sowie deren Ergebnisse ausführlich dargestellt und diskutiert. Zunächst werden die Rahmenbedingungen der Untersuchung skizziert. Für eine erste Einordnung werden die Fallauswahl, der Feldzugang sowie eine Zusammenfassung der Sozialdaten der teilnehmenden Studierenden vorgestellt. Dem folgt die ausführliche Darstellung und umfassende Diskussion der durchgeführten vier Gruppenwerkstätten. Im siebten Kapitel werden fünf herausgearbeitete Muster der Studienbewältigung vorgestellt, die aus den Ergebnissen der Gruppenwerkstätten zusammengeführt wurden. Die Muster korrespondieren jeweils mit einer bestimmten vertikalen und horizontalen Position im sozialen Raum. Sie weisen Bezüge zu bestimmten sozialen Milieus auf, die in Abgrenzung zueinander diskutiert - und in der Landkarte der sozialen Milieus nach Vester et al. (2001) verortet werden. In der Schlussbetrachtung (Kapitel 8) werden die Muster schließlich in den Kontext von aktuellen Diskursen der Hochschulforschung eingeordnet. Diskutiert wird, welche Rückschlüsse sich über die Fortsetzung von sozialer Ungleichheit im Feld der Hochschule aus der Untersuchung ableiten lassen. Mit einem abschließenden Fazit und ein Ausblick endet die Arbeit.

2 Forschungsstand Hochschulbildung und soziale Ungleichheit

2.1 Soziale Ungleichheit, Teilhabe- und Bildungschancen

Das Kapitel widmet sich als erste thematische Hinleitung dem Forschungsstand zur sozialen Ungleichheit und Hochschulbildung. Aufgezeigt wird die Stabilität der Bedeutung der Ungleichheitsdimension „soziale Herkunft“ in den Debatten und Diskursen um die Verteilung von Bildungs- und Teilhabechancen sozialer Gruppen im bundesdeutschen Bildungssystem und im Besonderen im tertiären Bereich. Forschungen zur Bildungsherkunft und der Wahrscheinlichkeit der Studienaufnahme werden skizziert und anhand von unterschiedlichen empirischen Studien diskutiert, wie sich der Zusammenhang von Benachteiligung und sozialer Herkunft im Studium darstellt und auswirkt. Im Anschluss werden die Entwicklungen im hochschulischen Feld in den Debatten um den Umgang mit einer sozial heterogenen Studierendenschaft aufgezeigt und sich im Weiteren den bildungssoziologischen Erklärungsansätzen für das Phänomen der ungleichen Bildungschancen zugewandt.

> „Der Bildungsstand einer Person ist sowohl auf individueller als auch auf gesellschaftlicher Ebene ein Schlüsselfaktor Er beeinflusst die Erwerbschancen eines Individuums, die gesellschaftliche Teilhabe, die Zugangsmöglichkeiten zu weiterführender Bildung und die Fähigkeit zur aktiven Gestaltung der eigenen Biografie (individuelle Regulationsfähigkeit) Aus volkswirtschaftlicher Sicht stellt ein hoher Bildungsstand der Bevölkerung einen entscheidenden wirtschaftlichen Wettbewerbsfaktor dar: Er ist zentral für die Deckung des Fachkräftebedarfs und bildet eine Grundvoraussetzung für die Innovationsfähigkeit.“ (Bildungsbericht 2024, S. 80).

Bildung ist das relevante Kapital für Individuum und Gesellschaft im beginnenden 21. Jahrhundert. Die Investition in Bildung und der Erwerb eines hochschulischen Bildungszertifikates versprechen in der bundesdeutschen Gesellschaft eine vergleichsweise hohe berufliche Position, hohe Einkommenschancen und einen hohen sozialen Status. Das Bildungssystem übernimmt dabei die Aufgabe der Verteilung von Chancen durch Selektion und Leistungsauslese und erfüllt damit eine soziale „Platzierungsfunktion“ (Geißler 2014, S. 333). Bildungschancen hängen in der Bundesrepublik eng mit der sozialen Herkunft zusammen und sind (immer noch) ungleich verteilt.[3] Benachteiligt im Bildungssystem sind insbesondere Kinder, die in ressourcenschwachen Elternhäusern mit geringem gesellschaftlichem Status aufwachsen. Seit Gründung der Bundesrepublik begleiten, untersuchen und diskutieren Bildungsforschende die Entwicklungen im Bildungssystem und arbeiten immer wieder die ungleichen Chancen im Bildungssystem heraus, die sich trotz wachsender Bildungsbeteiligung und Bildungsmöglichkeiten als sehr stabil und dauerhaft erweisen (vgl. Quenzel/Hurrelmann 2010; Brake/Büchner 2012; Solga/Becker 2012; El-Mafaalani 2014b; Geißler 2014; Becker/Lauterbach 2016; Baader/Freytag 2017; Überblick bei Hartmann 2018; Weitkämper 2019; Wiezorek/Merten/Soremski 2020; Hopf 2023).

Der Zusammenhang von sozialer Herkunft und den Teilhabe- und Bildungschancen im Bildungssystem bleibt ein zentraler Befund von Analysen und Studien, die sich in den vergangenen Jahrzehnten mit dem Thema auseinandergesetzt haben (vgl. Schimpl-Neimanns 2000; Geißler 2014; Grunau 2017; Böhner-Taute 2018; Kracke/Middendorff/Buck 2018; Kracke/Schwabe/Buchholz 2024). Die Herstellung und Reproduktion von ungleichen Bildungschancen kann anhand der Struktur und Organisation des Schulsystems und ihren spezifischen Wirkmechanismen nachgewiesen werden. Bildungsforschende diskutieren immer wieder die sozial selektiv wirkenden Mechanismen im Bildungssystem und den Zusammenhang zur sozialen Herkunft (Überblick über verschiedene Forschungsperspektiven und Erklärungsansätze für die Erzeugung herkunftsbedingter Bildungsungleichheit z. B. bei Hopf 2023, S. 60-77). Der Zusammenhang von sozialer Herkunft und Bildungsbeteiligung stellt einen zentralen Untersuchungsgegenstand im nationalen Bildungsbericht[4] dar. Auch die seit dem Jahr 2000 regelmäßig durchgeführte international vergleichende PISA-Studie benennt wiederkehrend den Zusammenhang von sozialökonomischen Status und

---

3 Bildungsforschende verweisen darauf, dass unabhängig davon welches Verteilungsmodell favorisiert wird (Proporzmodell vs. Meritokratiemodell) und auf welche dahinter liegende Gerechtigkeitsideologie (Verteilungsgerechtigkeit vs. Leistungsgerechtigkeit) sich berufen wird, nachgewiesen werden kann, dass Kinder aus ressourcenschwachen Haushalten in beiden Modellen benachteiligt bleiben. Beispiele aus anderen Ländern zeigen, dass strukturelle Veränderungen in den Rahmenbedingungen der Bildungssysteme dazu beitragen, den Zusammenhang von sozialer Herkunft und Bildungschancen zu verringern, was wiederum Argumentationen aushebelt, die sich auf Leistungsergebnisse aufgrund von Begabung berufen (vgl. El-Mafaalani 2012, S. 19 f.).

4 Der nationale Bildungsbericht erscheint alle zwei Jahre (zuletzt 2024). Er beinhaltet eine Bestandsaufnahme vom bundesdeutschen Bildungswesen auf Basis der Auswertung von amtlichen Statistiken. Gefördert von der Ständigen Konferenz der Kultusminister der Länder in der Bundesrepublik Deutschland (KMK) und dem Bundesministerium für Bildung und Forschung zeigt sich eine Gruppe von wissenschaftlichen Autor*innen für die Inhalte verantwortlich, unter der Leitung vom DIPF |Leibniz-Institut für Bildungsforschung und Bildungsinformation. In jedem Bericht wird ein Schwerpunktthema behandelt (z. B. im Jahr 2024 die berufliche Bildung).

schulischen Kompetenzerwerb und betont die soziale Disparität im bundesdeutschen Schulsystem (vgl. Kloß 2016; Hartmann 2018; Reiss/Klieme/Köller 2019). Die im Turnus von vier Jahren erscheinenden Sozialerhebungen zur wirtschaftlichen und sozialen Lage der Studierenden in Deutschland (neueste Erscheinung ist die 22. Sozialerhebung; vgl. Kroher et al. 2023) verweisen ebenfalls regelmäßig auf den Zusammenhang der hochschulischen Bildungsbeteiligung und der familiären Bildungsherkunft.

Um den Weg durch das Bildungssystem bis hin zu einem akademischen Abschluss erfolgreich zu bewältigen, müssen im bundesdeutschen Bildungssystem fünf Bildungsschwellen überwunden werden (vgl. Kracke/Middendorff/Buck 2018): Der Übergang von der Primarstufe in die Sekundarstufe I, der Übergang von der Sekundarstufe I in die Sekundarstufe II, der Erwerb der allgemeinen Hochschulreife, die Studienaufnahme und der Studienabschluss. Auf diesem Weg werden Abdrängungs- und soziale Selektionseffekte wirksam, zumeist an den Schwellen und Übergängen im Erreichen der nächsten höheren Ebene (vgl. Ditton 2016).

Abbildung 1: Der Bildungstrichter – Zugang zu hochschulischer Bildung: Akademiker*innenkinder und Nicht-Akademiker*innenkinder im Vergleich (2021)

Quelle: Kracke/Schwabe/Buchholz 2024, S. 7.

Veranschaulicht werden Abdrängungsmechanismen an den Bildungsübergängen mit dem Bildungstrichter (vgl. Abb. 1). Grafisch wird anhand von Übergangs- und Abgangsquoten die soziale Selektivität des bundesdeutschen Bildungssystems aufgezeigt: Mit der Gegenüberstellung der Bildungsbeteiligungsquote von 100 Kindern aus akademischen und 100 Kindern aus nicht-akademischen Haushalten wird die ungleiche Verteilung beider Gruppen anhand der Übergangsquoten zur Sekundarstufe II und der Studienaufnahme dargestellt. Der Bildungstrichter 2016 zeigte, dass der Anteil von Akademiker*innenkindern, die ein Studium aufnehmen, fast dreimal höher war, als der Anteil von Kindern aus nicht-akademischen Haushalten (vgl. Kracke / Middendorff / Buck 2018, S. 4). In der Neuauflage des Bildungstrichters im Jahr 2024 (vgl. Abb. 1) verweisen die Autorinnen darauf, dass sich an dem Befund einer grundlegend ungleichen Verteilung wenig verändert hat:

> „Im Vergleich der aktuellen Ergebnisse mit den Bildungstrichtern der Vorjahre zeigt sich jedoch eine beachtliche Persistenz: Seit vielen Jahren verändert sich die Zahl der Kinder aus nicht-akademischen Elternhäusern, die den Weg an die Hochschule nehmen kaum." (Kracke / Schwabe / Buchholz 2024, S. 5).

So trägt das Schulsystem mit seiner gegliederten Struktur wenig dazu bei, ungleiche (Ausgangs)Bedingungen von Schüler*innen aufgrund der ungleichen sozialen Lebenslagen zu kompensieren. Im Gegenteil scheint Schule ein wirkungsmächtiges Instrument, um mit vermeintlich objektiven Kriterien der Leistungsbewertung und Laufbahnempfehlungen den Schüler*innen unterschiedliche Bildungsteilhabe zu ermöglichen und sie damit auf ihre kommende Platzierung in der gesellschaftlichen Hierarchie vorzubereiten. Gesellschaftlich ungleiche Machtverhältnisse werden so mithilfe des Bildungssystems reproduziert und herkunftsbedingte Chancenungleichheit in Begabungsunterschiede übersetzt und legitimiert (vgl. Bourdieu / Passeron 1971; Brake / Büchner 2012; Geißler 2014; Becker / Hadjar 2017; Banscherus 2021; Hopf 2023).

2.2. Geschlecht, Migration und sozialer Herkunft im Fokus von (hochschulischen) Teilhabe- und Bildungschancen

Seit den Anfängen der Bildungsexpansion, die auf die 1960er-Jahre datiert werden, wurde das bundesdeutsche Bildungssystem weiterentwickelt und reformiert. Bildungsforscherende beschreiben einen Entwicklungsprozess, der die Chancen für Bildungsaufstiege erhöht hat und im Ergebnis den Weg an die Hochschulen durch ausdifferenziertere Bildungsangebote[5] und veränderte

5 Die Aufnahme eines Studiums setzt nicht mehr zwingend den Besuch eines Gymnasiums voraus. Ein akademisches Zertifikat kann neben der Universität über Fachhochschulen, Privat- oder Fernhochschulen im Vollzeit-, Teilzeit- oder auch dualen Studium erworben werden. Bildungsreformen im bundesdeutschen Schulsystem haben alternative Bildungswege geschaffen, um jenseits vom traditionellen Gymnasium einen Hochschulzugang zu erlangen. Schulformen können gewechselt werden, unterschiedliche Schultypen bieten die Möglichkeit, das Abitur zu erwerben (vgl. Böhner-Taute 2018). Im Bildungsbericht 2024 wird darauf verwiesen, dass der Großteil der Studienberechtigten die Allgemeine Hochschulreife mit dem Abitur erwirbt. 32 % der Studierenden haben den Hochschulzugang unabhängig der Hochschulform im beruflichen Bildungssystem erworben, was laut den Autor*innen auf die Relevanz der beruflichen Bildung im Erwerb der Hochschulzugangsberechtigung hinweist (vgl. Bildungsbericht 2024, S. 210).

Zugangsbedingungen durchlässiger hat werden lassen (vgl. Lörz 2017; Lörz 2019; Kracke / Schwabe / Buchholz 2024). Als Beleg für diese These wird die zunehmende Anzahl an Schüler*innen gesehen, welche die Studienberechtigung über die Allgemeine Hochschulreife am Gymnasium erwerben (vgl. Böhner-Taute 2018, S. 31).

Anhand der wachsenden Studierendenzahlen der letzten Jahre wird nachgewiesen, dass sich der Anteil von Studienberechtigten in der bundesdeutschen Gesamtbevölkerung erhöht hat und mehr Menschen an Hochschulbildung partizipieren als beispielsweise noch vor 10 Jahren (vgl. Bildungsbericht 2024, S. 6).[6] 24 % der Erwachsenen im Alter von 25 bis unter 65 Jahren im Jahr 2022 verfügen über einen Hochschulabschluss (Bildungsbericht 2024, S. 82). Dennoch bleibt der Befund einer ungleichen Bildungsbeteiligungsquote nach sozialer Herkunft stabil, denn „Herkunftsspezifische Disparitäten haben den Prozess der wachsenden Akademisierung jedoch weitgehend überdauert." (Bildungsbericht 2022, S. 193). Nicht alle gesellschaftlichen Gruppen haben gleich von Bildungsexpansion und erhöhter Durchlässigkeit profitiert und das Bildungssystem bleibt auch weiterhin von Chancengleichheit entfernt (vgl. Hradil 2001; Brake / Büchner 2012; Geißler 2014; Müller / Pollak 2016; Winkler 2020; Ordemann / Peter / Buchholz 2023).

Spiegler (2015a) zeigt in einem Überblick der bundesdeutschen Bildungsforschung ab den 1950er-Jahren auf, welche sozialen Gruppen jeweils besonders in den Fokus von Untersuchungen von Bildungsbenachteiligung und Bildungsaufstieg rückten und ordnet diese Diskurse bestimmten Jahrzehnten zu: So widmete sich die Bildungsforschung von den 1960er bis 1980er-Jahren verstärkt der „Unterrepräsentanz von Arbeiterkindern", in den 1980er bis in die 1990er-Jahre stand die „Emanzipation der Arbeitertöchter" im Fokus (vgl. Haas 1999). Ab den 2000er-Jahren rückten die Bildungsbenachteiligung von Kindern mit Migrationsgeschichte und ‚Bildungsferne' in das besondere Forschungsinteresse. Blome (2023) ergänzt diese Aufzählung um Untersuchungen zu klassenspezifischen Ungleichheiten, die ab den 2010er-Jahren in das Zentrum von Forschungsfragen zurückkehrten (vgl. Blome 2023, S. 35-49).

Am Beispiel von Geschlecht kann aufgezeigt werden, dass die Bildungsbeteiligungschancen von Mädchen in den letzten Jahrzehnten gestiegen sind, wie z. B. an der Quote im Erreichen der Allgemeinen Hochschulreife deutlich wird: Der Bildungsbericht (2022) verweist darauf, dass die Teilhabe an hochschulischer Bildung im Geschlechterverhältnis als ausgeglichen bezeichnet werden kann (Bildungsbericht 2022, S. 218, siehe auch Blome 2023, S. 40 ff.). In der

---

Der Anteil der Studierenden auf dem Dritten Bildungsweg macht an öffentlichen Hochschulen 1, 4 % aus und an privaten Hochschulen 7,8 % (vgl. Bildungsbericht 2024, S. 206). Zur Rolle der privaten Hochschulen vgl. Bildungsbericht 2024, S. 205 ff.

6 Zur Entwicklung der Studiennachfrage und den Studierendenzahlen mit Blick auf den demografischen Wandel siehe Bildungsbericht 2024, S. 216 f.

Altersgruppe der 30–35jährigen hat sich das Geschlechterverhältnis in Bezug auf einen Hochschulabschluss umgekehrt und Frauen verfügen über einen höheren Anteil an Hochschulabschlüssen. Mädchen werden auch als die *„Gewinnerinnen der Bildungsexpansion“* eingestuft (Hartmann 2018, S. 59). Sie haben im Hinblick auf die Bildungsbeteiligung mit den Jungen gleichgezogen. Geschlechterdisparitäten in der Hochschule zeigen sich hingegen anhand der Fächerwahl, wie z. B. der stabile Befund der Dominanz von männlichen Studierenden in MINT-Fächern zeigt (vgl. Bildungsbericht 2022, S. 208; Überblick zur Diskussion der geschlechtsspezifischen Wahl von technischen Fächern an Hochschulen aus Perspektive der Geschlechterforschung bei Loge 2021). Ferner spiegeln sich die gestiegene Bildungsbeteiligung und die Bildungserfolge von Mädchen nicht unmittelbar in einer geschlechtergerechten und gleichberechtigten beruflichen Verteilung wider, sodass „[...] diejenigen jungen Männer, die die Schule erfolgreich absolvieren, im späteren Berufsleben höhere Positionen einnehmen und mehr verdienen als ihre weiblichen Altersgenossen.“ (Hannover 2015, S. 204; siehe auch Bülow-Schramm 2016). Für die strukturelle Benachteiligung auf dem Arbeitsmarkt werden u. a. tradierte Geschlechterrollen gesehen, z. B. die ungleiche Verteilung von Care-Arbeit (vgl. Hannover 2015, S. 210; Bildungsbericht 2022, S. 218). Auch bei der Wahl von akademischen Berufen „[...] konzentrieren sich Frauen auf die Bereiche, in denen vergleichsweise geringe Aufstiegschancen und Verdienstmöglichkeiten bestehen [...].“ (Hannover 2015, S. 210).

Der Bildungsbericht (2022) verweist ebenfalls auf die geschlechtsspezifischen Unterschiede in der Studienfachwahl als relevanten Faktor der ungleichen Verdienstmöglichkeiten von Akademikern und Akademikerinnen im Erwerbsleben.[7] Als eine Ausnahme werden Studiengänge beschrieben, die mit dem Staatsexamen abschließen bzw. der Lehrkräftebildung zuzuordnen sind, da im späteren Beschäftigungsverhältnis im öffentlichen Dienst keine geschlechtsspezifischen Unterschiede im Einkommen vorliegen (Bildungsbericht 2022, S. 218 f.). Jedoch obliegt das (weiblich dominierte) Grundschullehramt in einigen Bundesländern einer geringeren Besoldungsstufe gegenüber anderen Schulformen (vgl. Brand/Kuhn 2024). Auch zeichnet sich die Schulform durch vergleichsweise geringe Möglichkeiten für reguläre Beförderungsstellen aus (zu den Ursachen vom Geschlechterunterschied im Primarstufenbereich siehe Kapitel 3.1).

7 Die Autor*innen erklären, dass die ungleiche Bezahlung von Männern und Frauen nicht alleinig auf die Studienfachwahl zurückzuführen sei: „Aspekte der unterschiedlichen Studienfachwahl können in den allermeisten Fällen die niedrigeren Einkommen von Akademikerinnen nur teilweise erklären und es gibt bereits kurz nach dem Studienabschluss einen weiblichen Nachteil im Verdienst, der nicht mit der unterschiedlichen Verteilung von Frauen und Männern auf Studienfächer erklärt werden kann und dem folglich andere Ursachen zugrunde liegen.“ (Bildungsbericht 2022, S. 219). Zur geschlechtertheoretischen Perspektive auf die Studien(fach)wahl und Berufswahl siehe Loge 2021.

Ab den 2000er-Jahren wenden sich wissenschaftliche Diskurse über hochschulische Bildungsungleichheit der migrationsbezogenen Heterogenität von Studierenden zu. Aufgezeigt und diskutiert werden die Ursachen für unterschiedliche Beteiligungsquoten an hochschulischer Bildung von Personen mit und ohne Migrationsgeschichte sowie migrationsspezifischer Unterschiede im Studium (vgl. Schwendowius 2015; Überblick bei Gülen 2021, S. 20-25, Jungbauer-Gans / Gottburgsen 2021; Hasenjürgen 2023). In der bundesdeutschen Gesellschaft wird im Jahr 2021 jeder vierten Einwohnerin / jedem vierten Einwohner nach Definition des Statistischen Bundesamtes ein Migrationshintergrund im engeren Sinne zugeordnet.[8] Im Bildungsbericht 2024 werden einwanderungsbezogene Unterschiede in der Bildungsbeteiligung in Abhängigkeit des Alters der Zuwanderung verhandelt, demnach sinkt die Bildungsbeteiligung junger Erwachsener ab einem Zuwanderungsalter von zehn Jahren: „Dies weist auf kritische Phasen der Integration hin, wonach die Eingliederung in das deutsche Bildungssystem umso herausfordernder wird, je später die Zuwanderung nach der Grundschulzeit erfolgt." (Bildungsbericht 2024, S. 79).[9] Dieser Befund spiegelt sich auch in den Hochschulabschlussquoten wider. So sinkt die Wahrscheinlichkeit einen Hochschulabschluss zu erreichen mit steigendem Alter zum Zeitpunkt der Einwanderung:

> „Deutlichere einwanderungsbezogene Unterschiede zeigen sich nach dem Alter zum Zeitpunkt der Zuwanderung. […]. Während Personen, die bei der Zuwanderung jünger als 3 Jahre waren, mit 24 % eine ähnlich hohe Hochschulabschlussquote aufweisen wie Personen ohne Einwanderungsgeschichte, sinkt diese auf 9 % für Personen, die im Alter von 14 bis unter 18 Jahren eingewandert sind. […] Ähnlich wie bei der Bildungsbeteiligung deutet dies auf kritische Phasen der Integration hin, wonach das Erreichen höherer Bildungsabschlüsse umso herausfordernder wird, je später die Zuwanderung erfolgt." (Bildungsreport 2024, S. 82 f.).

Bildungs- und Migrationsforschende verweisen auf die Pluralität der Migrationsgesellschaft und ihren diversen Lebensrealitäten. Sie kritisieren, dass eine Einteilung in Personengruppen von „mit und ohne Migrationshintergrund" verkürzt

---

8 Ein Migrationshintergrund wird nach dem Statistischen Bundesamt wie folgt definiert: „Eine Person hat einen Migrationshintergrund, wenn sie selbst oder mindestens ein Elternteil die deutsche Staatsangehörigkeit nicht durch Geburt besitzt." (Statistisches Bundesamt 2023b, S. 5). Zur kritischen Reflexion des Begriffs Migrationshintergrund siehe Scarvaglieri / Zech 2013; Fereidooni 2016, S. 23-36; Wojciechowicz 2018, S. 26 f.; Karakaş 2022.

9 Zur Diskussion von institutionellen Diskriminierungsrisiken und vorgelagerten schulischen Selektionsprozessen als ursächlich für unterschiedliche Teilhabe- und Beteiligungschancen an Hochschulbildung in der Migrationsgesellschaft siehe auch Ramírez-Rodríguez / Dohmen 2010; El-Mafaalani 2012; Stanat / Edele 2015; Kloß 2016; Mecheril / Kourabas / Rangger 2016; Lörz 2017; Wojciechowicz 2018).

und nicht zielführend sei, da „[...] die Gruppe der Kinder aus Zuwanderungsfamilien in sich ebenso heterogen ist, wie die Gruppe derer, die als „alteingesessen" gelten." (Hüpping 2017, S. 31; siehe auch Geiling et al. 2011; Geiling 2014; El-Mafaalani 2014a). Bei aller Kritik an der Unschärfe und den homogenisierenden Effekten der Konstruktionspraxis kann anhand der Unterscheidung in mit und ohne Migrationshintergrund aufgezeigt werden, dass in der bundesdeutschen Gesellschaft Bildungsbeteiligung, sozioökonomischer Status und die darüber abgeleiteten gesellschaftlichen Positionierungen ungleich verteilt sind und neben Kindern von Alleinerziehenden, besonders Kinder aus Familien mit Migrationsgeschichte überdurchschnittlich von einer finanziellen und bildungsbezogenen Risikolage betroffen sind (vgl. Bildungsbericht 2022, S. 49).[10]

Die Unterscheidungspraxis vom Gruppenkonstrukt mit und ohne Migrationshintergrund hat sich auch in Hochschulstatistiken und in der Hochschulforschung etabliert (vgl. Wojciechowicz 2018). Laut der 22. Sozialerhebung wird 17,3 % der Studierenden ein Migrationshintergrund zugerechnet. Studien und Untersuchungen verweisen dabei auf die signifikant häufigere niedrigere Bildungsherkunft der Eltern im Vergleich zur autochthonen Gruppe der Studierenden (vgl. Gülen 2021, S. 21 f.; Sudheimer/Buchholz 2021, S. 52; Kroher et al. 2023, S. 32; Bildungsbericht 2024, S. 82 f.). Bildungsforschende diskutieren die Bildungsherkunft als den entscheidenden Faktor für Studienerfolg und Studienbewältigung (vgl. Krempkow 2022, S. 15; Hasenjürgen 2023) und weniger die Frage nach der familiären Migrationsgeschichte.

2.2.1 Bildungsherkunft und die Wahrscheinlichkeit einer Studienaufnahme

Seit den 2010er-Jahren stehen die Bedeutung und der Zusammenhang von sozialer Herkunft und hochschulischer Bildungsungleichheit wieder stärker im Fokus von bildungswissenschaftlichen Diskursen (vgl. Blome 2023, S. 48 f.). Quantitative Studien, welche „[...] klassenspezifische Differenzen zugunsten herkunftsprivilegierter Studierender." (Blome 2023, S. 50) untersuchen, belegen mit zahlreichen Beispielen den Einfluss der sozialen Herkunft auf die Studienaufnahme, die Studiendauer und die Wahl vom Hochschultyp sowie die Studienerfolgswahrscheinlichkeit. Die Einordnung von Studierenden in unterschiedliche Herkunftsklassen orientiert sich dabei zumeist an den höchsten Bildungs- und Berufsab-

10 Der Bildungsbericht 2024 stellt ferner fest: „Im Sinne der Chancengleichheit verweist der stark erhöhte Anteil bildungsbezogener Risikolagen bei Kindern mit Einwanderungsgeschichte auf einen besonderen Handlungsbedarf. Hervorzuheben ist, dass nicht der die Einwanderungsgeschichte per se Ursache dieser Schwierigkeiten ist, sondern die in dieser Bevölkerungsgruppe kumulierenden sozioökonomischen Herausforderungen." (Bildungsbericht 2024, S. 53).

schlüssen der Eltern (vgl. Kroher et al. 2023). Seit der 20. Sozialerhebung löst die Kategorie „Bildungsherkunft“[11], die vormals verwendete Kategorie „soziale Herkunftsgruppe“ ab, die über die Bildungsabschlüsse der Eltern operationalisiert wird (vgl. Gronau 2017, S. 22). Die im Jahr 2023 veröffentlichte 22. Sozialerhebung (Kroher et al. 2023) verwendet die Bezeichnung Bildungsherkunft, mit der vier Gruppen von Studierenden anhand der höchsten Bildungsabschlüsse der Eltern unterschieden werden:

1. Gruppe 1: Studierende aus Familien, in denen höchstens ein Elternteil die Hochschulreife und/oder einen beruflichen Abschluss (ohne Hochschulabschluss) erworben hat.
2. Gruppe 2: Studierende aus Familien, in denen beide Eltern die Hochschulreife oder einen beruflichen Abschluss (ohne Hochschulabschluss) erworben haben.
3. Gruppe 3: Studierende aus Familien, in denen ein Elternteil einen Hochschulabschluss erworben hat.
4. Gruppe 4: Studierende aus Familien, in denen beide Eltern einen Hochschulabschluss erworben haben. (vgl. Kroher et al. 2023, S. 28).

Die Sozialerhebung vom DZHW, welche regelmäßig die sozioökonomische und psychosoziale Situation der Studierenden in der Bundesrepublik erhebt, stellt auch in der 22. Sozialerhebung (Kroher et al. 2023) den Zusammenhang zwischen elterlichen Bildungsabschlüssen und der Wahrscheinlichkeit der Studienaufnahme heraus (vgl. Tab. 1). Aus einem Elternhaus, in welchem mindestens ein Elternteil über einen akademischen Abschluss verfügt, stammen 56% der Studierenden. Die Autor*innen resümieren, dass der Anteil von Studierenden, die aus einer akademisch gebildeten Familie kommen, stabil ist, hingegen der Anteil von Studierenden, die ohne akademische Bildungsherkunft ein Studium an einer Hochschule aufgenommen haben, in den letzten 30 Jahren gesunken ist (Kroher et al. 2023, S. 28).

Zwischen 70% und 80% der Studienberechtigten entscheiden sich (früher oder später) für eine Studienaufnahme (vgl. Bildungsbericht 2024, S. 212). Übergangsquoten unterscheiden sich u. a. nach Art der Zugangsberechtigung (Abitur oder Fachhochschulreife). Studienberechtigte aus Elternhäusern ohne akade-

11 Die in der 21. Sozialerhebung verwendete Typisierung der Bildungsherkunft in „niedrig“ (1), „mittel“ (2), „hoch“ (3) und „gehoben“ (4) (vgl. 21. Sozialerhebung Middendorff et al. 2017, S. 9 f.) wird in der 22. Sozialerhebung nicht mehr verwendet. Studierende, die der Bildungsherkunft „niedrig“ und „mittel“ zugeordnet wurden, wurden im Studierendensurvey auch zusammenfassend als „Bildungsaufsteiger*innen“ benannt, während Studierende mit einer Bildungsherkunft „hoch“ und gehoben“ der „akademischen Reproduktion“ zugerechnet wurden (Grunau 2017, S. 22 f.). Auch wenn diese Begrifflichkeiten in der 22. Sozialerhebung nicht mehr zur Anwendung kommen, bleibt das Unterscheidungsmerkmal in akademische und nicht-akademische Bildungsherkunft.

Tabelle 1: Elterlicher Bildungsstand von Studierenden von 1991 – 2021 (in %)

Bildungsherkunft	1991	1994	1997	2000	2003	2006	2009	2012	2016	2021
Ein Elternteil mit Hochschulreife oder beruflichem Abschluss	21 %	20 %	16 %	13 %	11 %	10 %	10 %	9 %	12 %	12 %
Beide Eltern mit Hochschulreife oder beruflichem Abschluss	43 %	45 %	44 %	43 %	43 %	39 %	39 %	41 %	36 %	32 %
Ein Elternteil mit Hochschulabschluss	24 %	23 %	24 %	25 %	26 %	28 %	27 %	28 %	28 %	29 %
Beide Eltern mit Hochschulabschluss	12 %	12 %	16 %	19 %	20 %	23 %	24 %	22 %	24 %	27 %

Quelle: Verändert nach Kroher et al. 2023, S. 28, Abb. 2.15.

mische Bildungsabschlüsse streben häufiger zunächst eine Berufsausbildung an[12] als Studienberechtigte aus Elternhäusern mit einem akademischen Bildungsabschluss. Diese nehmen häufiger direkt nach Erwerb der Hochschulreife ein Hochschulstudium auf (vgl. Isleib 2019, S. 311; Ordemann/Peter/Buchholz 2023, S. 48). Ferner wird in der 22. Sozialerhebung auf den Unterschied der sozialen Herkunft von Studierenden an Fachhochschulen (Hochschulen für angewandte Wissenschaften)[13] und Universitäten verwiesen: Die Verteilung zeigt deutliche Unterschiede zwischen den Hochschularten. Im Sommersemester 2021 überwiegt an den Universitäten die akademische Herkunft: Mehr als 60 % der Studierenden haben mindestens einen Elternteil mit Studienabschluss. An den Fachhochschulen trifft dies hingegen nur auf 49 % der Studierenden zu (Kroher

12 Ordemann/Peter/Buchholz (2023) verweisen darauf, dass die Entscheidung gegen einen Studieneintritt mit Erreichen der Hochschulzugangsberechtigung meist keine endgültige ist und teils zu einem späteren Zeitpunkt ein Studium aufgenommen wird: „Vielmehr ist die berufliche Ausbildung oftmals eine „Sowohl-als-auch“-Option und damit ein wichtiger Weg in ein Studium. Dies wird besonders deutlich an den ausschließlich schulisch qualifizierten Studienberechtigten, die nach der Hochschulreife zunächst in eine berufliche Ausbildung „abgelenkt“ werden. Mit diesem alternativen Weg über die Berufsausbildung können nicht-akademische Herkunftsgruppen in ihrer Studierwahrscheinlichkeit zu Studienberechtigten aus Akademiker*innenfamilien aufschließen, auch wenn sie diese nicht erreichen.“ (Ordemann/Peter/Buchholz 2023, S. 70).

13 Seit 2005 hat sich der Trend in Deutschland durchgesetzt, dass sich Fachhochschulen entsprechend der Regelung des jeweiligen Bundeslandes als University of Applied Science and Arts (UAS); Hochschule für angewandte Wissenschaft (HAW), Hochschule (HS) oder Technische Hochschule (TH) bezeichnen. In der amtlichen Hochschulstatistik wird hingegen weiter die Begrifflichkeit Fachhochschule verwendet (vgl. Bildungsbericht 2024, S. 202).

et al. 2023, S. 28 f.).[14] Diese nach Bildungsherkunft unterschiedlich verteilte Teilhabe an Hochschulbildung von Studienberechtigten wird auch als „Ablenkungsthese“ (vgl. Becker / Hecken 2008) diskutiert. Sie besagt, dass Studienberechtigte aus nicht-akademischen Haushalten signifikant häufiger auf berufliche Ausbildungen (und / oder auf ein Studium an Fachhochschulen) umgelenkt werden. Dies gilt als Beleg für das sozial selektiv wirkende Bildungssystem (vgl. Bargel 2007, S. 3; Rheinländer 2014, S. 253; Merkel 2015, S. 51; Müller / Pollak 2016). Dass sich besonders Bildungsaufsteiger*innen häufiger für ein Studium an einer Fachhochschule bzw. Hochschule für angewandte Wissenschaften entscheiden, wird von Hochschulforschenden verknüpft mit ihren Erwartungen, an einer Fachhochschule ein am praktischen Berufsbild orientiertes Studium vorzufinden (vgl. Merkel 2015, S. 51). Darüber hinaus ist für Bildungsaufsteiger*innen bei der Wahl einer Hochschule ausschlaggebend, dass zu den Lehrenden, aufgrund einer zugesprochenen praktischen Berufsbiografie, eine größere soziale Nähe vermutet wird und mögliche Hürden in der Kommunikation und Ansprechbarkeit des Lehrpersonals als geringer angesehen werden (vgl. Rheinländer 2014).[15]

2.2.2 Bildungsherkunft und Benachteiligung im Studium

Bildungsforscher*innen sind sich einig in der Bedeutung der sozialen Herkunft für die Aufnahme eines Studiums und den Befund, „[...] dass Personen, deren Eltern keine Akademiker:innen sind, beim Übergang zu einem Hochschulstudium und auch innerhalb des Studiums strukturell benachteiligt werden.“ (Stoll 2022, S. 6). Uneinigkeit herrscht jedoch in der Verwendung von Begrifflichkeiten für Studierende, die aus keinem akademischen Haushalt stammen: Gruppenbezogene Bezeichnungen wie „Arbeiterkinder“ und „Bildungsaufsteiger*innen“ werden teils synonym verwendet, z. B. bei Büchler (2012):

---

14 Zum Vergleich von sozioökonomischen Merkmalen zwischen Studierenden an privaten Hochschulen und staatlichen Hochschulen siehe Herrmann 2022; Bildungsbericht 2024, S. 205 ff.

15 Ausführlich setzt sich Evertz (2023) in einer qualitativen Untersuchung von Fachhochschulstudierenden im Fächervergleich Soziale Arbeit und Maschinenbau mit Passungsverhältnissen im Studium auseinander. Anhand des Forschungsstands und Ergebnissen aus qualitativen Studien zu Studienverläufen an Fachhochschulen (vgl. Evertz 2023, S. 19-23) kommt sie zu dem Ergebnis: „Qualitative soziologische oder erziehungswissenschaftliche Studien, die Fragen nach sozialer Ungleichheit und Studium nachgehen, konzentrieren sich hauptsächlich auf Universitätsstudierende und oftmals auf Bildungsübergänge bzw. -entscheidungen. Vergleichsweise unterbelichtet sind das Erleben und die Umgangsweisen von Fachhochschulstudierenden in der Phase des Studierens bzw. des Studienverlaufs.“ (Evertz 2023, S. 35). Ferner betont sie, „[...] dass sich die empirischen Ergebnisse zur Situation und zum Erleben von Studierenden an Universitäten nicht ungeprüft auf Fachhochschulstudierende übertragen lassen [...]. Zudem ist von erheblichen Unterschieden zwischen den Studienfächern auszugehen [...].“ (Evertz 2023, S. 35).

> „Um die Bildungsnähe bzw. Bildungsferne der Studierenden möglichst neutral zu verbalisieren, werden im Wesentlichen die „Bildungsaufsteiger“ den „Akademikerkindern“ gegenübergestellt. Synonym für Erstere wird darüber hinaus der als klassisch geltende Begriff der „Arbeiterkinder“ verwendet. „[…] Arbeiterkinder bzw. Bildungsaufsteiger werden definiert als Personen, deren Eltern nicht studiert haben und die aufgrund ihrer sozialen Herkunft Benachteiligungen im Hochschulsystem erfahren. Akademikerkinder haben hingegen mindestens einen Elternteil, der einen Hochschulabschluss aufweisen kann. (Büchler 2012, S. 10).

Hochschulforschende, die mit den Daten vom Konstanzer Studierendensurvey arbeiten (Multrus 2007; Bargel/Bargel 2010; Dippelhofer-Stiem 2017), grenzen die Definition „Arbeiterkinder“ hingegen deutlicher anhand der beruflichen Stellung der Eltern ab. Dippelhofer-Stiem (2017) definiert diejenigen Studierenden als Arbeiterkinder, „[…] die wenigstens einen Elternteil als dieser beruflichen Stellung zugehörig einordnen und den anderen Elternteil nicht als Angestellte, Beamte oder Selbstständige ausweisen.“ (Dippelhofer-Stiem 2017, S. 11). Der prozentuale Anteil dieser Studierendengruppe beziffert sie mit lediglich 6 % (Dippelhofer-Stiem 2017, S. 11). Auch „Akademiker*innenkinder“ werden teils ausdifferenziert betrachtet. Multrus (2007) unterscheidet Studierende aus einem doppelt akademischen Haushalt und Studierende mit einem akademischen Elternteil (unter Berücksichtigung, ob Vater oder Mutter studiert haben) und stellt diese beiden Gruppen Studierenden aus Haushalten ohne akademisches Elternteil gegenüber. Er arbeitet heraus, dass sich auf Grundlage der unterschiedlichen Bildungsherkünfte der drei Gruppen die Erwartungen an ein Studium sowie die Strategien, mit denen das Studium möglichst erfolgreich bewältigt werden soll, unterschiedlich gestalten.[16] Die größten Unterschiede zwischen den drei Gruppen von Studierenden zeigen sich bei Studierenden ohne – und mit doppelt akademischem Elternhaus. Multrus bescheinigt den Studierenden ohne akademische Vorbilder in der Kernfamilie, im Vergleich zu ihren Kommiliton*innen aus einem doppelt akademischen Haushalt eine höhere Orientierung an einer berufsbezogenen Fachlichkeit im Studium und eine höhere Belastung durch Erwerbstätigkeit neben dem Studium. Ferner stellt er eine geringere Identifikation mit dem Studienfach und der getroffenen Studienentscheidung fest sowie eine größere Distanz zu hochschulischen Angeboten, wie z. B. Auslandssemestern, wissenschaftlichen Hilfskraftstellen und Promotionsabsichten. Auch zeigen die Studierenden aus nicht-akademischen Haushalten eine häufigere Neigung zu Studienzweifeln und Abbruchgedanken. Demgegenüber präsentieren Studierende aus einem doppelt akademischen Haushalt eine größere Sicherheit und

16 Einigkeit herrscht hingegen unter allen Studierendengruppen, was ein erfolgreiches Studium ausmacht. Hierzu zählen u. a. eine gute Examensnote und ein schneller Studienabschluss (Multrus 2007, S. 16).

Selbstverständlichkeit in der Wahl eines Studiums. Sie weisen eine höhere Identifikation mit Studium und Studienfach auf, sind weniger häufig mit finanziellen Belastungen konfrontiert und zeigen eine geringere Neigung zu Fachwechsel und zum Studienabbruch. Im Studium nehmen sie häufiger Angebote der Hochschule wahr, wie z. B. Auslandaufenthalte, studentische Hilfskraftstellen und die Mitarbeit an Forschungsprojekten. Auch gehört der Schritt zur Promotion häufiger zu einem weiteren Ausbildungsziel. Multrus schließt mit der Aussage:

> „Studierende aus akademischen Familien scheinen das Studium mehr als weitreichenden Bildungsplan anzusehen, anstatt nur als Berufsvorbereitung. Sie suchen stärker nach wissenschaftlichen und übergreifenden Erfahrungen, um ihre fachliche Ausbildung abzurunden. Die Erfahrungen der Eltern sowie deren Mitgaben an kulturellem und ökonomischem Kapital erleichtern ihnen eine Studienführung, die wichtige Qualifikationen einschließt und einen weiteren akademischen Karriereweg ermöglicht. Veränderungen fordern sie weniger, sondern zeigen sich traditionalistisch und wollen das Bewährte erhalten." (Multrus 2007, S. 41).

Bargel / Bargel (2010) schließen mit einer Expertise für die Hans-Böckler-Stiftung über soziale Ungleichheit und Benachteiligung im Studium an. Sie diskutieren die weitreichenden Auswirkungen der sozialen Herkunft von Studierenden auf die Bewältigung der Studienbedingungen, den Studienverlauf und den Studienerfolg. Auf Grundlage von empirischen Befunden benennen und analysieren sie unterschiedliche Felder sozialer Ungleichheit im Feld der Hochschule, auf denen die Benachteiligung von Arbeiterkindern[17] im Studium, mal mehr, mal weniger sichtbar verläuft und resümieren:

> „Die sozialen Ungleichheiten im Studium umfassen eine Palette von Erscheinungsformen: Sie reichen von manifesten Diskriminierungen und Benachteiligungen, über Beeinträchtigungen und Hemmnisse bis hin zu Zurücksetzungen und erschwerenden Bedingungen." (Bargel / Bargel 2010, S. 7.

In der Expertise diskutieren sie die Erscheinungsformen sozialer Ungleichheit u. a. anhand der Einbindung in das Studium, dem Zugang zu Angeboten und Chancen, der Verfügbarkeit von finanziellen, sozialen und kulturellen Ressourcen sowie den Unterstützungsmaßnahmen zur Studienbewältigung und den Fördermöglichkeiten im Studium (vgl. Bargel / Bargel 2010, S. 7f).

Am offensichtlichsten scheint die Finanzierung: Studieren kostet Geld. Benachteiligt sind diejenigen, die auf keine bzw. geringe finanzielle Unterstützung

---

17 Zur Bestimmung der sozialen Herkunft siehe Bargel / Bargel 2010, S. 6 f. Begriffsdefinition sozialer Zugehörigkeit und Kategorisierung sozialer Herkunft in der Hochschulforschung ausführlich bei Dippelhofer-Stiem (2017).

aus dem Elternhaus zurückgreifen können (vgl. Bargel 2007; Büchler 2012; Dippelhöfer-Stiem 2017; Multrus et al. 2017, Dohmen et al. 2021). Die Auswirkungen zeigen sich häufig in zusätzlicher Erwerbsarbeit parallel zum Studium, was zu einem verlängerten bzw. verzögerten Studium führen kann.[18] Auch ist mit der Problematik der Finanzierung keine oder nur eine eingeschränkte Mobilität im europäischen Hochschulraum (z. B. Auslandssemester) verbunden, was sich wiederum als Nachteil im Wettbewerb um die beruflichen Positionierungen auswirken kann (vgl. Kroher et al. 2023, S. 8). Bargel/Bargel verweisen auf den geringen Anteil der Studierenden, die durch ein Stipendium gefördert werden (vgl. Bargel/Bargel 2010, S. 41 f.) oder Leistungen nach dem Bundesausbildungsförderungsgesetz (kurz BAföG) erhalten (vgl. Bargel/Bargel 2010, S. 52). Dabei betonen sie die kompensatorische Wirkung von BAföG-Leistungen für bestimmte Sozialgruppen:

> „Das BAföG ist nicht belanglos, es ist vielmehr außerordentlich bedeutsam für das Studium von Bildungsaufsteigern und insbesondere Arbeiterkindern. Unzureichendes BAföG zementiert soziale Ungleichheiten und schadet der Studienqualität insgesamt, insofern sie Studierende von einem aktiven und konsistenten Studium abhält." (Bargel/Bargel 2010, S. 14 f.).

50 Jahre nach der Einführung vom BAföG ist die Quote der teilgeförderten Studierenden, trotz ansteigender Studierendenzahlen rückläufig. Der Anteil der Studierenden, die BAföG-Leistungen erhalten, ist seit der Studie von Bargel/Bargel (2010) gesunken. Demnach wurden im Jahr 2022 489.300 Studierende durch BAföG-Leistungen gefördert (vgl. Sozialbericht 2024, S. 116 f.). Zum Vergleich: Im Jahr 2010 waren es 592.430 Studierende (vgl. Statistisches Bundesamt 2024). Hingegen die Ausgaben für das BAföG über eine höhere Anzahl an ausgezahlten Höchstsätzen gestiegen ist. Der Anteil von Arbeiterkindern (hier anhand der beruflichen Stellung des Vaters errechnet), die BAföG-Leistungen beziehen, wird als unverändert hoch eingestuft.[19] In einer Untersuchung der Entwicklungen der ökonomischen Situation der Studierenden auf Grundlage von drei Sozialerhebungen wird hingegen kritisiert:

> „Die BAföG-Förderung verliert übergreifend an Bedeutung, was sich insbesondere in sinkenden Gefördertenquoten, oft aber auch in niedrigeren durchschnittlichen Förderbeträgen widerspiegelt. Besonders betroffen sind dabei Studierende aus Nicht-Akademiker:innen-Familien, bei denen die Gefördertenquoten um rund ein Drittel

18 Zu studentischer Erwerbstätigkeit (Zeitaufwand, Motive und Gründe) siehe die Ergebnisse der 22. Sozialerhebung (Kroher et al. 2023, S. 8 f.).

19 Vgl. Pressemitteilung Nr. N 052 vom Statistisches Bundesamt (31. August 2021): 50 Jahre BAföG: Weniger geförderte Personen, Förderbeträge steigen.

zurückgeht. Bei Studierenden aus Akademiker:innen-Familien ist der relative Rückgang der Gefördertenquoten kaum weniger dramatisch, jedoch auf niedrigerem Niveau." (Dohmen et al. 2021, S. 3).

Die Studie thematisiert, dass Studierende aus Sorge vor Verschuldung erst gar keinen Antrag stellen würden. Die Forschenden schließen sich den Forderungen vom Deutschen Studentenwerk, Studierendenvertretungen und Gewerkschaften an, die seit Jahren eine Reformierung des Bundesausbildungsförderungsgesetzes fordern.[20] Die Aktualität der Finanzierungsproblematik wurde im Bildungsbericht 2022 mit den Auswirkungen der Coronapandemie verknüpft. Studierende waren besonders und systematisch von wegfallenden Jobs während des Lockdowns (z. B. in der Gastronomie) betroffen. Auch die Finanzierung durch die Eltern war teils in der Pandemie nicht mehr gesichert, wenn auch die Eltern pandemiebedingte Einkommenseinbrüche zu verzeichnen hatten (Bildungsbericht 2022, S. 213).

Neben der Verfügbarkeit über Mittel zur Finanzierung des Studiums (und der Ermöglichung von Mobilität im Studium) benennen Bargel/Bargel (2010) das „soziale Klima" (Bargel/Bargel 2010, S. 21) an der Hochschule als einen besonderen Faktor für Bildungsaufsteiger*innen, um sich das Studium anzueignen (siehe auch Schmitt 2010; Büchler 2012; El-Mafaalani 2012, El-Mafaalani 2014a; Multrus et al. 2017). Sie attestieren Studierenden aus nicht-akademischen Haushalten eine „[…] geringere soziale Sicherheiten im Universitätsmilieu." (Bargel/Bargel 2010, S. 21), die nicht nur auf Belastungen durch die Studienfinanzierung zurückzuführen sind, sondern auch auf „[…] fehlende kulturelle Standards des Umgangs." (Bargel/Bargel 2010, S. 21). Büchler (2012) schließt an Bargel/Bargel (2010) an. Zunächst stellt sie fest, dass es an Untersuchungen mangelt, die sich der Bewältigung des Studienalltags von Studierenden unter Berücksichtigung der Auswirkungen der sozialen Herkunft widmet. Sie arbeitet heraus, dass es besonders Studierenden aus nicht-akademischen Haushalten an sozialem Kapital im Sinne eines familiären Rückhaltes fehlt. So macht sich die soziale Distanz der Eltern gegenüber einem Hochschulstudium, z. B. in einer fehlenden Unterstützung bezüglich der Studienentscheidung und der Studienwahl bemerkbar:

> „In Familien ohne akademischen Hintergrund herrscht gegenüber dem Studium oft ein neutrales bis despektierliches Klima (vgl. Theling 1986: 66). Dem Studienwunsch von bildungsfernen Studierenden wird in Folge dessen nicht selten mit Ablehnung

20 Mit der Verkündung des 29. BAföG-Änderungsgesetzes am 24. Juli 2024 im Bundesgesetzblatt treten einige Änderungen in Kraft. Neben der Erhöhung der BAföG Sätze um fünf Prozent beinhaltet das Änderungsgesetz eine Studienstarthilfe für Studienanfänger*innen aus einkommensschwachen Haushalten (vgl. BGBl. 2024 I Nr. 249 vom 24.07.2024).

begegnet, aber auch Gleichgültigkeit oder Hilflosigkeit seitens der Eltern sind gängige Reaktionen. Aversionen oder Desinteresse sind vielfach das Resultat von mangelnder Erfahrung und Wissen über den tertiären Bildungssektor." (Büchler 2012, S. 22).

Büchler schlussfolgert, dass gerade die Eltern mit ihrem Wissen um die Interessen, Stärken und Schwächen ihres Kindes wenige Orientierungshilfen in dem für sie fremden Feld der Hochschule geben können. So fehlt es den Bildungsaufsteiger*innen an der Weitergabe von Erfahrungen und (realistischen) Vorstellungen aus dem akademischen Alltag durch Personen aus dem Familien- und Freundeskreis. Büchler fasst zusammen, dass die Gruppe der Bildungsaufsteiger*innen bei Studienbeginn darüber häufiger mit Problematiken konfrontiert sind, etwa dass ihre Erwartungen und Vorstellungen nicht erfüllt werden und sie sich mit Demotivation und Unsicherheiten auseinandersetzen müssen. Was Auswirkungen insbesondere auf die Wahrnehmung vom sozialen Klima, auf die Kommunikation mit Lehrenden und Kommiliton*innen, auf die Organisation und die Inhalte eines Studiums haben kann:

> „Die Wechselwirkung von Unsicherheit, dem Gefühl „nicht hierher zu gehören" und fehlendem Sozialkapital, manifestiert sich bei Bildungsaufsteigern in einer immanenten Zurückhaltung gegenüber der Alma Mater wohingegen eine entsprechende Bindung an die Hochschule erschwert wird." (Büchler 2012, S. 25).

Mit Verweis auf das Habituskonzept von Bourdieu stellt Büchler heraus, dass geringes soziales und kulturelles Kapital zu Passungsschwierigkeiten im Studium führen. Büchler spricht auch von dem „[...] Missverhältnis zwischen dem Herkunftshabitus und dem akademischen Habitus [...]" (Büchler 2012, S. 30), welches seinen Ausdruck in Unsicherheit und Bewältigungsstrategien von Abgrenzung und Distanzierung finden kann. Die Sorge, die Erwartungen und Anforderungen im Studium nicht bedienen zu können, beinhaltet stets eine Gefahr der Selbsteliminierung. Dabei verweist Büchler auf den Befund, dass die Leistungen der unterschiedlichen sozialen Gruppen im Studium sich kaum voneinander unterscheiden, jedoch die unterschiedlichen Bedingungen, unter denen studiert wird, für die Bildungsaufsteiger*innen dazu führen, dass diese die größeren Schwierigkeiten haben, ihre Leistungen abzurufen.

Dippelhofer-Stiem (2017) legt eine Studie vor, in der sie mit Daten des Konstanzer Studierendensurveys die Benachteiligung von Arbeiter*innenkindern im Studium untersucht. Sie schließt in ihrer Analyse an Ergebnisse von Multrus (2007) und Bargel/Bargel (2010) an (etwa bezüglich Fachidentifikation, finanzieller Situation, soziale Distanz zu Kommiliton*innen, Einbindung und soziale Teilhabe im Studium, Schwierigkeiten und Belastung durch Leistungsanforderungen) – und zeigt deutlich eine größere Anstrengung der Studierenden auf, die mit einem (mühsamen) Bildungsaufstieg verbunden werden. Sie stellt fest, dass sich die Probleme und Belastungen im Studienverlauf verändern, nicht aber die Studienstrategien, was für Kinder aus unteren Sozialschichten zu höheren Belastungen führt.[21] Dass die Ergebnisse der hier zitierten Studien grundsätzlich nicht an Aktualität verloren haben, belegt u. a. der Abschlussbericht vom Hochschul-Bildungs-Report 2020 (Stifterverband 2022). Im Anschluss an den Bildungstrichter (Kracke/Middendorff/Buck 2018) werden als zentrale Hürden für Kinder aus nicht-akademischen Haushalten im Übergang von Schule zu Hochschule die folgenden Punkte diskutiert, die sich auch im Studienalltag als besondere Herausforderungen auswirken: Mentale Barrieren[22], Kompetenznachteile, Informationsdefizite und die Finanzierung des Studiums. Auch werden die Auswirkungen der Corona-Pandemie als mögliche Benachteiligung für Chancengleichheit benannt (vgl. Stifterverband 2022, S. 88 f.).

2.3 Kulturwandel oder defizitärer Blick? Der hochschulische Diskurs um die Heterogenität der Studierenden

Was über diese ersten Hinleitungen zum Thema erkennbar wird, ist, dass neben den Studierenden aus akademisch geprägten Haushalten, für die eine Studienaufnahme ein selbstverständlicher Teil der Berufslaufbahn und Karriereplanung darstellt, auch die heterogene Gruppe der Bildungsaufsteiger*innen, die ohne (familiäre) akademische Vorbilder ein Studium aufnehmen, sowie die unterschiedlichen Gruppen von beruflich Vorgebildeten an hochschulischer Bildung partizipieren. Die Studierendenschaft ist heterogen zusammengesetzt. Im Folgenden wird eingeordnet, wie die Heterogenität von Studierenden im aktuellen hochschulpolitischen Diskurs mit dem Begriff von Diversität verbunden wird und welcher Stellenwert dabei der sozialen Herkunft zugeschrieben wird.

Laut Hochschulstatistik waren im Wintersemester 2022/2023 2,92 Mio. Studierende an deutschen Hochschulen eingeschrieben (vgl. Statistisches Bundes-

21 Trotzdem Dippelhofer-Stiem (2017) die Aspekte der Benachteiligung der Gruppe der Arbeiter*innenkinder deutlich herausarbeitet, betont sie mehrfach, dass sich die Unterschiede zwischen den Sozialgruppen nicht auf alle Bereiche im Studium beziehen würden und endet: „[…] denn trotz mancher Beeinträchtigung sind bei den Arbeiterkindern die Wertschätzung der akademischen Bildung, das Wohlgefallen am Studium und der Eindruck, von der Universität in den allgemeinen Kompetenzen und Fähigkeiten gefördert zu werden, genauso weit verbreitet wie in den anderen Herkunftsgruppen.“ (Dippelhofer-Stiem 2017, S. 144).

22 Hasenjürgen (2023) verweist in einem Beitrag zur Bildung in der postmigrantischen Gesellschaft auf die Kritik am vom Stifterverband verwendeten Begriff der *„mentalen Barrieren“* (Stifterverband 2022, S. 47; S. 88; S. 89; S. 92). Die Formulierung würde Gefahr laufen, weniger die Hochschulen als Problemverursacher für Erststudierende zu benennen, als, „[…] dass der mehrmalige Verweis auf so genannte mentale Hürden auch als individuelle Schuldzuweisungen an nicht-traditionelle Studierende, die den Normalitätskonstrukten nicht entsprechen oder ihnen zu widersprechen scheinen, gelesen werden kann.“ (Hasenjürgen 2023, S. 79).

amt 2023a). Dass sich die Studierendenzahlen auf einem hohen Niveau bewegen, wird als Beleg dafür gesehen, dass sich die Hochschulzugangsberechtigung zu einem „*Massenzertifikat*" (Domke 2017, S. 293; siehe auch Lörz 2017) gewandelt hat. Die Öffnung der Hochschulen ist auf der einen Seite volkswirtschaftlich und arbeitsmarktpolitisch aus Gründen von Fachkräftemangel, demografischem Wandel und Wettbewerbsvorteil gewollt. Ferner ist diese Entwicklung aus (bildungs)politischen Prozessen abzuleiten: Hochschulreformen, Veränderungen in der Steuerung, in Studiengängen und Studienstrukturen betreffend, haben „[...] das Selbstverständnis der Hochschulen ins Visier genommen [...]." (Buß et al. 2018, S. 11). Auf der anderen Seite ist der Umgang mit der Heterogenität der Studierendenschaft an Hochschulen eine umkämpfte Fragestellung. Wie die Integration aller sozialen Gruppen, die an die Hochschulen streben (bzw. schon längst Teil der Studierendenschaft sind), gewährleistet werden kann, bleibt mit vielen Widersprüchen verbunden (siehe auch Wielepp 2013; Bülow-Schramm 2015; Hanft/Zawacki-Richter/Gierke 2015; Buß et al. 2018; Bargel 2020). So wird die Vielfalt in der Studierendenschaft von hochschulischen Akteuren nicht nur begrüßt, sondern auch negativ konnotiert und aus einer defizitorientierten Perspektive als Herausforderung mit Konfliktpotenzial und Niveauabsenkung übersetzt (Wiepell 2013; Seidel 2014; Schulze et al. 2015; Bülow-Schramm 2016; zur Einstellung von Hochschullehrenden bezüglich sozialer Öffnung siehe auch Rheinländer/Fischer 2018).

> „Heterogenität wird dabei vielfach mit mangelnder Studierfähigkeit gleichgesetzt, also als Defizit der Studierenden angesehen, dem mit verschiedenen Maßnahmen wie Beratungsangeboten, Brückenkursen oder Tutorien begegnet werden soll. Dahinter steht die Erwartung, Studierende an die Anforderungen eines Studiums anpassen zu können, ohne dieses selbst verändern zu müssen." (Hanft/Zawacki-Richter/Gierke 2015, S. 13).

Hanft/Zawacki-Richter/Gierke (2015) ordnen das Thema „Heterogenität der Studierenden" in die Entwicklungsgeschichte der Hochschule ein. Sie zeigen auf, dass die Historie der tertiären Bildung durchzogen ist von Machtkämpfen und Abwehrhaltungen, die sich anhand von ideologisch geführten Debatten um Studierfähigkeit und Eignung von Studierenden nachzeichnen lässt und vor allem dazu diente, Machtverschiebungen zu verhindern und bestimmten sozialen Gruppen den Zutritt zur hochschulischen Bildung so lange wie möglich zu verweigern und zu erschweren. Als Ergebnis dieser Abwehrkämpfe hat sich in der Bundesrepublik das Hochschulsystem immer weiter ausdifferenziert. So können arbeitsmarktpolitische Forderungen nach mehr hochqualifizierten Arbeitskräften bedient, auf politisch-gesellschaftliche Veränderungsprozesse reagiert und zeitgleich der elitäre Charakter von Hochschulbildung weiter aufrechterhalten werden. Ein Beispiel hierfür war die Einführung von Fachhochschulen Ende der 1960er-Jahre (vgl. Müller/Reimer/Schindler 2011; Schulmeister 2018). Der Zugang zu hochschulischer Bildung wird auf der einen Seite durch die Fachhochschulen durchlässiger und auf der anderen Seite kann ein exklusiver Bildungsanspruch für die Universitäten weiter ausgebaut werden, indem der Zutritt über bestimmte (Ausschluss)Kriterien geregelt wird. Zum Beispiel, indem der Zugang zur Universität denjenigen vorbehalten bleibt, die über vorgelagerte schulische Selektionsmechanismen eine Studienberechtigung über die gymnasiale Oberstufe mit dem Abitur abschließen. Auch Studiengänge, die mit einem Staatsexamen beendet werden, bleiben Hoheitsgebiet der Universitäten. Ferner ist das Promotionsrecht bislang (noch) den Universitäten vorbehalten.[23] Ein weiteres hochschulisches Steuerungsinstrument stellt die Zugangsbeschränkung für bestimmte Studiengänge dar, wie z. B. der Numerus clausus, Auswahlgespräche und Eingangsprüfungen, aber auch die Regelungen zum Übergang von Bachelor- zu Masterstudiengängen (vgl. Kreckel 2015). Durch die exkludierende Wirkung bleibt somit die Homogenität der sozialen Zusammensetzung von Studierenden für bestimmte Studienfächer erhalten (vgl. Bülow-Schramm 2016), zumindest wird der Zugang neuen sozialen Gruppen erschwert.

Wielepp (2013) arbeitet heraus, dass es hochschulischen Akteuren schwerfällt, sich von ihren Vorstellungen, die sich in der Figur des traditionellen Normstudierenden manifestiert, zu verabschieden und diese immer noch eine Referenzgröße bildet, an der sich Lehrveranstaltungen und Serviceangebote im Studium ausrichten. Lange Zeit dominierte an Hochschulen ein Bild vom „klassischen Normalstudierenden", welcher sich u. a. über Merkmale wie eine hohe Bildungsherkunft, Kinderlosigkeit, Bildungsinländer mit Vollzeitstudium auszeichnete (Buß al. 2018, S. 124 f.; siehe auch Wielepp 2013, S. 367; Lübben/Müskens/Zawacki-Richter 2015; Wolter/Banscherus 2015 S. 27). In der 21. Sozialerhebung (Middendorff et al. 2017) wurde der Typus „Normalstudierende" über die Kategorie „Bezugsgruppe Fokustyp" ersetzt. Übereinstimmungen fanden sich in der Definition von ledig, alleine (oder in einer WG) wohnend bzw. wirtschaftend, ohne ersten Hochschulabschluss (außer Bachelor-Abschluss bei Master-Studierenden) und in einem Vollzeit-Präsenz-Studium eingeschrieben. Die Autor*innen der 22. Sozialerhebung (Kroher et al. 2023) verzichten mittlerweile bewusst auf generalisierende Zuschreibungen, die sie aufgrund der wachsenden Heterogenität in der Studierendenschaft als nicht mehr zutreffend erachten:

23 In einigen Bundesländern haben Hochschulen für angewandte Wissenschaft hochschulübergreifende Promotionszentren eingerichtet, die für spezifische Forschungsschwerpunkte und ausgewählte Fachrichtungen ein Promotionsrecht besitzen (z. B. Sachsen-Anhalt, Hessen). Auch existieren Promotionskollegs in Kooperationen mit Universitäten (z. B. NRW). Einen Überblick bietet die Dokumentation WD 8-3000-022/22 vom Wissenschaftlichen Dienst (Deutscher Bundestag 2022).

„Vor dem Hintergrund der heutigen Vielfalt der Studierendenschaft scheint eine Einschränkung auf eine spezifische Teilgruppe von Studierenden, nämlich Studierende im Erststudium, die in einem Vollzeit-Präsenzstudium eingeschrieben und unverheiratet sind sowie nicht bei ihren Eltern oder anderen Familienangehörigen wohnen, nicht mehr zeitgemäß [...]. Dies erscheint auch deshalb wichtig, weil die Auswertung der Daten aus dem Sommersemester 2021 zeigt, dass weniger als die Hälfte (46,8 Prozent) der befragten Studierenden dem bisher im Mittelpunkt stehenden Fokus-Typ entspricht." (Kroher et al. 2023, S. 13 f.).

Buß et al. (2018) stellen fest, dass die hochschulischen Akteure bezüglich der Erwartungen und Zuschreibungen an die Studierenden nach wie vor an bestimmten Sichtweisen festhalten. Diese Einschätzung machen sie an zwei entgegengesetzten Strategien von Hochschulen im Umgang mit der Vielfalt der Studierenden fest, die jeweils als Ausgangspunkt eine Homogenitäts- bzw. eine Heterogenitätsvorstellung setzen. Strategien, die auf einer Homogenitätsvorstellung beruhen, orientieren sich daran,

„[...] die unterschiedlichen Voraussetzungen der Studierenden möglichst anzugleichen und auf eine vorab definierte Mindestvorstellung von Befähigung (bspw. im Fach Mathematik) auszurichten. Daher führen Hochschulen Vor- und Brückenkurse sowie Beratungs- und Betreuungsmaßnahmen ein, die die Angleichung des Kenntnisstands und das „Ankommen" in der akademischen Welt ermöglichen sollen [...]." (Buß et al. 2018, S. 22).

Hingegen Strategien, die auf einer Heterogenitätsvorstellung beruhen, versuchen, das Curriculum an die Studierenden und ihre Bedarfe anzupassen, und

„[...] die bestehenden Studiengänge so zu flexibilisieren, dass sie in unterschiedlichen Studiengeschwindigkeiten und mit unterschiedlichen Voraussetzungen studierbar sind. Maßnahmen in diesem Kontext reichen von einer Flexibilisierung durch virtuelle Lehre, diversitätsgerechter Didaktik und hohe zeitliche bzw. inhaltliche Wahlmöglichkeiten bis hin zu Teilzeitvarianten der Vollzeitstudiengänge." (Buß et al. 2018, S. 22).

Beispielhaft für eine an Homogenitätsvorstellung orientierte Strategie im Umgang mit Vielfalt werden Projekte aus dem Qualitätspakt Lehre benannt. Durch den von 2011 bis 2020 vom BMBF finanzierten „Qualitätspakt Lehre"[24] wurden in zwei Förderphasen über 300 Hochschulen unterstützt. Ziel der Maßnahmen,

24 Für einen Überblick und eine abschließende Bewertung vom Qualitätspakt Lehre siehe auch den Abschlussbericht der Evaluation über den gesamten Förderzeitraum, der vom Zentrum für

die u. a. auch die Themen Heterogenität, Diversität und Gleichstellung an Hochschulen bearbeiteten (vgl. Klammer 2019, S. 58) war es, die Hochschulen bei der Qualitätssicherung und Verbesserung von Lehrqualität und in der Studierendenbetreuung zu unterstützen. Mit dem vom BMBF finanzierte Programm nimmt sich die Bildungspolitik dem Thema an und setzt als einen Schwerpunkt die Herausforderungen der zunehmenden Heterogenität der Studierendenschaft auf ihre Agenda (vgl. Mergner / Bosse 2018). Anhand der dominierenden Angebotsstrukturen des Qualitätspakts zeigte sich, dass teils das Interesse überwog, die Studierenden in der Studieneingangsphase auf die Erwartungen der Hochschule vorzubereiten, um sie in das bestehende System zu integrieren. Hier bildete eine defizitorientierte Perspektive den Ausgangspunkt für Unterstützungsangebote, die suggerieren, dass die zunehmende Heterogenität der Studierenden sich negativ auf die Leistungsnormen und Erwartungen der Hochschule auswirke. Dieser Umgang zeigt auf, „[...] dass Heterogenität im Studienverlauf dann doch weniger als Chance, die aus der Vielfalt entsteht, sondern eher als bearbeitungsbedürftiger und bearbeitbarer Risikofaktor der Ausbildungsqualität gilt.“ (Seidel 2014, S. 7). So kann an zahlreichen Beispielen im „Qualitätspakt Lehre“ nachgezeichnet werden, dass die Hochschulen sich schwer damit tun, ihre institutionellen und kulturellen Normvorstellungen zu reflektieren. Anhand der Konzipierung von Angeboten im Qualitätspakt kann gezeigt werden, dass die grundsätzliche Aufgabe der Herstellung von Passung als individuelle Problemlage in den Verantwortungsbereich der Studierenden delegiert wird und die Hochschule sich mehr in der Aufgabe sieht, die (möglichen) Defizite der Studierenden durch bestimmte Angebote an die Standards anzugleichen.

Klammer (2019) schließt sich in einem Beitrag zu Diversity Management und Hochschulentwicklung der Einschätzung an, dass ein umfassender Kulturwandel an der Hochschule erforderlich sei, um einen „[...] adäquaten Umgang mit Vielfalt und Heterogenität [...].“ (Klammer 2019, S. 60) anzustreben. Sie zeichnet nach, wie das Konzept von Diversity Management in den Leitlinien und Zielen von Hochschulen Einzug findet, um Diversitätsaspekte in Planung und Steuerungsprozessen zu integrieren und dabei sowohl wirtschaftliche Interessen (z. B. Kosteneinsparung durch Verhinderung von Studienabbrüchen) als auch die Interessen der Gleichstellung und Bildungsgerechtigkeit zu berücksichtigen. Diskussionsstand im Jahr 2019 an bundesdeutschen Hochschulen war dabei die Frage:

> „[...] wie der – vermutet oder tatsächlich – zunehmenden Heterogenität von Studierenden zu begegnen sei. Dabei geht es u. a. darum, die Curricula, die Lehr- und Lernformate und allgemein die Studienbedingungen so zu gestalten, dass sie unterschiedlichen „traditionellen“ und „nicht-traditionellen“ Studierenden(gruppen)ge-

---

Qualitätssicherung und- Entwicklung (ZQ) der Universität Mainz erstellt wurde (vgl. Schmidt et al. 2020).

recht werden, Abbruchquoten reduziert werden und Studienerfolg unterstützt wird, obgleich andere Handlungsfelder des Diversity Management wie beispielsweise eine diversitätsgerechte Personal- und Karriereentwicklung an der Hochschule ebenso wichtig im Rahmen einer hochschulischen Diversitätsstrategie sein können." (Klammer 2019, S. 46).

Ursprünglich aus den USA stammend, gewinnen Diversity Management Konzepte und Strategien seit Beginn der 1990er-Jahre in der Bundesrepublik an Bedeutung. Zunächst in der Wirtschaft, in der wettbewerbsbedingt durch die zunehmende globale Vernetzung und eine durch Migration geprägte Belegschaft ein wertschätzender Umgang mit Pluralität erforderlicher wurde, um (Interessen)Konflikten vorzubeugen. Hinzu kommen gesellschaftliche Gleichstellungsdebatten und schließlich die gesetzliche Verankerung des Allgemeinen Gleichbehandlungsgesetzes (AGG) im Jahr 2006, das Diskriminierung aufgrund von (ethnischer) Herkunft, Geschlecht, Religion oder Weltanschauung, Behinderung, Alter oder der sexuellen Identität unterbindet und Organisationen und Arbeitgeber*innen dazu verpflichtet, Maßnahmen umzusetzen, um eine Gleichbehandlung zu garantieren. Diversity Management Strategien und Konzepte vereinen somit sowohl wirtschaftliche Interessen und Sichtweisen („Business-Perspektive"), als auch die Interessen der „[...] Equity-Perspektive" [welche sich] vorrangig um die Frage von Gerechtigkeit, Chancengleichheit und Nicht-Diskriminierung [...]." (Klammer 2019, S. 50) drehen. In der Hochschuldebatte werden diese beiden Punkte wieder aufgenommen, indem Gleichstellung[25] im Umgang mit der Heterogenität der Studierendenschaft und die Frage nach Kosteneinsparungen (z. B. Vermeidung von Studienabbrüchen) zusammenspielen (vgl. Klammer 2019, S. 47).

Im hochschulischen Diskurs um Diversität und Heterogenität von Studierenden wird kritisch angemerkt, dass in Konzepten der zielgruppenadressierten Unterstützungsangebote, die sich an Differenzkategorien orientieren, stets eine Gefahr der Stigmatisierung mitläuft (vgl. Klammer 2019, S. 54). Anerkennung von Differenz trägt dazu bei, strukturelle Benachteiligung sichtbar zu machen. Sie ist ein wichtiger Bezugsrahmen für eine kritische Perspektive auf gesellschaftliche Machtmechanismen und einen intersektionalen Blick auf Differenzkategorien (vgl. Winker/Degele 2009; Budde 2017). Auf einem schmalen Grat bewegt sie sich jedoch dann, wenn in den Definitionen und Besonderungen bestimmter Gruppen sozial konstruierte Gruppenmerkmale auf Grundlagen von milieu-, klassen-, kultur- und auch geschlechterordnungsspezifischer Grundierungen

25 Das Thema Antidiskriminierung hält nicht erst mit Diversity-Konzepten Einzug in die Hochschulen: Seit den 1980er Jahren steht der Abbau von Diskriminierung (z. B. Gleichstellungskonzepte, wie Gender-Mainstreaming) auf der Agenda von Hochschulen. Zum Verhältnis von Gleichstellungspolitik und Diversitätskonzepten an Hochschulen siehe Klein (2017).

und Normierungen reproduziert werden (vgl. Mecheril/Vorrink 2017, S. 51). Schwendowius/Thoma (2016) diskutieren zum Beispiel an der Adressierung von Studierenden mit Migrationsgeschichte, dass hochschulische Angebote oftmals auf Hintergrund von generalisierenden gruppenbezogenen Annahmen konzipiert sind (etwa Sprache, niedrige familiäre Bildungsherkünfte), die nicht auf die heterogenen Bildungsbiografien der Studierenden in der Migrationsgesellschaft zutreffen und die unterschiedlichen Zugehörigkeitserfahrungen im Studium nicht berücksichtigen. Sie kritisieren, dass sich ein vermeintliches Wissen über die spezifischen Bedarfe bestimmter Studierendengruppen an Statistiken und aufbereiteten Fakten zu Studierendenkohorten orientiert, anstatt sich am biografischen Wissen, „[...] im Sinne eines Wissens über die Bildungsbiografien und Zugehörigkeitsverständnisse individueller Studierende." (Schwendowius/Thoma 2016, S. 230) zu orientieren. Auch Eickhoff/Schmitt (2016) sprechen von einem „Gleichheitsdilemma", das durch Gleichbehandlung von Ungleichen zu Ungleichheit führt und diese fortführt (Eickhoff/Schmitt 2016, S. 210) und einem „Differenzdilemma", wenn über Nachteilsausgleiche die Zugehörigkeit zu einer bestimmten benachteiligten Gruppe festgeschrieben wird und darüber die Gruppe als Abweichung von der Norm reproduziert wird und sich somit negative Zuschreibungen wiederholen:

> „Der Gebrauch von Differenzkategorien steht generell vor dem Problem, unbeabsichtigt die durch Differenzkategorien artikulierten Macht- und Herrschaftsverhältnisse zu reproduzieren, die Relevanz von Differenzen zu hierarchisieren und so bestimmte Ungleichheiten auszublenden oder neue Ausschlüsse zu produzieren, zur Naturalisierung von Differenzen und Ungleichheiten beizutragen [...]." (Eickhoff/Schmitt 2016, S. 211).

Diversitätsdiskurse an Hochschulen werden ferner kritisch begleitet von der Feststellung, dass trotzdem der Einfluss der sozialen Herkunft auf Studienverlauf und Studienerfolg vielfältig herausgearbeitet wurde, dieser in Diversitätskonzepten nicht ausreichend berücksichtigt wird. Gefordert wird, dass die soziale Herkunft einen gleichberechtigten Eingang in die Debatten um Diskriminierungsmerkmale und in hochschulische Diversitätskonzepte findet (vgl. Bargel/Bargel 2010; Fereidooni/Zeoli 2016; Gerhards/Sawert 2018; Kergel/Heitkamp 2019; Massumi 2019: Genenger-Stricker 2023).

Kurzer Zwischenstand: Aus der intersektionalen Perspektive sind Ungleichheitsdimensionen wie Geschlecht, Migration und soziale Herkunft nicht unabhängig voneinander zu betrachten. Sie werden als sich gegenseitig verstärkend diskutiert, die ihre Wirkung im Zusammenspiel entfalten. Lörz (2019) arbeitet heraus, dass sich in unterschiedlichen Bildungsphasen und Übergängen die Effektstärken von bestimmten Ungleichheitsdimensionen bestimmen lassen und sich verschieden auswirken können, hingegen der sozialen Herkunft „[...] in allen Bildungsphasen eine entscheidende Rolle zukommt." (Lörz 2019, S. 117). Die im Kapitel zusammengetragenen Befunde und Ergebnisse von Studien zur Privilegierung und Benachteiligung von Studierenden und der Zusammenhang zur Bildungsherkunft sind zunächst für eine Einordnung der Untersuchung wichtig und geben erste Hinweise auf den Forschungsgegenstand. Aufgezeigt wird, wie sich die strukturelle Benachteiligung aufgrund der sozialen Herkunft im Studium fortsetzt. Kritisch müssen jedoch die Verwendungen der Kategorien von sozialer Herkunft betrachtet werden: So basieren Untersuchungen häufig auf Unterscheidungen, die auf den Unterteilungen der Bildungsherkünfte in akademisch und nicht-akademisch beruhen. Die Pluralität innerhalb der gekennzeichneten Gruppen geht, ähnlich wie es auch die Kritik an dem Begriff Migrationshintergrund formuliert, über die gruppenbezogene Kategorisierung nach sozialer Herkunft verloren. Auch zeigt sich, dass die Definition von Bildungsaufsteiger*innen uneinheitlich verwendet wird und mitunter die Gruppe pauschalisiert betrachtet wird, etwa indem soziale Mobilität auf eine vertikale Bewegung reduziert wird (vgl. Blome 2023, S. 20 ff.).

Der kurze Ausblick auf Diversitätsdiskurse an Hochschulen gibt einen ersten Einblick und Überblick, in welcher Verantwortung sich die hochschulischen Akteur*innen im Umgang mit dem heterogenen Spektrum der Studierenden sehen. Die Auseinandersetzung mit Diversität gehört mittlerweile zum Selbstverständnis von Organisationen und Institutionen und hat sich zu einer allgemeinen Anforderung und Erwartung an professionell handelnde Akteure in beruflichen Kontexten entwickelt. Umso erstaunlicher scheint es, dass die Frage, mit welchen (konkreten) Maßnahmen die Dimension *soziale Herkunft* im hochschulischen Diversitätsdiskurs bearbeitet werden sollte, relativ ungeklärt und uneinheitlich daherkommt (Klammer 2019, S. 47). Klammer (2019) merkt an, dass im Allgemeinen Gleichstellungsgesetz (AGG), auf das sich Diversity Management Strategien beziehen, die Kategorie „soziale Herkunft" nicht explizit benannt wird (Klammer 2019, S. 54). Auch problematisiert sie, dass die Hochschulen häufig einen undifferenzierten Umgang mit Studierenden pflegen, denen sie aufgrund von gruppenbezogenen Merkmalen besondere Bedarfe zuordnen:

> „Sofern Programme aufgesetzt werden, die einzelne definierte Gruppen (z. B. Studierende mit Migrationshintergrund, schwerbehinderte Beschäftigte") im Blick haben und unterstützen sollen, können auch leicht Probleme der positiven Diskriminierung ergeben." (Klammer 2019, S. 54).

Zudem schließen sich Kritiken an, die einfordern, dass die Hochschulen zuallererst ihre Normalitätsvorstellungen reflektieren müssen, anhand dessen sie Erwartungen und Definitionen von Studierendengruppen ausrichten. So gilt es, Differenz wahrzunehmen und anzuerkennen. Weder Studierende noch Gruppen von Beschäftigten sind gleich. Vermeintliche Gleichbehandlung, die sich an bestimmten Normen ausrichtet, läuft somit immer auch Gefahr, Ungleichheit zu fördern. So entstehen Privilegien bei Passung und Ausschluss bei Nicht-Passung (vgl. Eickhoff/Schmitt 2016, S. 209):

> „Heterogenität kann nicht wertneutral als egalitäre Differenz beschrieben werden, sondern ist in Beziehung zum Feld der Macht zu analysieren. Die reine Ratifizierung von Differenz oder Gleichheit ist in der Regel verknüpft mit Bewertungen im Sinne von besser und schlechter. Ignoriert man die Bezüge zum Feld der Macht, besteht die Gefahr, Heterogenität simplifizierend mit Buntheit gleichzusetzen und damit Unterschiedliches rein additiv nebeneinander zu stellen." (Budde 2017, S. 21).

Die Gleichbehandlung einer Statusgruppe beinhaltet demnach stets Formen von Benachteiligung, wenn die ungleichen Bedingungen, unter denen Studierende ins Studium eintreten und den Studienalltag bewältigen, ausgeblendet werden.

2.4 Bildungssoziologische Erklärungsansätze und Forschungsperspektiven auf ungleiche Bildungschancen

Während sich Bildungsforschende darin einig sind, dass ungleiche Bildungschancen und der Verlauf der Bildungsbiografie einen Zusammenhang mit der sozialen Herkunft aufweisen, lassen sich bildungssoziologische Erklärungsansätze und die Ursachenforschung in zwei unterschiedliche Forschungsperspektiven aufteilen, die im Folgenden kurz beleuchtet werden: In der quantitativen empirischen Bildungsforschung wird mit einem Erklärungsmodell gearbeitet, das für ungleiche Bildungschancen auf den Ansatz der rationalen Bildungsentscheidung des Soziologen Raymond Boudon (1974) zurückgreift. Seine auf den Humankapital-Ansatz zurückgehende Theorie (vgl. Esser 1999; Becker/Lauterbach 2016; Kloß 2016) geht davon aus, dass bildungsbiografische Verläufe auf individuell getroffenen Bildungsentscheidungen beruhen. Grundlagen für diese Entscheidungen sind Abwägungen bezüglich der Bildungsrendite. Bildungsinvestitionen fußen demnach auf Kalkulationen von Kosten, Nutzen und Erfolgswahrscheinlichkeiten. Sie zielen auf den familiären Statuserhalt und einen begünstigenden Effekt auf den angestrebten sozialen Aufstieg bzw. sollen den sozialen Abstieg möglichst verhindern. Diese „rationalen" Entscheidungen variieren in Abhängigkeit zur sozioökonomischen Stellung der Familie. Boudon unterscheidet den Einfluss der sozialen Herkunft auf Bildungsentscheidungen in einen primären und einen sekundären Effekt. Der primäre Herkunftseffekt verweist auf den Einfluss der familiären Sozialisation. Angesprochen werden darüber die Abhängigkeiten der individuellen Kompetenzentwicklung von der Gesamtheit der kulturellen, familiären Ressourcen und ihre Auswirkungen auf den Bildungserfolg. Der sekundäre Herkunftseffekt, dem Boudon einen wesentlich größeren Einfluss zuspricht, zielt auf die Rolle der sozialen Herkunft bei Entscheidungen, die auf Grundlage individueller Kosten-Nutzen-Abwägungen und Erfolgschancen getroffen werden (vgl. Schmidt 2009; Stocké 2012; Brake/Büchner 2012; Becker/Lauterbach 2016; Kloß 2016).

Besonders Vertreter*innen der quantitativ ausgerichteten ungleichheitsbezogenen Bildungsforschung orientieren sich am Ansatz der rationalen Bildungsentscheidung, um Erklärungsmodelle für Bildungsungleichheit zu konstruieren. In thematischen Diskursen und Debatten kann deshalb auch von einer Dominanz der Rational-Choice Theorie gesprochen werden (vgl. Kramer 2011).[26] Kritiker*innen argumentieren, dass die Rational-Choice Theorie relevante Aspekte von Bildungsungleichheit aufgreift, jedoch gesellschaftliche Machtstrukturen und darüber Privilegierung im Bildungssystem zu wenig theoretisch einbindet bzw. sich in seiner Argumentation zu sehr auf eine ökonomische Logik konzentriert (vgl. Kramer 2011). So rekonstruiert Boudon, der für seine Definition von sozialen Klassen auf das EGP-Berufsklassenmodel zurückgreift, die soziale Lage aus erwerbs- und sozioökonomischen Dimensionen. In der Fokussierung auf die elterlichen Entscheidungen, die wiederum hauptsächlich im Kontext zur sozioökonomischen Lage beruhen, werden zum einen sekundäre und primäre Herkunftseffekte ungleich gewichtet und zum anderen auf Bildungsentscheidungen als individuelle Verantwortung fokussiert, womit strukturelle gesellschaftliche Ungleichheiten ausgeblendet werden (vgl. Kramer 2011, S. 137; Klebig 2021, S. 37f.).[27]

Ferner richtet sich eine Kritik an der quantitativ ausgerichteten ungleichheitsbezogenen Bildungsforschung an die Aussagekraft der verwendeten Methoden. Am Beispiel der quantitativen Forschungszugänge der Berufswahl- und Motivationsforschung im Lehramt verweisen Kritiker*innen auf die Rolle der sozialen Erwünschtheit im Antwortverhalten. Sie monieren, dass es mit der Beantwortung von Fragebögen zu Verzerrungen kommen kann (vgl. Heyer 2016, S. 22; siehe auch Stellmacher/Paetsch 2023, S. 869). Heyer (2016) weist in einer biografisch angelegten Untersuchung von Lehramtsstudierenden darauf hin,

---

26 Zum Forschungsstand der Rolle der Lehrkräfte in Bezug auf soziale Ungleichheit im schulischen Feld unter Verwendung des Rational-Choice-Ansatzes, siehe Rutter 2021, S. 15–19.

27 Vogel (2019) merkt dazu passend an, dass während Untersuchungen auf Grundlage der Rational-Choice-Theorie „[…] von bewussten, individuellen Handlungsentscheidungen der schulischen Akteure ausgehen (vgl. z. B. Kampa et al. 2011), untersuchen andere die soziokulturellen Mechanismen von Bildungsprozessen, die dem Bewusstsein der Akteure i. d. R. entzogen sind und daher verborgen wirken (vgl. z. B. Bremer, Lange-Vester 2014). Dieses unterschiedliche methodologische Vorgehen führt nicht nur dazu, dass die Untersuchungsergebnisse nicht miteinander vergleichbar sind, sondern insbesondere dazu, dass die Ergebnisse der Untersuchungen und deren Interpretation erheblich voneinander abweichen." (Vogel 2019, S. 192).

dass die Vergleichbarkeit der Untersuchungen von Berufswahlmotiven nicht immer gegeben ist, da sie auf unterschiedlichen Befragungsgruppen basieren (etwa Gymnasiast*innen, Lehramtsstudierende zu Beginn, in der Mitte oder am Ende des Studiums, Referendar*innen und Vertreter*innen unterschiedlicher Schulformen), die sich an unterschiedlichen Punkten im beruflichen Entwicklungsprozess befinden. Auch würden diese Befragungen Momentaufnahmen darstellen und nicht den Entwicklungsprozess abbilden, der zum Berufswunsch geführt hat (Heyer 2016, S. 22).

2.4.1 Bildungsungleichheit erklären mit Bourdieu: Die Rolle der kulturellen Passung.

> „Von unten bis ganz nach oben funktioniert das Schulsystem, als bestände seine Funktion nicht darin auszubilden, sondern zu eliminieren. Besser: in dem Maß, wie es eliminiert, gelingt es ihm, die Verlierer davon zu überzeugen, dass sie selbst für ihre Eliminierung verantwortlich sind." (Bourdieu 2001b, S. 21).

Dem Rational-Choice-Paradigma gegenüber stehen Untersuchungen, welche die Perspektive der ungleichheitstheoretisch orientierten Bildungsforschung im Anschluss an die Habitus-Feld-Theorie von Pierre Bourdieu (1982, 1987; siehe auch Kapitel 4) einnehmen. In Bourdieus Analyse des Bildungssystems steht die These im Mittelpunkt, dass die Struktur des Bildungswesens nicht dazu beiträgt, soziale Ungleichheit und ungleiche Bildungschancen abzubauen. Im Gegenteil leistet das Bildungssystem einen wesentlichen Beitrag, um soziale Ungleichheit zu reproduzieren, und fördert somit die Stabilität von gesellschaftlichen Verhältnissen und der Ungleichheit der sozialen Klassen. Eine bedeutende Rolle in der Analyse von Bildungsungleichheit kommt bei Bourdieu dem kulturellen Kapital zu.

Die Akkumulation und tradierte Weitergabe von kulturellem Kapital findet in der Herkunftsfamilie statt.[28] Die Herkunftsfamilie und das familiäre Umfeld übertragen und beeinflussen mit und durch ihre kulturellen Alltagspraktiken, ihre kulturellen Präferenzen und ihren Umgang und ihre Vertrautheit mit kulturellen Codes und Praktiken auch eine spezifische Einstellung und Haltung zu Bildung und stellen damit die Weichen für die kulturelle Passung der Kinder zum Bildungswesen:

28 Bourdieu wendet sich mit seinem Ansatz kritisch gegen den Humankapitalansatz und ihre Vertreter*innen, da diese: „[...] die am besten verborgene und sozial wirksamste Erziehungsinvestition unberücksichtigt zu lassen, nämlich die Transmission kulturellen Kapitals in der Familie. Ihre Fragen nach dem Zusammenhang zwischen Bildungs-„Fähigkeit" und Bildungsinvestition zeigen, daß sie die Tatsache übersehen, daß „Fähigkeit" oder „Begabung" auch das Produkt einer Investition von Zeit und kulturellem Kapital ist." (Bourdieu 1983, S. 186).

> „In Wirklichkeit jedoch vermittelt jede Familie ihren Kindern auf eher indirekten als direkten Wegen ein bestimmtes *kulturelles Kapital* und ein bestimmtes Ethos, ein System impliziter und tief verinnerlichter Werte, das unter anderem auch die Einstellungen zum kulturellen Kapital und zur schulischen Institution entscheidend beeinflusst. Das kulturelle Erbe, das unter beiden Aspekten nach sozialen Klassen variiert, ist für die ursprüngliche Ungleichheit der Kinder in Bezug auf die schulische Bewährungsprobe und damit die unterschiedliche Erfolgsquote verantwortlich." (Bourdieu 2018, S. 8, H.i.O.).

Die Anforderungen im Bildungssystem orientieren sich wiederum an bestimmten kulturellen Werten der bürgerlichen Klassen. Schulische Bildung „[...] setzt implizit einen Korpus von Wissen, Fertigkeiten und vor allem Ausdrucksmöglichkeiten voraus, die zum ererbten Vermögen gebildeter Klassen gehören." (Bourdieu/Passeron 2007, S. 34). Verwiesen wird auf die Bedeutung der kulturellen Nähe bzw. Distanz zu den Werten der Bildungseinrichtungen und ihren spezifischen Anforderungen. So bauen diejenigen Kinder frühzeitig einen (Bildungs)Vorsprung aus, deren familiäres Erbe die Weitergabe von kulturellen Techniken und Sprachkompetenz beinhaltet. Sie verinnerlichen einen quasi „natürlichen", weil selbstverständlichen Umgang mit ihnen. Damit verweist Bourdieu darauf, dass die Anforderungen institutionalisierter Bildung voraussetzungsvoll sind. Kulturelle Techniken und Praktiken werden eben nicht erst in der Schule (und Hochschule) unter gleichen Bedingungen angeeignet, vielmehr werden die Grundlagen der Passung zum Feld der Bildung im Außerschulischen gelegt. Aus dieser Perspektive sind Kinder mit einem (schul-)bildungsaffinen Elternhaus automatisch im schulischen Bildungserwerb bevorteilt. Dieses klassenspezifische kulturelle Privileg wird darüber verschleiert, dass der fast nicht einzuholende Klassenvorsprung in „natürliche" Begabung übersetzt wird.

> „Die aus den privilegierten Milieus stammenden Kinder verdanken ihrem Umfeld nicht nur bei den schulischen Aufgaben unmittelbar nutzbare Gewohnheiten und antrainierte Verhaltensweisen sowie den, nicht einmal wichtigsten, Vorteil der direkten Unterstützung durch die Eltern. Sie erben auch die Kenntnisse und ein Know-how, Neigungen und einen „guten Geschmack", deren schulische Rentabilität umso größer ist, als diese Imponderabilien der Einstellung zumeist auf das Konto der Begabung verbucht wird." (Bourdieu 2001b, S. 29 f.).

Bourdieu hebt besonders die Übertragung von vermeintlich „zweckfreier" Bildung, die Vertrautheit mit kulturellen Bildungsgütern hervor, die sozusagen „nebenbei" in der „kulturellen Atmosphäre" (Bourdieu 2001b, S. 30) der Herkunftsfamilie erworben wird,

> „Der bedeutendste Teil des kulturellen Erbes, die zweckfreie Bildung und die Sprache, wird auf osmotische Weise übertragen, ohne jedes methodische Bemühen und jede manifeste Einwirkung. Und gerade das trägt dazu bei, die Angehörigen der gebildeten Klassen in ihrer Überzeugung zu bestärken, dass sie diese Kenntnisse, diese Fähigkeiten und diese Einstellungen, die ihnen nie als das Resultat von Lernprozessen erscheinen, nur ihrer Begabung zu verdanken sind." (Bourdieu 2001b, S. 31).

Im Vorteil sind diejenigen, die den familiären Zugang zu kulturellen Kompetenzen und Praktiken als unhinterfragte alltägliche Praxis erleben und darüber eine selbstverständliche Vertrautheit aufgebaut haben, die im Bildungserwerb als wesentliche und allgemeine Erfolgskriterien anerkannt sind. Hingegen Kinder mit einer Klassenherkunft, in welcher bestimmte kulturelle Codes und Praktiken keine Gewohnheiten der Alltagskultur darstellen, automatisch benachteiligt sind: „[...] für die Kinder von Bauern, Arbeitern, Angestellten und kleinen Kaufleuten bedeutet Bildungserwerb immer Akkulturation." (Bourdieu 2001b, S. 35).

Bei Kindern der Volksklassen spricht Bourdieu auch von „*Kulturassimilation*" (Bourdieu 2001b, S. 33). Um sich diese nicht selbstverständlich erworbenen, aber von den Bildungsinstitutionen als wertig angezeigten kulturellen Kompetenzen anzueignen, kommen klassenspezifische Bildungsstrategien und Investitionen zum Einsatz: Während Kinder mittlerer Klassen versuchen, ihren Nachteil mit Bildungsbeflissenheit zu kompensieren, sind Kinder aus unteren Klassen doppelt benachteiligt, da ihnen die Anreize des Bildungseifers fehlen.

> „Nun orientiert sich aber die Schulbildung so stark an dieser elitären Kultur, dass ein Kind aus kleinbürgerlichen, und viel mehr noch aus bäuerlichem oder Arbeitermilieu nur durch mühsames Ringen erwerben kann, was Kinder aus gebildeten Klassen von Geburt an mitbekommen: Auftreten und Ausdruck, Geschmack und Geist, eine ganze Lebensart, die einer Klasse wie natürlich zukommt, weil sie ihre Kultur bestimmen. Für die einen ist das Erlernen dieser hohen Kultur eine Eroberung, die teuer bezahlt wird, für die anderen ein Erbe, das gleichzeitig Mühelosigkeit und die Versuchung der Mühelosigkeit einschließt." (Bourdieu 2001b S. 37).

Bourdieu definiert Schulerfolg als „[...] die Verteilung des kulturellen Kapitals zwischen den Klassen und Klassenfraktionen." (Bourdieu 1983, S. 185) und sieht im schulischen Ertrag den „[...] spezifische[n] Profit, den die Kinder aus verschiedenen sozialen Klassen und Klassenfraktionen auf dem schulischen Markt erlangen können." (Bourdieu 1983, S. 185; siehe auch Helsper 2018a; Hopf 2023). Beinhaltet die Bildungseinrichtung Schule bereits ein System von Anforderungen, welches in Abhängigkeit der Zugehörigkeit von sozialen Klassen über Erfolg und Misserfolg von Schüler*innen bestimmt, so setzen sich die sozialen Unterschiede auf dem weiteren Weg in die Hochschule fort.

2.5 Hochschulforschung mit Bezug auf die Bildungssoziologie von Bourdieu

Mit dem (Wieder)Einzug vom Milieuansatz in die etablierten Diskurse der bundesdeutschen Sozialstrukturanalyse (siehe Kapitel 4.4) zieht auch in der Bildungs- und Hochschulforschung ein Forschungsstrang ein, der unter theoretischer Bezugnahme auf Bourdieu das bundesdeutsche Bildungssystem und seine Mechanismen der (Re)Produktion gesellschaftlicher Ungleichheiten analysiert. Datiert werden die Anfänge der Hochschulforschung mit Bourdieu in der Bundesrepublik auf die 1980er-Jahre (vgl. Multrus 2004; Brändle 2019). Wichtige Impulse werden von der Fachkulturforschung gegeben (Huber et al. 1983; Liebau / Huber 1985; Huber 1991). Mit dem Aufsatz „Die Kultur der Fächer“ (Liebau / Huber 1985) liegt eine frühe Studie vor, die mit Bezug auf die Habitus-Theorie von Bourdieu die Antizipation zu einer Fachdisziplin im Zusammenhang mit familiären Reproduktionsstrategien analysiert. Die Autoren schlussfolgern, dass die Studienwahlentscheidung weniger rational ist, als dass sie auf dem,

> „[…] Überschneidungsbereich zwischen den in der Herkunftskultur- bzw., genauer: in der *Herkunftsfamilie-* herrschenden und den in der jeweiligen Fachdisziplin bzw. den entsprechenden möglichen Berufsfeldern herrschenden Habitusformen liegt.“ (Liebau / Huber 1985, S. 337, H.i.O.).

Betrachtet wird die Passung zwischen Fachkultur und den Studierenden auf Grundlage ihrer im Herkunftsmilieu erworbenen habituellen Dispositionen. Studienerfolg wird in diesem Ansatz der Fachkulturforschung (Überblick bei Georg 2005) als Produkt der Reproduktion von gesellschaftlichen Strukturen und wissenschaftlicher Disziplin diskutiert:

> „Für den Studienerfolg entscheidend ist die Entsprechung zwischen *subjektiver Erfahrungsgeschichte*, den in ihr erworbenen Interessen, Gewohnheiten und Zielen, die im Rahmen der familiären und schulischen Herkunftskultur gebildet worden sind, und den aktivierbaren kulturellen, sozialen und ökonomischen Ressourcen des Studenten und der *disziplinären Kultur* – oder, anders ausgedrückt, die Entsprechung zwischen gewohnten alltäglichen *Lebensstil* und der durch die Fachkultur bestimmten und geforderten *Lernform*.“ (Liebau / Huber 1985, S. 336, H.i.O.).

Auch Friebertshäuser (1992) arbeitet mit dem Begriff der fachkulturellen Passung[29]: Ist die Aneignung und Bewältigung eines Studiums abhängig von den im

---

29 Siehe auch Zinnecker 2004; Georg 2005; zur fachkulturellen Passung und Geschlecht siehe auch Engler 1993; Engler 2014; Loge 2021.

Herkunftsmilieu erworbenen habituellen Dispositionen, unterliegt die Wahl des Studienfachs bereits einem herkunftbedingten Passungsverhältnis:

> „Die fachkulturelle Passung beschreibt den Grad der Übereinstimmung zwischen den biographisch erworbenen Dispositionen, Bewältigungsstrategien und Haltungen einer Studentin oder eines Studenten und dem fachspezifischen Habitus der studentischen Fachkultur." (Friebertshäuser 1992, S. 77).

Engler (1993) legt eine Untersuchung von Studierenden der Erziehungswissenschaft, Rechtswissenschaft, Elektrotechnik und Maschinenbau vor. Sie verbindet die soziale Herkunft mit der Studienfachwahl und zieht die geschlechtsspezifische Differenz hinzu, die sie in Zusammenhang mit der Fachkultur beschreibt. Sie analysiert somit die Korrespondenz von Fachkulturen und Lebensstilen und arbeitet die Differenzen zwischen Geschlecht, antizipiertem Studienfach und sozialer Herkunft heraus (siehe auch Schlüter 2009). Multrus (2004) schließt mit seinen Überlegungen zur Fachkultur an.[30]

Im Folgenden werden ausgewählte Studien vorgestellt, die in ihren Analysen zu den Mechanismen der Reproduktion von sozialer Ungleichheit im hochschulischen Bereich, die Bedeutung der sozialen Herkunft für ein Studium diskutieren und dabei sowohl die Habitus-Feld-Theorie von Bourdieu als auch das Milieukonzept nach Vester et al. (2001) heranziehen.

Lange-Vester / Teiwes-Kügler (2004) erweitern die Fachkulturforschung um eine Analyse von Studierendenmilieus, in dessen Mittelpunkt nicht eine Abgrenzung verschiedener Fächerkulturen voneinander steht, sondern der Blick ausschließlich auf die ausdifferenzierte Betrachtung von Studierenden innerhalb einer Fachkultur gelenkt wird. Sie zeigen mit einer Untersuchung auf, dass innerhalb eines Studienfachs Studierende unterschiedlicher sozialer Herkunft aufeinandertreffen. Sie diskutieren, wie sich die unterschiedlichen sozialen Gruppen das Studium auf Grundlage ihrer milieuspezifisch erworbenen Habitusmuster aneignen und bewältigen. Anhand einer Typologie werden die Studierendengruppen und ihre Anbindung an ein bestimmtes soziales Milieu

30 Weitere Beiträge zur Studierendenforschung, die in den 1990er und 2000er Jahren mit einem Milieuansatz Lebensstil und Werteorientierungen von (westdeutschen) Studierenden untersuchten, stammen aus der Arbeitsgruppe Interdisziplinäre Sozialstrukturforschung (AgiS) der Universität Hannover (vgl. Gapski / Köhler / Lähnemann 2000). Die Forschungsgruppe nutze die Daten zur Milieustruktur der bundesdeutschen Bevölkerung, welche vom Sinus Institut erhoben wurden (vgl. Kapitel 4.4) und unterzog der Gesamtstichprobe aus dem Jahr 1986 und dem Jahr 1996 einer studienspezifischen Re-Analyse, um Aussagen über die Milieustruktur der (westdeutschen) Studierenden zu generieren, sie mit der Gruppe der nichtstudierenden Gleichaltrigen zu vergleichen und Entwicklungen über die leitgebende Werteorientierungen nachzuzeichnen (vgl. Gapski / Köhler / Lähnemann 2000; siehe auch Choi / Schmidt 2006; zur Einordnung, siehe Klebig 2021, S. 40-43).

analysiert (vgl. Abb. 2) und abschließend dargestellt, was sich aus den Ergebnissen über die Reproduktion von sozialer Ungleichheit im hochschulischen Feld ableiten lässt. Im Anschluss an Bourdieu und dem Konzept der sozialen Milieus nach Vester et al. (2001) diskutieren sie am Beispiel des Studiums der Sozialwissenschaften eine heterogen zusammengesetzte Studierendenschaft, die das Spektrum des gesamten sozialen Raums einnimmt. Studierende treten mit einem Herkunftshabitus in das Studium ein, in dem langfristig erworbene Dispositionen eingelagert sind, die auch den Zugang und das Verständnis für Bildung und Bildungsprozesse geprägt haben. Mit und durch die milieuspezifische Prägung des Habitus werden die Aneignungsformen und Bewältigungsstrategien im Studium bestimmt.

> „Indem wir die Bedeutung des Habitus für die Art der Aneignung von Bildung betonen, grenzen wir uns ab von Perspektiven, die Erfolg und Misserfolg im Studium entweder vorrangig dem Geldbeutel der Eltern oder einer individuellen Begabung zuschreiben. Wesentlich ist hingegen, inwieweit der Habitus und die im Feld der Hochschule herrschenden Anforderungen und „Spielregeln" aufeinander abgestimmt sind und zusammenwirken." (Lange-Vester/Teiwes-Kügler 2004, S. 161).

Empirisch beruft sich das Projekt „Studierendenforschung in den Sozialwissenschaften" auf die Untersuchung von Studierenden an der Universität Hannover. Grundlage der qualitativen Untersuchung bilden mehrstufige Gruppenwerkstätten (vgl. Kapitel 5.2) und lebensgeschichtliche Interviews, die von 2002 bis 2004 mit Studierenden der Magister- und Diplomstudiengänge in den Sozialwissenschaften der Universität Hannover durchgeführt wurden (vgl. Lange-Vester/Teiwes-Kügler 2006, S. 164 f.). Mithilfe des Auswertungsverfahrens der Habitushermeneutik (vgl. Kapital 5.3) wurde eine Typologie von Studierendenmilieus erstellt, die im sozialen Raum entlang der Milieus der alltäglichen Lebensführung in Westdeutschland nach Vester et al. (2001) verortet wurden. Herausgearbeitet wurden unterschiedliche Studierendenmilieus, die „[...] in grundlegenden Haltungen und Abgrenzungen bei der Bewältigung des Studiums übereinstimmen." (Lange-Vester/Teiwes-Kügler 2004, S. 167) und sich vertikal und horizontal im sozialen Raum an bestimmte Milieus anlehnen (vgl. Abb. 2). Für die sozialen Milieus, die vertikal im oberen Drittel des sozialen Raums verortet wurden (vgl. Kapitel 4.5), wurden drei Studierendentypen herausgearbeitet. Sie grenzen sich über den Habitus der Distinktion zu den vertikal darunter liegenden Milieus ab. Sie teilen eine hohe Leistungsbereitschaft, ein ausgeprägtes Selbstbewusstsein und Sicherheit im universitären Feld sowie eine Betonung von individualistischen Studienstrategien. Entsprechend der horizontalen Abgrenzung der milieuspezifischen Traditionslinien unterscheiden sich die herausgearbeiteten Typen anhand des Grades der Hierarchieorientierung.

Die Studierendenmilieus der mittleren Milieus im sozialen Raum werden entlang der Traditionslinie der Facharbeit und praktischen Intelligenz und der ständisch-kleinbürgerlichen Traditionslinie abgegrenzt (vgl. Abb. 2). Aufseiten der Traditionslinien der Facharbeit und praktischen Intelligenz wurden zwei Studierendentypen identifiziert: Die „Ganzheitlichen" zeichnen sich über einen Zugang zu Bildung aus, der sich mit kritischer (Selbst-)Reflexion, Persönlichkeitsentwicklung und intellektueller Auseinandersetzung verbindet. Entsprechend dient das Studium der selbstbestimmten Horizonterweiterung entlang der eigenen Interessen. Die „Ganzheitlichen" teilen sich in eine „anspruchsvolle" Fraktion, die dem Studium mit einer größeren Gelassenheit entgegentritt und mit individuellen Studienstrategien begegnet, und eine mehr an Gemeinschaft orientierten „genügsamen" Fraktion, die sozialräumlich unterhalb der anspruchsvollen Fraktion verortet ist und als erste Studiengeneration mit dem Studium einen sozialen Aufstieg anstrebt (Lange-Vester/Teiwes-Kügler 2004, S. 176 f.). Die „Effizienten" unterscheiden sich von den „Ganzheitlichen" in ihren Studienstrategien, indem sie zielgerichteter an Praxis und Beruf orientiert studieren. Auf der Seite der Milieus in der ständisch-kleinbürgerlichen Traditionslinie werden die „Prestigeorientierten" verortet: Der Studierendentyp orientiert sich deutlich stärker an äußeren Vorgaben und institutionellen Richtlinien. Die Autoritätsgebundenheit äußert sich über einen pflichtorientierten Blick auf die Anforderungen. Handlungsleitendes Prinzip ist das Streben nach Status und gesellschaftlicher Anerkennung durch den Besitz eines akademischen Titels (Lange-Vester/Teiwes-Kügler 2004, S. 177 f.). Unterhalb der Grenze der Respektabilität werden die Studierenden verortet, die dem Studierendentypus der „Bildungsunsicheren" zugehörig sind. Sie rekrutieren sich aus Studierenden ohne akademische Vorbilder in der Familie. Die Passung zum Feld der Hochschule ist in dieser Gruppe am geringsten. Das Studium und seine Bedingungen und Anforderungen müssen sich teils mühsam angeeignet werden. Diese Fremdheit im Feld erschwert die aktive Beteiligung im Studium und wird aus der Perspektive anderer sozialer Gruppen als fehlende Bemühungen abgewertet (Lange-Vester/Teiwes-Kügler 2004, S. 180).

Strategisch setzen die Studierenden auf eine Gemeinschaftsorientierung im Studium und suchen darüber, die soziale Distanz zu den Lehrenden zu überwinden. Die Gefahr der Selbsteliminierung (Bourdieu/Passeron 1971, S. 175), der „freiwilligen" Aufgabe des Studiums, ist in dieser Gruppe am höchsten.[31]

> „Tatsächlich aber wird der Studienabbruch verursacht durch die Diskrepanz, die zwischen dem Habitus der Studierenden und den Erfordernissen des akademischen Feldes besteht; die Bedingungen, unter denen das Studium absolviert wird, sind also Teil der Eliminierung." (Lange-Vester/Teiwes-Kügler 2004, S. 184).

---

31 Zum Zusammenhang von Studienabbruch; Habitus und Milieu siehe Heil et al. 2021; Pape et al. 2022.

Abbildung 2: Studierendenmilieus in den Sozialwissenschaften (Lange-Vester/Teiwes-Kügler 2004)

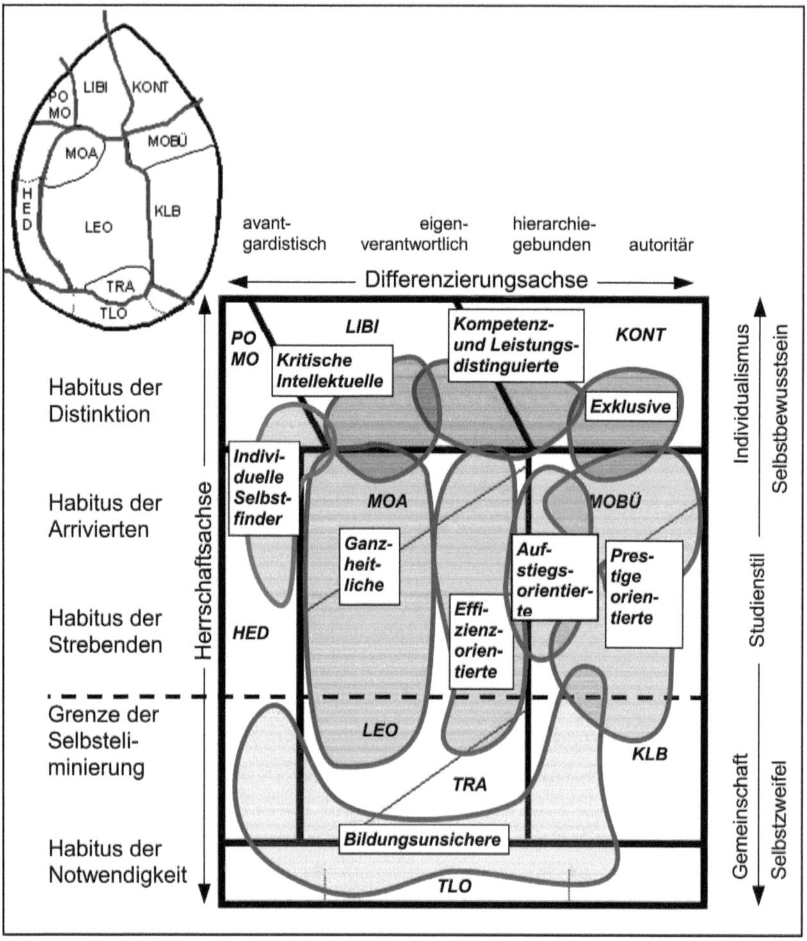

Statistische Grundlage der Milieuprofile: Repräsentative Erhebung (n =2.699) der deutschsprachigen Wohnbevölkerung ab 14 Jahre 1991 (nach: M. Vester u a., Soziale Milieus im gesellschaftlichen Strukturwandel, Frankfurt a.M. 2001); Neuformulierung der früheren Milieubezeichnungen aufgrund einer differenzierenden Neuauswertung dieser Erhebung (in: W. Vögele u.a. (Hg.), Soziale Milieus und Kirche, Würzburg 2002); Hochrechnung auf die Milieugrößen von 2003 (nach: Sigma - Sozialwissenschaftliches Institut für Gegenwartsfragen, Die sozialen Milieus in der Verbraucheranalyse, www.sigma.online.de v. 22.9.2003).

M. Vester (Konzept) / D. Gardemin (Grafik) – agis Universität Hannover - 2004

Projekt: Studierendenmilieus in den Sozialwissenschaften
Universität Hannover, Institut für Politische Wissenschaft und agis Hannover, 2002-2004

LIBI: Liberal-intellektuelles Milieu (ca. 8%)
KONT: Konservativ-technokratisches Milieu (ca. 7%)
POMO: Postmodernes Milieu (ca. 6%)
HED: Hedonistisches Milieu (ca. 9%)
MOBÜ: Modernes kleinbürgerliches Arbeitnehmermilieu (ca. 12%)
KLB: Traditionelles kleinbürgerliches Arbeitnehmermilieu (ca. 13%)
MOA: Modernes Arbeitnehmermilieu (ca. 11%)
LEO: Leistungsorientiertes Arbeitnehmermilieu (ca. 18%)
TRA: Traditionelles Arbeitnehmermilieu (ca. 6%)
TLO: Traditionsloses Arbeitnehmermilieu (ca. 11%)

Quelle: Teiwes-Kügler/Lange-Vester 2018, S. 141.

Die Autorinnen belegen mit ihrer Studie, dass sich die Studierenden innerhalb einer Fachkultur sozialräumlich heterogen zusammensetzen und zeigen gleichzeitig die Konfliktlinien und Konkurrenz zwischen den traditionellen Leitmilieus der Studierenden in den Sozialwissenschaften und den Bildungsaufsteiger*innen auf, die sich in ihren Bildungsvorstellungen, Studienstrategien und Vorstellungen vom Studium unterscheiden und im sozialen Raum vertikal und horizontal unterschiedlich verortet sind. Mit der Studie wurde eine Typologie von Studierenden vorgelegt, die Studienbewältigung und Studienstrategien analog zur Positionierung im sozialen Raum und zur Milieuzugehörigkeit diskutiert. Verdeutlich werden darüber ungleiche Bedingungen, die im Studium für die verschiedenen sozialen Gruppen wirksam werden und zu einem unterschiedlichen Erleben des Studienalltags führen. Deutlich werden die Konfliktlinien zwischen den sozialen Gruppen im studentischen Feld. Die Heterogenität der Studierenden innerhalb einer Fachkultur wird als Klassenkampf um die Deutungsmacht und Hoheit im Feld beschrieben.

Der Untersuchung von Lange-Vester / Teiwes-Kügler aus den frühen 2000er-Jahren folgen eine Reihe von Untersuchungen zu Studierendenmilieus, die unterschiedliche Schwerpunktsetzungen vornehmen und Bourdieu und die sozialen Milieus nach Vester et al. (2001) als theoretischen Rahmen für ihre Analysen verwenden (z. B. Schneider 2016; Hild 2019; Klebig 2021; Loge 2021; Pape et al. 2022; Meise 2023). Im Folgenden werden ausgewählte Studien kurz vorgestellt:

Grunau (2017) fokussiert in einer Untersuchung auf Studierende, die vorab eine berufliche Ausbildung absolviert haben und untersucht, welche Bildungsorientierungen sich aus der Lern- und Bildungsbiografie rekonstruieren lassen. Grundlage ihrer Studie bilden 15 Interviews mit Studierenden aus verschiedenen Fachrichtungen. Mithilfe der Dokumentarischen Methode erarbeitet Grunau im Ergebnis vier Studierendentypen, die sich anhand ihrer habitusspezifischen Bildungsstrategien und Studienpraktiken unterscheiden (vgl. Grunau 2017, S. 191). Vorgestellt werden vier Typen, von denen zwei in den gesellschaftlich oberen sozialen Milieus verortet sind (vgl. Tab. 2). Ihnen schreibt sie einen Habitus der akademischen Reproduktion zu. In den mittleren Milieus verortet sie zwei weitere Studiertypen mit einem aufstiegsorientierten Habitus. Die von ihr diskutierten Studierendentypen unterscheiden sich in ihrer Bildungsherkunft, den elterlichen Erwartungen und Unterstützungsleistungen und daran geknüpft, in ihren Bildungsorientierungen.

Hild (2019) untersucht die Studienstrategien von Lehramtsstudierenden an einer Pädagogischen Hochschule in der Schweiz. In der umfangreichen Studie zeichnet sie nach, auf welche in der milieuspezifischen Sozialisation erworbenen Strategien die Studierenden im Studium zurückgreifen bzw. wie der milieuspezifisch geprägte Habitus auf die Anforderungen im Studium abgestimmt ist. Dabei liegt der besondere Fokus auf den Aneignungspraktiken im Studium. Im Ergebnis präsentiert Hild elf Lerntypen, die in vier spezifische Gruppierungen (vgl. Tab.

Tabelle 2: Typologie der Bildungsorientierungen von Studierenden mit Berufsausbildung (Grunau 2017)

Intellektualisierter Typus *Habitus der akademischen Reproduktion*	• Bildung als persönliche Entwicklung und Entfaltung Selbstsicherheit der eigenen Fähigkeiten • Bildungsteilhabe als Lebensstil, ganzheitliche Bildungs- und Lernauffassung • Bildung als Lernprozess, zur reflexiven Auseinandersetzung mit den eigenen Wissensbeständen und Haltungen	• Akademischen Elternhaus, gehobene Bildungsherkunft • Akademische Laufbahn als Normalität
Bildungsetablierter Typus *Habitus der akademischen Reproduktion*	• Akademische Laufbahn als Selbstverständlichkeit und Normalität • Biografische Integration von beruflicher und akademischer Bildung, Bildungsorientierung liegt auf Höherwertigkeit der akademischen Bildung • Status- und Stabilitätsorientierung, Erhalt des beruflichen und sozialen Status • funktionalistische Sichtweise auf Bildung, pragmatische Grundhaltung über die Vorerfahrungen in der beruflichen Bildung	• Mindestens ein studiertes Elternteil • Unterstützung der Eltern in allen Statuspassagen • Akademische Laufbahn als Erwartung
Pragmatischer Typus *Habitus des Bildungsaufstiegs*	• Spannungsverhältnis zwischen Bildungskonformität und –Fremdheit, zwischen Anpassungsversuch und oppositioneller Haltung • pragmatische Bildungsorientierung, Entscheidungen auf dem Bildungsweg situativ • synthetisch-pragmatische Verarbeitung des individuellen Bildungsaufstiegs führt zu einer ausgeprägten Selbstsicherheit • Forderung nach der Anpassung der akademischen Bildungseinrichtungen an neue Zielgruppen aus mittleren Herkunftsmilieus	• Eltern ohne akademische Bildung • Vorerfahrungen durch akademische Vorbilder in der Verwandtschaft • Eltern vertrauen in Bildungsambitionen • Synthese von Herkunft und Bildungsaufstieg
Aufstiegsorientierter Typus *Habitus des Bildungsaufstiegs*	• Bildung als Mittel zur Distanzierung von der eigenen sozialen Herkunft • Leistungsorientierung,- und Bereitschaft, strebender Habitus • hohen Stellenwert der formalen Bildung	• Eltern ohne akademische Bildung (First • Generation Students) • Elterliche Skepsis gegenüber höherer Bildung, keine Unterstützung, Verarbeitung durch die Abgrenzung zur sozialen Herkunft

Eigene Darstellung. Quelle: Grunau 2017, S. 177-189.

3) geclustert und in der Landkarte der sozialen Milieus nach Vester et al. (2001) verortet wurden (vgl. Hild 2019, S. 429). Sie zeigt auf, wie sich die herausgearbeiteten Aneignungspraktiken von Studierenden voneinander unterscheiden und setzt diese Aneignungspraktiken mit dem Herkunftshabitus ins Verhältnis. Diskutiert wird darüber im Anschluss die Bedeutung der kulturellen Passung im spezifischen Feld der Hochschulbildung.

Tabelle 3: Studienstrategien- und Aneignungsformen (Hild 2019)

Studierendentyp	Studienstrategien	Aneignungsformen
Selbstbewusste Individualisten	Hohe Passung zu – und souveräner Umgang mit den Anforderungen im Studium	Aneignungsformen geringfügig modifiziert; Betonung eines selbstbestimmten Aneignungsstils
Spontane Gelegenheitslerner	Verarbeitung von Unsicherheiten im Studium durch „Ad-Hoc-Aneignungspraktiken"	Ungeplant und unstrukturiert; Strategie: Aneignung in Gruppen, Disziplinierte Lernen als letztes Mittel
Motivierte Lernerinnen	Asketisch und selbstkritisch	Gruppe als Unterstützung
Angestrengt Kämpfende	Mühevoller sozialer Aufstiegsprozess, verbunden mit angestrengtem Aneignen der Regeln im Feld	Aneignungspraxis bestimmt von hohem Zeit- und Energieaufwand; angespannt kalkuliert Lernende; asketisches Lernen; Abarbeiten an den Vorgaben

Eigene Darstellung; Quelle: Hild 2019.

Mit Bezug auf das Habituskonzept von Bourdieu und die Milieuforschung nach Vester et al. (2001) untersucht Loge (2021) den Zusammenhang von sozialer Herkunft, sozialem Geschlecht und Fachwahl. Sie fokussiert in einer qualitativen Interviewstudie auf Erstsemester der Fächer Soziale Arbeit und Bauingenieurwesen an einer Hochschule für angewandte Wissenschaften. Mit 13 Studienanfänger*innen wurden leitfadengestützte themenzentrierte Interviews durchgeführt, von denen acht mit der Methode der Habitushermeneutik ausgewertet wurden. Leitende Untersuchungsfrage war, wie „[...] Nähe und die Passung zur jeweiligen Fachkultur vor dem Hintergrund des vergeschlechtlichten und vergeschlechtlichenden Milieuhabitus der Befragten zustande kommt." (Loge 2021, S. 123). Im Ergebnis arbeitete Loge anhand der Untersuchung heraus,

> „[...] dass der *Weg in ein Studium maßgeblich geprägt ist vom sozialen Milieu* und dass ‚Frauen' und ‚Männer' des gleichen Milieus bzw. des gleichen Spektrums sozialer Milieus in ihren Studien(fach)wahlen mehr verbindet, als sie jeweils trennt." (Loge 2021, S. 281f., H.i.O.)

Loge beschreibt den Weg ins Studium als ein Ergebnis der Sozialisation an einem bestimmten sozialen Ort, der sich über den Erwerb von bestimmten Kombinationen von habituellen Prägungen bestimmt. „Innerhalb dieses milieuspezifischen Möglichkeitsraums finden vergeschlechtlichte fachliche Prägungen, Ablenkungen, Unterstützungen und Benachteiligungen statt […].“ (Loge 2021, S. 282). Entsprechend entscheiden sich Männer und Frauen für ein Studienfach, deren Kultur eine Passung und Nähe zu einer bestimmten Milieuspezifität aufweist.

Klebig (2021) untersucht die Habitusmuster von Studierenden im Elitenetzwerk Bayern. Ihre Untersuchung basiert auf themenzentrierten Interviews mit 21 Studierenden und Verantwortlichen, die sie mithilfe der Habitushermeneutik auswertet. Auch sie bestätigt den Studierenden in den oberen gesellschaftlichen Milieus ein ausgeprägtes Selbstbewusstsein und individualistische Studienstrategien. Klebig verweist bei dieser Gruppe auf eine soziale Herkunft, in der mindestens ein Elternteil eine akademische Bildung besitzt und die Studierenden in ihrer Biografie auf ein unterstützendes familiäres Umfeld zurückgreifen können, indem sie früh mit individualistischen Bildungsstrategien sozialisiert wurden. Distinktionsmuster werden auch hier anhand der Traditionslinien deutlich. Die Studierenden zeichnen sich über Leistungsstärke aus. Anhand von Eckfällen stellt Klebig eine Typologie von Studierenden auf, die im sozialen Raum verortet werden. In der Mitte des sozialen Raums werden entlang der Traditionslinien drei Muster voneinander unterschieden. Klebig identifiziert ein Muster, das an der ständisch-kleinbürgerlichen Traditionslinie verortet ist und in zwei Teilfraktionen (Muster „abgesicherter Status“ und Muster „interessengeleiteten Statussicherung“) stärker an Statusstreben und Statussicherung orientiert ist (vgl. Klebig 2021, S. 204 ff.).

> „Die Studierenden in diesem Muster zeichnen sich durch einen statussichernden kleinbürgerlichen Habitus aus. Sie streben etablierte und dadurch sichere berufliche Positionen an. In der Generationenfolge findet eine strategische Umstellung auf höhere Bildungstitel statt. Angelehnt an den gesellschaftlichen Wandel, der zur Höherqualifikation anhält, stellt das Studium eine Strategie dar, mit der die eigene Verortung angegangen werden soll.“ (Klebig 2021, S. 204).

Auf Seite der Traditionslinie der Facharbeit und praktischen Intelligenz wird das Muster „Leistung und Interesse“ verortet. In diesem Muster steht

> „[…] der Aspekt der Leistungsbereitschaft im Mittelpunkt, für den die Studierenden gesellschaftliche Gestaltungs- und Mitsprachemöglichkeiten erwarten […]. Die Ausbildungsanstrengung wird in Verbindung mit der eigenen Persönlichkeitsentfaltung gesehen. Die Befragten wählen Studienangebote an, die ihren Interessen entsprechen […]. Es geht demnach nicht um den Moment des „viel-gelernt-Habens“ und den eigenen Berufsstatus, sondern darum, das Gelernte zu verstehen und sich interessengeleitet für ein Berufsfeld zu entscheiden.“ (Klebig 2021, S. 224 f.)

Eine dritte Fraktion, die „echten Bildungsaufsteiger*innen", werden im unteren mittleren sozialen Raum verortet (Klebig 2021, S. 235 ff.). Dieses erstreckt sich über die gesamte horizontale Breite des sozialen Raums. In diesem Muster haben die Studierenden sich größtenteils eigenständig den Bildungsaufstieg – teilweise gegen die elterlichen Bildungsambitionen – erarbeitet. Klebig verweist auf die Diskrepanz zwischen Herkunfts- und Bezugsmilieu, die sich bei den Probanden nach Klebig individuell verschieden äußern (Klebig 2021, S. 245). Die Studierenden eint ein interessengeleitetes Studium, orientiert an Persönlichkeitsentfaltung und Leistungsbereitschaft, gepaart mit einer realistischen Karriereplanung. Klebig betont, dass diese Gruppe auf Unterstützung im Feld angewiesen ist, um die fehlende familiäre Unterstützung zu kompensieren und Selbstvertrauen und soziale Anerkennung im Feld zu erfahren (z. B. durch Lehrende) (Klebig 2021, S. 245). Klebig resümiert, dass sich in ihrer Untersuchung ein diverses Bild der Habituszüge der Studierenden zeigt, auch wenn in der Studie nicht alle sozialen Milieus abgebildet werden.

Kurzer Zwischenstand: Bildungsaufstieg wird im Allgemeinen mit dem Erreichen eines höheren Bildungsabschlusses definiert als der, den die Elterngeneration abgeschlossen hat (vgl. El-Mafaalani 2012). Mit sozialem Aufstieg und Bildungsmobilität einher geht die Herausforderung von besonderen Anpassungsleistungen, die mit weitreichenden Folgen für die Biografie der Individuen verbunden sind (vgl. Spiegler 2015b; El-Mafaalani 2017). Lange-Vester (2014) verweist auf die Akkulturationsleistungen, die Studierende erbringen müssen, welche nicht auf eine familiäre Bildungstradition im akademischen Feld zurückgreifen können. Dabei betont sie die Pluralität innerhalb der Gruppe der Bildungsaufsteiger*innen:

> „Das Studium bedeutet für sie, dass sie Akkulturationsanstrengungen unternehmen und sich auf das Feld der Hochschule und seine Anforderungen umstellen müssen, was ihnen in unterschiedlicher Weise und oft erst in einem sehr langwierigen und schwierigen Prozess gelingt (vgl. Bourdieu/Passeron 1971; Lange-Vester 2005). Akkulturation bedeutet Verunsicherung. Die gesamte Lebensweise, die Art sich zu geben, das Bildungsverständnis, die Vorstellungen vom Leben, die Sprache, das Vertrauen in die eigenen Fähigkeiten – das alles steht zur Disposition, muss überprüft und bearbeitet werden. Akkulturation und die Umstellung auf Bildung erfordern „Zeit um zu begreifen" (Bourdieu 1982: 237), die BildungsaufsteigerInnen an Hochschulen und insgesamt in institutionellen Bildungsprozessen nicht ausreichend zugestanden wird." (Lange-Vester 2014, S. 199 f.).

Wie die im Herkunftsmilieu erworbenen Strukturen und Dispositionen durch neue (Bildungs)Erfahrungen erweitert und verändert werden (können) und wie der Habitus durch den Übergang ins Studium herausgefordert wird, untersucht Maschke (2013).[32] Sie diskutiert in ihrer Arbeit die Bedeutung des Habitus beim Übergang von der Schule in die Hochschule, mit besonderem Fokus auf die spezifische Studienfachwahl. Bildung und Bildungsprozesse stellen dabei einen Motor für Veränderung bzw. einen Wandel von habituellen Dispositionen dar (ausführlich bei Maschke 2013, S. 91-100). Am Beispiel von Lehramtsstudierenden (Gymnasium) mit den Hauptfächern Kunst bzw. Physik untersucht sie, welche Strategien in biografischen Entscheidungsfindungsphasen Wirksamkeit entfalten, an welchen sozialen Erfahrungen bei der Wahl eines Studiums und eines spezifischen Studienfachs angeknüpft wird und welche Bedeutung dabei den habituellen Dispositionen und Milieuerfahrungen zukommt. Dabei geht Maschke davon aus, dass sich bereits in der Wahl des Lehramts als auch in der kontrastierenden Fächerwahl Kunst bzw. Physik eine differente Milieuspezifität verdeutlicht. Rückgebunden werden die Strategien der Bewältigung an die familiäre Sozialisation, soziales Kapital und das Selbstkonzept (vgl. Maschke 2013, S. 321). Mit welchen Strategien, so fragt Maschke, reagiert der von Bourdieu als träge beschriebene Habitus[33] auf Veränderungen im Spannungsverhältnis von Transformation und Beharrung. Sie beschreibt Bildungsmomente als Auslöser für Transformationsprozesse, die sich besonders in Übergangsphasen, in welchen die in dem Herkunftsmilieu erworbenen Dispositionen mit neuen Erfahrungsräumen konfrontiert sind, als Strategieänderungen äußern (vgl. Maschke 2013 S. 337 ff.) und erarbeitet eine Typologie des Übergangs, mit der sie zwischen einer defensiven und einer offensiven Strategie unterscheidet (vgl. Maschke 2013, S. 321). Im Ergebnis diskutiert Maschke, dass eine spannungsverstärkende, offensive Strategie sich im konfrontativen Zusammentreffen habitueller Muster auf neue Entwicklungen äußert, den Habitus unter Spannung setzt und damit Dynamiken für Bildungsprozesse eröffnet. Im Gegensatz dazu können die neuen Entwicklungen aber auch mit einer spannungsmeidend-defensiven Strategie verarbeitet werden, die sich in Form von Vermeidung der Konfrontation zwischen dem Alten und dem Neuen äußert und sich in einem hohen Sicherheitsbedürfnis darstellt. Die empfundene Nicht-Passung kann mit Verunsicherung und Fremdheit einhergehen und Auslöser von Studienzweifeln und Abbrüchen sein (vgl. Pape et al. 2022). Zweifel können sich im Studienverlauf aber auch in eine emanzipatorische Erfahrung transformieren. So stellt Schmitt (2010) fest:

> „Es soll nicht vergessen werden, dass auf der individuellen Ebene nicht nur die Erfahrungen von Zweifeln und mangelnder Passung vorliegen, sondern das Studium

32 Maschke (2013) führte 15 Interviews mit Lehramtsstudierenden und wertet diese mithilfe der Dokumentarischen Methode aus. Neben dem Interviewmaterial flossen außerdem Fotoanalysen in die Untersuchung ein.

33 Zum Hysteresis-Effekt des Habitus siehe auch Bourdieu 1987, S. 238 ff.

auch am bildungsfernen Pol als emanzipatorisch erlebt werden kann." (Schmitt 2010, S. 269).

El-Mafaalani (2012) beschreibt die Passungsproblematik von Bildungsaufsteiger*innen als habituelle Differenzerfahrungen, die sich auch in einer Entfremdung zum Herkunftsmilieu äußern. Als *„Nebenwirkungen des Aufstiegs"* (El-Mafaalani 2014b, S. 27) diskutiert er die Entwicklung einer dauerhaft kritischen Haltung zum Herkunftsmilieu, die mit einem Milieuwechsel und den tiefgreifenden persönlichen Veränderungen einhergehen:

> „Eine Habitustransformation geht also einher mit einer Transformation von sozialen Kontexten und sozialen Praktiken. Die sozialstrukturelle und habituelle Distanzierung ist mithin zugleich eine Selbstdistanzierung. Im Laufe des Aufstiegs verändern sich nicht nur Sprachgebrauch, Erscheinungsbild und Lebensstil, sondern auch in umfassender Weise Milieuzugehörigkeit und Persönlichkeit." (El-Mafaalani 2014b, S. 25).

Er deklariert in einem Phasenmodell unterschiedliche Verarbeitungsformen, die den sozialen Aufstieg begleiten und Prozesse der Habitustransformation einleiten, die sich unterschiedlich darstellen:

> „Die habituelle Differenzerfahrung kann dabei auf zwei Wegen wahrgenommen werden, die auch den weiteren Verlauf prägen und die Unterscheidung von zwei Typen der Habitustransformation rechtfertigen. Zum einen kann die Differenzerfahrung empraktisch wahrgenommen werden, wodurch die Irritation situationsgebunden bzw. themengebunden verarbeitet wird (‚Normalisierung'); zum anderen kann die Differenzerfahrung reflexiv wahrgenommen werden, was zu einer kritischen Auseinandersetzung mit den sozialen und habituellen Rahmenbedingungen führt (‚Dramatisierung'). In jedem Falle wird in der Phase der Irritation der eigene Handlungsspielraum als einschränkend erlebt [...]." (El-Mafaalani 2012, S. 316).

Auch Schmitt (2010) verweist auf die persönliche Auseinandersetzung mit dem Herkunftsmilieu, die sich im Prozess des Aufstiegs vollzieht. Im Konzept des Habitus-Struktur-Konflikts thematisiert er, dass die Positionierung zum Herkunftsmilieu als Konflikt bearbeitet wird (vgl. Schmitt 2010; Schmitt 2014), der sich sowohl in Verlustängsten als auch im Stolz auf das Erreichte ausdrücken kann. Ausführlich widmet sich Schmitt (2010) mit dem Konzept vom Habitus-Struktur-Konflikt der Passungsproblematik, die sich für soziale Gruppen ergeben, für die ein Studium ein sozialer Aufstieg bedeutet.

> „Soziale Ungleichheit ist keine abstrakte Größe, sondern sie wird im Studium konkret erlebt und es besteht auch hier die Notwendigkeit, mit ihr umzugehen." (Schmitt 2010, S. 256).

Was vom einzelnen Studierenden als problematische Auseinandersetzung mit den Anforderungen erlebt wird, als eine Passungsproblematik, die individueller Lösungen bedarf und sich u. a. in Zweifeln und Abbruchgedanken äußern kann, wird von Schmitt auf Hintergrund der Benachteiligung und Bevorteilung durch die soziale Herkunft und ihrer Bildungsaffinität zur akademischen Kultur analysiert und gerahmt. Mit dem Konzept vom Habitus-Struktur-Konflikt gelingt es Schmitt nachzuzeichnen, wie sich die Mechanismen struktureller sozialer Ungleichheit für den einzelnen Studierenden darstellen und als eine „[...] individualisierte Variante sozialer Ungleichheit, die etwa über ein Leiden unter der mangelnden Anerkennung bei hohem Anerkennungsbedarf erlebt wird [...]." (Schmitt 2010, S. 270). Er diskutiert, wie der Habitus durch den Eintritt in die Hochschule unterschiedlich herausgefordert wird, um die verinnerlichten kulturellen Muster auf die feldspezifischen Anforderungen abzustimmen. Was individuell als problematische Auseinandersetzung mit den Anforderungen und Konflikt erlebt wird, besitzt entsprechend einen sozialstrukturellen Hintergrund, der mit der sozialen Herkunft zusammenhängt und sich in einer Nähe bzw. Ferne zum hochschulischen Feld äußert. Im Herkunftsmilieu erworbene und eingeübte habituelle Dispositionen werden mit und durch das Erschließen von neuen Erfahrungsräumen, z. B. durch einen Bildungsaufstieg erschüttert und Veränderungen durch (Passungs)Krisen ausgelöst, die ganz unterschiedlich bewerkstelligt werden können.

Die im Kapitel 2.5 vorgestellten Studien verweisen auf ein heterogenes Spektrum von Studierenden aus unterschiedlichen Herkunftsmilieus, die ein Studium auf der Grundlage ihrer mitgebrachten Habitusmuster verschieden interpretieren und unterschiedlich chancenreich bewältigen. Anhand der herausgearbeiteten Typologien wird dargestellt, wie sich Nähe und Distanz zwischen den kulturellen Gewohnheiten im Herkunftsmilieu der Studierenden und den Anforderungen der Hochschule und des Studienfachs darstellt und sich auf die Studienbewältigung auswirkt. Die Mechanismen von Privileg und Benachteiligung werden im Feld nicht abgebaut. Sie wirken, wie Bargel / Bargel (2010) herausgearbeitet haben, im Studienverlauf weiter fort. Mit Anschluss an Bourdieu weisen alle Studien darauf hin, dass eine Vertrautheit mit den kulturellen Codes im akademischen Feld eine soziale „Mitgift" aus dem Elternhaus darstellt: Die Nähe zur akademischen Kultur und den akademischen Konventionen ist für einen Teil der Studierenden bereits familiär (vor)geprägt. Sie bedarf keiner mühsamen Einübung und entfaltet gerade darüber eine vermeintlich authentische Wirkung. Hingegen mit einem Bildungsaufstieg, ohne das Privileg von akademischer Erfahrung in der Herkunftsfamilie und einer weniger großen Nähe zur akademischen Kultur, stärker die Herausforderungen betont werden, sich das akademische Feld zu erschließen und den Habitus auf das Feld abzustimmen. Dieser Automatismus der (Klassen)Zugehörigkeit verweist auf die ungleichen Ausgangsbedingungen der Studierenden bei Eintritt in das akademische Feld. Der ungleiche Zugang ergibt sich aus dem ungleichen Besitz von kulturellem und symbolischem Kapital (vgl. Kapitel 4.2), das als Macht- und Legitimationsinstrument im Feld wirkt. Hier kann noch einmal auf den eingangs erwähnten Satz von Schmitt (2010) verwiesen werden: „Studieren als Lebenswelt ist für alle neu, aber nicht für alle gleichermaßen fremd." (Schmitt 2010, S. 64).

3 Forschungsstand Lehramtsstudierende

3.1 Überblick, Themenwahl und Begründung der dargestellten Forschungsansätze

Die Lehrer*innenbildung gilt als bildungspolitische „Dauerbaustelle“ (Terhart 2014). Sie wird von stetigen Reformen begleitet und zeichnet sich durch stetige Veränderungsprozesse aus (vgl. Boeger 2016). Die Herausforderung besteht u. a. darin, an aktuelle gesellschaftliche Diskurse im Bildungssystem anzuknüpfen und den daraus resultierenden Anforderungen gerecht zu werden. Entsprechend heterogen ist die Forschungslandschaft zum Lehrer*innenberuf und zur Lehrer*innenbildung aufgestellt, die sich, unter Rückgriff auf unterschiedliche professionstheoretische Zugänge mit den komplexen Fragestellungen im Themenbereich von Professionalisierung und Professionalität im Lehrer*innenberuf beschäftigen.[34] Um sich den Forschungsfragen dieser Untersuchung zu nähern, werden zunächst ausgewählte Forschungsstände zusammengetragen. Berücksichtigung finden dabei besonders diejenigen Ansätze, die mit einem theoretischen Bezug zu Bourdieu arbeiten. Das Kapitel 3.1 wirft zunächst einen Blick auf die Themen, die im Zusammenhang mit Studierenden im Grundschullehramt diskutiert werden und gesellschaftlich eine besondere Aufmerksamkeit erfahren. Dafür werden die Diskurse skizziert, die nach der mangelnden Attraktivität vom Grundschullehramt für männliche Studierende als auch für Studierende mit Migrationsgeschichte fragen. Anhand der Themen kann aufgezeigt werden, dass die Befunde zur Studienwahl für das Lehramt Grundschule in Zusammenhang mit gesellschaftlichen Debatten stehen, die sowohl Fragen nach der Geschlechtergerechtigkeit im Kontext von pädagogischen Berufen als auch die Bildungsbenachteiligung bestimmter Schüler*innengruppen diskutieren. Dem folgt im Kapitel 3.2 ein allgemeiner Blick auf den Forschungsstand zu Motiven der Studienfachwahl Lehramt. Im Kapitel 3.3 wird die Brücke zu Untersuchungen geschlagen, welche die soziale Herkunft von Lehramtsstudierenden und Lehrer*innen im Zusammenhang mit der Aufnahme eines (bestimmten) Lehramtsstudiums analysieren. Dargestellt werden ferner die (wenigen) Befunde zur sozialen Herkunft von Lehramtsstudierenden an Pädagogischen Hochschulen. Das Kapitel 3.4 trägt schließlich Ergebnisse aus der ungleichheitsbezogenen

34 Unterschieden werden Professionalitätsdiskurse im deutschsprachigen Raum in strukturtheoretische, kompetenztheoretische, berufsbiografische und kulturtheoretische Ansätze (vgl. Brandl 2019), die teils in einem Konkurrenzverhältnis zueinander diskutiert werden (vgl. Vogel 2020, S. 2013 ff.). Einen Überblick zu Diskursen und Forschungsfragen geben Handbücher (vgl. Terhart/Bennewitz/Rothland 2014; Cramer et al. 2020).

Bildungsforschung zusammen, die Orientierungs- und Deutungsmuster sowie pädagogische Handlungsprinzipien von Lehrpersonen ins Verhältnis zur sozialen Herkunft der Lehrkräfte setzen und diskutiert, wie die biografischen Erfahrungen und die Herkunftskultur die beruflichen Handlungen beeinflussen und rahmen. Vorgestellt wird der Ansatz der Schulkulturforschung sowie Untersuchungen zum Habitus von Lehrpersonen, die in der Habitus- und Milieuforschung verortet sind. Zusammengetragen wird im Anschluss eine Auswahl von Ergebnissen, die sich explizit auf Grundschullehrkräfte beziehen und aus einer Milieu- und Habitusperspektive die Deutungsmuster von Lehrer*innen diskutieren und diese an die ungleichen Bildungschancen im schulischen System rückbinden.

Zum Einstieg einige Zahlen: Im Wintersemester 2021/2022 wurden bundesweit insgesamt 4.911 Lehramtsstudiengänge angeboten (HRK 2021, S. 14). Rund neun Prozent aller Studierenden waren in einem Lehramtsstudiengang eingeschrieben.[35] Anfang der 2020er-Jahre beschäftigt besonders der Lehrer*innenmangel die Debatten: Laut einer Pressemitteilung vom Statistischen Bundesamt vom Oktober 2023 sank im Jahr 2021 die Zahl der Lehramtsabsolventinnen und -absolventen mit einem Masterabschluss oder dem ersten Staatsexamen und auch die Zahl der Studienanfänger*innen verzeichnete im Zehnjahresvergleich einen Rückgang.[36] Die abnehmende Zahl von Studienanfänger*innen im Lehramt wird von Berufsverbänden und Bildungsforschenden kritisch diskutiert (für die Grundschule vgl. Klemm 2022).

Prognosen und Vorausberechnungen der Schüler*innenzahlen (KMK 2024) verweisen darauf, dass die Anzahl der Lehramtsstudierenden den (künftigen) Bedarf an Lehrer*innen nicht decken kann und das Bildungssystem in den kommenden Jahren auf einen Lehrkräftemangel zusteuert (vgl. KMK 2023, siehe auch Bildungsbericht 2024, S. 190 ff.). Damit rückt der Quer- bzw. Seiteneinstieg[37] in den Mittelpunkt von bildungspolitischen Diskussionen. Diese Kompensationsstrategie für den Lehrer*innenmangel taucht als *„Krisenphänomen“* (Puderbach/Gehrmann 2020, S. 357; siehe auch Frommberg/Lange 2018; Jungkamp/Pfafferott 2020) regelmäßig in bildungspolitischen Debatten auf. Auch in der Primarstufe werden Quer- und Seiteneinsteiger*innen benötigt, etwa aufgrund von demografischem Wandel und steigenden Schüler*innenzah-

35 Bundesweit studieren insgesamt ca. 265.000 Studierende im Wintersemester 2022/2023 unabhängig von Bundesländern, Hochschularten und Fächergruppen ein Lehramtsstudium (Statistisches Bundesamt 2023a, S. 78).

36 Vgl. Statistisches Bundesamt (2023d): Pressemitteilung Nr. N053 vom 04.10.2023.

37 Porsch (2021) verweist darauf, dass die Begriffe Quer- und Seiteneinstieg teilweise synonym verwendet werden, es sich jedoch um eine heterogene Gruppe handelt, deren Wege ins Lehramt sich unterscheiden. Auch gelten je nach Bundesland unterschiedliche Regelungen der Anerkennung von Qualifikationen und Abschlüssen (Porsch 2021, S. 208). Ergänzend existiert die Form des „Direkteinstiegs“ (vgl. Puderbach/Gehrmann 2020).

len sowie des Ausbaus der Ganztagsschulen bei gleichzeitiger Pensionierung einer hohen Zahl von Grundschullehrer*innen (Klemm / Zorn 2018; Klemm 2022). Steuerungsmaßnahmen wie die Rückberufung von pensionierten Lehrkräften und die Veränderungen der Rahmenbedingungen (z. B. Aufstockung des Unterrichtsdeputats der überwiegend in Teilzeit arbeitenden weiblichen Lehrkräfte) werden als nicht ausreichend angesehen, um einer möglichen Unterversorgung im Unterricht entgegenzuwirken. Den Lehrkräftemangel über die Ermöglichung von Seiten- und Quereinstieg beizukommen, wird gleichzeitig von der kritischen Diskussion begleitet, wie Qualitätsstandards und –Sicherung bei der Rekrutierung von pädagogischen Fachkräften berücksichtigt werden können (Puderbach / Gehrmann 2020, S. 357). Befürchtet wird, dass mit dem Einsatz von Lehrkräften ohne Lehramtsstudium das Unterrichtsniveau abgesenkt wird und sich negativ auf die Lernerfolge der Schüler*innen auswirkt (vgl. Porsch 2021). Besonders Berufsverbände verbinden mit der Einstellung von Lehrkräften ohne absolviertes Lehramtsstudium eine mögliche Deprofessionalisierung des Berufsstandes (vgl. Bressler / Rotter 2018; Puderbach / Gehrmann 2020; Porsch 2021).[38]

Dieser kurze Einblick in die Diskussion um den Quereinstieg zeigt, dass die Lehrer*innenbildung regelmäßig im Fokus von gesellschaftlichen und (bildungs)politischen Erwartungen und Debatten stehen. Das öffentliche Bild vom Lehrer*innenberuf wird dabei über die medialen Inszenierungen begleitet und geprägt, dass zwischen den Polen „[…] der Verachtung des Lehrerberufs und die seiner Anerkennung und Wertschätzung […].“ changiert (Rothland 2016, S. 32; siehe auch Blömeke 2005; Kaube 2007; Köller / Stuckert / Möller 2019; Matthes / Pallesen 2022, Rothland 2022b).

Verengt auf die Debatten und Themen rund um das Lehramtsstudium Grundschule fallen zunächst zwei Themen auf, die im Zusammenhang mit dem Studiengang diskutiert werden: Zum einen richtet sich der Blick auf die Gruppen, für die eine Studienwahl Grundschule offensichtlich wenig attraktiv scheint. So zeichnet sich das Grundschullehramt im Vergleich zur Sekundarstufe I und dem Gymnasiallehramt durch einen hohen Frauenanteil aus. Zum anderen wird auf ein allgemeines geringes Interesse von Studierenden mit Migrationsgeschichte an einem Lehramtsstudium verwiesen.

38 Empirische Untersuchungen zum Kompetenzniveau von Quer- und Seiteneinsteigenden zeichnen ein uneinheitliches Bild, in dem die besonderen Potenziale der Gruppe ebenso betont werden, wie auch Defizite gegenüber einer grundständigen Lehramtsausbildung nachgewiesen werden (vgl. Puderbach / Germann 2020). Porsch (2021) stellt in einem Überblick von Forschungsarbeiten fest, dass die (heterogene) Gruppe der Seiten- und Quereinsteiger*innen im Vergleich zu über das Lehramt qualifizierten Lehrpersonen keineswegs pauschal als weniger kompetent eingestuft werden kann (Porsch 2021, S. 210).

3.1.1 Unterrepräsentanz von Männern im Grundschullehramt

> „Die Lehrer_innenbildung weist in Deutschland eine starke vertikale geschlechtsspezifische Segregation entlang der hierarchischen Schulstufen auf. Der Frauenanteil unter den Student_innen eines Lehramtstyps ist umso höher, je jünger die Schüler_innen sind. Der Männeranteil steigt hingegen mit dem Alter der Schüler_innen und der schulischen Ausbildungsstufe." (Weeber / Hobler 2015, S. 5).

Eine Studie der GEW für das Wintersemester 2013/2014 stellt heraus, dass während in anderen Schulstufen (Sekundarstufe I / Gymnasialstufe) ein (fast) paritätisches Geschlechterverhältnis erreicht wurde, die Quote der Frauen im Primarstufen- bzw. Grundschullehramt (87 %) und in der Sonderpädagogik (80 %) überproportional hoch war (Weeber / Hobler 2015, S. 24). Diese Zahlen weisen zu Beginn der 2020er-Jahre kaum Veränderungen auf: So wird die Quote von männlichen Studierenden für das Lehramt Grundschule im Jahr 2020 mit 16,9 % beziffert (Stifterverband 2022, S. 35 f.).

Die Unterrepräsentanz von männlichen Lehrkräften an Grundschulen ist eine viel beachtete und teils kontrovers geführte Diskussion (vgl. Baar 2010; Faulstich-Wieland 2012a; Faulstich-Wieland 2012b; Hastedt / Lange 2012; Hurrelmann / Schultz 2012; Rothland et al. 2014; Weeber / Hobler 2015; Stuve / Rieske 2018; Rothland 2022a; Steins 2022). Die Thematisierung von „mehr Männern in der Grundschule" knüpft an Debatten an, die auf das Zusammenspiel von (zugeschriebenen) Geschlecht und Professionalität in dem vergeschlechtlichen beruflichen Feld der Pädagogik verweist.[39] Adressiert werden zum einen die Schüler: Mit Verweis auf die Jungen als Gruppe mit hohem schulischen Problempotenzial[40] wird diskutiert, ob die Gründe und Ursachen für Bildungsbenachteiligung, auch auf die ungleiche Geschlechterverteilung der Lehrpersonen zurückzuführen sind.[41] Geschlechterstereotype Erwartungshaltungen, die an männliche Grundschullehrer formuliert werden, richten sich auf die Vorstellung einer positiven Einflussnahme und einem besonderen Zugang zu männlichen Schülern, aufgrund der geteilten Erfahrung der Geschlechtszugehörigkeit (vgl.

---

39 Die Diskussion um das Geschlecht von Professionellen wird sehr ähnlich auch in anderen (pädagogischen) Berufsfeldern geführt, die sich über einen hohen Frauenanteil auszeichnen (für die Soziale Arbeit vgl. Sabla / Rohde 2014).

40 So werden Jungen häufiger qua Geschlecht der Kategorie „Risikoschüler" zugeordnet: Sie schneiden schlechter in Leistungsvergleichsstudien ab und bilden einen überproportional hohen Anteil an Sonder- und Hauptschülern (vgl. Niehaus 2012).

41 Z. b. argumentiert der Stifterverband: „Zudem ist es wünschenswert, dass sich die Diversität der Gesellschaft und der Schülerschaft insbesondere hinsichtlich des Geschlechts und Migrationserfahrungen in der Lehrerschaft widerspiegelt. Dies kann die Sensibilisierung für spezifische Problemlagen von Schülerinnen und Schüler innerhalb der Lehrerkollegien fördern." (Stifterverband 2022, S. 36).

Niehaus 2012). Rothland et al. (2014) fassen die (überzogenen) Erwartungen an die männlichen (Grund)Schullehrer wie folgt zusammen:

> „[...] Männer sollen, so der Tenor der Debatte, qua Geschlecht über besondere Eigenschaften und Fähigkeiten verfügen, die ihnen zugeschrieben werden und sie in besonderer Weise positiv von den Frauen in dem Sinne unterscheiden, dass sie die vermeintlichen Defizite und negativen Folgen einer Feminisierung des Lehrerberufs gleichsam automatisch beheben. „Die Männer werden es schon richten, wozu die Frauen nicht in der Lage sind – und zwar weil sie Männer sind" (Ihlau 2012, S. 156) – so die Quintessenz." (Rothland et al. 2014, S. 154).

Die These eines positiven Effekts von männlichen Grundschullehrern auf Grundschüler hält einer Überprüfung nicht stand. Ein Zusammenhang zwischen männlichen Lehrpersonen und erfolgreicheren Bildungschancen bei Jungen lässt sich empirisch nicht belegen (vgl. Hastedt / Lange 2012; Rothland et al. 2014). Kritiker*innen verweisen zudem darauf, dass die Diskussionen um das Geschlecht von Professionellen in pädagogischen Berufsfeldern auf dem ideologischen Hintergrund einer zweigeschlechtlichen heteronormativen Ordnung geführt werden: Geschlechtsstereotype werden darüber reproduziert und geschlechtliche Vielfalt ausgeblendet (vgl. Sabla / Rohde 2014).

Der Diskurs wird ferner mit einer Gleichstellungsperspektive verbunden: Der hohe weibliche Anteil im Grundschullehramt wird in der Forschung als Ausdruck geschlechtsspezifischer Segregation auf dem Arbeitsmarkt diskutiert, unter der eine horizontale und vertikale Unterscheidung zwischen den beruflichen Tätigkeiten von Männern und Frauen verstanden wird (vgl. Steins 2022, S. 117 f.). So sind Berufe mit hohem Frauenanteil häufig über geringere Arbeitsmarktchancen und Sicherheiten, geringen beruflichen Status sowie niedrige Aufstiegs- und Verdienstmöglichkeiten gekennzeichnet. Dies wirkt sich auch auf alle anderen Lebensbereiche aus und verfestigt soziale Benachteiligung (vgl. Busch 2013).

Im Jahr 2021 waren 87,4 % der Lehrkräfte im Primarbereich weiblich (vgl. Statistisches Bundesamt 2023c, S. 58; siehe auch Steins 2022, S. 117). Sie besetzen zu 72 % die Schulleitungsstellen (vgl. Cramer et al. 2022). Gründe für die relativ gefestigte geschlechtsspezifische Struktur werden zum einen auf die historische Entwicklung der Schulform zurückgeführt (Enzelberger 2001; Treptow 2006; Baar 2010; Faulstich-Wieland 2012b; Thomas 2013; Stuve / Rieske 2018; Helsper 2021). Die Grundschule schaut auf eine lange Tradition als vergeschlechtliches Handlungsfeld zurück: Die Professionsgeschichte des Lehrerinnenberufs beginnt mit der Durchsetzung der Schulpflicht (1880) und stellte (aus Gründen des Mangels an männlichen Volksschullehrern) eine der wenigen beruflichen Möglichkeiten für Frauen dar. Zunächst wurden Frauen ausschließlich für den Unterricht der unteren Schulstufe zugelassen. Sie wurden mit einem Lehrerinnenzölibat belegt und geringer bezahlt als die männlichen Kollegen, auch fungierten sie als „[...]

Manövriermasse bei Krisen.“ (Thomas 2013, S. 36). Sie unterlagen in der ersten Hälfte des 20. Jahrhunderts den strukturellen Bedingungen des Arbeitsmarkts, in denen sie in den Weltkriegen die Lücke an männlichen Lehrkräften füllten, ihren Platz dann aber wieder an die Rückkehrer verloren (vgl. Enzelberger 2001; Baar 2010). In den 1950er-Jahren noch als „Überbrückungsberuf“ für Frauen bis zu ihrer Heirat verstanden, bietet die Lehrkräfteausbildung in der Bundesrepublik Deutschland zunehmend den Einstieg für Frauen in die Erwerbstätigkeit auf akademischem Niveau. Der Frauenanteil der Lehramtsstudierenden lag bereits in den 1960er-Jahren bei über 60 %, was als der Beginn der *„Feminisierung“* des Lehrer*innenberufs (besonders im Grundschullehramt) markiert wird (vgl. Baar 2010; Faulstich-Wieland/Niehaus/Scholand 2010; Kappler 2013; Stuve/Rieske 2018; Rothland 2022a).

Treptow (2006) arbeitet heraus, dass Frauen, die ein Lehramtsstudium aufnehmen, überwiegend das Ziel Primarstufe, Sekundarstufe I oder Sonderpädagogik anvisieren. Sie führt dies auch die Rahmenbedingungen im Lehrer*innenberuf zurück und die im Vergleich zu anderen akademischen Berufen als günstiger eingeschätzten Möglichkeiten, Familienplanung und Erwerbsarbeit zu vereinbaren (vgl. Treptow 2006, S. 103). Während Männer ihre Entscheidung für das Lehramt mit Arbeitsplatzsicherheit, gesicherten und hohen Verdienstmöglichkeiten und ausreichend Freizeit begründeten, heben besonders die Frauen die Vereinbarung von Familie und Beruf hervor, die sie im Lehramt ermöglicht sehen (Treptow 2006, S. 37 f.; Faulstich-Wieland 2012b). Rothland (2022a) hingegen diskutiert die Vereinbarkeit von Familie und Beruf als einen Faktor der in Deutschland, im Vergleich zu anderen westlichen Industrieländern nur eine untergeordnete Rolle in der Berufswahl spielen würde. Er resümiert:

> „Extrinsische Motive wie der Wunsch nach beruflicher Sicherheit oder der Vereinbarkeit von Familie und Beruf beeinflussen zwar auch hierzulande die Berufswahl Lehramt. Sie sind jedoch insgesamt weniger bedeutsam in deutschsprachigen Studien und generell in Untersuchungen in den westlichen Industrieländern, die im Ergebnis in ihrer Gesamttendenz ohnehin eine ähnliche Befundlage aufweisen.“ (Rothland 2022a, S. 97).

Fakt bleibt jedoch, dass der Beruf Grundschullehrer*in auch die „typischen“ Merkmale der Benachteiligung eines Frauenberufs aufweist: Zum einen bietet er nur limitierte Aufstiegschancen und eine geringere Besoldungsstufe z. B. im Vergleich zum Gymnasiallehramt (Kocher/Porsche/Wenckebach 2016).[42] Zum anderen sind es überwiegend die weiblichen Lehrkräfte, welche die Möglich-

42 Die Angleichung der Besoldungsstufe für Lehrkräfte an Grundschulen ist in einigen Bundesländern bereits umgesetzt oder zumindest geplant (zum Stand im Jahr 2024 vgl. Brand/Kuhn 2024; GEW 2024).

keit der Arbeit in Teilzeit in Anspruch nehmen (vgl. Stuve/Rieske 2018; Steins 2022). Gründe hierfür verdeutlichen Stuve/Rieske (2018) in einer Studie für die GEW: Demnach sind die Ursachen für den hohen Frauenanteil nach wie vor in der vergeschlechtlichen Arbeitsteilung zu finden, in der Care-Arbeit in den Zuständigkeitsbereich von Frauen delegiert wird (vgl. Stuve/Rieske 2018, S. 11 f.). Ferner diskutieren Stuve/Rieske (2018) als einen Hauptgrund für die Unterrepräsentanz von Männern im Grundschullehramt den „[…] potentiellen Widerspruch zwischen dem als weiblich konstruierten Grundschullehramt und den kulturellen Männlichkeitsanforderungen." (Stuve/Rieske 2018, S. 14). Neben dem geringen Status im pädagogischen Feld und den geringeren Aufstiegs- und Verdienstchancen (im Vergleich zu anderen Schulformen) wird der Beruf der Grundschullehrperson mit weiblichen Attributen versehen (vgl. Baar 2010). So gilt besonders für die Grundschule, dass stereotype gesellschaftliche Vorstellungen das Feld dominieren. Combe (1996) merkte in einer Untersuchung zur pädagogischen Professionalität am Beispiel der Berufsbelastung von Grundschullehrkräften an:

> „Es ist also ein eigenartiger, die Grundschularbeit bagatellisierender und abwertender Anstaltsmythos, der diese Schulform umgibt." (Combe 1996, S. 508).

Dieser *Mythos* ist Ausdruck eines konservativen Geschlechterverständnisses, in dem soziale und pädagogische Berufsfelder, in denen überwiegend Frauen tätig sind, nach wie vor gesellschaftliche Abwertung erfahren (siehe auch Rothland 2022a, S. 95). Treptow (2006) verweist auf die vorberuflichen, geschlechtsspezifischen Prägungen, etwa durch das Elternhaus. Diese Sozialisationsprozesse mit ihren gelebten Geschlechterrollen und Arbeitsteilungen nehmen Einfluss auf die geschlechtsspezifische Berufswahl und prägen berufliche Vorstellungen (vgl. Treptow 2006 S. 71 ff.). Die Möglichkeit zur Teilzeitbeschäftigung begünstigt die Vereinbarkeit von Erwerbstätigkeit und Familienarbeit (vgl. Treptow 2006; Baar 2010; Stuve/Rieske 2018) und wird in einigen Studien von weiblichen Studentinnen als Motiv hervorgehoben, mit dem die Berufswahl für das Grundschullehramt begründet wird (vgl. Treptow 2006; Faulstich-Wieland 2012b). Treptow (2006) betont, dass die Vereinbarkeit von Kinderwunsch und Berufstätigkeit besonders für Frauen in der Berufs- und Lebensplanung ein relevantes Thema darstellt.

> „Der ‚sensible Punkt' der weiblichen Berufsbiografie besteht auch bei Lehrerinnen in der Familiengründung. Für Lehrer besteht dieser ‚sensible Punkt' sowie die Übernahme von Verantwortung hinsichtlich der häuslichen Aufgaben nicht." (Treptow 2006, S. 111).

Diese Doppelfunktion hat nach Treptow auch zur Folge, dass Lehrerinnen ein begrenzteres Zeitbudget zur Verfügung haben, dass sie daran hindert, Funktionsstellen und zusätzliche Aufgaben zu übernehmen, was sich wiederum nachteilig auf die Möglichkeiten eines beruflichen Aufstiegs auswirkt. Zum Beispiel werden berufliche Weiterbildungen von Frauen aus zeitlichen Gründen weniger in Anspruch genommen. Folge daraus ist ein geringeres Qualifizierungsniveau gegenüber den männlichen Kollegen. Frauen würden sich, so Treptow, häufiger in Karriereverzicht üben, was weniger auf einem beruflichen Desinteresse beruht als auf der Suche nach pragmatischen Vereinbarkeitslösungen. Als ein Ausblick kann ergänzt werden, dass laut einer Studie der Max-Träger-Stiftung unter Berücksichtigung von bundesländerspezifischen Unterschieden das Lehramtsstudium Grundschule für Männer an Attraktivität gewonnen hat (Stuve / Rieske 2018, S. 11 f.).[43]

3.1.2 Unterrepräsentanz von Lehramtsstudierenden mit Migrationshintergrund

In der Bundesrepublik wird im Jahr 2007 erstmals die Forderung nach mehr Lehrkräften mit Migrationsgeschichte im „Nationalen Integrationsplan" der Bundesregierung aufgenommen (vgl. BMAS 2007, S. 14). Im Jahr 2009 folgt auf Beschluss der Kultusministerkonferenz eine „Gemeinsame Leitlinie der Länder zur Deckung des Lehrkräftebedarfs", indem sich „[...] für eine Erhöhung des Anteils von Lehrerinnen und Lehrern mit Migrationshintergrund sowie für einen ausgewogenen Anteil von Männern und Frauen im Lehrerberuf, insbesondere im Primarbereich [...]" (KMK 2009, S. 2) ausgesprochen wird. Hintergrund der bildungspolitischen Forderung nach mehr Lehrkräften mit Migrationsgeschichte ist zum einen die Feststellung, dass sich eine zunehmend heterogene Schüler*innenschaft nicht unter den Lehrkräften wieder findet:

> „Während die multikulturell geprägte Schülerschaft eine Vielfalt und Heterogenität in ihren unterschiedlichen Facetten und Konstellationen widerspiegelt, zeichnet sich im Kontrast dazu bei den Lehrer / innen ein eher homogenes Bild ab. [...] Der Anteil der Lehrpersonen mit Migrationshintergrund liegt über alle Schulstufen und -formen bei ca. 0.9 Prozent (vgl. Blossfeld et al., 2011, S. 75). Differenzierte Werte nach Schulform und Geschlecht liegen zum gegenwärtigen Zeitpunkt nicht vor." (Hüpping 2017, S. 32).

Zum anderen wird sich mit Verweis auf das „[...] schlechte Abschneiden von Schülern mit Migrationshintergrund im deutschen Bildungssystem [...]." (Rotter 2014,

43 So spielen für eine sinkende Anzahl von männlichen Lehrkräften in der Grundschule auch Faktoren eine Rolle, wie etwa die Anzahl der Pensionierungen von männlichen Lehrkräften (vgl. Stuve / Rieske 2018).

S. 23) erhofft, durch Lehrkräfte mit Migrationsgeschichte die Bildungsbenachteiligung von Schüler*innen mit Migrationsgeschichte in der Schule abzubauen. Die Erwartungen, die an die Lehrkräfte adressiert werden, sind entsprechend hoch:

> „Die Hoffnung konkretisiert sich in der Annahme, dass diese Lehrer*innen, durch das Aufwachsen in mehr als einer Sprache, einer Kultur und einer Religion' Abhilfe für die Bildungsbenachteiligung schaffen und Homogenitätsmechanismen der Schule entgegenwirken." (Doğmuş 2022, S. 36).

Zuschreibungen, die parteiübergreifend immer wieder in bildungspolitischen Zusammenhängen formuliert werden, äußern sich in den Annahmen, dass die Lehrer*innen mit Migrationsgeschichte gegenüber den autochthonen Kolleg*innen einen direkteren Zugang zu Schüler*innen (und Eltern) mit Migrationsgeschichte besitzen (vgl. Rotter 2012, S. 107). Ferner werden Lehrkräften mit Migrationsgeschichte, Mehrsprachigkeit und eine Rolle in der Vermittlung von interkulturellen Kompetenzen zugesprochen und eine Vorbild- und Rollenfunktion konstruiert, die auf Schüler*innen motivierend wirken sollen (vgl. Rotter 2012; Akbaba/Bräu/Zimmer 2013; Fabel-Lamla/Klomfaß 2014; Massumi 2014; Rotter 2014; Fereidooni 2016; Hüpping 2017; Wojciechowicz 2018). Rotter (2012) arbeitet heraus, dass die formulierten Erwartungen und Sonderaufgaben, die den Lehrkräften mit Migrationsgeschichte zugedacht werden, weniger auf fachliche Qualifikationen, sondern auf biografische Erfahrung zurückgeführt werden:

> „Grundsätzlich wird den Lehrkräften mit Migrationshintergrund ein spezifisches Kompetenzprofil zugeschrieben, das wie bei allen anderen Lehrkräften aus der fachlichen Qualifikation besteht, zum anderen aber auch aus zusätzlichen, mit dem Migrationshintergrund verbundenen ‚Kompetenzen', die aus den biografischen Erfahrungen dieser Lehrkräfte abgeleitet werden [...]." (Rotter 2012, S. 104).

Kritisch stellt sie diese Sichtweise als Markierung von Differenz innerhalb des Lehrkörpers dar.[44] Auch verweist sie darauf, dass keine empirischen Befunde vorliegen, welche die erwarteten Wirkungen der Zuschreibungen an Lehrkräfte mit Migrationsgeschichte bestätigen. Im Gegenteil stellt Rotter fest, dass in professionstheoretischen Modellen zum Lehrerberuf ein Migrationshintergrund keine wesentliche Rolle einnimmt:

> „Bei der Darstellung der verschiedenen Sichtweisen auf den Lehrerberuf konnte gezeigt werden, dass der Migrationshintergrund als Merkmal von Lehrkräften in

---

44 Zur kritischen Auseinandersetzung siehe auch Akbaba/Bräu/Zimmer 2013; Bräu et al. 2013; Rotter 2012; Fabel-Lamla/Klomfaß 2014; Massumi 2014; Rotter 2014; Fereidooni 2016; Hüpping 2017; Wojciechowicz 2018; Doğmuş 2022.

> den verschiedenen Konzepten zum Lehrerberuf erst diskutierbar wird, wenn er mit besonderen biografischen Erfahrungen verbunden und in mögliche migrationsspezifische Ressourcen überführt wird. Eine solche Verknüpfung von einem kategorisierenden Merkmal wie dem Migrationshintergrund mit spezifischen Erfahrungen bzw. Ressourcen unterliegt jedoch einer doppelten Gefahr: der Deprofessionalisierung durch die Betonung von außerhalb der Ausbildung erworbenen Fähigkeiten als wichtige Grundlage beruflichen Handelns einerseits und der Entsubjektivierung durch eine generalisierend-deterministische Sicht auf individualbiografische Erfahrungen." (Rotter 2012, S. 77).

Rotter (2012, 2014) reiht sich mit ihrer Kritik in neuere Forschungsarbeiten ein, die sich in den letzten Jahren verstärkt mit den Diskriminierungserfahrungen und rassistischen Zuschreibungen auseinandersetzen, die Lehramtsstudierende und Lehrkräfte aufgrund eines ihnen zugewiesenen Migrationshintergrunds im beruflichen und studentischen Alltag erfahren (vgl. Georgi / Karakas / Ackermann 2011; Lengyel / Rosen 2012; Fereidooni 2016; Fereidooni / El 2017; Wojciechowicz 2018; Doğmuş 2022). Wurde bisher in der Bildungsforschung besonders auf die Bildungsbenachteiligung von Schüler*innen mit Migrationsgeschichte fokussiert, rückt in diesem (noch jungen) Forschungsfeld die Perspektive der (angehenden) Lehrkräfte in den Fokus. Problematisiert wird in allen Studien die Einteilung von (angehenden) Lehrer*innen in die Bezeichnung *„mit und ohne Migrationshintergrund"*. Bereits die Verwendung dieser Kategorien impliziert homogene Gruppenzugehörigkeiten bzw. fördert die Vorstellung von diesen und ist immer mit der Gefahr von Diskriminierung verbunden (vgl. Scarvaglieri / Zech 2013).

Unabhängig dieser Diskurse zeigt sich, dass ein Studium Lehramt für die angesprochene Zielgruppe, Schüler*innen und Studierende mit Migrationsgeschichte eine geringe Attraktivität ausstrahlt (vgl. Rotter 2012; Mentges / Spangenberg 2021). In einer Untersuchung zur Studienwahl von Studierenden mit Migrationsgeschichte am Beispiel der Studienfächer Lehramt und Jura diskutiert Wojciechowic (2018) die Zugangsbedingungen zum fachspezifischen Hochschulstudium im Kontext migrationsgesellschaftlicher Ungleichheitsverhältnisse.[45] Wojciechowic erweitert den Blick auf das Zusammenspiel von gesellschaftlichen und strukturellen Bedingungen, die bei Studierenden mit einer Mehrfachzugehörigkeit zu einer Studienfachwahl leiten und verweist auf die „Kontextbedingungen in der Migrationsgesellschaft, die zum Einlassen auf

45 Im Sample wurden 14 biografische Interviews mit Studienanfänger*innen mit polnischer bzw. türkischer Migrationsgeschichte über zwei Erhebungszeiträume geführt (Wojciechowic 2018, S. 125-131). Für die Auswertung des Datenmaterials wurde eine Kombination aus der biografischen Fallrekonstruktion nach Rosenthal (2005) und der Grounded Theory nach Corbin / Strauss (2015) genutzt.

eine fachspezifische Platzierung im Hochschulraum führen.“ (Wojciechowic 2018, S. 33). Spezifisch liegt der Fokus auf der rassismuskritischen „Frage, wie sich migrationsgesellschaftliche Differenz- und Dominanzverhältnisse in die Wahrnehmungs- und Handlungsmuster der Subjekte einschreiben und damit den Studienfachzugang beeinflussen (können).“ (Wojciechowic 2018, S. 100). Um diese Fragestellung zu beantworten, richtet sie ihren Blick auf die „[…] gleichzeitige Verschränkungen von gesellschaftlichen Ungleichheitsstrukturen im Migrationszusammenhang […] bspw. zu fragen, in welcher Beziehung soziale Herkunft und die Dimension der Migrationsverhältnisse zueinanderstehen und wie sie sich in den biografischen Entwicklungen niederschlagen.“ (Wojciechowic 2018, S. 127). Im Ergebnis arbeitet sie heraus, dass sich alle Interviewten unabhängig von der Studienwahl, die biografische Erfahrung teilen eine „[…] migrationsbedingte Differenzerfahrungen in der Schule als ein zentral wirksamer Strukturkontext für die biografische Entwicklung […].“ (Wojciechowic 2018, S. 396) benannt zu haben. Alle Interviewten erfuhren eine,

> „[…] Reihe von impliziten und expliziten Defizitzuschreibungen, die migrationsgesellschaftliche Differenzkonstruktionen als Ausschlusskriterium enthalten, die erst in ihrer Summierung zu einer kritischen Verunsicherung führen. Die institutionellen Blockierungserfahrungen teilen den Akteurinnen mit, dass ihnen eine Platzierung in Räumen höherer Bildung bzw. an der Spitze des hierarchischen Bildungswesens nicht zusteht. Sie enthalten zugleich eine Formulierung der Zukunft(swege) für ‘Ausländerkinder’, denn akademisch ambitionierte Bildungs- und Berufsperspektiven liegen für sie nicht im Rahmen des Erreichbaren.“ (Wojciechowic 2018, S. 397 f.).

Mit der Untersuchung zeigt Wojciechowic auf, wie die Bildungsbiografien und Orientierungen in die migrationsgesellschaftlichen Differenzverhältnisse eingebettet sind und den Weg in das Hochschulstudium rahmen. Sie zeichnet die unterschiedlichen Bewältigungsstrategien im Umgang mit stigmatisierenden Defizitzuschreibungen und schulischen Alltagsrassismus nach, die sie als zentrale Aufgabenstellung für Menschen mit „natio-ethno-kulturell Mehrfachzugehörigen“ (Wojciechowic 2018, S. 399) beschreibt. Dabei unterscheidet sie „[…] vier Bearbeitungsformen der schulinstitutionellen Blockierungen.“ (Wojciechowic 2018, S. 399). Der Raum der hochschulischen Bildung wird entsprechend auf Grundlage der bisherigen schulischen Bildungserfahrungen antizipiert, was Wojciechowic anhand von vier typologische Profilen der Bildungsorientierung herausarbeitet (Wojciechowic 2018, S. 375 f.).

Kurzer Zwischenstand: Um allen (Grund)Schüler*innen und ihren heterogenen Lebenslagen gerecht zu werden, rücken in den Debatten um Bildungsteilhabe die Lehrkräfte in den Fokus. Fragen nach der Umsetzung von Geschlechtergerechtigkeit und Fördermöglichkeiten von benachteiligten Schüler*innengruppen im schulischen Alltag werden im Zusammenhang mit dem Geschlecht und der Mehrfachzugehörigkeit von Lehrkräften diskutiert. Die skizzierten Diskussionen um die Attraktivität der Studien- und Berufswahl vom (Grundschul)Lehramt zeigen Gemeinsamkeiten auf: In den wissenschaftlich geführten Diskursen um mehr Männer im Grundschullehramt und mehr Studierende mit Migrationsgeschichte wird die These deutlich zurückgewiesen, dass eine geschlechtliche als auch eine bestimmte transkulturelle Mehrfachzugehörigkeit von Lehrpersonen, eine kompensatorische Wirkung für bestimmte Gruppen von Schüler*innen besitzt und zur Nivellierung von Bildungsbenachteiligung beiträgt. Auch wird aufgezeigt, dass die geführten Debatten teils Gefahr laufen, stereotype Ansichten und Differenzkonstruktionen zu reproduzieren. Die kritische Schlussfolgerung von Niehaus (2012) bezüglich der Forderungen nach mehr Männern in das Lehramt Grundschule, lässt sich auch im Hinblick auf die Kategorie Migration erweitern:

> „Eine Schule, die am Können aller Kinder ansetzt und dieses systematisch ausbaut, wird allen Kindern individuell gerecht. Ein möglichst heterogenes Schulkollegium kann dabei aber nur der erste Schritt hin zu einer möglichst chancengerechten Schule sein, die schlichte Forderung „mehr Männer" allein wird dies jedoch nicht einlösen können." (Niehaus 2012; S. 60).

Basiert also das Werben für bestimmte Gruppen von Studierenden in das Lehramt auf der Feststellung, dass bestimmte Gruppen von Schülerinnen und Schülern im Schulsystem Benachteiligung erfahren, zeigen die skizzierten Diskussionen, dass lediglich eine zahlenmäßige Erhöhung von Personengruppen, die im Lehramt unterrepräsentiert sind, zu kurz greifen.

3.2 Forschungsansätze zu Berufs- und Studienwahlmotiven von Lehramtsstudierenden

In der Forschung zu angehenden Lehrkräften wird sich kontinuierlich mit der Frage beschäftigt, welche Motive hinter der Berufs- und Studienwahl stehen und welche Eignungen und Voraussetzungen für den anspruchsvollen Beruf besonders günstig scheinen. So folgt z. B. die im Kapitel 3.1.2 skizzierte Untersuchung von Wojciechowic (2018) einer Forschungstradition in der Schulpädagogik und den Erziehungswissenschaften, welche die Studien- und Berufswahl unter einer (berufs)biografischen Perspektive analysieren.[46] Bezogen auf die Studienfach-

46 Zum den verschiedenen Forschungstraditionen- und Linien in der Biografieforschung zum Lehrer*innenberuf und ihrer unterschiedlichen Perspektiven siehe Kunze/Stelmaszyk 2008; Wittek/Jacobi 2022.

wahl werden vorgelagerte biografische Prozesse unter Einbezug des Einflusses der gesellschaftlichen Rahmenbedingungen untersucht. Betont wird eine Bündelung von Motiven, die weniger trennscharf voneinander zu unterscheiden sind (Überblick bei Ernst 2018) und bei denen Bildungsbiografie und (geschlechtsspezifische) Sozialisationsprozesse Einfluss auf die Studienwahl nehmen.

Der dominierende Ansatz in der Berufs- und Studienwahlforschung von Lehramtsstudierenden orientiert sich an der pädagogischen Psychologie (vgl. Holzmayer 2023, S. 22). Motive für die Wahl eines (spezifischen) Lehramts werden mithilfe von personenzentrierten Analysen ermittelt, die auf den Grundlagen der Motivationspsychologie basieren. Ausdifferenziert werden die Berufswahlmotive nach intrinsischen, extrinsischen und altruistischen Motivationen (vgl. Stellmacher/Paetsch 2023, S. 849 f.) und unter der Bezugnahme auf Theorien von individualisierten Persönlichkeitsmerkmalen diskutiert (vgl. Boeger 2016; Cramer 2016b; Besa 2018; Rothland/Cramer/Terhart 2018; Mayr/Hanfstingl/Neuweg 2020). Die Untersuchungen, die größere Datensätze für die Analysen nutzen, beforschen Lehramtsstudierende meist mit auf die Fragestellungen zugeschnittenen quantitativen Messinstrumenten. Sie bündeln und kategorisieren unterschiedliche Motivlagen, die wahlweise nach Lehramtstypen und Geschlecht differenziert ausgewertet und betrachtet werden. Im Ergebnis deklarieren und diskutieren sie bestimmte Motivkonstellationen als „typisch“ für die Aufnahme eines Lehramtsstudiums und für die Wahl eines bestimmten Schultyps (z. B. Faulstich-Wieland/Niehaus/Scholand 2010; Weiß/Lerche/Kiel 2011; Retelsdorf/Möller 2012; Neugebauer 2013; Rothland 2014; Glutsch/König/Rothland 2018). Ein sich wiederholender Befund verweist auf die signifikanten Unterschiede zwischen Motivlagen von Lehramtsstudierenden und Studierenden anderer Studienfächer. So arbeitet z. B. Neugebauer (2013) heraus, dass Lehramtsstudierende sich im Vergleich zu Studierenden anderer Fächer durch ein „[...] ausgeprägtes soziales Interesse, hohe familiäre Interessen, der Wunsch nach beruflicher Sicherheit, sowie geringere Karriere- und Statusmotive“ (Neugebauer 2013, S. 21; siehe auch Treptow 2006, S. 31-36) unterscheiden.

3.2.1 Studienfachwahl Lehramt: „Traumberuf“ vs. „Verlegenheitslösung“

Seit den 1950er-Jahren liegen eine Reihe von Untersuchungen vor, die sich mit Fragen der Berufs- und Studienwahlmotive von Lehramtsstudierenden auseinandersetzen (Überblick bei Enzelberger 2001; siehe auch Faulstich-Wieland/Niehaus/Scholand 2010; Retelsdorf/Möller 2012; Neugebauer 2013; Heyer 2016; Glutsch/König/Rothland 2018; Brandl 2019; Rothland 2022a; Stellmacher/Paetsch 2023; Holzmayer 2023; für Studierende im Grundschullehramt: Foerster 2022). Gekoppelt ist das Forschungsinteresse an den Motivlagen zur Aufnahme eines Lehramtsstudiums häufig an die These, dass nicht alle Studierenden, die das Lehramt wählen, die als notwendig deklarierten (personellen) Voraussetzungen für die Bewältigung der vielfältigen Aufgaben im späteren Beruf besitzen. Thematisiert und diskutiert werden in diesem Forschungsstrang, welche personellen Eigenschaften als günstig gelten, um den späteren Beruf auszufüllen (vgl. Rothland/Terhart 2011). Auch der Einsatz und die Entwicklung von Instrumenten zur Eignungsdiagnostik sind in diesem Ansatz der Studien- und Berufswahl im Lehramt beheimatet (vgl. Boeger 2016). Impulsgebend für die Diskussion um die Rekrutierung von „passenden" Lehrpersonen sind bildungspolitischen Debatten[47] sowie Ergebnisse aus der Forschung zur Berufsbelastung von Lehrkräften (vgl. Nieskens 2016). Verknüpft werden die Diskussionen mit der Forderung nach hochschulischen Steuerungsinstrumenten zur Eignungsabklärung und -diagnostik[48], um die „richtigen" Studierenden für das Studium zu gewinnen und umgekehrt die als „ungeeignet" eingestuften Studierenden fernzuhalten (vgl. Retelsdorf/Möller 2012; Boeger 2016; Besa 2018). Nolle (2016) arbeitet heraus, dass für den Lehrer*innenberuf ein Bündel von personalen Voraussetzungen (wie z. B. psychische Stabilität) benötigt wird, die den Anforderungsprofilen in anderen Berufen nicht unähnlich sind. Der Autor erklärt die Existenz einer spezifischen „Lehrerpersönlichkeit" als Garant für eine erfolgreiche Berufskarriere im Lehramt als widerlegten Mythos (siehe auch Kunina-Habenicht 2020; Rothland 2021). Persönlichkeitsmerkmale werden in dem an der pädagogischen Psychologie orientierten Strang der Lehrer*innenforschung nicht (mehr) als statisch verstanden[49]. Vielmehr werden unterschiedliche Ansätze herangezogen, die auf Entwicklungsprozesse verweisen, die Veränderungsprozesse betonen und die Wechselwirkung zu den vorgefundenen Strukturen diskutieren (vgl. Nolle 2016, S. 19).

47 So folgen den Ergebnissen von internationalen Vergleichsstudien (z. B. PISA; IGLU) regelmäßige bildungspolitische Debatten um die Ursachen für die im internationalen Vergleich als zu gering bewerteten Lernleistungen von bundesdeutschen Schüler*innen. Aus den Ergebnissen wurden, je nach Position der entsprechenden Interessensgruppe, Forderungen an die Bildungspolitik formuliert. U.a. richten Interessensverbände von Industrie und Wirtschaft ihren kritischen Blick auf Versäumnisse in der Lehrer*innenbildung als auch auf die Verantwortung der Lehrer*innen für die fehlenden Lernfortschritte der Schüler*innen (vgl. Raidt 2010, S. 93-103).

48 Hochschulen arbeiten u. a. mit dem „Career Counselling for Teachers". Das Selbsterkundungsverfahren wurde in einigen Bundesländern als verpflichtender Teil im Zulassungsverfahren für einen Studienplatz implementiert (vgl. Mayr/Müller/Niesken 2016).

49 „Das Persönlichkeitskonzept, wie z. B. Big-Five-Konzept und Big-Six-Konzept gelten als „modernisierter und reformierter Persönlichkeitsansatz […]. Im Unterschied zu den reformpädagogischen Entwürfen der idealen Pädagogen- und Lehrerpersönlichkeit werden in neueren Persönlichkeitsansätzen aber keine normativen Vorgaben mehr gemacht oder Idealentwürfe konstruiert, sondern es werden auf empirischer Grundlage und auf der Basis grundlegender Persönlichkeitstheorien danach gefragt, welche Persönlichkeitsmerkmale mit einem erfolgreichen professionellen Handeln in Verbindung gebracht werden können." (Helsper 2021, S. 77 f.).

Das Bild vom „ungeeigneten“ Lehramtsstudierenden basiert ferner auf Studien, die überproportional häufig medial rezipiert werden. Untersuchungen stufen dabei bis zu einem Drittel der Studienanfänger*innen als Risikogruppe ein, welche die Voraussetzungen für den Beruf nur bedingt erfüllen würden (vgl. Nolle 2016, S. 13 f.). Beispielhaft sei hier auf eine Studie von Weiß / Lerche / Kiel aus dem Jahr 2011 verwiesen, die bereits im Titel „Der Lehrberuf: Attraktiv für die Falschen?“ die These formulierten, dass die Entscheidung für das Lehramt mit Erwartungshaltungen und Vorstellungen unterlegt werde, die der Realität nicht standhalten würden.[50] Die These vom Lehramtsstudium als Not- bzw. Verlegenheitslösung ist unter Bildungsforscher*innen umstritten (vgl. Treptow 2006; Faulstich-Wieland / Niehaus / Scholand 2010). So stellt Treptow (2006) fest: „Sowohl bei Schülerinnen und Schülern, die ein Lehramt anstreben, als auch bei Lehramtsstudierenden ist eine starke Zielgerichtetheit hinsichtlich des Berufswunsches festzustellen.“ (Treptow 2006, S. 37). Eine Reihe von Studien zur Berufswahlforschung im Lehramt schließt an diesen Befund an. Herausgearbeitet wird, dass vor allem die pädagogische Arbeit mit Kindern und Jugendlichen als Hauptquelle der Motivation gilt (z. B. vgl. Cramer 2012; Lerche / Weiß / Kiel 2013; Rothland 2014; Terhart / Bennewitz / Rothland 2014; Cramer 2016a; Cramer 2016b). Hingegen die Relevanz von extrinsischen Motiven, wie z. B. der sozialen und finanziellen Absicherung, in den jeweiligen Untersuchungen stark voneinander abweichen (vgl. Rothland 2014).[51]

3.2.2 Berufs- und Studienwahlmotive von Grundschullehramtsstudierenden

In Forschungen zur Wahl eines Lehramtsstudiums für eine spezifische Schulform werden Lehramtsstudierende u. a. anhand von kognitiven Fähigkeiten, etwa Leistungsmerkmalen wie der Abiturdurchschnittsnote, unterschieden.[52]

50 Aus den Ergebnissen einer Clusteranalyse einer Stichprobe mit 1.446 Lehramtsstudierenden schlussfolgern die Autor*innen, dass die Wahl des Lehramtsstudiums für jede*n vierte*n Studierenden eine „Notlösung“ darstellt: „Die eigentlich zu erwartende berufliche Entscheidung als das Ergebnis von Bewertungsprozessen auf Basis einer möglichst optimalen Passung zwischen personalen Eigenschaften und Fähigkeiten sowie den antizipierten Anforderungen von Beruf und Ausbildung ist nur bedingt gegeben.“ (Weiß / Lerche / Kiel 2011, S. 349).

51 Hierbei ist anzumerken, dass die Untersuchungen von Berufs- und Studienwahlmotiven häufig auf Befragungsinstrumenten fußen, die auf den Selbsteinschätzungen und der Selbstauskunft der Studierenden beruhen und eine soziale Erwünschtheit im Antwortverhalten nicht ausgeschlossen werden kann (vgl. Heyer 2016, S. 22; Stellmacher / Paetsch 2023, S. 869).

52 Demnach wählen Personen mit einer schlechteren Abiturnote eher ein Grundschul- bzw. Sek I- Lehramt, während Personen mit hoher Abiturnote sich eher für das Gymnasiallehramt entscheiden würden (vgl. Rothland 2014, S. 335). Zur Diskussion um die Besonderheiten des Lehramts Berufsschule siehe Frommberg / Lange (2018).

Vorweggestellt sei, dass in diesem Forschungszweig die Studierenden *eines* Lehramtsstudienganges häufig als homogene Gruppen gegeneinander abgegrenzt untersucht werden (vgl. Retelsdorf/Möller 2012; Neugebauer 2013; Puderbach 2016; Keller-Schneider/Weiß/Kiel 2018; Rothland/Cramer/Terhart 2018; Foerster 2022; internationaler Vergleich bei Scharfenberg et al. 2022). Binnendifferenzierungen innerhalb eines Lehramtsstudienganges fokussieren meist auf das Geschlecht (vgl. Faulstich-Wieland/Niehaus/Scholand 2010, Faulstich-Wieland 2012b; Retelsdorf/Möller 2012; Besa 2018). Studierende im Lehramt Grundschule werden dabei als diejenige Gruppe dargestellt, die sich über ein hohes intrinsisch-pädagogisches Interesse auszeichnen, über das sie sich explizit von den Studienwahlmotiven der Studierenden anderer Lehramtstypen unterscheiden würden. Im Vergleich wird z. B. die Aufnahme eines Studiums für das Gymnasiallehramt mit einem hohen fachlichen und wissenschaftlichen Interesse assoziiert (Retelsdorf/Möller 2012; Scharfenberg et al. 2022, S. 256). Beispielhaft sei auf eine Studie von der Universität Hamburg (Faulstich-Wieland/Niehaus/Scholand 2010) verwiesen, die herausarbeitet, dass Studierende im Grundschullehramt als besondere Studienmotivation den Bezug zur Pädagogik stärker betonen als Studierende im Gymnasiallehramt.[53] Die Autor*innen benennen die pädagogische Ebene für Studierende im Grundschullehramt als ursächlich und motivierend für ihre Berufswahl. Demgegenüber bekommen fachliche und wissenschaftliche Aspekte im Studium eine untergeordnete Rolle von den Studierenden zugewiesen (Faulstich-Wieland/Niehaus/Scholand 2010, S. 41).

Zwölf Jahre später diskutiert Rothland (2022a) in einem Beitrag über Forschungen zu den Berufswahlmotiven von Grundschullehramtsstudierenden, dass die Zuordnung von pädagogischen oder fachwissenschaftlichen Interessen als spezifische Motivation für die Wahl für eine *bestimmte* Lehramtsform sich nicht bestätigt. Auf Grundlage der Auswertung von unterschiedlichen Fragebögen zur Erfassung von Berufsmotivation von Lehramtsstudierenden stellt er heraus, dass alle aufgeführten Studien auf das heterogene Spektrum von Berufswahlmotiven von Grundschullehramtsstudierenden verweisen. Tabellarisch führt er Studien auf, die mit einem personenzentrierten Ansatz arbeiten und die Bedeutung von intrinsischen und extrinsischen Motivlagen von Studierenden

53 So geben 71 % der befragten Frauen und 68 % der befragten Männer den Wunsch an, mit Kindern und Jugendlichen zu arbeiten. Im Vergleich geringer fällt an diesem Punkt das Interesse der Frauen und Männer im Gymnasiallehramt aus (beide 48 %). Hingegen Frauen im Gymnasiallehramt mit 64 % (Männer 48 %) besonders ihr Interesse an der Wissensvermittlung demonstrieren, das wiederum in der Primarstufe mit 41 % bei den befragten Frauen und 44 % bei den befragten Männern weniger im Vordergrund steht. Im zukünftigen Beruf eigene Interessen und Neigungen zu verwirklichen, stößt bei Studierenden der Primarstufe auf ein eher geringes Interesse (Frauen 30 %; Männer 16 %) und liegt auch im Gymnasiallehramt unter der 50 %-Marke (Frauen: 48 %; Männer: 44 %) (vgl. Faulstich-Wieland/Niehaus/Scholand 2010, S. 40).

der unterschiedlichen Lehrämter erfragt haben. Aus den Ergebnissen können bestimmte Motivprofile zusammengestellt werden (vgl. Rothland 2022a, S. 106 f.). Im Ergebnis verweisen alle aufgeführten Studien auf das heterogene Spektrum von Berufswahlmotiven von Grundschullehramtsstudierenden. Herausgearbeitet wird, dass sowohl extrinsische als auch intrinsische Motivation über alle Lehrämter in unterschiedlicher Ausprägung und Kombinationen vorzufinden sind. Rothland resümiert, dass eine stereotype Sicht auf Studierende im Grundschullehramt, die auf der Gemeinsamkeit eines besonderen pädagogischen Interesses fußen und sich darüber von anderen Lehrämtern unterscheiden, einer Überprüfung nicht standhalten kann:

> „Die untersuchten Grundschullehramtsstudierenden erweisen sich *nicht* als homogene Gruppe. Die Berufswahlmotivation *der* Grundschullehramtsstudierenden, in der in charakteristischer Weise bestimmte Motive eindeutig – auch im Vergleich zu anderen Lehramtsstudiengängen – dominieren, gibt es nicht [...] Es wird daher Zeit, sich vom Klischee der kindorientierten Grundschullehrerin zu verabschieden – und von dem dominant fachorientierten Gymnasiallehrer ebenso!" (Rothland 2022a, S. 110, H.i.O.).

Der Beitrag zeigt, dass gruppenbezogene Aussagen über Studierende eines Lehramtes zunehmend kritischer hinterfragt werden. Rothland stellt die im Vergleich der unterschiedlichen Lehramtstypen dominierende These in Frage, dass Studierende im Grundschullehramt die höchste pädagogische Motivation und das geringste fachliche Interesse aufweisen (vgl. Rothland 2022a, S. 100). Er schließt an Untersuchungen an, die intrinsische Motive mit Bezug zur Pädagogik als eine relevante Variable für die Aufnahme eines Lehramtsstudiums unabhängig vom Lehramtstyp bezeichnen (vgl. Retelsdorf/Möller 2012; Rothland/Cramer/Terhart 2018, S. 1022).

Kurzer Zwischenstand: Studien, die ihren Ursprung in psychologischen Konzepten haben und mit den Ansätzen der Persönlichkeitstheorien arbeiten, nehmen eine dominante Stellung in der Forschung zur Berufs- und Studienwahl in der Lehrer*innenbildung ein. Dies verdeutlicht sich über die Dichte an Veröffentlichungen, aber auch darüber, dass die Diagnoseverfahren zur Eignungsabklärung an Hochschulen als Bestandteil von Zulassungsverfahren für den Studiengang (bundesweit) implementiert wurden (vgl. Mayr/Müller/Niesken 2016). Kritiker*innen einer ausschließlich an individualisierten und personalisierten Motivlagen orientierten Studien- und Berufswahlforschung im Lehramt problematisieren die standardisierte Erhebungsmethode mittels Fragebogen. Sie sehen aufgrund der sozialen Erwünschtheit im Antwortverhalten eine Verzerrung gegeben, die sich besonders bei Fragen zeigt, welche auf intrinsische pädagogische Motivation zielen (Heyer 2016, S. 22; siehe auch Wojciechowicz 2018, S. 37; Stellmacher/Paetsch 2023, S. 869). Wojciechowicz (2018) formuliert eine generelle Kritik an der Dominanz und Orientierung der motivationspsychologischen Ansätze in der Berufswahlforschung im Lehramt. Sie sieht die „[...] Termini ‚Motiv' und ‚Interesse' bereits durch psychologische Ansätze inhaltlich spezifisch aufgeladen und mit einer spezifischen erkenntnistheoretischen Position verbunden [...]." (Wojciechowicz 2018, S. 33; siehe auch Schölling 2005, S. 26 ff.). Kritisch merkt sie ferner an:

> „Akademische Platzierungen im Lehramt werden damit regelrecht privatisiert und unter der Frage des Selbst-Wählen-Könnens bzw. einer individuell gerahmten Geschmacksfrage diskutiert. Dieser individualisierende Blick auf Studienfachentscheidungen sagt mehr über die in diesen Ansätzen implizierte „Ideologie bürgerlicher Freiheit und Selbstbestimmung" (Preißer 2003, S. 5) – wie sie in dominanten Individualisierungsdiskursen zu finden ist – aus, als über die gesellschaftlichen Rahmenbedingungen und jenseits der Person liegenden Einflüsse, die die Wahl und Begründungen für das Studium strukturieren." (Wojciechowicz 2018, S. 33).

Laimbauer (2011), die in einem Überblicksartikel den Forschungsstand zur sozialen Herkunft von Lehrer*innen in Deutschland und Österreich aufzeigt, verweist darauf, „[...] dass die Berufswahl nie im luftleeren Raum stattfindet, sondern nicht nur der eigenen (geschlechtsspezifischen) Sozialisation, sondern auch von den gegebenen gesellschaftlichen Strukturen abhängt." (Laimbauer 2011, S. 74). Mit Bezugnahme auf die Habitus-Feld-Theorie von Bourdieu stellt sie heraus, dass die Bedeutung des Begriffs „Wahl" in der Berufs- bzw. Studienfachwahl irreführend sei, da diese „Wahl" voraussetzungsvoll sei und sich über familiäre und gesellschaftliche Prägungseffekte bestimmt. Holzmayer (2023) verweist auf die Bedeutung der theoretischen Annahme, die den Untersuchungen der Berufswahlforschung zum Lehrer*innenberuf zugrunde liegt. Er stellt fest, dass sich sowohl in den Untersuchungen zur sozialen Herkunft als auch am relativ großen Anteil von Forschungsansätzen und Studien zur Berufswahlforschung die Dominanz der an der pädagogischen Psychologie orientierten Lehrer*innenforschung widerspiegelt und sieht die „Erfolgsgeschichte der pädagogischen Psychologie" (Holzmayer 2023, S. 22) darüber begründet, dass

> „[...] deren Befunde auf die *individuelle* Ebene abzielen und damit das pädagogische Feld an sich und die Lehrer:innen im Feld unberührt lassen und dadurch aus der Pflicht nehmen (Liebau 2011). Schulisches Versagen, soziale Ungleichheiten, Leistungsunterschiede und Begabungen lassen sich damit durch die abgegrenzte Entität der Individuen erklären. Mangelnde kognitive Leistungsfähigkeit, die (falschen) Persönlichkeitsmerkmale oder andere Defizite erklären damit die individuellen

> Unterschiede und entlasten zugleich die Lehrer:innen und das pädagogische Feld als Ganzes." (Holzmayer 2023, S. 22, H.i.O.).

Daraus resultierend, attestiert Holzmayer eine „[...] Bedeutungslosigkeit von Bourdieus Forschungstradition im Themengebiet der Berufswahlforschung zum Lehrberuf." (Holzmayer 2023, S. 27), die er auch als Ausdruck eines Konkurrenzverhältnisses zwischen den unterschiedlichen theoretischen Grundlagen und Annahmen versteht (siehe auch Kapitel 2.4). Der an quantitativen Methoden ausgerichtete Forschungszweig, der sich theoretisch an Persönlichkeits- und Expertenansätzen orientiert und z. B. die Fragen der Eignung im Zusammenhang mit personenbezogenen Voraussetzungen und psychologischen Merkmalen untersucht, wird lediglich der Vollständigkeit halber dargestellt und spielt für die vorliegende Untersuchung keine weitere Rolle, da sich die Untersuchung nicht in diesem theoretischen Forschungskonstrukt verortet. Anknüpfungspunkte finden sich hingegen bei den biografischen Forschungsansätzen zur Berufswahl. Sie fokussieren auf den Zusammenhang von Sozialisationsprozessen und Studienwahl und beziehen gesellschaftliche und strukturelle Faktoren in die Studienfachwahl ein. Sie geben damit erste Hinweise auf den Gegenstand dieser Untersuchung.

3.3 Die soziale Herkunft von Lehramtsstudierenden und von Lehrkräften: Das Lehramt als soziale Aufstiegsmöglichkeit?

In der Forschungsliteratur zur sozialen Herkunft von Lehrkräften wird vielmals die These diskutiert, ob das Lehramtsstudium und der Beruf die Merkmale für einen vertikalen sozialen Aufstieg in sich trägt und besonders attraktiv für Studierende ist, deren Eltern nicht aus einem traditionell gehobenen Bildungsmilieu stammen (vgl. Schmidt/Schuchart 2002; Kühne 2006; Cramer 2010; Puderbach 2016; Drahmann/Rothland 2017; Lautenbach 2019; für Österreich: Laimbauer 2011; Eder/Oberwimmer/Hörl 2021). In Untersuchungen, die nach den unterschiedlichen Lehramtsformen differenzieren, dominierte bis in die 1990er-Jahre die Annahme, dass besonders der Beruf des Volksschullehrers eine Aufstiegsmöglichkeit für Männer aus sozial unteren Klassen darstellte. Hingegen sich Gymnasiallehramtsanwärter*innen im Vergleich zu Lehrkräften anderer Schulformen mehrheitlich aus Angehörigen gehobener Bildungsmilieus rekrutieren würden. In der Literatur wird dieser Fakt mit der geschichtlichen Entwicklung des Lehramtes und dem Strukturwandel im Schulwesen verbunden (vgl. Enzelberger 2001; Kühne 2006; Treptow 2006; Cramer 2010; Terhart/Bennewitz/Rothland 2014; Wojciechowicz 2018; für die Schweiz: Kappler 2013). Ferner wird die Zusammensetzung der sozialen Herkunft von Lehrkräften in Abhängigkeit von äußeren Faktoren diskutiert, wie z. B. bildungspolitische Entwicklungen im Bildungssystem (Bildungsexpansion) oder den arbeitsmarktpolitischen Entwicklungen (Lehrkräfteschwämme/-mangel), die das Lehramtsstudium für bestimmte soziale Milieus mal mehr, mal weniger attraktiv erscheinen lassen. Treptow (2006) verweist darauf, dass sich „[…] mit der Veränderung der bildungspolitischen und beruflichen Rahmenbedingungen seit den 1960er-Jahren auch die soziale Herkunft der Berufsinhaber gewandelt hat." (Treptow 2006, S. 21).

Schmidt/Schuchart legen im Jahr 2002 eine Analyse der sozialen Herkunft von Lehramtsstudierenden auf Grundlage der Daten der 15. Sozialerhebungen des Deutschen Studentenwerks vor. Sie unterscheiden vier Herkunftsgruppen der sozialen Herkunft, erfasst über die berufliche Stellung und den Berufsabschluss der Eltern. Den Befunden zufolge werden Studierende für das Lehramt an Berufsschulen und Sonderschulen als „Aufsteiger" deklariert, Primar-Lehramtsstudierende und Gymnasial-Lehramtsstudierende (Sekundarstufe II) gelten als diejenigen mit der höchsten sozialen Herkunft.

Viel beachtet und häufig zitiert wird die Arbeit von Kühne (2006). Er vertritt die These eines Zusammenhangs von selektivem Bildungssystem und der sozialen Rekrutierungsbasis von Lehrkräften (vgl. Kühne 2006, S. 618). Zunächst zeichnet Kühne für den Berufsstand eine soziale Mobilität nach, indem er die Konjunktur für bestimmte soziale Gruppen in Abhängigkeit vom Arbeitsmarkt aufzeigt, in deren Folge andere soziale Gruppen aus dem Beruf verdrängt werden. Ferner vertritt er die These, dass sich anhand der gewählten Lehramtsform soziale Unterschiede tradieren, da spezifische Schulformen für bestimmte Sozialgruppen mehr oder weniger attraktiv sind. Das Forschungsinteresse an der sozialen Herkunft von Lehrkräften führt Kühne (2006) zum einen auf periodisch aufkommenden Lehrkräftemangel zurück und die Frage, welche sozialen Klassen sich für den Beruf rekrutieren lassen. Zum anderen verweist er auf den Zusammenhang zwischen der Rolle der Lehrkräfte und des stark selektiv wirkenden bundesdeutschen Schulsystems, „[…] die auch auf das Lehrverhalten zurückführbar ist und in gewisser Hinsicht in Verbindung mit der sozialen Rekrutierungsbasis von Lehrkräften gebracht werden kann." (Kühne 2006, S. 618). In seiner Untersuchung der sozialen Herkunft von Lehrkräften zieht Kühne die Daten der Allgemeinen Bevölkerungsumfrage der Sozialwissenschaften (ALLBUS)[54] von 1980 bis 2002 heran. Er vergleicht die soziale Herkunft von Lehrer*innen (unterteilt in Grund-/Volksschul- und Gymnasiallehrer*innen) mit der sozialen Herkunft von anderen akademischen Berufen (Ingenieurwissenschaften, Jura, Medizin, Architektur). Dabei stellt er den Lehrer*innenberuf bewusst akademischen Professionen gegenüber, die innerhalb der akademischen Berufe ein höheres Berufsprestige aufweisen, um aufzuzeigen, wie sich der soziale Status durch die Wahl des Studienfaches reproduziert. Mit der Unterteilung in ein Klassenschema

54 Zur Trenderhebung ALLBUS (Allgemeine Bevölkerungsumfrage der Sozialwissenschaften) siehe Tausendpfund/Westle 2020.

nach EGP-Klassen[55] arbeitet er heraus, dass Arbeiterkinder zu einem höheren Anteil den Beruf des Lehrers/der Lehrerin wählen (25 %) als die im Vergleich gesetzten Akademiker*innengruppen[56]. Unabhängig vom Geschlecht weisen demnach Lehrer*innen im Vergleich zu Ärzt*innen, Architekt*innen und Jurist*innen ein weniger exklusives Sozialprofil auf, das im Vergleich bei dem der Ingenieur*innen liegt (Kühne 2006, S. 623). Einen geschlechtsspezifischen Unterschied zwischen männlichen und weiblichen Lehrkräften schließt Kühne aus und schlussfolgert:

> „Der Lehrerberuf ist demzufolge kein bedeutsamer Aufsteigerberuf für Männer, und umgekehrt ergreifen Frauen nicht mehr signifikant öfter den Lehrerberuf zur Sicherung ihres herkunftsbedingten Sozialstatus." (Kühne 2006, S. 624).

Im bundesdeutschen Ost-West-Ländervergleich attestiert Kühne dem Lehrer*innenberuf in Ostdeutschland eine im Vergleich zu den anderen aufgeführten akademischen Berufen höhere soziale Aufstiegstendenz. Demnach stammt jede zweite Lehrkraft aus Ostdeutschland aus dem Arbeiter*innenmilieu und besonders dem Grund-/Volksschullehramt kommt eine hohe Bedeutung beim sozialen Aufstieg zu (vgl. Kühne 2006, S. 625; zu Bildungsbiografien von Lehrer*innen aus Ostdeutschland siehe auch Fiedler 2012). Die Berufsvererbung im Lehrer*innenberuf schätzt Kühne als bedeutsam ein (Kühne 2006, S. 626 f.; siehe auch Cramer 2010, Cramer 2016a; Rothland/Cramer/Terhart 2018; Lautenbach 2019).[57] Kühne schließt seine Untersuchung mit der Verknüpfung von Studienfachwahl und sozialer Herkunft und der Feststellung, dass der Lehrer*innenberuf im Vergleich zu anderen akademischen Berufsgruppen tendenziell die Funktion eines sozialen Aufstiegs erfüllt.[58] Diesen Befund stellt er in den Zusammenhang mit einem

---

55 Zur Bestimmung der sozialen Herkunft nach Erikson-Goldthorpe-Portocarero-Klassen (EGP) siehe auch Brake/Büchner 2012, S. 52; Geißler 2014, S. 105 f.; Kritik bei Vester 2014, S. 226.

56 Allerdings zieht Kühne für seine Untersuchung der sozialen Herkunft nur den Berufsstand des Vaters heran.

57 Kühne stellt heraus, dass die Wahrscheinlichkeit, den Gymnasiallehramtsberuf zu ergreifen, höher ist, wenn bereits der Vater diesen Beruf ausgeübt hat – hingegen Kinder von Grund-/Volksschullehrer*innen nicht den gleichen Lehramtstyp wählen und wenn sie sich für den Lehrerberuf entscheiden, das Gymnasiallehramt anstreben. Kühne spricht in diesem Zusammenhang von der „[...] Plattformfunktion des Grund-/Volkschullehrerberufs [...]." (Kühne 2006, S. 627) auf dem Weg der nächsten Generation in eine höhere Statusebene.

58 So rekrutieren sich akademische Berufe mit hohem Sozialprestige und Status auch überproportional aus Angehörigen höchster Klassenpositionen. Hingegen akademische Berufe mit niedrigerem Sozialprestige für Personen aus niedrigeren sozialen Klassen eine Aufstiegsfunktion haben. Kühne sieht in seinem Ergebnis die Grenzen sozialer Mobilität, in der „[...] die größere soziale Distanz zu exklusiveren Karrieren (z. B. medizinischen und rechtswissenschaftlichen Berufen) eher über die Generationen hinweg gewahrt bleibt." (Kühne 2006, S. 628). Er verweist aber auch darauf, dass seine Ergebnisse heterogene Sozialprofile innerhalb der untersuchten Berufsgruppen aufweisen, was aus seiner Sicht dafürspricht, dass die „[...] schichtspezifische

sozial selektiv wirkenden Schulsystem und rekurriert mit seinem Ergebnis auf die Forschungsthesen von Combe (1971):

> „Demnach erzeuge der Glaube der Lehrer an echte Mobilitätschancen je nach Tüchtigkeit sowie die Aufrechterhaltung der Sozialordnung, die ihren eigenen Status angehoben und ihnen Privilegien verschafft hat, ein Abwehrverhalten nach unten. Dieser nach unten zielende Distanz- und Abwehrhabitus der Lehrer würde dazu beitragen, dass der Sozialcharakter der Mittelschicht in der schulischen Sozialisation favorisiert wird. [...]. Im Lehrerurteil finden sich demzufolge in der Tat Kriterien wieder, die sich unabhängig vom eigentlichen Leistungsvermögen zu Lasten der Kinder aus unteren Schichten auswirken." (Combe 1971, S. 629 f.).

Cramer (2010) legt mit Bezug auf Kühne eine Studie vor, die sich auf eine Befragung von 510 Studierenden aller Schulformen in Baden-Württemberg bezieht.[59] Das Ergebnis der (nicht-repräsentativen) Untersuchung weist die höchste sozioökonomische Stellung bei Gymnasialamtsstudierenden auf, gefolgt von Studierenden im Lehramt Sonderpädagogik und Grund- und Hauptschule.[60] Über die geringste sozialökonomische Stellung verfügten die Studierenden im Lehramtsstudiengang Realschule. Mit Verweis auf den hohen Frauenanteil (über 80 %) in der Gesamtstichprobe schließt Cramer Aussagen über geschlechterspezifische Unterschiede aus. Im Ergebnis stellt er fest, dass die Hälfte der Befragten mit ihrem Lehramtsstudium die Sozialklasse reproduziert, aus der sie stammen, und lediglich für ein Viertel das Studium einen sozioökonomischen Aufstieg beinhaltet. Auch führt Cramer an, dass ein Viertel der Befragten mit einer Herkunft aus einer oberen Dienstklasse[61] die Studienwahl eher einem sozialen Abstieg gleichkommt. Soziale Aufsteiger*innen macht Cramer am häufigsten im Lehramt Realschule und Haupt- und Grundschule aus. Ferner stellt Cramer heraus, dass die Berufsvererbung an der Universität doppelt so hoch sei als an der Pädagogischen Hochschule. Abgelesen an den Quoten attestiert Cramer dem Lehramt eine im Vergleich zu anderen Studienfächern „typische" hohe Berufsvererbung[62] (Cramer 2010, S. 17). Er schließt mit der Festlegung,

---

Selektivität [...] nicht grundsätzlich mit einer zwangsläufigen Reproduktion sozialer Ungleichheit verbunden [sei]." (Kühne 2006, S. 628).

59 Die Erhebung schließt alle Pädagogischen Hochschulen sowie zwei Universitäten ein und wurde mit einem kombinierten Paper / Pencil- bzw. Online-Verfahren erhoben (vgl. Cramer 2010, S. 7).

60 Zu diesem Zeitpunkt (2010) war das Lehramt Haupt- und Grundschullehramt als ein Studiengang an den Pädagogischen Hochschulen verankert.

61 Auch Cramer (2010) arbeitet mit den Erikson-Goldthorpe-Portocarero-Klassen (EGP).

62 Zur Diskussion der Berufsvererbung im Lehrer*innenberuf siehe auch Rothland / König / Drahmann 2015. Zur Bedeutung der Berufsvererbung bei Lehramtsstudierenden als Einflussfaktor auf berufsbezogene Einstellungen siehe Fischer / Rheinländer / Bach 2020.

dass die Wahl des Lehramtes „[...] die Funktion einer Konsolidierung des sozialen Status." (Cramer 2010, S. 16) erfüllt und resümiert, dass seine Studie den „[...] von Kühne (2006, S. 630) postulierte Zusammenhang von schichtspezifischem Lehrerverhalten und deren Rekrutierungsprofil weder bestätigt noch falsifiziert [...]." (Cramer 2010, S. 16).

Puderbach (2016) stellt eine Untersuchung der sozialen Herkunft von sächsischen Mittelschulstudierenden vor.[63] Zur Operationalisierung der sozialen Herkunft bezieht Puderbach nicht nur die Bildungsherkunft, über die Bildungsabschlüsse und die Berufe der Eltern mit ein, sondern ergänzt um den Index „Besitz an Kulturgütern". Diese, der PISA-Studie entnommene Skala, erfragt den familiären kulturellen Besitzstand (z. B. Bücher) und soll die Untersuchung um einen Milieuansatz erweitern (vgl. Puderbach 2016, S. 53). Das Ergebnis seiner Studie zeigt, dass Studierende des Mittelschullehramts „[...] aus weniger kulturaffinen Herkunftsfamilien als Grundschul- und Gymnasiumstudierende [stammen]." (Puderbach 2016, S. 58). Puderbach stellt außerdem fest, dass die Studierenden vom Mittelschullehramt sich bezüglich der Bildungsherkunft wenig von Studierenden im Lehramt Grundschule unterscheiden und „[...] ebenso häufig aus bildungsfernen und ebenso selten aus akademischen Elternhäusern stammen." (Puderbach 2016, S. 58). Puderbach schließt seine Untersuchung mit dem Hinweis:

> „Zusätzlich zu Geschlecht, Abiturnote und Berufswahlmotivation besitzt auch die soziale Herkunft der Studierenden eine gewisse Erklärungskraft für die Schulformwahl: Mit steigendem Besitz an Kulturgütern in der Herkunftsfamilie steigt die Wahrscheinlichkeit, das Gymnasiallehramt anstatt des Mittelschullehramts zu wählen." (Puderbach 2016, S. 62).

Lautenbach (2019) untersucht in einer Studie die Herkunftseffekte auf die Studienwahl im Lehramt. Sie verwendet für ihre Fragestellung Daten aus dem Nationalen Bildungspanel (NEPS)[64] und nutzt zur Operationalisierung der sozialen Herkunft das EPG-Klassenmodell. Auch sie schließt sich der These an, dass sich besonders im Sekundarstufen-I-Lehramt „[...] mit 13 % der Studierenden die größte Anzahl an Studierenden aus den Arbeiterklassen [...]." finden und das Lehramt somit „[...] im Vergleich zu den anderen Lehramtsstudiengängen stärker als Studiengang des sozialen Aufstiegs gekennzeichnet [...]" sei (Lau-

---

63 Das Forschungsdesign beruht auf einer schriftlichen Befragung von Erstsemestern in Rahmen einer Einführungsveranstaltung für die Lehrämter an Grundschulen, Mittelschulen und Gymnasien der TU Dresden. Erreicht werden konnten 65 % der Erstsemester (322 Personen), davon 53 Grundschullehramtsstudierende (41 %), 143 Gymnasiallehramtsstudierende (63 %) und 122 Studierende im Mittelschullehramt (77 %).

64 Lautenbach verwendet für ihre Untersuchung eine Cluster Stichprobe der Studienanfänger*innen 2010/2011 an Universitäten und Hochschulen (vgl. Lautenbach 2019, S. 1470).

tenbach 2019, S. 1476). Zusammenfassend sieht sie die These von Kühne, dass ein Studium im Lehramt als Möglichkeit des sozialen Aufstiegs gesehen wird, in ihren Daten bestätigt. Auch unterstützt sie Kühne in der Annahme, dass sich Grundschullehramtsstudierende und Sekundarstufe II-Studierende in der sozialen Zusammensetzung kaum voneinander unterscheiden.[65]

3.3.1 Zur Besonderheit des Hochschultyps Pädagogische Hochschule

Die Lehrer*innenbildung wird gerahmt von den bundes- und länderspezifischen Richtlinien und obliegt der spezifischen Organisation der jeweiligen Universität und ihrer Integrationsformen der Lehrer*innenbildung in die Fächer und Disziplinen (vgl. Bohl/Beck 2020).[66] Der Hochschultyp Pädagogische Hochschule (PH) als akademische Ausbildungsstätte für die Lehrkräftebildung existiert in der Bundesrepublik Deutschland nur noch im Bundesland Baden-Württemberg. Laut Hochschulstatistik waren im Wintersemester 2022/2023 26.235 Studierende an einer Pädagogischen Hochschule eingeschrieben (Statistisches Bundesamt 2023a, S. 9).[67] An den sechs Pädagogischen Hochschulen in Baden-Württemberg werden überwiegend Studiengänge der Lehrer*innenbildung angeboten, die mit Ausnahme vom Lehramt Gymnasium alle Schulstufen und Schulformen (Grund-, Werkreal-, Haupt-, Real- und Sonderschulen sowie beruflichen Schulen) ausbilden.[68] Pädagogische Hochschulen in der Bundesrepublik Deutschland verfügen (im Gegensatz zu Fachhochschulen) ferner über ein eigenes Promotions- und Habilitationsrecht.

65 So zieht Lautenbach aus ihren Ergebnissen das Resümee: „Die vorliegenden Ergebnisse verdeutlichen, dass sich die Herkunftseffekte maßgeblich zwischen den Lehramtsstudiengängen unterscheiden. Gleichzeitig wird die Annahme widerlegt, dass nicht-gymnasiale Lehramtsstudiengänge eine homogene soziale Zusammensetzung aufweisen, da sich Sekundarstufen-I-Lehramt, Grundschullehramt, Sonderpädagogik und Berufsschullehramt darin unter-scheiden, aus welchen sozialen Schichten die Studierenden stammen. Hingegen kann die vermutete Angleichung der Rekrutierungsmuster zwischen Gymnasial- und Grundschullehramt (Kühne 2006) mit den vorliegenden Analysen bekräftigt werden." (Lautenbach 2019, S. 1480–1481).

66 Zur Stärkung der Lehrer*innenbildung erfolgte im Zuge der Umstellung der Studienstruktur auf Master- und Bachelor-Studiengänge an vielen Hochschulstandorten in den unterschiedlichen Bundesländern die Bildung von Zentren für Lehrerbildung (Professional Schools of Education) (vgl. Merkens 2005). Für einen Überblick über die Organisation vom Lehramt Grundschule/Primarstufe nach Bundesländern, siehe CHE Centrum für Hochschulentwicklung (2024).

67 Davon 26.114 Studierende im Vollzeitstudium, ausschließlich in Präsenzstudiengängen. Zum zahlenmäßigen Geschlechterverhältnis: Der Anteil von männlichen Studierenden wird mit 5 876 beziffert, der von weiblichen Studierenden mit einem Anteil von 20 359 (vgl. Statistisches Bundesamt 2023a, S. 9).

68 Vgl. Ministerium für Wissenschaft, Forschung und Kunst Baden-Württemberg (2024b). Zur Entwicklung und Geschichte der Pädagogischen Hochschulen in Baden-Württemberg bis Ende der 1990er Jahre siehe Gesk 2001.

Aus der Bildungsforschung ist bekannt, dass bei der Aufnahme eines Studiums auch die Wahl des Hochschultyps auf Mechanismen der sozialen Herkunft zurückgeführt werden können. Kinder aus nicht-akademischen Haushalten entscheiden sich häufiger für ein Studium an einer (Fach)Hochschule (vgl. Bargel 2007, Bargel / Bargel 2010; Reimer / Schindler 2010; Merkel 2015; Multrus et al. 2017; Bachsleitner 2020; Multrus 2020; Finger 2022; Evertz 2023; siehe auch Sozialprofilvergleich bei Blome 2023 S. 53). Ein Vergleich der Hochschulformen im Lehramt unter Einbezug der Pädagogischen Hochschulen scheint jedoch kaum vorhanden.[69] Die Datenlage zur sozialen Herkunft von Studierenden an Pädagogischen Hochschulen ist nur gering ausgeprägt (vgl. Dippelhofer 2009, S. 2). Dass sich Differenzen zwischen der sozialen Herkunft von Studierenden an der Universität (Gymnasiallehramt) und den Pädagogischen Hochschulen (Lehramt für Grundschule, Realschule, Hauptschule, Sonderpädagogik) ergeben, zeigt Cramer (2010, 2012). Er attestiert den Studierenden an Pädagogischen Hochschulen eine niedrigere soziale Herkunft als jenen an Universitäten (Cramer 2012, S. 187). Begründet sieht er diese Entwicklung in der Historie der Lehrer*innenbildung. Zwei Studien aus den 2010er-Jahren (Haas 2012; Leisenring 2013) heben den Zusammenhang der Studienwahl und der sozialen Herkunft mit Blick auf die Bedeutung der Wahl des spezifischen Lehramtes hervor. Beide Studien analysieren das Lehramtsstudium in Baden-Württemberg und beziehen die Wahl der spezifischen Hochschulform (Pädagogische Hochschule / Universität) in die Untersuchung mit ein. Haas (2012) diskutiert in seiner Forschungsarbeit, dass Studierende aus nicht-akademischen Elternhäusern mit einer signifikant höheren Wahrscheinlichkeit ein Lehramtsstudium an einer Pädagogischen Hochschule aufnehmen würden (Haas 2012, S. 26). Zu einem anderen Resultat kommt eine Studie des CHE-Consultings (Leichsenring 2013).[70] Die Studie hebt hervor,

69 Laut Hollenstein / Brühwiler / Biedermann (2020) sind empirische Forschungen, welche die Lehrkräftebildung unter Berücksichtigung der Hochschultypen Pädagogische Hochschule und Universität systematisch miteinander vergleichen und darüber Aussagen über Wirksamkeit und Qualität generieren, kaum vorhanden. Sie stellen fest: „In Anbetracht des oben aufgeführten Forschungsstands liegt keine empirisch abgesicherte Evidenz vor, welcher Hochschultypus und welches Lehrerbildungsmodell angehende Lehrpersonen am besten auf den Berufseinstieg vorbereitet." (Hollenstein / Brühwiler / Biedermann 2020, S. 328). Die Autor*innen arbeiten heraus, dass sich beide Hochschultypen in einem Prozess der Annäherung befinden: Pädagogische Hochschulen würden mehr wissenschaftliche Anteile und Universitäten mehr Praxisanteile in die erste Phase der Lehrer*innenbildung aufnehmen (vgl. Hollenstein / Brühwiler / Biedermann 2020, S. 328 f.).

70 Die (unveröffentlichte) Studie basiert auf einer Erhebung, die den Vergleich von Lehramtsstudierenden an einer Pädagogischen Hochschule und einer Universität in Baden-Württemberg beinhaltet: „Die vorliegende Studie hat zum Ziel zu beschreiben, welche Aspekte der Studiensituation für diese beiden Hochschulen in besonderer Ausprägung vorliegen, und wie sich dies auf die Adaptionssituation –also der Reaktion der Studierenden auf die Bedingungen und Anforderungen im Studium – auswirkt. Dazu werden neben dem Vergleich untereinander auch die Daten aus der QUEST-Befragung 2010 und 2011 herangezogen, deren Ergebnisse

dass die Wahrscheinlichkeit einer günstigen Passung zu den Anforderungen im Lehramtsstudium bei Studierenden mit einer akademischen Bildungsherkunft am höchsten ist, unabhängig von der Art der Hochschulform (Leichsenring 2013, S. 33). Im Gegensatz zu der Studie von Haas (2012) wird die These, dass sich Studierende mit nicht-akademischem Hintergrund eher zu einem Studium an einer Pädagogischen Hochschule entschließen, nicht geteilt. Vielmehr wird hier dargestellt, dass die Gruppe von Studierenden ohne familiären akademischen Hintergrund generell in beiden Hochschulformen gering vertreten sind – und unabhängig von der Hochschulform die größten Schwierigkeiten aufweisen, sich mit den Bedingungen im Studium zu arrangieren (Leichsenring 2013, S. 35).

Kurzer Zwischenstand: Die Untersuchungen und statistischen Aufarbeitungen zur sozialen Herkunft von Lehrkräften verweisen auf die zu Beginn des Kapitels erwähnte Unverbundenheit der unterschiedlichen Stränge in der Lehrer*innenforschung. Auch zeichnen sich Studien zur sozialen Herkunft von Lehrkräften über Limitationen aus: So bezieht z. B. Kühne (2006) in seine Untersuchung ausschließlich die Bildungsherkunft der Väter ein.[71] Die Daten der Untersuchung von Lautenbach (2019) fokussieren auf Lehramtsstudierende an Universitäten. Cramer (2010) und Puderbach (2016) konzentrieren sich auf bestimmte Bundesländer. Die unterschiedlichen Ergebnisse verweisen ferner auf die These von Drahmann / Rothland demnach „[…] die Frage des sozialen Aufstiegs durch den Lehrberuf nicht eindeutig zu beantworten ist […].“ (Drahmann / Rothland 2017, S. 56).

Teils scheinen den Untersuchungen, die den Zusammenhang von sozialer Herkunft und der Aufnahme eines Lehramtsstudiums diskutieren, eine weiterführende Fragestellung zu fehlen. So verweisen die vorgestellten Studien auf die Unterschiede der Bildungsherkunft, sie diskutieren Berufsvererbung und Fragen der sozialen Mobilität – jedoch folgen den Überlegungen und den Thesen zur Attraktivität bestimmter Lehramtstypen teils keine weiteren Schlussfolgerungen. Das Lehramt wird als Möglichkeit des sozialen Aufstiegs skizziert, was sich jedoch aus diesen Überlegungen für das Bildungssystem und seine Akteure folgern lässt, wird nur randständig diskutiert.

In dem folgenden Abschnitt werden ausgewählte Forschungen zur Reproduktion von Bildungsungleichheit im Bildungssystem aufgezeigt, die den Einfluss und die Verantwortung der Lehrkräfte als handelnde Akteure und Gatekeeper im

u. a. für den Diversity Report (https://www.che-consult.de/Diversity-Report) ausgewertet wurden.“ (Leichsenring 2013, S. 4). Siehe dazu den Gesamtbericht aus dem Projekt Vielfalt als Chance (Laufzeit 01/2010 bis 06/2012) Berthold / Leichsenring (2012).

71 Kühne begründet den ausschließlichen Blick auf die Bildungsherkunft der Väter mit der begrenzten Datengrundlage: „Nachteil der herangezogenen Datenbasis ist, dass bei der Ermittlung der sozialen Herkunft ausschließlich auf den Status des Vaters zurückgegriffen werden konnte. Offen bleibt daher, inwiefern soziale Vererbungsmechanismen über die Klassenposition der Mutter vermittelt werden.“ (Kühne 2006, S. 622).

schulischen System diskutieren und einen Rückbezug zur sozialen Herkunft der Lehrpersonen herstellen.

3.4 Perspektiven der ungleichheitsbezogenen Bildungsforschung auf die soziale Herkunft von Lehrer*innen

Nachdem in der empirischen Bildungsforschung viele Jahre die soziale Herkunft von Schüler*innen als Determinante für den Schulerfolg und die Bildungschancen im Vordergrund von Untersuchungen standen, rückt seit Beginn der 2000er-Jahre die Bedeutung der sozialen Herkunft von Lehrkräften verstärkt in den Mittelpunkt von Forschungsarbeiten (vgl. Rutter 2021, S. 54). Eine Reihe von Studien analysieren die Verstrickung der Lehrkräfte in die Reproduktion von sozialer Ungleichheit im schulischen Feld (z. B. Schumacher 2002; Streckeisen/Hänzi/Hungerbühler 2007; Dreke 2012; Miller 2012; Lange-Vester/Teiwes-Kügler 2014; Lange-Vester 2015; Bischoff/Betz 2016; Lange-Vester/Vester 2018; Helsper 2018a; Lange-Vester 2019; Kramer/Pallesen 2019; Weitkämper 2019; Menzel/Bischoff-Pabst 2020; Deppe/Hadjar 2021; Rutter 2021; Rutter/Weitkämper 2022; Behrmann 2022). Betz/Meyer-Hamme/Halle (2022) stellen heraus, dass:

> „[…] es für ein besseres Verständnis der Reproduktion sozialer Bildungsungleichheiten durch Schule und Unterricht darum gehen muss, neben den sozialen (Herkunft-)Bedingungen auf einer Mikroebene auch die vielfach unausgesprochenen Erwartungshaltungen von Lehrkräften gegenüber Schüler:innen und Eltern, die Vorstellungen der Lehrkräfte von (individueller) Leistung sowie die pädagogischen Beziehungen zwischen Lehrkräften und Schüler:innenklientel im (unterrichtlichen) Handeln genauer zu beleuchten.“ (Betz/Meyer-Hamme/Halle 2022, S. 12).

Forschungen, die den Zusammenhang von sozialer Herkunft und das berufliche Handeln von Lehrer*innen untersuchen, gehen in der Bundesrepublik bis in die 1950er-Jahre zurück und nehmen dabei unterschiedliche Lehramtstypen in den Blick (Überblick bei Streckeisen/Hänzi/Hungerbühler 2007, S. 54 f.).

In einer Studie von 1958 diskutiert Kob den Zusammenhang von sozialer Herkunft und dem beruflichen Handeln von Lehrkräften.[72] Sein Anliegen war es, die individuell-psychologische Sichtweise auf „die Lehrerpersönlichkeit“ (Kob 1958, S. 7) durch eine soziologische Perspektive zu erweitern, indem er die Einflüsse „außerschulische Faktoren“ (Kob 1958, S. 7) auf die Selbstdeutung der beruflichen Einschätzung von Lehrer*innen analysierte:

---

72 Datengrundlage der Untersuchung bildeten u. a. Interviews mit 82 Gymnasiallehrer*innen (davon 76 männliche und sechs weibliche Lehrkräfte).

> „Es muß der Ort des Lehrerberufs in der gesamtgesellschaftlichen Struktur und das Beziehungsgefüge, in dem es steht, von verschiedenen Seiten her fixiert und dargestellt werden […]. Dabei ist es wichtig, festzustellen, wie der Lehrer selbst seine soziale Ortsbestimmung vornimmt, mit welchen gesellschaftlichen Gesamtbereichen er seine Berufsposition in Beziehung bringt, mit welchen anderen Berufsgruppen er gleiche Prestigeansprüche erhebt und […] und wie er schließlich selbst in seinem Beruf von der Gesellschaft angesehen und beurteilt glaubt." (Kob 1958, S. 21 f.).

Kob erarbeitet zwei unterschiedliche Typen von Lehrkräften, die er in seiner Untersuchung vorstellt. Zum einen den „pädagogischen Fachmann" und zum anderen den „Fachwissenschaftler". Ersterer definiert sein berufliches Selbstverständnis über seine pädagogische Arbeit, die er dem fachlich-wissenschaftlichen Kompetenzerwerb im Studium überordnet. Der „pädagogische Fachmann" beruft sich dabei auf sein „[…] pädagogische[s] Können [das] überhaupt nicht Gegenstand einer Ausbildung sein könnte, sondern Sache der persönlichen Anlage und Berufung sei." (Kob 1958, S. 45). Ihm gegenüber stellt Kob den Lehrertyp „Fachwissenschaftler". Sein berufliches Selbstverständnis orientiert sich an Fachlichkeit und nimmt Bezug „[…] auf seine Herkunft von der Wissenschaft […]." (Kob 1958, S. 48). Für den Typ „pädagogischer Fachmann" sieht Kob die Berufswahl in einer Aufstiegsmotivation begründet, während beim Typ „Fachwissenschaftler" der Beruf auf einer Sekundärentscheidung beruht. Daraus schlussfolgert Kob:

> „Der hier angeführte Tatbestand kann also zeigen, daß auch von der sozialen Herkunft her, über die für den Lehrer der höheren Schule unbedingt charakteristische Verschiedenheit der Motivebene bei der Berufswahl, bei der er entweder die Rolle eines bevorzugten Aufstiegsberufes oder die eines Auffangberufes für akademische Gebildete spielt, die Entstehung der hier gefundenen Typen des beruflichen Selbstbewusstseins nicht unwesentlich mitbestimmt." (Kob 1958, S. 52 f.).

Wie Streckeisen / Hänzi / Hungerbühler (2007) in einer Literaturrecherche aufzeigen, reiht sich die Untersuchung in eine Vielzahl von Studien zum beruflichen Selbstverständnis von Lehrkräften ein, die ab den 1950er-Jahren in der Bundesrepublik (und in der Schweiz) erschienen sind. In diesen ist eine Dominanz der Gegenüberstellung von „Fach- vs. Erziehungsorientierung" (vgl. Streckeisen / Hänzi / Hungerbühler 2007, S. 58) erkennbar, meist mit Bezug auf die Schulform Gymnasium. Ab den 1960er-Jahren finden sich zunehmend Studien, welche das Gesellschaftsbild von Lehrkräften analysieren (vgl. Streckeisen / Hänzi / Hungerbühler 2007, S. 59). So diskutiert z. B. Combe (1971) mit Verweis auf das Gesellschaftsbildkonzept von Popitz et al. (1957/2018) die Einstellungen und Wertehaltungen von Lehrerpersonen und klassifiziert diese als typisch für die Mittelschicht. Combe führt dies zurück auf die These vom Lehrer*innenberuf als „Aufstiegsberuf mit Plattformfunktion" (Combe 1971, S. 39). Er sieht die Rekrutierungsbasis von (männlichen) Lehrern vor allem in der unteren Mittelschicht. Der Beruf sei somit eine Aufstiegsmöglichkeit für Studieninteressierte, deren Väter keinen akademischen Abschluss besitzen (vgl. Combe 1971, S. 37). Hingegen der Lehrer*innenberuf weniger attraktiv für Personen mit einer akademisch geprägten Bildungsherkunft scheint. Ausgehend von dieser sozialen Rekrutierungssituation resümiert Combe:

> „Die Lehrer entwickeln auf dem Hintergrund ihres eigenen Aufstiegs kaum ein kritisches Bewusstsein gegen einen vorgefunden[en] politischen Zustand, sondern sie machen gemeinsame Sache mit der Sozialordnung, die ihren Status angehoben und ihnen Privilegien verschafft hat." (Combe 1971, S. 43).

Aufgezeigt wird eine deutliche Statusverteidigungshaltung, die sich zum einen gegen Reformtendenzen in der Lehrerbildung richtet, zum anderen attestiert Combe den Lehrkräften aufgrund ihres eigenen sozialen Aufstiegs ein „[…] Abwehrverhalten nach unten […]." (Combe 1971, S. 45), das sich in der Einstellung gegenüber Kindern aus unteren Klassen widerspiegelt:

> „Dieses nach unten zielende Distanz- und Abwehrgebaren von Lehrern dürfte nach wie vor dazu beitragen, daß der Sozialcharakter der Mittelschicht in der schulischen Sozialisation favorisiert wird, selbst wenn Änderungen und Maßnahmen etwa im Rahmen der Gesamtschule dies zu überwinden beabsichtigen […]." (Combe 1971, S. 45–46).

Streckeisen/Hänzi/Hungerbühler (2007) verweisen darauf, dass nicht alle Studien dem Ansatz von Combe folgen und den Lehrkräften teils ein weniger konservatives Gesellschaftsbild attestieren (vgl. Streckeisen/Hänzi/Hungerbühler 2017, S. 59 f.). Sie enden ihren Literaturüberblick mit dem Hinweis, dass Forschungen zum Gesellschaftsbild von Lehrkräften in jüngster Zeit fehlen: „Ob das Gesellschaftsbild konservativ geblieben ist, scheint eine offene Frage." (Streckeisen/Hänzi/Hungerbühler 2007, S. 61).

Für die Schweiz legen Streckeisen/Hänzi/Hungerbühler (2007) eine qualitative Studie[73] vor, in der die Deutungsmuster von Lehrkräften im Hinblick auf die Bewältigung des schulischen Handlungsauftrags von selektionsbezogenen und förderbezogenen Aufgaben rekonstruiert und am Beispiel von Berner Volksschullehrer*innen das pädagogische Dilemma von „Fördern und Auslesen" untersucht

73 Das Forschungsdesign bezieht sich auf eine Analyse von 37 nicht-standardisierten Interviews mit Lehrkräften aus der Schweiz (Stadt Bern). Davon waren 25 Lehrer*innen in der Sekundarstufe I (7.-9. Schuljahr) und 12 Lehrkräfte der Primarstufe (5./6. Schuljahr) tätig (vgl. Streckeisen/Hänzi/Hungerbühler 2007, S. 66 f.). Die Rekonstruktion der Deutungsmuster wurde mit der Interpretationsmethode der Objektiven Hermeneutik vorgenommen.

wurde. Herausgearbeitet wurden fünf Typen von Deutungsmustern (vgl. Tab. 4), die zwischen den Polen einer elitären und egalitären Orientierung changieren. Die Forschenden verstehen Deutungsmuster als implizites Wissen, das unbewusst die Praxis durchdringt und sehen die Deutungen als „[...] eingebettet in Vorstellungen über Schule, soziale Ungleichheit und die Gesellschaft." (Streckeisen/Hänzi/Hungerbühler 2017, S. 314). Die fünf Typen von Deutungsmustern werden wie folgt voneinander unterschieden:

Tabelle 4: Zusammenfassung der Typologie der Deutungsmuster von Lehrkräften (Streckeisen/Hänzi/Hungerbühler 2017)

Typ 1 **„Auslese der Besten"**	**Typ 2** **„Selektion als Platzanweisung"**	**Typ 3** **„Disziplinierung"**	**Typ 4** **„Ringen um das Arbeitsbündnis"**	**Typ 5** **„Fördern jenseits der Selektion"**
Lehrpersonen vertreten ein elite-orientiertes Denken.	Lehrpersonen sind überzeugt vom förderlichen Charakter einer Negativ-selektion.	Lehrpersonen verstehen Selektion als Disziplinierungs-instrument zum Erzeugen von Leistungsdruck/Bereitschaft.	Lehrpersonen präsentieren ein Bewusstsein für die Problematik der Negativ-selektion.	Lehrpersonen lehnen Selektion ab; pädagogisches Handeln richtet sich auf Unterstützung und Förderung.

Quelle: Streckeisen/Hänzi/Hungerbühler 2017, S. 108-287.

In ihrer Schlussbetrachtung diskutieren und vergleichen die Autor*innen ausführlich die unterschiedlichen Deutungsmuster sowie die Rolle der Handlungsbedingungen der jeweiligen Schulform als auch geschlechtsspezifische Unterschiede und gleichen ihre Ergebnisse mit der Durchlässigkeit des Schweizer Schulsystems ab.

Auf die Bedeutung der Organisation Schule verweist auch eine Studie von Behrmann (2022). Sie diskutiert in einer Interviewstudie mit 20 Lehrer*innen an drei Gesamtschulen in Ost- und Westdeutschland die Handlungsorientierungen und Strategien der Lehrpersonen im Umgang mit sozialer Benachteiligung und Bevorteilung im schulischen Alltag. Behrmann arbeitet heraus, dass die Entwicklung von sozialer Sensibilität der Lehrpersonen sich nicht automatisch aus der alltäglichen Kommunikation mit einer sozial heterogen zusammengesetzten Schüler*innenschaft ergibt. Die Lehrkräfte verfügen über lebensweltliches Hintergrundwissen der sozialen Lebenslagen ihrer Schüler*innen, welches sie im schulischen Alltag erwerben und im Kontext eigener biografisch erworbener Orientierungen einordnen. Entsprechend entscheiden sie, welche Unterstützungsoptionen und Angebote sie den Schüler*innen unterbreiten. Behrmann betont, dass die Lehrpersonen in der Organisation Schule immer über eigene Handlungsoptionen, Gestaltungsmöglichkeiten und Spielräume verfügen. Wie die Lehrkräfte ihren Handlungsauftrag verstehen und wahrnehmen, sei aber auch eine Frage der Unterstützung durch die Institution Schule. Für die Entwicklung von sozialer Sensibilität im professionellen Handeln ist somit sowohl der Einfluss der Organisation als auch die biografische Erfahrung von Bedeutung:

> „Neben der eigenen Biografie sind es die Schule und das Kollegium, die zur Handlungsbefähigung der Lehrer/-innen beitragen, indem sie sie unterstützen und bestärken. [...] Es ist also empirisch nicht festzumachen, ob die schulische oder die biografische Sensibilisierung die entscheidende Bedingung ist. Es lässt sich zunächst lediglich konstatieren, dass das Zusammenspiel individueller Orientierung und organisatorischer Konzepte eine nachhaltige Wirkung entfaltet." (Behrmann 2022, S. 6).

Behrmann stellt heraus, dass die Institution den Lehrkräften Handlungsspielräume eröffnen – aber auch verschließen kann und schlussfolgert: „Solange die Auftragserweiterung auf soziale Unterschiede keine organisationale oder kulturelle Aufwertung erhält, so ist zu vermuten, wird sie lediglich in Einzelfällen verhandelt werden." (Behrmann 2022, S. 8).

3.4.1 Forschungen zum Schulkulturansatz

Behrmann schließt mit ihrer Studie an Forschungsansätze an, die Fragen von fortlaufender sozialer Ungleichheit im Schulsystem im Zusammenhang mit den Orientierungen und Deutungsmustern von Lehrpersonen diskutieren und diese ins Verhältnis zum beruflichen Handeln setzen. Ihr Einbezug der Rahmung durch die Institution Schule wird im Konzept vom Schulkulturansatz vertieft.

Seit den 1980er-Jahren hat sich ein qualitativ-rekonstruktiv arbeitender Forschungszweig in der dokumentarisch-methodischen Lehrer*innenforschung[74] ausgebildet, der das schulische Feld und seine in ihm agierenden Akteure in Beziehung zu den institutionellen und gesellschaftlichen Rahmenbedingungen setzt und aus einer ungleichheitsbezogenen Perspektive analysiert. Die Schulkulturforschung orientiert sich am strukturtheoretischen Professionsansatz Oevermanns (1996) und übernimmt mit der Habitustheorie sowie dem Konzept der kulturellen Passung grundlegende Theorien von Bourdieu (vgl. Böhme/Hummrich/Kramer 2015; Kramer 2016). Die Entwicklung ist ferner eng verbunden mit den Arbeiten von Helsper (vgl. Kramer/Idel/Schierz 2018, S. 17). Eine Reihe von qualitativ-rekonstruktiven Studien widmet sich seit den 1980er-Jahren der Erschließung der symbolisch-kulturellen Ordnung (vgl. Helsper 2001) von Einzelschulen sowie dem Zusammenspiel von schulischer Ordnung

74 Für einen Überblick über professionstheoretische Ansätze in der Lehrer*innenbildung siehe Förster 2021, S. 42-47; Helsper 2021, S. 60-134; zum strukturtheoretischen Ansatz von Oevermann siehe auch Hericks 2006, S. 100-104; Garz/Raven 2015.

und Schüler*innenbiografien (vgl. Kramer 2002; Helsper 2008; Kramer et al. 2013; Helsper/Kramer/Thiersch 2014). Im Mittelpunkt steht die Analyse der symbolischen Ordnung der Schule, die

> „[...] ein Feld exzellenter, legitimer, tolerabler, marginalisierter und tabuisierter kultureller Ausdrucksgestalten erzeugt, die in je spezifischen Passungsverhältnissen zu milieuspezifischen und biographischen Habitusformen von Jugendlichen stehen." (Helsper 2008, S. 73).

Unter Bezugnahme auf das Konzept der kulturellen Passung (Bourdieu/Passeron 1971) wird auf das Verhältnis vom familiär erworbenen Habitus von Schüler*innen und dem sekundären, schulisch geforderten Habitus abgestellt. Am Beispiel von exemplarischen Fallstudien wird nachgezeichnet und diskutiert,

> „[...] dass im Zusammenspiel von Schüler*innenhabitus und Schulkultur je nach sozialer Herkunft und kulturellen Gewohnheiten sehr unterschiedliche Anschlussmöglichkeiten bestehen und teilweise auch antagonistische Abstoßungsverhältnisse vorliegen. Dieser Befund ist [...] ein bedeutsames Argument bei der Identifizierung von sozialen Barrieren im Bildungssystem und daraus ableitbaren Bearbeitungsstrategien zur Abmilderung von Bildungsungleichheiten." (Kramer/Idel/Schierz 2018, S. 9).

Die Forschungsarbeiten rekonstruieren die jeweilige spezifische „Schule-Milieu-Beziehung" (Kramer/Helsper 2010, S. 110). Herausgearbeitet wird, dass der schulisch geforderte sekundäre Habitus auf einer an spezifischen Werten und symbolischer Ordnung orientierten Schulkultur basiert, die von Milieubezügen geprägt und gerahmt werden. Diese werden durch und von den Akteur*innen im Feld (Lehrkräfte, Leitung etc.) repräsentiert und transportieren einen Entwurf eines idealtypischen sekundären Schülerhabitus: „Nicht zuletzt verkörpern ein großer Teil der Lehrer und die Schulleitung diese Milieubezüge. Damit verbunden ist die Anforderung an die Schüler, diese Haltungen zu übernehmen und sich darüber zu verselbständigen." (Kramer/Helsper 2010, S. 111). Die schulische Erfahrung wird somit in Verbindung mit den Werten und der symbolischen Ordnung der Bildungseinrichtung analysiert (vgl. Helsper 2018b, S. 24). Die Homologie von schulkulturellen sekundären Habitusformen und dem familiär erworbenen Primärhabitus beinhaltet eine Grenzziehung zu den Milieus, die den herrschenden Orientierungen und der symbolischen Ordnung der Schule *nicht* entsprechen. Kramer/Helsper (2010) legen eine Typologie von schul- und bildungsbezogenen Bildungshabitus vor. In diesem Modell werden fünf Muster des Zusammenhangs von sozialer Herkunft, schulischen Bildungsorientierungen und Peereinbindungen diskutiert und die Unterschiede und Abstufungen von schul- und bildungsaffinen bis hin zu schul- und bildungsfernen Orientierungen aufgezeigt.[75]

Eine Reihe von Studien, die sich im Forschungsansatz verorten, erweitern die Analysen zum Passungsverhältnis von Schulkultur und Bildungsherkunft von Schüler*innen mit Untersuchungen, die sich auf Professionalisierungsprozesse von Lehrer*innen konzentrieren (vgl. Helsper 2018a, Helsper 2018b, Helsper 2019; Kramer/Pallesen 2019; Kowalski 2020). Das Konzept vom Lehrkräftehabitus diskutiert, wie in der Auseinandersetzung von sozial erworbenen habituellen Dispositionen und den feldspezifischen Anforderungen, berufliche Praxis hervorgebracht wird, die sich als spezifischer Lehrer*innenhabitus äußert (vgl. Helsper 2018a, S. 128). Als Ausgangspunkt der Entwicklung wird der spezifische Schüler*innenhabitus verstanden, der sich in weiteren Etappen über die hochschulische Ausbildung, die Erfahrungen im Feld, über Praktika und das Referendariat bis hin zur Berufseingangsphase formt und sich in einen Lehrer*innenhabitus transformiert (vgl. Helsper 2018b). Aufgezeigt wird, wie sich die Herausbildung eines spezifischen Lehrer*innenhabitus sowohl über die berufsbezogene Prägung als auch auf Grundlage eines familiären primären Herkunftshabitus entwickelt und im Zusammenhang mit der Passung zu den schulischen Anforderungen und Erfahrungen als Schüler*in herausbildet (vgl. Kramer 2015).[76] Als Besonderheit im Vergleich zu anderen Berufsfeldern (und Studienfächern) geht dem Lehrer*innenberuf eine jahrelange biografische Erfahrung mit schulischer Praxis voraus. Ihm liegen schul- und bildungsbezogene Orientierungen zu Grunde, „[...] die schon im familiären Raum erworben und während der Schulzeit in Auseinandersetzung mit der Schule fortgeschrieben und erzeugt werden.“ (Helsper 2018b, S. 23). Mit der Herausbildung des spezifischen Schüler*innenhabitus entwickelt sich parallel eine Haltung gegenüber Lehrkräften:

> „[...] der jeweilige Schülerhabitus beinhaltet somit als Ausdruck der grundlegenden Orientierung und schulischen Erfahrungen auch Bilder des guten oder idealen und

---

75 Der Typologie der Bildungshabitus folgen Untersuchungen zur Transformation vom Bildungshabitus. Die Längsschnittuntersuchung ermöglicht damit eine weitere Ausdifferenzierung: Anhand von exemplarischen Fallstudien konnte die Bildungsentwicklung von Schüler*innen weiterführend (nach dem Übergang der 7. Klasse) untersucht werden und eine Typologie der Transformation des Bildungshabitus erarbeitet werden. (vgl. Kramer et al. 2013).

76 Der Forschungsansatz arbeitet mit einem Habitusbegriff, der wie folgt ausdifferenziert wird: „Für den Habitusbegriff werden hier vier begriffliche Differenzierungen vorgeschlagen: Eine erste Differenzierung unterscheidet den *familiären, primären Herkunftshabitus* von einem biographisch *erworbenen individuellen Habitus*, der milieuspezifisch verankert und relativ homogen, aber auch hybrid und transversal ausgestaltet sein kann. Davon sind feldspezifische Habitusformen zu unterscheiden, wobei thematisch hier der *Schülerhabitus* und der *Lehrerhabitus* von Interesse sind.“ (Helsper 2018b, S. 21, H.i.O.).

> Entwürfe des schlechten bzw. abgelehnten Lehrer, also Lehrerbilder, die einerseits den positiven bzw. andererseits den negativen Gegenhorizont des Schulischen repräsentieren. […] In diesem Sinne internalisieren Schüler die zu ihrem Schülerhabitus passförmigen Lehrerorientierungen und damit den ersten Schattenriss eines Lehrerhabitus, der zu ihren Orientierungen und Praxen als Schüler passt." (Helsper 2018a, S. 125).

Beginnend mit dem Berufseinstieg (vgl. Hericks 2006; für das Referendariat vgl. Pille 2013) setzen berufliche Sozialisationsprozesse ein, die in der Verinnerlichung der feldspezifischen (schulischen) Logik in der Ausbildung und Konsolidierung eines beruflichen Habitus münden:

> „Der berufliche Habitus einer Lehrerin bzw. eines Lehrers kann somit spezifiziert werden als eine ‚Verinnerlichung handlungsleitender Regeln als Anpassung an die berufliche Logik der Schule' (Kramer / Pallesen 2017, S. 11). Er bezeichnet damit den praktischen Sinn für die Anforderungen des pädagogischen Handelns, mit den dafür 'gültigen' Verhaltenscodes, Umgangsformen, Sprachstilen und Kleidungsanforderungen. Der Lehrerhabitus wird im Laufe der beruflichen Sozialisation, aufbauend auf dem primären Herkunftshabitus, ausgebildet und durch strukturelle und biographische Veränderungen ausdifferenziert." (Kowalski 2020, S. 75).

Im Ansatz der Schulkulturforschung vertreten sind ferner Studien, die Studierende im Lehramt untersuchen (vgl. Holzmayer 2023; zum Studierendenhabitus siehe Kahlau 2023). Holzmayer (2023) diskutiert das Passungsverhältnis von Habitus und Studienwahl von Lehramtsstudierenden in Österreich[77]. Anhand von drei Fallstudien rekonstruiert Holzmayer die Bedeutung der habituellen Verankerung der beruflichen Orientierung sowie das antizipierte Berufsbild vom Grundschullehrer*in. Er bettet die Berufswahl in einen begrenzten beruflichen Möglichkeitsraum innerhalb „[…] der intersektionalen Verschränkung von Geschlechterrollen und sozialer Herkunft […]." (Holzmayer 2023, S. 227) ein:

> „Die Akteur:innen agieren dabei zwar aktiv, aber zugleich in den Grenzen ihrer struktureller Zwänge (Bourdieu 1988, S. 13). Die Strukturen, die sie umgeben, nehmen Einfluss auf ihre *Denk-, Wahrnehmungs- und Handlungsschemata* (Bourdieu 1987, S. 101) und damit auch auf ihre beruflichen Entscheidungen. Insofern hilft die Rekonstruktion des Habitus der Studierenden dabei, den praktischen Sinn hinter ihrer Logik ihrer Berufswahl zu verstehen." (Holzmayer 2023, S. 232, H.i.O.).

---

77 Datengrundlage der Studie bilden 20 problemzentrierte Interviews mit Studierenden im Volksschul-, Mittelschul- und Gymnasiallehramt, die mit der Methode der Sequenzanalytischen Habitusrekonstruktion (vgl. Kramer 2018) ausgewertet wurden.

Anhand der Fallstudien arbeitet Holzmayer Perspektiven auf das Berufsbild heraus, die mit unterschiedlichen Bedeutungen, Grundprinzipien und Vorstellungen aufgeladen sind und rekonstruiert das Passungsverhältnis zwischen den biografischen Schulerfahrungen und den beruflichen Vorstellungen. Er schlussfolgert:

> „Akteur:innen werden vom pädagogischen Feld angezogen, weil ihre Logik der Praxis zur sozialen Logik und Ordnung der Schule *passt*, weil sie die Regeln des Feldes verstanden und damit die *illusio* des Feldes inkorporiert haben. Es lohnt sich für sie, in dieses Spiel zu investieren, daran (weiter) teilzunehmen." (Holzmayer 2023, S. 256, H.i.O.).

Die Perspektive der Schulkulturforschung und ihre theoretischen Bezugnahmen auf das Konzept der kulturellen Passung verweist somit auf eine „Vorauswahl" der Gruppe der Studierenden, die sich für ein Lehramt entscheiden. Studierende im Lehramt rekrutieren sich demnach überwiegend aus ehemaligen Schüler*innen, die in der Regel eine Konformität zum schulischen Feld aufweisen und dieses erfolgreich durchlaufen haben. Sie verfügen über bildungsbezogene Orientierungen, die nicht im Konflikt zu schulischen Normen und Anforderungen standen: Sie eint somit die biografische Erfahrung einer „[...] in der Tendenz positive[n] Passungskonstellation[en] zum schulischen Feld [...]." (Helsper 2018a, S. 124).

> „Erfahrungen und Orientierungen der Schulfremdheit – die Schüler im nicht-gymnasialen Bildungsrahmen aufweisen – sind Lehrkräften in der Regel als eigene Orientierung fremd. Demgegenüber rekrutieren sich Lehrkräfte eher aus jenen Schülern, die den Schülerhabitus der mehr oder weniger deutlichen Schulkonformität in Verbindung mit Orientierung des Leistungs- und Statusstrebens zuzuordnen sind." (Helsper 2018a, S. 124).

Personen, die ihre Schulzeit als überwiegend negativ erlebt haben, bzw. im Sprachgebilde des Ansatzes: Schüler*innen, die einem „schichtspezifischen Abstoßungseffekt" (Kramer 2002, S. 226) aufweisen, werden demnach nur äußerst selten ein Lehramtsstudium aufnehmen. Lehramtsstudierenden eint somit eine grundsätzliche Perspektive, aus welcher sie sich konfliktfrei selbst als Repräsentant*innen im Feld der schulischen Ordnung verorten.

3.5 Forschungen zu Habitusmustern von Lehrkräften aus Perspektive der Habitus- und Milieuforschung

Eine Reihe von Beiträgen zum Habitus von Lehrpersonen stammen aus Untersuchungen, die mit dem Ansatz der an Bourdieu anschließenden Milieuforschung nach Vester et al. 2001 (siehe dazu auch Kapitel 4.5) arbeiten (vgl. Lange-Vester/Teiwes-Kügler 2013b; Bremer/Lange-Vester 2014a; Lange-Vester/Teiwes-Kügler 2014; Lange-Vester 2015; Lange-Vester/Vester 2018; Lange-Vester/Teiwes-Kügler/Bremer 2019).[78] Grundsätzlich verweisen die Analysen darauf, dass sich die Berufsgruppe soziale heterogen zusammensetzt und sich anhand ihrer handlungsleitenden habituellen Muster voneinander unterscheidet. Diskutiert wird die Korrespondenz zwischen den unterschiedlichen Einstellungen und Haltungen der Lehrkräfte gegenüber ihren beruflichen Aufgaben und den im Herkunftsmilieu ausgebildeten und erworbenen habituellen Grundprinzipien, die dem beruflichen Selbstverständnis und der pädagogischen Praxis zugrunde liegen. Die Untersuchungen basieren auf der theoretischen Grundannahme, dass sich das antizipierte Berufsfeld auf Grundlage des Habitus angeeignet wird und Lehrpersonen „[...] sich in ihrer beruflichen Praxis an den Schemata ihres Klassenhabitus orientieren, den sie in ihrem Herkunftsmilieu geschichtlich erworben haben." (Lange-Vester/Teiwes-Kügler 2013b, S. 4).

Lange-Vester (2015) diskutiert drei Habitusmuster von Lehrpersonen[79], die mit einer bestimmten sozialen Lage im sozialen Raum korrespondiert. Aufgezeigt wird, wie die milieuspezifischen Wertevorstellungen und Haltungen der untersuchten Lehrkräfte sich in beruflichen Handlungen übertragen und in der beruflichen Praxis zum Ausdruck kommen. Die herausgearbeiteten Muster verweisen auf milieuspezifische Prinzipien der Lebensführung und werden als typisch für ein bestimmtes soziales Milieu beschrieben (zu den sozialen Milieus nach Vester et al. 2001 siehe auch Kapitel 4.5).

Das Muster *„Eigenverantwortung und Integration"* wurde bei Lehrkräften herausgearbeitet, die den oberen bürgerlichen Milieus im sozialen Raum, oberhalb der Distinktionsgrenze innerhalb der Traditionslinie der Akademischen Intelligenz, zugeordnet werden. Sie rekrutieren sich aus der reformpädagogischen Fraktion im *Gehobenen Dienstleistungsmilieu* (vgl. Kapitel 4.6.1). Die Lehrpersonen vertreten ein anspruchsvolles Bildungsideal, in welchem den Werten von Emanzipation und Autonomie eine zentrale Bedeutung zukommt. Sie betonen einen Bildungsauftrag, in welchem die Schüler*innen in der Entwicklung zu einer selbstreflektierten Persönlichkeit unterstützt werden sollen. Eigenverantwortliches Handeln

---

78 Das Datenmaterial stammt von Interviews mit Lehramtsstudierenden aus einem Projekt zu Studierendenmilieus an der Universität Hannover (vgl. Kapitel 2.5), bei denen u. a. auch Lehramtsstudierende von Gymnasien und dem Lehramt an Berufsbildenden Schulen teilgenommen haben. Ferner basieren die Untersuchungen auf Interviews mit Grundschulleiter*innen (Lange-Vester 2010). Interviews mit Lehrer*innen aus unterschiedlichen Schulformen wurden außerdem in Lehrveranstaltungen im Studienjahr 2009/2010 an der Universität Hannover durchgeführt und ausgewertet (vgl. Lange-Vester/Teiwes-Kügler 2014, S. 185).

79 Die Untersuchung basiert auf Interviews mit (Grundschul)Schulleiter*innen, die im Rahmen einer Studie über die Beschäftigten verschiedener Berufsgruppen und ihren Erfahrungen der Transformation der Arbeitswelt entstanden ist (vgl. Timm/Lange-Vester/Teiwes-Kügler 2010).

und kritisches Denken zu fördern, werden als pädagogischer Auftrag angesehen, der als Beitrag zum Abbau von sozialer Ungleichheit durch Bildung verstanden wird. Verdeutlicht wird diese Haltung in einem Selbstverständnis, das auf fachwissenschaftlich-politischer Orientierung liegt und teilweise mit politischem Engagement verbunden wird. Die Sicht auf Schule ist bestimmt über den Habitus der Distinktion und enthält Elemente der Abgrenzung und Distanz zu den Schüler*innen der unteren Milieus (vgl. Lange-Vester 2015, S. 365).

Zwei weitere Habitusmuster wurden den Milieus der gesellschaftlichen Mitte zugeordnet (vgl. Kapitel 4.5). Dem Muster *„Emanzipation und Leistung“* wurden Lehrkräfte zugeordnet, die in der Traditionslinie im linken Teil des sozialen Raums stehen und sich stärker an den Werten von Eigenverantwortung und Autonomie orientieren (vgl. Kapitel 4.5). Die Lehrpersonen im Milieu der *Leistungsorientierten Arbeitnehmer* verbindet ein ausgeprägtes Leistungsethos mit der Anforderung an ihre Schüler*innen, sich durch Anstrengung und Leistungsbereitschaft den eigenen Erfolg selbstverantwortlich zu erarbeiten und persönliche Ziele zu erreichen. Teils beruhen diese Einstellungen auf den Erfahrungen des eigenen Bildungsaufstiegs:

Dem Muster *„Ordnung und Disziplin“* wurden Lehrpersonen zugeordnet, die auf der hierarchieorientierten konservativen Seite im rechten Teil des sozialen Raums verortet werden. Sie vertreten ein patriarchales Prinzip, in dem Pflicht und Ordnung im Schulalltag verbunden werden mit der Anforderung an die Schüler*innen ihnen Respekt und Anerkennung als Lehrperson entgegenzubringen. Gleichzeitig sehen sie es in ihrer Verantwortung, eine Fürsorgepflicht für die Schüler*innen zu übernehmen. Vorgegebene Hierarchien werden akzeptiert, eine Orientierung an der Struktur ist gewünscht und soziale Ungleichheit im Bildungssystem wird als natürlicher Unterschied wahrgenommen.

Eine weitere Ausarbeitung von Habitusmustern von Lehrpersonen (Lange-Vester/Teiwes-Kügler/Bremer 2019) basiert auf biografisch angelegten qualitativen Interviews mit Lehrer*innen an Haupt- und Realschulen, Gesamtschulen und Gymnasien. Auch hier werden die Handlungsprinzipien der Lehrpersonen exemplarisch anhand von Einzelfallstudien vorgestellt und in die Landkarte der sozialen Milieus verortet. Analysiert werden Habitusmuster von Lehrpersonen aus den oberen sozialen Milieus und den mittleren Milieus. Diskutiert wird anhand der Ergebnisse, wie sich soziale Ungleichheit durch die Kompatibilität der Milieuzugehörigkeit von Schüler*innen zu den Vorstellungen und Erwartungen der Lehrer*innen im schulischen Feld darstellt.

Anknüpfend an die Arbeiten zur Milieuspezifik pädagogischen Handelns und pädagogischer Haltungen legt Zosel (2021) eine Untersuchung vor, die sich mit

Politikbildern von Lehrer*innen in Deutschland und in Israel beschäftigt.[80] Mit Bezug auf Bourdieu und die Milieuforschung nach Vester et al. (2001) analysiert er die Politikbilder von Lehrer*innen. Zosel arbeitet die unterschiedlichen Ausprägungen politischer Haltungen und Orientierungen heraus, die sich bei den untersuchten Lehrpersonen als bestimmte Vorstellungen von Gesellschaft und Politik äußern und auf „[...] die Verwobenheit der Politikbilder mit der Biographie und dem darin erworbenen milieuspezifischen Habitus der Lehrer*innen [...]." (Zosel 2021, S. 315) verweisen. Aus der Untersuchung leitet Zosel vier Politikbildsyndrome ab, die als (1) vertrauend-bewahrendes Politikbild, (2) vertrauend-veränderungsorientiertes Politikbild, (3) distanziert-veränderungsorientiertes Politikbild und ein (4) distanziert-bewahrendes Politikbild ausdifferenziert werden. In der Studie diskutiert Zosel ausführlich die Politikbilder, die mit den jeweiligen Prinzipien der Lebensführung der Lehrpersonen zusammenhängen und mit ihren milieuspezifischen Erfahrungen und Vorstellungen korrespondieren. Mit der Verortung der Politikbilder in der Landkarte der sozialen Milieus bindet Zosel die gebildeten vier Politikbildsyndrome an die fachübergreifenden Habitusmuster von Lehrer*innen aus der Untersuchung von Lange-Vester (2015) zurück.[81]

3.5.1 Studien zu handlungsleitenden Orientierungen von (Grundschul)Lehrer*innen

Zum Abschluss des Kapitels werden Studien zusammengetragen, die aus einer Milieu- und Habitusperspektive explizit auf Grundschullehrkräfte fokussieren.

2002 legt Schumacher unter Rückgriff auf das Milieu-Modell von Sinus (vgl. Barth et al. 2018) eine Untersuchung vor, die diskutiert, welchen sozialen Milieus Grundschullehrer*innen (und Grundschullehramtsstudierende) angehören und welcher Einfluss sich aus der Milieuzugehörigkeit auf Deutungsmuster und pädagogische Handlungspräferenzen der Lehrpersonen ableiten lässt. Das Ergebnis ihrer Studie zeigt die Dominanz des Liberal-Intellektuellen Milieus, welches für liberale Werte und Handlungsorientierungen steht (vgl. Schumacher 2002, S. 262 f.). Schumacher stellt heraus, dass die Lehrkräfte einen herrschaftskri-

---

80 Datengrundlage für die vergleichende Untersuchung waren jeweils zwei Gruppenwerkstätten – sowohl in Israel als auch in Deutschland mit insgesamt 20 teilnehmenden Politiklehrer*innen (vgl. Zosel 2021, S. 144 ff.).

81 Aufgezeigt wird eine Korrespondenz vom Habitusmuster „Eigenverantwortung und Integration" zum „vertrauend-veränderungsorientierten Politikbild". Das Muster „Disziplin und Ordnung" bei Lange-Vester (2015) findet sich im „vertrauend-bewahrenden" („verteidigenden") Politikbild und dem „distanziert bewahrenden" („resignierten") Politikbild wieder. Das bei Lange-Vester herausgearbeitete Habitusmuster „Emanzipation und Leistung" weist auf eine Korrespondenz zum „distanziert-veränderungsorientierten" („aufbegehrenden") Politikbild hin (vgl. Zosel 2021, S. 314).

tischen Wertekanon vertreten, ihr Bewusstsein der eigenen Rolle in Bezug auf die Reproduktion sozialer Ungleichheit im Bildungssystem jedoch unreflektiert bleibt. Bestehende Verhältnisse würden so durch das Handeln der Lehrkräfte eher verfestigt, als dass sie aufgebrochen werden (vgl. Schumacher 2002, S. 268).

Im Rahmen des von 2010 bis 2016 an der Universität Frankfurt a. M. durchgeführten erziehungswissenschaftlichen Projekts EDUCARE *„Leitbilder ‚guter' Kindheit und ungleiches Kinderleben"* wurden u. a. die bildungsbezogenen Vorstellungen und Praktiken von Lehrkräften an Grundschulen quantitativ und qualitativ erfasst (vgl. Betz / Bischoff-Pabst / de Moll 2020).[82] Mit Anschluss an die Habitustheorie von Bourdieu wurde eine Analyse der unbewussten habituellen Orientierungen vorgenommen, welche die Vorstellungen von Heterogenität bei den Lehrpersonen beeinflussen. In ihrer Untersuchung stellen die Forschenden heraus, dass die Reproduktion von Bildungsungleichheit im schulischen Feld von den Lehrkräften in erster Linie mit der Haltung und dem Handeln der Eltern verknüpft wird.[83] So sehen die befragten Grundschullehrkräfte die Verantwortung für mangelnde Bildungschancen von bestimmten Schüler*innengruppen überwiegend bei den Eltern, an welche sie die Aufgabe der Unterstützung ihrer Kinder adressieren: „Das feldspezifische Wissen über bestimmte Eltern(-gruppen) [...] wird von den Lehrkräften als Erklärung für bildungsbezogene Ungleichheitsverhältnisse herangezogen." (Menzel / Bischoff-Pabst 2020, S. 281 f.). Herausgearbeitet wird, wie die Heterogenitätsvorstellungen der Lehrkräfte und die habituellen Orientierungen korrespondieren und mit den biografischen und sozialen Erfahrungen der Lehrer*innen zusammenhängen, die sich in spezifischen pädagogischen Handlungspraxen niederschlagen.

Rutter (2021) stellt eine qualitative Studie vor, in der sie die handlungsleitenden Orientierungen von Grundschullehrkräften und erworbene milieuspezifische Habitusformen verknüpft. Vorgestellt werden vier ausgewählte Eckfälle von Lehrkräften[84], die unter der Fragestellung untersucht wurden, wie sich die eingelagerten milieuspezifischen, biografischen Erfahrungen auf die Wahrnehmung

82 Die quantitative Teilstudie im Projekt analysierte u. a. Grundschullehrkräfte mittels Fragebogenerhebung zu den Vorstellungen von Bildung, Betreuung, Erziehung und Förderung in der Grundschule (vgl. de Moll et al. 2016). Ferner wurden elf narrative Leitfadeninterviews mit Lehrkräften geführt und mit der dokumentarischen Methode ausgewertet (vgl. Bischoff / Betz 2016, S. 88 f.).

83 Anknüpfungspunkte finden sich bei Interviewstudien mit Grundschullehrer*innen, die den Einfluss untersucht, welche das Kontextwissen der Lehrkräfte über die soziale Herkunft ihrer Schüler*innen auf die Schullaufbahnempfehlungen nimmt (vgl. Gläser / Miller / Toppe 2008; Hollstein 2008; Krämer 2008).

84 Die Untersuchung war eingebettet in den Forschungskontext des Projekts „Soziale Kompetenzen von Lehrkräften zur Entwicklung von Bildungschancen für Kinder in besonderen Lebenslagen (SKILL)" (vgl. Rutter 2021, S. 69 ff.). Datengrundlage bilden zwölf Leitfadeninterviews mit Lehrkräften, die mittels der Dokumentarischen Methode nach Bohnsack (1989) ausgewertet wurden.

und Unterstützung von sozial benachteiligten und vom Bildungssystem ausgegrenzten Schüler*innen auswirken. Im Ergebnis zeigt sie anhand der Verortung ausgewählter Eckfälle in der Landkarte der sozialen Milieus ein heterogenes Spektrum von Lehrer*innen auf, deren habitus- und milieuspezifische Orientierungen in der Wahrnehmung und der Unterstützung von im Bildungssystem benachteiligten Schüler*innen sich entlang der milieuspezifischen Habitusformationen ausformulieren (vgl. Rutter 2021, S. 209 ff.). Rutter schließt mit ihrer Untersuchung an den Befund an, dass die Ursachen von Bildungsbenachteiligung aus Perspektive der Lehrkräfte in die Verantwortung der Familien delegiert werden (vgl. Hollstein 2008; Gläser/Miller/Toppe 2008).

Kurzes Zwischenfazit: Die ausgewählten Studien zeigen auf, welchen Einfluss die habituellen Orientierung auf die professionelle Arbeitspraxis im schulischen Feld nehmen. Sie verweisen zudem auf die Bedeutung und den Zusammenhang von vorberuflichen, im Herkunftsmilieu erworbenen Wahrnehmungs-, Denk- und Handlungsschemata auf das berufliche Handeln. Die angeführten Untersuchungen erweisen sich als nützlich, um die Fragestellung dieser Arbeit zu konkretisieren und auch, um auf die Forschungslücke aufmerksam zu machen, die diese Arbeit schließen möchte. Denn trotz der thematisch breiten Fächerung an Untersuchungen im Forschungsfeld Lehramt stehen soziale Milieus innerhalb eines Lehramtsstudiums (hier Grundschullehramt) bisher wenig im Fokus von Forschungsinteressen. In der Aufarbeitung zum Forschungsstand über Studierende im Lehramt Grundschule wird deutlich, dass die dominierenden Themen in der Lehrer*innenbildung nicht um die Bedeutung vom Habitus von Studierenden im Grundschullehramt kreisen. So existieren vereinzelt Studien, die habituelle Handlungsorientierungen analysieren, sie beziehen sich jedoch hauptsächlich auf bereits ausgebildete Lehrkräfte. Ferner bilden Untersuchungen, die sich explizit mit Grundschullehrkräften und dem Zusammenhang von sozialer Herkunft, habituellen Dispositionen und ihren Auswirkungen auf die pädagogische Arbeit und Deutungsmuster im Lehrer*innenhandeln auseinandersetzen, eine Ausnahme.

In wissenschaftlichen Studien und Untersuchungen zur Studienfachwahl und -motivation dominieren individualisierte psychologische Ansätze das Forschungsfeld. Effekte der sozialen Herkunft werden darin nur marginal behandelt bzw. verkürzt dargestellt. Analysen, die sich explizit mit Studierenden im Grundschullehramt befassen, stellen die Bedeutung der sozialen Herkunft eher selten in den Fokus von Forschungsinteressen. Ferner konnte im Kapitel 3.2 aufgezeigt werden, dass die Fragestellungen häufiger unter Einnahme einer vergleichenden Perspektive auf Lehramtsstudiengänge untersucht werden, etwa um bestimmte Aspekte wie z. B. die Studienmotivationen und das pädagogische und fachliche Interesse von Studierenden, in Abgrenzung verschiedener Lehramtstypen zueinander zu diskutieren. Pauschalisierende Aussagen in Form von Gruppenvergleichen, etwa über die Grundschullehramtsstudierenden, z. B. im Vergleich zu den Studierenden in Gymnasiallehramtsstudiengängen, sind jedoch nur bedingt aussagekräftig (vgl. Rothland 2022a). Diese gruppenbezogene Perspektive berücksichtigt nicht die herkunftsbedingten sozialen Unterschiede der Studierenden innerhalb eines Studienganges. Ausgeblendet werden sozialisierte Haltungen und Praxisformen, die lange vor Eintritt in das Hochschulfeld erworben wurden und die Grundlage für die Bewältigung eines Studiums darstellen. Auch verkürzt der Einbezug lediglich einer Ungleichheitsdimension, wie z. B. ein ausschließlicher Blick auf das soziale Geschlecht, die Auswirkungen und (unsichtbaren) Mechanismen von sozialer Ungleichheit, die sich im Feld der Hochschule weiter fortsetzen.

Der im Kapitel 3.4.1 vorgestellte Schulkulturansatz erweist sich als nützlich für die Fragestellung. Unter Bezugnahme auf Bourdieu/Passeron (1971) wird die biografische Erfahrung der Passung zum schulischen Feld als Entscheidungsfaktor für die Wahl eines Lehramtsstudiums (vgl. Helsper 2019) benannt. Abgeleitet werden kann aus diesen Untersuchungen, dass bestimmte soziale Milieus eher selten durch die Lehrkräfte repräsentiert werden. Entsprechend fehlt den Lehrkräften (zumindest biografisch) ein Zugang zu einem Teil der Schüler*innenschaft und bestimmte Perspektiven eines Teils der Schüler*innen auf die Schule und den schulischen Alltag bleiben den Lehrer*innen fremd (siehe auch Kramer/Pallesen 2019). Am Beispiel der Rekonstruktion der Lehrkräftebiografien von Bildungsaufsteiger*innen kann Behrmann (2022) aufzeigen, dass mit der eigenen Erfahrung von Benachteiligung nicht automatisch eine Entwicklung von sozialer Sensibilität im schulischen Alltag einhergeht. Ferner stellt sie fest: „Überraschenderweise wurden die Lehrer/-innen weder im Studium noch mit Berufseinstieg (Referendariat) für die Bedeutsamkeit sozialer Benachteiligung und Bevorteilung sensibilisiert." (Behrmann 2022, S. 5). Damit schließt sie an Rutter (2021) an, die aus den Ergebnissen ihrer Untersuchung schlussfolgert, dass „[...] das Reflexions- und Wissensniveau von Lehrkräften über Reproduktionsmechanismen sozialer Ungleichheit im Bildungssystem und die eigene Verstrickung in solche Prozesse insgesamt angehoben werden sollte." (Rutter 2021, S. 210).

Diese Befunde geben erste Hinweise auf die Relevanz eines verankerten Lehrangebots zur sozialen Sensibilität und zur Habitussensibilität im Curriculum der Lehrkräftebildung, um die Lehramtsstudierenden frühzeitig anzuhalten, über die Mechanismen der Reproduktion von sozialer Ungleichheit im Bildungssystem und den Zusammenhang zu der (eigenen) sozialen Herkunft zu reflektieren. Exemplarisch sei auf einen praxisorientierten Beitrag von Rutter/Weitkämper (2022) verwiesen: Die Bildungsforscher*innen erarbeiteten eine Expertise, in deren Mittelpunkt ein Lehr-Lernkonzept für angehende Lehrkräfte steht (vgl. Rutter/Weitkämper 2022). In einzelnen Lernmodulen wird dazu angeregt, die soziale Ungleichheit im Bildungssystem thematisch zu bearbeiten und die Verstrickung durch die habituell und milieuspezifisch geprägten Denk- und

Handlungsmuster zu reflektieren. Die Konzepte von Sozioanalyse und Habitussensibilität dienen dabei als Grundgerüst für die Auseinandersetzung und sollen die Studierenden dazu anregen, soziale Benachteiligung und Privilegierung im Kontext von Schulalltag zu bearbeiten.

4 Theoretischer Teil

Die Habitus- und Feldtheorie von Bourdieu und die auf ihr aufbauende Landkarte der sozialen Milieus nach Vester et al. (2001) bilden die theoretische Rahmung und das Grundgerüst für diese Arbeit und die Folie, auf welcher die Studierenden und ihre Zugehörigkeit zu den gesellschaftlichen Milieus und ihren Traditionslinien verortet und diskutiert werden. Bourdieus Thesen zur Entstehung von Bildungsungleichheit sind eingebettet in eine übergreifende Sozialtheorie, in der die Mechanismen der (Re)Produktion der gesellschaftlichen Strukturen diskutiert und darüber soziale Ungleichheit und die Beständigkeit gesellschaftlicher Machtverhältnisse analysiert und erklärbar gemacht werden[85]. Wie im Kapitel 2.4.2 diskutiert, kommt besonders der Weitergabe von kulturellem Kapital in der Analyse von Bildungsungleichheit bei Bourdieu eine bedeutende Rolle zu. Die Habitus-Feld-Theorie bietet sich an, um die Stabilität von sozialer Ungleichheit im Bildungssystem und ihre (verborgenen) Mechanismen der Reproduktion erfassbar zu machen. Im Kapitel 4.1 bis 4.3 werden ausführlich die für die Untersuchung relevanten Eckpunkte der soziologischen Theorie von Bourdieu vorgestellt. Im Kapitel 4.4 folgt die Einbettung und Entwicklung vom Milieubegriff in der bundesdeutschen Sozialstrukturanalyse. Dem schließt sich die Auseinandersetzung mit dem auf der Theorie von Bourdieu aufbauenden Milieuansatz von Vester et al. 2001 an. Vorgestellt wird das Achsenmodell vom sozialen Raum (Kapitel 4.5) und die Landkarte der sozialen Milieus ausführlich beschrieben (Kapitel 4.6).

4.1 Bourdieus Theorie der Praxis

> „Von allen Gegensätzen, die die Sozialwissenschaften künstlich spalten, ist der grundlegendste und verderblichste der zwischen Subjektivismus und Objektivismus." (Bourdieu 1987, S. 49).

Grundsätzlich bricht Bourdieu in seinem Ansatz mit den klassischen sozialwissenschaftlichen Perspektiven und Denktraditionen, die er an den gegensätzlichen Polen von Objektivismus und Subjektivismus verortet (siehe auch Schwingel 1995; Bauer 2012; Lenger/Rhein 2018). Ausführlich formuliert Bourdieu Kritik an beiden Richtungen in „Entwurf einer Theorie der Praxis" (1976) und „Sozialer Sinn. Kritik der theoretischen Vernunft" (1987). Um die Sozialwelt zu verstehen, so

85 Zur Geschichte der Einordnung und Rezeption von Bourdieu in der (bundesdeutschen) Bildungsforschung siehe auch Kramer 2013; Rieger-Ladich 2017).

Bourdieu, bietet „[...] die subjektivistische „Illusion einer unmittelbaren Erkenntnis“ und die objektivistische „Illusion absoluten Wissens“ [...].“ (Schwingel 1995, S. 45) keine ausreichende Erklärungskraft. So würde die subjektivistische Sichtweise Gesellschaft ausschließlich über das Handeln der sozialen Akteure erklären: Die Reflexion der Entstehungsbedingungen der Praxis, die sie untersucht, wird jedoch nicht ausreichend beachtet. Dieser ausschließlich an der akteurs- und handlungstheoretischen Perspektive orientierte Ansatz läuft Gefahr, dass die Rahmung der sozialen Strukturen als „natürlich“ gegeben scheint und somit nicht weiter hinterfragt wird. Soziale Praxis lässt sich demnach nicht einzig aus den unmittelbar zugänglichen Erfahrungen und Alltagserkenntnissen der sozialen Akteure ableiten und die Interpretation der sozialen Welt kann sich nicht ausschließlich an der Interpretation durch die sozialen Akteure orientieren. Bourdieu formuliert seine Kritik am symbolischen Interaktionismus wie folgt:

> „Indem der Interaktionismus auf diese Weise stillschweigend all das ausschließt, was die Interaktionen und deren Repräsentationen in den Individuen diesen Strukturen schulden, übernimmt er implizit die Spontantheorie des Handelns, die das Handlungssubjekt und dessen Repräsentationen zum letzten Prinzip all der Strategien erhebt, die die soziale Welt hervorbringen und zu verändern in der Lage sind [...].“ (Bourdieu 1976, S. 150).

Soziale Praxis kann aber auch nicht ausschließlich aus objektiven Strukturfaktoren abgeleitet - und in der Interpretation der sozialen Welt, die praktischen Erfahrungen und Alltagserkenntnisse der sozialen Akteure - ausgeblendet werden. So kritisiert Bourdieu am epistemologischen (erkenntnistheoretischen) Standpunkt das Fehlen einer akteurs- und handlungstheoretischen Perspektive, indem die Bedeutung von Strukturen überhöht wird (vgl. Bourdieu 1976, S. 164). Bourdieu schlägt einen Bruch mit den binär konstruierten sozialtheoretischen Gerüsten vor, um die Gegensätze zwischen wissenschaftlicher und praktischer Erkenntnisweise, den Dualismus von Theorie und Praxis, Struktur und Handlung, Erkennen und Verstehen aufzuheben und beide Konzepte miteinander zu verbinden. Mit der praxeologischen Erkenntnistheorie präsentiert Bourdieu eine Zusammenführung von subjektivistisch und objektivistisch orientierten sozialwissenschaftlichen Theorien, unter Bewahrung der Errungenschaften beider Denktraditionen.

Um das Handeln von Menschen, in der Bourdieuschen Terminologie, „die Eigenlogik der Praxis“ zu verstehen, regt er eine Rekonstruktion der Perspektive der Akteure an, welche die soziale Praxis und die ihr zugrunde liegenden sozialen Strukturen untersucht, die das Handeln als nicht bewusst zugängliche Ebene mitbestimmt, weil „[...] die Handelnden nie ganz genau wissen, was sie tun, hat ihr Tun mehr Sinn, als sie selbst wissen [...].“ (Bourdieu 1987, S. 127). Bourdieu entwirft ein theoretisches Gerüst, das die Ebene der unmittelbar lebensweltlichen

Erfahrung mit der strukturellen Ebene der objektiven sozialen Bedingungen verknüpft. Praxis wird somit zum „[...] Ort der Dialektik von opus operatum und modus operandi, von objektivierten und einverleibten Ergebnissen der historischen Praxis, von Strukturen und Habitusformen [...]." (Bourdieu 1982, S. 98). Eine bedeutende Rolle in der Theorie der Praxis kommt dabei dem Habituskonzept, als Mittler beider Ebenen zu.

4.2 Sozialraum, Kapitalstruktur und Raum der Lebensstile

> „Statt wie so häufig in Begriffen von sozialen Klassen zu denken, d. h. von säuberlich geschiedenen, neben- oder übereinander stehenden gesellschaftlichen Gruppen, sollte man eher von einem sozialen Raum ausgehen." (Bourdieu 1992, S. 35).

Um die Teilungs- und Strukturprinzipien der Gesellschaft darzustellen und abzubilden, konstruiert Bourdieu ein mehrdimensionales Raumbild (vgl. Abb. 3). Damit entwickelt er herkömmliche Schichtungs- und Klassentheorien weiter, die soziale Ungleichheit über ein- oder zweidimensionale Modelle erklären. Die drei Grunddimensionen des sozialen Raumes beschreibt Bourdieu als „Kapitalvolumen, Kapitalstruktur und zeitliche Entwicklung dieser beiden Größen" (Bourdieu 1982, S. 195 f.). Die horizontale Koordinatenachse trägt das Mengenverhältnis von ökonomischem und kulturellem Kapital ab, die vertikale Koordinatenachse, das Kapitalvolumen. Die dritte Achse, die das Raummodell zu einem dreidimensionalen Raum werden lässt, repräsentiert die (in die Tiefe gehende) zeitliche Dimension. Angesprochen sind damit die individuelle und kollektive soziale Laufbahn und ihre zeitliche Entwicklung, die wiederum in Abhängigkeit von Kapitalstruktur- und Volumen steht.

4.2.1 Die Kapitalsorten

> „Die zu einem bestimmten Zeitpunkt gegebene Verteilungsstruktur verschiedener Arten und Unterarten von Kapital entspricht der immanenten Struktur der gesellschaftlichen Welt, d. h. der Gesamtheit der innewohnenden Zwänge, durch die das dauerhafte Funktionieren der gesellschaftlichen Wirklichkeit bestimmt und über die Erfolgschancen der Praxis entschieden wird. Es ist nur möglich, der Struktur und dem Funktionieren der gesellschaftlichen Welt gerecht zu werden, wenn man den *Begriff des Kapitals in all seinen Erscheinungsformen* einführt [...]." (Bourdieu 1992, S. 50, H.i.O.).

Um die gesellschaftliche Komplexität zu erfassen, führt Bourdieu einen erweiterten Kapitalbegriff ein, der neben dem ökonomischen, auch das kulturelle,

Abbildung 3: Achsen vom Sozialraummodell

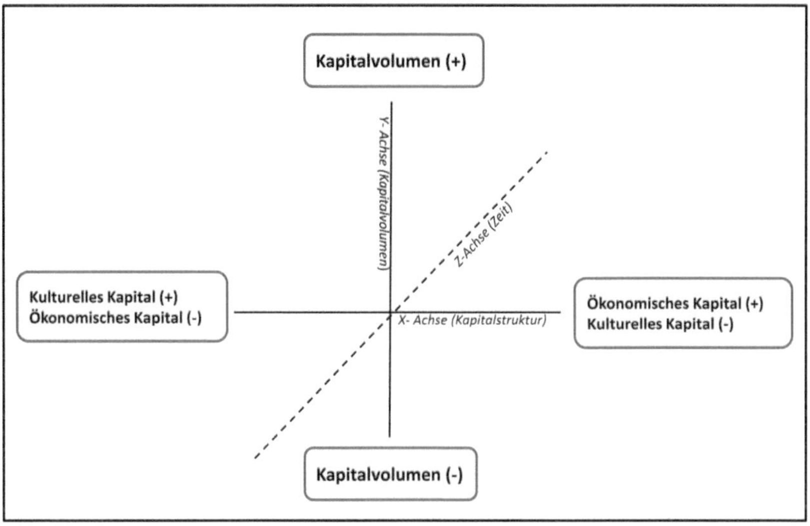

Quelle: Bourdieu 1982, S. 212 f.; siehe auch Schwingel 1995, S. 104.

soziale und symbolische Kapital definiert. Mit dem Konzept von Kapitalien als „[...] grundlegendes Prinzip der inneren Regelmäßigkeiten der sozialen Welt [...].“ (Bourdieu 1983, S. 183) wendet sich Bourdieu gegen eine zu enge Fokussierung auf das ökonomische Kapital als ausschließliche Determinante für gesellschaftliche Ungleichheit und Machtverteilung. Zum anderen wendet er sich gegen sozialwissenschaftliche Theorien, die einzig den Blick auf die sozialen Austauschbeziehungen lenken (vgl. Bourdieu 1983, S. 195).

a) *Das ökonomische Kapital*

Meint den materiellen Besitz einer Person, der unmittelbar in Geld konvertierbar ist. Mit ökonomischem Kapital beschreibt Bourdieu Formen (des geerbten oder erworbenen) materiellen Reichtums und Besitzes. Es wird im Eigentumsrecht institutionalisiert und ist unmittelbar in Geld konvertierbar. Das ökonomische Kapital ermöglicht in besonderem Maße den Zugang zu anderen Kapitalsorten. Die tendenzielle Dominanz des ökonomischen Kapitals begründet sich auf der Tatsache, dass allen Kapitalarten ökonomisches Kapital zugrunde liegt. Jedoch nicht alle Kapitalsorten auf ökonomisches Kapital rückführbar sind.

b) *Das kulturelle Kapital*

Bourdieu unterscheidet inkorporiertes, objektiviertes und institutionalisiertes Kulturkapital voneinander. Unter dem inkorporierten kulturellen Kapital werden die körpergebundenen, verinnerlichten kulturellen Fähigkeiten verstanden, die über Bildung erworben werden. Der Prozess der Aneignung vollzieht sich nicht nur über institutionelle Schulbildung, sondern wird als eine Form der sozialen Vererbung, mit und in der Herkunftsfamilie erworben, die allerdings weniger offensichtlich ist, als die Weitergabe von ökonomischem Kapital. Die Akkumulation vom inkorporierten kulturellen Kapital kann nicht delegiert – sondern muss persönlich angeeignet werden und ist verbunden mit der Investition von Zeit. Die Inkorporierung von kulturellem Kapital, die sich teilweise unbewusst vollzieht,

> „Inkorporiertes Kapital ist ein Besitztum, das zu einem festen Bestandteil der Person, zum Habitus geworden ist; aus „Haben" ist „Sein" geworden. Inkorporiertes und damit verinnerlichtes Kapital kann deshalb (im Unterschied zu Geld, Besitz- oder sogar Adelstiteln) nicht durch Schenkung, Vererbung, Kauf oder Tausch kurzfristig weitergegeben werden." (Bourdieu 1983, S. 187).

Mit dem *objektivierten kulturellen Kapital* sind alle Formen von kulturellen Gütern gemeint, die vererbbar oder mit ökonomischem Kapital erwerbbar sind. Es setzt jedoch inkorporiertes Kapital voraus, diese Objekte nutzbar zu machen (vgl. Bourdieu 2001b, S. 117). So sind Kulturgüter im juristischen Sinne übertragbar, werden aber in erster Linie symbolisch angeeignet. Objektiviertes kulturelles Kapital steht somit in enger Verbindung zum inkorporierten kulturellen Kapital.

> „Ort dieser Auseinandersetzung ist das Feld der kulturellen Produktion (Kunst, Wissenschaft usw.) und, darüber hinaus, das Feld der sozialen Klassen. Dort setzen die Handelnden ihre Kräfte ein und erhalten Profite, die dem Grad ihrer Fähigkeiten zur Beherrschung objektivierten Kulturkapitals (also: ihrem inkorporierten Kulturkapital) entsprechen." (Bourdieu 1983, S. 189).

Mit dem *institutionalisierten kulturellen Kapital* ist der Erwerb von Zertifikate, Titel und Bildungsabschlüsse angesprochen, die seinem / seiner Besitzer*in eine legitime Anerkennung ihres kulturellen Kapitals verleihen. Das institutionalisierte kulturelle Kapital wird sozusagen in Form von Bildungstiteln als inkorporiertes Kulturkapital objektiviert. Die legitimen Titel implizieren und verbürgen durch ihre institutionelle Anerkennung bestimmte kulturelle Kompetenzen. Institutionelles Kulturkapital lässt sich auf dem Arbeitsmarkt in ökonomisches Kapital umwandeln.

> „Durch den schulischen oder akademischen Titel wird dem von einer bestimmten Person besessenen Kulturkapital institutionelle Anerkennung verliehen. Damit wird es u. a. möglich, die Besitzer von Titeln zu vergleichen und sogar auszutauschen, indem sie füreinander die *Nachfolge* antreten." (Bourdieu 1983, S. 190, H.i.O.).

Mit dem institutionalisierten kulturellen Kapital wird eine Statushierarchie geschaffen, indem sie die kulturellen Kompetenzen offiziell legitimieren und demgegenüber Formen von nichtinstitutionell erworbener bzw. autodidaktischer Aneignung abgewertet werden. Institutionalisiertes Kulturkapital lässt sich in ökonomisches Kapital konvertieren. Für eine Bildungsinvestition muss zunächst ökonomisches Kapital aufgebracht werden, um das erworbene Zertifikat erneut in einen Geldwert umzutauschen, Bourdieu spricht von einem „*Wechselkurs*“ (Bourdieu 1983, S. 190). Dies obliegt aber einem „Schwundrisiko“, wenn zum Beispiel bei einer Bildungsexpansion ein Titel seine Exklusivität verliert und damit im Wert sinkt.

c) *Das soziale Kapital*

Unter sozialem Kapital wird das Netz der Beziehungen sozialer Akteure beruhend auf ihrer Zugehörigkeit zu einer bestimmten Gruppe beschrieben. Gemeint ist die Gesamtheit an sozialen und institutionalisierten Beziehungen innerhalb der Gruppenzugehörigkeit, in welcher die Sozialkapitalbeziehungen als symbolische Tauschbeziehungen existieren. Die Reproduktion von sozialem Kapital erfordert Beziehungsarbeit, um nützliche dauerhafte Verbindungen und Beziehungen zu schaffen und sich darüber Anerkennung in einer Gruppe zu sichern.

d) *Das symbolische Kapital*

> „Das symbolische Kapital [...] ist nicht eine besondere Art Kapital, sondern das, was aus jeder Art von Kapital wird, das als Kapital, das heißt als (aktuelle oder potentielle) Kraft, Macht oder Fähigkeit zur Ausbeutung verkannt, also als legitim anerkannt wird.“ (Bourdieu 2001a, S. 311).

Das symbolische Kapitel ist eine besondere Form des Kapitals, es unterscheidet sich grundlegend von den anderen Kapitalsorten, indem es nicht als akkumulierte Arbeit zu verstehen ist. Vielmehr findet es seinen Ausdruck in den erwähnten Kapitalsorten, indem es in ihnen verankert ist. Jede Kapitalsorte fungiert als symbolisches Kapital, indem es seine Existenz legitimiert. Hierbei ist von zentraler Bedeutung, dass die Kapitalsorten einerseits im Falle von ökonomischem Kapital verwertbar sind, andererseits im Falle von kulturellem Kapital allgemein anerkannt sind. Der symbolische Wert, über die konkreten Eigenschaften der Kapitalsorten hinaus, erzeugt die Anerkennung dieser Güter. Bourdieu erwähnt das symbolische Kapital nicht an jeder Stelle explizit als eigene Kapitalsorte, sondern beschreibt es als symbolische Macht, die eine Kapitalsorte produziert und reproduziert. Das symbolische Kapital dient insbesondere der Verschleierung von Machtverhältnissen, indem es den Kapitalsorten implizite Machtstrukturen verleiht.

> „Die Tatsache, der gegenseitigen Konvertierbarkeit der verschiedenen Kapitalarten ist der Ausgangspunkt für Strategien, die die Reproduktion des Kapitals (und der Position im sozialen Raum) mit Hilfe möglichst geringer Kapitalumwandlungskosten (Umwandlungsarbeit und inhärente Umwandlungsverluste) erreichen möchten." (Bourdieu 1983, S. 197 f.).

Gemeinsam ist dem ökonomischen, kulturellen und sozialem Kapital, dass sie ineinander konvertierbar sind, einzig das symbolische Kapital besitzt diese Eigenschaft nicht. Die Konditionen hierfür sind unterschiedlich und mit unterschiedlichem Aufwand verbunden, in jedem Fall bedarf es einer Investition von Arbeit und Zeit (zur Kapitalumwandlung siehe auch Bourdieu 1983, S. 195–198). Diese Transformationsarbeit macht Investitionen und Strategien notwendig, um das Schwundrisiko gering zu halten. Nach Bourdieu ist eine Konvertierung von einer Kapitalsorte in eine andere mit Kosten verbunden. Auch birgt jede Transaktion ein Schwundrisiko: „Entsprechend dem Satz von der Erhaltung der Energie gilt das Prinzip, dass Gewinne auf einem Gebiet notwendigerweise mit Kosten auf einem anderen Gebiet bezahlt werden […]." (Bourdieu 1983, S. 196).

4.2.2 Die Macht- und Teilungsprinzipien des sozialen Raums

Der soziale Raum, der immer eine Momentaufnahme einer Gesellschaft und ihren Differenzierungsprinzipien darstellt, ist zugleich ein Raum von Beziehungen und Differenzen, indem sich die sozialen Positionen von Akteuren in räumlichen Abgrenzungen zu anderen abbilden lassen und sich über ihr relationales Verhältnis zueinander definieren.

> „Ausgehend von den Stellungen im Raum, lassen sich *Klassen* im Sinne der Logik herauspräparieren, das heißt Ensembles von Akteuren mit ähnlichen Stellungen, und die, da ähnlichen Konditionen und ähnlichen Konditionierungen unterworfen, aller Voraussicht nach ähnliche Dispositionen und Interessen aufweisen, folglich auch ähnliche Praktiken und politisch-ideologische Positionen. Diese Klasse auf dem Papier ist von *theoretischer* Natur, existiert als Theorie […]. Sie bilden keine reale, effektive Klasse im Sinne einer kampfbereiten Gruppe; sie ist strenggenommen, lediglich eine *wahrscheinliche Klasse* […]." (Bourdieu 1985, S. 12, H.i.O.).

Eine soziale Klasse konstituiert sich über ihre Lage im sozialen Raum und ihrer relationalen Stellung zu anderen Klassen. Sie teilt ähnliche objektive Existenzbedingungen und somit auch bestimmte soziale Erfahrungen von sozialer Inklusion und Exklusion. Die Macht- und Teilungsprinzipien des sozialen Raums werden als soziale Realitäten wahrgenommen, die soziale Welt von einem bestimmten Standort, aus einer bestimmten räumlichen Perspektive auf den Sozialraum.

Soziale Klassen teilen die räumliche Sicht auf die soziale Welt und bilden eine soziale Identität aus (vgl. Bourdieu 1985). Diese grundlegenden Standpunkte und Haltungen gegenüber der sozialen Welt finden ihren sichtbaren Ausdruck in einer symbolischen Lebensführung. Sozialer Raum und Raum der Lebensstile stehen somit in einer strukturellen Korrespondenz. Der Lebensstil repräsentiert die symbolische Lebensführung einer sozialen Klasse in Abgrenzung zu dem Lebensstil einer anderen sozialen Klasse. Über den Lebensstil, seine Praktiken und Formen, Codes und Objekten manifestiert sich eine klassenspezifische Sicht auf die soziale Welt (vgl. Bourdieu 1982). Diese äußert sich über die Wahrnehmung, die Ästhetik, den spezifischen Präferenzen der alltäglichen Lebensführung und den damit verbundenen Praxisformen sowie dem als subjektiv empfundenen Geschmack. Im Lebensstil manifestiert sich die Klassenlage. In ihm transportiert sich der soziale Standort und damit immer auch eine Abgrenzung und Positionierung zu anderen sozialen Klassen. Indem Praktiken und präferierte Objekte immer auch symbolische und klassifizierbare Zeichen der Distinktion sind: Sie enthalten Bewertungen und transportieren die soziale Wertschätzung der Praktiken und Objekt von anderen sozialen Klassen. Anhand der unterschiedlichen und spezifischen Lebensstile sozialer Klassen bildet sich so die Hierarchie des sozialen Raums ab.

> „In den Lebensstilen repräsentieren die sozialen Gruppen und Kollektive ihre kulturelle, d. h. nun ihre symbolische Identität in Abgrenzung zu anderen Gruppen und Kollektiven […]. Der Raum der Lebensstile ist damit ein Raum pluraler Weltsichten auf die Gesamtgesellschaft, in dem um die legitime – d. h. um die (auch durch andere Gruppen) anerkannte – Ausdeutung der jeweils für bedeutsam erachteten Objekte und Zustände symbolisch konkurriert wird." (Diaz-Bone 2010, S. 30).

Der Habitus als generierendes Prinzip, wirkt dabei als Übersetzer von objektiver sozialer Position in einen spezifischen Lebensstil:

> „[…] der Habitus ist *Erzeugungsprinzip* objektiv klassifizierbarer Formen von Praxis und *Klassifikationssystem* (princiupium divisionis) dieser Formen. In der Beziehung dieser beiden den Habitus definierenden Leistungen: der Hervorbringung klassifizierbarer Praxisformen und Werke zum einen, der Unterscheidung und Bewertung der Formen und Produkte (Geschmack) zum anderen, konstituiert sich die *repräsentierte soziale Welt*, mit anderen Worten *der Raum der Lebensstile*." (Bourdieu 1982, S. 277 f., H.i.O.).

Kurz zusammengefasst kann gesagt werden, dass sich in einem bestimmten Lebensstil die „typischen" Muster des Denkens und Handelns einer sozialen Klasse äußern.

4.3 Habitus und Feld

4.3.1 Der Habitus als generatives Prinzip

> „Die Konditionierungen, die mit einer bestimmten Klasse von Existenzbedingungen verknüpft sind, erzeugen die *Habitusformen* als System dauerhafter und übertragbarer *Dispositionen*, als strukturierte Strukturen, die wie geschaffen sind, als strukturierende Strukturen zu fungieren, d. h. als Erzeugungs- und Ordnungsgrundlage für Praktiken und Vorstellungen […].“ (Bourdieu 1987, S. 98, H.i.O.).

Mithilfe des Habitus transformiert sich gesellschaftliche Struktur in mentale Struktur (siehe auch Schwingel 1995; Rehbein 2006; Lenger/Schneickert/Schumacher 2013; Krais/Gebauer 2017). Der Habitus ist „strukturierte und strukturierende Struktur“ (Bourdieu 1987, S. 280). Zum einen strukturiert sich der Habitus über die objektiven Existenzbedingungen und ihren spezifischen Bedingungen, die ihn geformt haben, denn „Über dem Habitus regiert die Struktur, die ihn erzeugt hat […].“ (Bourdieu 1987, S. 102) – zum anderen wirkt er gleichzeitig strukturierend, indem er Praxisformen und Werke, Unterscheidungen und Bewertungen von Formen und Produkte hervorbringt, die sich systematisch aufeinander beziehen und sich in ihrer Gesamtheit in einem Lebensstil manifestieren (vgl. Bourdieu 1982). Der Habitus ist gesellschaftlich – und damit historisch bedingt. „Man wird nicht Mitglied einer Gesellschaft, sondern ist es von Geburt an.“ (Krais/Gebauer 2017, S. 61). Die Genese der habituellen Dispositionen beginnt in der familiären Struktur und ihren alltäglichen kulturellen Praktiken. Maßgeblich für die Strukturierungen des Habitus, der sich lebenslang ausformt, sind somit die (Lern)Erfahrungen, die mit dem sozialen Ort der frühen Sozialisation zusammenhängen. Damit konstituiert sich der Habitus aus den integrierten vergangenen Erfahrungen und lässt einen Zusammenhang zwischen vergangenen, gegenwärtigen und zukünftigen Praxisformen erkennen: „Als einverleibte, zur Natur gewordene und damit als solche vergessene Geschichte, ist der Habitus wirkende Präsenz der gesamten Vergangenheit, die ihn erzeugt hat.“ (Bourdieu 1987, S. 105).

Der Habitus als zur Natur gewordenen Geschichte wird nicht bewusst hinterfragt, und die wie automatisch ablaufenden täglichen Handlungen und die soziale Praxis werden als „natürlich“ gegeben interpretiert[86]. Der Habitus einer Person ist aufgrund seiner einzigartigen Entstehungsgeschichte individuell – aber eben auch kollektives Produkt von Geschlecht und sozialer Klasse unter deren objektiven Existenzbedingungen er sich ausbildet. Der Habitus integriert die kollektiven

---

86 Bourdieu spricht auch davon, „[…] daß wir Menschen laut Leibniz, „in Dreiviertel unserer Handlungen Automaten sind […].“ (Bourdieu 1982, S. 740).

(Klassen)Erfahrungen und ist immer auch Merkmalsträger*in der spezifischen Klasse, etwa über die Formen der symbolischen Lebensführung.

> „Als Produkt der Geschichte produziert der Habitus individuelle und kollektive Praktiken, also Geschichte, nach den von der Geschichte erzeugten Schemata; er gewährleistet die aktive Präsenz früherer Erfahrungen, die sich in jedem Organismus in Gestalt von Wahrnehmungs-, Denk- und Handlungsschemata niederschlagen […]." (Bourdieu 1987, S. 101).

Diese Wahrnehmungs- Denk- und Handlungsschemata sind lediglich auf der analytischen Ebene getrennt zu betrachten und wirken in der Praxis immer zusammen. Das Wahrnehmungsschema strukturiert die soziale Welt. Über Denkschemata wird die soziale Welt anhand von Alltagstheorien und Klassifikationsmuster interpretiert und geordnet. Sie enthalten ferner die impliziten ethischen Normen und ästhetischen Maßstäbe (Geschmack)[87] zur Beurteilung und Bewertung von kulturellen Objekten und Praktiken. Das Handlungsschema bringt schließlich die spezifischen Praktiken hervor. (vgl. Schwingel 1995, S. 56). Der Habitus entzieht sich weitestgehend dem Bewusstsein des Akteurs. Das dauerhafte System der habituellen Dispositionen bringt unhinterfragte aufeinander abgestimmte Praxen hervor, die es dem sozialen Akteur ermöglichen, sich in der sozialen Welt zurechtzufinden und der Situation „angemessene" Verhaltensweisen und Strategien zu entwickeln. Diese erscheinen ihm und seinem gegenüber als „natürlich", selbstverständlich und logisch, ohne dass die Konstitution des Habitus und die mit seiner Entstehung verbundenen Umstände aktiv präsent wären. Diese aufeinander abgestimmten Praxisformen sind nicht beliebig veränderbar, vielmehr modifiziert und integriert der Habitus neue Erfahrungen in dem Maße seiner ursprünglichen Strukturierung. Was bedeutet, dass der Habitus auch ein System von Grenzen darstellt.

> „Aus gesellschaftlichen Unterteilungen und Gliederungen werden das gesellschaftliche Weltbild organisierende Teilungsprinzipien. Aus objektiven Grenzen wird der *Sinn für Grenzen*, die durch Erfahrungen der objektiven Grenzen erworbene Fähigkeit zur praktischen Vorwegnahme dieser Grenzen wird der *sense of one's place* […]." (Bourdieu 1982, S. 734, H.i.O.).

87 Bourdieu betont in die „Feinen Unterschiede" (1982) die Relevanz vom (klassenspezifischen) Geschmack. Geschmack fungiert als „[…] die praktische Bestätigung einer unabwendbarer Differenz" (Bourdieu 1982 [1987], S. 105) und symbolische Platzanweiser:„ […] dass man hat, was man mag, weil man mag, was man hat, nämlich die Eigenschaften und Merkmale, die einem de facto zugeteilt und durch Klassifikation de jure zugewiesen werden." (Bourdieu 1982, S. 285 f.).

Innerhalb dieser Grenzen sind dem Gestaltungsspielraum des Habitus keine Grenzen gesetzt, ermöglicht wird somit eine „kontrollierte“ [88] Freiheit. Darauf konditioniert immer gleiche Muster und Mechanismen aufzurufen, besitzt der Habitus eine gewisse Trägheit. Als „Hysteresis- Effekt des Habitus“ (Bourdieu 1982, S. 187) beschreibt Bourdieu die zeitliche Verzögerung mit welcher sich ein Habitus auf für ihn unvertraute Praxisformen abstimmt und diese mit seinen üblichen Handlungen synchronisiert.

Als Mittler zwischen Lebensstil und sozialer Position organisiert der Habitus einen perspektivischen Realitäts- und Wahrnehmungssinn auf die soziale Welt, der unhinterfragt bleibt. Damit erfüllt der Habitus als eine Art Autopilot, die Funktion eines sozialen Sinns, der praktische Orientierung in der sozialen Welt bietet, mit ihm findet man sich auf den praktischen Feldern zurecht und stimmt seine Praktiken und Handlungen so ab, dass diese sinnvoll und der Situation angemessen erscheinen Mit dem Habitus entwickeln die sozialen Akteure somit ein Gespür für die soziale Welt und stimmen die inneren mit den äußeren Erwartungen ab.[89] Dies setzt voraus, dass die Teilungsprinzipien der sozialen Welt von den Akteuren als unhinterfragt akzeptiert werden. Diese „[...] Verhaftung an Ordnungsbeziehungen, die, weil gleichermaßen reale wie gedachte Welt begründend, als selbstverständlich und fraglos hingenommen werden.“ (Bourdieu 1982, S. 734 f.), bezeichnet Bourdieu auch als *„Doxa“* (Bourdieu 1982, S. 734). Auf der Doxa beruht die Anerkennung der sozialen Ordnung, deren Zusammenhang als solcher, sich dem Bewusstsein des Akteurs entzieht und ein gleichzeitiger Garant dafür ist, dass sich die soziale Ordnung reproduziert.

Die habituellen Dispositionen sind grundlegend im Körper „einverleibt“. Bourdieu verwendet den Begriff der (antiken) körperlichen Hexis (vgl. Bourdieu 1987, S. 129), um die enge Korrespondenz der inneren und äußeren Haltung darzustellen. So repräsentiert der Körper über Haltung, Aussehen, Sprache, Gestik und Mimik und dem damit verbundenen Fühlen und Denken, die inkorporierte soziale Ordnung und das spezifische Verhältnis zu ihr. Er spiegelt (unbewusst) die Position im sozialen Raum und drückt so das selbstverständliche Verhältnis zur sozialen Welt aus:

---

88 „Da der Habitus eine unbegrenzte Fähigkeit ist, in völliger (kontrollierter) Freiheit Hervorbringungen – Gedanken, Wahrnehmungen, Äußerungen, Handlungen – zu erzeugen, die stets in den historischen und sozialen Grenzen seiner eigenen Erzeugung liegen, steht die konditionierte und bedingte Freiheit, die er bietet, der unvorhergesehenen Neuschöpfung ebenso fern wie der simplen mechanischen Reproduktion ursprünglicher Konditionierungen.“ (Bourdieu 1987, S. 103).

89 „Die Homogenität der Habitusformen, die in den Grenzen einer Klasse von Existenzbedingungen und sozialen Konditionierungen zu beobachten ist, bewirkt nämlich, daß Praktiken unmittelbar verständlich und vorhersehbar sind und daher als evident und selbstverständlich wahrgenommen werden: Mit dem Habitus können die Praktiken und Werke mit einem geringen Aufwand an Absicht nicht nur erzeugt, sondern auch entziffert werden.“ (Bourdieu 1987, S. 108).

„Es scheint durchaus, als würden die mit bestimmten sozialen Verhältnissen gegebenen Konditionierungsprozesse das Verhältnis zur sozialen Welt in ein dauerhaftes und allgemeines Verhältnis zum eigenen Leib festschreiben – in einer ganz bestimmten Weise, seinen Körper zu halten und zu bewegen, ihn vorzuzeigen, ihm Platz zu schaffen, kurz: ihm soziales Profil zu verleihen [...]. Das eigene Verhältnis zur sozialen Welt und der Stellenwert, den man sich in ihr zuschreibt, kommt niemals klarer zur Darstellung als darüber, in welchem Ausmaß man sich berechtigt fühlt, Raum und Zeit des anderen zu okkupieren [...].“ (Bourdieu 1982, S. 739).

Der Körper als „[...] eine Grunddimension des sozialen Orientierungssinns [...].“ (Bourdieu 1982, S. 739) repräsentiert die Klassenzugehörigkeit und die geschlechtsspezifische Prägung (siehe auch Fröhlich 1999; Krais / Gebauer 2017).

4.3.2 Soziale Felder als strukturierte Orte sozialer Praxis

„Was hier ziemlich abstrakt klingt, hat einen höchst konkreten Kern: Es geht um die Definitionsmacht über Lebensstile, über guten Geschmack und falsche Freizeitvergnügen, über erhabene Kunst und populäre Musik, über Bildungswege und platten Konsum.“ (Abels / König 2010, S. 208).

Die soziale Welt differenziert sich in unzählige gesellschaftliche (Teil)Bereiche aus, die Bourdieu als Felder[90] beschreibt. Für diese Arbeit stehen das Feld der Bildung und sein Unterfeld der Hochschule im Blickpunkt. Soziale Praxis spielt sich in den sozialen Feldern ab. Auf ihnen wird um die Deutungsmacht gerungen und um einen führenden Platz in der Feldhierarchie gekämpft. Feld und Habitus bedingen sich wechselseitig: Der Habitus generiert die soziale Praxis, die im strukturierten Rahmen eines Feldes stattfindet (vgl. Bourdieu 1987, S. 98). Felder positionieren sich hierarchisch und in Relationen zueinander (vgl. Barlösius 2011). Jedes Feld folgt einer spezifischen internen Feldlogik, besitzt eigene festgelegte Regeln und erfordert bestimmte Kapitaleinsätze, um sich auf dem Feld zu positionieren, seine Interessen durchzusetzen und eine führende Position im Feld einzunehmen. Die interne Hierarchie eines Feldes, sein feldspezifisches Kräfteverhältnis, bestimmt sich über die Kapitalstruktur. Die aktuelle feldspezifische Kapitalstruktur ist das Resultat aus der Geschichte eines Feldes, seinen internen sozialen Kämpfen, um dominante Feldposition und die Macht im Feld. Felder zeichnen sich über ihre Dynamik aus, da auf ihnen fortwährende Machtkämpfe um Position und Verteilung, um Bewahrung und Veränderungen von Machtstrukturen stattfinden. Bourdieu vergleicht das Feld mit einem Spiel

90 Zur ausführlichen Auseinandersetzung mit der Feldtheorie siehe auch Papilloud 2003.

(vgl. Bourdieu/Wacquant 1996, S. 127f.) in dem die verschiedenen Akteure mit ungleichen Einsätzen in Form von Kapitalsorten um das Objekt oder die Definitionsmacht kämpfen. Die Handlungsmöglichkeiten, das „Mitspielen" auf dem Feld, bestimmen sich über die Kenntnisse der Spielregeln und das Kapital, das ein*e Spieler*in als Einsatz zur Verfügung steht:

> „Gleich Trümpfen in einem Kartenspiel, determiniert eine bestimmte Kapitalsorte die Profitchancen im entsprechenden Feld [...]. So bestimmt der Umfang an kulturellem Kapital (Analoges gilt – *mutatis mutandis* – für ökonomisches Kapital) die Gewinnchancen in den Spielen, in denen kulturelles Kapital wirksam ist, und damit die Stellung innerhalb des sozialen Raums (zumindest insoweit sie vom Erfolg im kulturellen Feld abhängt)." (Bourdieu 1985, S. 10, H.i.O.).

Felder weisen eine ähnliche Grundstruktur wie der soziale Raum auf, sie lassen sich voneinander abgrenzen und sind relativ autonom (vgl. Schwingel 1995; Barlösius 2011). Die Grenzen eines Feldes sind dort erreicht, wo der Feldeffekt endet und die Wirkung der im Feld logischen Verteilung der Kapitalsorten (und ihrer umkämpften Objekte) keine Wirkung mehr hat. Felder können aber auch in andere Felder übergehen und sich wechselseitig durchdringen.

4.3.3 Der Glaube an das Feld

Gemein ist allen Feldern, dass auf ihnen um die Deutungsmacht im Feld gerungen wird (vgl. Bourdieu 1976, S. 107). Diejenigen, die im Feld um die symbolische Ordnung und einen Platz in der hierarchischen Ordnung kämpfen, teilen eine grundsätzliche Anerkennung der im Feld immanenten Werte, Normen und Regeln. Gesetzt ist die selbstverständliche Grundannahme, „[...] daß der Kampf um die Dinge, die im Feld auf dem Spiel stehen, der Mühe wert ist." (Bourdieu 1998, S. 142). Dieser Glaube an die Relevanz und den Wert eines Feldes bezeichnet Bourdieu auch als „Illusio".[91]

> „Die *illusio* ist daher das Gegenteil der Ataraxie, sie ist das Sich-Einlassen, das Investieren in Einsätze, die es infolge von Konkurrenz in einem bestimmten Spiel gibt und die nur für Leute existieren, die von diesem Spiel erfaßt und mit Dispositionen zur Anerkennung der in ihm auf dem Spiel stehenden Einsätze ausgestattet und deshalb bereit sind, für diese Einsätze zu sterben [...]." (Bourdieu 1998, S. 141f., H.i.O.).

91 „Illusio" bildet eine besondere Form der Doxa ab. „Die Illusio ist der Glaube an den Sinn und den Wert der Aktivitäten in einem Feld, während die Doxa die inhaltliche Überzeugung im Allgemeinen, gleichsam das Symbolische des Feldes umfasst [...]. Bourdieu spricht auch von der Doxa als „Urglaube" an das in einem Feld Geltende [...]." (Fröhlich/Rehbein 2009, S. 80).

Ein soziales Feld wird definiert über die konstituierten Regeln. Beteiligung am „Spiel“ heißt, die Regeln zu beherrschen, zu akzeptieren und zu befolgen. Diese Regeln stellen insofern einen Zwang dar, da die Akteure sich ihnen nicht entziehen können, ohne das Spielfeld verlassen zu müssen. Neben den Regeln unterliegen die Spieler im Feld den Einschränkungen, die sich über die Verfügung der im Feld geforderten Kapitalsorten ergeben. Feld und Kapital sind damit zwei Begriffe, die eine Wechselbeziehung aufweisen. Voraussetzung zum „Mitspielen“ ist ein Habitus, der mit den Spielregeln und Einsätzen vertraut ist. Auf Grundlage der habituellen Dispositionen werden feldspezifische Strategien gebildet, die zur Anwendung kommen, um eine günstige Position im Feld zu erkämpfen und wenn möglich, die Spielregeln zu den eigenen Gunsten zu verändern (vgl. Rehbein 2006). Voraussetzung, um das Feld und die Spielregeln zu beeinflussen, ist der Besitz von feldspezifischen Ressourcen, um eine Machtposition im Feld einzunehmen, denn „Die Position in der Struktur des Feldes schließt Möglichkeiten aus und bedingt die Stellungnahmen im Feld.“ (Rehbein 2006, S. 107).

Kurzes Zwischenfazit: Die ungleichheitstheoretische Perspektive, die Bourdieu einnimmt, bietet sich an, um die Stabilität von sozialer Ungleichheit im Bildungssystem und ihre (verborgenen) Mechanismen der Reproduktion erfassbar und erklärbar zu machen. So schreiben sich die gesellschaftlichen Machtstrukturen in das Individuum ein. Objektive Strukturen transformieren sich in mentale Strukturen. Der Habitus bringt so spezifische Praxisformen hervor, die als Klassifikations- und Wahrnehmungsmuster einen strukturierenden Effekt auf die soziale Welt nehmen. Wie im Kapitel 2.4.1 diskutiert, kommt der Weitergabe von kulturellem Kapital in der Analyse von Bildungsungleichheit bei Bourdieu eine bedeutende Rolle zu.

4.4 Milieuforschung im Anschluss an Bourdieu

Soziale Ungleichheit manifestiert sich in einer Sozialstruktur, in der sich die Lebens- und Arbeitsbedingungen von Menschen über eine ungleiche Verteilung von materiellem Wohlstand, Teilhabe und gesellschaftlichem Status kennzeichnen und voneinander unterscheiden (vgl. Hradil 2001; Geißler 2014; Kreckel 2015). Die Gesellschaftsstruktur ist dabei stets in Bewegung: Struktureller Wandel durch globale und nationale, ökonomische, soziale und politische Konflikte und Krisen, sich verändernde Arbeitsbedingungen und Arbeitsteilungen durch wirtschaftliche Umstrukturierungsprozesse, sozialstaatliche Einschnitte, soziale Bewegungen haben Auswirkungen auf die politischen, institutionellen und sozialen Rahmungen und Bedingungen in einer Gesellschaft. Sie wirken sich auf die Lebensweisen, die Erwerbsbedingungen und die Formen des Zusammenlebens ihrer Mitglieder aus (vgl. Hradil 2001; Bremer/Lange-Vester 2014b).

Sozialstrukturanalyse untersucht, welche Auswirkungen der Strukturwandel auf die Ressourcenverteilung und die soziale Mobilität unterschiedlicher gesellschaftlicher Gruppen nimmt und mit welchen Strategien soziale Gruppen auf Veränderungen reagieren und um gesellschaftliche Teilhabe kämpfen. Einher mit der Untersuchung gehen als „typisch" markierte Lebensstile bestimmter sozialer Klassen und die Diskussion, ob und wie sich Klassenlagen und Lebensstile verändern und/oder entkoppeln (vgl. Georg 1998). Um die Sozialstruktur empirisch zu erfassen, bedient sich die Sozialstrukturanalyse verschiedener Klassen- und Schichtenmodelle und begibt sich dabei in Debatten und Kontroversen, welches Konzept die höchste Erklärungskraft besitzt, um sich verändernde gesellschaftliche Dynamiken und Prozesse zu erklären. Auch wird darum gerungen, welchem Ansatz es dabei am plausibelsten gelingt, neue Formen und Dimensionen von sozialer Ungleichheit ausreichend zu berücksichtigen (vgl. Hradil 1987; Vester et al. 2001; Bremer 2007; Vester 2014).

Historisch lösen sich unterschiedliche Strukturmodelle ab (vgl. Hradil 1987; Bremer 2007). Zurückgegriffen wird auf eine Forschungstradition, die beginnend mit der Klassentheorie (Marx), Besitz- und Erwerbsklassen (Weber) vor allen auf ökonomische Unterschiede als Ursachen für soziale Ungleichheit abzielten und sich im Verlauf immer weiter ausdifferenzierten, etwa in der Einteilung der Gesellschaft in soziale Schichten (Geiger 1932/1987), indem ungleiche Lebensbedingungen auf (berufliche) Qualifikation, Einkommen und Prestige zurückgeführt werden (vgl. Hradil 1987). Ab den 1950er-Jahren dominiert in der bundesrepublikanischen Sozialstrukturanalyse die These von gesellschaftlichen Schichten. Modelle mit unterschiedlichen gesellschaftlichen Abstufungen wie etwa das „Dahrendorff-Haus", die „Bolte-Zwiebel" oder das „Geißler-Haus" (vgl. Bremer 2007) entwickeln sich in den unterschiedlichen Jahrzehnten, in denen soziale Klassen zunehmend ausdifferenziert betrachtet werden. Bei allen Unterschieden der Modelle teilen Klassen- und Schichtenmodelle die Grundannahme, dass die äußeren (ökonomischen) Existenzbedingungen prägend sind für die geteilten, verinnerlichten Wertevorstellungen und Verhaltensformen bestimmter sozialer Klassen (vgl. Hradil 2001, S. 42). Demnach sind die Individuen stets gefordert, sich den verändernden äußeren Strukturen anzupassen, ihre Handlungsprinzipien und Lebensweisen zu überprüfen und mit den sich verändernden äußeren Rahmenbedingungen abzustimmen. Gesellschaftliche Arrangements sozialer Gruppen müssen neu konfiguriert und ausgehandelt, hinterfragt, aufgekündigt und angepasst werden, in der Erwartung, damit den Anschluss an gesellschaftliche Veränderungen zu halten und die gesellschaftliche Position der Vorgänger-Generation abzusichern oder zu verbessern.

> „Unter *„Milieu"* wird im folgenden eine *Gruppe von Menschen verstanden, die solche äußeren Lebensbedingungen und/oder innere Haltungen aufweisen, aus denen sich gemeinsame Lebensstile herausbilden*." (Hradil 1987, S. 165, H.i.O.).

Der Milieubegriff verfügt in der Soziologie über eine lange Tradition, führte aber „[...] über weite Zeit ein Schattendasein [...].“ (Bremer 2012, S. 830). In den 1980er-Jahren bringt Hradil (1987) neue Impulse in die etablierten Diskurse der bundesdeutschen Sozialstrukturanalyse. Er fokussiert auf einen Milieuansatz, der die Subjektperspektive des sozialen Akteurs zurück in die Diskussionen führt (vgl. Vester et al. 2001; Bremer/Lange-Vester 2014b; Vester 2014; Müller/Zimmermann 2018). Mit Hradil verschiebt sich der Blick von der Kategorisierung objektiver Lagemerkmalen hin zu der subjektiven Akteursperspektive und der Frage, „[...] wie sich „objektive“ Lebenslagen „subjektiv“ verarbeiten und in spezifische Muster der Alltagspraxis überführen.“ (Bremer/Lange-Vester 2014b; S. 12). Hradil unterscheidet Milieus nach Lebensstil, die als Ausdruck und Manifestation ungleicher Lebensbedingungen, nach innen und nach außen wirken (vgl. Hradil 1987, S. 167). Er legt ein Modell von sozialen Milieus vor, das als *„hypothetisches Konstrukt“* (Hradil 1987, S. 169) dienen soll. Dabei begreift er milieuspezifische Lebensstile als Mittler zwischen den objektiven Existenzbedingungen (Struktur) und subjektiver Einstellung und Handlung (Praxis).[92] In ihnen konkretisieren sich die Lebensbedingungen in das alltagspraktische Handeln und differenzieren den unterschiedlichen Umgang Angehöriger gleicher sozialer Lagen.

> „Im Lebensstil der einzelnen Milieus werden ungleiche Lebensbedingungen manifestiert, „verdoppelt“ und nach außen hin demonstriert [...]. Milieus produzieren Ehrerbietung und Verachtung, Ausschluß und Integration, Privilegien und Diskriminierungen, Vertrauen und Vorurteile. [...].“ (Hradil 1987, S. 167).

4.5 Die typenbildende Mentalitäts- und Milieuanalyse

Die typenbildende Mentalitäts- und Milieuanalyse greift in den 1980er-Jahren in die bundesdeutschen sozialstrukturellen Debatten ein. Das Milieukonzept der Hannoveraner „Arbeitsgruppe interdisziplinäre Sozialstrukturforschung (AgiS)“ um Michael Vester und Peter von Oertzen, das auch „[...] als Aktualisierung des Sozialstrukturmodells Bourdieus für die deutschen Verhältnisse verstanden werden kann.“ (Bauer 2012, S. 163) ist mit dem Forschungsprojekt „Der Wandel der Sozialstruktur und die Entstehung neuer gesellschaftlich-politischer Milieus in der Bundesrepublik Deutschland“ (1987) verbunden, deren Ergebnisse unter dem Titel „Soziale Milieus im gesellschaftlichen Strukturwandel“ (Vester et al. 2001) veröffentlicht wurden.

---

92 Hradil bezieht sich auf das Habitus-Konzept von Bourdieu. Gleichzeitig grenzt er seinen Lebensstilbegriff von Bourdieus Habituskonzept ab, was auf seiner Auslegung vom Habituskonzept als deterministisch beruht (vgl. Hradil 1987, S. 164).

„Milieu bezeichnet gemeinhin die besondere soziale Umwelt, in deren Mitte (au milieu) Menschen leben, wohnen und tätig sind und die ihrem Habitus entspricht. Hier finden sie ihresgleichen, andere Menschen, mit deren Art sie zusammenpassen. Verbindend ist das Gewohnte (ethos) beziehungsweise eine gemeinsame grundlegende Haltung (hexis, habitus), die sich im Zusammenleben nach und nach entwickelt hat. Der Habitus, die gesamte äußere und innere Haltung eines Menschen, umfasst äußerst Vielfältiges: den Geschmack und den Lebensstil, das Verhältnis zum Körper und zu den Gefühlen, die Handlungs- und Beziehungsmuster, die Mentalitäten und Weltdeutungen." (Vester et al. 2001, S. 168 f.).

Theoretisch knüpft der Milieuansatz an historische Begriffe von Milieu aus der klassischen Soziologie an: Auseinandergesetzt wird sich mit dem handlungs- und praxistheoretischen Ansatz und dem Konzept der sozialen Klassen bei Weber, ferner wird Bezug genommen auf soziale Milieus bei Durkheim und der sozialen Schichten bei Geiger (vgl. Vester 1997; Vester et al. 2001; Vester 2014; Vester 2017; Vester 2019). Bremer (2014) betont den Anschluss an Durkheim, der in seinem Konzept von sozialen Milieus auf den Zusammenhang von objektiven Bedingungen (berufliche Positionen) und subjektivem Kompass (moralische Regeln) verweist. Auch die britischen „Cultural Studies" (vgl. Hepp/Krotz/Thomas 2009) spielen für die Überlegungen eine wesentliche Rolle, da sie Alltagspraxis und Kulturbegriff miteinander verbinden und den Wandel von Milieus und seine generationstypischen Muster analysieren (vgl. Jacke 2009; Bremer 2014). Theoretisch wird ferner der Bezug zu Thompsons Auseinandersetzung mit dem marxistischen Klassenkonzept hergestellt (vgl. Vester et al. 2001, S. 154 ff.).

In Anlehnung an das Habitus-Feld-Konzept Bourdieus (Bourdieu 1982, 1987) erarbeitete die typenbildende Mentalitäts- und Milieuanalyse (vgl. Vester et al. 2001) ein mehrdimensionales Konzept vom Sozialraum (zur Begründung und Abgrenzung zu anderen Klassenmodellen siehe auch Vester 2019). Um gesellschaftliche Teilungs- und Gliederungsprinzipien zu erklären, wird mit der Mehrdimensionalität vom Raum durch das Achsenmodell (ausführlich in Kapitel 4.5) argumentiert, um die Dynamiken und Entwicklung der sozialen Klassen zu verstehen: „Mit Bourdieus Raumkonzept kann das scheinbare Paradox aufgeklärt werden, dass die Klassenunterschiede sich in ihrer Entwicklung vermindern und dennoch weiter bestehen." (Vester 2019, S. 26). Über die Achsen im sozialen Raum wird verdeutlicht, dass die Gesellschaftsstruktur nicht nur auf den Besitz von ökonomischem Kapital zurückgeführt werden kann. Die „Landkarte der sozialen Milieus" unterteilt die bundesdeutsche Gesellschaft in soziale Milieus, deren Angehörige sich über spezifische Werteorientierungen und Lebensstile in ihren Grundmustern des Habitus unterscheiden. In dem Milieumodell finden sich Einzelmilieus, die sich abgestimmt auf die soziale Lage im Raum zu anderen sozialen Milieus abgrenzen und auf fünf Milieutraditionen zurückgehen.

„Insgesamt lassen sich die 14 abgebildeten Milieus fünf Großgruppen zuordnen, die in sich nach Generationen unterteilbar sind und daher als genealogische Linien oder historische Traditionslinien bezeichnet werden können. In ihnen werden der Habitus und die sozialen Ressourcen an die nächsten Generationen weitergegeben und von diesen auch weiterentwickelt." (Vester 2019, S. 52).

Empirisch knüpfte die Milieulandkarte an die in den 1970er-Jahren vom Heidelberger Sinus Institut beschriebenen Milieus und ihren Werteorientierungen an (vgl. Flaig/Meyer/Ueltzhöffer 1993; Georg 1998; Barth et al. 2018). So wurde u. a. für die Bestimmung der erarbeitenden Milieus auf den vom Sinus-Institut entwickelten Milieu-Indikator zurückgegriffen.[93] Die von Sinus in einem zweidimensionalen Raum angeordneten Milieus werden unter Bezugnahme auf das Habitus-Feld-Konzept von Bourdieu (1982, 1987) theoretisch fundiert und weiterentwickelt.

Entsprechend dem Habituskonzept (vgl. Kapitel 4.3) erwirbt ein sozialer Akteur dauerhafte und stabile Grundsätze der Lebensführung in seinem Herkunftsmilieu und über seine Milieuzugehörigkeit. Der Habitus als *„strukturierte und strukturierende Struktur"* (Bourdieu 1982, S. 280) wird im Herkunftsmilieu aktiv angeeignet. Das Habituskonzept ist das Bindeglied zwischen den objektiven sozialen Strukturen des sozialen Raumes und der individuellen sozialen Praxis. Und auch wenn sich der Habitus ein Leben lang ausbildet: Maßgeblich für seine Strukturierung sind die (Lern)Erfahrungen, die mit dem sozialen Ort der Sozialisation zusammenhängen. Ein Habitus konstituiert sich somit aus den integrierten vergangenen Erfahrungen und verweist auf den Zusammenhang zwischen vergangenen, gegenwärtigen und zukünftigen Praxisformen. Soziale Bedingungen und objektive Strukturen, unter denen der Habitus ausgebildet wird, werden (unbewusst) inkorporiert: Gesellschaftliche Strukturen transformieren sich somit zu mentalen und körperlichen Strukturen. Der Habitus ist das kollektive Produkt von Geschlecht und sozialer Klasse, unter deren objektiven Existenzbedingungen er sich ausgebildet hat. Er fungiert als Autopilot zur

93 „Die anfängliche Datengrundlage für das erste Sinus-Modell bildete Ende der 1970er Jahre ein Pool von mehr als tausend narrativen Interviews, die die Basis für die inhaltlichen Milieubeschreibungen bilden [...] Anfang der 1980er Jahre wurde ein standardisiertes Set von 45 Fragen entwickelt („Milieuindikator"), das geeignet ist, die wichtigsten Milieumerkmale zu erheben. Um dann die Zuordnung von Personen zu bestimmten Milieus durchzuführen, werden spezielle Formen der Clusteranalyse eingesetzt. Soziodemografische Daten werden als "passive Variablen" zur Validierung und Beschreibung eines sozialen Milieus herangezogen. Das Sinus-Modell bestand bis Ende 1990 zunächst nur aus acht Milieus. Nach der deutschen Wiedervereinigung wurden 1990 für Westdeutschland und Ostdeutschland zwei eigene Milieumodelle entwickelt, die jeweils neun Milieus beinhalteten. Die Modelle wurden dann Mitte der 1990er zusammengeführt und das Milieumodell bis 2002 mehrfach aktualisiert." (Diaz-Bone 2003, S. 370). Zur Entwicklung der Sinus-Milieus siehe Barth et. al. 2018.

Wahrnehmung und Strukturierung der sozialen Welt und des Platzes, den sich der soziale Akteur selbst zuweist.

Die Sozialisation in und mit einem Milieu geht einher mit dem Erwerb und der Verinnerlichung von spezifischen Denk-, Handlungs- und Wahrnehmungsschemata, die nicht beliebig veränderbar sind. Milieus definieren sich über die Grundsätze ihrer Lebensführung und ihre moralischen, geschmacklichen Orientierungen. Sie zeigen ähnliche Habituszüge, mit denen sie sich zu anderen Großgruppen im sozialen Raum unterscheiden, „[...] sie haben aufgrund eines ähnlichen Habitus ähnliche Vorlieben und Haltungen zu Arbeit und Bildung, zu Familie und FreundInnen, zur Freizeit und auch zu gesellschaftlicher Partizipation." (Bremer 2010, S. 04 f.).

4.5.1 Die Strukturierung des mehrdimensionalen Raummodells bei Vester et al. (2001)

Der soziale Raum strukturiert sich analog zum Sozialraumkonzept von Bourdieu als mehrdimensionaler Raum. Im Gegensatz zu Klassen- und Schichtmodellen existiert nicht nur eine vertikale Achse, um sozialräumliche Positionen zu erläutern. Dargestellt werden somit nicht nur die vertikalen Abstufungen der Gesellschaft in obere, mittlere und untere gesellschaftliche Milieus, sondern auch die horizontalen Unterscheidungen von Milieus innerhalb der gesellschaftlichen Stufen, die nach unterschiedlichen Werteorientierungen ausdifferenziert betrachtet werden können. Der soziale Raum kann darüber hinaus als ein dynamisches Kräftefeld beschrieben werden, das durch seine Mehrdimensionalität in der Lage ist, Gesellschaft und gesellschaftliche Veränderungen und Dynamiken zu erfassen. Die Raumachsen symbolisieren dabei immer auch eine Dimension, auf denen gesellschaftliche Konflikte und Spannungen ausgetragen werden. So beschreibt die vertikale Achse den Kampf um gesellschaftliche Macht, soziale Standards und Sicherheit. Während die horizontale Achse die Kompetenzkonkurrenz der Milieus auf der vertikalen Stufe beschreibt. Im Raumodell der hannoverschen Forschungsgruppe wird die dritte Dimension als die „[...] Achse der Differenzierung der institutionellen Felder [...]." (Vester et al. 2001, S. 181) beschrieben. Sie bezieht sich auf die „[...] institutionelle Verselbständigung verschiedener Handlungsfelder [...]." (Vester et al. 2001, S. 24), die als soziale Felder oder Teilfelder mit eigenständigen Gesetzmäßigkeiten entstehen und Handlungserwartungen an die Individuen formulieren. Die vierte Achse des sozialen Raums greift die Raumdimension bei Bourdieu auf und beschreibt den Einfluss der zeitlichen Dimension (vgl. Vester et al. 2001, S. 24). Damit wird das Raummodell von Bourdieu in welchem die zeitliche Dimension als dritte Achse fungiert (vgl. Kapitel 4.2), um eine weitere Achse erweitert. Es liegt somit ein Konstrukt vor, welches den sozialen Raum entlang der vier Achsen differenziert.

„Die vier Achsen, nach denen sich der soziale Raum differenziert, lassen sich, analog zu den vier Achsen des Raums der Physik, theoretisch (und in der Untersuchungsmethodologie auch mathematisch) definierten als die drei Achsen des räumlichen Kontinuums (analog zu „Breite", „Höhe" und „Tiefe") und die Achse des raum-zeitlichen Kontinuums („Zeit"): funktionale Arbeitsteilung, Herrschaft, Differenzierung der Felder, historische Zeit." (Vester et al. 2001, S. 188).

4.5.2 Die vertikalen Unterschiede der Kultur und Lebensführung: Die Herrschaftsachse

Die vertikale Achse, auch als *Herrschaftsachse* (vgl. Vester et al. 2001, S. 27) bezeichnet, verdeutlicht die Stufung der Gesellschaft in drei Großgruppen. Die Stufen trennen sich über „ständische Statusbarrieren" (Vester 2012, S. 43). Unterschieden werden drei gesellschaftliche Klassen, welche die Teilung der Gesellschaft in drei gesellschaftliche Großgruppen verdeutlicht (vgl. Abb. 4), die „[...] über besondere Kulturschranken voneinander abgegrenzt sind." (Vester et al. 2001, S. 26). Jede gesellschaftliche Klasse bestimmt sich über eine spezifische Lebensführung und Alltagskultur, die sich abgestimmt auf die soziale Lage im Raum zu anderen sozialen Milieus abgrenzt. Das Oben und Unten differenziert sich entsprechend des Besitzes an kulturellen und ökonomischen Ressourcen. Analog zu Bourdieus Kapitalvolumen konstruiert sich die vertikale soziale Ordnung über das „[...] Mehr oder Weniger von sozialen Chancen, Wohlstand, Macht und Einfluss." (Vester et al. 2001, S. 24).

Im oberen Bereich des sozialen Raums stehen die privilegierten Eliten. Ihre Angehörigen teilen einen *Habitus der Distinktion*. Sie verbinden ihren gesellschaftlichen Führungsanspruch und die Sicherung ihrer Privilegien mit einem exklusiven Lebensstil und distinktiven Praktiken, um sich gegen „die Masse" – die vertikal unter ihnen stehenden Milieus abzugrenzen. Die Grenzlinie der Distinktion trennt entsprechend über die Merkmale Bildung, Besitz und Macht die gesellschaftlich führenden Gruppen zu der gesellschaftlich größten Gruppe, den respektablen Volks- und Arbeitnehmermilieus (vgl. Vester et al. 2001, S. 26 f.) in der Mitte des sozialen Raums. Sie teilt sich wiederum über die Grenze der Respektabilität zu den unterprivilegierten Volksmilieus ab. Die gesellschaftlichen Gruppen in der mittleren Stufe der Sozialstruktur teilen Prinzipien der Lebensführung, die auf Anerkennung, Respektabilität und Stabilität beruhen und als Pflicht- und Arbeitsethos verinnerlicht sind. Die Klassenmilieus auf der mittleren Stufe sehen sich stets mit einer drohenden sozialen Deklassierung konfrontiert und sorgen sich um den Erhalt, die Sicherung und die mögliche Entwertung ihres Sozialstatus. Zu den oberen Milieus grenzen sie sich über die Betonung des Arbeitsethos und der Aufwertung des praktischen Wissens ab. Zu den unteren Milieus grenzen sie sich über die Betonung der „Respektabilität" ab. Die Grenzziehung

Abbildung 4: Der soziale Raum (vertikale Struktur)

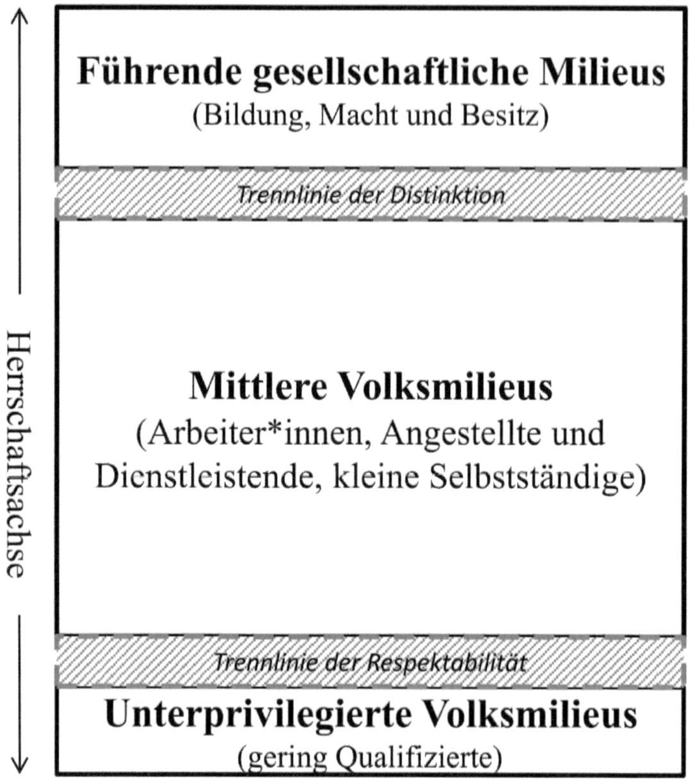

Quelle: Vester et al. 2001, S. 27. Ergänzt durch die Hervorhebung der vertikalen Trennlinien.

zu den unteren Milieus verläuft dabei ebenfalls über die Merkmale Bildung, Besitz und Macht. Die vertikal im unteren Bereich verorteten Milieus zeichnen sich über die geringste Verfügbarkeit von kulturellen und ökonomischen Ressourcen aus. Die Existenzbedingungen der Angehörigen dieser unteren gesellschaftlichen Stufe sind bedingt durch prekäre Arbeits- und Lebensverhältnisse und äußern sich in einem Habitus der Notwendigkeit. Die Möglichkeiten von gesellschaftlicher Teilhabe sind bestimmt durch die Ausgrenzung der über ihnen verorteten gesellschaftlichen Stufen. Entsprechend gering ist ihr Einfluss auf politische Entscheidungen und die Möglichkeiten von gesellschaftlicher Teilhabe.

4.5.3 Der horizontale Unterschied von Kultur und Lebensführung: Die Differenzierungsachse

Die horizontale Struktur im sozialen Raum unterteilt die Milieus anhand ihrer Einstellungen und Werteorientierungen. Sie zeigt die Unterschiede von Kultur und Lebensführung von Milieus, die vertikal auf einer gesellschaftlichen Stufe verortet sind und sich z. B. in Einkommen und sozialem Status ähneln (vgl. Abb. 5). So findet sich im rechten Teil des sozialen Raums der Pol für eine hierarchische Orientierung und im linken Teil des sozialen Raums der Pol für eine selbstbestimmte Orientierung. Während die Milieus auf der linken Seite des sozialen Raums sich stärker an den Werten von Selbstbestimmung und Eigenverantwortung orientieren, weisen die Milieus auf der rechten Seite des sozialen Raums einen deutlich stärkeren Grad der Hierarchiebindung auf. Sie zeigen eine deutliche Haftung an den Werten von Status und Prestige und orientieren sich stärker an Hierarchien. Die äußeren Ränder stellen jeweils die extremsten Ausprägungen dieser Orientierungen in Form von Autoritarismus bzw. Avantgardismus dar. Deutlich wird die Analogie zu der horizontalen Achse im Sozialraum nach Bourdieu, welche das Mengenverhältnis von ökonomischem und kulturellem Kapital darstellt.

Die zeitliche Dimension beinhaltet die Unterteilung der Milieus nach Generationen. Sie bildet eine Feingliederung aller Milieus und spaltet diese in kleinere Teilmilieus: „Die Großgruppen zeigen sich als Stammbäume, an denen durch neue soziale Erfahrungen immer wieder neue, moderne Äste und Zweige entstehen." (Vester 2002, S. 99). Milieus transformieren sich im Generationswechsel transformieren, bleiben dabei aber stets an ihren ursprünglichen Klassenmilieus orientiert. Modernisierungstendenzen von sozialen Milieus durch Generationswechsel werden als relativ beschrieben. Mit ihnen geht weniger ein vollständiger Bruch mit den erworbenen habituellen Dispositionen einher, vielmehr handelt es sich um die „[...] Modernisierung der kulturellen Ausdrucksformen milieuspezifischer Deutungs- und Verhaltensmuster [...]." (Vester et al. 2001, S. 312). Veränderungen der äußeren sozialen Handlungsspielräume durch gesellschaftlichen Wandel (z. B. Bildungsexpansion) erzeugt eine generationale Milieu-Mobilität (Habitus-Metamorphose), die keine völlige Entkopplung aus den Herkunftsmilieus ergibt. Sie differenzieren sich vertikal „[...] als „alternative" Fraktionen aus ihren klassenkulturellen Herkunftmilieus." (Vester et al. 2001, S. 368).

4.6 Die Milieus der alltäglichen Lebensführung im sozialen Raum

Die Landkarte der sozialen Milieus (vgl. Abb. 6) stellt die räumlichen Beziehungen der gesellschaftlichen Großgruppen zueinander dar und ordnet die Klassenmilieus der gegenwärtigen Gesellschaft im sozialen Raum ein. „Diese Großgruppen

Abbildung 5: Der soziale Raum (horizontale Struktur)

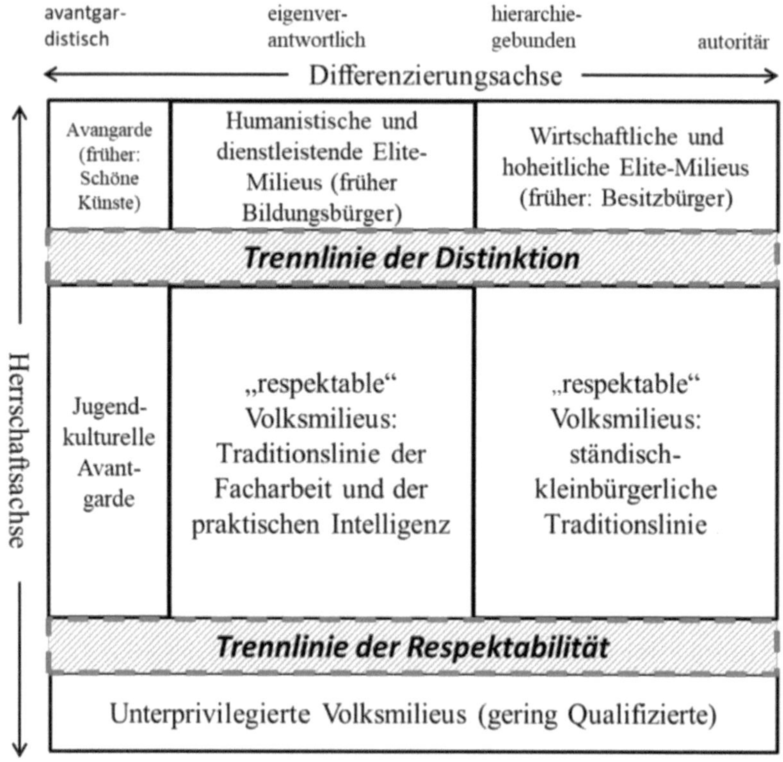

Quelle: Vester et al. 2001, S. 31. Ergänzt durch die Darstellung der vertikalen Trennlinien.

sind in einem gewissen Sinne Nachfahren der alten sozialen Stände, Klassen und Schichten." (Vester 2002, S. 90). Die Feingliederung der Milieus zeigt auf, dass aus den Traditionslinien im Generationswechsel neue Milieus entstehen und verdeutlicht so die Rolle der dritten Achse des sozialen Raums, die Zeit:

> „Die Großgruppen zeigen sich als Stammbäume, an denen durch neue soziale Erfahrungen immer wieder neue, moderne Äste und Zweige entstehen. Im Allgemeinen bleibt jeder „Stammbaum" selbst über längere historische Zeiträume annähernd gleich groß. Denn die jüngeren Zweige wachsen in dem Maße, in dem die älteren schrumpfen." (Vester 2002, S. 99).

Unterschieden werden fünf Traditionslinien der sozialen Milieus (vgl. Abb. 6). Die vertikale Stufung der Gesellschaft gleicht einer ständischen Struktur. Vester et al. (2001) belegen in ihren Untersuchungen, dass die Teilung der Milieus in ein oberes, mittleres und unteres Drittel relativ stabil- und historisch wenig verändert ist. „Dabei sind die die großen Traditionslinien immer annähernd gleich groß. Was sich verändert sind die Unterteilungen.“ (Vester et al. 2001, S. 33). Aus den Traditionslinien heraus entwickeln sich verjüngte Milieus, die durch horizontale und vertikale Verschiebungen darstellen, aber immer auch in der Nähe der Traditionslinien verbleiben, aus der heraus sie sich entwickelt haben.

Abbildung 6: Die fünf Traditionslinien der sozialen Milieus in der BRD (Vester 2015)

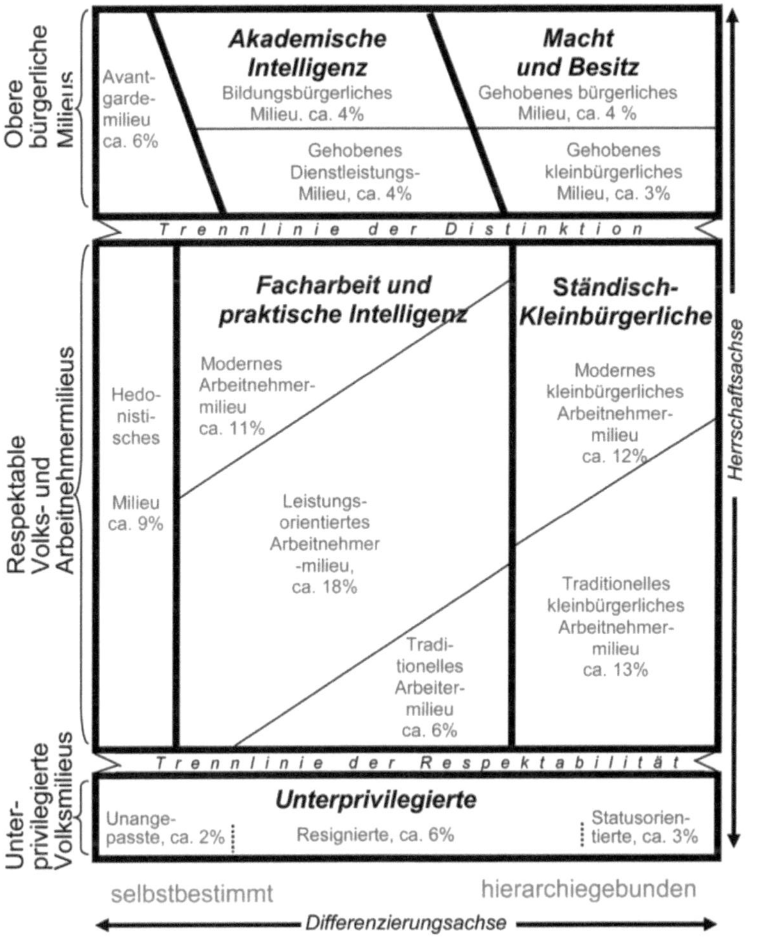

Statistische Grundlage: Repräsentative Erhebung (n = 2.699) der deutschsprachigen Wohnbevölkerung der BRD ab 14 Jahre 1991 (nach: M. Vester et al., *Soziale Milieus im gesellschaftlichen Strukturwandel*, Frankfurt a.M.: Suhrkamp 2001); Neufassung der Milieubezeichnungen aufgrund der differenzierenden Neuauswertung der Erhebung (G. Wiebke, Das Gesamtbild: Zwanzig Datenprofile sozialer Milieus. In: W. Vögele/H. Bremer/M. Vester (Hrsg.). *Soziale Milieus und Kirche*. Würzburg: Ergon 2002, S. 275-409.); Hochrechnung auf die Milieugrößen von 2003 (nach: Sigma - Sozialwissenschaftliches Institut für Gegenwartsfragen, Die sozialen Milieus in der Verbraucheranalyse, www.sigma.online.de v. 22.9.2003). - M. Vester (Konzept) / D. Gardemin (Grafik) – Leibniz Universität Hannover – 2014.

Quelle: Vester 2015, S. 149.

4.6.1 Die Traditionslinien der oberen bürgerlichen Milieus

Die oberen gesellschaftlichen Milieus verfügen durch den meisten Besitz an Eigentum, Bildung und den höchsten beruflichen Stellungen über eine privilegierte soziale Position. „Es sind die Milieus des Eigentums, der institutionellen Herrschaft und der höheren Bildung." (Vester 2012, S. 47). Sie verfügen über einen Habitus der Distinktion, mit welchem sie sich von den mittleren und unteren Milieus abgrenzen und der sich über einen exklusiven Lebensstil äußert. Innerhalb der oberen bürgerlichen Milieus trennen sich verschiedene Lager, die in einer Elitekonkurrenz zueinanderstehen und um die gesellschaftliche Leitposition in gegenseitiger Abgrenzung zueinander kämpfen. Unterschieden wird in die Traditionslinie der akademischen Intelligenz (auf der linken Seite des sozialen Raums) und in die Traditionslinie von Macht und Besitz (auf der rechten Seite des sozialen Raums). Während Angehörige der Traditionslinie von Macht und Besitz in konservativen Werten und Normen verhaftet bleiben, deklarieren Angehörige der Traditionslinie der akademischen Intelligenz im linken Teil der Milieulandkarte für sich das „Leitmilieu eine Wissensgesellschaft, in der nicht Macht, sondern Kompetenz entscheiden soll." (Vester et al. 2001, S. 38).

Die Traditionslinie von Macht und Besitz

Im rechten oberen Teil der Milieulandkarte ist die *Traditionslinie von Macht und Besitz* verortet. In diesem Leitmilieu sammeln sich die wirtschaftlichen und hoheitlichen Funktionseliten und Entscheidungsträger*innen, die sich über Generationen reproduzierten und modernisierte jüngere Machteliten von Manager*innen und Angestellten sowie selbstständigen Unternehmer*innen und Freiberufler*innen. Das Milieu zeichnet sich aus durch „[...] einen exklusiven Lebensstil, ein klares Elite- und Machtbewusstsein, aber auch patriarchalische Verantwortung und verbindliche Formen gegenüber anderen Milieus [...]." (Vester et al. 2001, S. 29). *Die Traditionslinie von Macht und Besitz* wird als relativ geschlossen beschrieben. Ihre Mitglieder verfolgen eine Reproduktionsstrategie, die auf soziales Kapital setzt. Die Exklusivität der Milieus ist gekennzeichnet durch ihre Erneuerung mithilfe von inneren Generationswechseln, in welcher der Status an die nächste Generation vererbt wird. Das Leitmilieu zeichnet sich über die Verhaftung in einem hierarchiegebundenen Habitus aus. Am äußeren rechten Rand positioniert sich ein „kleineres strikt autoritäres Führungsmilieu" (Vester 2002, S. 96), dessen Angehörige ein elitäres, autoritäres Führungsprinzip beanspruchen.

Die Traditionslinie der akademischen Intelligenz

Im linken oberen Teil der Milieulandkarte ist die Traditionslinie der *Akademischen Intelligenz* verortet. Diese rekrutiert sich aus den führenden Milieus der progressiven Bildungselite. Ihre Angehörigen zählen zu den Vertreter*innen von humanistischen Werten. Sie zeigen sich weniger offen ausgrenzend als implizit elitär. Die Traditionslinie ist gekennzeichnet durch die Angehörigen der modernen Dienstleistungselite. In dieser Traditionslinie finden sich neben alten progressiv-humanistischen Eliten, Facharbeiter*innen und Angestellte, die sich teilweise aus sozialen Aufsteiger*innen aus akademischen Aufstiegsberufen rekrutieren. Aus dieser sozialen Mobilitätsbewegung heraus wird in der *Traditionslinie der Akademischen Intelligenz* mehrheitlich der Standpunkt vertreten, sich einen Status über Leistung erworben zu haben. Die Reproduktionsstrategie der Milieus dieser Traditionslinie besteht vorrangig aus dem Erwerb von kulturellem Kapital. Das Milieu, das seinen „[...] Schwerpunkt in den humanistischen und dienstleistenden Funktionseliten [...]" (Vester et al. 2001, S. 30) hat, folgt einem hochkulturellen Habitus, der über kulturelle Bildung geprägt ist. Am äußeren linken Pol ist das Avantgarde Milieu verortet, welches sich als Teilmilieu periodisch erneuert und keine eigene Traditionslinie vorzuweisen hat. Es folgt einem postmodernen Lebensstil der kulturellen Avantgarde. Hier lassen sich jüngere, beruflich hoch qualifizierte Angehörige der oberen Milieus verorten sowie Vertreter*innen moderner Medien- und Kulturberufe, die teilweise einen sozialen Aufstieg vollzogen haben.

4.6.2 Die gesellschaftliche Mitte: Die Traditionslinien der respektablen Volks- und Arbeitnehmermilieus

Die größte gesellschaftliche Gruppe bilden die *respektablen Volks- und Arbeitnehmermilieus*, die prozentual den höchsten Gesamtanteil der Bevölkerung ausweisen und überwiegend die Arbeitnehmer*innenschaft repräsentieren. Die Angehörigen der vertikal mittleren Stufe teilen den zentralen Wert der Facharbeit und vertreten einen Pflicht- und Leistungsethos, der als Grundlage für einen anerkannten und abgesicherten Sozialstatus gilt. Die mittleren Volksmilieus teilen sich in die Traditionslinie der ständisch-kleinbürgerlichen Volksmilieus und der Traditionslinie der Facharbeit und praktischen Intelligenz. Die beiden Traditionslinien unterscheiden sich horizontal in dem Grad der hierarchischen Orientierungen und repräsentieren jeweils historisch gewachsene und ausdifferenzierte Teilmilieus, die in der gesellschaftlichen Mitte verortet werden (ausführlich bei Gardemin 2006).

Die Traditionslinie der ständisch-kleinbürgerlichen Volksmilieus

Im rechten Teil der Milieulandkarte befindet sich die *Traditionslinie der ständisch-kleinbürgerlichen Volksmilieus*. Das Milieu unterteilt sich in das *Kleinbürgerliche (KLB)* und das *Moderne bürgerliche Milieu (MOBÜ)*. Die Angehörigen der Traditionslinie suchen „Sicherheit in den Hierarchien von Familie, Arbeit und Politik." (Vester 2012, S. 49), Das *Kleinbürgerliche Milieu (KLB)* zeichnet sich aus durch die Verwurzelung seiner Mitglieder in autoritätsgebundenen Arbeitsverhältnissen und traditionellen Arbeitshierarchien mit klassischen Qualifikationen und geringer Bezahlung. Über diesem älteren Teilmilieu steht das *Moderne bürgerliche Milieu (MOBÜ)*, welches sich als jüngeres Teilmilieu aus moderneren Berufen bzw. beruflichen Qualifikationen mit besserer Bezahlung zusammensetzt. Ihre Angehörigen vertreten hierarchiegebundene Werte und Normen, die in ein liberaleres Gewand gekleidet sind. Am äußeren rechten Rand verorten sich die ungebrochen autoritären Arbeiter und Angestellten. In der rechten Mitte findet sich ein großes Milieu, welches ein hierarchisches und obrigkeitsgebundenes Weltbild, gefüllt mit konservativen Werten und Normen, vertritt.

Die Traditionslinie der Facharbeit und praktischen Intelligenz
Im linken mittleren Teil der Milieulandkarte befindet sich die *Traditionslinie der Facharbeit und der praktischen Intelligenz.* In dieser Traditionslinie sammeln sich Personen mit qualitativ guten Ausbildungen, die auf Eigenverantwortlichkeit, Leistungsbereitschaft und Bildungsanstrengung setzen. Die Angehörigen der Traditionslinie teilen Werte von Unabhängigkeit und Eigenverantwortung. Sie verfolgen Strategien von Bildungsanstrengung, Leistung und familiärer Solidarität und teilen eine hohe Leistungsbereitschaft, die sich in einem ausgeprägten Berufsethos ausdrückt. Das Selbstbewusstsein der Angehörigen dieser Traditionslinie schöpft sich aus dem praktischen Können, aus qualitativ hochwertiger Arbeit, Kreativität und Fachwissen[94]. *Die Traditionslinie der Facharbeit und der praktischen Intelligenz* teilen sich in die folgenden Milieus:

Das Leistungsorientierte Arbeitnehmermilieu (LEO): Das größte (west)deutsche Einzelmilieu, welches in den Wachstumsjahren der BRD entstanden ist. In ihm finden sich qualifiziert ausgebildete Facharbeiter*innen und Angestellte. Sie teilen eine ausgeprägte Leistungsbereitschaft, Berufsorientierung und eine asketische Arbeitsmoral. Ein respektabler Lebensentwurf wird durch eigens erbrachte Leistung angestrebt, der Unabhängigkeit und Sicherheit bieten soll. Angehörige des Leistungsorientierten Arbeitnehmermilieus sind Vertreter*innen einer meritokratischen Ideologie: Für die Leistungsbereitschaft wird im Gegenzug gesellschaftliche Teilhabe erwartet. Das Milieu ist verhaftet in dem Anspruch, durch Leistung Anerkennung zu erfahren. „Man möchte sich hocharbeiten nicht hochdienen." (Vögele/Bremer/Vester 2002, S. 325). Bildungsanstrengungen, individueller Einsatz und Bereitschaft zur Konkurrenz sind die Strategien, mit denen Wohlstand, Teilhabe und Status gesichert und etabliert werden soll. Das Milieu trennt sich in die Gruppe der *Etablierten*, die in den sozialen Aufstieg durch Leistung vertrauen, und die Gruppe der *Geprellten*, die aufgrund der Erfahrung

94 Entsprechend der Auswirkungen des Strukturwandelns und der Globalisierung geraten die Strategien der Traditionslinie zunehmend unter Druck (vgl. Vester/Teiwes-Kügler/Lange-Vester 2007).

von wirtschaftlichen Krisen, ihren sozialen Status bedroht und die Anerkennung für ihre Leistungen und dessen Erträge gefährdet sehen (vgl. Gardemin 2006).

Das Moderne Arbeitnehmermilieu (MOA): Das Moderne Arbeitnehmermilieu als jüngste Generation der Traditionslinie zeichnet sich durch ein schnelles Wachstum des Milieus aus. In diesem Milieu findet sich „[...] die neue hochqualifizierte Arbeitnehmerintelligenz, die in modernen technischen, sozialen und administrativen Berufen, und auch in Schrittmacherbranchen arbeiten." (Vester et al. 2001, S. 41). Die Angehörigen dieses Milieus betonen die Werte von Selbstbestimmung und Chancengleichheit am stärksten. Sie orientieren sich beruflich interessengeleitet, mit der Vorstellung, sich weiter zu qualifizieren und ihre Kompetenzen zu erweitern, um ein selbstbestimmtes Leben zu ermöglichen. Ihr Lebensstil ist geprägt durch Engagement in Familie, Freundeskreis und Gesellschaft. Sie präsentieren einen offenen Lebensstil, mit einer Bereitschaft für Gemeinschaft, der sich über die familiären Bindungen hinaus darstellt. Sie beanspruchen gesellschaftliche Teilhabe in Form von Mitgestaltung und Engagement.

Das traditionelle Arbeitermilieu (TRA): Es besteht überwiegend aus den älteren Nachkriegsgenerationen, die „[...] unter Bedingungen der körperlichen Arbeit und des Mangels, aber auch eines engen und solidarischen Zusammenhalts aufwuchsen [...]." (Vester et al. 2001, S. 40). Das Milieu rekrutiert sich aus dem klassischen traditionellen Arbeitermilieu. Ihre Angehörigen vertreten eine Ethik von Disziplin und Bescheidenheit. Sie pflegen Werte von gegenseitiger Unterstützung, Gemeinschaft und Zusammenhalt in Familie, Freundes- und Kolleg*innenkreis und Nachbarschaft. Gemeinschaft wird als Halt und Entlastung verstanden, mit der die Ohnmacht gegenüber den herrschenden Verhältnissen abgemildert wird. Das Milieu ist überaltert und seine Personenanzahl nimmt ab bzw. schrumpft. Im Gegensatz dazu wachsen die Teilmilieus der jüngeren Generationen stetig an.

Am äußeren linken Rand findet sich das *Hedonistische Milieu (HED)*. Das Hedonistische Milieu repräsentiert die Jugend der mittleren Milieus. Die (meist) Jugendlichen, welche sich häufig noch in der Schule oder Ausbildung befinden, zeichnen sich aus durch die Distanzierung bzw. Abgrenzung von den elterlichen Werten und Normen von Leistungs-, Pflicht- und Arbeitsethos und fordern das Recht auf eigene soziale Erfahrungen ein. Im Gegensatz zu den Werten der Elternmilieus setzen die Hedonisten auf Selbstverwirklichung, um sich „[...] vor allem durch Konsum ein möglichst freies, ungebundenes und aufregendes Leben zu verschaffen." (Vögele/Bremer/Vester 2002, S. 377). Das Teilmilieu besteht aus den *Freizeithedonisten* und den *Kompromisslosen Hedonisten*. Die Freizeithedonisten frönen einer kontrollierten Rebellion. Gesellschaftliche Zwänge und Einschränkungen sowie die Teilhabe am Arbeitsmarkt werden nicht grundsätzlich abgelehnt. Die soziale Anerkennung soll nicht durch einen Abstieg gefährdet werden. Ihr Ideal vom freien und ungezwungenen Leben wird demnach eher am Wochenende ausgelebt bzw. kontrolliert dem Rahmen der Möglichkeiten angepasst. Die *Kompromisslosen Hedonisten* betonen stärker die Ablehnung der elterlichen Werte und lehnen diese komplett ab. Ihr Verhalten wird jedoch als Phase dargestellt, die sich im Übergang von der Ausbildung in den Beruf relativiert (vgl. Vögele / Bremer / Vester 2002).

4.6.3 Die Traditionslinie der unterprivilegierten Volksmilieus

Unterhalb der Grenze der Respektabilität liegt die *Traditionslinie der unterprivilegierten Volksmilieus*. Ihre Angehörigen setzen sich aus niedrig qualifizierten Arbeitnehmer*innen zusammen, die auf Tätigkeiten in körperlich belastenden Arbeitsverhältnissen, prekären und geringfügigen Beschäftigungsverhältnissen und / oder staatlichen Transferleistungen angewiesen sind. Sie verfügen über die geringsten Bildungs- und Machtressourcen, und besitzen einen Habitus der Notwendigkeit. Die soziale Grunderfahrung der unterprivilegierten Milieus liegt in der „[…] Abhängigkeit. Die Gesellschaft wird nach dem Gegensatz von Macht und Ohnmacht erlebt." (Vester 2012, S. 50). Milieutypische Strategien äußern sich in der flexiblen Gelegenheitsnutzung durch das Investieren in persönliche Kontakte oder die Anlehnung an Stärkere (vgl. Vester 2012) sowie der Anlehnungsstrategie an die über ihnen liegenden Milieus im sozialen Raum, um mit den Standards der respektablen Milieus mitzuhalten. Unterteilt werden sie in die *konservativen Statusorientierten*, die sich an Hierarchien anlehnen; die *arbeitnehmerischen Resignierten*, die sich an Interessenvertretungen anlehnen und die *Unangepassten*, die auf Selbstverwirklichung und soziale Teilhabe setzen.

Kurzes Zwischenfazit: Die Habitus-Feld-Theorie von Bourdieu und die auf ihr aufbauende Landkarte der sozialen Milieus mit dem Modell vom sozialen Raum und dem vertikalen und horizontalen Achsenmodell nach Vester et al. (2001) bilden die theoretische Rahmung und das Grundgerüst für diese Arbeit. Eine Reihe von wissenschaftlichen Untersuchungen nutzen die Landkarte der sozialen Milieus als theoretische Fundierung für die Analyse sozialer Ungleichheit (z. B. für das Feld der Hochschule, vgl. Lange-Vester / Teiwes-Kügler 2004: Lange-Vester / Teiwes-Kügler 2006; Hild 2019; Heil et al. 2021; Klebig 2021; Loge 2021; Meise 2023). Sie verweisen darauf, dass der Milieuansatz nicht an Aktualität und Anschlussfähigkeit verloren hat. Die Studien folgen der grundsätzlichen theoretischen Überlegung, dass soziale Milieus einen spezifischen Zugang zu und Umgang mit Bildung besitzen (vgl. Bremer 2010). Bildungserwerb und die Erwartungen, die an diesen geknüpft werden, sind voraussetzungsvoll und eingebettet in die familiären kulturellen Praxisformen, die einer milieuspezifischen Prägung folgen. Etwa wenn Angehörige mittlerer Milieus den Bildungserwerb mit der Statussicherung verbinden, während Angehörige oberer Milieus den Bildungserwerb mit Persönlichkeitsbildung und Selbstverwirklichung verbinden. Grundformen von Bildungsmotivationen und Bildungsstrategien sind somit milieuspezifisch geformt und geprägt: Sie äußern sich in einer bestimmten Bildungspraxis, die als „typisch“ für ein soziales Milieu steht. Mithilfe des theoretischen Ansatzes kann die Bedeutung der sozialen Herkunft für die Mechanismen und Reproduktion von sozialer Privilegierung und Benachteiligung im hochschulischen Alltag (vgl. Kapitel 2.5) aufgezeigt werden und gesellschaftliche Machtverhältnisse analysiert und diskutiert werden.

5 Methode und Methodologie

Die Erhebungsmethode, die für die Bearbeitung der Fragestellung der Untersuchung verwendet wurde, orientiert sich am Erhebungsverfahren der mehrstufigen Gruppenwerkstatt (vgl. Bremer 2004). Die Methode der mehrstufigen Gruppenwerkstatt stellt eine Weiterentwicklung der Gruppendiskussion dar, weswegen das Kapitel mit einer Hinleitung in Form eines kurzen Überblicks über die Entwicklungsgeschichte von Gruppendiskussionen beginnt. Dem folgen im Kapitel 5.2 eine ausführliche Darstellung der gewählten Methode sowie der spezifische Aufbau, der für die Erhebung konzipierten mehrstufigen Gruppenwerkstatt mit Grundschullehramtsstudierenden. Im Anschluss wird im Kapitel 5.3 die Auswertungsmethode der Habitushermeneutik dargestellt und diskutiert.

5.1 Die Gruppendiskussion als Methode im Kontext qualitativer Forschung

Gruppendiskussionen als eigenständiges Instrument zur Datenerhebung sind in der empirischen Sozialforschung dem qualitativ-interpretativen Paradigma zugeordnet. Sie folgen unterschiedlichen Erkenntnisinteressen und obliegen verschiedenen methodischen und theoretischen Überlegungen. Laut Lamnek (2005) führen Gruppendiskussionsverfahren in der empirischen Sozialforschung gegenüber anderen Methoden eher ein Schattendasein und schauen auf eine jüngere Geschichte zurück. Großer Beliebtheit erfreuen sich hingegen Gruppendiskussionen als Instrument der kommerziellen Markt- und Meinungsforschung (vgl. Lamnek 2005, S. 123; Bohnsack 2010, S. 105). Hier dient das Verfahren als pragmatische, weil mit geringen Kosten verbundene Methode zur Erfassung von Informationen über Konsumverhalten. Das Erkenntnisinteresse liegt allerdings auf rein wirtschaftlicher Verwertbarkeit und folgt keinem soziologischen Paradigma.

Der Beginn der Entwicklung von Gruppendiskussionsverfahren in der deutschsprachigen Sozialforschung wird auf die 1950er-Jahre datiert (vgl. Loos/ Schäffer 2001; Lamnek 1995, 2005; Kühn/Koschel 2018; Bohnsack 2022).[95] Verbunden werden die Anfänge mit dem Frankfurter Institut für Sozialforschung und Pollock (1955), der mit seinen Forschungen zu den Auswirkungen der NS-Zeit auf das politische Bewusstsein der bundesdeutschen Bevölkerung in der Nach-

95 Historisch wird der Ursprung der Gruppendiskussion als Methode zur Erforschung von Gruppenprozessen und Dynamiken dem in den 1930er-Jahren in die USA emigrierten Sozialpsychologen Lewin zugeordnet.

kriegszeit erstmals die in den USA entwickelte sozialpsychologische Forschungsmethode als Gruppenexperiment anwendet. Pollock und seine Kollegen sahen besonders in der Gruppensituation, im Gegensatz zum „künstlichen" Rahmen eines Einzelinterviews, die maximale Nähe zu einer alltäglichen Gesprächssituation gegeben (vgl. Pollock 1955). Der Ansatz von Pollock und seine Untersuchung gelten als „[...] Ausgangspunkt und Anlass der in den darauf folgenden Jahren in Deutschland stattfindenden Diskussion um die Methode der Gruppendiskussion." (Lamnek 2005, S. 19).[96] In den 1960er-Jahren entwickelte Mangold das Gruppendiskussionsverfahren als empirische Erhebungsmethode weiter (vgl. Mangold 1960). Mit Bezug auf die Studie von Pollock erarbeitete er das Konzept der informellen Gruppenmeinung: „Die Gruppenmeinung ist keine ‚Summe' von Einzelmeinungen, sondern das Produkt kollektiver Interaktionen." (Mangold 1960, S. 48). In den 1970er-Jahren wird die Methode von Nießen (1977) um einen interaktionistischen Ansatz erweitert. Mit Mangold und Bohnsack wendet sich das Gruppendiskussionsverfahren der rekonstruktiven Sozialforschung zu und löst sich von psychoanalytischen Ansätzen der Anfangszeit (vgl. Bohnsack 2010). Schließlich zieht in den 1990er-Jahren mit Bohnsack und der Entwicklung der Dokumentarischen Methode[97] der Milieuansatz in die Methode der Gruppendiskussion ein (vgl. Bohnsack 2001; Przyborski / Riegler 2010; Bohnsack / Nentwig-Gesemann / Nohl 2013).

5.2 Die mehrstufige Gruppenwerkstatt

Bei der mehrstufigen Gruppenwerkstatt handelt es sich um eine spezifische Weiterentwicklung des Gruppendiskussionsverfahrens, das in der Habitus- und Milieuforschung für die Erschließung und Analyse habitueller Dispositionen genutzt wird (vgl. Bremer 2004; Bremer / Teiwes-Kügler 2007; Bremer / Teiwes-Kügler 2012). Die Methode der mehrstufigen Gruppenwerkstatt erweitert das klassische Gruppendiskussionsverfahren um zusätzliche Elemente, etwa eine Metakartenabfrage und eine Collagenarbeit (vgl. Bremer 2004). Das Verfahren dient der Habitusexploration in einem bestimmten sozialen Feld: Um zu den

96 In den Sozialwissenschaften wird Pollock kritisch rezensiert, da in der Auswertung der Gruppengespräche, der Gruppenprozess gegenüber der Erfassung der Einzelmeinungen wenig berücksichtigt wurde (vgl. Loos / Schäffer 2001). Pollock folgte einem rein psychoanalytischen Paradigma. Das Erkenntnisinteresse lag auf individuellen tiefenpsychologischen Prozessen, die in einem Gruppenprozess angestoßen werden (vgl. Przyborski / Riegler 2010, S. 437).

97 Das Analyseverfahren der Dokumentarischen Methode steht in der Tradition der Wissenssoziologie von Mannheim (1980) und der Ethnomethodologie (vgl. Bohnsack / Nentwig-Gesemann / Nohl 2013; Bohnsack 2013; ausführlich bei Kahlau 2023, S. 82-94). Zur unterschiedlichen Verwendung des Milieubegriffs in den Arbeiten der Dokumentarischen Methode im Vergleich zur Habitushermeneutik siehe auch Bremer 2012, S. 840.

verborgenen, weil unbewussten Schemata des Habitus vorzudringen, werden in einer mehrstufigen Gruppenwerkstatt unterschiedliche Techniken eingesetzt. Hintergrund ist die theoretische Annahme, dass die Aneignung eines sozialen Feldes mit den gesamten Lebensorientierungen eines sozialen Akteurs zusammenhängt:

> „[...] erst vor dem Hintergrund der Alltagsbewältigung der Akteure kann die Orientierung und Praxis im Feld verstanden werden. Die Methode muss also neben der Haltung zum sozialen Feld auch die Alltagspraxis berücksichtigen, um die Verknüpfung aufzeigen zu können." (Bremer 2004, S. 81).

Für die Exploration des Habitus im Kontext von Milieuforschung kommen u. a. lebensgeschichtliche und themenzentrierte qualitative Interviews zur Anwendung (vgl. Bremer 2004, S. 88-99). Mit der Gruppenwerkstatt liegt ein weiteres methodisches Instrument vor, das sowohl die Ebene des Einzelfalls als auch die Ebene der Gruppe in die Analysen miteinbeziehen kann. Pragmatisch bietet das Gruppensetting außerdem die Möglichkeit, eine größere Anzahl von Menschen gleichzeitig für ein Forschungsprojekt zusammenzubringen. Ein weiterer Vorteil des Gruppenverfahrens gegenüber einem Einzelinterview liegt darin, dass sich die Interaktion der Teilnehmenden an einer gemeinsamen Alltagskommunikation orientiert: Kreiert wird eine „natürliche" Gesprächssituation über ein vertrautes Thema, wie es in der Alltagskommunikation immer dort vorkommt, wo sich Gruppen von Menschen (mit gleichem Sozialstatus) in einem Feld (etwa unter Kolleg*innen, unter Studierenden usw.) begegnen und austauschen. Begrenzt das Setting in einem Einzelinterview auf Frage und Antwort zwischen Interviewer*in und Probanden, bietet die Gruppensituation die Möglichkeit des Austauschs von Einstellungen und Meinungen zwischen den Teilnehmenden. Kommunikation und Interaktion, Zustimmungen und Ablehnungen und Reaktionen der Teilnehmenden aufeinander – alles was von den Teilnehmenden eingebracht wird, gibt dabei Hinweise auf den milieuspezifisch geprägten Habitus:

> „Die kommunikativen Bedingungen der Gruppendiskussion verstärken Effekte der Eigendynamik und gegenseitigen Stimulation. Dadurch wird die Interaktion stärker von den Teilnehmenden gesteuert, verläuft weniger kognitiv kontrolliert oder durch reflexive Dimensionen überlagert als in der Interviewsituation. Wie sich zeigte, führte das generell zu einem stärkeren Offenlegen der latenten Klassifikationsschemata des Habitus." (Bremer/Teiwes-Kügler 2007, S. 83).

Ferner ermöglicht die Gruppensituation den Teilnehmenden, sich zu positionieren, an Aussagen anzuknüpfen, sie mit den eigenen Erfahrungen abzugleichen und thematische Ergänzungen und Positionierungen einzubringen. Wahrnehmungen, Erfahrungen und Bewertungen des Einzelnen sowie kollektive Haltungen werden so zum Ausdruck gebracht (vgl. Bremer 2004, S. 104 f.).

5.2.1 Aufbau der Gruppenwerkstatt

Der Einstieg in die Gruppenwerkstatt beginnt zunächst mit einem „Warming-up" (vgl. Tab. 5). Die Teilnehmenden (und auch die Moderation)[98] stellen sich in der Gruppe vor. Diese erste Runde dient dem Abbau von Fremdheit, der Entspannung der Atmosphäre sowie dem Gewinnen erster Informationen über die Lebenssituation der Teilnehmenden. Im Anschluss beginnt mithilfe eines „Grundreizes" der Einstieg in die thematische Diskussion. Der Grundreiz erfüllt die Funktion als Stimulus, um die Teilnehmenden zu einem spezifischen Thema, vor dem Hintergrund der Forschungsfrage miteinander ins Gespräch zu bringen.[99]

Tabelle 5: Ablaufplan Gruppenwerkstatt Grundschullehramtsstudierende

Begrüßung	Kurze Beschreibung des Projekts; Nachfrage Aufnahme (Audio & Video); Unterschreiben der Einverständniserklärung
Vorstellungsrunde	Selbstständige Vorstellung der Teilnehmenden; Gründe für die Wahl des Lehramts Grundschule; Lebensumstände und Freizeitbeschäftigung
Gruppendiskussion	Verlesung des Grundreizes; selbstläufige Diskussion inkl. vier Impulsfragen:
Pause (Kaffee & Kuchen))	
Collagenarbeit	Kleingruppenarbeit an der Collage zum Thema *„Meine Wünsche und Ziele für die Zukunft"*; Präsentation der Collagen und Nachfragen im Plenum
Verabschiedung	Feedbackrunde; Sozialdatenbogen ausfüllen

Für die Gruppendiskussion mit den Lehramtsstudierenden wurde bewusst ein Grundreiz ausgewählt, der unterschiedliche Anknüpfungspunkte anbietet, zu denen sich die Teilnehmenden positionieren konnten. Es handelte sich um einen ZEIT-Campus Artikel (Bender 2008), welcher die Ergebnisse einer repräsentativen Umfrage vom Hochschul-Informations-System (HIS) zur Zufriedenheit von Studierenden im Lehramt darlegt. Unter der provokativen Überschrift *„Werdende Lehrer jammern am meisten"* wurde diskutiert, dass sich Studierende im Lehramt besonders unzufrieden mit der Studienorganisation und der Ansprechbarkeit und den Kompetenzen vom Lehrpersonal zeigen. Der Artikel bietet verschiedene

98 Die Aufgaben und die Rolle der Moderation bei Gruppendiskussionsverfahren ausführlich bei Lamnek 2005, S. 141–145; vgl. Kühn/Koschel 2018, S. 135–168.

99 Zur Bedeutung des Grundreizes siehe Lamnek 2005, S. 149 ff.

Möglichkeiten, sich zu den Inhalten zu positionieren. Ferner werden mehrere Punkte, wie etwa die Studienorganisation und der Vergleich zu anderen Studienfächern, angesprochen, die in der Diskussion als Anknüpfungspunkte aufgenommen werden konnten.

Grundreiz für die Gruppendiskussion

Werdende Lehrer jammern am meisten
Es gibt in Deutschland zufriedene Studenten, und es gibt Lehramtsstudenten. Kein Studiengang hat unzufriedenere Studenten als das Lehramt. So eindeutig ist das Ergebnis einer repräsentativen Umfrage des Hochschul-Informations-Systems (HIS), die erstmals durchgeführt wurde und ZEIT CAMPUS exklusiv vorliegt. Während viele Studenten aus technischen Fächern wie Mathematik oder Medizin mit ihrem Studium im Großen und Ganzen zufrieden sind, geben die meisten Lehramtsstudenten eine lange Mängelliste zu Protokoll.

Besonders schlecht bewerten sie die Organisation des Studiums, etwa die Möglichkeit der Teilnahme an Pflichtveranstaltungen. Hier geben nur 28 Prozent der Lehramtsstudenten ihren Hochschulen die Note "gut" oder "sehr gut".

Sie sind es leid, „wegen zeitlicher Überschneidungen wichtige Veranstaltungen nicht besuchen zu können", mutmaßt Peter Müßig-Trapp, Leiter der HIS-Studie. Außerdem geben fast 38 Prozent an, Orientierungsprobleme im Studium zu haben. Das heißt: Studienordnungen sind zu kompliziert, Stundenpläne schwierig einzuteilen und Prüfungsvoraussetzungen unklar.

Auch die pädagogischen Fähigkeiten der Professoren sehen die Lehramtsstudenten deutlich skeptischer als ihre Mitstudenten: Nur 25 Prozent sind damit zufrieden, berichtet das in Hamburg erscheinende Magazin Zeit Campus. Dagegen bewerteten beispielsweise 59 Prozent der angehenden Ingenieurwissenschaftler die Ausstattung ihrer Laboratorien mit "gut" oder "sehr gut". 67 Prozent von ihnen gaben an, dass ihre Dozenten sich in den Sprechstunden viel Zeit nehmen, 58 Prozent lobten die Betreuung der Studenten.

Auszug aus Bender (2008). Was Studenten wollen. Angehende Lehrer sind unglücklich, Studenten in der Provinz zufrieden. Und Elitestudenten merken nichts von ihrem Glück. Ergebnisse einer Umfrage. Quelle: ZEIT Campus 01/2008.

Nach dem (freiwilligen) Verlesen des Grundreizes durch eine teilnehmende Person wurde die Diskussion durch die Moderatorin eröffnet und zunächst nachgefragt, was den Teilnehmenden zu dem Text einfällt. Dieser kurze Impuls reichte aus, um eine selbstläufige Diskussion in Gang zu setzen. Zusätzlich zu dem Grundreiz wurden im Verlauf der Diskussion noch vier Impulsfragen gestellt. Erfragt wurde:

1. Die Sicht auf die Betreuungssituation im Studium.
2. Der Umgang mit den Leistungsanforderungen im Studium.

3. Die Bedeutung vom Beamtenstatus (was sich in allen Gruppendiskussionen zu einer Diskussion der gesellschaftlichen Wahrnehmung vom Lehrer*innenberuf entwickelte).
4. Die Einschätzung der Entwicklung von Kompetenzen durch das Studium („Welche Kompetenzen werden im Beruf benötigt und welchen Beitrag leistet das Studium zur Kompetenzentwicklung?")

Nach ca. 70 Minuten wurde die Diskussion beendet, nicht ohne noch einmal zu erfragen, ob den Teilnehmenden ein weiteres Thema auf dem Herzen liegt, was sie noch ansprechen möchten. Dies führte in den jeweiligen Gruppen zu weiteren Diskussionen von selbstgesetzten Themen, die an die vorherige Diskussion anknüpften. Dem folgte eine kurze Pause und im Anschluss der Beginn des kreativen Teils.

5.2.2 Die Collagenarbeit

Die Anfertigung von Collagen als Bestandteil der Gruppenwerkstatt dient der Sichtbarwerdung von verbal schwer zugänglicheren Schichten, die eventuell noch nicht angesprochene Aspekte und Themen abbilden kann (vgl. Bremer 2004, S. 111 f.). Die Collagenarbeit ermöglicht somit „[...] zusätzliche Artikulationsmöglichkeiten [...] während sich aus Sicht der Forschenden zusätzliche Interpretationsmöglichkeiten bieten." (Bremer/Teiwes-Kügler 2007, S. 99). Zentral ist der Gedanke, dass die Collagenarbeit am Ende einer Gruppenwerkstatt steht: Die Teilnehmenden haben sich schon eine Zeit lang auf der verbalen Ebene intensiv mit einem bestimmten Thema auseinandergesetzt. Es folgt nun die Möglichkeit, mithilfe der visuellen Methode, Gedanken, Wünsche und Ängste zu artikulieren, für welche von den Teilnehmenden eventuell keine Worte gefunden werden konnten. Ferner können über die Collagenarbeit erweiterte oder neue Aspekte benannt werden, die bisher nicht angesprochen wurden. Für die Erstellung der Collagenarbeit bekommen die Teilnehmenden ca. eine halbe Stunde Zeit. Wichtiger Aspekt in der Collagenarbeit ist zudem, neben der Erstellung der Collage, die anschließende Vorstellung und Selbstinterpretation der Collage durch die Hersteller*innen im Plenum.

Die Studierenden wurden gebeten, in Kleingruppen eine Collage zu erstellen, die sich mit ihren Zukunftsvorstellungen auseinandersetzt und unter der Überschrift *„Meine Wünsche und Ziele für die Zukunft"* stand. Für diesen Teil der Gruppenwerkstatt teilten sich die Teilnehmenden (selbstständig) in Kleingruppen mit 3–4 Personen auf. Eine Ausnahme stellte die erste Gruppenwerkstatt (GW A) dar. Hier bestanden die Studierenden auf das individuelle Anfertigen einer Collage. Für die Collagenarbeit wurden außer dem Thema und der Zeit (halbe Stunde) keinerlei weitere Vorgaben gemacht. Der Gruppe stand ein DIN A0 großes Papier zur

Verfügung, Stifte, Kleber und jeweils identische Zeitschriften, aus denen Sie Texte und Bilder zur Visualisierung der Collage wählen konnten. Die Zeitschriften wurden im Vorfeld so gewählt, dass sie möglichst viele Themenbereiche[100] abdeckten.

5.2.3 Feedback und Sozialdatenbogen

Zum Abschluss jeder Gruppenwerkstatt gab es eine Feedbackrunde bevor die Teilnehmer*innen gebeten wurden, einen umfangreichen Sozialdatenbogen auszufüllen. In allen Gruppenwerkstätten fielen die Rückmeldungen positiv aus. Die Studierenden zeigten sich sehr zufrieden darüber, mit anderen Studierenden in ungezwungener Atmosphäre über ihren Studienalltag sprechen zu können. Besonders in den Gruppen, in welchen eine Unzufriedenheit dominierte, wurde die Möglichkeit des gegenseitigen Austauschs als sehr positiv angenommen. Der Sozialdatenbogen enthielt umfangreiche Fragen zur Person, wie etwa den schulischen und beruflichen Werdegang. Auch der schulische und berufliche Werdegang der Eltern- und Großelterngeneration sowie möglicher Geschwister und Partner*innen wurde erfragt. Ferner konnte im Sozialdatenbogen Auskunft über das Freizeitverhalten, die nebenberuflichen Tätigkeiten als auch das freiwillige Engagement gegeben werden sowie Antworten auf Fragen zur Finanzierung des Studiums und zur Wohnsituation. Innerhalb der Gruppen wurde der Fragebogen wie selbstverständlich ausgefüllt. Rückfragen wurden teils bezüglich Details, etwa der Notwendigkeit der Ausführlichkeit gestellt.

5.3 Habitushermeneutik als Auswertungsverfahren

> „Habitus-Hermeneutik" bezeichnet dabei eine spezifische Deutungsarbeit, die es ermöglicht, sich dem Habitus empirisch anzunähern. Ziel ist es, das handlungsorganisierende Prinzip des Habitus (den modus operandi) aus der Praxis der sozialen Akteure zu erschließen und durch Rückbezug auf gesellschaftliche Teilungsprinzipien und den Bedingungen ihrer Genese verstehend zu erklären." (Bremer/Teiwes-Kügler 2013a, S. 199).

Im Kapitel 4.1 wurden die Grundgedanken der praxeologischen Erkenntnistheorie von Bourdieu dargelegt, die stets auf die Dialektik von Subjektivität und Objektivität verweisen und somit auf die Wechselseitigkeit der Ebenen der unmit-

100 Zur Verfügung gestellt wurden für jede Collagengruppe jeweils identische Ausgaben der Zeitschriften Spiegel; Stern; Sport Bild; Computer Bild; Auto, Motor Sport; Brigitte; Freundin; In Touch; Gala; Neon; P.M.; Schöner Wohnen; Schrot&Korn; Geo; Mobil (DB); Eltern; Essen&Trinken; Selber machen; Unicum Beruf; UnicumTechnik.

telbar lebensweltlichen Erfahrung und der strukturellen Ebene der objektiven sozialen Bedingungen. Bourdieu erhebt in seinen wissenschaftstheoretischen Konzepten, Reflexivität zum Grundprinzip in der soziologischen Analyse (vgl. Brake/Bremer/Lange-Vester 2013). Um die soziale Welt wissenschaftlich zu verstehen und zu ergründen und dabei „[...] die Verstrickung der Soziologie in ihren Gegenstand." (Rehbein 2006, S. 55) nicht außer Acht zu lassen, bedarf es nach Bourdieu zum einen den Bruch mit dem vorwissenschaftlichen Alltagswissen als der „[...] praktischen Auffassung der Wirklichkeit [...]." (Rehbein 2006, S. 52) und zum anderen den Bruch mit der vermeintlich wissenschaftlichen Objektivität. Soziologisches Denken mit Bourdieu bedeutet, wie Engler (2013) formuliert, mit einem „[...] von Objektivität befreiten Blick [...]." (Engler 2013, S. 55) die soziale Welt zu begreifen:

> „So sieht Bourdieu eines der schwierigsten Probleme Wissenschaft zu betreiben darin, dass soziale Praxis klassifizierende Praxis ist und auch der Wissenschaftler ein Klassifizierer und ein Konstrukteur der gesellschaftlichen Wirklichkeit ist, die er analysiert." (Engler 2013, S. 52 f.).

Bourdieu hat mit dem Habituskonzept aufgezeigt, wie sich soziale Strukturen zu mentalen Strukturen transformieren. In seinen Analysen werden soziale Akteure stets im Zusammenhang mit den gesellschaftlichen Machtverhältnissen und ihren Abhängigkeiten analysiert. Dabei hat er keine präzise methodische „Anleitung" als Instrument der Datenanalyse hinterlassen, mit dem eine Habitusanalyse durchgeführt werden kann. Seine empirischen Untersuchungen fußten auf unterschiedlichen methodischen Zugängen. Er arbeitete mit Fragebögen, Beobachtungen, Interviewmaterial.[101] Eine Reihe von wissenschaftlichen Forschungen schließt empirisch an Bourdieu an und widmet sich der Decodierung vom Habitus und der Deutung von Habitusmustern (vgl. Brake/Bremer/Lange-Vester 2013).[102] Mit der hannoverschen Forschungsgruppe um Vester ist seit Mitte der 1980er-Jahre eine Milieuforschung verbunden, die mit der Methode der

101 Für „Die feinen Unterschiede" (Bourdieu 1982) arbeitete sein Team u. a. mit „Intensivinterviews und ethnographischen Beobachtung" (Bourdieu 1982, S. 784) sowie mit Fragebögen, die der Erfassung von ästhetischen und geschmacklichen Vorlieben bezüglich Kunst, Einrichtungsgegenständen, Kleidung etc. dienten (vgl. Bourdieu 1982, S. 800–810). Ferner nutzte das Forschungsteam Statistiken (u. a. zu Einkommen, Konsumverhalten, Lebensbedingungen, beruflichen Qualifikationen), die von staatlichen Instituten durchgeführt wurden (Bourdieu 1982, S. 811 ff.).

102 Ein weiteres in der rekonstruktiven Sozialforschung verwendetes Verfahren zur Habitusanalyse und Typenbildung ist die Dokumentarische Methode (vgl. Bohnsack 2013; Nohl 2017). Eine Reihe von Untersuchungen zum Lehrkräftehabitus nutzt die der Dokumentarischen Methode als methodisches Instrumente zur Erforschung vom berufsbezogenen Habitus von Lehrkräften („Lehrerhabitus") (vgl. Kramer/Idel/Schierz 2018; Kramer 2019; Kramer/Pallesen 2019; Martens/Wittek 2019; Kowalski 2020). Zu den Unterschieden und Gemeinsamkeiten der Dokumen-

Habitushermeneutik ein Verfahren zur Analyse von Habitusmustern vorlegt (vgl. Bremer 2004; Bremer/Teiwes-Kügler 2007, 2013a, 2013b; Lange-Vester/Teiwes-Kügler 2013a; Bremer 2014; Teiwes-Kügler/Lange-Vester 2018; Bremer/Teiwes-Kügler/Lange-Vester 2019). Als Grundsatz gilt die Annahme, dass der Habitus sich nicht ausschließlich aus der Kombination der Kapitalsorten erschließen lässt, sondern eine spezifische Deutungsarbeit benötigt wird, um den Habitus einer Person zu erfassen:

> „Der Begriff „Habitus-Hermeneutik“ entstand dabei aus dem Forschungsprozess heraus. Er drückt verkürzt gesagt aus, dass mit dem „Lesen“ und „Verstehen“ des Habitus eine spezifische Deutungsarbeit verbunden ist. Auch wenn Bourdieu mitunter so verstanden wird: Der Habitus lässt sich nach unserem Verständnis nicht aus der sozialen Position oder der Kapitalkonfiguration ableiten. Er muss aus den Mustern der sozialen Praxis erschlossen werden. Als handlungsorganisierendes Prinzip („modus operandi“) hinterlässt er in den Praktiken eines Akteurs („opus operatum“) eine bestimmte Handschrift, die jedoch durch Interpretationsarbeit decodiert und rekonstruiert werden muss.“ (Bremer/Teiwes-Kügler 2013a, S. 200).

Habitushermeneutik ist das Werkzeug, um Rückschlüsse über die Beziehungen von Habitus und Feld aufzudecken. (vgl. Bremer/Teiwes-Kügler 2013a; Bremer/Teiwes-Kügler 2013b). Sie dient dazu, Dynamiken und Strukturen auf einem spezifischen Feld zu erschließen und Aussagen über die Machtverhältnisse im Feld treffen zu können. Wie in Kapitel 4.3 diskutiert, handelt es sich beim Habitus um ein generatives Prinzip, welches den unterschiedlichen Dimensionen des Lebensstils zugrunde liegt und ein einheitliches Bild ergibt: „Wie einer spricht, tanzt, lacht, liest, was er liest, was er mag, welche Bekannten und Freunde er hat usw. – all das ist eng miteinander verknüpft.“ (Bourdieu 1992, S. 32). Als Träger*innen der gesellschaftlichen Strukturen, unter denen ein Habitus geprägt und erworben wurde, ist der inkorporierte Habitus als „vergessene Geschichte“ verinnerlicht und nicht ständig reflektiert. Die soziale Praxis verweist somit stets auf ein „mehr“ an Sinnhaftigkeit, die dem sozialen Akteur nicht bewusst zugänglich ist und unterteilt die soziale Praxis in eine primäre und eine sekundäre Sinnschicht (vgl. Bourdieu 1974, S. 127 ff.).

Die Habitushermeneutik folgt diesem grundsätzlichen theoretischen Ansatz. Sie dient als ein methodisches Werkzeug, um die Verbindung von manifester und latenter Ebene zu analysieren und diese, dem Akteur nicht bewusst zugängliche Ebene, zu rekonstruieren. Analytisch wird soziale Praxis in eine offenkundige (manifeste) primäre Sinnschicht und eine sekundäre Sinnschicht zerlegt, die sich wechselseitig bedingt (vgl. Bremer/Teiwes-Kügler 2013a). Die primäre (ma-

---

tarischen Methode und der Habitushermeneutik, siehe Bremer/Teiwes-Kügler 2013a; Bremer/Teiwes-Kügler/Lange-Vester 2019.

nifeste) Sinnschicht, als Ebene der direkt zugänglichen Erfahrungen, verweist immer auch auf eine sekundäre (latente) Sinnschicht, als die Ebene „[...] die latente gesellschaftliche Strukturen verbergen, die zur Ausbildung der Klassifizierungsschemata des Habitus geführt haben." (Bremer/Teiwes-Kügler 2013a, S. 203). Der „Sinn" von Handlungen und sozialer Praxis wird erst dann vollständig verstehbar, wenn seine gesellschaftliche und strukturelle Rahmung, die in der Bedeutungsschicht der latenten Ebene eingelagert ist, herausgearbeitet wird und die wechselseitigen Zusammenhänge zwischen subjektiver sozialer Praxis und den objektiven strukturellen Bedingungen sichtbar und erklärbar gemacht werden: „Denn erst im Lichte der höheren Schicht, die sie umgreift und in einer angemesseneren und spezifischen Deutung überholt, gewinnt die untere Schicht ihre volle Bedeutung." (Bourdieu 1974, S. 129). Soziale Praxis enthält somit immer auch die „DNA" einer sozialen Klassenlage und ist Ausdruck der Aneignung und Auseinandersetzung mit der sozialen Positionierung:

> „Der Forschungsansatz ist sozialstrukturell geerdet, d. h., Praxis und Haltungen der Milieuangehörigen werden nicht einfach als ein beliebiger Ausdruck persönlicher Willenskraft aufgefasst. Vielmehr folgt die Milieuanalyse dem Verständnis, dass Neigungen und Auffassungen, die Menschen haben, in aktiver Auseinandersetzung mit sozialen Positionierungen, Ressourcen und damit verbundenen Möglichkeiten, bestimmte Ziele anzustreben und zu erreichen, entwickelt und eingeprägt werden." (Teiwes-Kügler / Lange-Vester 2018, S. 113).

5.3.1 Schritte der Auswertung

> „Folgt man dieser Einsicht, dann ist das Milieu nicht nur etwas, was den Menschen äußerlich ist, sondern sie tragen den Bauplan ihres Herkunftsmilieus quasi in sich, und zwar in Form von „Wahrnehmungs-, Denk- und Handlungsschemata" (Bourdieu 1987, S. 101), mit denen sich die soziale Welt quasi in die Subjekte einschreibt." (Bremer / Teiwes-Kügler 2013a, S. 202).

Mithilfe des Verfahrens der habitushermeneutischen Auswertung werden Strukturen sozialen Handelns und die damit verbundene Praxis „entschlüsselt" und die von den sozialen Akteuren vorgenommenen Klassifizierungen, die mit und durch die soziale Praxis erkennbar sind, wissenschaftlich und regelgeleitet klassifiziert (vgl. Bremer 2004; Bremer et al. 2015). Soziale Praxis ist aus dieser Perspektive nicht willkürlich veränderbar und situativ „mal so und mal so", vielmehr folgt sie einer Struktur und einem Grundmuster: Der Habitus erzeugt und strukturiert die soziale Praxis in vielfachen automatisierten Handlungen. In ihm transportieren sich Klassifizierungen, die auf eine bestimmte Perspektive auf die soziale Welt verweisen und immer auch die Teilungs- und Gliederungsprinzipien der sozialen Akteure beinhalten.[103] Bezogen auf das den Forschungsschwerpunkt dieser Arbeit, die Bewältigung eines Studiums, ist davon auszugehen, dass Strategien nicht individuell „zufällig" oder situativ entstehen, sondern im Zusammenhang mit den Grenzen und Möglichkeiten sowie Entwicklungen des milieuspezifischen Habitus stehen.

Jede Gruppenwerkstatt wurde (mit Einverständnis der Teilnehmer*innen) per Video- und Audiomitschnitt aufgezeichnet. Grundlage für die Analyse bilden die vollständig verschriftlichten Audiomitschnitte, die wortwörtlich nach bestimmten Regeln transkribiert und anonymisiert wurden.[104] Jede Gruppenwerkstatt wurde nach dem gleichen Schema bearbeitet. Die Ausarbeitung erfolgte anschließend in schriftlicher Form (zum Aufbau der Ergebnisdarstellung siehe auch Kapitel 6).

Der Diskussionsteil wurde wie folgt erschlossen und analysiert: Aus dem Transkript wurde zunächst ein inhaltsanalytisches Protokoll der Diskussion erstellt. Dieses zeichnet den Diskussionsverlauf nach und stellt die angesprochenen Themen sowie die Positionierungen und Aussagen der Teilnehmenden dar. Die Diskussion wird in diesem ersten Schritt deskriptiv nachgezeichnet und es fließen auch erste Anmerkungen zur Gruppendynamik mit ein. In der Gruppenwerkstatt kam außerdem ein Beobachtungsbogen zum Einsatz, der von der Moderatorin direkt nach dem Abschluss der jeweiligen GW ausgefüllt wurde und alle Beobachtungen enthält, die im Verlauf der Veranstaltungen notiert wurden.[105] Ferner wird in diesem ersten Schritt bereits darauf geachtet,

103 Bourdieu beschreibt in „Die feinen Unterschiede" (1982) ausführlich die klassenspezifischen Mechanismen, die sich in den inkorporierten Automatismen von Unterscheidung und Beurteilung ausdrücken: „Wer sich in dieser Welt „vernünftig" verhalten will, muß über ein praktisches Wissen von dieser verfügen, damit über Klassifikationsschemata (oder, wenn man will, über „Klassifikationsformen, „mentale Strukturen", symbolische Formen" – alles Begriffe, die unter Absehung von den jeweilig spezifischen Konnotationen mehr oder minder wechselseitig austauschbar sind), mit anderen Worten über geschichtlich ausgebildeten Wahrnehmungs- und Bewertungsschemata, die aus der objektiven Trennung von „Klassen" hervorgegangen (Alters-, Geschlechts-, Gesellschaftsklassen), jenseits von Bewusstsein und diskursivem Denken arbeiten." (Bourdieu 1982, S. 730).

104 Die Videoaufnahmen dienten vor allem der Kontrolle und Zuordnung von wörtlicher Rede zu den entsprechenden Personen, die teilweise im Audiomitschnitt phonetisch schwierig voneinander zu unterscheiden waren. Die Videoaufnahmen obliegen keiner zusätzlichen Auswertung. Körpersprache ist Teil des Habitus (vgl. Bourdieu 1982, 1987). Die Körpersprache der Teilnehmenden, z. B. ihre Gestik und Raumaneignungsformen, wurden jenseits verbaler Äußerungen, mithilfe der Videoaufnahmen registriert und in einigen Fällen fließen sie als besondere Beobachtung in die Auswertung mit ein. Die Körpersprache steht allerdings nicht im Mittelpunkt der Untersuchung und fließt nicht methodisch fundiert in die Auswertung ein, die sich deutlich stärker auf das gesprochene Wort fokussiert.

105 Der Beobachtungsbogen, diente als eine Art Gedächtnisprotokoll. Er wurde jeweils direkt nach der geführten Gruppenwerkstatt ausgefüllt, um die (noch frischen) Eindrücke zu protokollieren und eventuelle Besonderheiten der Gruppenwerkstatt schriftlich festzuhalten.

welche Fraktionen sich unter den Teilnehmenden bilden und zu welchen Themen sich Anschlüsse und Gemeinsamkeiten finden bzw. welche Unterschiede und voneinander abweichenden Haltungen erkennbar sind.

Im zweiten Schritt folgt die habitushermeneutische Interpretation. Ziel der Interpretations- und Deutungsarbeit ist es, aus den Aussagen und Positionierungen der Teilnehmenden milieuspezifische Habituszüge herauszuarbeiten. Mit Blick auf den Studienalltag als Diskussionsgegenstand orientiert sich die Analyse auf den sekundären Sinngehalt, der sich mit den Darlegungen zu bestimmten Praxisformen im Studium, durch Positionierungen in Form von Zustimmungen und Abgrenzungen und den Schilderungen eines bestimmten Umgangs mit den feldspezifischen Regeln und Erwartungen im Studium transportiert und in Form von getätigten Klassifikationen stets mitläuft. Herausgearbeitet wurden die durchgängigen Prinzipien und Wertevorstellungen, die sich in der spezifischen sozialen Praxis und seinen Handlungen verdeutlichen. Gefragt wird, von welchen Prinzipien der Lebensführung lassen sich die Teilnehmenden leiten und schlussendlich, welche milieuspezifischen Prägungen zeigen sich in den Mustern und Strukturen der sozialen Praxis der Akteure.

> „Es sind also nicht einzelne Züge oder das einfache Subsumieren mehrerer Züge, die den Habitus bzw. ein Milieu ausmachen, sondern eine typische Verbindung mehrerer Züge oder Dimensionen. Ein asketischer Habituszug kann beispielsweise mit ideellen, mit materiellen, mit hierarchischen oder mit egalitär-partnerschaftlichen Wahrnehmungs-, Denk- und Handlungsmustern einhergehen. Zudem ist für jedes Feld neu zu entschlüsseln, wie sich z. B. Individualismus, Herrschaft oder Askese symbolisch ausdrücken und welche Bedeutungen hinter den Praxisformen stehen, die im empirischen Material erkennbar werden." (Bremer / Teiwes-Kügler 2013a, S. 210).

Die Auswertung verläuft regelgeleitet: Grundsätzlich muss im Analyseprozess reflektiert werden, dass die Forschenden ihre „eigene Brille", mit der sie auf die Welt schauen, nicht einfach abnehmen können. Entsprechend bedarf es einer Offenheit und einer Reflexionsbereitschaft, um die eigenen Klassifikations- und Bewertungsschemata als Forschende nicht auf den Sinngehalt der Beforschten zu projizieren und somit das Ergebnis zu verfälschen. Im Auswertungsprozess bieten sich Interpretationsgruppen an, um gemeinsam Sequenzanalysen von Textpassagen vorzunehmen. In einer Interpretationsgruppe, die Sequenzen aus der Gruppendiskussion ohne Kontextwissen bearbeitet, werden die unterschiedlichen Deutungs- und Lesarten diskutiert und abgewogen, welche Lesarten der Abschnitt zulässt (vgl. Bremer 2004, S. 75). Die abschließende Aufgabe besteht darin, sich auf eine begründete Interpretation bzw. Lesart zu einigen.[106] Die Mit-

106 Alle Formen der Interpretation sind erlaubt und erwünscht. Dies kann bedeuten, dass auf Basis weniger Zeilen sehr lange Diskussionen entstehen. Für eine Sequenzanalyse werden entspre-

glieder einer Interpretationsgruppe sind gefordert, selbstreflektiert und selbstkritisch ihre Interpretationen dahingehend zu hinterfragen, inwieweit eigene Positionen und Bewertungen in die Interpretation des Textes mit einfließen. Kontext und theoretisches Wissen sollten möglichst zurückgehalten werden, um Vorausannahmen und Beeinflussungen nicht in die Interpretation hineinzulegen.

5.3.2 Analytische Elementarkategorien

Mit der habitushermeneutischen Auswertungsmethode liegt ein Konzept vor, um den spezifischen Habitus einer Person zu entschlüsseln. Die identifizierten Praktiken und Praxisformen werden wissenschaftlich klassifiziert, „[...] indem die alltäglichen klassifizierenden Aussagen und Praktiken der Akteure wissenschaftlich klassifiziert und als typisch für soziale Gruppen geordnet werden." (Bremer 2004, S. 78). Orientierung geben heuristische Kategorien in Form von Begriffspaaren, die dazu geeignet sind, die herausgearbeiteten Muster und Prinzipien der Lebensführung zu unterscheiden und im Zuge der Habitusexplorationen entwickelt wurden (vgl. Bremer / Teiwes-Kügler 2013a, S. 208). Die Elementarkategorien stellen jeweils die äußeren Pole von Praktiken der Lebensführung dar (vgl. Tab. 6). Dabei werden die analytischen Elementkategorien als relational betrachtet, was bedeutet, dass die Kategorien stets im Vergleich zueinander gesetzt und diskutiert wurden. Für das Promotionsprojekt wurde sich an den analytischen Elementarkategorien zur Habitushermeneutik orientiert, die bereits im Feld der Studierendenforschung, etwa bei der Milieuanalyse von Studierenden (vgl. Lange-Vester / Teiwes-Kügler 2004; Hild 2019) zur Anwendung kamen. Die anschließende Verortung der herausgearbeiteten Muster lehnt sich ferner an die Makromilieus der Landkarte der sozialen Milieus (vgl. Vester et al. 2001) an. Die herausgearbeiteten Kombinationen bestimmter Elementarkategorien verweisen auf die Prinzipien der Lebensführung bestimmter Milieus.[107] Die spezifische

---

chend ausgedehnte Zeitrahmen benötigt. Alle getätigten Aussagen im Text werden als sinnhaft verstanden. Versprecher, Füllwörter, Pausen und abgebrochenen oder wiederholten Sätze kommen einer spezifischen Bedeutung zu. Neu gelesene Sequenzen können die Lesart von bisherigen Passagen beeinflussen und Interpretationen können verworfen, bestätigt oder konkretisiert werden (ausführlich bei Bremer / Teiwes-Kügler 2013b, S. 103-112).

107 „Wichtig ist dabei, dass die Kategorien nicht schematisch auf das Material anzuwenden sind; sie haben einen heuristischen Charakter und müssen für jedes Untersuchungsfeld immer wieder neu herausgearbeitet, überprüft und gegebenenfalls erweitert werden. Die Arbeit mit theoretischen Kategorien entlastet nicht davon, die Logik jeweils aus dem Fall heraus zu rekonstruieren; sie hilft aber, sich dem sozialen Ort des jeweiligen Falls anzunähern und die Bedingungen und Möglichkeiten auszuloten, die für diesen bestehen. Es handelt sich bei der Interpretationsarbeit daher um eine Pendelbewegung zwischen Material, Kategorien, Theorie und Material. Auf diese Weise wird schrittweise eine Figur entwickelt, die die einzelnen Äußerungen und Handlungen in einen Zusammenhang bringt. Dieser Zusammenhang wird durch ein systematisches

Kombination von Elementarkategorien bildet den Hintergrund, auf dem sich ein Akteur im sozialen Raum verorten lässt bzw. sich allgemeine Aussagen treffen lassen.

5.3.3 Collageninterpretation

Mit der Collagenarbeit liegt ein hybrider Datentyp vor, der sowohl bildhafte als auch narrative Elemente enthält. In die Auswertung der Collagen fließen nicht nur die Interpretation der Symbolik der visuellen Elemente ein, auch die Erklärungen und Deutungen der Hersteller*innen, die im Anschluss an die Collagenarbeit „ihre" Collage und die gewählten Bilder und Texte selbst vorstellen, werden in der Auswertung berücksichtigt (vgl. Bremer/Teiwes-Kügler 2007; Bremer et al. 2015). Die habitushermeneutische Auswertungsmethode von Collagen entstand in der Auseinandersetzung mit kultur- und sozialwissenschaftlichen Verfahren der Bildinterpretation (Teiwes-Kügler 2001; Bremer/Teiwes-Kügler 2007, S. 88 f.).

Entwickelt wurde ein Leitfaden zur Collageninterpretation (vgl. Tab. 7) der sich in unterschiedlichen Schritten systematisch dem Ziel nähert, im Habitus begründete Haltungen und Muster sichtbar zu machen. Beginnend mit „[...] der Deskription und Analyse des Sichtbaren." (Bremer/Teiwes-Kügler 2007, S. 91) wird sich der Collage zunächst in mehreren Schritten über die formale Gestaltung und ästhetisch und inhaltliche Motivwahl genähert. Schließlich folgt die Hinwendung zu einer Bedeutungsebene, für die nun auch die Aussagen der Collagenproduzent*innen einbezogen werden und die mithilfe von sequenzieller Textinterpretation bearbeitet werden: „Die Interpretation bewegt sich deshalb zwischen diesen narrativen Erläuterungen und den visualisierten Elementen und Symbolen in einem dialektischen Prozess hin und her." (Bremer/Teiwes-Kügler 2007, S. 91). Schlussendlich werden die Interpretationsschritte in einer „[...] hermeneutischen Synthese in ethische und ästhetische Prinzipien des Habitus überführt [...]." (Bremer/Teiwes-Kügler 2007, S. 92) und im letzten Schritt in die bisherigen Ergebnisse der Gruppenwerkstatt eingeordnet.

Kurzes Zwischenfazit: Ziel der habitushermeneutischen Interpretation und Analyse in dieser Untersuchung war es, die subjektiven Klassifikationsschemata der Teilnehmenden zu erschließen und das Habitustypische aus den identifizierten Praktiken und Handlungen herauszuarbeiten. Unter Anwendung der analytischen Elementarkategorien wurden „[...] die alltäglichen klassifizierenden Aussagen und Praktiken der Akteure wissenschaftlich klassifiziert und als

---

und durchaus (vgl. Krais/Gebauer 2002, S. 71 f.) spannungsreiches Habitusprinzip hergestellt." (Bremer/Teiwes-Kügler 2013a, S. 208 f.).

Tabelle 6: Analytische Elementarkategorien zur Habitus-Hermeneutik (heuristische Synopse aus den Projekten „Soziale Milieus im gesellschaftlichen Strukturwandel", „Kirche und Milieu", „Studierendenmilieus in den Sozialwissenschaften")

asketisch methodisch; planend; Pflicht; (Trieb-)Verzicht steht vor Lust und Genuss; diszipliniert; Selbstbeherrschung	**hedonistisch** spontan; ungeplant; ungeregelt; lustbetont; Spaß; Lust und Genuss statt Pflicht und Verzicht; Erlebnisorientierung
ideell spirituell; metaphysisch; Neigung zur Abstrahierung von der dinglichen Realität; vergeistigt; intellektuell; idealistisch; Betonen des Anspruchs auf Authentizität;	**materiell** körperbetont; ‚weltlich'; praktisch; Orientierung am konkret Fassbaren; verdinglicht; realistisch; Pragmatismus: Orientierung an Machbarkeit und Notwendigkeit;
hierarchisch autoritätsorientiert bis autoritär; Statusdenken; positive Bewertung von Ordnung und Unterordnung; häufig: Ressentiments	**egalitär** partnerschaftlich; demokratisch; Anspruch auf Gleichberechtigung, Partizipation und Mitgestaltung; integrativ; „leben und leben lassen"
individuell Vorrang des Selbst vor der Gemeinschaft; Autonomie: Anspruch auf Unabhängigkeit und Selbstbestimmung (‚jeder ist für sich selbst verantwortlich'); häufig Streben nach Selbstverwirklichung und Persönlichkeitsentfaltung; Neigung zu Egozentrik; abgrenzen von der 'Masse', Betonung von 'Einzigartigkeit' und Unkonventionalität	**gemeinschaftlich** Gemeinschaft steht vor individuellen Ansprüchen; Rücksichtnahme auf Konventionen; Bereitschaft zu Kompromissen; teilweise Anpassung und Konformismus; Geselligkeit, Sicherheit, und Geborgenheit; bisweilen Anlehnung an bzw. Entlastung durch die Gemeinschaft
ästhetisch Form steht vor Inhalt; Vorrang der Ästhetik vor Funktionalität; Distanzierung von unmittelbaren und direkten Ausdrucksformen; Stilisierung von Praktiken; Betonung des 'Schönen' und Stilvollen gegenüber Nützlichkeit und Zweckmäßigkeit; Feingeschmack	**funktional** Inhalt ist wichtiger als Form; Orientierung an Funktionalität; Zweckmäßigkeit und Nützlichkeit stehen im Vordergrund; unmittelbare und direkte Ausdrucksformen herrschen vor; Notwendigkeits- oder Grobgeschmack
aufstiegsorientiert Streben nach ‚Höherem'; Karriere- und Statusorientierung; konkurrenzorientiert, z. T. kalkülbetontes Verhalten und Ellenbogenmentalität; z. T. Auf- bzw. Abstiegsängste	**sicherheitsorientiert** „Lieber den Spatz in der Hand als die Taube auf dem Dach"; realistischer Sinn für die eigenen Grenzen; geringe Risikobereitschaft; Festhalten an Vertrautem und Gewohntem; „Jeder sollte an seinem Platz bleiben und das Beste daraus machen"
herrschend Machtansprüche; Dominanz; sozialer Blick von oben nach unten; z. T. karitativ; z. T. offen ausgrenzend und elitär; symbolische Formen der Herrschaft über hochkulturelle Muster	**ohnmächtig** Fatalismus; sich dem Schicksal ausgeliefert fühlen; dichotomes Weltbild; sozialer Blick von unten nach oben
selbstsicher selbstbewusst; Selbstgewissheit im Umgang mit Anforderungen; Anspruchshaltung; meist zielsicher; Zukunftsoptimismus	**unsicher** Selbstzweifel u. wenig Selbstvertrauen in nicht vertrauten Feldern; soziale Distanz zu Autoritäten; wenig Zuversicht, neue Anforderungen bewältigen zu können; häufig Skepsis bis Pessimismus hinsichtlich der eigenen Zukunft

Quelle: Teiwes-Kügler/Lange-Vester 2018, S. 133f.

Tabelle 7: Auswertungsleitfaden zur Collageninterpretation

Spontaner erster ästhetischer Eindruck

- Diskussion vom Gesamteindruck/Simultanwirkung (Bei der ersten Betrachtung: Woran bleibt das Auge hängen, was fällt besonders auf?)

Formale Gestaltung – Deskription und Analyse

formal-ästhetische Ebene

- Struktur der Text- und Bildmotivanordnung (optisches Zentrum, sternförmig, geschichtet etc.)
- Modus der Anordnung (systematisch geordnet, willkürlich spontan) stilistische Mittel/Besonderheiten
- Größe der Text- und Bildmotive
- quantitative Text – Bildrelation
- flächige Gestaltung (Materialdichte/Freiflächen)

thematisch-inhaltliche Ebene (Motivauswahl)

- optische Abgrenzung von thematischen Bereichen
- Art der Motive (Gegenstände, Personen, Symbole, Text)
- Sphäre der Motive und Symbole (sakral-religiös, Wirtschaft, Technologie, Natur, Familie, Körper/Sinne)
- signifikantes Vokabular und stilistische Besonderheiten (Anspielungen, Ironie, Erklärungen, Stilisierung)

Bedeutungsanalyse

Grobanalyse

- Erfassung inhaltlicher und optischer Bereiche – Bestimmung der Sequenzen

Feinanalyse

Deskription und Deutung der einzelnen Sequenzen und der darin enthaltenen Themen, Motive und Symbole

1 Textelemente:
   - 1.wörtliche Bedeutung
   - 2. symbolische Bedeutung

1 Bildelemente:
   - 1.wörtlicher Bildsinn
   - 2. symbolischer Bildsinn

Relationale Analyse von Form und Inhalt

- Beziehung zwischen formaler Bild- bzw. Textanordnung und inhaltlichem Bezug – Deutung von Widersprüchen zwischen inhaltlicher und formaler Gestaltung
- optische und inhaltliche Beziehung zwischen einzelnen Sequenzen

---

Habitushermeneutische Synthese

- Ermittlung grundlegender Gestaltungsprinzipien aus der formalen und inhaltlichen Analyse, Überführung in moralische und ästhetische Prinzipien des Habitus unter Anwendung der Elementarkategorien zur Habitushermeneutik

---

Zusammenfassung und abschließende Beurteilung

- Einordnung der Collageninterpretation in die Auswertungsergebnisse der anderen Arbeitsteile in der Gruppenwerkstatt: Ermittlung neuer Themen und inhaltlicher Positionen
- Ergänzungen, Pointierungen, Widersprüche

Quelle: In Anlehnung an Bremer et al. 2015, S. 58 f.

typisch für soziale Gruppen geordnet […].“ (Bremer 2004, S. 78). Für das Sample der Gruppenwerkstätten wurden im Vorfeld keine Auswahlkriterien getätigt, um milieuhomogene Gruppen zu bilden (vgl. Bremer 2004, S. 83 f.). In den Analysen der vier Gruppenwerkstätten zeigte sich vielmehr, dass in den jeweiligen Gruppenwerkstätten Studierenden aus unterschiedlichen sozialen Milieus zusammengetroffen sind. Nach der Auswertung der vier Gruppenwerkstätten, deren Ergebnisse im Kapitel 6 ausführlich dargestellt werden, erfolgte ein weiterer Analyseschritt: Die Teilnehmenden wurden aus dem Gruppenkontext gelöst betrachtet und die milieuspezifischen Gemeinsamkeiten und Abgrenzungen der Studierenden in Form von gebildeten Mustern diskutiert. So wurden aus der Gesamtgruppe fünf Muster identifiziert, die Bezüge zu einem bestimmten Milieu aufweisen und die im Kapitel 7 dargestellt werden.

6 Empirischer Teil

Das Kapitel 6 beginnt zunächst mit einer Darstellung der spezifischen Studienstruktur, die zum Zeitpunkt der Erhebung 2014 an der ausgewählten Pädagogischen Hochschule das Lehramtsstudium Grundschule rahmte. Dem folgen eine Beschreibung vom Feldzugang und eine Reflexion vom Scoutingprozess. Im Anschluss wird die Fallauswahl begründet und ausgewählte Eckdaten der Teilnehmenden aus dem Sozialdatenbogen dargestellt. Das Kapitel 6.1 endet mit einem Überblick und einer ersten Einschätzung der Gesamtstichprobe.

Im Anschluss werden die einzelnen Gruppenwerkstätten ausführlich diskutiert: Die Ergebnisdarstellungen der Gruppenwerkstätten A bis D folgen jeweils der gleichen Form der Darstellung. Sie beginnt mit einer Kurzdarstellung der Teilnehmenden. Eckpunkte der Bildungsbiografie finden hier Erwähnung sowie die in der Vorstellungsrunde erwähnten Begründungen für die Studienfachwahl. Dem folgt eine Zusammenfassung der Gruppendiskussion. In den jeweiligen Abschnitten werden die angesprochenen Kernthemen identifiziert und die Positionierungen der Teilnehmenden diskutiert.[108] Im Anschluss folgen eine Reflexion der Gruppendynamik und die Zusammenfassung der Auswertung der Collagenarbeiten innerhalb der Gruppe. Jede Ergebnisdarstellung endet mit einer zusammenfassenden Diskussion der Hinweise der jeweiligen Milieuspezifität der Teilnehmenden, die aus ihren Beiträgen und Positionierungen in Relationen zu den anderen Studierenden zusammengetragen und herausgearbeitet werden konnten. Jede einzelne Gruppenwerkstatt zeichnet sich durch eine ganz eigene Gruppendynamik aus. So zeigt jede Gruppe Besonderheiten, die sie von den anderen Gruppen unterscheiden. Dies kann das Hervorheben eines selbst gewählten Themas sein bzw. ein immer wiederkehrendes und mitlaufendes Thema, welches mit allen anderen Diskussionspunkten verknüpft wird. Den Ergebnisdarstellungen der einzelnen Gruppen folgt im letzten Kapitel eine Reflexion der milieuspezifischen Gemeinsamkeiten und Unterschiede, die über die Diskussionsgruppen hinweg als bestimmte Muster benannt und dargestellt werden.

---

108 Für die Gruppenwerkstatt B bis D wird dieser Teil in einer gekürzten Fassung abgebildet, der sich auf die Darstellung und Zusammenfassung der angesprochenen Themen in der jeweiligen Diskussion beschränkt.

6.1 Erhebungszeitpunkt, Feldzugang und Rahmenbedingungen

Die Erhebung wurde im Sommersemester 2014 an einer der insgesamt sechs Pädagogischen Hochschulen in Baden-Württemberg durchgeführt.[109] Zum Zeitpunkt der Erhebung (2014) konnten an der Pädagogischen Hochschule die folgenden Lehrämter studiert werden: Grundschullehramt, Lehramt an Werkreal-, Haupt- und Realschulen sowie das Lehramt Sonderpädagogik. Alle Studiengänge wurden (noch) mit dem Staatsexamen abgeschlossen. Als rechtliche Grundlage für den grundständigen Studiengang Lehramt an Grundschulen galt die Studienordnung von 2011.[110] Die Regelstudienzeit betrug acht Semester. Im Studiengang Grundschullehramt waren zum Zeitpunkt der Erhebung 703 Studierende eingeschrieben, die nach der Studienordnung von 2011 studierten. Als Studienvoraussetzung war der Nachweis der allgemeinen oder einer fachgebundenen Hochschulreife erforderlich. Die begrenzten Studienplätze wurden über ein Auswahlverfahren (90 % Auswahlverfahren; 10 % Anzahl der Wartesemester) vergeben. Nach einem Punktesystem zählten – jeweils zur Hälfte – die Endnote der Hochschulzugangsberechtigung sowie die Bewertung praktischer und pädagogischer Leistungen. Dazu zählten u. a. eine abgeschlossene Berufsausbildung, Vollzeittätigkeit, ein Auslandsaufenthalt, ehrenamtliche Tätigkeiten, Elternschaft. Ferner war an die Zulassung für eine Bewerbung der Nachweis für die Teilnahme am Lehrerorientierungstest geknüpft.[111]

Zum Zeitpunkt der Erhebung legte die geltende Studienordnung fest, dass die Studierenden für den grundständigen Studiengang Lehramt an Grundschulen, neben dem Studienbereich Bildungswissenschaften (Erziehungswissenschaften und Psychologie) und Lehrveranstaltungen in einem übergreifenden Studienbereich, zwei Hauptfächer und zwei Kompetenzbereiche belegen mussten. In jeder Studienstufe war festgelegt, wieviel ECTS-Punkte in den jeweiligen Hauptfächern und Kompetenzbereichen erreicht werden mussten, um zur Modulprüfung zugelassen zu werden, mit welcher die jeweilige Studienstufe abgeschlossen wurde.[112] Im Anschluss an das 8. Semester endete der erste Ab-

---

109 Aus Gründen der Anonymisierung der Daten wird der Standort der Pädagogischen Hochschule nicht direkt benannt. In welcher der sechs Pädagogischen Hochschulen die Erhebung vorgenommen wurde, ist ferner nicht relevant für die Ergebnisse und Überlegungen dieser Arbeit.

110 Die zum Zeitpunkt der Erhebung geltende Studienordnung wurde mittlerweile abgelöst und das damalige Staatsexamensstudium auf den Bachelor-Studiengang „Bildung im Primarbereich (Bezug Lehramt Grundschule)“ sowie den Studiengang „Master of Education Lehramt Grundschule“ umgestellt.

111 Nach dem Landeshochschulgesetz (§ 60 Abs. 2 Nr. 6 LHG) ist in Baden-Württemberg die Teilnahme an einem Lehrerorientierungstest (Online-Selbst-Test) verpflichtend für die Immatrikulation in Lehramtsstudiengänge (vgl. Ministerium für Wissenschaft, Forschung und Kunst Baden-Württemberg 2024a).

112 Im ersten Hauptfach standen die Fächer Deutsch oder Mathematik zur Auswahl. Im sogenannten vertiefenden Kompetenzbereich musste entsprechend das gegenteilige Fach (Deutsch oder

schnitt des Lehramtsstudiums mit dem ersten Staatsexamen (in mündlicher und schriftlicher Prüfungsform).

6.1.1 Reflexion vom Scouting Prozess

Für die Untersuchung wurden gezielt Studierende gescoutet, die sich im Hauptstudium befanden und die Akademische Vorprüfung bereits absolviert hatten. Hintergrund für diese Vorauswahl war, dass sich die Studierenden bereits einige Semester im Studium befanden und auf Erfahrungen und Routinen im Studienalltag zurückgreifen konnten. Es handelt sich bei den Teilnehmenden somit weder um Studienanfänger*innen noch um Studierende, die bereits so weit im Studium fortgeschritten sind, dass sie ihre Energie ausschließlich auf den Abschluss fokussierten und in Vorbereitung auf Prüfungen und den kommenden Abschnitt (Referendariat) eventuell ein geringes Interesse an einer Auseinandersetzung mit dem Studium zeigten. Das Scouting für eine Teilnahme wurde direkt in den Lehrveranstaltungen vorgenommen. Die Forscherin bekam die Gelegenheit, im laufenden Semester zu Beginn von Lehrveranstaltungen das Vorhaben in den Seminaren vorzustellen und Werbeflyer zur Teilnahme zu verteilen. Die Studierenden konnten sich bei Interesse selbstständig per E-Mail für eine Teilnahme melden. Ferner wurde eine Studierendengruppe aus einem kompletten Seminar gewonnen, das sich inhaltlich mit Methoden der qualitativen Sozialforschung beschäftigte. Zum Zeitpunkt der Erhebung war die Forscherin in einem BMBF-Projekt an der Hochschule (ohne Lehrtätigkeit) beschäftigt. Sie trat gegenüber den Studierenden in der Rolle einer Bildungsforscherin auf, die sich für ein eigenes Projekt, im Rahmen einer Qualifizierungsarbeit für die Sichtweisen und Perspektiven der Studierenden auf das Studium interessiert. Den teilnehmenden Studierenden war offensichtlich bewusst, dass die Interviewerin mit einigen Personen

Mathematik) belegt werden. Das zweite Hauptfach konnte selbstständig gewählt werden. Der zweite Kompetenzbereich bestand aus den Wahlpflichtfächern Naturwissenschaften/Technik, Sport/Gesundheit, Sozialwissenschaften oder Kunst/Musik. In dem übergreifenden Studienbereich wurden parallel zu der jeweiligen Studienstufe bestimmte Querschnittsthemen vermittelt (Stufe 1: Wissenschaftliches Arbeiten, Stufe 2: Inklusion, Stufe 3: Freiwilliges Engagement). Nach dem 2. Semester wurde das Grundstudium (Studienstufe 1) mit der sogenannten Akademischen Vorprüfung (AVoP) abgeschlossen. Das Hauptstudium beginnt mit der 2. Studienstufe (3-5. Semester; „Aufbaustudium"), an welches sich eine 3. Studienstufe anschließt (6.-8. Semester; „Vertiefungs- und Vernetzungsstudium"). Ab der 2. Studienstufe fließen die Noten der Modulprüfungen, mit denen jeweils eine Studienstufe abgeschlossen wird, in die Endbenotung ein. Nach der PO 2011 gab es drei Praktikumsabschnitte im Rahmen der schulpraktischen Studien: Studienstufe 1: Orientierungs- und Einführungspraktikum (OEP) (zwei Wochen während der vorlesungsfreien Zeit). Studienstufe 2: ISP (Integriertes Semesterpraktikum, davon 30h eigener Unterricht. 3. Studienstufe: Dreiwöchiges Blockpraktikum (Professionalisierungspraktikum).

des Lehrpersonals im Studiengang bekannt war. Darauf verweisen Nachfragen an die Moderatorin sowie die Verunsicherung, wenn die Studierenden in den Gruppenwerkstätten Lehrpersonen namentlich benannten, trotz mehrfacher Zusage der Anonymisierung. Soziale Erwünschtheit im Antwortverhalten bzw. ein angepasstes Antwortverhalten können von daher nicht ausgeschlossen werden. Die teils heftig geäußerte Kritik an den Lehrenden und an der Hochschule zeigte jedoch, dass die Studierenden in den Gruppendiskussionen offensichtlich auf die zugesagte Anonymisierung vertrauten und sich meist im Verlauf der Gruppenwerkstatt die anfängliche Zurückhaltung dahingehend löste, dass sich die Studierenden immer weniger zurückhielten in ihren Meinungen und Beurteilungen. So wurden die Gruppenwerkstätten teils genutzt, um Frustrationen und Unzufriedenheit mit dem Studium offen an- und auszusprechen.

6.1.2 Fallauswahl und Zusammenfassung ausgewählter Sozialdaten

Insgesamt nahmen 24 Studierende an den vier Gruppenwerkstätten teil, die im Zeitraum zwischen April und Juni 2014 durchgeführt wurden. Zwei Gruppen setzten sich aus Studierenden zusammen, die sich selbstständig zur Teilnahme gemeldet hatten (GW A und GW D). Hinzu kamen zwei Gruppen (GW B und GW C), die an der Untersuchung im Rahmen einer Lehrveranstaltung teilnahmen (vgl. A1; Tab. 2). In der Auswertung wurde deutlich, dass sich die Wege der Teilnahmegewinnung auf die Ergebnisse auswirkten: In der Auswertung der Gruppenwerkstätten zeigte sich, dass die Studierenden, die sich selbstständig zur Teilnahme gemeldet hatten und die Studierenden, die über den Weg der Lehrveranstaltung partizipierten, sich in der kritischen Bewertung und ihrer Zufriedenheit mit der Studiensituation unterschieden. Eine positive Fügung für das Promotionsprojekt ist daher der Anteil der Studierenden, die über eine Lehrveranstaltung an der Befragung teilgenommen haben, da darüber auch Studierende zu Wort kommen, die über das Scouting in den Lehrveranstaltungen (wahrscheinlich) nicht erreicht worden wären.

Alter, regionale Herkunft und Semesteranzahl

Die Teilnehmer*innen waren zum Zeitpunkt der Durchführung der Gruppenwerkstätten im Durchschnitt 25 Jahre alt. Die Altersspanne reichte vom Geburtsjahrgang von 1977 bis 1993. Die Mehrheit (71 %) der Stichprobe gehörte der Jahrgangskohorte 1990–1992 an. Der allgemein niedrige Anteil von männlichen Studierenden im Grundschullehramt[113] und der niedrige Anteil von Studierenden mit Migrationsgeschichte spiegelt sich auch in der Stichprobe wider: An den vier

113 Laut Struktur- und Entwicklungsplan (2011) der Pädagogischen Hochschule, an welcher die Untersuchung durchgeführt wurde, lag der prozentuale Frauenanteil im Studiengang Lehramt an

Gruppenwerkstätten nahmen insgesamt 24 Personen teil, davon 22 Frauen und zwei Männer (vgl. A1; Tab. 2). Bei einer Person stammt ein Elternteil gebürtig aus einem osteuropäischen Land. In der Stichprobe befindet sich ferner eine Person, die Verantwortung als Alleinerziehende trägt.[114] Mehrheitlich sind die Studierenden räumlich regional verwurzelt oder stammen aus dem näheren Umkreis des Studienstandorts bzw. einem angrenzenden Bundesland. Lediglich drei Personen sind für das Studium vom Norden in den Süden gezogen. Alle Teilnehmenden streben als Abschluss das Staatsexamen an.

15 Studierende waren zum Zeitpunkt der Gruppenwerkstätten im 6. Semester und gehörten damit der ersten Kohorte an, die unter einer neu eingeführten Studienordnung an der Pädagogischen Hochschule studierten. Alle weiteren Teilnehmenden befanden sich im 3. bis 5. Semester (vgl. A1; Tab. 1). Alle teilnehmenden Studierenden haben bereits ihre Akademische Vorprüfung (AvOP) erfolgreich absolviert und befinden sich somit im mittleren Studienabschnitt des Grundschullehramtsstudiums.

Schulabschlüsse und berufliche Tätigkeiten vor der Studienaufnahme

16 Personen erwarben die allgemeine Hochschulreife durch den Besuch eines Gymnasiums, zwei Studierende besuchten eine Gesamtschule mit gymnasialer Oberstufe, drei weitere Personen ein berufliches Gymnasium/Fachgymnasium (vgl. A1; Tab. 3). Drei Studierende erwarben den Zugang über eine Berufsoberschule bzw. Fachoberschule. Vor dem Studium absolvierten 13 Personen ein FSJ (vorwiegend im Bereich Grundschule) und fünf Teilnehmende ein Praktikum in einer Grundschule. Alle Proband*innen gaben im Sozialdatenbogen an, sich ausschließlich für ein Lehramtsstudium beworben zu haben. Bis auf einen Fall fiel die Wahl auf das Grundschullehramt. Von den 24 Teilnehmenden haben sich 18 Personen auch an anderen Pädagogischen Hochschulen beworben. Sechs Personen haben vor der Aufnahme des Studiums eine Ausbildung abgeschlossen, zwei von ihnen im pädagogischen Feld (Erzieherin). Die weiteren Ausbildungen sind dem kaufmännischen, dem medizinischen und dem facharbeiterischen Bereich zuzuordnen. Drei Studierende haben eine zertifizierte einjährige Weiterbildung abgeschlossen und teilweise in den jeweiligen Bereichen gearbeitet. Drei Teilnehmende waren vor Aufnahme des Lehramtsstudiums an einer Universität eingeschrieben, davon wurde ein Studium erfolgreich abgeschlossen (vgl. A1; Tab. 4).

Grundschulen bei 82,6 %; im Juli 2016 stieg der prozentuale Frauenanteil auf 86,6 % (Quelle: Jahresbericht 2015/2016).

114 Laut Struktur- und Entwicklungsplan der Pädagogischen Hochschule (2012-2016, S. 66) lag der Anteil von Studierenden mit mindestens einem Kind bei 7,3 %.

Finanzierung des Studiums, Wohnsituation und Freizeitaktivitäten

60 % der Teilnehmenden gaben an, im Monat unter 500 Euro zum Lebensunterhalt zur Verfügung zu haben. Für 22 % waren es zwischen 500 und 750 Euro. Nur 9 % verfügten über eine Summe zwischen 750 und 1000 Euro im Monat und für weitere 9 % waren es monatlich mehr als 1000 Euro. In der Finanzierung des Lebensunterhalts wurde in den meisten Fällen auf eine Mischform zurückgegriffen (vgl. A1; Tab. 5). 17 der 24 Teilnehmenden wurden ferner finanziell von ihren Eltern unterstützt. Sieben Personen bezogen zum Zeitpunkt der Teilnahme BAföG. Ferner gaben 17 Personen an, neben dem Studium einem (oder mehreren) Nebenjob(s) nachzugehen. Bei den Nebentätigkeiten ergab sich teils ein Bezug zum Studium z. B. studentische Mitarbeiter*innen (sechs Personen), Hausaufgabenhilfe (fünf Personen), Sporttrainer*innen (drei Personen) und Mitarbeiter*innen in einem biologischen Zentrum (zwei Personen). Als Tätigkeiten ohne Bezug zum Studium wurden Servicekraft (Gastronomie), Verkäuferin (Einzelhandel) oder Bürohilfe genannt. Einige Personen waren außerdem in ihren Ausbildungsberufen bzw. im Bereich der erworbenen zertifizierten Weiterbildung tätig. In der Vorlesungszeit lag die wöchentliche Arbeitszeit in Nebenjobs bei durchschnittlich 9,8 Stunden. Dabei lag die niedrigste Stundenanzahl bei 2 Stunden/Woche und die höchste bei 23 Stunden/Woche. In der vorlesungsfreien Zeit erhöhten sich die wöchentlichen Arbeitsstunden im Durchschnitt auf 12,6 Stunden/Woche.

Als Wohnform überwog das Leben in einer Wohngemeinschaft (zehn Personen) oder das gemeinsame Wohnen mit einem/einer Partner*in (neun Personen). Einige Studierende lebten bei ihren Eltern oder wohnten alleine. Einige Teilnehmende gaben Wohnmischformen an, was darauf schließen lässt, dass sie sich lediglich unter der Woche am Studienstandort aufhielten. Die Studierenden erhielten ferner die Möglichkeit im Sozialdatenbogen per Freitext beliebig viele Freizeitaktivitäten anzugeben (vgl. A1; Tab. 6). Am häufigsten wurden Aktivitäten genannt, die einen geselligen/gemeinschaftlichen Bezug aufwiesen, wie z. B. das Treffen mit Freund*innen. Neben der Aufzählung von zahlreichen sportlichen Aktivitäten, gaben die Studierenden ferner an, sich kreativ und/oder musikalisch zu betätigen. Neun Personen verbanden mit ihrer Freizeit den Nebenjob. Vereinstätigkeiten waren vor allem auf Sportvereine (sieben Personen, hier häufig in Form als aktive Trainer*innen) und Musikvereine (drei Personen) konzentriert. Diese lagen räumlich häufig im Heimatort der Studierenden, was auf eine Verwurzelung in der Herkunftsregion hinweist. Weitere Aktivitäten waren kirchlichen Ursprungs (Pfadfinder, christl. Jugend). Keine*r der Teilnehmenden war parteipolitisch organisiert. Zwei Studierende waren Mitglied in einer Gewerkschaft (GEW, VBE). Vier Personen gaben an, an der Pädagogischen Hochschule in einer Fachschaft aktiv zu sein, davon drei in der Fachschaft Deutsch.

Schul- und berufsbildende Abschlüsse der Eltern
Zehn Mütter haben einen Hochschulabschluss erworben (neun Universitätsabschluss/ein Fachhochschulabschluss). Davon studierten fünf Mütter Lehramt und arbeiteten als Lehrerin (zwei als Grundschullehrerin). Von den verbliebenen fünf Müttern mit Hochschulabschluss war lediglich eine Mutter beruflich im studierten Bereich tätig. Die weiteren vier Mütter mit Studienabschluss arbeiteten in anderen beruflichen Feldern, unterhalb der erworbenen Hochschulqualifikation: Eine Sozialpädagogin als Erzieherin, eine studierte Naturwissenschaftlerin und eine studierte Geisteswissenschaftlerin jeweils als Office-Managerin/Assistentin mit Sekretariatsaufgaben (vormals Berufsbezeichnung Sekretärin). In einem Fall wurde ein Studium im medizinischen Bereich im Ausland abgeschlossen, das in der Bundesrepublik lediglich als Ausbildungsberuf anerkannt und entsprechend geringer vergütet wird (vgl. A1; Tab. 7). Fünf weitere Mütter absolvierten eine Ausbildung in medizinisch-pflegerischen Berufen und waren als Gesundheits- und Krankenpflegerin tätig (Pflegeheim, Krankenhaus). Zwei Mütter waren mit einer beruflichen Ausbildung im kaufmännischen Bereich auch in diesem Berufszweig tätig (Bank, Büro). Eine Mutter war mit einer beruflichen Ausbildung im Hotelfach im entsprechenden Bereich tätig. Weitere Berufe waren in klassisch-weiblichen Berufsdomänen angesiedelt, wie z. B. Schneiderin, Verkäuferin, Frisörin, Erzieherin. Eine Mutter arbeitet als Fabrikarbeiterin, ohne eine berufliche Ausbildung (vgl. A1; Tab. 8).

Elf Vätern verfügen über einen Hochschulabschluss (neun Universitäts- und zwei Fachhochschulabschlüsse). Davon waren sieben Personen im studierten beruflichen Feld tätig (Mediziner, Ingenieur, Bibliothekar, 4x Lehrer), drei Väter haben von dem ursprünglichen Studienfach in einen anderen beruflichen Bereich gewechselt (Volkswirt in die Verwaltung, Lehrer in handwerkliche Selbstständigkeit, Naturwissenschaftler in die IT-Branche) (vgl. A1; Tab. 7). Bei den Vätern mit einer beruflichen Ausbildung dominieren handwerkliche Tätigkeiten (Dreher, Tischler, Elektriker, Techniker, Schriftsetzer). Zwei Väter waren mit entsprechender beruflicher Ausbildung als Angestellte tätig (Stadt, Versicherung), ein Vater im Einzelhandel. Bei den Vätern mit handwerklich-technischer Ausbildung zeigten sich vereinzelt Wechsel in andere handwerkliche Bereiche. In zwei Fällen waren die Väter innerhalb ihrer Tätigkeit beruflich in eine höhere kaufmännische Position bzw. Verwaltungsposition aufgestiegen. In zwei weiteren Fällen waren die Väter in die Selbstständigkeit gewechselt und führten einen eigenen handwerklichen Betrieb (vgl. A1; Tab. 8).

Schul- und berufsbildende Abschlüsse der Großeltern
Oftmals konnten die Teilnehmenden nicht angeben, über welche schulischen und beruflichen Abschlüsse die Großeltern verfügen. Bei denjenigen, denen die Abschlüsse bekannt waren, zeichnete sich das Bild von beruflich geschlechtsspezifisch segregierten Ausbildungsberufen ab. Häufiger wurden den Großmüttern

keine beruflichen Abschlüsse und die Tätigkeit als Hausfrau bzw. Mutter zugeordnet (vgl. A1; Tab. 10/Tab. 12). Die ausgeübten Berufe (soweit bekannt) verwiesen auf klassisch tradierte Frauenberufe. Aufgezählt wurden Verkäuferin (2x), Bäuerin, Erzieherin, Schneiderin (3x), Wirtin (2x), Näherin und Industriearbeiterin. Frauen mit Gymnasialabschluss wurden die Berufe Buchhalterin und Laborantin zugeordnet. Zwei Großmütter besaßen einen Hochschulabschluss (davon 1x Lehramt, bei einer Person wird ein Studium angegeben, beruflich wurde sie aber als Angestellte verortet). Auch bei den Großvätern waren den Teilnehmenden viele schulische und berufliche Abschlüsse nicht bekannt (vgl. A1; Tab. 11/Tab. 13). Häufiger konnten jedoch die ausgeübten Berufe benannt werden. Diese wurden verortet im handwerklichen Bereich (2x Schreiner), im metallverarbeitenden Bereich (Schlosser, Metallbau) sowie als Mechaniker. Ferner wurden genannt: Mitarbeiter Automobilzulieferer, LKW-Fahrer, Bauer (2x), Chemiker, Wirt, Soldat, Pfleger, Beamter bei der Stadt, Angestellter bei der Bahn (2x) und Schriftsetzer. Studierte Großväter waren als Professor (Fachbereich unbekannt), als Mediziner, Lehrer (2x) und Ingenieure (2x) tätig. Ein Großvater wurde als Eigentümer eines Baugeschäfts und einer als Vize-Chef eines (internationalen) Unternehmens benannt.

6.1.3 Gesamteinschätzung und Fazit

Anhand der schulischen und berufsbildenden Abschlüsse der Eltern zeichnete sich folgendes Bild ab: Mit zehn Studierenden stammen fast die Hälfte der Stichprobe aus einem vollakademischen Haushalt.[115] Davon waren jeweils fünf Vätern und fünf Müttern (davon drei Elternpaare) als Lehrer*innen tätig (vgl. A1; Tab. 9). In einem weiteren Fall war lediglich der Vater im Besitz eines Hochschulabschlusses (Mutter: Realschulabschluss und berufliche Lehre). Anhand der beruflichen Ausbildungsabschlüsse zeigte sich, dass die Eltern ohne akademischen Abschluss überwiegend Tätigkeiten in Berufsfeldern der mittleren beruflichen Segmente nachgingen. Vereinzelt zeichneten sich berufliche Aufstiege bei den Vätern ab, die im Rahmen der beruflichen Tätigkeit, in einem eher bescheidenen innerbetrieblichen Rahmen, stattfanden. Anhand der Berufstätigkeiten der Eltern zeigt sich ferner eine geschlechtstypische Berufswahl: Die Väter hatten überwiegend handwerkliche und technische Ausbildungen absolviert. Die Mütter

115 In der Elterngeneration stammen jeweils eine Mutter und ein Vater aus einem vollakademischen Haushalt. In fünf der zehn Fälle aus vollakademischen Haushalten sind bereits die Großväter (väterlicherseits) in Besitz eines Hochschulabschlusses. In einem Fall haben die Eltern wie auch die Großelternpaare das Abitur absolviert und haben (mit Ausnahme der Großmutter väterlicherseits) einen Hochschulabschluss.

waren überwiegend im pflegerischen und kaufmännischen Bereich sowie im Dienstleistungssektor tätig.

Um die schulischen und berufsbildenden Abschlüsse der Großelterngeneration lückenlos zu rekonstruieren, gibt es in den Sozialdatenbögen leider zu viele unbekannte Faktoren. Deutlich zeigte sich jedoch, dass den Großmüttern im Vergleich zu den Großvätern niedrigere Schulabschlüsse und häufiger fehlende Berufsausbildungen zugeordnet wurden. Sofern bekannt, zeichnete sich ferner ab, dass in der Elterngeneration die Mütter gegenüber der Großmuttergeneration mehrheitlich einen höheren Schulabschluss erreicht hatten. Dies zeigte sich auch anhand der erworbenen Hochschulabschlüsse: Hatten lediglich zwei Großmütter einen Hochschulabschluss, waren es in der Elterngeneration bereits zehn Mütter (Vergleich Väter: sieben Hochschulabschlüsse in der Generation der Großväter, elf bei den Vätern). Festzuhalten ist, dass ein Teil der Stichprobe mit Aufnahme des Hochschulstudiums den akademischen Status der Kernfamilie reproduziert, während sich in der anderen Hälfte eine Bildungsmobilität zwischen Eltern- und Kindergeneration zeigt: Zwölf Studierende stammten aus nicht-akademischen Haushalten und erreichten mit dem Abitur einen formal höheren schulischen Abschluss als ihre Eltern.

Scheint in der Elterngeneration der Abiturabschluss noch ausnahmslos zu der Aufnahme eines Hochschulstudiums und der Schulabschluss der Haupt- bzw. Realschule zu der Aufnahme eines Ausbildungsberufs geführt zu haben, trifft dies für die Studierenden der Stichprobe nicht mehr zu. Deutlich wird anhand der Tätigkeiten der Studierenden vor Aufnahme des aktuellen Studiums (vgl. A1; Tab. 4), dass fast die Hälfte der Stichprobe zunächst andere berufliche Perspektiven ausgelotet hatte. So zeichneten sich in der Stichprobe zwei Gruppen ab: Eine Hälfte hat nach dem Abitur (meist an einem Gymnasium) und dem obligatorischen Praktikum (hier überwiegend in Form vom FSJ) das Studium an der Pädagogischen Hochschule aufgenommen. Für die andere Hälfte verlief der Weg ins Studium weniger gradlinig und dem Studium an der Pädagogischen Hochschule gingen berufliche Ausbildungswege, aber auch einige wenige Studienabbrüche an Universitäten voraus. Diese relativ große Anzahl an unterschiedlichen Wegen ins Studium verweist auf eine hohe Attraktivität des Hochschultyps Pädagogische Hochschule (vgl. Kapitel 3.3) für bestimmte Gruppen von Studierenden (hier besonders die Bildungsaufsteiger*innen mit abgeschlossener beruflicher Ausbildung), die über „Umwege“ eine Studienwahl treffen (sich mit dieser dann aber sehr sicher zu sein scheinen). Für den Studiengang (und die Hochschulform) gibt dies erste Hinweise auf eine integrativ geprägte Fachkultur mit breiteren Teilhabe- und Zugangsmöglichkeiten, die von den Studierenden als niedrigschwelliger wahrgenommen werden. Angeschlossen werden kann an Ergebnisse, die den Unterschied zwischen den Studierendengruppen an Hochschulen und Universitäten untersuchen und besonders den Fachhochschulen eine höhere Attraktivität für Bildungsaufsteiger*innen attestieren (vgl. Rheinländer 2014;

Merkel 2015). Zusammenfassend kann bei der Stichprobe von einer heterogenen Gruppe gesprochen werden, die sich sowohl aus Bildungsaufsteiger*innen als auch aus Studierenden zusammensetzt, die mit der Studienaufnahme den Bildungswegen der Eltern folgen. Sowohl in der Gruppe derjenigen, die direkt nach dem Erreichen der Hochschulreife das Studium aufnehmen, als auch in der Gruppe der Studierenden, die zunächst eine berufliche Ausbildung abgeschlossen haben, finden sich sowohl Bildungsaufsteiger*innen, als auch Studierende, die mit dem Studium den akademischen Weg der Eltern einschlagen. Es zeigt sich aber auch, dass die Studierenden, die vorab eine Berufsausbildung abgeschlossen haben, mehrheitlich aus nicht-akademischen Haushalten stammen. Ferner bestätigt sich der aus der Forschung zum Lehrer*innenberuf bekannte Befund einer hohen Berufsvererbung (vgl. A1; Tab. 9) in der Stichprobe (siehe Kapitel 3).

6.2 Ergebnisdarstellung und Verlauf der Gruppenwerkstatt A

An der ersten Gruppenwerkstatt nahmen vier Studentinnen und ein Student im Alter von 22 bis 28 Jahren teil. Alle haben bereits die Akademische Vorprüfung abgeschlossen und studieren in einem mittleren Semester (3.-6.). Die Gruppe setzt sich aus Studierenden zusammen, die durch das Bewerben der Veranstaltung in unterschiedlichen Seminaren gewonnen werden konnten. Die Teilnehmenden hatten bisher keinen persönlichen Kontakt zueinander. Alle Teilnehmenden haben ihre Hochschulzugangsberechtigung über das Abitur an einem Gymnasium erworben. Gemeinsam ist der Gruppe ferner die Teilfinanzierung ihres Studiums durch Nebenjobs. Vier der Teilnehmer*innen (Lukas, Martha, Tanja und Karin) sind als studentische Mitarbeiter*innen an der Pädagogischen Hochschule tätig. Geografisch stammen alle fünf aus der näheren Umgebung oder sind direkt am Studienstandort ansässig. Ferner ist ihnen gemeinsam, dass sie sich räumlich in der Nähe ihrer Herkunftsfamilie aufhalten bzw. dort leben.

6.2.1 Kurzporträts der Teilnehmenden

Kurzporträt Tanja
Tanja (Jahrgang 1987) hat nach dem Besuch des Gymnasiums zunächst eine Lehre in einem von Berufen mit pädagogischem Schwerpunkt weit entfernten kaufmännischen Berufsfeld absolviert. Zwar hatte sie sich parallel zu der Ausbildung auch auf einen Studienplatz an der Pädagogischen Hochschule beworben. Die Studienzusage erhielt Tanja jedoch erst nach Aufnahme der Lehre, weswegen sie sich dazu entschied, diese zunächst zu beenden. Das Ziel, ein Lehramtsstudium aufzunehmen, hat Tanja trotz des Umwegs der Ausbildung aber nicht aus den Au-

gen verloren. Von der Basis einer abgeschlossenen Berufsausbildung aus, geht sie den Studienwunsch erneut an, mit der Begründung: „[...] so, das kanns nicht sein, ich mach noch weiter." (Z47). Die Überlegungen, den Beruf zu ergreifen, präsentiert Tanja als bereits in der Schule entwickelt. So habe sie sich schon „früh" mit dem Gedanken getragen, Lehrerin zu werden. Die Weitergabe und Vermittlung von Wissen haben ihr „[...] schon immer Spaß gemacht [...]." (Z37). Tanja wohnt bei ihren Eltern in kleinstädtischer Umgebung. Beide Eltern haben den Hauptschulabschluss erworben und eine berufliche Lehre absolviert. Sie arbeiten in ihren erlernten Berufen. Der Vater in einem metallverarbeitenden Handwerk, die Mutter im textilverarbeitenden Handwerk. Das Studium finanziert Tanja über drei Nebenjobs: Im erlernten kaufmännischen Beruf, als Hilfskraft in einer Kinderbetreuungseinrichtung und als studentische Mitarbeiterin. Als Hobbys hebt sie neben sportlichen Aktivitäten und Lesen besonders ihr kirchliches Engagement hervor.

Kurzporträt Karin

Karin (Jahrgang 1992) stellt in der Vorstellungsrunde ihr ehrenamtliches Engagement in den Fokus. Ihre Freizeit verbringt sie vorwiegend mit Beschäftigungen, die mit gesellschaftspolitischen Aktivitäten in einem christlichen Jugendverband in Verbindung stehen. Zum anderen ist sie an der Pädagogischen Hochschule in einer Fachschaft aktiv. Sie wohnt unter der Woche in einem Studentenwohnheim und pendelt an den Wochenenden zurück zu ihrem Herkunftsort, wo auch ihr Freund lebt und ihr Kirchenengagement verortet ist. Dort wohnt sie in einer Wohngemeinschaft. Karins Partner absolviert ein Studium an einer Universität (Fachrichtung IT). Karins Mutter hat nach dem Realschulabschluss eine Ausbildung in einem medizinisch-pflegerischen Bereich absolviert und arbeitet in diesem Beruf. Die Mutter der Mutter hat mit dem Hauptschulabschluss eine Lehre im Handel absolviert und ist in diesem Beruf tätig. Der Vater der Mutter besitzt einen Realschulabschluss und ist als Beamter bei der Stadt angestellt. Karins Vater hat nach dem Hauptschulabschluss eine Lehre im Bereich Fahrzeugtechnik absolviert und arbeitet mittlerweile im Automobilhandel. Über seine Eltern ist nur der Hauptschulabschluss bekannt. Karins Schwester, die gerade ihr Abitur abgeschlossen hat, strebt ein Studium an einer Fakultät für Architektur an. Finanziert wird das Studium zur Hälfte von den Eltern, zur Hälfte arbeitet Karin in Nebenjobs. Sie gibt Nachhilfe und ist als studentische Mitarbeiterin tätig. Ihr Aufgabenbereich liegt in der Beratung von Studierenden und Studieninteressierten. Lehrerin zu werden, beschreibt Karin als einen Wunsch, der bereits in der Kindheit entstand. Nach dem Abitur absolviert sie die benötigten Praktika, um sich an der Pädagogischen Hochschule zu bewerben. Nachdem sie zunächst abgelehnt wird, hängt sie ein FSJ im Bereich der Jugendarbeit an und bewirbt sich dann erneut. Karin begründet ihre Wahl des Grundschullehramts mit ihrem besonderen Interesse, Lernprozesse von Kindern zu begleiten.

> Karin: „[...] ich find's einfach total spannend auch mit dem Alter und eben auch diese Übergänge zu gestalten, also grad der Anfangsunterricht ähm find ich so spannend, wie die Kinder halt dann in die Schule kommen und mit so vielen verschiedenen Voraussetzungen und deswegen möchte ich Grundschullehrerin werden, ja." (Z82-86).

Sie stellt ihre Ambitionen dem Gesellschaftsbild vom Lehrer*innenberuf gegenüber und kritisiert das geringe gesellschaftliche Ansehen von Lehrer*innen, „[...] das von der Gesellschaft noch nicht so gewürdigt wird." (Z111-112). Karin verbindet mit dem Beruf außerdem eine Verantwortungsübernahme gegenüber den Schüler*innen: „[...] weil ich denke, dass, ähm, wenn wir ein Jahr schlechten Matheunterricht machen, dass das tiefgreifende Konsequenzen haben kann." (Karin, Z79-80).

Kurzporträt Mira

Mira (Jahrgang 1991) hat nach dem Abitur ein FSJ an einer Grundschule absolviert. Neben ihrer Bewerbung für einen Studienplatz für das Grundschullehramt, hat sich Mira auch auf Ausbildungsplätze als Erzieherin beworben, „[...] weil ich nicht wusste, ob ich zum Studium zugelassen werde [...]." (Z1045-1046). Die Pädagogische Hochschule hat sie aufgrund der Nähe zum Heimatort gewählt, aber vor allem, weil ihr die ausschließliche Ausrichtung der Hochschule auf das Lehramt Sicherheit gibt.

> Mira: „[...] ich find halt auch einfach schön, dass hier hauptsächlich Lehrer ausgebildet werden, also ich hab andere, ähm, andere Freunde, die studieren halt ganz normal an der Uni und die sagen halt, das ist so voll unmöglich [...] es sind so wenig so Didaktik Seminare und alles so komplett fachbezogen , es ist so anstrengend und die Vorlesungen sind so voll und ich sag immer, ja bei mir ist ganz entspannt." (Z197-202).

Mira stammt aus einer Kleinstadt in einem angrenzenden Bundesland und wohnt in einer Wohngemeinschaft am Studienstandort. Mit diesem Arrangement zeigt sie sich zufrieden, da die räumliche Nähe zu ihrem Heimatort gegeben ist, in dem sie sich über ihren Partner, Hobbys und Familie sehr stark verwurzelt zeigt. Miras Partner hat das Abitur absolviert. Nach dem Bachelorabschluss in einem ingenieurwissenschaftlichen Studiengang strebt er den Masterabschluss an. Beide Eltern haben nach dem Realschulabschluss eine Lehre im Einzelhandel (Mutter) und im Handwerk (Vater) absolviert. Die Mutter arbeitet als Verkäuferin im Einzelhandel. Der Vater ist als Berufskraftfahrer tätig. Mira finanziert das Studium mithilfe der Eltern und über einen Nebenjob als Verkäuferin. Auch Mira erklärt ihren Wunsch, Lehrerin zu werden, als früh ausgebildet. Sie begründet ihren Berufswunsch mit der Vereinbarkeit vom späteren Beruf mit einem familienbezogenen biografischen Entwurf. Erste Erfahrungen in der Kinderbetreuung sammelt Mira als Babysitterin. In ihrer Schulzeit arbeitet sie in der Hausaufgabenbetreuung und gibt privat Nachhilfe, was ihr „[...] einfach super viel Spaß gemacht [hat]." (Z236-237). Als besondere Motivation hebt Mira pädagogisch-fürsorgliche Motive hervor, etwa die Empathie für Kinder mit besonderem Unterstützungsbedarf: „[...] dass ich mich grad so zu den Kindern sonen bisschen, sag ich jetzt mal hingezogen fühle, die grad so Probleme haben und sehr viel Unterstützung brauchen und die auch bei den Schülern eben nicht so beliebt sind." (Mira, Z242-244).

Kurzporträt Martha
Martha (Jahrgang 1992) stammt gebürtig vom Studienstandort und wohnt dort alleine in einer Wohnung. Viel Zeit nimmt ihr Hobby in Anspruch: Sie trainiert in einer Mannschaftssportart auf Bundesliga Niveau. Außer dem Sport gibt Martha als Hobbys Lesen und Sportarten im Freien an. Martha pendelt mehrmals die Woche zu ihrem Verein in einer Großstadt, auch weil ihr Partner in dieser Stadt lebt und sie als Trainerin im Verein tätig ist. Das Studium finanziert sich Martha über die Arbeit als Kindertrainerin und über eine Stelle als studentische Mitarbeiterin an der Pädagogischen Hochschule, ferner wird sie finanziell von ihren Eltern unterstützt. Die Eltern stammen aus der unmittelbaren räumlichen Umgebung. Ihre Mutter hat nach dem Realschulabschluss eine Ausbildung in einem medizinisch-pflegerischen Bereich absolviert und sich für die Beratung im Gesundheitswesen weiterqualifiziert. Die Eltern der Mutter haben beide das Abitur absolviert. Marthas Großvater mütterlicherseits arbeitet mit Universitätsabschluss im naturwissenschaftlichen Bereich. Ihre Großmutter verfügt über keinen beruflichen Abschluss. Marthas Vater hat nach dem Abitur Medizin studiert. Er arbeitet wie sein Vater als Mediziner. Über die Mutter des Vaters kann Martha lediglich Auskunft in Bezug auf den Schulabschluss (Abitur) geben. Martha hat einen Bruder. Dieser strebt nach dem Abitur einen Universitätsabschluss an (in welchem Fach hat Martha nicht angegeben). Auch Martha beschreibt den Wunsch, Lehrerin zu werden, als frühen Entschluss. Die Wahl der Pädagogischen Hochschule begründet Martha eher pragmatisch. Vor allem ihre sportlichen Aktivitäten haben sie dazu gebracht, in der Stadt, in der sie aufgewachsen ist, zu bleiben. Für Martha steht bei den Motiven für die Berufswahl die Betonung von Wissensweitergabe und -Vermittlung im Vordergrund.

> Martha: „[...] das mag ich irgendwie so richtig gerne was zu erklären und Leuten was beizubringen und Grundschullehramt ähm vor allen Dingen auch, weil ich es mag, wenn man ganz viel zurückkriegt und gerade – ich hatte jetzt ISP im letzten Semester und da habe ich gemerkt, dass man einfach von Kindern unheimlich viel zurückkriegt und das hat mich irgendwie nochmal bestätigt, weil das einfach, ähm ja so schön ist das zu merken, dass man was erreichen kann." (Z171-176).

Martha erwähnt, dass sie die Arbeit als Kindertrainerin in ihrer Wahl bestätigt habe. Auch strebt sie einen Beruf an, in dem sie Verantwortung übernehmen kann:

„[...] ja das find ich irgendwie schon immer wichtig in meinem Leben und deswegen passt es ja eigentlich ganz gut in den Job [...].“ (Martha, Z179-180).

Kurzporträt Lukas

Lukas (Jahrgang 1986) engagiert sich an der Pädagogischen Hochschule in einer Fachschaft und steht in der Erstsemesterwoche als „Pate“ für neue Studierende zur Verfügung. Er hat vor der Studienaufnahme zwölf Semester an einer Universität studiert, dort mehrmals das Studienfach gewechselt (Schwerpunkt im geisteswissenschaftlichen Bereich) und schließlich das Studium ohne Abschluss abgebrochen. In der Vorstellungsrunde begründet er den Abbruch mit einer Ziellosigkeit, verbunden mit einer beruflichen Perspektivlosigkeit. So befürchtete er in einem „[...] Bürojob zu hängen und sich selber einzureden, dass einen das Spaß machen würde und da hab ich dann die Reißleine gezogen.“ (Z102-104). Ein Nebenjob bestärkt ihn darin, einen Beruf zu ergreifen, der „mit Menschen zu tun hat“ (Z108). Als Hobbys nennt Lukas vielfältige Interessen an kulturellen, geselligen und sportlichen Aktivitäten. Das Studium finanziert Lukas über Nebenjobs, u. a. als studentischer Mitarbeiter an der Pädagogischen Hochschule. Ferner unterstützen ihn seine Eltern finanziell. Lukas lebt in einer Wohngemeinschaft am Studienstandort. Seine Familie stammt aus einer mittelgroßen Stadt in der Nähe des Studienstandortes. Die Eltern haben beide das Abitur absolviert und ein Studium abgeschlossen. Die Mutter hat an der Universität Lehramt studiert, der Vater an einer Fachhochschule einen Verwaltungsstudiengang absolviert. Lukas‘ Schwester hat nach dem Abitur einen Ausbildungsberuf ergriffen und geht aktuell keiner Berufstätigkeit nach. Beide Großväter haben einen Hochschulabschluss und waren im ingenieurwissenschaftlichen Bereich tätig. Über die beruflichen und schulischen Abschlüsse der Großmütter kann Lukas keine Auskünfte geben, er bezeichnet beide im Sozialdatenbogen als Hausfrauen. Lukas gibt an, dass hinter der Studienaufnahme ein langjähriger Wunsch steht, den er erst über Umwege wieder aktiviert hat.

> Lukas: „[...] in der Oberstufe [...] da hab ich gesagt, ich will unbedingt Lehrer werden, das ist genau mein Ding, das kann ich. Dann kams Abitur und ich bin raus aus der Schule und hab gedacht ich will nie wieder zurück in die Schule [...] und dann mit fünf, sechs, sieben Jahren Abstand habe ich gemerkt, ähm ja stimmt, du wolltest doch mal Lehrer werden. [...] das ist nen Job der mir auf lange Sicht oder wo ich mir vorstellen kann, der mich, wo ich dreißig Jahre drin arbeite und der Gedanke hat mir keine Angst mehr gemacht und dann wusste ich, okay, ich bin da irgendwie halbwegs auf dem richtigen Weg.“ (Z113-122).

Alternativ kann er sich auch vorstellen, in der wissenschaftlichen Lehrer*innenbildung zu arbeiten. Dass eine Nähe zum Beruf über die Mutter herzustellen ist, wird von Lukas nicht weiter thematisiert. Die Wahl der Grundschule begründet

Lukas mit der Zielgruppe. Er gibt an, besondere Fähigkeiten im Umgang mit Kindern in den Beruf einzubringen, da er „[...] ganz gut [...] kindgerecht denken und handeln kann." (Z128). Bereits in der Vorstellungsrunde thematisiert Lukas, dass er diese Kompetenzen einigen seiner Mitstudierenden abspricht: „[...] die das nicht können und das macht mich ärgerlich [...]." (Z129).

6.2.2 Verlauf und Themensetzung der Gruppendiskussion (Zusammenfassung)

Karin eröffnet die Diskussion, indem sie anzweifelt, dass Studierende von Pädagogischen Hochschulen an der im Grundreiz zitierten Studie teilgenommen haben. Sie betont, dass sie keinen der benannten Kritikpunkte im Studium kennengelernt hat: „[...] also, ich kann mich da überhaupt nicht wiederfinden, ich hab noch nie nen Problem gehabt." (Karin, Z269) und delegiert alle benannten Kritikpunkte an die universitäre Lehrer*innenbildung. Anschließend hebt sie besonders den Praxisbezug der Pädagogischen Hochschule hervor und kritisiert den fehlenden Anwendungsbezug und die Vermittlung von überzogenem theoretischem Fachwissen an der Universität. Daraus schlussfolgert sie eine unzureichende Berufsvorbereitung durch die universitäre Lehrer*innenbildung. Karin schließt mit einem Lob für die Lehrenden an der Pädagogischen Hochschule, die ihre Inhalte aus der eigenen praktischen Kenntnis des Lehrer*innenberufs heraus gestalten: „[...] das finde ich halt eben auch das Schöne hier, dass die meisten meiner Dozenten auf jeden Fall auch selber Lehrer waren." (Karin, Z271-272). Tanja widerspricht der durchweg positiven Darstellung und macht am Beispiel von Kursüberschneidungen auf organisatorische Probleme von Studierenden an der Pädagogischen Hochschule aufmerksam. Karin kann diesen Einwurf nicht gelten lassen und nimmt die Fächerverantwortlichen in Schutz. Auf Tanjas Äußerung kontert sie: „[...] hat sich wahrscheinlich auch noch nie jemand beschwert, wird halt oft einfach so hingenommen." (Karin, Z297). Organisatorische Probleme würden von den Studierenden als unveränderlich markiert und akzeptiert. Karin pocht hingegen auf die Handlungsoptionen der Studierenden und verweist auf die (ungenutzten) Möglichkeiten der Mitgestaltung. Ohne weiter auf Karins Aussage einzugehen, geht Tanja zum nächsten Kritikpunkt über. Mit Bezug auf den Grundreiz problematisiert sie den unkooperativen Lehrstil von Dozierenden und fehlende didaktische Kompetenzen von Lehrpersonen.

> Tanja: „[...] zu den pädagogischen Fähigkeiten von manchen Professoren, ja also die lassen teilweise schon zu wünschen übrig, vor allen Dingen wennse vorne stehen und einen sagen wie mans machen soll und dann aber grad des Gegenteil machen [...]. Also manche sind wirklich engagiert und grad auch die, wo schon in der Schule warn und wollen des auch mehr mit Praxis und so weiter und sofort machen, aber manche echt

> […] stehen vorne und rattern ihr Ding runter und entweder man nimmt was mit oder man lässt's […].“ (Z300-308).

Mira knüpft an die angesprochenen organisatorischen Probleme an und schildert zunächst ihre persönliche Erfahrung mit der Studienorganisation: „Also bei mir hat sich bei den Veranstaltungen bisher glücklicherweise nichts überschnitten.“ (Mira, Z311). Anschließend führt Mira anhand eines Beispiels aus, dass auch sie sich bei zeitgleich stattfindenden Lehrveranstaltungen in verschiedenen Fächern für ein Seminar entscheiden musste.

> Mira: „[…] natürlich muss ich immer nen paar Abschläge machen zum Beispiel dieses Semester wollte ich gerne […] nen bestimmtes Seminar belegen und das hat sich halt überschnitten mit nem Seminar aus [Fach X] und da musste halt sagen, naja beleg ich jetzt das eine oder das andere […].“ (Z315-319).

Diesen Widerspruch zwischen dargestellter Problemlosigkeit in der Organisation und erzwungener Entscheidung zwischen Seminaren wischt Mira jedoch vom Tisch, da es sie „[…] nicht unbedingt gestört [hat].“ (Mira, Z319). An einem weiteren Beispiel illustriert sie ihre Strategie, sich an organisatorische Änderungen anzupassen und sich mit den Gegebenheiten zu arrangieren. Erneut betont Mira die Problemlosigkeit: „[…] ich komm bisher organisatorisch ganz gut klar […].“ (Mira, Z324-325). Mira greift das Thema des Praxisbezugs in Lehrveranstaltungen auf. Sie schließt sich Karin und Tanja an und lobt den hohen Anwendungsbezug von Lehrveranstaltungen. So konnte Mira Erlerntes bereits in einem freiwilligen Praktikum in der Praxis anwenden. Mit der Betonung der „Freiwilligkeit“ stellt sie gegenüber der Gruppe ihre intrinsische Motivation und ihre Bereitschaft dar, sich auch in ihrer Freizeit mit Studieninhalten auseinanderzusetzen. Karin, Mira und Tanja geben besonders Lehrende mit Berufserfahrung, Sicherheit und Orientierung. Ihre Wissensweitergabe wird als authentischer Einblick in das Berufsfeld verstanden und als wertvolle Berufsvorbereitung gesehen. Transportiert werden darüber Erwartungen an das Studium, das vor allem praktische Anleitung für den späteren Berufsalltag und somit eine möglichst realistische Vorbereitung auf den Berufseinstieg bieten soll. Die Bedeutung von Praxis wird gegenüber theoretischen Anteilen im Studium überhöht. Als Vergleichsrahmen zum Studium an der Pädagogischen Hochschule ziehen Karin und Tanja die universitäre Lehrer*innenbildung heran, der sie einen geringen Praxisbezug attestieren. Dem Mehrwert der praktischen Erfahrung kommt eine höhere Akzeptanz zu, während der Vermittlung von theoretischem Wissen durch Lehrpersonen, die keinen berufspraktischen Hintergrund vorzuweisen haben, grundsätzlich skeptisch gegenübergestanden wird. Karin transportiert mit ihrem Blick auf die „nutzlose“, weil zu theoretische Wissensvermittlung an der Universität, ein Konkurrenzverhältnis zu den Lehramtsanwärter*innen an der Universität. Im Vergleich sieht sie die Studierenden an der Pädagogischen Hochschule auf die Berufspraxis besser vorbereitet.

Mira geht dazu über, der Gruppe eine Berechnung der Anteile im Studium darzulegen, die ihrer Meinung nach den Kriterien des Praxisbezugs nicht entsprechen. Sie wertet Studieninhalte ab, die ihr zu theorielastig erscheinen und hierarchisiert Studieninhalte nach möglichem Gebrauchswert und Anwendungsbezug. Deutlich wird, dass sie das Studium in weiten Teilen als fremdbestimmt erlebt, da sich ihr bei einer Mehrheit der besuchten Seminare der inhaltliche Bezug zum späteren Beruf nicht erschließt: „[…] wo ich nicht weiß, warum ich da hingehen soll, weil das für mich keinen Zusammenhang hat." (Mira, Z333-334). Wenn möglich, entzieht sie sich Mira dem Seminar und bricht den Besuch ab. Sie präsentiert der Gruppe die Strategie, ihre Zeitressourcen in Studieninhalte zu investieren, die sie unmittelbar verwerten kann.

> Mira: „[…] ich hab da wirklich kein äh, kein, also kein Zusammenhang zu meinem äh, also zu dem Grundschullehramt gesehen […] dann ist man halt sonen bisschen im Zwiespalt, da nicht hinzugehen, weil ich dann noch Aufgaben erledigen muss für Deutsch und das mir wichtiger ist, weil ich weiß, dass ich da vielleicht auch was bei lerne." (Z336-343).

Karin unterbricht Mira und verweist erneut auf die Möglichkeiten, den Lehrenden Rückmeldungen zu geben. Sie greift das Thema des Lehrveranstaltungsabbruchs auf und delegiert die Verantwortung für die Qualität einer Lehrveranstaltung an die Dozierenden. Sie vertritt die Ansicht, dass die Schwundhöhe eines Seminars den Grad der didaktischen Fähigkeiten von Lehrenden abbildet. Erklärungsversuche für den Teilnahmeschwund von Lehrenden, die Studierende als desinteressiert bezeichnen, weist sie als unbegründet zurück. Tanja nimmt den Faden auf und problematisiert an einem Beispiel ihre Erwartung an Lehrveranstaltungen, die Inhalte transparent zu kommunizieren. Im Gegensatz zu Mira, die den Weg des Seminarabbruchs wählt, präsentiert Tanja der Gruppe ihre Strategie, sich die Lehrinhalte eigenständig anzueignen, um Defizite in der (didaktischen) Wissensvermittlung durch die Lehrenden zu kompensieren. Sie verweist damit auch auf ihre Lerninvestitionen außerhalb der Hochschule und präsentiert eine Erwartung an die Aufgabenverteilung, bei der die Lehrenden ihren Teil des „Vertrags" nicht erfüllen.

> Tanja: „[…] aber interessiert hats mich eigentlich und […] irgendwelche Begriffe, wo einfach net erklärt worden sind, hab ich mich halt zu Hause hingesetzt und hab die nachgeschlagen, hab geguckt, hab mir Sachen selbst erarbeitet." (Tanja, Z371-373).

An den Handlungsoptionen, die Mira und Tanja darlegen, zeigt sich, dass beide eine direkte Kommunikation mit den Lehrenden ausschließen. Karin hingegen fordert von Studierenden eine aktive Rückmeldung an die Lehrenden ein. Sie nutzt ihr Fachschaft „Insiderwissen", um Beispiele für Lehrende zu benennen, die Kritik von Studierenden angenommen und Veränderungen umgesetzt haben. In ihrem Appell für das aktive Mitwirken und Mitgestalten im Studium verbirgt sich der indirekte Vorwurf an ihre Kommiliton*innen, (organisatorische) Konflikte mit zu verantworten, wenn diese ihre Kritik nicht unmittelbar an die Verantwortlichen adressieren. An verschiedenen Polen verorten sich die drei Studentinnen bezüglich der Bewertung der Studienorganisation. Karin beharrt auf einer problemlosen und konfliktfreien Studienorganisation. Mehrfach delegiert sie die Ursachen für Konflikte in den Verantwortungsbereich der Studierenden, weil diese ihr Recht auf aktive Gestaltung nicht nutzen würden. Tanja und Mira beschreiben Konflikte in der Studienorganisation hingegen als nicht beeinflussbare Variable. Beide sehen sich gezwungen, ihre individuelle Studienplanung auf die vorgefundene Struktur abzustimmen und dabei Abstriche in ihrer persönlichen Planung in Kauf nehmen zu müssen. Während Tanja Kritik formuliert, betont Mira hingegen die Problemlosigkeit, mit der sie wie selbstverständlich ihre individuelle Planung flexibel an die Umstände anpasst.

Der Diskussion, die bisher von Tanja, Karin und Mira bestritten wurde, treten Lukas und Martha bei. Lukas nimmt zunächst Bezug auf den Grundreiz. Die Unzufriedenheit von Lehramtsstudierenden bezieht er ausschließlich auf den Umgang mit vorgegebenen Rahmenbedingungen: „[...] unzufrieden von den Inhalten her [...] da sind Lehramtsstudenten sicher nicht die unzufriedensten." (Lukas, Z388-389). Er greift das Thema Selbstverantwortung auf und fordert von seinen Kommiliton*innen, sich das Wissen über die organisatorischen Rahmenbedingungen im Studium durch das eigenständige Durcharbeiten der Studienordnung anzueignen: „[...] man kann einen eigentlich schon zutrauen, ähm, sich da mal durchzukämpfen und das versuchen zu verstehen." (Lukas, Z392-393). Lehramtsstudierende beschreibt er generell als die Studierendengruppe mit der, im Vergleich zu anderen Studienfächern, höchsten intrinsischen Motivation und einem tiefergehenden, intellektuellen Interesse an den (pädagogischen) Studieninhalten. Freiräume und Möglichkeiten zur inhaltlichen Auseinandersetzung würde besonders das Studium an der Pädagogischen Hochschule bieten. Die Studienordnung stellt für ihn ein feststehendes Regelwerk dar, mit dem sich Studierende individuell auseinandersetzen müssen.

> Lukas: „[...] wir gucken aber ähm von den Inhalten her, was bringt mir als Lehrer was, was bringt mich als Lehrerpersönlichkeit vorwärts. [...]. Aber an der Struktur können wir so nichts mehr ändern." (Z403-406).

Auch Martha moniert, dass im Grundreiz ausschließlich Rahmenbedingungen kritisiert werden, weswegen sie die Überschrift („Werdende Lehrer jammern am meisten") als „unfair" (Z413) empfindet. Sie berichtet von ihrem souveränen Umgang mit den Anforderungen und präsentiert eine planende Strategie, mit der sie Konflikte in der Studienorganisation löst.

> Martha: „[...] klar ich hatte auch schon die Probleme, dass es irgendwelche Überschneidungen gab aber ich hab immer so das Gefühl gehabt, ich hab das eigentlich ganz gut hingekriegt, dass ich halt dann gesagt hab, dann mach ich das nächstes Semester und plan mir das schon mal ein, dass ichs auf jeden Fall mache [...]." (Z418-421).

Martha greift das Beispiel der Studienordnung auf und verweist darauf, dass ein hohes Maß an Eigenständigkeit im Studium erwartet werden kann. Sie betont, dass sie die aktive Auseinandersetzung als positive Herausforderung betrachtet, die mit der Mündigkeit des Studierendenstatus' einhergeht.

> Martha: „[...] ich hab' vor allen Dingen hier gelernt, man ist einfach nicht mehr in der Schule, also, es ist nicht so, dass man 'nen Zettel ausgeteilt kriegt, wo draufsteht „das musst Du können", sondern man muss sich da auch nen bisschen selbst durchkämpfen und das macht mir halt auch gerade einfach so Spaß, Student zu sein, weil man eben sonen bisschen selbstverantwortlich arbeitet und irgendwie nicht mehr alles vorgegeben kriegt." (Z425-429).

Lukas trägt anschließend ein Beispiel aus der Erstsemesterwoche vor. Hier habe er sich als Pate engagiert und seine zu betreuende Erstsemestergruppe dazu aufgefordert , sich aktiv die Studienordnung anzueignen: „[...] es lohnt sich wirklich, äh am Anfang vom Studium, sich da mal durchzukämpfen und äh sich das genau klar zu machen, worum's hier geht." (Lukas, Z434-435). Er erwähnt ferner, dass die Kenntnis der Studienordnung Sicherheit gibt und kursierenden Gerüchten unter den Studierenden entgegenwirken kann. Abhilfe schafft die Orientierung an „schwarz auf weiß" (Z442) belegten Fakten der Studienordnung. Auch Martha unterstützt diese Ansicht und zweifelt die Verlässlichkeit von Aussagen der Kommiliton*innen prinzipiell an. Karin bringt das Thema auf die Unterstützungsstrukturen der Pädagogischen Hochschule, die sie positiv hervorhebt. Neben dem Aufzählen unterschiedlicher Hilfs- und Informationsmöglichkeiten geht sie auf die Möglichkeiten der Mitbestimmung ein, indem sie die Fachschaftsarbeit erwähnt. Auch sie fordert von ihren Kommiliton*innen Eigenständigkeit in der Informationsbeschaffung und kritisiert die Konsumhaltung und Beschwerdekultur von Studierenden: „Man muss sich halt nur selber dahinterklemmen, ich denk, wenn man nur meckert und ja, dann bringt's halt nichts [...]." (Karin, Z463-464). Aus dem Verhalten eines Großteils ihrer Kommiliton*innen schlussfolgert sie, dass der Wechsel vom Schüler*innen- zum Studierendenstatus und die damit einhergehenden Selbstständigkeit noch nicht abgeschlossen sei.

Karin: „[...] es müssen viele lernen, dass sie hier einfach nicht mehr auf der Schule sind. Ich war am Freitag auch zur Stundenplanberatung und ja, die kommen dann manchmal dahin und denken, sie kriegen halt alles noch vorgegeben, so wie auf nem Präsentierteller und das ist, glaub ich, dann auch das Wichtigste auch was man hier lernt, dass man einfach jetzt auch mal selbstständig denken darf." (Z465-469).

In der Gruppendiskussion spielen die Ablehnung vom Grundreiz und das positive Hervorheben der Institution eine wesentliche Rolle. Zentral verhandelt wird das Thema der Selbstverantwortung im Studium. Eigenständiges Handeln wird von Martha, Lukas und Karin als selbstverständlich im Umgang mit den Anforderungen im Studium thematisiert. Sie präsentieren ihre proaktiven und selbstverantwortlichen Handlungskompetenzen im Umgang mit der Studienorganisation und fordern diese Haltung auch von ihren Kommiliton*innen ein. Der Terminus Selbstverantwortung wird von Karin, Lukas und Martha zum legitimen Grundsatz des Studiums erhoben, der zur Rechtfertigung der Struktur dient. Martha und Lukas thematisieren die Aneignung der Rahmenvorgaben, etwa über Kenntnisse der Studienordnung, als schwierige, aber lösbare Herausforderung. Sich selbstständig mit den formalen Vorgaben im Feld vertraut zu machen, deuten beide als Beweis ihrer Eigenständigkeit und als einen Autonomiegewinn, der mit dem Studierendenstatus einhergeht. Gleichzeitig liegt in der Betonung der Handlungskompetenz die Abgrenzung zu den Kommiliton*innen, denen die Fähigkeit zur Selbstständigkeit abgesprochen wird. Während von Martha die Selbstverantwortung vor allem im Zusammenhang mit einem emanzipatorischen, individuellen Autonomiegewinn gesehen wird, positionieren sich Lukas und Karin stärker aufseiten der Struktur und präsentieren sich gegenüber der Gruppe als selbst ernannte Vertreter*innen der Hochschule. Die Auseinandersetzung mit Selbstverantwortung und eigenständigen Handeln im Studium dient Karin und Lukas auch als Deckmantel im Konkurrenzkampf um die Anerkennung im Feld. Sie nutzten das Thema als Mittel der Abgrenzung, indem sie ihren Kommiliton*innen unterstellen, dem grundlegenden Prinzip der Selbstverantwortung nicht nachkommen zu *wollen* (Beschwerdekultur, Konsumverhalten). Aus dieser Position heraus wird jegliche Kritik an der Struktur als unzulässig zurückgewiesen und Probleme mit der Studienorganisation in die individuelle Verantwortung des Einzelnen delegiert. Diese Argumentation wird von Lukas und Karin stringent vorgetragen und wirkt streckenweise autoritär. Widerspruch wird nicht geduldet. Dies spiegelt sich auch im Diskussionsstil wider (etwa durch Unterbrechungen der anderen Teilnehmenden und Einwürfe in die laufende Diskussion). In der Gruppe präsentieren sie diese Haltung über das Einbringen von Expert*innenwissen und das Herausstellen einer besonderen Nähe zu den Verantwortlichen (z. B. durch die Mitarbeit in einer Fachschaft, persönlichen Kontakt zu Lehrenden). Dem gegenüber steht die Position von Tanja und Mira. Sie bilden eine Fraktion, die das Thema der Selbstverantwortung weniger aufgeladen behandelt und weniger zentral anspricht. Eigenständigkeit im Studium wird von ihnen nicht bestritten, vielmehr dominiert eine pragmatische Sicht: Einen Umgang mit den Anforderungen zu finden, wird als eine notwendige Anpassungsleistung verstanden. Eigene Handlungsspielräume werden als gering eingeschätzt und die eignen Bedarfe den vorgefundenen Bedingungen und Erwartungen teils untergeordnet.

Die **Betreuungssituation durch Lehrende** wird von Karin, Martha und Lukas als problemlos und barrierefrei bewertet. Zunächst äußert Karin ihre Zufriedenheit. In einem längeren Redebeitrag berichtet Mira von einem Fachwechsel. Sie erklärt anhand des Beispiels die Möglichkeiten, sich über die entsprechenden Angebote der Pädagogischen Hochschule zu informieren. Vordergründig schließt sich Mira dem positiven Blick auf die Betreuungssituation von Karin, Lukas und Martha an: „[...] da muss man [...] nen bisschen selbstständig dann einfach tätig sein und nicht dann immer denken - Ach, die Informationen kommen schon irgendwie zu mir gelaufen [...].“ (Mira, Z505-507). In ihren Schilderungen (Fachwechsel) spart sie jedoch die persönliche Begegnung mit Lehrenden komplett aus. Vielmehr bezieht sich Mira auf eigenständige Möglichkeiten der Informationsbeschaffung (Modulhandbücher, StudIP). Ihre Ausführungen verdeutlichen ein distanziertes Verhältnis zu den Lehrenden, die für sie offensichtlich nicht als erste Ansprechpartner*innen fungieren. Tanja beteiligt sich bei diesem Thema nicht an der Diskussion. Karin und Martha setzen die Betreuungssituation erneut mit dem Anspruch auf selbstverantwortliches Handeln in Verbindung. Karin erneuert ihre Kritik an der mangelnden Selbstständigkeit ihrer Mitstudierenden. Martha betont, dass die eigenständige Anfrage nach Unterstützung die Voraussetzung für Hilfsangebote sei. Dies wird von ihr nicht als Hürde wahrgenommen, sondern als selbstverständliche Anforderung beschrieben, die im Zusammenhang mit der Mündigkeit des Studierendenstatus gestellt wird. Sie vertritt die Position, dass die Qualität der Betreuung von der eigenen Bereitschaft abhängt, eigenständig bei den Lehrenden für Unterstützung und Beratung anzufragen.

> Martha: „[...] an der Pädagogischen Hochschule ist es einfach, glaube ich, nicht so, dass die einen – also die Dozenten auf einen zu kommen und sagen - Ja, nun komm, ich betreu Dich mal - oder so, man muss sich auch wirklich drum kümmern und wenn man nen Anliegen hat [...] und dann hab ich eigentlich auch nur das ähm bisher erfahren, dass es eigentlich gut ist und dass ich mich auch betreut fühle.“ (Z512-516).

Lukas widerspricht Martha. Er vertritt die Ansicht, dass die Lehrenden zahlreiche Angebote an die Studierenden formulieren würden: „[...] viele von denen sagen - Ja, kommen Sie vorbei, rufen Sie an, schreiben Sie E-Mails.“ (Lukas, Z521-522). Problematisiert wird von ihm, dass Studierende die Unterstützung nicht ausreichend in Anspruch nehmen. Lukas sucht anhand von Beispielen seine exponierte Stellung zu den Lehrenden zu unterstreichen, indem er persönliche Kontakte zu den Verantwortlichen hervorhebt. Er berichtet von einem Professor, der die Studierenden ermutigt hat, ihn auch außerhalb der Sprechstunden aufzusuchen. Das individuelle Beispiel hebt er auf eine allgemeine Ebene und sieht darin die generelle Agenda der Pädagogischen Hochschule bestätigt, die Studierenden beim Erwerb von eigenständiger Handlungskompetenz zu unterstützen.

> Lukas: „[…] dass man hier an der Pädagogischen Hochschule dann schon auch angehalten wird, selbst zu denken […] was Betreuung angeht, ist immer die Frage, wie gut ist das Angebot von der Hochschule, um Dir die Selbstorganisation zu ermöglichen und die hab ich hier, empfind ich hier als sehr, sehr gut […].“ (Z528-533).

Von der als positiv beschriebenen Möglichkeit der Selbstorganisation, geht Lukas dann zu einer abstrakten Argumentation über, in der er in der Studienordnung der Pädagogischen Hochschule das grundsätzliche Anliegen verankert sieht, eine ganzheitliche akademische Ausbildung zu garantieren.

> Lukas: „[…] diese Prüfungsordnung, die 2011er, legt eben den Schwerpunkt schon darauf, den Lehrer zu ner selbstständig selbstdenkenden, selbstorganisierten Persönlichkeit auszubilden und das find ich schon so die Philosophie dieser Hochschule, die man darin man spüren kann und aufnehmen kann.“ (Z551-555).

Die anschließende Frage nach der **Prüfungsbelastung** wird in der Gruppe kontrovers diskutiert. Erneut zieht Karin einen Vergleich zur Universität. Sie schätzt die Prüfungsbelastung an der Pädagogischen Hochschule als eher gering sei. Ihre Aussage: „Ich glaub, andere Unis lachen uns aus.“ (Karin, Z560) führt in der Gruppe zu Erheiterung. Nicht unter enormen Prüfungsdruck zu stehen, sieht Karin als einen Vorteil. Andererseits kritisiert sie, dass durch die geringe Prüfungsdichte und eine teils fehlende vergleichende Benotung, die Leistungsgerechtigkeit nicht gegeben sei und sie sich ohne benotete Leistungsnachweise nicht ausreichend von den weniger engagierten Kommiliton*innen absetzen kann.

> Karin: „[…] klar ist das manchmal auch nen bisschen frustrierend, man macht total viel, ich komm jetzt ins vierte Semester und hab noch keine einzige Note und da merkt man, dass man […] sich dann natürlich auch mit anderen vergleichen will und sieht – Och, der macht ja gar nichts […].“ (Z564-567).

Deutlich zeigt sich ein Konkurrenzverhältnis, das Karin zu ihren Kommiliton*innen aufbaut. Ihre Vorstellung von Gerechtigkeit wird verletzt, wenn ihre besonderen Bemühungen von den Verantwortlichen nicht ausreichend anerkannt werden (etwa in einer guten Benotung) und sie sich mit Studierenden gleichgesetzt sieht, die sich weniger leistungsbereit und engagiert zeigen. Auch stellen die Studierenden, die sie teils als nicht qualifiziert für den späteren Beruf abwertet, für sie die späteren Rival*innen auf dem Arbeitsmarkt dar. Martha wendet das Thema für sich anders. Sie unterscheidet zwischen der Aneignung der formalen Prüfungsvoraussetzungen und den inhaltlichen Prüfungsanforderungen. Sie argumentiert aus einer selbstbezogenen Perspektive, aus welcher sie einen Zugewinn an Autonomie als positive Herausforderung beschreibt: „[…] man muss sich da auch nen bisschen selbst durchkämpfen und das macht mir halt auch gerade einfach so Spaß, Student zu sein […].“ (Martha, Z427-428). Die inhaltliche Ebene wird von ihr als unproblematisch und souverän zu bewältigen dargestellt: „[…] aber inhaltlich, wir sind also jetzt auch echt nicht mehr in der Schule, also, das ging völlig klar, also, das war echt nicht so schwierig […].“ (Martha, Z577-582).

Lukas widerspricht den Aussagen von Karin und Martha. Dass Karin die Lernanforderungen im Vergleich zur Universität als geringer darstellt, scheint Lukas nicht akzeptieren zu können und als Abwertung der Institution Hochschule zu verstehen. Im Verlauf der Diskussion vergleichen Karin und Lukas mehrfach die akademische Ausbildung an der Pädagogischen Hochschule mit der universitären Lehrkräftebildung. Beide Hochschulen als (mindestens) gleichwertige Ausbildungsstätten der akademischen Lehrer*innenbildung darzustellen, ist besonders für Lukas von Relevanz. Im Gegensatz zu Karin, Mira und Tanja, bezieht sich Lukas in seinen Ausführungen nicht auf den Vergleich von Praxisanteile oder unterschiedlich hohen Prüfungsbelastungen. Vielmehr betont er einen Führungsanspruch der Pädagogischen Hochschule, als die komplexere und ganzheitlich-intellektuelle, pädagogische Ausbildungsstätte. Er betont, dass auch an der Pädagogischen Hochschule Leistungen erwartet werden und erbracht werden *müssen*. Er rechnet der Gruppe den hohen Lernaufwand vor, etwa zur Bewältigung der Akademischen Vorprüfung. Die Prüfungsbelastung strategisch zu minimieren, z. B. indem der Fokus punktuell auf das kurzfriste Vorbereiten für bestimmte Fächerinhalte gelegt wird, lehnt Lukas als „oberflächliches“ Lernen ab. Ihm stellt er das intellektuelle Durchdringen von Inhalten, als die einzig korrekte Lernform gegenüber. Den selektiven Gedanken von Prüfungen hält Lukas für berechtigt.

> Lukas: „Es gibt schon Leute, die fallen durch, also, es ist nicht so, dass das nen Freifahrschein ist und es gibt auch Leute, die fallen zweimal durch und die fallen dann wahrscheinlich auch zu Recht zweimal durch.“ (Z593-595).

Mira beschreibt ihre Lernstrategie. Diszipliniert stellt sie in Prüfungsphasen ihre Freizeit zurück. Gegenüber strebendem Lernen grenzt sie sich jedoch ab und scheint sich über das Relativieren ihres Anspruchs der Gruppe anzupassen.

> Mira: „[…] also, ich lern dann meistens, was weiß ich, vier Wochen, aber jetzt auch nicht, dass ich morgens bis abends irgendwie da sitze und nichts esse und nichts trinke und so kurz (*lacht*) vorm Kollaps bin, und also, es funktioniert trotzdem.“ (Z627-629).

Positiv hebt sie die Vorbereitung auf die Prüfungen durch die Dozierenden hervor, was Karin sofort aufgreift und als Bestätigung für die Lehrqualität an der PH sieht: „[...] das liegt auch daran, dass man total gut vorbereitet wurde, im Semester." (Karin, Z637). Auch Lukas sieht die gute Vorbereitung exemplarisch für die generellen Bemühungen der Hochschule, die Studierenden gewissenhaft auf die Prüfungen vorzubereiten. Er überträgt diesen Anspruch auf die späteren Anforderungen im Lehrer*innenberuf, was wiederum Zustimmung von Karin und Mira erfährt.

> Lukas: „[...] was eben diese Hochschule versucht zu erreichen, dass man eben da im Semester schon mitmacht und je mehr man dort lernt, ähm, desto besser, desto weniger Vorbereitung später in der AVOP und das funktioniert, und den Anspruch, den sollten wir ja auch in die Schule später mal tragen." (Z643-646).

Lukas geht dazu über Kommiliton*innen zu kritisieren, die nicht regelmäßig an Lehrveranstaltungen partizipieren. Er erklärt, dass die aktive Teilnahme nicht unbedingt zum Bestehen von Prüfungen erforderlich ist – dies jedoch eine Frage der „Wertschätzung" (Z622) der Angebote sei, die von der Hochschule für die Studierenden bereitgestellt werden. Er stellt heraus, dass man die Prüfungen auch ohne den Besuch der Lehrveranstaltungen bestehen könne, dies aber nicht im Sinne der Lernkultur der Pädagogischen Hochschule sei. Lukas grenzt sich explizit gegen Kommilitonen*innen ab, die durch kurzfristiges Lernen versuchen, die notwendigen Anforderungen zu erfüllen. Aus dieser Gruppe identifiziert er die für den späteren Beruf nicht geeigneten Lehrkräfte.

> Lukas: „[...] es ist halt nen Angebot, was man annehmen kann, muss man nicht annehmen. Die Schlauen und die Ehrgeizigen machen das und die anderen nicht. Die anderen schaffen ihren Abschluss dann vielleicht aber trotzdem und werden auch Lehrer, sie werden keine guten, aber sie werdens halt auch." (Z665-668).

Mira nimmt das Thema auf und empört sich über Kommiliton*innen, die ein Desinteresse an bestimmten Lehrinhalten zeigen würden: „Oh Gott, wie kann man sowas auf die Schülerschaft loslassen?" (Mira, Z676-677). Sie kritisiert fehlende Kontrollmechanismen der Hochschule (z. B. Abschaffung von Anwesenheitspflicht). Studierende würden so ihren Schwerpunkt auf die Prüfungsvorbereitungen legen und sich nicht ausreichend inhaltlich mit berufsrelevanten Themen auseinandersetzen. Als Leidtragende stellt sie die zukünftigen Schüler*innen heraus: „[...] aber das ist halt einfach schade für die Schüler, wenn dann solche an die Schule kommen." (Mira, Z686-687). Während Lukas die Abwertung hinter dem Hervorheben eines intellektuellen Anspruchs stärker verschleiert, formuliert Mira ihre Kritik weniger diplomatisch und verbalisiert ihren Unmut über stark abwertende Bezeichnungen.

Die anschließende Frage nach der **Relevanz eines Beamtenstatus** wird lebhaft diskutiert. Die Frage nach der Sicherheit des künftigen Status wird von Karin, Martha und Lukas unterschiedlich verhandelt. Mira beteiligt sich an diesem Punkt nicht an der Diskussion. Lukas sieht in der Sicherheit durch die Verbeamtung ein Vorteil. Er betont jedoch, dass für die Studierenden, die aus intrinsischer Motivation Lehrer*innen werden wollen, die Verbeamtung weniger relevant sei. Am deutlichsten weist Martha die Relevanz des Beamtenstatus' zurück. Sie sieht die Reduzierung ihrer Beweggründe für die Aufnahme des Studiums auf die Verbeamtung kritisch. Lukas unterbricht und ergänzt: „Du wirst ja nicht in erster Linie verbeamtet, Du wirst in erster Linie wirst Du Lehrerin und in zweiter Linie halt Beamter, das ist halt nen Nebenprodukt, das gehört dazu [...]." (Lukas, Z727-728). Tanja nimmt die Frage zum Anlass, um gesellschaftliche Klischees über den Beruf aufzuzählen. Die Runde zeigt sich erheitert über stereotype Sichtweisen auf den Beruf, mit der sie offensichtlich alle in ihrem Umfeld konfrontiert werden. Karin stellt Sicherheit und intrinsische Motivation als schwer vereinbar einander gegenüber. Sie nutzt das Thema, um ihren Anspruch, nach welchem die Profession als persönliche Berufung im Zentrum steht, darzustellen. Karin vertritt die Meinung, dass viele Kommiliton*innen das Studium ergreifen, weil sie sich die Vereinbarung von Freizeit, Familie und Beruf versprechen. Karin, die ihre zukünftige Profession als „Fulltime-Job" (Z740) beschreibt, grenzt sich klar gegen diese Beweggründe ab. Grundsätzlich unterteilt sie die Studierenden in zwei Gruppen.

> Karin: „[...] aber es gibt viele, die sagen – na ja, da kann man ja auch gut halbtags arbeiten und dann kann ich gut Familie und meine Hobbys und mein Chor und so mit vereinbaren. [...] ich denk, da gibts so zwei Richtungen, also, die hier auch studieren, die einen, die das so sehen als "mach ich halt meinen Job so nebenbei" und die anderen, die sone Passion haben, die irgendwie nur Grundschullehrer sein wollen." (Z740-744).

Anhand der Frage der **Kompetenzentwicklung im Studium** erklärt zunächst Karin, dass der Zuwachs von Kompetenzen über eine intensive inhaltliche Auseinandersetzung im Studium entstehe. Sie zählt als Beispiele die (Weiter)Entwicklung der Kompetenzen Empathie und Selbstständigkeit auf. Den Zuwachs von Kompetenzen beschreibt sie als ein Produkt, das „[...] so nebenbei [...]." (Karin, Z766) im Studium mitläuft. Martha hebt eine zunehmende Selbstreflexion hervor, die das Studium bei ihr angestoßen haben. Sie bestätigt einen unbewussten Entwicklungsprozess, der über die Diskussion und Reflexion spezifischer Themen immer mitläuft.

Martha: „[...] ich bin wirklich dahin gekommen, dass ich mich gerne selbst irgendwie noch mal ändere oder meine Meinung noch mal umdenke, weil ich eben ja drüber noch mal nachdenke und ähm, das kommt eben so nebenher [...].“ (Z781-784).

Lukas greift den Beitrag auf und ordnet den Erwerb von fachdidaktischen Kompetenzen den entsprechenden Fächern zu und sieht die Entwicklung einer übergeordneten Kompetenz „[...] ne Lehrerpersönlichkeit zu werden [...].“ (Lukas, Z787) als Entwicklung, die quer über das Gesamtstudium verläuft.

Lukas: „[...] da sind jetzt wirklich einfach alle Semester, die man studiert hat zusammengenommen [...] weil ich denke auch, dass so die generelle Philosophie und Einstellung der Hochschule schon in Richtung dieser Basiskompetenz Lehrerpersönlichkeit [geht].“ (Z788-792).

Martha und Lukas vertreten an diesem Punkt am deutlichsten die Einstellung, bestimmte, nicht erlernbaren Persönlichkeitsmerkmale- und Eigenschaften, als eine Grundvoraussetzung für den Lehrer*innenberuf zu fassen, die nicht über das Studium erworben werden können. Sie sind sich darin einig, dass sie diese mit in das Studium gebracht haben. Für Lukas äußern sich für den Beruf erforderlichen Kompetenzen als „Intuition“ (Z858). Martha greift diesen Gedanken auf.

Martha: „Aber ich glaube, das ist echt ganz viel, was man wirklich mitbringt [...] also, wusste ich überhaupt nicht, dass ich das gelernt hab jetzt im Studium, sondern das kam so und ich stand vor der Klasse und dann gings los und dann hat man das wirklich so intuitiv eben gemacht, das find ich nen ganz gutes Wort und ja, vor allen Dingen glaub ich, dass mans eben mitgebracht hat und das es, klar, jetzt ausgefeilt wird.“ (Z871-877).

Lukas problematisiert, dass ein Teil der Studierenden, die nicht über die erforderlichen Eigenschaften verfügen würden, ein Lehramtsstudium aufnehmen. Er wirft die Frage auf: „Wie krieg ich die Leute, die so drauf sind, wie krieg ich die an die Hochschule und wie krieg ich die Leute, die nicht so drauf sind aus der Hochschule raus oder gar nicht erst drauf?“ (Lukas, Z878-880). Mira unterstützt die Aussage: „[...] und da gibts genug.“ (Mira, Z892). Sie nimmt das Thema Kompetenzentwicklung auf und illustriert anhand eines längeren persönlichen Beispiels ihren Lernprozess, Konflikte über eine aufmerksamere Kommunikation zu lösen. Lukas übersetzt das Beispiel in die Kompetenz Empathie, „[...] und das ist eben auch ne Fähigkeit, die kann nicht jeder.“ (Lukas, Z963-964). Er geht zurück zu dem von ihm eingebrachten Punkt der Identifizierung von für den Beruf ungeeigneten Studierenden. Problematisiert wird von ihm, dass die Überprüfung des Vorhandenseins bestimmter Kompetenzen, die unabdingbar für den Lehrer*innenberuf seien, kaum möglich ist. Weil er sich „[...] da auch Gedanken drüber macht.“ (Lukas, Z965), überlegt Lukas, später in der Lehrkräftebildung zu arbeiten, um diese Fragestellungen zu bearbeiten.

Während Martha und Lukas ihre besondere Eignung für den Beruf hervorheben und Persönlichkeitsmerkmale, die sie für den Beruf als förderlich erachtet in ihrer Vorstellung als „persönliche Anlagen" mit in das Studium gebracht haben, konstruiert Mira ihre Eignung stärker über Bezüge zum praktischen Berufsfeld (freiwillige Praktika) und ihre pädagogischen Präferenzen. Karin stellt ihre besondere Affinität zum Lehrer*innenberuf dar, indem sie ihren Idealismus hervorhebt, mit dem sie sich gegen weniger motivierte Studierende abgrenzt.

Die offene Abwertung von als weniger kompetent beschriebenen Mitstudierenden wird vor allem von Karin, Mira und Lukas betrieben. Martha hingegen setzt sich weniger „offen" mit anderen in Vergleich. Ihre Aussagen fokussieren konsequent auf die Selbstwahrnehmung der individuellen (Weiter)Entwicklung und den persönlichen Lernprozessen im Studium. Sie betont eine selbstreflexive und intellektuelle Auseinandersetzung, die sie mit dem Studium verbindet. Die Distinktion gegenüber ihren Kommiliton*innen läuft in ihrer starken Akzentuierung von Selbstverantwortung im Studium mit. In der Diskussion, in der in jedem angesprochenen Thema die **Abgrenzung zu und Abwertung von Mitstudierenden** mitschwingt, beteiligt sich einzig Tanja nicht.

Die Teilnehmenden scheinen sich einig (mit Ausnahme von Tanja, die zu einem frühen Zeitpunkt aus der Diskussion aussteigt) diejenige Gruppe der Studierenden zu repräsentieren, die eine besondere Passung zu den Zielen und Inhalten der Pädagogischen Hochschule aufweisen. Relevanz kommt in der Diskussion der Präsentation eines Anspruchs zu, der als ideale Passung durch die korrekte Auseinandersetzung mit den Anforderungen verstanden wird. Als *das* Problem im Studium (und im späteren Beruf) werden die „ungeeigneten" Kommiliton*innen identifiziert. Konkurrenz um die Führungsposition im Studium wird indirekt im Kampf um die „richtige" Eignung für die spätere Profession ausgetragen. Geteilt wird die Annahme, dass die Selektionsmechanismen (Prüfungen, Benotungen) im Studium eine zu geringe Hürde darstellen. Die Gruppe diskutiert konzentriert die Frage der Auslese von für den Beruf nicht geeigneten Studienbewerber*innen an der Pädagogischen Hochschule als selbstgewählten Aspekt, der in keiner anderen Gruppenwerkstatt thematisiert wird. Die These wird aufgestellt, dass die Motivation der Bewerber*innen für ein Lehramtsstudium nicht ausreichend abgeprüft wird und viele Kommiliton*innen für den späteren Beruf ungeeignet seien. Die Gruppe diskutiert entlang der Frage, welche Verfahren angewendet werden sollten, um Studierende und Bewerber*innen vom Studium auszuschließen. Besonders Lukas, Karin und Martha sehen in den unzureichenden Selektionsmechanismen die Anerkennung ihrer selbsteingeschätzten besonderen Eignung in Gefahr. Der obligatorische Lehrer*innentest, welcher als Vorabprüfung für die Eignung von Studienplatzbewerber*innen durchgeführt werden muss, wird von der Gruppe als wenig aussagekräftig angezweifelt: „Aber der ist sehr durchschaubar, da weiß man genau, was man ankreuzen muss." (Karin, Z973-974).

Die Gruppe diskutiert, welche Auswahlmechanismen an der Pädagogischen Hochschule angewandt werden sollten, um die „richtigen" Bewerber*innen aufzunehmen. Karin berichtet von den Überlegungen, Studierende mithilfe eines Bewerbungsgesprächs auszuwählen. Grundsätzlich findet sie ein solches Gespräch aussagekräftiger als den NC, zweifelt aber die Gerechtigkeit eines solchen Verfahrens an. Martha denkt, dass ein Bewerbungsgespräch die Chance bieten könnte, Bewerber*innen mit den passenden „Anlagen" (Z1008) zu filtern und ihnen die Chance auf einen Studienplatz zu bieten. Karin gibt die Schwierigkeit zu bedenken, anhand welcher Kriterien die Bewerber*innen beurteilt werden sollten. Auch Lukas und Tanja äußern ihre Gedanken, wie ein Auswahlgespräch möglichst gerecht gestaltet werden könnte. Sie diskutieren die Frage der Objektivität der Auswählenden. Lukas bringt anschließend sich und seinen bisherigen Lebenslaufs (unabgeschlossenes Studium mit mehreren Fächerwechseln) als Beispiel ein.

> Lukas: „[...] über das, was ich hier sehe, als, als Unterlagen, hätt ich mich abgelehnt, weil da kommt jemand, der bewirbt sich mit 27, der hat schon mal irgendwas studiert, der hat schon gearbeitet, der hat diverse Sachen gemacht, eiert jetzt so rum und will jetzt in den sicheren Hafen, äh Lehrer fahren, also die Überlegung könnte man sich ja auch vorstellen [...]." (Z1026-1031).

Ein Bewerbungsgespräch hingegen würde die Möglichkeit bieten, eine Vorverurteilung auszuräumen. Er nimmt den Gedanken von Selektionsmechanismen auf und schlägt vor, der Bewerbung ein Motivationsschreiben beilegen zu müssen, da man „[...] schon beim Durchlesen merkt [...], ob der das jetzt ernst meint oder nicht." (Lukas, Z1102-1103).

Über das Thema wird erneut die Schwerpunktsetzung der Teilnehmenden deutlich: Während Karin besonders der Idee zustimmt, über ein eigenständig gestaltetes Motivationsschreiben die Möglichkeit zu erhalten, das besondere Interesse am Lehramt individuell herauszustellen, bezieht sich Martha erneut auf eine Passung zum Studium, die sie über Persönlichkeitsmerkmale konstruiert, die im Studium weiterentwickelt werden können. Tanja thematisiert das Thema der Gerechtigkeit, indem sie zu bedenken gibt, in einer Interviewsituation der Bewertung durch Lehrende ausgesetzt zu sein. Lukas scheint mit der Thematisierung seiner Biografie auf einen wunden Punkt in seinem Lebenslauf hinzuweisen. In der Außenbetrachtung sieht er sich aufgrund vom Fächer- und Hochschulwechseln als negatives Beispiel, dem ein tiefergehendes Interesse an der Profession kaum zugetraut werden kann. Lukas verweist damit auf eine Scham in Bezug auf seinen Studienabbruch, den er offensichtlich für erklärungsbedürftig hält.

6.2.3 Gruppendynamik

Karin, die auch die Diskussion eröffnet, antwortet häufig als Erste auf Fragen der Moderatorin. Dabei steht im Zentrum ihrer Aussagen der (selbstauferlegte) Auftrag, ein positives Bild von der Pädagogischen Hochschule zu zeichnen und diese gegen Kritik zu verteidigen. Sie neigt dazu, Redebeiträge von anderen Teilnehmer*innen mit Einwürfen zu kommentieren. Geäußerte Kritik, besonders gegenüber dem Fach, in dessen Fachschaft sie engagiert ist, kann sie nicht unkommentiert stehen lassen. Hier zeigt sie stets eine verteidigende Haltung und weist jegliche Kritik zurück. Die Redebeiträge von Tanja, die als einzige in der Gruppe offen Kritik an der Struktur äußert, werden von Karin aufgenommen, korrigiert und ins Positive gewendet. Da Tanja auch vom Rest der Gruppe keine Unterstützung in ihren Aussagen erhält, zieht sie sich relativ schnell aus der Diskussion zurück. Im zunehmenden Verlauf dominiert Lukas die Diskussion. Als einziger Mann in der Gruppe, scheint er sich den meisten Raum für seine Selbstdarstellung und die Präsentation seiner Ansichten anzueignen (und die Frauen wiederum räumen ihm diesen wie selbstverständlich ein). Nicht nur über die Anzahl der Redebeiträge, sondern indem er anderen (mehrmals Martha) ins Wort fällt, Aussagen widerspricht oder korrigiert (Karin) oder Redebeiträge übergeht, um anschließend am vorherigen selbst eingebrachten Punkt anzuknüpfen (Mira). Lukas tritt teils distinktiv auf, indem er die angesprochenen Themen immer wieder auf eine abstrakte Ebene hebt, von der aus er seine Ansicht als allgemeingültigen Anspruch referiert. Dabei stilisiert er sich auch zum Sprecher der Gruppe und „erklärt" der Moderatorin und den anderen Teilnehmerinnen bestimmte Zusammenhänge. Mira zeigt sich sehr präsent in der Diskussion und übernimmt längere Redebeiträge. Im Gegensatz zu Lukas bleibt sie konsequent auf einer praktischen Ebene, indem sie für alle Aussagen, die sie trifft, längere Beispiele bringt, die sie mit individuellen Praxisbeispielen aus ihrem Studium oder ihrem Privatleben anreichert. Relevant für Miras Selbstrepräsentation in der Gruppe scheint der Anschluss an die Mehrheitsmeinung. Die Problemlosigkeit im Studium wird von ihr mehrfach betont: „[...] davor wars auch immer kein Problem." (Z315-316); „[...] das ist alles überhaupt kein Problem." (Z493); „Also, ich hab jetzt selbst auch nicht superstressig empfunden." (Z621-622); „[...] also ich hab damit kein Problem." (Z682). Martha verhält sich in der Diskussion etwas zurückhaltender, bleibt aber präsent. Aussagen werden von ihr aufgegriffen und um die Perspektive einer individualistischen Sicht erweitert. Dabei beteiligt sie sich weniger am offenen Abgrenzen, sondern bleibt immer bei einer Betrachtung, die den Selbstbezug in den Vordergrund stellt.

6.2.4 Ergebnisdarstellung der Collagenarbeiten

Die Gruppe entscheidet sich dafür, anstatt einer gemeinsamen, individuelle Collagen zu gestalten. Hierbei teilen sich Martha und Mira sowie Lukas, Tanja und Karin jeweils eine Fläche, auf denen sie einzelne Arbeiten anfertigen. Auf die Frage, warum sie sich für Einzelcollagen entschieden haben, geben Tanja, Lukas und Martha unterschiedliche Einschätzungen ab. Während Tanja meint, dass die Kürze der Zeit maßgeblich für diese Entscheidung gewesen sei, insistiert Lukas darauf, dass man sich „[...] irgendwie nicht so übereingekommen [...].“ (Z1538-1539) sei. Karin unterstützt diese These, indem sie vertritt, dass sie sich lieber individuell(er) präsentieren wollte.

> Karin: „[...] weil jeder ist ja irgendwie so sein eigener Herr, sag ich mal, und man hat ja ganz andere Vorstellungen. Klar, viele Sachen haben sich jetzt schon auch, ähm, waren ähnlich, aber ich find', das ist schon irgendwie auch was Privates.“ (Z1540-1542).

Abbildung 7: „Meine Wünsche und Ziele für die Zukunft“ Collage von Mira (rechte Seite) und Collage von Martha (linke Seite)

Mira: „[...] es hat, ich glaube, auch ganz viel mit Glück zu tun."

Mira und Martha teilen sich jeweils die Hälfte eines Plakats, auf das sie in der Mitte die Überschrift „Unsere Wünsche und Ziele für die Zukunft" geschrieben haben (vgl. Abb. 7). Mira nutzt für ihre Collage lediglich das rechte obere Viertel der ihr zugewiesenen Fläche. Die Collage besteht aus frontal angeordneten, ausgeschnittenen einzelnen Wörtern in unterschiedlichen Größen und Farben. Die einzelnen Wörter werden von vier großen Bildern (*Bastelanleitung Hase; Smiley mit Überschrift „Viel Glück"; Bild Familie im Bett; Motiv Inneneinrichtung*) und zwei kleinen Bildern (*Findet Nemo; Obstkorb*) umrahmt. Die ausgewählten Wörter repräsentieren für Mira die Auseinandersetzung mit dem zukünftigen Beruf. Sie stehen visuell im Zentrum der Collage und nehmen auch in Miras Beschreibung einen großen Raum ein. Mira hat teils Wörter gewählt, die negative Gemütslagen umschreiben (*Zittern; Hass; Angst*). Sie bezieht diese mit negativen Emotionen assoziierten Begriffe zunächst auf ihren pädagogischen Auftrag: „[...] dass ich dann Kinder, wenn die Angst haben vor irgendetwas oder irgendwelche Probleme haben, dass ich die dann auch im Prinzip verstehe und das wahrnehme und äh sie da nen bisschen unterstütze." (Mira, Z1133-1135). Die gewählten Wörter scheinen aber auch im Zusammenhang mit (positiven und negativen) Gefühlen und Assoziationen zu stehen, mit denen Mira ihren Blick auf die zukünftige Profession verknüpft.

> Mira: „[...] *Hass, Angst* - das bezieht sich [...] auf äh den Beruf, würd ich jetzt sagen. Kommt einem bestimmt auch, sag ich jetzt mal, im Alltag auch vor, dass manche Leute vielleicht Angst haben oder so und das man denen dann hilft und auf die zugeht [...] das "*selber machen*" und *Lernen* find ich, gehört auch bei mir sonen bisschen zusammen, also, dass ich selber immer wieder weiter lerne und mir neue Herausforderungen stelle, vielleicht auch sonen bisschen so mit *Mutproben*, auch wenn man- eigentlich, wenn ich vor irgendetwas Angst habe, vielleicht dann mich trotzdem traue, da irgendwie weiter zu machen, und dann weiter an mir zu arbeiten – auch steht das nen bisschen in Verbindung mit dem *Anspruch*." (Z1143-1149).

Deutlich wird, dass der künftige Beruf (und der Weg dorthin) als eine Herausforderung gesehen wird, die mit Krisen und emotionaler Anstrengung verbunden scheinen. Die Schlagwörter *kreativ; selber machen; Lernen; Ausdauer* wirken wie selbst gewählte Vorschläge für Handlungsoptionen, um Entwicklungsschritte zu gestalten und den negativen Gefühlen entgegenzusetzen. Mira beschreibt in der Collage einen Prozess der Veränderung, der mit Unsicherheiten und Konflikten einhergeht und von Mira als *Mutprobe* angenommen wird. Sich diesen Herausforderungen zu stellen, beschreibt Mira als den Maßstab, den sie an sich selbst anlegt.

> Mira: „[...] dass ich nen Anspruch an mich selber setze und ähm, ja genau, da einfach immer so weiter sonen bisschen lerne und mich meinen Ängsten so ein bisschen stelle. Dann steht das eigentlich auch in Verbindung mit, mit *Angst*." (Z1151-1152).

In ihren Zukunftsvorstellungen scheint Mira Aufbruch mit Veränderungsprozessen zu verbinden, die sie fordern, sich von Vertrautem zu verabschieden. Dafür stehen die beiden Bilder auf der linken Seite (*Hase*; *Findet Nemo*). Beide Motive werden von Mira verbunden mit an Kindheit und Jugend geknüpften Attributen. So steht die Hasen-Bastelanleitung für ihren Wunsch, „[...] einfach sonen bisschen dieses kindische sonen bisschen beizubehalten, auch wenn ich nen bisschen älter werde[...]." (Z1129-1130). Das Motiv aus *Findet Nemo* beschreibt Mira als „[...] nen bisschen verrückt bleiben [...]." (Z1190). Verlust thematisiert Mira auch mit dem Wort *Seelenverwandte*.

> Mira: „[...] ich hab schon Freunde und so, die mich dann verstehen, aber dass ich die auch weiter beibehalten werde, weil ich halt auch einige Freunde hab, die zum Beispiel im Ausland dann leben wollen oder so und dass man dann trotzdem noch äh, dann noch Leute hat, die man auch- die einen verstehen." (Z1161-1163).

Der Befürchtung, ihren vertrauten Freundeskreis zu verlieren, stellt sie die Hoffnung gegenüber, Sicherheiten im privaten und beruflichen Umfeld durch den Aufbau von neuen Freundschaften und Vertrauenspersonen zu schaffen.

> Mira: „[...] aber auch denk ich auch im Lehrerberuf ist es glaub ich sehr wichtig, dass man halt in ner Schule ist, wo man sich wohl fühlt und wo man, wenn man mal Probleme hat jemanden hat, mit dem man reden kann und da nen bisschen Vertrauen schafft." (Z1165-1167).

Die Zukunftsvorstellungen sind für Mira ferner mit einem fatalistischen Blick belegt, der sich über das Symbol vom *Smiley* und dem Schriftzug *Viel Glück* visualisiert. Verwiesen wird auf eine Sichtweise, in welcher Lebenswege als wenig planbar und von schicksalhaften Fügungen abhängig scheinen. Mira reichert diese Haltung mit einer Portion Optimismus an. So steht das Bild von Marvin und Dori (*Findet Nemo*) für die Vorstellung, sich von der Zukunft positiv überraschen zu lassen: „[...] nen bisschen vielleicht auch nen paar Abenteuer erleben, die man gar nicht so vielleicht erwartet [...]." (Mira, Z1190-1191). Für Mira transportiert die Geschichte von Findet Nemo, die von den Abenteuern der ungleichen Freunde Marvin und Dori, auf der Suche nach dem titelgebenden Nemo handelt, Werte von Freundschaft und Zusammenhalt sowie der Bewahrung einer offenen Haltung.

> Mira: „[...] dass man vielleicht manche Menschen [...] auf den ersten Blick vielleicht nicht so mag, trotzdem erst mal so offen auf sie zugeht und die erst mal kennenlernt

> und dann vielleicht doch merkt, dass sie gar nicht so sind, wie man vielleicht am Anfang vermutet hat oder vielleicht doch aber man sie einfach so akzeptieren, wie man, wie sie sind." (Z1201-1204).

Menschen vorurteilsfrei zu begegnen, bezeichnet Mira als eine erstrebenswerte soziale Norm. Gleichzeitig transportiert sich in diesem Satz auch die Erwartung, dass sie selbst die Akzeptanz finden möge, die sie anderen Menschen entgegenbringen möchte. Auch der *Smiley* wird in diesem Zusammenhang von Mira als ein Beibehalten einer optimistischen Haltung verstanden.

> Mira: „[…] sone positive Einstellung behalten und vielleicht auch manchmal einfach nen bisschen Glück haben, also ich glaub, ich hat auch ziemlich viel Glück hier an die Pädagogische Hochschule zu kommen, weil mein Abschluss war jetzt nicht so ganz hervorragend und es hat ich glaube, auch ganz viel mit Glück zu tun." (Z1176-1180).

Erneut greift Mira hier auf den Begriff „Glück" im Zusammenhang mit ihrer Studienaufnahme zurück und unterstreicht erneut, dass sie die Zusage für einen Studienplatz weniger als Zeichen ihrer Befähigung, denn als eine glückliche Fügung versteht. Deutlich werden darüber eine Unsicherheit und Bescheidenheit in Bezug auf die eigenen Fähigkeiten und Leistungen. Private Vorstellungen werden von Mira mit zwei Bildmotiven (*Familie*; *Inneneinrichtung*) symbolisiert. Mit ihrem Freund stellt sich Mira eine Zukunft vor, in der Familiengründung und das gemeinsame Wohnen im Zentrum stehen: „[…] dass ich in nem schönen, inner schönen Wohnung oder vielleicht sogar mal in nem schönen Haus wohnen will […] sich wohlfühlen öhm, genau mit dem *Obst* und so hab ich jetzt einfach mal damit assoziiert so, gesund bleiben." (Mira, Z1170-1175).

Zusammenfassend zeigt sich, dass in der Collage berufliche und private Themen ineinander über gehen. Thematisiert wird das Spannungsfeld zwischen Vertrautem und Aufbruch. Die Collage gleicht einer Auseinandersetzung mit einem als krisenhaft erlebten Entwicklungsprozess, der mit Verlust- und Entfremdungsängsten einhergeht. Entlastung sucht Mira über die Integration von Bewährtem und Vertrautem in die Anforderungen und Veränderungen, die sie mit der Zukunft verbindet. Dabei scheint Mira auch einen Grad an Optimismus anzudeuten, gleichzeitig scheint das Gelingen erneut gekoppelt an nichtbeeinflussbare Faktoren (Glück). In der Collage wird ferner der Wunsch nach Stabilität und emotionaler Sicherheit visualisiert, sowohl im privaten als auch im beruflichen Rahmen. Von den Arbeitskolleg*innen wird ein partnerschaftliches und unterstützendes Verhältnis erwartet. Im privaten Bereich steht das Schaffen einer harmonischen Umgebung im Vordergrund. Dass die gewählten Bilder für den privaten Bereich als Umrandung der (sich auf den Beruf beziehenden) Wörter dienen, könnte ein Verweis darauf sein, dass sich von der privaten Harmonie, Schutz und Entlastung gegenüber den beruflichen Herausforderungen erwartet wird. Als pädagogischen Auftrag hebt Mira Empathie und Solidarität mit den Schüler*innen hervor. Der gewählte Schriftzug Tipps und Tricks steht für den Wunsch und die Vorstellung im Beruf, den Schüler*innen helfend zur Seite zu stehen. Diese Einstellung folgt einem generalisierenden Schema über die Präsentation einer sozialen Wertehaltung, die an dem Anspruch orientiert ist, dem Gegenüber offen zu begegnen. Eine bescheidene Haltung kommt durch die permanente Benutzung des Pronomens „*bisschen*" zum Ausdruck. Kindern ein *bisschen* unterstützen (Z1136), ein *bisschen* auf sie eingehen (Z1137), ein *bisschen* Vertrauen im Arbeitsumfeld finden (Z1167), sich ein *bisschen* seinen Ängsten stellen (Z1153) und ein *bisschen* Glück haben (Z1178) – diese relativierten Erwartungen werden geradezu visualisiert über den wenigen Raum, den sich Mira für ihre Collage nimmt.

Martha: „[...] das ist einfach nen Wunsch von mir, das zu machen, was zu mir passt und nicht irgendwie, was jemand von mir erwartet."

Die Collage von Martha füllt die gesamte linke Hälfte des Plakats aus (vgl. Abb. 7). Es dominieren kleine Texte und Schriftzüge, die Martha teilweise durch handschriftliche Gedanken ergänzt hat. Bildmotive finden sich im Vergleich wenige. Die Collage wirkt geclustert in Themenbereiche, die sich um bestimmte Texte formieren. Im oberen rechten Raum findet sich der Text: *Wichtig ist, wie mutig wir sind*. Diesen Satz hat Martha bewusst als Überschrift gewählt, weil er ihr zentrales Anliegen beschreibt.

> Martha: „[...] dass man eben mit viel Mut in Sachen reingeht, also ich brauch, ich hab äh, mich kostet einiges immer viel Überwindung, aber dann sieht man immer, wenn man irgendwas gemacht hat, dass es ja mit Mut einfach dann geklappt oder dass es gut ist." (Z1213-1216).

Der Schritt ins Unbekannte wird von Martha als eine Herausforderung beschrieben, die Überwindung kostet, aber für Martha stets mit einer positiven Erfahrung verbunden scheint. Martha thematisiert damit Zuversicht und Vertrauen in ihre Entscheidungen und Handlungen. Auch das Bildmotiv einer Blumenlandschaft steht für eine positive Grundhaltung. Martha beschreibt anhand des Motivs ihre Strategie, stets eine entspannte Einstellung gegenüber möglichen Konflikten beizubehalten.

> Martha: „[...] manchmal sollte man auch durch die Blume gucken oder durch die, durch diese rosarote Brille sehen, also ich find das manchmal auch ganz wichtig, also auch wenn alles irgendwie ernst ist, manchmal sollte man sonen bisschen rosig sehen (*lacht*) und schauen können." (Z1272-1274).

Unter das Blumenmuster hat Martha das Motiv einer Frau geklebt, die dem Betrachter den Rücken zudreht und unterhalb davon das Wort *Reisen* vermerkt. Links daneben findet sich der Schriftzug: *Jede Freundin ist ein Geschenk*. Für Martha soll der Text die Relevanz von Freundschaft betonen. Darunter klebt der Schriftzug *So schön kann warten sein*. Für sie symbolisiert der Schriftzug den Wunsch, geduldig zu sein. Die Grafik eines *Kleeblatts* setzt Martha in Vergleich zu Miras Collage: „Ja, wie da drüben auch schon, viel Glück, aber manchmal wirklich Glück haben und glücklich sein." (Martha, Z1223-1224). Im Unterschied zu Mira scheint Martha einen etwas zuversichtlicheren Glücksbegriff gewählt zu haben: *Glück anlocken*, *viel Glück* und *glücklich sein* wirken weniger fatalistisch, sondern gleichen eher einer Forderung. Neben einem kleineren Textschnipsel *Nur sein* hat Martha handschriftlich *manchmal einfach nur sein!* vermerkt: „[...] also, ja, ein Wunsch, dass man sich da auch irgendwann dann mal Zeit nimmt, jedes Mal dafür irgendwie, sei es Ferien oder auch mal zwischendrin im Alltag, einfach mal nur sein." (Martha, Z1233-1236).

In der Mitte der Collage findet sich ein kleineres Textfragment, auf dem steht: *In was für einer Welt leben wir eigentlich?* Martha hat handschriftlich die Texte *Fragen stellen* und *Antworten finden!* ergänzt. Neben diesem Arrangement hat sie einen weiteren Textauszug beigefügt, den sie laut vorliest und darüber ihre Orientierung an einer emanzipatorischen Haltung erläutert.

> Martha: „[...] also *Fragen stellen*, das ist vor allen Dingen ein Wunsch von mir und dazu eben *Antworten finden* und ich hab extra *finden* auch geschrieben und nicht irgendwie bekommen, weil [...] ich will sie ja auch vor allem auch selbst irgendwie finden." (Z1228-1231).

Vier weitere Ausschnitte hat Martha unter den Schriftzug *Mach das, was zu Dir paßt* angeordnet. Darunter Texte wie *Fahrt in die Wüste*, *lernt ein Lied auf Arabisch* und handschriftlich um *Neugier behalten* ergänzt. Daneben ist das Bild eines *Schlüssellochs*, sowie der Text *Zeit für Neues* geklebt. Für Martha symbolisieren die Texte und Motive, selbstständig seinen Weg zu gehen.

> Martha: „[...] das ist einfach nen Wunsch von mir, das zu machen, was zu mir passt und nicht irgendwie, was jemand von mir erwartet. Bisschen verrückt sein [...] also so, hab ich dazu geschrieben *Neugier behalten*. Sonen bisschen neugierig natürlich sein, ähm nen bisschen ist gut, also neugierig sein. Und hier das ist, das soll ein Schlüsselloch sein [...] ich wollte damit sagen, dass man auch manchmal einfach durchs Schlüsselloch gucken soll, was so ein bisschen zu *Verrück*t passt aber halt sonen bisschen einfach ja *Neugier*, Entdecken und, äh, oder Neugier haben und Zeit für was Neues eben vor allen Dingen auch im Beruf." (Z1236-1248).

Den Schriftzug *Heute Kinder wird's was geben* verbindet sie ebenfalls mit ihrem späteren Beruf: „[...] das hat zwei Bedeutungen für mich einmal so nen bisschen die Überraschung im Beruf natürlich zu behalten, also diese, äh, dieses Überraschend-sein, also für Kinder natürlich." (Martha, Z1252-1254). Gleichzeitig geht der Schriftzug in dem unteren Themenkomplex auf, in dem lebensweltliche Themen (Familie/Genuss) dargestellt werden. Den Schriftzug *Was ist Zuhause?* kommentiert Martha mit der Feststellung, dass ihre Lebensplanung offen und flexibel gedacht ist.

> Martha: „Ja, weil ich noch nicht weiß, was mein zu Hause ist, ob ich ne Familie habe, was ich mir wünsche – aber ja noch nicht weiß, was es ist, also, bedeutet es für mich in nen Haus zu leben oder bedeutet es jetzt noch inner Wohnung zu sein? Deswegen finde ichs ganz gut, dass es eine Frage ist, weil das weiß ich noch nicht." (Z1263-1266).

Insgesamt strahlt die Collage eine optimistische und souveräne Haltung gegenüber den Zukunftserwartungen aus. Der hohe Selbstbezug findet sich zentral in den Themen der Collage wieder. Bewusst hat Martha den Schriftzug *Wichtig ist, wie mutig wir sind* als Leitsatz gewählt. Couragiertes Einlassen als selbstverantwortlicher Schritt ins Unbekannte wird von ihr mit positiven Erwartungen bzw. Belohnungen verknüpft. Thematisiert wird der Anspruch, autonome Entscheidungen zu treffen. Positiv wird dabei stets auf einen souveränen Umgang mit dem Erschließen neuer Handlungsspielräume Bezug genommen. Es finden sich wenige Hinweise auf die direkte Auseinandersetzung mit anderen Menschen. Und auch visuell scheint die Darstellung oder direkte Thematisierung anderer Personen in der Collage eine untergeordnete Rolle zu spielen. Bezüge zu anderen finden sich in der Benennung von Freundschaften und Familie als durchaus relevante Themen. Die Auseinandersetzung mit den zentralen Begriffen um Autonomie und Selbstverantwortung präsentiert Martha jedoch als eine nach innen gerichtete Aufgabe, die sie ohne fremde Hilfe, Austausch oder Ansprechpartner*innen bewältigt. Auch der Beruf wird aus dieser Perspektive thematisiert. Das berufliche Umfeld oder auch Schüler*innen finden keine Erwähnung.

Über den Text *Nur sein*, dem sie handschriftlich *Manchmal einfach nur sein!* beigefügt hat, erläutert sie den Wunsch nach Entlastung. Hier könnte die Einschätzung einer angenommenen starken Vereinnahmung durch den Beruf vermutet werden. Martha deutet den Wunsch einer Familiengründung an. Mit Familie verbindet sie auch die Verantwortung, „[...] eine Familie versorgen können [...]." (Martha, Z1255-1256), womit auf das Vorhandensein von finanziellen Ressourcen angespielt wird. Wie genau ihr privater Lebensentwurf einmal aussehen wird, will sie jedoch noch nicht endgültig festlegen. Ansprüche an einen gewissen Lebensstandard werden von ihr angedeutet (Haus oder Wohnung, Wein). Die privaten Zukunftsvorstellungen folgen einer wenig planerischen Haltung, was von Martha als positiv verhandelt wird.

Abbildung 8: „Meine Wünsche und Ziele für die Zukunft“ Collagenarbeiten von Karin (Mitte), Tanja (linke Seite) und Lukas (rechte Seite)

Karin: „[...] dass man halt innen Job geht und – oder morgens aufsteht und denkt - Ich freu mich jetzt da drauf, was da kommt.“

Karin teilt sich ein Plakat für ihre Collage mit Lukas und Tanja (vgl. Abb. 8). Ihre Collage hat sie in der unteren Mitte platziert. Auf dem von ihr gestalteten Bereich dominieren großflächige Bildmotive. Alle Bilder bilden ein großes Ganzes, indem sie teils ineinander übergehen. Zwischen den Bildmotiven finden sich einzelne Texte. Die Collage wirkt durch die bunte Farbwahl freundlich und optimistisch. Zunächst erläutert Karin das linke mittlere Bildmotiv (*Frauenkopf mit Konfetti*). Für Karin symbolisiert das Motiv gemeinsam mit den *Streifenmotiven* und dem Wort *kreativ*, „[...] ein bisschen mein inneres Chaos [...] das ist Kreativität, ähm, aber deswegen ist es mir auch ganz wichtig, dass das Chaos dann manchmal auch geordnet ist, deswegen diese zwar bunten ähm Linien.“ (Karin, Z1398-1400). Dass Karin ein „inneres Chaos“ aufgreift und beschreibt, scheint mit einem hohen Anspruch in Verbindung zu stehen, den Karin an sich stellt. Sie schätzt sich als nicht ausreichend fokussiert und strukturiert ein. Erstrebenswert scheint ihr eine Sicherheit und Stabilität durch Ordnung. Ordnung als Gegensatz zum Chaos verweist auf eine ganzheitliche Sichtweise, in der sowohl innere als auch äußere Strukturen als sich beeinflussende Faktoren verstanden werden, die es gilt, im Einklang zu bringen „[...] bei diesem kreativen Chaos muss man auch immer nen Durchblick behalten, deswegen hab ich hier ne schöne *Sonnenbrille* dazu.“ (Z1408).

Karin geht über zu dem Text *Ein fabelhaftes Abenteuer* und erklärt, dass sie damit Wünsche an den künftigen Beruf verbindet.

> Karin: „Ja, und ähm ich denk, das des alles sonen Abenteuer werden kann, deswegen „*Ein fabelhaftes Abenteuer*", aber was ich ganz wichtig finde, auch wenn ich versuche irgendwie des alles nen bisschen geordneter so zu leben, dass ich trotzdem immer noch ganz (*zeigt auf Schriftzug und Bild*) *myself*, ganz ich selbst bleiben will – jaha." (Z1426-1430).

Die Gegensätze von Chaos und Ordnung und der Wunsch nach einem „geordneten Leben", in dem Karin ganz sie selbst sein kann, verweist auf die Anstrengung, die Karin offensichtlich mit ihrer Lebenssituation im Studium verbindet. Hier scheint die Zukunft verbunden mit einem Lebensentwurf von Familiengründung und beruflicher Anstellung, von der Sicherheit durch (feste) Strukturen erwartet wird. Ein Thema der Collage ist die Unvereinbarkeit von Beruf und Privatem. Durch ineinander übergehende Bildmotive visualisiert Karin zum einen die Sorge einer fehlenden Abgrenzung der beiden Bereiche. Zum anderen scheint sie ihre Profession mit einer ganzheitlichen Haltung zu verbinden, in der sie beides – Beruf und Privatleben - untrennbar miteinander verbunden sieht. Dabei erklärt sie den Beruf zum omnipräsenten Zentrum ihres zukünftigen Lebens. Problematisiert wird von Karin, dass die Vereinnahmung durch den Beruf, das Familienleben beeinträchtigen könnte. Die Wörter *Ruhe* und *Balance* am unteren Ende der Collage stehen dabei symbolisch für den Wunsch, im Familienleben einen stabilen Rückhalt und Rückzugsort zu finden, den sie als Gegenpol zum Berufsalltag präsentiert.

> Karin: „[…] da ich manchmal auch diese Angst sehe, dass ich mich zu sehr im Beruf verlieren kann, wünsch ich mir ähm, sonen bisschen *Balance* eben zwischen, ähm dem Familienleben, was ich mir auch total wünsch aber irgendwie auch diesen Grundschullehrer-Fulltime-Job und, äh das man da auch irgendwie Ruhe finden kann und dass einem, also für mich Familie auch, äh Ruhe gibt und, ähm natürlich wünsch ich mir auch zwei süße Kinder, wie da auf dem Bild." (Z1410-1415).

Im Bereich des Berufs thematisiert sie ihre Befürchtung von Routine. Der Text *Gute Laune*, steht für ihren Wunsch, den Spaß am Beruf in den fortlaufenden Jahren beizubehalten und Formen von Resignation vorzubeugen.

> Karin: „[…] dass man halt innen Job geht und - oder morgens aufsteht und denkt - Ich freu mich jetzt da drauf, was da kommt. Ich weiß, dass das utopisch ist, dass es jeden Tag so sein soll, aber dass man wirklich auch vielleicht noch nach Jahren halt eben in die Schule geht oder mit dem was man macht, vielleicht entwickelt man sich weiter

> […] dass ich da auf jeden Fall dazu stehe, mit ner guten Laune dahingehe und, ähm, dass man eben auch irgendwie, ja, Erfolge hat […].“ (Z1418-1423).

Die *Sektgläser* stehen symbolisch für nachhaltigen Erfolg, den Karin sich mit ihrer Arbeit wünscht: „[…] und ähm vielleicht die Kindern ja auch irgendwann mal wieder zu einen kommen und sagen: Ja, bei Ihnen Frau X. hab ich noch was gelernt in der Grundschule […].“ (Karin, Z1423-1426). Insgesamt wirkt Karins Blick in die Zukunft sehr optimistisch und positiv. Dass Karin keine Unsicherheiten bezüglich ihrer Berufswahl hat und selbstbewusst ein Idealbild von sich als zukünftiger Pädagogin zeichnet, präsentiert sie in der Collage über den Wunsch, einen nachhaltigen Eindruck bei Schüler*innen in deren Schullaufbahn zu hinterlassen. Karin thematisiert einen Bildungsauftrag, der geprägt ist von der Verantwortung gegenüber leistungsschwächeren Schüler*innen. Das Wort *Hoffnung* steht dabei für ihre Haltung, als Pädagogin Schüler*innen in Lernprozessen zu unterstützen und zu begleiten.

> Karin: „[…] wenn, ähm man vielleicht denkt, […] da ist jetzt irgendwie ne verschlossene Tür, ähm, da öffnet sich dann ne neue und, ja, also, und natürlich auch wieder die *Hoffnung* geben […] wenn man sieht, wie viele Kinder einfach gar keine Hoffnung haben, gar keine Perspektive und dass man denen dann eben auch die Hoffnung, Perspektiven gibt, dass es eben doch was gibt im Leben wo man sich eben kümmern drum kann, ja.“ (Z1436-1441).

Der Wert der Selbstverantwortung wird auch hier von Karin hervorgehoben, indem sie darauf pocht, dass Veränderungsprozesse in der Verantwortung des/der Einzelnen liegen. Sie versteht ihr Engagement als sozial gerecht und möchte damit Selektionsprozessen im Bildungssystem entgegenwirken. Hinter Karins Präsentation einer liberalen und gerechten pädagogischen Präferenz scheint ein im Kern stark leistungsorientiertes Denken verborgen, das sich in der Vorstellung von „Fördern und Fordern“ darstellt.

Tanja: „[…] so manchmal hat man immer so Phasen, wo man denkt "Hm, isch des richtig jetzt, soll ich net doch noch was anderes machen?“

Tanjas hat ihre Collagenarbeit auf der linken Seite des Plakats entwickelt (vgl. Abb. 8). Hier finden sich Textauszüge sowie kleinere und größere Bildmotive. Die Collage ist bunt und übersichtlich. Die oberen Sprechblasen wirken wie eine Überschrift, von der aus zwei Säulen nach unten führen. Tanja kommentiert zunächst die unteren Motive. Den gesamten Bereich verbindet Tanja mit dem künftigen pädagogischen Auftrag, den sie mit ihrem Beruf verbindet. Das Bildmotiv *Märchenwald* steht für sie für das Beibehalten von Fantasie, die Schriftzüge *Gemeinsam* *sind wir stark; Das Größte an unseren Geschichten? Sie miteinander zu teilen,* beschreibt Tanja als die Stärkung des Gemeinschaftsgefühls ihrer Schüler*innen.

> Tanja: „[...] wenn se dann, äh, Geschichten erfinden und selber schreiben, dass des auch miteinander geteilt wird und immer die positiven Sachen gsehen werden, genauso wie *Gemeinsam sind wir stark,* dass die Klassengemeinschaft und einfach alles so, ja, dass einfach die Gemeinschaft gestärkt wird, find ich ganz wichtig." (Z1458-1461).

Ein *Comic* oberhalb der Schriftzüge stellt für Tanja einen Forscher dar. Mit ihm verbindet sie den Anspruch des lebenslangen Lernens: „[...] einfach auch das Interesse an der Umwelt und an allem, was um einen rum isch, find ich sehr, sehr wichtig, dass das erhalten wird und dass das auch geachtet wird [...]." (Tanja, Z1466-1467). Für Tanja thematisiert die linken mittlere Seite der Collage materielle Sicherheit. Eine *Frau in Yoga Pose,* über die das Wort *Ommm* geklebt wurde, steht für den Wunsch nach „Ruhe" (Z1468), deren Basis in der finanziellen Absicherung liegt, symbolisiert durch das Foto eines *Geldbündels* und einem *Rettungsring.* Tanja gibt als Einzige in der Gruppe dem Thema finanzielle Sicherheit einen konkreten Raum in ihrer Collage und greift dieses auch verbal als wichtigen Aspekt auf. Für Tanja, die neben dem Studium drei Nebenjobs nachgeht, bedeutet finanzielle Sicherheit eine Entlastung. Das Studium ist für sie immer auch mit der Schwierigkeit der Finanzierung verbunden.

> Tanja: „[...] ich kann Geld nicht leiden, ehrlich gesagt ich finds total nervig, aber man kommt net ohne aus und ich find's grad' auch als Student nervig, man hat net viel Geld, man muss arbeiten, wenn man viel mehr haben will, falls man kein BAföG kriegt [...] sonen Bündel Geld wünscht sich wahrscheinlich jeder mal zu Hause und von daher ist desch für mich auch ganz ein- mit Ruhe verbunden, weil wenn man da sonen Paket Geld hat und weiß – Okay, da isch nen Sicherheitsposten – deswegen auch da nen Rettungsring." (Z1477-1481).

Der Wunsch nach Entlastung durch finanzielle Absicherung impliziert, dass Tanja ihr gegenwärtiges Leben mit enormen Anstrengungen und Stress durch das zusätzliche Geldverdienen verbindet. Die Symbolik eines *Rettungsrings* zeigt ferner, dass Tanja finanzielles Guthaben als Sicherheit und geradezu „lebensrettend" gegen drohende Existenznot ansieht. Deutlich macht sie aber auch ihre moralischen Prinzipien, indem sie ihre Ablehnung gegenüber dem materiellen Besitz betont. Finanzielle Sicherheit wird aus einer pragmatischen Perspektive der Notwendigkeit thematisiert. Für Tanja steht der *Rettungsring* für den Wunsch nach einem sicheren Rückzugsort. In Verbindung mit dem Schriftzug *Das Leben ist voller Wendungen* und dem Foto eines unübersichtlichen Wegweisers beschreibt sie ihren Wunsch nach Orientierungspunkten und Struktur: „[...] und dass eben immer sonen gewisser Ruhepunkt irgendwo isch, wo man weiß – okay, da kann man hingehen, oder, ja, dass man einfach sonen Anker hat, wo man sich festhalten kann dran." (Tanja, Z1486-1489). Dass der vermeintliche Anker in Form eines Rettungsrings präsentiert wird, könnte als Wunsch nach Unterstützung und Stabilität verstanden werden. In der linken Hälfte über dem Thema Sicherheit findet sich der Schriftzug *Zeigen Sie sich von Ihrer besten Seite* sowie Fotos von *Obst* und einem *Megafon*. Tanja verbindet diese Motive mit ihren disziplinierten (Leistungs-)Anspruch, immer „das Beste" geben zu wollen.

> Tanja: „[...] Apfel, Erdbeeren, irgendwas, dass man halt net nur (..) eins sein muss und des „Ja, Du bischt, jetzt super Grundschullehrer", sondern dass man gleichzeitig auch noch, ja, super Mutter oder wie auch immer sein kann und dass man halt von allem so das Beste rausholen muss." (Z1489-1492).

Sich diesen Anspruch zu vergegenwärtigen, symbolisiert das *Megafon*: „[...] dass man auch immer drauf hingwiesen wird, vielleicht von der eigenen Stimme im Hinterkopf, dass ma wirklich dasch Beschte zeigen und dasch Beschte geben soll." (Tanja, Z1497-1498).

Sie geht dann über zur rechten Seite der Collage. Mit dem Schriftzug *Tut mir leid Schatz. Heute wird's schon wieder früher später* beschreibt Tanja die Abgrenzungsproblematik im Beruf. Die Trennung von Beruf und Privatem wird als nicht selbstverständlich angenommen. Dieser Umstand wird von ihr jedoch nicht nur als negativ gewertet. Im Zentrum ihrer Vorstellung vom professionellen Handeln dominiert die Aufgabe, sich in den Dienst der Fürsorge für Kinder zu stellen. Diese Verantwortung endet für Tanja nicht an den Grenzen des Schultores bzw. am Ende der festgelegten Arbeitszeit.

> Tanja: „[...] und ich hab dann nur das *früher* durchgestrichen und *später* durch- drunter geschrieben, weil, ja, ich hab so für mich schon das Gefühl, ich geh net aus der Schule raus und bin fertig mit der Schule, sondern mich wird des wahrscheinlich noch die ganze Zeit danach verfolgen und ich werd immer wieder drüber nachdenken und ja." (Z1498-1503).

Tanja beschreibt einen von Idealismus und Empathie geprägten pädagogischen Auftrag, der ganzheitlich angelegt ist. Sie versteht sich als Ansprechpartnerin für die Schüler*innen, sowohl in schulischen Fragen als auch in lebensweltlichen Konflikten, mit denen sie Kinder konfrontiert sieht.

> Tanja: „[...] ich hab die Hoffnung, dass ich dadurch so manchen Kindern helfen kann. Grad wenn sie irgendwelche Schwierigkeiten haben, mags in Mathe sein, mags in Deutsch sein, mags vielleicht auch zu Hause sein, es gibt ja so viel [..] wo unter Schei-

dungen leiden und dass man die halt entsprechend dann durch das viele Nachdenken irgendwie unterstützen kann." (Z1510-1514).

Dass Tanja beispielhaft eine Scheidung als familiären Konflikt präsentiert, kann auch als ein Hinweis auf ihre stark christlich geprägten Werteorientierungen verstanden werden.

Tanja thematisiert bezüglich ihrer Studien- und Berufswahl auch Zweifel. Die Sprechblasen *Kündigen?* und *Behalten!* stehen für sie für diese Auseinandersetzung: „[...] so manchmal hat man immer so Phasen, wo man denkt "Hm, isch des richtig jetzt, soll ich net doch noch was anderes machen?- Hm, wär isch vielleicht da net besser aufgehoben?" (Tanja, Z1518-1520). Tanja spricht hier von „Phasen", was ein Hinweis darauf gibt, dass sie sich häufiger mit diesen Fragen beschäftigt und die Sorgen sich auch auf den kommenden Berufsalltag beziehen. So verknüpft sie *Kündigen?* mit der Befürchtung von Überforderung mit den vielfältigen Aufgaben im künftigen Beruf. Diesem stellt sie ihre idealistische Motivation gegenüber. So erhofft sie sich eine entsprechende ‚Vergütung' in Form der Sinnhaftigkeit der Tätigkeit: „[...] weils einfach auch, denke ich *viel Glück* bringt, den Kindern was beizubringen und ja dass da auch viel zurückkommt, dann genau." (Tanja, Z1523-1524). Tanja präsentiert mit ihrer Überlegung zu „Behalten oder Kündigen" damit als Einzige direkt das Thema einer möglichen Überforderung. Dass auch Tanjas Zukunftsvorstellung mit Fatalismus verbunden ist, äußert sich im *Smiley* und dem *Kleeblatt*: „[...] und das *Glück*, ich glaub Glück gehört immer zum Leben. Glück brauch man immer, kann man immer brauchen [...]." (Tanja, Z1514-1515). Auch in Tanjas Collage kommt somit der Thematisierung von Beruf und pädagogischem Anspruch ein großer Anteil zu. Ferner thematisiert sie die gegenwärtigen Mühen und Anstrengungen, die sie mit dem Studium verbindet, zum einen durch die Problematik der Finanzierung, zum anderen in ihrem Wunsch nach Entspannung und Ruhe. Außerdem scheint Tanja sich selbst das Credo auferlegt zu haben, einem hohen Leistungsanspruch nachkommen zu wollen. Dieser wird als drittes großes Thema in der Collage verhandelt. Ein Lebensentwurf für ihre private Zukunft hingegen wird komplett ausgespart.

Lukas: „[...] ich muss kein Held werden, aber ich glaub', was Großes zu leisten, ähm, würd ich schon gerne."

Lukas hat für seine Collage das rechte Drittel des Plakats gewählt (vgl. Abb. 8). Seine Collagengestaltung wird dominiert von Texten und wenigen großflächigen Bildern. Auf der linken oberen Seite finden sich drei untereinander angeordnete Textmotive. Auf der rechten Seite hat Lukas zwei weitere Bereiche angeordnet, die jeweils mit einem großflächigen Bildmotiv als auch mit kleineren Schriftzügen und Texten gestaltet wurden. Im Gegensatz zur übrigen Gruppe präsentiert Lukas den Aufbau als geplant. Zunächst erläutert Lukas die drei untereinander angeordneten Schriftzüge (*Schraube locker; Es liegt in unserer Natur, alles beschleunigen zu wollen. Selbst den Fortschritt; Ich bin ein Feind des Fortschritts*). Er präsentiert die Texte als zusammengehörig und thematisiert darüber seine Überlegungen zur Ausgestaltung des Berufs. So möchte er unkonventionelle Wege beschreiten (*Schraube locker*) und eine Mischung aus Bewährtem und Neuem in sein berufliches Handeln einfließen lassen.

> Lukas: „[...] dass man ne Balance findet zwischen Fortschritt und zwischen, äh Tradition, weil beides ist enorm wichtig und [...] ich würde mir wünschen, da weiterhin gut entscheiden zu können, was ist, äh an Neuem sinnvoll und was ist an Altem sinnvoll und das dann eben auch so zu leben und weiterzugeben, bei der Arbeit." (Z1292-1296).

Auch die Motive der oberen rechten Seite thematisieren den künftigen beruflichen Alltag. Neben dem Bildmotiv eines bei Lukas beliebten *Kabarettisten*, klebt das Wort *Arbeiten*, darunter eine Reihe von Texten, die Lukas zunächst als Reflexion und Auseinandersetzung mit der Sinnhaftigkeit der späteren beruflichen Tätigkeit präsentiert.

> Lukas „[...] dass ich mir äh immer die Frage stelle, wozu mach ich das? Ähm und zwar nicht so, so negativ resigniert, sondern mehr ähm positiv und und fordernd, also, dass man sich immer äh versichern kann, vielleicht auch oder selbst, wenn man nicht mehr weiß, wozu man das alles macht, dass man dann wenigstens auf die Suche geht." (Z1299-1302).

Im Folgenden erläutert Lukas den jeweiligen Text: So stehen die Zeilen *Jede Zeit hat ihre Helden* für seinen Wunsch im Beruf, „[...] was Großes zu leisten [...]." (Lukas, Z1316). Ferner thematisiert er die Sorge, in beruflichen Routinen zu stagnieren. Seinen pädagogischen Anspruch, aktiv Handelnder im schulischen Alltag zu bleiben, verbindet er mit der Zeile *Man darf im Leben niemals nur Beobachter sein.* Mit dem Textauszug *Der meiste XXXscheiß ist einfach dämlich* verbindet Lukas die Befürchtung, dass seine spätere berufliche Autonomie durch Vorgaben und Einmischungen von übergeordneten Schulbehörden beschnitten werden könnte.

> Lukas: „[...] den ganzen Quatsch, den man dann später zu tun hat, mit Kultusministerium, mit Vorgaben von oben, mit, äh neuen pädagogischen Theorien und Didaktiken, die man jetzt anwenden muss, wo man doch schon zehn Jahre lang sehr gut gefahren ist, mit dem, was man hat." (Z1325-1328).

Mit dieser Aussage über mögliches Konfliktpotential spielt Lukas auf die Einschränkungen seiner Handlungsspielräume an, die er durch eine erzwungene Einordnung in die Struktur befürchtet. Selbstbewusst wertet er die Fachexpertise von Expert*innen ab und verteidigt „seinen" künftigen Lehrstil. Eventuell bezieht

Lukas hier Hintergrundwissen über mögliche berufliche Konflikte mit ein, die er aus seiner Herkunftsfamilie mitbringt. Dass seine Mutter als Lehrerin tätig ist, wird von ihm jedoch nicht in die Diskussion eingebracht. Den darunterliegenden Themenblock bezieht Lukas auf seine Zukunftsvorstellungen vom Privatleben. Das Private befindet sich räumlich unterhalb des Beruflichen. Für Lukas steht beides aber untrennbar in Verbindung.

> Lukas: „Okay, ich hab hier den Beruf, äh ich hab mein Privatleben aber ich bin auch Lehrer, das heißt beides ist irgendwie verbunden. Ich geh nicht nach Hause und bin dann kein Lehrer mehr, das geht nicht [...].“ (Z1371-1373).

Mit dem Bildmotiv *Frau mit Kind* thematisiert er den Wunsch einer Familiengründung: „[...] also das hier (zeigt auf Bild mit Frau und Kind) ist dann später mal meine Partnerin, das ist unser Baby.“ (Lukas, Z1333-1334). Die Bildwahl verweist auf eine konventionelle Vorstellung der Paarbeziehung, in welcher die Frau mit einer Mutterrolle assoziiert wird. In Verbindung mit der starken Symbiose von Beruf und Privatleben, könnte dieses Motiv als ein Hinweis darauf gewertet werden, dass die Verantwortung für ein Kind aufgrund der eigenen beruflichen Einbindung, eventuell stärker in den Aufgabenbereich der künftigen Partnerin gedacht und delegiert wird. Der Text *Was ist Zuhause?* steht für Lukas sowohl für seine Vorstellung einer Familiengründung als auch für die anfängliche Schwierigkeit, sich von seinem Herkunftsort zu emanzipieren und am Studienstandort Fuß zu fassen.

> Lukas: „Also, mein altes, meine Heimat wars eben nicht mehr, aber hier eben auch noch keins und dieser Zwischenzustand, äh war nicht schön und den ähm hab ich jetzt gerade so überwunden und bin so im Beginn, äh eines entwickeln eines Zuhauses.“ (Z1337-1339).

Diesen Prozess sollen die Textauszüge *So Alive* und *Es geht aufwärts* darstellen. Sie stehen für eine positive Entwicklung, da sich Lukas in seinem sozialen Umfeld nun angekommen und angenommen fühlt. Dass dieses „Ankommen“ nie ganz abgeschlossen sein wird, symbolisiert für Lukas der Text *Glücklich groß werden*, der den unabgeschlossenen lebenslangen Prozess, sich Veränderungen im Leben zu stellen, beschreiben soll: „[...] man ist nicht fertig mit 18, sondern vielleicht erst ganz am Ende.“ (Lukas, Z1341). Fehlerhaften Entscheidungen im Leben zu treffen, erklärt Lukas als unausweichlich. Mit dem Textauszug *Im Scheitern bin ich super* erklärt er das Scheitern als „[...] sehr wesentlichen Teil, der das Leben eben ausmacht, dass man in der Lage ist zu scheitern und Fehler zu sehen und Fehler zu zugeben und dann wieder die entsprechenden Schlüsse zu ziehen.“ (Lukas, Z1343-1345). Mit der Thematisierung des Eingestehens von Fehlern und dem Scheitern verweist Lukas auf eine Vorstellung von Integrität, die Korrekturen als selbstverantwortliche Handlung und als das Ergebnis eines Aushandlungs- und Reflexionsprozesses beschreibt. In seinem Lebenskonzept zeigt er sich um einiges skeptischer im Umgang mit dem Begriff Glück, als die anderen Teilnehmenden. Lukas formuliert eine Erwartung, die sich an einer für ihn eher zu realisierenden Zufriedenheit orientiert.

> Lukas: „[...] glücklich sein ist immer nur nen ganz, ganz kurzer temporärer Moment, man kann aber sehr wohl halbwegs zufrieden sein und das ist glaub ich ehr sonen Ziel, also ich will nicht ständig glücklich sein, da wird man ja irgendwie auch verrückt, aber halbwegs zufrieden wär schon schön." (Z1362-1364).

Die Thematisierung vom Scheitern bezieht Lukas auch auf die Herausforderungen im späteren Beruf.

> Lukas: „[...] es wird Schultage geben, an denen komm ich nach Hause und ich denke, ich hab komplett versagt, das wird's geben, darauf kann man sich oder sollte man sich einstellen, da sollte man keine Angst vor haben [...] was mir manchmal geholfen hat, ist das ich mir sage, ich hab jetzt heute sogar Lust zu scheitern, weil dann scheitert man meistens nicht [...] wenn man sagt, okay es kann auch alles schief gehen äh ist man irgendwie befreiter." (Z1376-1382).

In seiner Aussage stellt sich Lukas erneut als ein Experte dar, der bereits eine genaue Vorstellung davon besitzt, welche Schwierigkeiten ihm im künftigen Beruf begleiten und wie er mit den zu erwartenden Herausforderungen im Beruf umzugehen hat. Selbstsicher erklärt er zunächst die individuelle Problemstellung zu einer allgemeinen beruflichen Herausforderung und liefert im Anschluss direkt Tipps zur Lösung. Thematisiert wird von ihm das Dilemma zwischen einem mit Idealismus aufgeladenen, ganzheitlich orientierten pädagogischen Auftrag und den individuellen Grenzen. Die Vorwegnahme des Scheiterns zielt auf eine Entlastung, die sich an der individuellen Begrenzung der Handlungsmöglichkeiten orientiert und somit nicht im Konflikt mit der Wertehaltung steht.

6.2.5 Gruppenwerkstatt A: Erste Hinweise zum Zusammenhang von Habitus, Milieu und Studium

Martha wird im sozialen Raum in unmittelbarer Nähe der Distinktionsgrenze verortet. Dafür sprechen der hohe Stellenwert von Selbstverwirklichung und die Selbstsicherheit, mit der sie die Studienanforderungen bewältigt. Sie vertritt dabei vor allem eine individualistische Sichtweise. Als zentral beschreibt sie die (eigene) intellektuelle Auseinandersetzung, die angestoßenen Reflexionsprozesse und den Autonomiegewinn, den sie mit dem Studium verbindet.

Mit dem Wechsel zum Studierendenstatus geht für Martha eine Entlassung in die Selbstständigkeit einher, die als emanzipatorische Form der Mündigkeit verstanden wird. Selbstverantwortung wird für Martha zu einem emanzipatorischen Aspekt erklärt, der zeitgleich als Mittel der Distinktion gegenüber den Kommiliton*innen dient. Dabei formuliert sie die Abgrenzung zu ihren Mitstudierenden weniger offen als andere Teilnehmende in der Gruppe. Selbstbewusst präsentiert Martha ihre Haltungen und Einstellungen, ohne sich dabei in einen direkten Vergleich zu den Kommiliton*innen zu setzen. Aus ihrer selbstbezogenen Perspektive wird Selbstverantwortung zu einer berechtigten Forderung an alle Studierenden. Martha präsentiert ein hohes Vertrauen in ihre Fähigkeiten. Bestätigung und Anerkennung erfährt sie dabei von den Lehrenden, die sie als Unterstützer*innen und Berater*innen versteht und die sie darin bestätigen, „auf dem richtigen Weg" zu sein. Pädagogische Kompetenzen werden von ihr als eine natürliche Begabung verstanden, deren Anlagen sie bereits mit in das Studium gebracht hat. Diese Talente weiter auszubilden, ist die Aufgabe, die sie mit dem Studium verbindet. Martha präsentiert ferner einen souveränen Umgang mit den Leistungsanforderungen. Aus dieser Position wirkt die Sicht auf das Studium und seine Anforderungen gelassen und positiv. Marthas Herkunft aus einem akademischen Haushalt scheint sich in einer Selbstsicherheit zu zeigen, auch ihre Perspektive auf die angesprochenen Themen wirkt in vielen Punkten eher distinktiv.

Einzig Martha verweist mit ihrer Sicht auf das Studium und ihren Strategien zur Aneignung und Bewältigung des Studiums auf eine Milieuzugehörigkeit (knapp) oberhalb der Distinktionsgrenze. Ihre Sicht auf das Studium verweist auf habituelle Züge, die auf eine Milieuzugehörigkeit in der Traditionslinie der akademischen Intelligenz hinweisen. In Relation zu Martha werden die weiteren Teilnehmenden als Angehörige der Milieus der gesellschaftlichen Mitte identifiziert. Dabei verweisen die Formen der Studienbewältigung und die Sicht auf das Studium bei Lukas, Karin und Tanja auf habituelle Züge, die für eine Milieuzugehörigkeit in der Traditionslinie der Facharbeit und praktischen Intelligenz sprechen, sich zudem in unterschiedlichen vertikalen Positionierungen im sozialen Raum darstellen. Tanja und Mira befinden sich in Relation zu den anderen Teilnehmenden vertikal weiter im unteren Drittel der gesellschaftlichen Mitte. Die horizontale Positionierung im sozialen Raum kann jedoch bei beiden unterschieden werden. So deutet sich bei Mira eine stärkere Orientierung an den Werten von Hierarchie und Autorität an, die auf einen Milieubezug in der Traditionslinie der ständisch-kleinbürgerlichen Volksmilieus verweist.

Zentral in **Lukas'** Aussagen ist die Präsentation der Übereinstimmung seiner Werteorientierungen mit dem Leitbild der Pädagogischen Hochschule. Gemeinsam mit Karin tritt er wie ein „Anwalt" der Pädagogischen Hochschule auf und verteidigt sowohl die Struktur und die Inhalte als auch die Lehrenden gegenüber Kritik aus der Gruppe sowie aus dem Grundreiz. Lukas präsentiert sich als engagierter Student mit reflektierter Haltung. Wie auch bei Martha manifestiert sich sein Blick auf das Studium in einer durchweg positiven Sicht auf die Pädagogische Hochschule. Die Förderung von Mündigkeit und eigenständigem und professionellem Handeln wird von ihm zum zentralen Anliegen der Bildungsinstitution erklärt. Lukas präsentiert sich in einer exponierten Rolle, die er zum einen mit einem Wissen um akademische Diskurse und zum anderen mit einem vertrauten Umgang mit den Dozierenden untermauert. Partizipation im Studium wird von ihm als selbstverständlich (Pate, Fachschaft) dargestellt. Dabei wählt er für sein Engagement die Rolle des „väterlichen" Beraters, der sein „Insiderwissen" an Erstsemester weitergibt und dabei Selbstverantwortung als verpflichtenden Aspekt einfordert. Dieser paternalistische Stil spiegelt sich auch in seinem Verhalten gegenüber der Gruppe wider. Kritik an der Studienstruktur wird von Lukas durchweg negiert. Dass mit dem Erfüllen der Anforderungen auch Anstrengungen verbunden sind, wird von ihm als selbstverständliches Leistungsprinzip akzeptiert und als Selektionsmerkmal verstanden (und befürwortet). Als Konkurrenz um die Anerkennung im Feld werden diejenigen identifiziert, die den intellektuellen Anspruch, den Lukas an das Studium formuliert, nicht erfüllen. Sein Blick auf die als „nicht-geeignet" identifizierten Studierenden wirkt stark abwertend. Eine Statusorientierung wird ferner deutlich über die Forderung der Gleichwertigkeit von Pädagogischer Hochschule und Universität sowie durch den Vergleich zu Studienfächern, denen ein gesellschaftlich höheres Prestige zugesprochen wird, was Lukas als ungerechtfertigt markiert. Er konstruiert eine Nähe zu universitären Fächern, die ebenfalls mit Staatsexamen abschließen und wertet sie im Kern als anspruchsloser ab, weil sie zwar höhere formale Leistungen verlangten, aber im Vergleich auf einem niedrigeren intellektuellen Niveau verhandelt würden.

Lukas präsentiert sich als pädagogisches „Naturtalent": Das Studium hat er im Bewusstsein seiner besonderen Eignung aufgenommen. Den Beruf als „Berufung" zu verstehen, macht Lukas ferner anhand der mehrfachen Anlehnung an den Begriff der „Lehrerpersönlichkeit" deutlich. Lukas bedient sich einer abstrakten Argumentation, die seinen Aussagen einen allgemeingültigen Charakter verleiht. Für ihn repräsentiert die Pädagogische Hochschule vor allem eine Haltung, die er ideell überhöht, als die geistige Grundhaltung und den inneren Kern der Profession identifiziert. Mit der Verwendung des Terminus „Lehrerpersönlichkeit", den er wie selbstverständlich in seinen Ausführungen verwendet, deutet er selbstbewusst die Kenntnis eines Diskurses an, mit dem er sich gleichzeitig von der Restgruppe abzugrenzen sucht. Ein tiefergehendes wissenschaftliches Interesse präsentiert er bereits in der Vorstellungsrunde, da er für sich alternativ einen akademischen Werdegang an der Hochschule nicht ausschließt. Lukas zeigt im Vergleich zu Martha einen offeneren Umgang mit der Abgrenzung zu Kommiliton*innen. Dabei argumentiert Lukas aus Sicht eines fürsorglichen Pädagogen und Experten für die hochschulische Lehrer*innenbildung. Die starke Akzentuierung von Selbstverantwortung im Studium dient dabei der Abgrenzung gegenüber Mitstudierenden. Der Weg in das Lehramtsstudium verläuft für Lukas über mehrere Anläufe im universitären Feld, die nicht erfolgreich abgeschlossen wurden. In seiner Collage thematisiert er das Scheitern als positive Selbsterfahrung, auch in der Diskussion zieht er mehrfach die Erfahrungen als Student an der Universität als Vergleichshorizont heran. Seine Deutung der Abbrüche als akademische Umwege im Sinne einer Selbstfindungsphase im Prozess hin zum sinnstiftenden Lehrerberuf scheint auch mit einem hohen Rechtfertigungsdruck belegt. Die Tendenz, die Pädagogische Hochschule und die Ausbildung an derselben aufzuwerten, könnte als ein Ausdruck der Bearbeitung seiner biografischen Brüche im Feld der Hochschule gedeutet werden.

Auch **Karin** tritt als „Vertreterin" der Pädagogischen Hochschule auf. In der Diskussion fällt sie über die Ablehnung von Kritik am Studium auf. Sie präsentiert eine Konformität mit der Struktur und deren Vertreter*innen und verteidigt diese. Studentische Mitbestimmung stellt für sie einen hohen Wert dar, den sie wie selbstverständlich auch von ihren Mitstudierenden einfordert. Gesellschaftliches Engagement versteht Karin als eine Verpflichtung, der sie auch im privaten Rahmen viel Zeit zugesteht. (Studentische) Mitbestimmung wird dabei von Karin weniger als ein Aushandlungsprozess unterschiedlicher Interessensgruppen verstanden, denn als Unterstützung der als grundsätzlich positiv beschriebenen Struktur. Karin arbeitet als studentische Mitarbeiterin in der Beratung von Studierenden (Stundenplanberatung). Aus dieser Arbeit verfügt Karin über ein Wissen zu Problemlagen ihrer Kommiliton*innen, aus dem aber weniger die Entwicklung einer solidarischen oder empathischen Haltung folgt. Vielmehr bedient sich Karin in der Diskussion der Erfahrungen aus ihren Tätigkeiten, um ihre These zu untermauern, dass die Schwierigkeiten ihrer Mitstudierenden selbst zu verantworten seien, indem sie Konflikte als selbst verschuldet in die individuelle Verantwortung der Studierenden delegiert. Mit diesem Blick betrachtet sie auch die von ihr durchgängig geforderte Selbstverantwortung im Studium. Selbstverantwortliches Handeln wird als verpflichtende Anforderung verstanden, die selbstverständlich zu erfüllen ist. Der Terminus wird gleichzeitig von Karin als Mittel zur Abgrenzung verwendet. Karins Engagement erscheint streckenweise wie eine Anlehnungsstrategie, um sich Anerkennung im Feld zu sichern. So hebt sie den Kontakt zu den Lehrenden hervor, bleibt dabei aber immer auf einer allgemeinen und unpersönlichen Ebene, die auf ein distanziertes Verhältnis hinweist. Die Anerkennung scheint Karin im Feld nicht sicher, weswegen sie auf offizielle (Leistungs)Nachweise pocht, um eine sichtbare und messbare Wertschätzung ihrer Leistungen und ihres Engagements im Studium zu erhalten. Deutlich wird eine Orientierung an einem Leistungsprinzip, in welchem die Mitstudierenden als Konkurrenz um die Anerkennung im Feld gesehen werden. In ihrer Sichtweise auf den Beruf, als intrinsische Profession und Berufung läuft das Thema Abgrenzung und die gleichzeitige Forderung nach Anerkennung für ihre besonderen Leistungen immer mit. Ihre Affinität zum Praktischen unterscheidet sie von Lukas und Martha, die eher die intellektuelle Seite betonen. Karin hebt besonders eine Berufsorientierung durch Praxisnähe hervor. Der theoretischen Seite im Studium scheint eine untergeordnete Rolle zuzukommen und Theorie wird gegenüber der Praxis abgewertet. Karin vertritt einen ganzheitlichen Anspruch. Dieser wird auch sichtbar über die Untrennbarkeit von Privatem und Beruflichem, welche sie als Maßstab für die Profession deutet. Soziale Verantwortung wird darin besonders betont, gleichzeitig scheint sie das Prinzip von Leistung und Teilhabe auch in ihren pädagogischen Anspruch zu transportieren.

In **Tanjas** Aussagen transportiert sich eine überwiegend kritische Haltung gegenüber den vorgefundenen Strukturen im Studium. Als Bildungsaufsteigerin ohne akademische Vorbilder in der Familie hat Tanja über den Umweg der Ausbildung das Studium aufgenommen. Im Gegensatz zur restlichen Gruppe hat sie in der Kernfamilie keine Bezüge zu Personen, die studieren oder studiert haben.[116] Tanja scheint mehr als ihre Kommiliton*innen in der Gruppenwerkstatt, um eine Zugehörigkeit im Studium zu kämpfen. Sie bringt in ihren Aussagen eine distanzierte Haltung gegenüber dem Studium zum Ausdruck. In ihrer Collagenarbeit bringt sie dies auf den Punkt, indem sie ihre Fremdheit direkt thematisiert und ihre Studienentscheidung offen hinterfragt. Erwartungen, die Tanja an die Lehrenden heranträgt, erfüllen sich für sie im Studienalltag nicht. Enttäuscht zeigt sie sich über die fehlende Fairness und Integrität von Lehrpersonen, welche sie aus den als widersprüchlich markierten Handlungen im Studienalltag bestätigt sieht. In ihrer Kritik transportiert sich ferner eine Vorstellung, die eine klare Aufgabenverteilung zwischen Lehrenden und Studierenden beinhaltet: Die Lehrpersonen sind zuständig für eine verständliche Vermittlung von berufsrelevanten Kompetenzen, im Gegenzug zeigen sich die Studierenden pflichtbewusst und bereit, die Leistungserwartungen im Studium zu erfüllen. Diesem Arrangement verlangt Tanja ferner einen gegenseitigen, verantwortlichen und respektvollen Umgang ab. In vielen Punkten kollidieren ihre Vorstellungen mit der vorgefundenen Struktur. Selbstverantwortung im Studium zu übernehmen, wird für sie zu einer pragmatischen Notwendigkeit, um sich mit einer unzuverlässigen Struktur zu arrangieren, die sich über Konflikte in der Organisation (Kursüberschneidungen) und inkompetente Lehrstile (Lehrende) auszeichnet. Mit der Präsentation ihrer Strategie der selbstständigen Aneignung von Lehrinhalten durch die Investition von zusätzlicher Zeit, betont sie ihren intellektuellen Anspruch und ihre

116 Karin und Mira stammen ebenfalls nicht aus einem akademischen Haushalt, scheinen aber im sozialen Umfeld (Karin: Partner, Schwester; Mira: Partner) engen Austausch mit Personen zu haben, die ebenfalls den Weg eines Studiums beschreiten.

intrinsische Motivation, die Studieninhalte nicht nur punktuell wiedergeben zu können, sondern diese auch zu durchdringen und zu verstehen. Die Präsentation ihrer eigenständigen Strategien zur Studienbewältigung verweist ferner darauf, dass Tanja einen Weg gewählt hat, sich mit der vorgefundenen Struktur zu arrangieren, ohne ihre Kritik offen an die Lehrpersonen zu adressieren. Vielmehr sieht sie sich in einer machtlosen Position, in der sie gefordert ist, Defizite im Studium selbstständig auszugleichen. Auch für Tanja kommt dem Praxisbezug im Studium eine hohe Bedeutung zu. Dozierende mit Berufshintergrund sind für sie Orientierungspunkte, die ihre Kenntnisse auf der Basis von Expert*innenwissen weitergeben und Sicherheit bieten. Tanja beteiligt sich nicht an Abgrenzungen von Kommiliton*innen. Konkurrenz und Abwertung kommt eine untergeordnete Rolle zu. Aber auch ein gemeinschaftlicher Austausch mit den Kommiliton*innen wird von Tanja nicht erwähnt. Ihre Beiträge fokussieren sich auf individuelle Strategien, die auf isolierte Lerninvestitionen außerhalb der Hochschule verweisen. Tanja vertritt zunächst ihre Standpunkte in der Gruppe. Ihre Sichtweisen finden jedoch keine Bestätigung, was streckenweise zum Rückzug von Tanja aus der Diskussion führt. Ihre nicht vervollständigten Sätze und Satzabbrüche verweisen darauf, dass sie sich in der Position der Gegenrednerin nicht besonders sicher fühlt. In der Collage formuliert Tanja ihre Motivation für den Beruf und bringt einen idealistischen und ganzheitlichen pädagogischen Anspruch zum Ausdruck, der auf Empathie für die Sorgen der Schüler*innen auch im außerschulischen Bereich beruht. Ferner verweist die Collage auf die Anstrengung der Vereinbarkeit von Studium und Nebentätigkeiten, mit denen sie das Studium finanziert.

Mit Verweis auf ihre Bewerbungen als Erzieherin und auf ihre weniger guten Schulnoten sieht **Mira** in dem Erlangen eines Studienplatzes vor allem einen „glücklichen Zufall". Auch in ihrer Sicht auf die Studienstruktur und Organisation greift sie auf den Terminus „Glück" zurück, was synonym zu dem geringen Einfluss verstanden werden kann, den Mira mit ihren Handlungsspielräumen im Studium verbindet. Ferner verdeutlicht sich eine bescheidene Haltung. Der fatalistische Begriff „Glück" scheint für eine passive Akzeptanz der Verhältnisse zu stehen, die nur durch Zufall zu Miras Gunsten ausfallen – und jederzeit eben auch zu einer Änderung der Pläne führen könnten. Selbstverständlich nimmt sie die Aufgabe an, sich der vorgefundenen Studienstruktur anzupassen. Aus dieser Perspektive sieht sich Mira nicht in der Position, sich kritisch gegenüber der Studienstruktur zu äußern. Auch das Wissen über die Schwierigkeiten von Kommiliton*innen interpretiert Mira eher als eine Bestätigung, dass Konflikte, etwa mit der Studienorganisation „jeden" treffen kann und unterstreicht die empfundene Normalität ihrer Erfahrungen. Der Eintritt ins akademische Feld wird von Mira keinesfalls als Selbstverständlichkeit verstanden, noch als Anerkennung ihrer Ausgangsbedingungen. Dabei scheint die Institution Pädagogische Hochschule die Grenze dessen zu markieren, was Mira für sich als realistische Bildungsmöglichkeit einschätzt. Der universitären Bildung gegenüber formuliert sie eine distanzierte und ablehnende Haltung. Eine Orientierung am Vertrauten und Bekannten hebt Mira über die positive Darstellung der Pädagogischen Hochschule als Weiterführung des Schulsystems hervor. Sie erwartet vom Studium eine praxisnahe und berufsorientierte Ausbildung. Sicherheit bietet dabei die Anleitung von authentischen, da selbst als Lehrer*innen tätigen Lehrpersonen.

Unverständnis äußert sie hingegen darüber, im Studium mit Inhalten konfrontiert zu werden, bei denen sie keinen unmittelbaren Bezug zu ihren formulierten Erwartungen sieht. Dass sie den überwiegenden Teil der Studieninhalte so bewertet, verweist auf eine bleibende Distanz zum akademischen Feld. Distanziert scheint auch ihr Verhältnis zu den Lehrenden im Studium, die für sie nicht als Ansprechpartner*innen fungieren. Lehrpersonen werden aus ihrer Perspektive selbstverständlich als Autoritätspersonen akzeptiert, deren Vorgaben zu erfüllen und deren Anweisungen zu befolgen sind. Mira orientiert sich an einer Vorstellung, die sich an das Verhältnis von Lehrer*innen und Schüler*innen anlehnt. Bestätigt wird diese Sichtweise durch die Aussage, in welcher Mira das Studium in erster Linie als eine Fortführung der Schule versteht. Selbstverantwortung im Studium zu übernehmen, scheint vor allem der Notwendigkeit geschuldet, die Anforderungen im Feld zu erfüllen. In der Konfrontation mit den Studieninhalten, die in weiten Teilen nicht ihren Erwartungen entsprechen, präsentiert Mira flexible Anpassungsstrategien. Wenn möglich, entzieht sie sich (Lehrveranstaltungsabbruch, Fachwechsel) oder zeigt sich zwangsweise kompromissbereit. Die zu erbringenden Leistungen werden von ihr vor allem mit Pflichterfüllung in Verbindung gesetzt. Mira hebt die praktischen Anteile im Studium hervor, für die sie Anerkennung erfährt und über die sie sich als besonders motiviert (freiwilliges Praktikum) und leistungsstark präsentieren kann. Dem Erwerb von praktischen Kompetenzen wird entsprechend eine besonders hohe Relevanz zugesprochen. Die Affinität zum Praxisfeld und der pädagogische Anspruch, der sich über Fürsorge und „Kümmern“ ausdrückt, zeigt sich über ihre (mehrfachen) Bewerbungen für eine Erzieher*innenausbildung, die für Mira auch eine mögliche berufliche Perspektive im pädagogischen Feld darstellt. Mit dem Hervorheben der eigenen Motivation grenzt sie sich ferner gegenüber denjenigen Studierenden ab, denen sie pädagogische Kompetenzen und ein intrinsisch motiviertes Interesse für den Beruf abspricht. Anders als zum Beispiel Lukas oder Karin bringt Mira ihre teils abwertende Sichtweise auf Mitstudierende offen zum Ausdruck. Ihre Argumente beruhen dabei auf den Bedarfen der Gruppe der Schüler*innen, die durch weniger ambitionierte Lehrer*innen einen Nachteil erfahren würden. Die Strategie der flexiblen Anpassung spiegelt sich auch in ihrem Diskussionsverhalten wider. In der Diskussion schließt sich Mira, trotz der vielen beschriebenen Konflikte mit der Studienorganisation, dem ‚problemfreien Studieren‘ an. In der Collage hingegen verdeutlicht sich die Anstrengungen, die Mira mit dem Studium verbindet: Mit dem Studium gehen Entwicklungsprozesse einher, die an Verlust- und Entfremdungsängste gekoppelt scheinen. Sich mit der Aufnahme des Studiums neuen Herausforderungen zu stellen und sich ins Unbekannte zu wagen, scheint mit einem hohen Verunsicherungspotenzial assoziiert.

6.3 Ergebnisdarstellung und Verlauf der Gruppenwerkstatt B

An der Gruppenwerkstatt B nahmen fünf Studentinnen im Rahmen einer Lehrveranstaltung (siehe auch GW C) teil. Gemeinsam ist dieser Gruppe, dass alle Teilnehmerinnen im selben Jahr (2010) die Hochschulreife erworben haben und sich zum Zeitpunkt der Gruppenwerkstatt im sechsten Semester befanden. Bis auf Liv, die ihr Abitur auf einem beruflichen Gymnasium erworben hat, besuchten alle ein Gymnasium und legten dort ihr Abitur ab. Gemeinsam ist den fünf Frauen, dass sie nach der Schule zunächst ein FSJ angeschlossen und danach das Studium aufgenommen haben. Alle fünf Teilnehmerinnen geben an, dass für sie nur das Lehramtsstudium zur Wahl stand. Bis auf Olga, die sich auch für Real- und Hauptschullehramt beworben hat, hat sich der Rest der Gruppe ausschließlich für ein Studium Grundschullehramt entschieden. Mit dem Studium erfüllen sich (außer Katja, die sich erst im FSJ dafür entschieden hat) alle Teilnehmerinnen einen Berufswunsch, der bereits früh ausgebildet wurde.

6.3.1 Kurzporträts der Teilnehmerinnen

Kurzporträt Olga

Nach dem Besuch eines Gymnasiums und dem Absolvieren eines FSJ im Bereich der Kinderbetreuung nimmt Olga (Jahrgang 1991) das Studium an der Pädagogischen Hochschule auf. Olga, die aus einer Kreisstadt im angrenzenden Bundesland stammt, lebt in einem Wohnheim für Studierende am Studienstandort. Anhand ihrer Vereinsmitgliedschaften zeigt sich eine starke Bindung an ihren Heimatort. Dies wird von ihr bestätigt, da sie in der Vorstellungsrunde ihre Aktivitäten „zu Hause“ (Z30) aufzählt (Musikorchester, Trainerin im Sportverein). Olga ist in einer Fachschaft engagiert, was von ihr in der Diskussion jedoch nicht weiter thematisiert wird. Olgas Schwester hat gerade das Abitur absolviert. Der Bruder hat nach dem Abitur eine Lehre im metallverarbeitenden Handwerk aufgenommen und arbeitet in dem Beruf. Ihre Mutter hat nach dem Hauptschulabschluss in einem personenbezogenen Dienstleistungsberuf gelernt und arbeitet in dem Beruf. Über die Eltern der Mutter weiß Olga lediglich, dass die Großmutter den Beruf Verkäuferin erlernt hat. Olgas Vater hat nach dem Realschulabschluss eine Lehre im Bereich Mechatronik-, Energie- und Elektroberufe absolviert und arbeitet als Angestellter bei der Stadt. Über seine Eltern kann Olga keine Angaben machen. Ihr Freund studiert in einem ingenieurwissenschaftlichen Studiengang an einer Universität. Das Studium finanziert sich Olga über BAföG. Ferner verdient sie Geld, indem sie Nachhilfe gibt und als Sporttrainerin arbeitet. Ihre Studienwahl begründet Olga mit der Sinnhaftigkeit der Aufgabe.

> Olga: „[...] weil ich einfach irgendwie das total, ähm, gut finde, dass man die Grundlagen beibringen kann und dass halt die Kinder einfach bei uns in der Schule lesen lernen, rechnen lernen, schreiben lernen, so und die damit einfach ihr ganzes Leben zu tun haben und es ja auch brauchen für die, für das Leben." (Z20-23).

Kurzporträt Katja

Katja (Jahrgang 1991) stammt ursprünglich aus einer Stadt in einem nördlichen Bundesland und ist für das Studium an den Studienstandort gezogen. Sie pendelt zwischen Studienstandort und ihrem Heimatort, u. a. weil ihr Freund am Heimatort studiert (Lehramt). Katja hat zwei jüngere Geschwister, die sie scherzhaft als ihre „Übungsobjekte" beschreibt: „[...] an denen ich auch immer schon sonen bisschen trainieren konnte sozusagen [...]." (Katja, Z42-43). Beide Geschwister besuchen noch die Schule (Grundschule/Gymnasium). Katja stammt aus einem akademisch geprägten Elternhaus: Beide Eltern haben nach dem Abitur an einer Fachhochschule studiert, einen Abschluss für Medien- und Informationsdienste erworben und sind in diesem Bereich tätig. Die Eltern der Mutter haben beide das Lehramt studiert und als Gymnasiallehrer bzw. Grundschullehrerin gearbeitet. Auch die Eltern des Vaters haben beide das Abitur erworben. Der Großvater arbeitet im akademischen Bereich in einer Leitungsposition. Die Großmutter verfügt über einen Abschluss an einer Berufsfachschule und arbeitet im naturwissenschaftlichen Bereich. Katja, die eine hohe Sportaffinität aufweist, absolvierte ein FSJ im Bereich Sport. Hier entstand auch der Berufswunsch: Sie wurde an einer Grundschule eingesetzt und hat festgestellt, „[...] dass mir das Spaß macht, diese Arbeit mit den Kindern und auch mit der Altersgruppe." (Katja, Z39-41). In der Diskussion kommt sie auch auf ihre Großmutter zu sprechen, die als Grundschullehrerin gearbeitet hat und die sie als Vorbild beschreibt. Katja ist Mitglied im Sportverein ihrer Heimatstadt und am Studienstandort, wo sie auch als Kindertrainerin tätig ist. Als ihre Hobbys gibt sie neben sportlichen Aktivitäten, Babysitten und das Treffen mit Freundinnen an. Das Studium finanziert sich Katja über BAföG. Sie lebt in einer Wohngemeinschaft.

Kurzporträt Maja

Maja (Jahrgang 1990) wohnt bei ihren Eltern in einer Kreisstadt in einem benachbarten Bundesland. Zum Studium pendelt sie zu dem ca. 40 km entfernten Studienstandort. Das Studium beschreibt sie als eine logische Konsequenz aus ihrer biografischen Entwicklung.

> Maja: „[...] weil ich auch eigentlich schon immer gerne mit kleinen Kindern gearbeitet- also zu tun hatte [...] bei uns in der Straße war ich schon in mehreren Familien Babysitten auch und hatte dann in der Schulzeit schon nen Praktikum gemacht in der Grundschule in B. und dann auch FSJ gemacht an ner Grundschule und da hatte ich dann gedacht, hinterher, das kann ich mir auf jeden Fall sehr gut vorstellen [...]." (Z52-56).

Ihr Lebensmittelpunkt liegt in ihrer Heimatstadt. Hier finden ihre Freizeitaktivitäten statt (Chor im Nachbarort). Auch ihr Freund, der nach dem Abitur aktuell eine Lehre im Gastgewerbe absolviert, lebt in dieser Stadt. Maja hat einen jüngeren Bruder, der das Abitur anstrebt. Beide Eltern haben das Abitur– und einen Universitätsabschluss erworben. Die Mutter hat Sozialpädagogik studiert und arbeitet als pädagogische Fachkraft. Der Vater hat Lehramt studiert. Als ausgeübten Beruf gibt Maja jedoch an, dass er als selbstständiger Handwerker tätig ist. Über die Großeltern mütterlicherseits weiß Maja lediglich zu berichten, dass der Großvater das Abitur erworben hat und die Großmutter einen Beruf in der Textilverarbeitung erlernt hat. Über die Eltern des Vaters gibt Maja an, dass der Großvater nach dem Abitur Lehramt studiert hat und als Lehrer (keine Angabe über den Schultyp) arbeitet. Die Abschlüsse und beruflichen Tätigkeiten der Großmutter sind ihr unbekannt. Das Studium wird von den Eltern finanziert, ferner hat Maja einen Nebenjob im Einzelhandel, in dem sie wöchentlich arbeitet.

Kurzporträt Diana

Diana (Jahrgang 1990) lebt in einer Stadt ca. 20 km entfernt vom Studienstandort. Sie lebt „[...] glücklicherweise noch zu Hause [...]" (Diana, Z71) bei ihren Eltern, die das Studium finanzieren, ferner verdient Diana zusätzlich Geld durch Nachhilfe. Wie Maja absolvierte auch Diana bereits zu Schulzeiten ein Praktikum in einer Grundschule und ihr FSJ führte sie an eine Grundschule. Den Berufswunsch beschreibt sie als frühzeitig entwickelt. Als prägend für den positiven Blick auf den Berufsstand sieht sie den Einfluss einer Grundschullehrerin: „Ich hatte ne ganz tolle Grundschullehrerin und von der war ich so begeistert, dass ich irgendwie von Anfang an wusste, ich will das auch mal machen." (Diana, Z64-66). Diana ist Mitglied in einem Sportverein und verbringt ihre Freizeit gerne mit Lesen, dem Ausgehen mit Freunden oder einfach mit „Ausruhen", wie sie im Sozialdatenbogen schreibt. Ihr Freund hat nach dem Abitur eine Berufsausbildung zum Laboranten im naturwissenschaftlichen Bereich absolviert und studiert gegenwärtig in einem naturwissenschaftlichen Studiengang. Diana gibt an, dass ihre Schwester (von der sie kein Alter angibt) das Abitur absolviert hat und im Medienbereich tätig ist. Ihre Eltern besitzen einen Hauptschulabschluss und haben beide eine Lehre mit Abschluss absolviert. Die Mutter erlernte einen Beruf in der Textilverarbeitung, arbeitet jedoch aktuell in der Finanzdienstleistung. Der Vater hat im

Handel gelernt und ist in dem Beruf tätig. Über beide Großeltern kann Diana keine Angaben machen.

Kurzporträt Liv

Liv (Jahrgang 1991) hat die Allgemeine Hochschulreife über den Besuch eines Fachgymnasiums erworben. In der Vorstellungsrunde berichtet sie davon, zunächst die Realschule besucht zu haben. Sie erzählt ausführlich, wie sie ihren Berufswunsch entwickelt hat. Auch bei ihr gab es einen (Realschul)Lehrer, der für sie ein Vorbild war.

> Liv: „[...] weil der eben mit ner totalen Hingabe immer für uns da war und, äh, eben nicht nur schulisch geschaut hat, dass alles funktioniert, sondern eben auch mit der Familie und allen anderen Bedingungen und, äh, seine Frau war Grundschullehrerin, die mich dann zu nem Praktikum mitgenommen hatte und seit da an war da eigentlich der Wunsch, Grundschullehrer zu werden. [...]." (Z75-80).

Nach dem Besuch eines Fachgymnasiums absolvierte sie ein FSJ und nahm anschließend das Studium an der PH auf. Liv ist Mitglied im Sportverein und Mitglied in einer Interessensvertretung für pädagogisch Tätige. Sie lebt in einer Kleinstadt und pendelt die ca. 40 km zum Studienstandort. Sie wohnt mit ihrem Partner in einer Wohngemeinschaft. In ihrer Freizeit treibt Liv Sport, trifft ihre Familie oder arbeitet als Servicekraft. Die Erwerbstätigkeit, der sie acht Stunden in der Woche nachgeht, wird von ihr auch unter der Rubrik Hobbys/Freizeit erwähnt. Das Studium finanziert sie ferner über BAföG und mit der finanziellen Unterstützung ihrer Eltern. Ihr Freund hat nach der Realschule eine Ausbildung im Handel absolviert und arbeitet gegenwärtig in dem Beruf. Liv hat einen jüngeren Bruder, der nach dem Besuch der Realschule eine Lehre im handwerklichen Bereich absolviert. Beide Eltern verfügen über einen Hauptschulabschluss. Die Mutter hat zunächst einen Ausbildungsberuf im Handel erlernt und eine Lehre zur Pflegefachkraft angeschlossen, in diesem Bereich (Pflege) ist sie tätig. Ihre Eltern haben beide einen Hauptschulabschluss und haben ohne berufliche Abschlüsse in der Landwirtschaft gearbeitet. Der Vater hat eine Lehre zum Facharbeiter in einem Handwerk absolviert und arbeitet im Gartenbau. Sein Vater hat einen Hauptschulabschluss und Berufskraftfahrer erlernt, in dem Beruf ist er tätig. Über die Mutter des Vaters weiß Liv zu berichten, dass sie einen Hauptschulabschluss hat und eine Lehre mit Abschluss absolviert hat. Unbekannt bleibt in welchem Bereich. Als Beruf gibt Liv im Sozialdatenbogen „Mutter" an.

6.3.2 Verlauf und Themensetzung der Gruppendiskussion (Zusammenfassung)

Die Gruppe steigt in die Diskussion ein, indem sie mit Bezug auf den Grundreiz **das Fehlen von verbindlichen und einheitlichen Strukturen im Studium** als Problemlage skizziert. Diana, Liv und Olga übertragen die im Grundreiz formulierte Unzufriedenheit der Lehramtsstudierenden auf die reformierte Studienordnung und die damit einhergehenden Veränderungen an der Pädagogischen Hochschule. Katja geht dazu über, die **ungleichen (Leistungs)Anforderungen** in den jeweiligen Fächer zu kritisieren. Sie zeigt sich verunsichert darüber, dass jedes Fach andere formale Vorgaben und Leistungserwartungen an die Studierenden formulieren würde, „[...] weil man halt nicht wirklich weiß, was man jetzt in welchen Fach leisten muss oder wieviel Zeit man da reininvestieren sollte." (Katja, Z120-121). Diana ergänzt, dass festgelegt ist, wie viele Leistungspunkte für ein Fach erbracht werden müssen, es jedoch im Ermessen der Lehrenden liegt den Workload zu interpretieren. Diana, Olga, Katja und Liv ergänzen sich in ihren kritischen Bemerkungen und Forderungen nach einer eindeutigeren orientierungsgebenden Struktur. Die Verwendung des Pronomens „wir" unterstreicht die Einigkeit in der Gruppe und verweist darauf, dass die Studentinnen ihre Kritik auch für die Gesamtgruppe der Lehramtsstudierenden an der Pädagogischen Hochschule formulieren. Sie sehen sich mit der Aufgabe konfrontiert, für jedes Fach und jeden Bereich individuelle Pakete an Leistungs- und Lernanforderungen bewältigen zu müssen. Die unterschiedlich hohen zeitlichen Investitionen und die unkalkulierbaren Bewertungen stehen dem Wunsch nach einer planbaren Studienorganisation entgegen. Unsicherheiten werden ferner dadurch ausgelöst, dass ein „roter Faden" zu Orientierung entlang aller Fächer und Bereiche nicht erkennbar scheint. Olga und Liv fügen dieser, an den formalen Vorgaben ausgerichtete Sicht, noch eine Kritik an den Lehrstilen der Dozierenden hinzu. Sie registrieren einen Widerspruch, zwischen den vermittelten Lehrinhalten und dem Handeln der Lehrenden. Diese Beobachtung wird als Diskrepanz und unklare Anleitung kritisiert: „[...] das kann ja nicht sein, dass Lehrer, Lehrer ausbilden, die dann irgendwie selbst dann, also, die Ausbilder dann irgendwie dann überhaupt kein gutes System haben oder Plan oder, ja." (Olga, Z140-142). Liv schließt sich dieser Kritik an. Sie resümiert, dass sich die Studierenden unter der Fülle der pädagogischen Ansätze, Lerntheorien und Leistungsanforderungen, die in jedem Fach anders aufbereitet werden, mehr Orientierung wünschen.

> Liv: „[...] weil wir halt gerne auch mal sowas Festes, äh, hätten [...] dass halt jedes Fach irgendwie so sein Süppchen kocht, wie man so schön sagt, und dann aber da nicht so die Einigkeit irgendwie besteht, die dann irgendwie so fehlt, dass man sagen kann – Okay, das ist jetzt wichtig, da leg ich meinen Fokus drauf und das andere klammere

ich lieber so ein bisschen aus. Das, glaub ich, ist halt auch schwierig, wodurch halt viele dann eben zu jammern beginnen oder so." (Z148-162).

Die Gruppe diskutiert im Anschluss die **Übernahme von Eigenverantwortung im Studium** Die selbstständige Organisation des Studiums, etwa die Freiheit, sich den Semesterplan eigenständig zusammenzustellen, aber auch Formen vom Selbststudium wird von der Gruppe positiv bewertet. Diana hingegen präsentiert eine deutliche Verunsicherung, sich im Feld der Hochschule ohne eindeutige Vorgaben orientieren zu müssen. Sie sieht in der geforderten Selbstverantwortung eine besondere Herausforderung. Das eigenständige Zusammenstellen eines Semesterplans wird von ihr nicht als Vorteil oder „Freiheit" gesehen. Sie formuliert die Erwartung, von der Hochschule einen „Stundenplan" (Z166) präsentiert zu bekommen, an dem sie sich orientieren kann und von dem sie sich Sicherheit im Studium erhofft, etwa die „richtigen" Seminare besucht zu haben. Diana transportiert in ihren Aussagen eine stark an der schulischen Sozialisation angelehnte Vorstellung von Hochschule (was sie z. B. über den Begriff „Stundenplan" verbalisiert). Katja, Liv, Olga und Maja begrüßen die eigenständige Planung des Studiums. Besonders Olga und Maja sehen in den Freiheiten ein Zugeständnis an- und ein Vertrauen in die Statusgruppe der Studierenden. Problematisiert wird von beiden, dass diese Autonomie durch die Überschneidung von Lehrveranstaltungen begrenzt wird und somit eine freie Organisation nicht immer möglich scheint. Katja vertritt am stärksten die Position, in der sie Eigenständigkeit im Studium als eine selbstverständliche Handlungskompetenz darstellt und diese als ein Zeichen von Mündigkeit wertet. Sie hebt die Möglichkeiten, zwischen Lehrveranstaltungen zu entscheiden und inhaltliche Schwerpunkte im Studium selbstständig zu wählen, positive hervor. Aus dieser Perspektive grenzt sie sich von Kommiliton*innen ab, denen sie die Umsetzung der zugestandenen Selbstverantwortung teils nicht zutraut. Sie gibt zu bedenken, dass z. B. der selbsttestierte Besuch von Lehrveranstaltungen die Gefahr beinhalte, dass die Studierenden die Möglichkeiten ausnutzen und Lehrveranstaltungen nicht besuchten, was dazu führen würde, dass nicht alle Studierenden gleich gut auf die beruflichen Herausforderungen vorbereitet sind.

> Katja: „[...] ich find's im Grunde auch gut, dass man sich selbst entscheiden kann, welche Veranstaltungen man besucht [...] das Problem bei der Sache ist ja, dass dann hinterher bei uns allen, also wir gehen ja dann mit ganz unterschiedlichen Wissensständen aus dem Studium raus [...] je nachdem was man dann belegt, ähm ja, erwirbt man ja anderes Wissen und, ich glaub, es, ja, ich weiß nicht, ob dann alle wirklich am Ende so als richtig gute Lehrer mit dem genügend, also mit ausreichend Wissen dann aus dem Studium gehen [...]." (Z200-2011).

Diese Ansicht korreliert eng mit hochschulinternen Diskussionen, Lockerungen und Abschaffungen von Kontrollmechanismen einzuschränken, was wiederum von Liv kritisiert wird. Auch sie verbindet mit der neuen Studienordnung einen Autonomiegewinn und eine Anerkennung der Mündigkeit der Studierenden. Diskussionen um die (Wieder)Einführung von Anwesenheitskontrollen interpretiert Liv als fehlende Wertschätzung. In der pauschalen Annahme der Verantwortlichen, dass Studierende die ihnen zugestandenen Freiheiten ausnutzen würden, transportiert sich für Liv eine fehlende Anerkennung und ein abwertender Blick auf die Statusgruppe. Weniger kritisch äußern sich Olga und Maja. Olga begrüßt die selbstständige Einteilung des Studiums als eine Freiheit, die es ihr ermöglicht, nach dem eigenen Lebenstakt zu studieren. Für sie gehört ein Maß an Hedonismus zum Lebensstil, der im Studium berücksichtigt werden sollte und den sie mit der neuen Studienordnung verwirklichen kann. Auch Maja sieht in den Freiheiten vom Selbststudium ein positives Zugeständnis und eine kooperative Haltung der Hochschule bestätigt. Dass die Verantwortlichen die Selbstverantwortung zunehmend durch alte Kontrollmuster (z. B. Anwesenheitslisten) ersetzen, wird von beiden nicht weiter kommentiert.

Die Auseinandersetzung mit den Studieninhalten bleibt in der Gruppendiskussion hinter der **Thematisierung von formalen Prüfungsleistungen und den Leistungserwartungen** zurück. Verknüpft wird dieser Punkt mit der Beurteilung der Handhabung und Praxis durch die verantwortlichen Lehrenden im hochschulischen Alltag. Sie werden als die Autoritäten im Studium akzeptiert – sie stellen die Regeln auf, an denen sich die Studierenden orientieren. Von ihrer Bewertung und Benotung wird der Studienerfolg abhängig gemacht. Entsprechend kritisch arbeitet sich die Gruppe in der Diskussion an den Lehrpersonen ab. Kritisiert werden fehlende Garantien und mangelnde Verlässlichkeit der Aussagen von Lehrenden. So wird registriert, dass den Lehrenden bei Auskünften über das Regelwerk (neue Studienordnung, Prüfungsvoraussetzungen) nicht immer zu trauen ist.

Ferner ist sich Gruppe einig in der Beobachtung, dass im Studienalltag von einigen Dozierenden das geltende Regelwerk nicht eingehalten wird und den Studierenden damit Rechte bewusst vorenthalten werden. Dass z. B. Lehrende auf das (illegale) Werkzeug der Anwesenheitskontrolle zurückgreifen und/oder einen überhöhten Workload einfordern, wird als Grenzüberschreitung skandalisiert. Anhand der Problematik ungerechtfertigter Kontrollmechanismen zeigt sich erneut die hohe Relevanz der **Orientierung an den Rahmenbedingungen und äußeren Vorgaben**, in dessen Mittelpunkt die Formen und der Umfang der zu erbringenden notenrelevanten Leistungen steht.

Liz und Diana differenzieren in die Lehrenden, die sie als unterstützend und solidarisch erleben und denjenigen, deren Handlungspraxis sie als „unfair" markieren. In Bezug auf den Lehrstil und die Bewertung von Leistungen erwarten sie von den Lehrenden einen kooperativen, verantwortungsvollen und fairen Umgang mit der Statusgruppe der Studierenden. Machtlos wird von ihnen registriert, dass einige Lehrende in der pädagogischen Interaktion wenig wertschätzend auftreten. Beide Studentinnen konstruieren eine Abhängigkeit von den Lehrenden, weil sie diese für die Benotung der Studierenden zuständig sehen. Aus Sorge, einen Nachteil zu erfahren, vermeiden sie es, ihre Kritik an die Lehrenden zu adressieren. Diana berichtet, dass eine Dozentin den Studierenden vorgeschlagen habe, sich gegen Unregelmäßigkeiten zur Wehr zu setzen. Dieser Schritt wird von Diana abgelehnt, da sie persönliche Konsequenzen fürchtet.

> Diana: „Frau X. hat uns da auch schon Sachen aufgezeigt, die wir machen können, aber also ich muss ganz ehrlich sagen: Ich würde niemals persönlich zu nem Dozenten gehen, ich würde niemals die Hochschule verklagen, weil ich einfach glaub, die Hochschule hat a) den längeren Atem b) hat die mehr Mittel und c) äh, wollt ich hier nicht wieder reinmüssen, nachdem ich die verklagt hab und es ist fehlgeschlagen. Da ist die Angst einfach zu groß [...].“ (Z292-297).

Diana argumentiert aus einer machtlosen Perspektive, aus der sie resigniert von einer Vorverurteilung der Studierenden durch die Lehrenden ausgeht: „[...] die haben nen Bild dann auch von einem und es gibt schon auch Fächer, die sagen naja wir sind sowieso faul, wir wollen nichts machen [...].“ (Diana, Z301-303). Liv ergänzt den (partnerschaftlichen) Wunsch nach „Kooperation“ (Z346) zwischen Lehrenden und Studierenden. Auch sie sieht das fehlende Vertrauensverhältnis auf einer generell abwertenden Sicht der Lehrenden begründet: „[...] weil die meinen, wir wären faul, Studenten wollen doch eh, äh, im Sommer den ganzen Tag an der Wiese liegen, die machen ja eh nichts [...].“ (Liv, Z360-361). Liv und Diana zeigen sich enttäuscht darüber, dass ihre (Anpassungs)Leistungen von den Verantwortlichen nicht ausreichend Wertschätzung und Anerkennung erfahren. Um die Lehrenden als Autoritäten im Feld nicht herauszufordern und den Studienerfolg nicht zu gefährden, kommen sie sicherheitsorientiert allen (auch den als unrechtmäßig benannten) Forderungen nach und arrangieren sich mit der Struktur, auf die sie keinen Einfluss nehmen können.

> Liv: „Rechtlich gesehen ist es nicht richtig, aber uns sind dann irgendwo die Hände gebunden, ich bin dann jemand, die sagt dann, ne aber dann hol ich mir lieber drei Feedback anstatt zwei nur, ähm dass ich halt einfach das dann so zusammen hab [...] so dass ich dann später irgendwann nicht die Probleme krieg [...].“ (Liv, Z421-425).

Die Berechtigung ihrer Kritik sehen Diana und Liv durch die Unterstützung von Rektorat und einigen Lehrenden bestätigt, die sich im Konflikt gegenüber ihren Kolleg*innen kritisch aufseiten der Studierenden positionieren. Diana und Liv zeigen sich dankbar für die Unterstützung, die sie von offizieller Seite erhalten und die nicht selbstverständlich scheint. Machtlos registrieren sie jedoch, dass sich Lehrenden über die Anweisungen des über ihnen stehenden Rektorats hinwegsetzen. Den Studierenden gestehen Diana und Liv keine Einflussnahme zu, ein Mitspracherecht schließen sie aus. Im Sinne eines Patron-Klient-Musters, ist es aus ihrer Perspektive Verhandlungssache der Verantwortlichen untereinander Veränderungen anzustoßen. Von denjenigen, die mit Macht ausgestattet sind, verlangen sie diese verantwortungsvoll im Sinne der ihnen anvertrauten Studierenden einzusetzen. Umso frustrierender scheint die Beobachtung, dass selbst ein Appell der übergeordneten Ebene (Hochschulleitung) an einige Lehrende keine Wirkung erzielt.

Liv beschreibt aber auch einen emanzipatorischen Prozess, der sich mit- und durch das Studium entwickelt hat und in dessen Verlauf sich die starken Bindung an die Autoritäten zu lösen beginnen. Sie berichtet zunehmend mehr Selbstsicherheit in der Kommunikation mit Lehrenden zu gewinnen und von der Lernerfahrung, ihre Bedarfe gegenüber den Lehrenden teils aktiv einzufordern:

> Liv: „[...] im ersten und zweiten Semester habe ich einfach das gemacht, was von mir verlangt wurde, ich hab jetzt nicht hinterfragt [...], für mich war das einfach so, die verlangen das, für des und des Modul und des und des ist wichtig und dann mach ich das eben auch und dann, ähm, eigentlich kam das dritte Semester, ähm, da hat man dann schon so langsam hinterfragt, im vierten war ich im Praktikum und im fünften hat das dann so langsam angefangen, dass man dann doch mal mit den Dozenten, ähm, ins Gespräch gegangen ist [...].“ (Z306-312).

Dieser Zuwachs und Gewinn von Selbstsicherheit scheint jedoch begrenzt und dozentenabhängig: „[...] mit manchen Dozenten kann man ins Gespräch gehen [...] aber andere Dozenten, ist das halt einfach so, dass sie einfach [...] am längeren Hebel sitzen und wir dann auch irgendwie da machtlos sind [...].“ (Liv, Z321-324). Kommunikationsangebote müssen von den Lehrpersonen ausgehen und Gesprächsräume von ihnen aktiv geschaffen werden, erst dann scheint für Liv eine Vertrauensbasis vorhanden, um ihre Anfragen (ohne Sorge vor Konsequenzen) äußern zu können. Hier unterscheiden sich die Perspektiven von Liv und Diana. Liv sieht im Gegensatz zu Diana die Möglichkeiten für einen kooperativen Umgang und Austausch zwischen den unterschiedlichen Statusgruppen gegeben. Allerdings liegt die Ausgestaltung der Angebote für sie in der Verantwortung der Lehrenden. Sie sind gefordert, ihre Machtstellung zu reflektieren und einen Schritt auf die Studierenden zuzugehen. Für Diana hingegen unterliegen die Studierenden einer unabänderlichen Situation, in welcher sie den abwertenden Einstellungen der Lehrenden ausgeliefert sind.

Katja, Olga und Maja zeigen sich hingegen verhaltener in ihrer Kritik an den Lehrenden. Der Meinung, dass Lehrende zu unrechtmäßigen Mitteln greifen, um die Anwesenheit der Studierenden zu kontrollieren und Studierende in einer machtlosen Position gegenüber unberechtigten Forderungen von Lehrenden verharren, schließen sich Katja und Maja (zunächst) an. Katja greift die Konflikte um Leistungsanforderungen und organisatorische Probleme im Studium auf, zeigt sich aber im Vergleich zur restlichen Gruppe gelassener und wirkt weniger unzufrieden mit den Dozierenden. Sie betont stärker ihre pragmatische Handlungsoption: „[…] hingehen und das halt abarbeiten, was von einem verlangt wird." (Katja, Z 326). Sie präsentiert ferner ihre Gedanken, mithilfe der Unterstützung durch ein studentisches Gremium wie z. B. der Fachschaft die Rechte der Studierenden zu stärken. Die von ihr formulierten Ideen bleiben Vorschläge, an deren aktiver Umsetzung sie bisher nicht beteiligt zu sein scheint. Olga hingegen tendiert dazu, die Lehrenden vor Kritik in Schutz zu nehmen. Zum einen geht sie nicht auf Katjas Vorschlag ein, trotzdem sie selbst in einer Fachschaft aktiv ist (was einzig aus dem Sozialdatenbogen hervorgeht). Zum anderen entlastet sie die Lehrenden. So sei deren Handeln bestimmt durch den Druck, den diese von übergeordneter Stelle erhalten. Der von Diana und Liv formulierten Annahme, dass Lehrende ein negatives Bild von Studierenden hätten und diese pauschal als „faul" aburteilen würden, weist sie deutlich zurück.

Die Gruppe kommt immer wieder auf die Bedeutung der **Lehrenden als Orientierungshilfen** im beruflichen Feld zurück. Formuliert wird die Erwartung an die Dozierenden, durch die Vermittlung von eindeutigen Methoden und Konzepten, einen praktischen Umgang mit den Schüler*innen zu erlernen und eine möglichst anwendungsbezogene Vorbereitung auf die Berufspraxis zu erhalten. Olga und Katja sehen im Studium aber auch den Freiraum für eine eigenständige (Weiter)Entwicklung unter kontrollierten Bedingungen. So erwartet Olga praktische Vorgaben, die sie im Berufsfeld anwenden kann. Gleichzeitig fordert sie ein, das im Studium Erlernte, selbstständig zu erproben (z. B. im Rahmen von Praktika). Sich nach (den von ihr als veraltet beschriebenen) Methoden der anleitenden Lehrer*innen richten zu müssen, versteht sie als Autonomiebeschneidung. Auch Katja sieht es als individuelle Entwicklungsaufgabe im Studium, sich eigenständig Handlungsoptionen zu erschließen.

> Katja: „[…] man hofft ja schon […] dass man dann irgendwie ins Studium geht und so die und die und die Methoden vielleicht bekommt oder Formen, wie man mit den Schülerinnen und Schülern umgehen kann und dann merkt man ja, es hat eigentlich keiner so richtig die Ideallösung und man bekommt eben sonen Riesen-Pool und muss dann selber gucken, was man daraus zieht, ja." (Z218-222).

Die Gruppe trägt die Erwartung an die Hochschule heran, auf die Berufspraxis vorzubereiten. Diesen Punkt sehen sie vor allem im Themenbereich der **inklusiven Pädagogik** nicht erfüllt. Katja kritisiert, dass die breiten Angebotspalette im Wahlpflichtbereich dazu führen kann, das Studium zu durchlaufen, ohne eine Veranstaltung zum Thema Inklusion belegt zu haben. Gegenüber Kommiliton*innen, welche die Auseinandersetzung mit dem Thema Inklusion im Studium bewusst umgehen, grenzt sie sich ab. Liv problematisiert den späten Zeitpunkt der Auseinandersetzung mit Inklusion im Studium. Auch sie kritisiert, dass die meisten Lehrveranstaltungen zum Thema im Wahlpflichtbereich des Studiums angesiedelt sind und dementsprechend wenig frequentiert würden. Ihrer Meinung nach herrscht eine Diskrepanz zwischen dem Anspruch der Hochschule, die Studierenden auf die inklusive Beschulung vorzubereiten und der Verschiebung von thematischen Lehrangeboten in Studienbereiche, die keine Benotung erfahren und von den Studierenden häufig weniger ernst genommen werden.

> Liv: „[...] ich hatte zum Beispiel zum ersten Mal mit Inklusion im fünften Semester auch nur, weil ich mir das persönlich herausgesucht hatte. [...] wir sollen auf die Inklusion vorbereitet werden, aber in die Pflichtseminare wird's irgendwie kaum mit eingebaut und – es sei denn man interessiert sich dafür, oder sagt - Oh, es ist ja wichtig, es betrifft mich ja irgendwann - und man erkennt jetzt schon die Relevanz, dass man selber hingeht aber trotzdem wird so von der PH [...] wenig gemacht eigentlich." (Z276-283).

Als einzige in der Gruppe präsentiert Liv ihr Interesse, sich bewusst über den Besuch von Seminaren thematisch einzuarbeiten. Sie betont ihre „freiwillige" Auseinandersetzung und unterstreicht ihren Kenntnisstand, indem sie z. B. ihr Wissen über Diskurse referiert (z. B. Erwähnung der UN-Behindertenrechtskonvention). Diana verbindet Inklusion vor allem mit der Forderung nach einem höheren Praxisbezug im Studium.

> Diana: „[...] das fehlt einfach mehr, mehr Praxis, noch mehr Praxis [...] Ja, ich find das reicht einfach nicht. [...]. Komm ich in meinem Ref. jetzt irgendwie an ne Brennpunktschule, bin ich hoffnungslos verloren, um ehrlich zu sein Es klingt jetzt krass, aber das ist so und ich find einfach das fehlt hier auch [...] auf so Situationen werden wir hier auch einfach gar nicht vorbereitet [...] ich find da mangels einfach auch, dass da einfach noch mehr Praxis her muss und nicht einfach immer nur dieser theoretische Input [...]." (Z228-236).

Sie wertet in diesem Zusammenhang am deutlichsten die theoretische Auseinandersetzung gegenüber der Praxis ab. Die Befürchtung, auf den Berufsalltag nicht ausreichend – und zu theoretisch, vorbereitet zu werden, findet aber auch die Zustimmung von Katja und Olga. Beide assoziieren mit dem Thema der inklusiven Beschulung die **Sorge vor Überforderung** im kommenden beruflichen Alltag. Problematisiert wird ferner von Olga, dass die Lehrenden in Bezug auf inklusive Beschulung keine Orientierung bieten. Sie zeigt sich verunsichert darüber, dass diese keine einheitliche Position vertreten und die Meinungen von Zustimmung bis Ablehnung auseinandergehen.

> Olga: „[...] also, ich weiß auch von manchen Dozenten, dass sie da gar nicht so dafür sind. Also, man hört so teilweise manchmal - Ja, es ist richtig gut - und manche sind da halt dann nicht so stimmig mit dem ganzen Konzept." (Z285-287).

Die Thematik führt in der Gruppe zu einer regen Diskussion. Als einzige Gruppenwerkstatt im Sample diskutieren die Teilnehmerinnen als selbst gewählten Punkt ihre Sorgen und Berührungsängste, die sie mit der inklusiven Beschulung verbinden. Die Gruppe teilt die Ansicht, durch das Studium nicht ausreichend auf einen inklusiven schulischen Alltag vorbereitet zu werden und im späteren Unterricht mit den beruflichen Anforderungen „alleine" gelassen zu werden. Die in der Vorstellungsrunde und in der Diskussion präsentierten, überwiegend idealistisch motivierten Gründe für die Berufswahl, in der die künftige Arbeit in der Grundschule vor allem mit einer Präferenz für die Altersgruppe und der Vorstellung einer weitgehend konfliktfreien Wissensvermittlung verbunden wird, scheint gebrochen durch die Sorge, über keine (anwendungsbezogenen) pädagogischen Konzepte für diejenigen Schulkinder zu verfügen, die von dem „Ideal" abweichen, das mit der Gruppe der Grundschulkinder verknüpft wird. Inklusive Pädagogik als Prinzip der Anerkennung von Heterogenität scheint in den pädagogischen Vorstellungen und Präferenzen bisher weitgehend ausgeklammert bzw. überwiegend mit Konflikt assoziiert. Einigkeit herrscht in der Gruppe, dass die Hochschule nicht ausreichend auf die Umsetzung der inklusiven Beschulung vorbereitet. Als negative Beispiele werden Erfahrungen von Kommiliton*innen benannt, die im Rahmen von Praktika einen Einblick in den Schulalltag bekommen haben. Die Gruppe teilt ein unausgesprochenes Wissen, indem Distanz und Skepsis gegenüber inklusiver Beschulung dominiert. Die Positionierung speist sich aus der Perspektive der ausführenden, verantwortlichen und höchstwahrscheinlich überforderten Lehrkraft. Die politisch-gesellschaftliche Dimension des Themas inklusive Bildung als gleichberechtigte Teilhabe aller Kinder an schulischer Bildung scheint (noch) nicht Gegenstand der Reflexion. Deutlich wird, dass die Auseinandersetzung mit einer diversen Schüler*innenschaft und mit den Aufgaben der schulischen Inklusion, keine selbstverständliche Professionalisierungsaufgabe verbunden scheint. Vielmehr wird mit dem Thema Inklusion eine von außen auferlegte Zielvorgabe assoziiert, die (ausschließlich) mit der Sorge der Überforderung belegt scheint. Verantwortung für künftige Handlungsfähigkeit wird an die Hochschule delegiert: Eingefordert wird im Studium die Grundlagen zu erhalten, die detailliert pädagogische Konzepte beinhaltet, *wie* Inklusion umgesetzt werden soll. So sehen Diana, Olga und Maja, das Thema im Studium zu theoretisch verhandelt und zu wenig am praktischen Beispiel vermittelt. Liv und Katja stellen heraus, dass die neue Studienordnung, trotzdem sich die Hochschule besonders mit der thematischen Auseinandersetzung mit inklusiven Themen „schmückt", zu wenig und zu spät im Studium vorbereitende Lehrveranstaltungen anbieten würde. Bis auf Liv, die eine selbstständige und vertiefende Auseinandersetzung mit der inklusiven Beschulung sucht, delegieren Katja, Diana und Olga die Aufgabe einer praxistauglichen Vermittlung an die Hochschule und die Lehrenden.[117] Pädagogische Präferenzen und Orientierungen oder die Auseinandersetzung mit einem inklusiven Bildungssystem werden nicht mit dem Thema verknüpft, vielmehr wird die Erwartung formuliert, Vorgaben und Orientierung für die Berufspraxis vermittelt zu bekommen. Die Auseinandersetzung und Vorbereitung auf den schulischen Alltag und inklusive Beschulung scheint wenig professionstheoretisch reflektiert, vielmehr wirkt die Forderung nach Lösungsansätzen serviceorientiert und unterstreicht, dass das Thema Inklusion von den Studentinnen in erster Linie mit Ängsten und Verunsicherung belegt scheint.

Die Gruppe diskutiert die **Betreuungssituation im Studium**. Erneuert wird die Forderung, für die Planung und Organisation des Studiums formal korrekte Auskünfte von den Lehrenden zu erhalten. Dass diese häufig nicht über den eingeforderten aktuellen Wissensstand verfügen, wird kollektiv als verunsichernd beschrieben: „ [...] manchmal [wissen] die Dozenten selber nicht, was jetzt aktuell, äh, Richtlinie ist und deswegen kann man auch in der Sprechstunde – fühlt man sich nicht besonders gut betreut." (Liv, Z484-486). Deutlich wird in diesem Abschnitt der Diskussion, die geteilte Vorstellung einer **Aufgabenteilung zwischen Lehrenden und Studierenden**: Sich als Studierende Kenntnisse über die Studienordnung anzueignen wie es z. B. in der Gruppenwerkstatt A mehrfach gefordert wurde, wird in dieser Gruppe ausschließlich in den Aufgabenbereich der Lehrenden sortiert. Verlangt wird, dass die Studienordnung als grundsätzliches Regelwerk, den Lehrenden in allen Details bekannt ist. Serviceorientiert erwartet die Gruppe, dass ihnen dieses Wissen formal korrekt aufbereitet wird, damit die Studierenden entsprechend der Vorgaben ihre Aufgaben erfüllen. Dieser „Deal" wird nach Ansicht der Gruppe jedoch von den Lehrenden nicht eingehalten und die Organisation für die Studierenden damit unnötig erschwert. Einzig Katja entlastetet die Lehrenden und gibt zu bedenken: „[...] dass die Dozenten ja selbst die Opfer eigentlich auch sind." (Katja, Z487). Eine weitere Kritik, die Katja, Liv und Maja an die Struktur richten, ist, dass ihre individuelle Planung über den modularen Aufbau im Studium eingeschränkt wird. Leistungsorientiert verlangen sie nach Möglichkeiten, Prüfungen schneller ablegen zu können.

Einen positiven Blick auf die inhaltliche Betreuung teilen Liv und Katja. Katja betont bisher stets eine wertschätzende Betreuung durch Dozierende erhalten zu

117 Den Entwicklungsstand der Etablierung eines inklusiven Bildungssystems und der Vorbereitung auf schulische Inklusion im Lehramtsstudium zeigt Förster (2021) auf. Anhand von Gruppendiskussionen mit Lehramtsstudierenden analysiert sie, wie sich Lehramtsstudierende mit den Herausforderungen schulischer Inklusion vor dem Hintergrund ihrer berufsbezogenen Orientierungsmuster auseinandersetzen und die Zielvorgaben der Lehrer*innenbildung unterschiedlich aneignen.

haben. Olga beschreibt hingegen Erfahrungen von kompetenter als auch defizitärer Betreuung durch Lehrende. Sie kritisiert zunächst unregelmäßige Sprechstunden und die mangelnde Ansprechbarkeit von einigen Dozierenden. Am Beispiel der Anfertigung einer Hausarbeit, bemängelt sie eine fehlende Vorbereitung durch das entsprechende Seminar. Rat und Hilfe holt sich Olga außerhalb der Hochschule bei ihren Mitbewohnerinnen. Von der PH fühlte sie sich in diesem Punkt nicht unterstützt und kritisiert, dass sie von einer Lehrenden an ein Kolloquium verwiesen wurde und ihre Fragen, „[...] wie man das aufschreibt [...]." (Olga, Z630), nicht beantwortet wurden. Auch Olga zeigt hier die starke Verhaftung in der schulischen Sozialisation, die sie auf die Hochschule überträgt. Maja problematisiert daraufhin den späten Zeitpunkt, zu dem erstmals die Anfertigungen von wissenschaftlichen Arbeiten im Studium gefordert werden. Für sie liegt der zeitliche Abstand vom Erlernen wissenschaftlicher Techniken und dem Verfassen einer Hausarbeit zu weit auseinander: „[...] es ist ja auch eigentlich nur die Theorie, also man kriegt das halt gesagt, aber man hat ja noch nicht wirklich mal eine [Hausarbeit] praktisch geschrieben." (Maja, Z616-617). Die Gruppe diskutiert anschließend über eine Facebook-Gruppe, in der sich Studierende gemeinschaftlichen u. a. über die Betreuungsqualität von Lehrenden austauschen. Liv sieht die Plattform als eine Orientierungshilfe.

> Liv: „[...] wo kann man hingehen, wo ist es schwierig, welcher Dozent liegt mir vielleicht mehr. Ist es da jetzt schwierig, dass er mich nicht so gut betreut, aber dafür nen gutes Feedback gibt oder ist es mir eher wichtiger, dass er mich gut betreut im Vorfeld und das Feedback danach ist mir jetzt nicht bedeutend wichtig. Dafür ist es schon – also, für mich persönlich, dafür nutze ich das [...]." (Z535-541).

Während Olga Betreuungsdefizite durch Unterstützung außerhalb der Hochschule kompensiert, setzt Liv auf den Austausch mit Kommiliton*innen, um Informationen über die Lehrenden und ihre Maßstäbe hinsichtlich der Leistungsvorgaben taktisch in ihre Planung einbauen zu können. Olga und Katja hingegen stehen diesem Austauschinstrument skeptisch gegenüber und belegen dies anhand von Fehlinformationen, die sich über das Tool unter den Studierenden verbreiten. Sie zweifeln den Nutzen und Wahrheitsgehalt vom Austausch in speziellen Chatgruppen für Studierende an und verweisen auf das geringe Vertrauen, das sie in ihre Kommiliton*innen setzen. Die Betreuungsqualität in Abhängigkeit zu der entsprechenden Lehrperson zu beurteilen, wird von Olga und Diana betont. Diana erwartet eine detaillierte, verständliche und persönliche Betreuung. Die vorgefundene Qualität wird von ihr fatalistisch angenommen und als außerhalb der individuellen Einflussnahme verstanden.

Die Bedeutung vom **Beamtenstatus** wird von der Gruppe als gering eingestuft. Liv gibt zunächst zu bedenken, dass eine Verbeamtung „[...] gar nicht mehr sicher [...]." (Liv, Z646) sei. Dass Liv sich für die Bildungspolitik und die

Stellung des Lehrer*innenberufs interessiert, zeigt ihre Mitgliedschaft bei der Interessensvertretung Verband Bildung und Erziehung (VBE). Sie scheint sich vorausschauend einer Gewerkschaft angeschlossen zu haben, welche die Interessen (z. B. in Tarifkonflikten) der verbeamteten Lehrer*innen vertritt. Liv und Katja heben im Zusammenhang mit dem Thema ihre **intrinsische Motivation für die Profession** hervor. Beide betonen, keine Kenntnisse über den späteren Verdienst zu haben, was sie als Zeichen ihres untergeordneten Interesses an der finanziellen Entlohnung in Bezug auf den Beruf verstanden wissen wollen.

> Liv: „Also, ich find es jetzt nicht primär wichtig, wieviel Geld ich am Ende des Monats auf dem Konto hab, sondern eher die Kinder, ähm, die dann eigentlich so mehr im Fokus stehen, weil da drum, find ich geht's ja auch eigentlich [...].“ (Z661-665).

Während besonders Liv ihre pädagogischen Präferenzen herausstellt („Kinder stehen im Mittelpunkt“) und Katja ihre Begeisterung für den Beruf („Spaß“) betont, gehen beide davon aus, dass ein Teil ihrer Mitstudierenden die ausschließliche Ausrichtung an intrinsischer Motivation nicht teilen. Sie grenzen sich gegenüber den Kommiliton*innen ab, denen sie ein sicherheitsorientiertes, extrinsisches Motiv unterstellen. Liv identifiziert diese Gruppe anhand der fehlenden Leistungsbereitschaft in den Lehrveranstaltungen: „[...] in den Seminaren merkt man das einfach, welche Leute bereit sind, den Arbeitsaufwand zu leisten, welche sagen - Nee, seh ich überhaupt nicht ein.“ (Liv, Z709-712). Maja hingegen schließt grundsätzlich aus, dass Studierende an der Pädagogischen Hochschule aus Gründen der sicheren Berufswahl oder der finanziellen Entlohnung das Studium gewählt haben. Sie verbindet ausschließlich idealistische Motive („mit dem Herzen dabei sein“ Z677) mit der Berufswahl. Sie negiert, dass Studierende aus anderen Gründen das Studium aufnehmen könnten und stellt sich damit solidarisch hinter ihre Mitstudierenden. Katja geht dazu über auf eine allgemein **fehlende gesellschaftliche Anerkennung für pädagogische Berufe** aufmerksam zu machen. Sie rückt das Lehramt in die Nähe zu Berufen im sozialen Bereich (wie z. B. Erzieherin). Zum anderen richtet sie ihre Kritik auf das niedrige Prestige vom Grundschullehramt im Ranking der akademischen Berufe, die mit einem Staatsexamen abgeschlossen werden.

Einigkeit herrscht bei den Teilnehmerinnen in Bezug auf die **Relevanz der Praxisanteile** im Studium. Praxis scheint synonym für Sicherheit im künftigen beruflichen Feld. Praxiserfahrungen gelten als eine Art Königsweg und Garantie für einen sicheren Umgang mit den späteren Anforderungen. In der Gruppe scheint die Sorge, als Berufsanfängerin im Feld zunächst überfordert zu sein, eine geteilte Annahme. Bereits im Studium Strategien zu entwickeln, um den kommenden vielfältigen Aufgaben gewachsen zu sein, bekommt somit die höchste Priorität zugesprochen. Dies findet vor allem in Verbindung mit Praktika im Studium Erwähnung, da man sich hier unter Anleitung im Berufsfeld ausprobieren kann. Im Hinblick auf gesellschaftlichen Wandel (siehe Inklusion) wird eine anwendungsbezogene praxisnahe Vorbereitung als besonders wertvoll und als geradezu „überlebenswichtig“ gegenüber theoretischen Inhalten überhöht. Liv berichtet von den positiven Feedbacks, die sie in einem Praktikum von den Dozent*innen erhalten hat. In einem längeren Beitrag stellt sie die Vorteile des Praktikums dar. So sind Schwächen in der Unterrichtsvorbereitung und Unterrichtsgestaltung durch den praktischen Unterricht unmittelbar erkennbar und korrigierbar. Katja bestätigt erneut ihren Punkt, die praktischen Erfahrungen im Feld als relevant für die Berufswahl und als Möglichkeit der beruflichen Korrektur (z. B. für „nicht geeignete“ Kommiliton*innen) zu verstehen. Olga sieht in Praktika eine abgeschwächte Form des Referendariats, da bereits eigenständig unterrichtet wird und erste Einblicke in den Berufsalltag gewonnen werden können. Erneut spricht sie über ihre Ängste, später an einer Schule zu arbeiten, für die sie sich durch das Studium und die Praktika nicht ausreichend vorbereitet fühlt: „[...] weil ich war auch an soner Friede-Freude-Eierkuchenschule, also wenn ich dann echt auf sone, sone Brennpunkt komme, naja, mal gucken.“ (Olga, Z911-913). Während Liv und Katja im positiven Feedback in Praxisphasen eine Bestätigung ihrer Studienwahl sehen, problematisiert Olga die Betreuungssituation am Beispiel einer Dozentin, mit der sie eine negative Erfahrung gemacht hat. Diana hingegen gibt weniger individuelle Erlebnisse preis, als dass sie Praxis generell als sicherheitsgebenden Aspekt und eigentlichen Wert im Studium hervorhebt.

Auf die Frage der **Kompetenzentwicklung im Studium** vertritt Katja die Meinung, dass sie die für den Beruf grundsätzlich benötigte Eigenschaften und Fähigkeiten weniger im Studium, als im Umgang mit Kindern im familiären Umfeld und den Erfahrungen aus Praktika, erlernt hat. Diese Ansicht sieht sie durch die (Experten)Meinung eines Lehrenden bestätigt.

> Katja: „[...] im Praktikum hat das auch ein Dozent so schön zusammengefasst, dass man, also dass sie an der PH zwar uns fachlich und methodisch ausbilden können – aber sonen bestimmten Teil der Kompetenzen, die man für das Lehrerdasein braucht, bringt man entweder mit oder eben nicht.“ (Z786-788).

Liv schließt sich der Ansicht an. Auch sie trennt in die fachlichen und methodischen Kompetenzen, die sie durch das Studium vermittelt bekommt und in den Besitz von grundsätzlichen Persönlichkeitseigenschaften, die individuell mit in das Studium gebracht werden.

> Liv: „[...] man schon so gewisse Grundüberzeugungen, Grundhaltungen, ähm, Werte haben, vielleicht auch durch die Erziehung oder auch durch seine eigene Persönlichkeit [...] dieses Etwas irgendwie, das, find ich, muss man schon mitbringen.“ (Z807-812).

Olga hingegen verweist in ihren Überlegungen stärker auf die Persönlichkeitsentwicklung, die mit und durch das Studium angestoßen wird.

> Olga: „[...] im Moment sind wir halt noch ganz am Anfang von bestimmten Kompetenzen und wenn wir dann in die Schule gehen, machen wir ja unsere eigenen Erfahrungen und kann dann die Kom- oder auch das Fachwissen und so und alles was wir hier Lernen miteinbeziehen und dadurch entwickelt sich unsere Persönlichkeit ja dann eigentlich weiter." (Z818-821).

Dass sich das vermittelte theoretische Wissen und die praktischen Anteile im Studium in Einheit mit einer persönlichen Entwicklung zu Kompetenz ausbilden und transformieren wird von Liv und Katja unterstützt. Liv betont, dass die Bereitschaft und Motivation, mit Kindern zu arbeiten, grundsätzlich vorhanden sein sollte. Auch Katja stimmt nun zu, dass sich bestimmte Kompetenzen erst im und mit dem Studium ausbildeten: „[...] dieses Reflektieren, das, ähm, erlernt man. Also, das ist zum Beispiel eine der Fähigkeiten, die Reflexionsfähigkeit, die man im Studium erlernt." (Katja, Z841-842). Bevor die Gruppe eine Pause einlegt, kommt sie auf das Thema von schulischen Praktika zurück und die Studentinnen nutzen den Austausch, um sich über Vor- und Nachteile möglicher Praktikumsorte auszutauschen.

6.3.3 Gruppendynamik

Die Gruppe führt eine angeregte Diskussion, in der außer Maja alle Teilnehmerinnen ausführlich zu Wort kommen. Maja beteiligt sich wenig, scheint aber die gesamte Diskussion hindurch dem Verlauf interessiert zu folgen. Diana verlässt die Diskussionsrunde für die letzten zwanzig Minuten, da sie ein Treffen mit einer Lehrenden hat. Nach ihrer Rückkehr steigt sie direkt wieder in die Diskussion ein. Liv und Diana, die nebeneinandersitzen und auch privat befreundet zu sein scheinen, präsentieren sich wie ein eingespieltes Team. So bestätigen und ergänzen sie sich ihre Meinungen gegenseitig. Demgegenüber formulieren Katja und Olga jeweils Positionen, die zunächst nicht offen anders scheinen – vielmehr in Nuancen widersprechen. Olga präsentiert sich dabei stets gut gelaunt und lacht häufig am Ende eines Redebeitrags, auch wenn dieser Kritik enthält oder einen Konflikt schildert. Diana diskutiert und argumentiert sehr emotional. Ihre kritischen Anmerkungen bekommen eine physische Komponente, wenn sie z. B. auf den Tisch schlägt, um ihren Ärger zu unterstreichen. Ihre Art zu sprechen und zu betonen ist dabei schnell und abgehackt. Sie bedient sich ferner einer Empörungsrhetorik, „[...] ich mein, veräppeln kann ich mich auch alleine [...]." (Z404-405); „[...] das ist voll das Unding [...]." (Z409); Dozierende haben „abartige"(Z129) Vorstellungen, um ihre Aussagen zu unterstreichen.

6.3.4 Ergebnisdarstellung der Collagenarbeiten

Katja: „Zu Beruf haben wir jetzt kein wirklich passendes Bild gefunden […].“

Abbildung 9: „Meine Wünsche und Ziele für die Zukunft“ Collage von Olga, Katja und Maja

Die erste Gruppe, die gemeinsam eine Collage erstellt, besteht aus Olga, Katja und Maja (vgl. Abb. 9). Verwendet wurden überwiegend Bildmotive. Lediglich im oberen mittleren Bereich finden sich vier kleine Textpassagen. Ferner wurden mit einem roten Stift einzelne Wörter unter oder neben die Bildmotive geschrieben. Die Gruppe nutzt die gesamte Fläche, es finden sich teilweise größere Lücken zwischen den Themenbereichen. Erkennbar sind unterschiedliche Themenblöcke: So scheint die rechte Seite der Collage die Themen Reisen (oben rechts), Sport (rechts Mitte) und Konsumgüter (unten rechts) zu behandeln. Die linke Seite beinhaltet die Themen Freundschaft (oben links) und Familie (Mitte bis unten links). Eine mittlere Säule scheint mit Glückssymbolen (*Smiley*; *Kleeblatt*; *lächelnde Frauen*) auf das allgemeine Ziel einer positiven Lebenseinstellung zu verweisen. Auffällig ist, dass die linke Seite mit mehr Motiven beklebt wurde, als die dadurch eher kahl wirkende (untere) rechte Seite. Die Dominanz des Familienblocks fällt direkt ins Auge. Die Collage wirkt durch die unterschiedlichen Bildmotive sehr bunt und unruhig. Das Muster, einen Themenbereich mit einem Oberbegriff und entsprechenden Bildmotiven zu versehen, wird für den Beruf unterbrochen. Dieser Bereich wurde nicht über Bildmotive visualisiert. Mit schwarzem Stift wurde das Wort *Beruf* um *Kinder mögen mich* und *Vertrauen* ergänzt.

Die Collage wird zunächst von Maja mit wenigen Worten erläutert. Sie nimmt Bezug auf die unterschiedlichen Themenbereiche und weniger auf einzelne Motive. Olga und Katja ergänzen anschließend. Olga ist es besonders wichtig, auf die unterschiedlichen Sichtweisen der Erstellerinnen der Collage hinzuweisen. Zwar gibt die Gruppe an, die Collage gemeinsam entwickelt zu haben, dennoch scheint es bei einzelnen Motiven zu Unstimmigkeiten gekommen zu sein. So sind sich Katja und Olga zum Beispiel über den zukünftigen Lebensentwurf nicht einig: „Ja, wir haben noch überlegt, ob wir einen Olga und einen Katja Bereich machen, weil ich hätt gern ne Katze und Olga die Hochzeitstorte." (Katja, Z1135-1137). Auch waren sich beide uneins, inwiefern die einzelnen Blöcke mit zusätzlicher Beschriftung versehen werden sollten. So hätte Olga den Bereich Beruf gerne mit mehr Stichwörtern versehen und seine Bedeutung mehr hervorgehoben als der Rest der Gruppe.

> Olga: „[...] weil wir sonen großes „Beruf" hingeschrieben haben, aber dann nicht die Wünsche im Beruf geschrieben haben, und ich dachte eigentlich, wir machen das denn noch um den Beruf rum [...] weil zum Beispiel für mich ist auch der Beruf auch irgendwie wichtig, wie das so aussieht und so und dann kam, kommt noch so die Familie dazu [...]. Und irgendwie war das irgendwie so, (zu Katja) ihr wolltet das ja nicht so." (Z1179-1187).

Fünf sich überlappende Bildmotive stellen den Themenbereich Reisen im **oberen rechten Bereich** dar. Händisch wurde mit rotem Filzstift *Reisen* neben den Block geschrieben. Gewählt wurde das Motiv eines *Mannes mit Rucksack* und *Landschaftsbilder* sowie *eine mittelalterliche leere Straße*. Der Themenbereich wird überwiegend über (menschenleere) Naturaufnahmen visualisiert, was auf den Wunsch nach Ruhe, Rückzug und Entspannung verweisen könnte. Reisen wirkt hier ferner inszeniert wie ein Selbstfindungsprozess. Auch das Motiv *Mann mit Rucksack* passt in dieses Schema. Reisen scheint synonym mit dem Wunsch nach Individualität und Selbstbestimmung, um sich neue Wege und Ziele zu erschließen. Die Gruppe geht nicht auf die Motive ein, diskutiert jedoch, wann der beste Zeitpunkt für Reisen sei. Katja verweist mit ihrem zeitlichen Wunsch nach Reisen, bevor sie familiären Verpflichtungen nachkommen müsse, auf eine langfristige Planung ihres Lebensentwurfs.

> Katja: „[...] ich würd das, glaube ich, noch unterscheiden, so zwischen kurzfristigen und längerfristigen Zielen, weil bei mir ist zum Beispiel dieser Bereich oben rechts mit den Reisen im Moment noch, also ziemlich stark ausgeprägt, also bevor ich jetzt

hier so in die Familie und heiraten gehe, würde ich zum Beispiel gerne erst mal noch nen bisschen reisen, die Welt sehen [...].“ (Z1160-1164).

Demgegenüber stellt Olga heraus, dass ihre Priorität zum Reisen weniger hoch ist und auch der Zeitpunkt egal sei: „[...] das ist so okay, wenn ich reisen kann, aber es muss nicht unbedingt sein, also, hmmm, ja. Also, ich muss das jetzt nicht unbedingt vorher machen, bevor ich ne Familie hab oder, äh, anfang zu arbeiten [...].“ (Olga, Z1169-1172).

Links neben dem Reiseblock wurde das Motiv einer *Joggerin* geklebt, das mit dem Wort *Gesundheit* überschrieben ist. Unter dieses Bild wurde mit rotem Filzstift *Sport* geschrieben. Die Gruppe geht nicht weiter auf diesen Bereich ein. Verwiesen wird auf einen disziplinierten Blick auf den Schutz der eigenen Gesundheit durch körperliche Aktivität. **Im rechten unteren Bereich** finden sich fünf Bildmotive, die auf die Bedeutung von materiellen Gütern (Besitz) und Genuss verweisen. An oberster Stelle klebt das Bild einer *Obsttorte*. Darunter findet sich die Motive eines modernen verglasten *Einfamilienhauses* und eines geöffneten und gefüllten *Kühlschranks*. Unterhalb wurde das Foto eines *Mittelklassewagens* geklebt sowie das Bild einer Tastatur, auf der ein *Autoschlüssel* liegt. Dieser Bereich wird von Olga und Maja zunächst kurz kommentiert.

Maja: „Immer nen vollen Kühlschrank – ja, genau.“
Olga: „Ja, Sicherheit halt einfach.“ (Z983-984).

Im Gegensatz zur disziplinierten Joggerin visualisiert sich in den gewählten Motiven (*Törtchen, Inhalt des Kühlschranks: Sektflaschen*) das Bedürfnis nach Genuss auszuleben. Entfernt könnte in den zwei Sektflaschen auch Rausch und Feiern als hedonistischer Bezug gedeutet werden. Auf eine spätere Frage der Moderatorin, inwiefern Geld ein Thema in der Collage sei, verweist Katja auf diesen Bereich. Für sie bildet die Verfügbarkeit über finanzielle Ressourcen die Grundlage für einen bestimmten Konsum- und Lebensstil.

Katja: „[...] auf der rechten Seite hier bei den Sachen auch mit dabei, also Reisen und eigenes Haus und nen Auto und genug zu essen kann man sich ja nur leisten, wenn man das genügende Geld dafür hat.“ (Z1007-1010).

Die linke obere Hälfte beginnt mit drei Bildmotiven, die, wie Maja erläutert, für den Bereich Freundschaft stehen. Ausgewählt wurden unterschiedliche Bildansichten von Frauen, die gemeinsam für ein Foto posieren. Mit Freundschaft scheint in der Gruppe vor allem das Bild der besten Freundinnen assoziiert. Visualisiert werden Unternehmungen und der Austausch in einer vertraulichen Kleingruppe, die offensichtlich eher in einem gleichgeschlechtlichen weiblichen Kontext angesiedelt wird. In einigem Abstand erstreckt sich in der **linken unte-**

ren Hälfte der größte Themenblock. Hier finden sich insgesamt neun Bildmotive, die Liebesbeziehung, Familie und Familiengründung thematisieren. Gewählt wurden überwiegend klassische Motive von Familienkonstellationen vor unterschiedlichen Kulissen, darunter Frauen mit Kindern, Hochzeitsbilder/Symbole. Maja geht zunächst auf das Motiv eines Mannes in der Küche ein, das für eine gleichberechtigte Partnerschaft stehen soll: „[...] also, auch der Mann kocht und nicht nur die Frau." (Maja, Z976-977). Angesprochen auf die auffällige Größe vom Themenkomplex Familien ergänzt Katja die besondere Bedeutung, die sie diesem Bereich in ihrer Lebensplanung beimisst: „[...] ich kanns nur für mich persönlich einfach mal sagen, es ist schon ein sehr großer Bereich [...] wenn ich so an meine Zukunft denke." (Katja, Z117-119). In diesem Bereich findet sich ferner das Bild einer *Katze*, mit dem Olga sich von dem Lebensentwurf der restlichen Gruppe ganz bewusst visuell absetzten wollte.

Groß prangt in der **oberen Mitte** des Plakats ein *Smiley* auf dem *Viel Glück* steht. Darüber wurde handschriftlich das Wort *Lebensfreude* geschrieben. Rechter Hand neben dem Smiley beginnt ein Textbereich (*Die ganz große Freiheit*; *Glück anlocken*; *Jung bleiben*; *Leben & Lieben*). Dieser wirkt in seiner Größe und seiner räumlichen Verortung etwas Abseits. Die (sehr kleinen) Texte wirken wie Mantra ähnliche Formeln, die zusammenfassen, was an Positivem für die Zukunft gewünscht wird. Unter dem Smiley findet sich im Zentrum des Plakats das Motiv einer *lachenden Frau*, die eine andere lachende Frau hochhebt. Dieses Bild wird überlappt von dem Motiv einer *Frau im Kopfstand*. Zwischen beiden Bildern klebt das kleine Motiv einer *Uhr*, darüber ein *Kleeblatt*. Unterhalb der Frauenmotive wurde händisch das Wort *Spaß* geschrieben. Der Bereich wird von der Gruppe nicht weiter erläutert. Als Zentrum der Collage scheint ihm aber eine besondere Bedeutung zuzukommen. Auch wirkt der Schriftzug *Lebensfreude* wie die Überschrift der Collage. Symbole wurden ausgewählt, die positive Assoziationen auslösen (*Smiley*; *Kleeblatt*; *Glück*) und zur *Lebensfreude* passen. Zudem strahlen die ausgewählten Bildmotive der *(körperlich aktiven) Frauen* in Verbindung mit dem Wort *Spaß* einen positiven Enthusiasmus aus. Von Olga wird lediglich das sehr kleine Motiv der Uhr erläutert: „[...] das könnte nen bisschen so was Negatives sein, das man sonen bisschen Angst hat, dass die Zeit nicht für alles reicht oder dass man überfordert wird." (Olga, Z1076-1080). Hier scheint Olga nicht ganz einverstanden mit dem durchweg positiven Symbolismus. Im unteren Bereich wurde mit Filzstift groß das Wort *Beruf* geschrieben. Der Text *Kinder mögen mich* und *Vertrauen* wurde in kleinerer Schrift an den Begriff Beruf geschrieben. Für diesen Bereich der unteren Mitte wurden keine Bildmotive verwendet. Katja erklärt.

> Katja: „Zu Beruf haben wir jetzt kein wirklich passendes Bild gefunden, deswegen haben wir das jetzt einfach groß in die Mitte geschrieben [...] wie bei soner Mindmap die Sachen alle miteinander verbinden können – oder andersrum alle Sachen

mit dem Beruf verbinden, weil, ähm ja, sich alle, ähm ja, alle Bereiche halt ein Teil des Lebens sein sollten und das in einem ausgewogenen Maß und dass zum Beispiel, ja, Glück im Beruf dann ja auch, ja, alle anderen Bereiche beeinflusst.“ (Z988-993).

In der Collage dominieren lebensweltliche Themen. Auch wenn Katja davon spricht, den Beruf in die Mitte gesetzt zu haben und von einer Verbindung aller Bereiche zum Beruf spricht, fällt auf, dass er sich im unteren mittleren Bereich befindet. Eine Verbindung zu anderen Themenfeldern wurde visuell ausgespart. So wirkt der Beruf als *ein* Themenbereich, in einem ansonsten von lebensweltlichen Themen dominierten Zukunftsentwurf. Er scheint mehr als ein Fundament zu dienen, auf Grundlage dessen ein bestimmter Lebensstil geplant und verwirklicht wird (Konsumgüter, Familie). Gleichzeitig wurde das händisch geschriebene Wort *Beruf* um einiges größer geschrieben, was wiederum auf seine besondere Bedeutung verweist. Dadurch, dass für den Beruf keine Motive geklebt wurden, wird das Bildschema unterbrochen und es gibt lediglich zwei Aspekte, die mit dem Beruf in Verbindung gebracht werden: Der Wunsch, von den Schüler*innen akzeptiert zu werden (*Kinder mögen mich*) sowie das abstrakte *Vertrauen*, was Interpretationsspielraum offenlässt, gegenüber wem Vertrauen gewünscht wird (Kolleg*innen, Eltern, Schüler*innen). Der formulierte Wunsch *Kinder mögen mich* und *Vertrauen* können auch auf eine Verunsicherung hinweisen. Diese Attribute scheinen nicht als selbstverständlich vorausgesetzt und müssen erst noch erarbeitet werden. Die Darstellung und Auseinandersetzung mit dem Beruf auf der Collage zeigen, dass entweder noch keine konkreten Vorstellungen über den künftigen Beruf existieren, weshalb das Visualisieren der Berufswünsche- und Vorstellungen nicht möglich ist, weil es keine „inneren“ Bilder dazu gibt. Oder aber, es existiert ein Berufsverständnis, das innerhalb der Gruppe geteilt wird und so selbstverständlich scheint, dass es nicht weiter thematisiert werden muss.

Visuell dominiert die Präsenz des Familien- und Beziehungsbereichs. Zukunftsplanung wird eng mit Familienplanung in einer klassischen Zweierbeziehung zusammen gedacht. Die Aufteilung der Hausarbeit (Beispiel Haushalt/Kochen) weist auf eine gleichberechtigte und partnerschaftliche Vorstellung von Beziehung hin. Die verwendeten Motive von Frauen mit Kindern betonen Vorstellung von einer Mutterrolle, die mit weiblicher Fürsorge assoziiert wird. Generell scheint der Blick auf die Lebensplanung mit positiven Begriffen (Glück, Lebensfreude, Spaß) belegt, die visuell ins Zentrum der Collage gerückt wurden. Dass sich das Glücksversprechen nicht einlösen könnte, wird über eine Uhr im Zentrum symbolisiert, die im Vergleich relativ klein ausfällt. Ferner verdeutlicht die Collage ein Vertrauen in das Vorhandensein materieller Ressourcen. Trotzdem dieses Thema weder in der Diskussion noch in der Erläuterung der Collage benannt wird, visualisiert sich seine Relevanz über die komplette rechte Seite der Collage. Ein zu erwartender Lebensstil wird präsentiert, der nicht infrage gestellt wird. So wird überlegt, *wann* der Zeitpunkt zum Reisen ist und weniger, *ob* dies finanziell möglich ist. Der immer volle Kühlschrank verweist auf die finanzielle Absicherung, mit der offensichtlich zu rechnen ist.

Insgesamt strahlt die Collage einen optimistischen Blick in die Zukunft aus. Ein Zukunftsentwurf wird präsentiert, der die Sicherheit in der Gemeinschaft von Familie und Freundschaft hervorhebt. Fatalistisch scheint dieses Zukunftsversprechen nicht immer beeinflussbar und in Abhängigkeit von „Glück" gesehen zu werden. Auffällig ist, dass die Gruppe sich nicht über Zukunftsvorstellung einig geworden ist. Olga präsentiert bei einigen Themenbereichen individuelle Motive, die sich vom Rest der Gruppe unterscheiden (Katze statt Hochzeitstorte) – und auch mit der Darstellung des Berufs scheint sie nicht ganz einverstanden.

Diana: „[...] wir wollen heiraten, wir wollen Kinder, wir wollen nen Tier [...] wir wollen nen Haus [...] äh, wir wollen Lehrer werden."

Abbildung 10: „Meine Wünsche und Ziele für die Zukunft" Collage von Liv und Diana

Für die Collage haben Diana und Liv die gesamte Fläche genutzt (vgl. Abb. 10). Es dominieren großflächige Bildmotive. So wurden teilweise ganze DINA4-Seiten aus Zeitschriften auf das Blatt geklebt. Im Zentrum der Collage stehen drei

großformatige Frauenporträts, die um das mit rotem Filzstift geschriebene Wort *ICH* gruppiert wurden. Ferner findet sich hier eine sehr kleine Textpassage (*Jetzt tue ich mir selbst was Gutes*). Um diese Mitte herum gruppieren sich verschiedene Themenblöcke. Zusätzlich zu dem (eindeutigen) Bildmaterial hat die Gruppe mit Filzstift die Themenblöcke benannt (*Ich*; *Sport*; *Familie*; *Zuhause*; *Beruf*; *Eigenschaften*). Einzig in der unteren Mitte, die das Thema Essen/Gesundheit visualisiert, wurde dieses Prinzip durchbrochen und auf eine zuordnende Beschriftung verzichtet. Die Collage, die von Liv und Diana erstellt wurde, wird von beiden als ein Gemeinschaftsprojekt präsentiert. Die Zusammenarbeit habe sich problemlos gestaltet, da beide die gleichen Ziele und Wünsche an die Zukunft formulieren: „[...] wir wollen heiraten, wir wollen Kinder, wir wollen nen Tier [...], wir wollen nen Haus [...], äh, wir wollen Lehrer werden." (Diana, Z1151-1153).

Im **oberen rechten Bereich** wurde mithilfe vier großformatiger Bildmotive und dem geschriebenen Wort *Familie*, Familiengründung und Beziehung thematisiert. Von der rechten Randmitte bis zum unteren rechten Viertel befindet sich ein Bereich, der mit dem Begriff *ZUHAUSE* untertitelt wurde. Hier haben Liv und Diana unterschiedliche Motive geclustert. Der Block beginnt mit dem Bild eines *Mittelklassewagens*. Neben diesem findet sich das großformatige Motiv eines modernen *Einfamilienhauses* mit Garten und Swimmingpool. Auf diesem Bild prangt die Überschrift *Ich wollte ein Haus bauen, es wurde ein Zuhause*. Darunter wurde im DINA4-Format ein Bild von *Liegen an einem Pool* geklebt. Im Hintergrund befindet sich ein Haus in einem Olivenhain. Rechts neben dem Bildmotiv findet sich ein DINA4-Motiv: Unter der Überschrift *Umbauen & Renovieren* sind vier Motive verteilt, die als Beispiele für umgebaute Räume dienen. In dieses Bild ragt die ausgeschnittene Silhouette von einem *Hund*. Der **linke untere Bereich** thematisiert den Beruf. Um das handschriftliche Wort *Beruf* wurden drei Motive geklebt. Zum einen findet sich hier die Textzeile *Ganz schön kreativ*. Darunter wurde das Motiv eines Roboters geklebt, der ein Smartphone hält. Im Vordergrund dieses Fotos stehen eine Reihe von *Tablets, Smartphones und Computern*. Ein größeres Format zeigt eine *lächelnde Frau*, die eine Mappe in der Hand hält. Über diesem Motiv klebt der Text *Work is not a Job!*. Ganz unten in der äußersten linken Ecke des Plakats findet sich ein Bildmotiv, das eine *Gruppe von älteren Menschen* im Aufenthaltsraum eines Altersheims.

Liv erläutert die Collage. Sie beginnt mit dem **rechten unteren Themenbereich**, in welchem Liv und Diana ihre Assoziationen zum Beruf präsentieren: „[...] dass wir, äh, im Beruf stehen, dass wir kreativ sind, dass wir immer wieder neue Medien mit einbauen und eben, dass wir uns auch – äh dieser Wandel eben uns halt auch, äh, im Beruf halt klarmachen." (Liv, Z1034-1036). Mit der Profession werden Fragen der modernen technischen Ausstattung behandelt und der Einstellung, sich einem technologischen Wandel nicht zu verschließen. Die zweite Ebene, die mit den Motiven verbunden wird, spielt auf den pädagogischen Anspruch an. Offenheit bezieht sich hier nicht nur auf die Verwendung von Technik, sondern wird auch auf den Umgang mit den Schüler*innen übertragen.

> Liv: „[...] dass man auf die Kinder auch eben eingeht und ähm, ja seinen Unterricht verändert, anpasst und vielleicht, äh, ja über sich hinauswächst oder eben, ja, sich dann verändert, so was."
> Diana: „Und ich glaub, wenn man als Lehrer nicht kreativ ist, dann weiß ich nicht genau, ob man da richtig in dem Job ist, also kreativ jetzt nicht in dem Sinn von wegen ich muss irgendwie ähm, kreativ verbinde ich immer mit Basteln, Schmuck und so was, ja, aber kreativ sein kann auch einfach sein, nicht immer seine eigene Meinung zu sehen, sondern offen für andere zu sein, und ich glaub, das ist einfach ganz wichtig am Lehrerberuf." (Z1110-1119).

„Über sich hinauswachsen" und „Kreativität" wird hier verhandelt als die Bereitschaft einer Weiterentwicklung, die als zentrale Kompetenz im Lehrer*innenberuf verstanden wird. Das Motiv *Altersheim* steht für Liv symbolisch für die Altersvorsorge. Für sie ein Thema, das auch in der Gegenwart nicht vernachlässigt werden sollte: „[...] was jetzt so zur Absicherung dient, äh, später die Rente und so, dass man da drauf hin – äh, das auch irgendwie bedenkt." (Liv, Z1038-1039). Mit diesen Überlegungen präsentieren Liv und Diana eine langfristige (Lebens)Planung. Sie verweisen auf eine Sicherheitsorientierung, die in ihren Überlegungen zum künftigen Beruf eine Rolle einnimmt und in den bisherigen Diskussionsbeiträgen (etwa zum Beamtenstatus), in denen ausschließlich intrinsische Motive erwähnt wurden, nicht zum Ausdruck kam.

Vom Bereich Beruf geht Liv über zur **oberen rechten Hälfte**, die mit dem Begriff *Eigenschaften* versehen wurde. Fünf sich überlappende Bildmotive visualisieren den in dunklen Farben gehaltenen Komplex. So zeigt ein Bild im DINA4-Format ein *Bergplateau im Schnee*. Unter dem Bild steht die Überschrift *Am Ende der Welt*. Darüber klebt das Foto von einem *Mann, der ein Pferd streichelt*. Ihm fehlt die linke Hand, sein Gesicht und der gesamte Kopf weisen schwere Verbrennungen auf. In diese beiden Motive hinein, ragt eine Werbung für die TV-Sendung *Das Jenke-Experiment*. Unter der Überschrift *Ehrlich. Echt. Jenke.* ist großformatig ein Foto des Protagonisten zu sehen. In dieses Motiv hinein ragt das Bild eines *jubelnden Mannes*. Darüber wurde das Bild eines Mannes montiert, der waagerecht an einer Felswand hinaufklettert. Auffällig scheint, dass für diesen Bereich ausschließlich Motive mit Männern gewählt wurden (sonst dominieren Bildmotive von Frauen). Die hier visualisierten *Eigenschaften* werden mit Kraft, Abenteuer und Herausforderung (*Bergsteiger, Jenke-Experiment*) und Siegerpose (*jubelnder Mann*) verknüpft, die wiederum als eher als männliche Attribute gedacht scheinen und die sich Diana und Liv zu eigen machen. So steht das Bildmotiv *Jenke-Experiment* für Liv für den Wunsch, „[...] dass wir eben Abenteuer erleben wollen [...] auch mal so, ähm, so Sachen herausfinden möchten, auch irgendwie die Augen offenhalten [...]." (Liv,

Z1040-4041). Zukunft scheint auch verbunden mit der Gefahr von Stillstand und dem Sich-einrichten. Dem scheint Liv aktiv entgegenwirken zu wollen und sie stellt persönliche Weiterentwicklung und Offenheit als positive Attribute heraus. Das Bildmotiv vom *Mann, der ein Pferd streichelt* und von Verbrennungen gekennzeichnet ist, steht für Liv für das Überwinden von Krisen im Leben.

> „[…] dass es eben sone Lebensfreude, äh, trotzdem noch, äh, uns erschließt und halt auch, wenns jetzt irgendwie mal nen bisschen schwieriger wird, uns trotzdem immer daran erinnern, was uns eben wichtig ist." (Liv, Z1043-1044).

Liv geht dann über zur **Mitte der Collage**. Zwischen linkem und rechtem Viertel findet sich das Motiv einer *Frau, die mit Hanteln* Sport betreibt. Im Hintergrund ist Wasser zu erkennen. Händisch wurde zu dem Motiv der Begriff *Sport* geschrieben. Zwischen dem unteren linken und rechten Bereich wurde das Thema Gesundheit/Essen platziert. Zum einen findet sich hier das Motiv einer Müslipackung, vor die eine Schale Müsli gestellt wurde, übertitelt mit dem Text *Das Biofrühstück*. Daneben wurde die Textzeile *Problemzonen* geklebt und darunter das Wort *WO*, wobei das „O" durch eine *Pizza* ersetzt wurde. „Dann natürlich als Frau die Problemzone und der Sport, die Ernährung. Das darf nicht vergessen werden […]." (Liv; Z1048-1049), umschreibt Liv diesen Bereich. Die gewählten Bildmotive (Biofrühstück; Gesund vs. Ungesund; Sport vs. Problemzonen) verweisen auf die Pole von Disziplin und Hedonismus, die im Lebensstil verhandelt werden. Die Lebensmittel und ihre Betitelung (Biofrühstück „Morgenstund" vs. Textzeile „Problemzone" mit Bildmotiv Pizza) stehen nebeneinander und könnten den Wunsch nach einer Balance verdeutlichen. So scheinen die Bildmotive auch für einen weiblichen Lebensentwurf zu stehen, der einen disziplinierten Blick auf den Körper beinhaltet.

In der Mitte ist händisch das Wort *ICH* geschrieben. Um das Wort sind drei Bildmotive mit *lächelnden Frauen* geklebt. Liv erklärt die Frauenbilder als symbolisch für die Attribute, die an Freundschaft geknüpft sind. Der Austausch im vertrauten Rahmen wird von ihr hervorgehoben: „Das wir eben auch ne Freundin haben, an die wir uns richten können oder eben auch, ähm ja, überhaupt Freunde haben, äh, auf die wir uns vertrauen." (Liv, Z1045-1047). Liv geht dann über zum rechten oberen Teil (Familie), der von ihr als besonders wichtig beschrieben wird: „[…] die Hauptkomponente liegt bei uns eben auch bei der Familie. Ähm, ne schöne Hochzeit, äh, Kinder, aber auch mal Zeit zu zweit eben, dass es eben auch mal wichtig ist." (Liv, Z1050-1053). Deutlich zeigt sich die Dominanz einer normativen Vorstellung von Familiengründung und romantischer Zweierbeziehung, die Liv im Anschluss mit dem Konsumbereich (rechte Mitte bis unten) in Zusammenhang bringt. In der rechten unteren Hälfte mit dem Themenbereich Wohnen und Urlaub, finden sich unter der Überschrift *Umbauen&Renovieren* mehrere Bildmotive mit verschieden eingerichteten Wohnräumen.

> Liv: „[…] und später nen Eigenheim, mit nem Auto und auch nen Hund, um das eben alles nen bisschen, ähm, abzuschließen, ja, aber jetzt auf das Geld – ist uns jetzt auch aufgefallen, haben wir jetzt auch nicht so groß, ähm, Wert gelegt […].“ (Z1052-1055).

Das Bildmotiv des Pools mit Liegen steht für Liv und Diana für das Reisen. Beide stellen fest, dass der gesamte Block mit *ZUHAUSE* untertitelt wurde und sich darüber Wohnen und Reisen vermischen:

> Diana: „Unser Zuhause, da in der Toskana, das war eigentlich unser Urlaubsziel, fällt mir gerade auf.“ (Z1096-1097).
> Liv: „Nee, also, das war eher so als Bauen und dann nen Eigenheim und das dann (*Toskana Motiv*) eher sonen bisschen was von der Welt sehen.“ (Z1099-1100).

Präsentiert wird eine ästhetische Vorstellung, die an einen modernen Einrichtungsstil anknüpft. Unter der Überschrift *Umbauen&Renovieren* wird der Begriff Kreativität erneut aufgegriffen, indem der Wohnbereich nach eigenen Vorstellungen gestaltet – und dafür selbst erbrachte (körperliche) Arbeitsleistungen eingeplant werden. Ferner kann mit *Umbauen&Renovieren* auch eine ökonomisch rationale Einstellung gedeutet werden, indem mit dem Eigenanteil für den Wohnbereich finanzielle Einsparungen verbunden werden. Im Gegenteil dazu scheint das gewählte Motiv vom Urlaub: Mit der *Sonnenliege am Pool* werden der Wunsch nach Pausieren und Ausruhen visualisiert. Liv und Diana betonen, das Geld für sie keinen relevanten Wert darstellt. Die gewählte Ästhetik für Urlaub und für das spätere Wohnen verweisen auf bestimmte Vorstellungen von - und Ansprüche an einen künftigen Lebensstil, der finanzielle Ressourcen voraussetzt und von den beiden mit einer gewissen Selbstverständlichkeit präsentiert wird.

Die linke Seite scheint für die berufliche und die rechte Seite für den privaten Bereich zu stehen. Mittig steht das *„Ich“* im Zentrum und damit die Vorstellung eines achtsamen Umgangs mit sich selbst, der als zentraler Anspruch platziert wurde. In der Aufteilung der Collage erscheint das Berufliche als selbstverständlicher Teil, der sich in viele andere Bereiche des Lebens einpasst und eventuell die finanzielle Basis und Absicherung bietet – aber auch in Abgrenzung zum Privaten verhandelt wird. Die Sorge vor einer Überforderung durch den Beruf wird angedeutet, etwa durch die Textzeile *Jetzt tu ich mir selbst was Gutes*, der auf die Relevanz einer Work-Life-Balance hinweist: „[…] dass man sich selbst dann nicht so aus den Augen, ähm, verliert und merkt, wann es einem zu viel wird oder wenn man sich noch was zumuten könnte oder nicht.“ (Liv, Z1089-1090). Eine Priorität im beruflichen Bereich scheint, sich im Beruf nicht „einrichten“ zu wollen. Offenbleiben und Veränderungen zuzulassen, verweisen auf eine Vorstellung vom Berufsalltag, in dem die vielfältigen Anforderungen immer wieder neu integriert werden sollen, ohne dass Routinen den Blick verstellen. Dem nachzukommen impliziert einen hohen Anspruch an sich selbst (über sich hinauswachsen). In der Betrachtung und der Auseinandersetzung mit der künftigen Profession stehen die Herausforderungen im Umgang mit Fallstricken von Passivität und Stillstand im Vordergrund. Verwiesen wird damit auch auf mögliches Konfliktpotenzial bei der Lösung dieser Aufgabe. Deutlich wird in dem Themenblock zum Beruf, dass die präsentierten Überlegungen und Auseinandersetzungen ausschließlich aus der Ich-Perspektive dargestellt und auf das eigene Handeln fokussiert scheinen. Andere Menschen (Kolleg*innen / Schüler*innen) werden in diesem Komplex nicht besprochen. Gedeutet werden könnte dies als die Annahme im Feld, alleinige Verantwortung zu tragen. Eventuell werden auch Distanz und niedrige Erwartungen bezüglich Unterstützung und Gemeinschaft im kollegialen Rahmen deutlich. Außerdem scheinen die Schüler*innen (noch) nicht im Zentrum der Überlegungen, die gegenwärtig um die Umsetzung der künftigen Profession kreisen.

Immer mitgedacht ist eine langfristige Planung und Sicherheitsorientierung. In der Collage thematisiert über das lebenslange Ausüben des Berufs (bis zur Pensionierung). Vorsorge wird nicht nur in finanzieller Hinsicht gedacht: Auch im Zusammenhang mit Kreativität scheint Zufriedenheit im Job mit der Bereitschaft verknüpft, in der beruflichen Praxis nicht in Stagnation zu verfallen. Passend dazu scheint der linke obere Block ein moralisches Durchhaltekonzept darzustellen: Das hier ein Fernsehformat gewählt wurde, das weniger für eine intellektuelle Auseinandersetzung steht, sondern sich auf das Unmittelbare und Praktische fokussiert, scheint passend zu der Favoritenrolle, die Liv und Diana im Studium der Praxis zuschreiben. Der Bezug auf das TV-Format *Jenke-Experiment* impliziert ferner den Wunsch, für Neues neugierig und offen zu sein. Hier zeigt sich ein neuer Aspekt in der Collage, welchen Liv und Diana in der Diskussion weniger zum Ausdruck gebracht haben. Waren sie in der Diskussion sehr orientiert an der Anpassung an die bestehenden Strukturen (besonders Diana), transportieren sie nun über die Collage eine hohe Bereitschaft, sich neuen Erfahrungen gegenüber öffnen zu wollen. Deutlich wird aber auch, dass Herausforderungen zusammen mit Anstrengungen gedacht werden (*Bergsteiger an Felswand*). Der von Verbrennungen gezeichnete Mann als Symbol für Lebensfreude, impliziert den Anspruch an sich selbst, stets das Positive hervorzuheben. Mit dieser Motivwahl scheint eine positive Sicht beizubehalten, geradezu als eine Verpflichtung, die auf Disziplin und Anstrengung verweist, um mit den vorgefundenen Umständen einen positiven Umgang zu finden. Passend dazu scheint die Sicht auf das Studium, das häufig aus einer machtlosen und unbeeinflussbaren Perspektive betrachtet wurde. Der *Mann mit Verbrennungen* scheint so für ein fatalistisches Motto „das Beste draus machen" zu stehen.

Der rechte Bereich verweist auf eine Vorstellung von Lebens- und Familienplanung. Ihm kommt für Liv und Diana eine hohe Relevanz zu. Die gewählten Motive für Eigenheim, Urlaub und Auto transportiert hochpreisige Konsumgüter, bei der gleichzeitigen Feststellung, dass die finanziellen Aspekte auf der Collage keine Rolle spielen. Liv und Diana präsentieren einen zukünftigen Lebensstil, der ihnen selbstverständlich erscheint, aus ihrer Perspektive scheint das Thema Geld in der Collage nicht angesprochen. Die Ressource Geld wurde bereits in der Diskussion von Liv gegenüber den intrinsischen Motiven abgewertet. In der Darstellung der Collage wird von ihr erneut die Bedeutung von Geld zurückgewiesen. Die Collagenarbeit verweist jedoch darauf, dass der langfristigen finanziellen Absicherung ein Stellenwert zukommt, der bis in die Thematisierung und Planung der der Altersvorsorge reicht. Herausgearbeitet und zum Ausdruck gebracht wird eine sicherheitsorientierte Haltung.

Insgesamt strahlt die Collage einen optimistischen Blick in die Zukunft aus, in der ein Lebensentwurf dominiert, der auf Sicherheit und Stabilität in der familiären Gemeinschaft baut. Beruflich scheint besonders wichtig, sich Offenheit zu bewahren, um Routinen und einem möglichen Stillstand entgegenzuwirken. Deutlich wird ein geplanter Lebensentwurf, der auf selbstverständliche Zielmarken setzt, die es im Leben zu erreichen gilt und sich dabei an normativ-konservativen Vorstellungen orientiert (Liebespaar, Hochzeit, Frau mit Kind, Hund & Haus). Die gewählten materiellen Güter scheinen angelehnt an einen ästhetischen Stil, der mit der Verfügbarkeit von finanziellen Ressourcen in Verbindung gesetzt werden kann. Im Gegensatz zur ersten Collagen-Gruppe scheint hier auf ein gewisses Maß an Disziplin verwiesen zu werden, um Ziele aktiv erreichen zu können.

6.3.5 Gruppenwerkstatt B: Erste Hinweise zum Zusammenhang von Habitus, Milieu und Studium

Katja präsentiert sich selbstsicher und kompetent im Umgang mit den Studienbedingungen. In der Gruppe schließt sie sich den kritischen Sichtweisen an und unterstützt die Ansichten ihrer Kommilitoninnen. Sie wirkt dabei stets gelassen und präsentiert sich der Gruppe als reflektiert. Ihre (meist zustimmenden) Reaktionen auf andere Redebeiträge scheinen eher eine soziale Funktion innerhalb der Gruppe zu bedienen. Sie schließt sich der Kritik am Studium in der Gruppe an (z. B. die uneinheitlichen Vorgaben der Fächer, die fehlende Orientierung durch die Lehrenden), betont aber stets ihren lösungsorientierten Umgang und pocht auf die Selbstverantwortlichkeit der Studierenden im Umgang mit Konflikten im Studium. Katja trägt Kritik weniger emotional vor als die Mitstudierenden. Sie legt ihren Schwerpunkt mehr auf eine Selbstinszenierung, in der das Studium auf dem selbstverständlich vorgezeichneten Weg hin zum Beruf keine wirkliche Herausforderung darstellt. Katja wertet die Übernahme von selbstverantwortlichem Handeln im Studium als Zeichen von Autonomie und Mündigkeit. Sie präsentiert ihre Einstellung dabei in Abgrenzung zu Kommiliton*innen, denen sie den kompetenten Umgang mit einem selbstständigen Handeln im Studium abspricht. Die Tendenz, Mitstudierende abzuqualifizieren, überträgt sich auch in ihrer Sicht auf Formen der korrekten Wissensaneignung und die Auswahl relevanter Inhalte im

Studium. Abwertende Aussagen über Kommiliton*innen werden von Katja dabei weniger offen formuliert, sondern in kritische Anmerkungen verpackt, die als Denkanstöße formuliert werden und stets Bezug nehmen auf die Redebeiträge der Vorrednerinnen. Die Lehrenden erlebt Katja als unterstützend und offen. Mitbestimmung im Studium wird von Katja eingefordert, aber nicht gelebt. Ihr Vorschlag, sich gegen unverhältnismäßige Forderungen von Fächern (und Lehrenden) zu organisieren, formuliert sie aus der privilegierten Situation, sich weniger als andere Teilnehmerinnen von den Dozierenden verunsichert zu fühlen. Der Kritik an uneinheitlichen Leistungsanforderungen der Fächer schließt sich Katja zwar an, problematisiert diesen Umstand aber auch nicht übermäßig, vielmehr präsentiert sie sich als leistungsstarke Studentin, die alle Leistungsanforderungen mühelos bewältigen kann. Auch sieht sie sich durch die Studienstruktur (z. B. durch die festgelegte Modulstruktur) in ihrer Leistungsbereitschaft eher ausgebremst.

Die Eignung für den Beruf sieht Katja als eine Mischung aus Erfahrungen und Persönlichkeit, die sie außerhalb der Hochschule ausgebildet hat. Die Aufgabe der Hochschule im Prozess der Professionalisierung versteht sie in der Unterstützung in der Ausbildung von fachlichem und methodischem Wissen. Implizit läuft in dieser Auffassung der Gedanke mit, dass nicht jede*r Studierende an der Hochschule für den Beruf geeignet ist. Praktische, anwendungsbezogene Inhalte werden von Katja gegenüber der Vermittlung von theoretischem Wissen als relevanter bewertet. Für sie wird der Beruf erst in der Praxis wirklich greifbar und erlernbar. Katja beschreibt ihre Studienwahl wie selbstverständlich beruhend auf einem pädagogischen Anspruch, den sie in der Gruppenwerkstatt nicht weiter ausführt. Kritisiert wird von ihr die gesellschaftlich geringschätzende Meinung über den Lehrer*innenberuf. Als Ungerechtigkeit markiert sie die fehlende Wertschätzung und Anerkennung, mit denen Berufe im sozialen Bereich allgemein behandelt werden. In ihrer Kritik am (gesellschaftlich akzeptierten) sozialen und ökonomisch höheren Status bestimmten Berufsgruppen (Medizin, Jura und Wirtschaft), transportiert sich ein Konkurrenzdenken im Kampf um Anerkennung und berufliches Prestige von akademischen Berufsgruppen.

Maja hat nur einen geringen Anteil an Redebeiträgen. Sie beteiligt sich, indem sie anderen Wortbeiträgen ihre Zustimmung mit einem lauten „Ja" gibt. Präsenter wird sie im Verlauf der Diskussion (etwa beim Thema Beamtenstatus). Auch wird die Collagenarbeit von ihr vorgestellt, die sie in der Feedbackrunde als besonders bereichernd hervorhebt. Was aus Majas wenigen Beiträgen deutlich wird, ist eine Skepsis gegenüber theoretischen Inhalten im Studium. Sie fordert ein, möglichst anwendungsbezogen Inhalte vermittelt zu bekommen, um einen unmittelbaren Nutzen für die Praxis herstellen zu können. Deutlich wird dies an ihren Überlegungen zur Inklusion, deren praktische Umsetzung sie als konflikthaft und abweichend von der Theorie erlebt und beschreibt. Mit dieser Annahme legitimiert Maja ihr Misstrauen gegenüber Theorie, die einer realistischen Überprüfung nicht standhalte. Sicherheitsorientiert priorisiert Maja Praxis als Garantie für den kompetenten Umgang mit den Herausforderungen im späteren Berufsalltag.

Maja präsentiert ihre Studienwahl auf idealistischen Motiven beruhend. Sie verwehrt sich gegenüber der Behauptung, dass Lehramtsstudierende aus anderen Gründen als intrinsischer Motivation das Studium aufnehmen würden und nimmt als Einzige in der Gruppe ihre Kommiliton*innen in Schutz. Gegenüber gesellschaftlichen Klischees positioniert sich Maja gelassener. Einer (vermuteten) allgemeinen abwertenden Meinung stellt sie eine Innenansicht gegenüber, aus der heraus sie den (weniger sichtbaren) Arbeitsaufwand vom Beruf betont. Sie geht nicht davon aus, dass Lehramtsstudierende den Beruf leichtfertig wählen würden und verteidigt damit auf unaufgeregte Weise ihre Miststudierenden und den Berufsstand. Selbstverantwortung und Wahlfreiheiten im Studium werden von Maja als Autonomiezugeständnis begrüßt. Sie stellt heraus mit den Leistungsanforderungen, die sie ins Verhältnis zu anderen Studiengängen setzt, nicht überfordert zu werden. Problematisiert werden von Maja Überschneidungen von Lehrveranstaltungen. Sie signalisiert damit ein breites Interesse an den Studienangeboten, die sie nicht alle besuchen kann – aber gerne würde, ohne Leistungskriterien und Benotung in den Vordergrund zu stellen. Auch zeigt sie sich leistungsstark. So schließt sie sich Katjas Kritik an, dass Prüfungen aufgrund von organisatorischen Hürden nicht schnell genug abgelegt werden können.

Olga begrüßt im Studium die Wahlfreiheiten und die selbstständige Studienplanung. Selbstbewusst verbindet sie mit dem Studium die Möglichkeiten, autonome Entscheidungen treffen zu können, etwa indem sie Lehrveranstaltungen (in kontrolliertem Rahmen) nicht regelmäßig besucht. Diese Möglichkeit wird von ihr als verbrieftes Zugeständnis vertreten, im Gegensatz zu Diana und Liv problematisiert sie die möglichen Meinungen der Lehrenden dazu („Studierende sind faul") nicht.

Das Studium wird aber auch von ihr entlang der formalen Vorgaben bewältigt. Eine Orientierung an den Anforderungen der Dozierenden wird darüber sichtbar, dass der Studienerfolg in Abhängigkeit von den Lehrenden (und deren Bewertung) gesehen wird. Olga erwartet eine individuelle Betreuung von den Lehrenden. In Sprechstunden mit Anliegen abgewiesen zu werden, scheint eine Erfahrung, die sie enttäuscht und verunsichert. Auch bei der Rückmeldung zu erbrachten Leistungen erwartet sie eine Wertschätzung in Form eines persönlichen Feedbacks. Entwertet sieht sie ihre Leistung durch ein formalisiertes Feedback, das ihre individuell investierte Arbeit nicht ausreichend berücksichtigt. Dies unterstreicht auch ein Konkurrenzverhältnis zu den Kommiliton*innen. Ein kritisch-distanziertes Verhältnis zu den Mitstudierenden zeigt sich ferner in der fehlenden Zusammenarbeit mit Kommiliton*innen. Unterstützung im Erbringen von

Studienleistungen (z. B. Verfassen einer Hausarbeit) holt sich Olga lieber aus dem privaten Umfeld. Tendenzen der Abgrenzung zeigen sich ferner in der (geringen) Kommunikation mit den Kommiliton*innen (etwa, wenn sie sich über eine gemeinschaftliche Chatgruppe eher lustig macht). Warum Olga Mitglied in einer Fachschaft ist, wird von ihr in der Diskussion nicht weiter erläutert. In der Gruppenwerkstatt präsentiert sich Olga zumeist eher individuell als gemeinschaftlich orientiert. Auch in der Collage scheint es ihr sehr wichtig, eigene Akzente zu setzten. Die Tendenz, ihre Vorstellungen durchzusetzen, wiederholt sich in ihrer Kritik an den Lehrer*innen, die schulische Praktika anleiten: Olga fordert selbstbewusst den Freiraum ein, sich ausprobieren zu dürfen und nicht nur den Anweisungen der betreuenden Lehrkraft zu folgen. Vielmehr möchte sie selbstbestimmt herausfinden, welche Methoden der Unterrichtsgestaltung sie für sich als angemessen und „passend" erachtet. Deutlich wird in Olgas Beiträgen, dass sie sich in einem Spannungsfeld zwischen Autonomiebestrebungen auf der einen Seite und der Forderung nach Struktur und Vorgaben auf der anderen Seite bewegt. Anhand der Themen Inklusion und Brennpunktschule problematisiert sie die Befürchtung einer Überforderung im Beruf. An diesem Punkt fordert sie deutliche Vorgaben von den Lehrenden, um von ihren praktischen Erfahrungen im Umgang mit inklusivem Unterricht zu profitieren. Olga nimmt jedoch wahr, dass die Lehrenden keine einheitliche Meinung vertreten und somit keine Orientierung anbieten. Dass sich Dozierenden teils kritisch bis ablehnend gegenüber Inklusion äußern, erlebt sie als verunsichernd.

Liv verbindet das Studium mit individuellen Entwicklungsschritten, die sie mit einem Autonomiegewinn und der Erweiterung von Handlungsspielräumen im Studium verbindet. So richtete sie ihr Handeln zu Beginn des Studiums unhinterfragt an den Forderungen der Lehrenden aus. Diese Orientierung an den Vorgaben hat sich im Studienverlauf dahingehend verändert, dass Liv das Studium selbstbewusster an ihren individuellen Interessen und Bedarfen ausrichtet. Angestoßen wurden Reflexionsprozesse, die zu mehr Selbstsicherheit und der Erweiterung von Handlungsspielräumen geführt haben. Dieser Transformationsprozess wird jedoch darüber begrenzt, dass Lehrende gegenüber den Studierenden autoritär auftreten, indem sie keine unterstützenden Angebote unterbreiten und keine Möglichkeiten zum gegenseitigen Austausch anbieten. Kritik äußert Liv an der fehlenden Beratung in organisatorischen Fragen und dem „illegalen" Vorgehen einiger Fächer bezüglich ausgeübter Kontrollmechanismen. Liv nimmt wahr, dass Dozierende ihre Anforderungen an die Studierenden mit unrechtmäßigen Mitteln durchsetzen. Mit Diana teilt sie die Annahme einer machtlosen Position („*Lehrende sitzen am längeren Hebel*"; „*uns sind da irgendwo die Hände gebunden*"). Im Recht zu sein und Recht zu bekommen, sind für Liv getrennte Positionen. Liv agiert strategisch mit einem sicherheitsorientierten Umgang mit den Anforderungen. Pragmatisch erbringt sie alle geforderten Leistungen, auch wenn sie diese als unverhältnismäßig einstuft. Eine Rolle kommt dabei den Kommiliton*innen zu, die taktische Hilfestellung in Form von gegenseitigem Austausch geben. Inhaltlich sieht sich Liv von den Lehrenden gut betreut. Auch zieht sie aus den positiven Rückmeldungen im Praktikum die Bestätigung ihrer Eignung für den Beruf.

Sensibel registriert sie die grundsätzlich negativen Einstellungen einiger Lehrenden gegenüber Studierenden: Dem „Generalverdacht", der Studierenden grundsätzlich eine bequeme, arbeitsvermeidende Haltung unterstellt, nimmt Liv als fehlende Anerkennung und Wertschätzung ihrer Leistungen und Anstrengungen im Studium wahr. Dies bezieht sie nicht nur auf die Hochschule: Auch innerhalb ihrer Familie und innerhalb der Gesellschaft nimmt Liv eine Perspektive auf den Lehrer*innenberuf wahr, den sie als wenig wertschätzend verurteilt. Ganz befreit zeigt sich aber auch Liv nicht gegenüber Vorurteilen und negativen Stereotypen. Sie unterstellt einem Teil der Kommiliton*innen extrinsische Motive für die Studienwahl. Mit dem Gegensatz von materiell und ideell erhöht sie ihren idealistischen Anspruch an die Profession und grenzt sich gegen ihre Kommiliton*innen ab. Sie betont ihre Studienmotive, die eine Tendenz zu liberalen pädagogischen Werten beinhalten (individuelle Förderung, gemeinschaftliches Arbeiten mit Kindern). Auch Liv verbindet mit dem Thema Inklusion die Sorge der Überforderung im künftigen Berufsalltag. Eine heterogene und diverse Schüler*innenschaft stellt für sie eine unumgängliche gesellschaftliche Realität dar, auf die es gilt sich strategisch vorzubereiten. Sicherheit sucht Liv in einer aktiven, eigenständigen Vorbereitung, indem sie „freiwillig" Seminare besucht und sich bereits im Studium mit integrativen Konzepten und Methoden auseinandersetzt.

In Relation zu den anderen Teilnehmerinnen der Diskussion zeigt sich **Diana** am stärksten in einer außengeleiteten Orientierung an Vorgaben verhaftet. Ihre Forderungen nach verbindlichen Strukturen gehen am weitesten (innerhalb der Gruppe) und scheinen sich an eine Vorstellung anzulehnen, die das Studium als Fortsetzung des vertrauten Schulsystems einordnet. Eine eigenständige Planung der Studienorganisation wird von ihr als Nachteil verstanden. Aus Sicht von Diana steht mehr Autonomie für den Wegfall von Vorgaben und kommt damit einer erhöhten Belastung und Unsicherheit im Studium gleich. Sie fordert einen höheren Anwendungsbezug und mehr Praxisanteile im Studium. Praktische Erfahrungen geben dabei Sicherheit im Hinblick auf das zukünftige Berufsfeld. Dem Studium attestiert sie eine Theorielastigkeit, die auf die späteren Anforderungen in der Praxis nicht vorbereiten würde. Diana erwartet vor allem praktische (pädagogische) Lösungsstrategien im Umgang mit Schüler*innen. Der Blick ist dabei stets auf die kommende Berufspraxis gerichtet. Inklusive Beschulung steht dabei – ähnlich wie bei Olga – synonym für Ängste der Überforderung im zukünftigen beruflichen Setting.

Diana nimmt die Position der Sprecherin der Gruppe bzw. Studierendenschaft ein. Sie konstruiert am stärksten ein Gegeneinander der Gruppe der Lehrenden und der Gruppe der Studierenden („wir"). Diana sieht in dem als unrechtmäßig beschriebenen Verhalten von Lehrenden einen Ausdruck fehlender Wertschätzung und Anerkennung. Für die Gruppe der Studierenden sieht sie keine Handlungsspielräume, um dieses Vorurteil (z. B. „Studierende sind faul") auszuräumen. In ihrer Empörung schwingen Enttäuschung und Machtlosigkeit mit. Diana knüpft den Studienerfolg an die Bewertungen durch die Dozierenden. Diese Abhängigkeiten schließen aus ihrer Sicht ein Aufbegehren gegen die Vertreter*innen der Struktur aus. Diana verharrt in einer sozialen Distanz zu den Lehrenden, die sich auch darüber verdeutlicht, dass unverständliche Rückmeldungen von Lehrenden, Unsicherheiten auslösen, die Diana nicht zu hinterfragen wagt. Fatalistisch wird die Betreuungssituation damit zur Glückssache erklärt. Dementsprechend „dankbar" ist sie über die unerwartete Hilfe und Unterstützung von Lehrenden. Die Gruppenwerkstatt wird besonders von ihr genutzt, um in einem geschützten Raum ihrem Frust „Luft zu machen".

6.4 Ergebnisdarstellung und Verlauf der Gruppenwerkstatt C

An der Gruppenwerkstatt nahmen sieben Studentinnen teil. Alle studieren im sechsten Semester Grundschullehramt. Die Teilnahme an der Gruppendiskussion fand im Rahmen einer Lehrveranstaltung statt, die sich mit sozialwissenschaftlichen Methoden auseinandersetzte. Über die Teilnahme konnten die Studentinnen eine qualitative Untersuchungsmethode aus der Perspektive der Befragten kennenlernen. Gemeinsam ist der Gruppe, dass sich alle Teilnehmerinnen (die alle aus Süddeutschland stammen) ausschließlich für das Grundschullehramt beworben haben. Die Wege ins Studium hingegen gestalten sich unterschiedlich. Drei Studentinnen nahmen das Studium auf dem „direkten" Weg nach Abitur und einem anschließenden FSJ auf. Vier Frauen verfügen über (teilweise lange) Berufsbiografien, von denen einige keinen Bezug zum pädagogischen Feld aufweisen.

6.4.1 Kurzporträts der Teilnehmerinnen

Kurzporträt Leona

Leona (Jahrgang 1988) hat nach dem Besuch einer Realschule eine vierjährige Ausbildung zur Erzieherin absolviert und etwa ein Jahr in dem Beruf gearbeitet. Im Anschluss holt sie auf der Berufsoberschule das Abitur nach und bewirbt sich für das Grundschullehramt. Konsequent bleibt sie in der Perspektive, die Aufnahme des Studiums mit ihren Erfahrungen als Erzieherin zu verbinden. Leona berichtet davon, als Erzieherin wenig Anerkennung für ihre Arbeit erfahren zu haben. Aus dieser Erfahrung heraus möchte sie in ihrer Rolle als zukünftige Lehrerin gegenüber den Erzieher*innen eine verstehende und wertschätzende Haltung einnehmen.

> Leona: „[...] weil ich mir immer denk, das ist vielleicht grad auch gut, dass man vielleicht als Lehrkraft im Grundschullehramt wohl auch die Seite von der Erzieherin kennt, auch das vielleicht kennt, was die Erzieherin vorab auch alles leistet und mit aufm Weg gibt." (Z877-880).

Leona lebt mit ihrem Partner zusammen, der wie sie einen Bildungsaufstieg vollzieht. Beginnend vom Hauptschulabschluss zum Gymnasialabschluss, über eine Lehre als Fachkraft für elektrische und mechanische Anlagen, strebt er gegenwärtig einen Fachhochschulabschluss im ingenieurwissenschaftlichen Bereich an. Die weibliche Linie der Familie mütterlicherseits von Leona scheint in einer Tradition von pflegerischen und pädagogischen Berufen zu stehen, während die väterliche Seite eher das Unternehmerische präsentiert. Leonas jüngere Schwester strebt nach dem Realschul- und Fachoberschulabschluss eine Ausbildung zur Erzieherin an. Bereits die Großmutter mütterlicherseits hat als Erzieherin (mit fachfremder Ausbildung im Dienstleistungssektor) gearbeitet. Leonas Mutter hat eine Ausbildung in einem medizinisch-pflegerischen Bereich absolviert und ist im Lehrberuf tätig. Sie hat einen Haupt- und Realschulabschluss. Der Großvater hat mit Hauptschulabschluss als Mitarbeiter in einem mittelständischen Betrieb gearbeitet. Leonas Vater hat einen Haupt- und Realschulabschluss, eine Lehre absolviert sowie eine Berufsfachschule besucht. Er war im Transportwesen tätig und hat sich als Techniker und Bewirtschafter im Agrarbereich selbstständig gemacht. Seine Eltern haben beide das Abitur absolviert. Der Vater ist Eigentümer eines Baugeschäfts. Die Mutter arbeitet als kaufmännische Angestellte. Leona gibt an, das Studium über ihre Eltern, das BAföG-Amt und „Ferienjobs" zu finanzieren. Der Terminus „Ferienjob" zeigt die Nähe, die Leona zwischen Schule und Studium herstellt. Als ihre Hobbys gibt Leona vorwiegend sportliche Aktivitäten an. Ihr Einkommen teilt sie nicht mit. Im Gespräch verweist sie jedoch auf ihre Befürchtungen, aufgrund verlängerter Studienzeit auf ihre *„Rücklage"* (Z398) zurückgreifen zu müssen.

Kurzporträt Dagmar

Dagmar (Jahrgang 1989) präsentiert den Wunsch, als Grundschullehrerin zu arbeiten, als bereits im frühen Alter ausgebildet. Zunächst absolviert sie nach dem Realschulabschluss eine Lehre zur medizinischen Assistentin. Nach einem Jahr auf einer unbefristeten Stelle, besinnt sie sich auf ihr eigentliches Berufsziel.

> Dagmar: „[...] und dann hab ich gemerkt immer noch – ist der Wunsch immer noch da [...] hab ich dann in Vollzeit mein Abitur nachgeholt und ähm hab mir doch dann den kleinen, den großen Wunsch eigentlich erfüllt.“ (Z44-46).

Auch sie holt das Abitur auf einem Fachgymnasium nach und nimmt anschließend das Studium auf. Dagmar lebt 60 Kilometer vom Studienstandort entfernt und pendelt zweimal die Woche zum Studieren an die Pädagogische Hochschule. Sie finanziert ihr Studium über Lohnarbeit, ohne Bezug zum pädagogischen Feld (Werksstudentin bei einem Dienstleister). Als Hobbys gibt sie sportliche Aktivitäten an. Dagmar lebt mit ihrem Freund zusammen, dieser strebt nach dem Abitur und einer Ausbildung zum kaufmännischen Angestellten gegenwärtig einen Bachelorabschluss (keine Auskunft, welches Fach) an einer Hochschule an. Dagmar hat einen älteren Bruder, der nach dem Realschulabschluss eine Lehre zum Einzelhandelskaufmann absolviert hat und in diesem Beruf arbeitet. Ihre Mutter arbeitet nach dem Hauptschulabschluss, ohne weitere berufliche Qualifikationen in der Elektro- und Metallverarbeitungsproduktion. Über ihre Großeltern mütterlicherseits weiß Dagmar lediglich zu berichten, dass der Großvater im Straßenbau arbeitet(e). Ihr Vater hat einen Realschulabschluss und eine Lehre zum Elektromonteur absolviert. In diesem Beruf arbeitet er auch. Über seinen Vater gibt Dagmar an, dass dieser in verschiedenen Berufen tätig war (zuletzt in der Gastronomie). Hier scheint auch die Großmutter zu arbeiten, über deren Bildungsweg ebenfalls keine weiteren Angaben gemacht werden.

Kurzporträt Deborah

Deborah (Jahrgang 1980) hat nach einem Realschulabschluss eine Lehre zur Facharbeiterin in einem Industriebetrieb absolviert. Nach einem Jahr im Beruf stellte sie fest: „[...] dass ich nicht gern für mein Leben in der Fabrik arbeiten möchte.“ (Deborah, Z58). Sie holt an einer Fachoberschule ihr Abitur nach und nimmt dann ein sozialwissenschaftliches Magisterstudium auf, das sie erfolgreich abschließt. Nachdem sie keine adäquate berufliche Anstellung bekommt, arbeitet sie zweieinhalb Jahre als pädagogische Assistentin in einer Schule. Die Beschäftigung im schulisch-pädagogischen Bereich sagte ihr zu, in der Hierarchie unter den Lehrkräften zu stehen, empfand sie jedoch als Einschränkung. Sie nimmt daraufhin ein erneutes Studium (Lehramt Grundschule) auf. Die Erwartung, aufgrund ihrer akademischen Qualifikation ein verkürztes Studium absolvieren zu können, bestätigte sich nicht. In ihrer Freizeit ist sie in Musikvereinen aktiv und engagiert sich in der Kirche sowie in der Kinder- und Jugendarbeit. Ferner ist sie seit Beginn ihrer beruflichen Anfänge Mitglied in einer Gewerkschaft. Sie lebt mit ihrem Partner zusammen; dieser hat nach dem Hauptschulabschluss eine Lehre im metallverarbeitenden Bereich absolviert und arbeitet in der Transportbranche. Deborah hat einen jüngeren Bruder, der mit Fachschulabschluss als Führungskraft in einem Unternehmen tätig ist. Ihre Mutter hat nach dem Hauptschulabschluss eine

Lehre zur kaufmännischen Angestellten absolviert und arbeitet in dem Beruf. Die Großeltern mütterlicherseits haben einen Hauptschulabschluss. Über den Großvater ist lediglich bekannt, dass er in der Baubranche (Transport) arbeitet. Die Großmutter absolvierte eine Lehre im textilverarbeitenden Handwerk. Der Vater hat einen Realschulabschluss und eine Lehre zum kaufmännischen Angestellten absolviert. Auch väterlicherseits verfügen die Großeltern über den Hauptschulabschluss. Der Großvater arbeitet ohne weitere Abschlüsse in einem metallverarbeitenden Beruf, die Großmutter ebenfalls im textilverarbeitenden Handwerk. Das Studium finanziert sich Deborah über einen Nebenjob als Nachhilfelehrerin, ferner unterstützt ihr Partner sie finanziell. Ihren pädagogischen Auftrag sieht Deborah darin, „[...] den Kindern, ähm, so diese Lust am Lernen zu vermitteln und vor allem zu erhalten [...].“ (Deborah, Z980).

Kurzporträt Franziska

Franziska (Jahrgang 1977) hat eine lange Berufsbiografie vorzuweisen. Sie ist Alleinerziehende von Kindern im Grundschulalter. Ihren Wunsch, Grundschullehrerin zu werden, beschreibt sie als früh ausgebildet. So habe sie „[...] eigentlich schon immer gedacht, ich möchte gerne Lehrer werden für Grundschule.“ (Z81). Nach dem Abitur machte Franziska jedoch einen beruflichen „*Umweg*“ (Z85) und absolvierte zunächst eine einjährige Ausbildung im Bereich Logistik/Verkehr. In dem Arbeitsverhältnis, mit dem sie sich ursprünglich das kommende Studium finanzieren wollte, bleibt sie einige Jahre. Der ursprüngliche Berufswunsch wird schließlich von ihr nicht weiterverfolgt. Vom Sektor Logistik/Verkehr wechselte Franziska in den pädagogischen Bereich, den sie über ihre Kinder kennenlernte. Sie erwirbt ein spezifisches pädagogisches Zertifikat, mit dem sie im Anschluss mehrere Jahre in einer besonderen Form der Kleinkinderbetreuung arbeitet. Franziska stellte jedoch fest, dass sie die Arbeit mit Kleinkindern auf Dauer nicht ausreichend fordert.

> Franziska: „[...] dass mir auch die Kinder irgendwann zu klein waren und, ähm, da das mit dem Grundschullehrer da dann immer irgendwie noch so im Kopf war, hab ich dann irgendwann, ähm, entschieden, das auch zu machen.“ (Z91-93).

Sie entschließt sich, ihren ursprünglichen Berufswunsch anzugehen und nimmt das Studium an der Pädagogischen Hochschule auf. Als ihre Hobbys beschreibt Franziska Aktivitäten im Freien, gibt jedoch zu bedenken, dass ihr die Zeit für Hobbys aufgrund des Studiums und der Kinderbetreuung fehlen würde. Im Sozialdatenbogen schreibt sie dazu: „*Meine Kinder sind mein Hobby*“. Franziska finanziert das Studium über angespartes Eigenkapital und mit der Unterstützung ihrer Eltern. Ihr Partner hat das Abitur absolviert und einen Fachhochschulabschluss als diplomierter Ingenieur. Ihr älterer Bruder hat nach dem Abitur Medizin studiert und ist in einem Krankenhaus tätig. Beide Eltern besitzen einen Universitätsabschluss. Die Mutter arbeitet als Lehrerin, der Vater als Ingenieur. Über die Eltern der Mutter ist lediglich bekannt, dass die Großmutter einen Hauptschulabschluss und keinen berufsbildenden Abschluss besitzt. Auch über die Eltern des Vaters weiß Franziska nur zu berichten, dass beide einen Hauptschulabschluss besitzen. Franziska präferiert die Arbeit mit Grundschulkindern, da diese ein besonderes Interesse zeigen, an Lernprozessen zu partizipieren: „[…] diese Zeit von der Grundschule fasziniert mich immer, weil die Kinder da irgendwie noch so interessiert sind und irgendwie auch noch nicht in der Pubertät sind." (Franziska, Z82-84).

Kurzporträt Daniela

Auch Daniela (Jahrgang 1991) betont, den Berufswunsch schon früh ausgebildet zu haben. Um die Sicherheit der richtigen Studienwahl zu gewährleisten, tritt Daniela bewusst nach dem Abitur das FSJ an einer Grundschule an, um einen Einblick in die Schulstruktur und den Arbeitsalltag zu bekommen.

> Daniela: „[…] ich wollte eigentlich schon immer Grundschullehrerin werden, wollte aber bevor ich mit dem Studium anfang, einfach mal wissen wie das Ganze so abläuft und hab mir gedacht, dann mach ich nen FSJ in ner Grundschule. Das hat mich dann auch eigentlich in meiner Entscheidung bestärkt […]." (Z106-109).

Daniela, die aus einem benachbarten Bundesland stammt, bewirbt sich anschließend bewusst und ausschließlich an Pädagogischen Hochschulen. Ausschlaggebend ist für sie die besondere Praxisnähe, die sie dem Hochschultyp im Gegensatz zu der eher fachwissenschaftlich ausgerichteten Universität attestiert. Daniela lebt in einer Wohngemeinschaft am Studienstandort und pendelt an den Wochenenden in ihr ca. 20 Kilometer entferntes Heimatdorf. Die Verwurzelung in ihrem Herkunftsort zeigt sich über ihre Hobbys, die einen geselligen und gemeinschaftlichen Schwerpunkt aufweisen. Sie gibt an, Mitglied in einem Musikverein zu sein. Ferner ist sie langjährig in einem Karnevalsverein aktiv. Finanzielle Unterstützung erhält Daniela zum einen von ihren Eltern, zum anderen arbeitet sie in der örtlichen Gastronomie und gibt Nachhilfe. In Danielas Familie scheint die weibliche Linie in pflegerischen Berufen tätig zu sein, während die männlich sozialisierten Familienmitglieder eher handwerklichen Tätigkeiten nachgehen. So arbeitet die ältere Schwester nach dem Realschulabschluss und einer Lehre als examinierte Pflegekraft. Ihre Mutter übt den Beruf der Krankenpflegerin aus und hat die Ausbildung nach dem Erwerb des Realschulabschlusses absolviert. Über die Großeltern weiß Daniela lediglich zu berichten, dass der Großvater als Elektriker mit Meisterabschluss gearbeitet hat und mittlerweile Rentner sei. Ihr Vater arbeitet im holzverarbeitenden Handwerk mit entsprechender Ausbildung und einem Hauptschulabschluss. Über die Abschlüsse und beruflichen Tätigkeiten seiner Eltern liegen keine Angaben vor. Daniela scheint als erste in ihrer Herkunftsfamilie das Abitur absolviert und ein Studium aufgenommen zu haben. Aus ihrer anfänglichen Formulierung ihres schulischen Werdegangs: „Ich hab nach der Realschule direkt mein Abitur gemacht." (Daniela, Z106) lässt sich schließen, dass Daniela erst in der Oberstufe zum Gymnasium (was sie im Sozialdatenbogen als besuchte Schulform angibt) gewechselt ist und ihr Bildungsaufstieg bereits in der Schulzeit begonnen hat.

Kurzporträt Mia

Mia (Jahrgang 1990) scheint aus der gleichen Herkunftsregion wie Daniela zu stammen. Auch sie gibt an, für die Wochenenden in ihr Heimatdorf zu pendeln. Sie hat ebenfalls nach dem Abitur ein FSJ an einer Grundschule absolviert. Nach der Schule habe sie den beruflichen Wunsch gehabt, „[...] irgendwas in die soziale Richtung [zu] machen." (Z118). Das FSJ bestätigt Mira darin, ein Grundschullehramtsstudium aufzunehmen. Ihre Hobbys liegen im musischen Bereich: Sie singt in einem Chor und spielt Gitarre. Mia ist außerdem langjähriges Mitglied in einem Sportverein und dort engagiert in der Jugendarbeit. Sie lebt allein und finanziert das Studium über BAföG. Ihr Partner hat einen Hauptschulabschluss und arbeitet als gelernter Industriemeister im metallverarbeitenden Handwerk. Ihr älterer Bruder hat nach dem Hauptschulabschluss eine Lehre im holzverarbeitenden Handwerk absolviert und arbeitet in dem Beruf. Über ihre Mutter weiß Mia keine Schulabschlüsse zu berichten, wohl aber, dass diese einen berufsbildenden Abschluss an einer Fachschule zur pädagogischen Fachkraft absolviert hat und in diesem Beruf arbeitet. Über die Großeltern mütterlicherseits liegen keine Informationen vor. Auch über die Großeltern väterlicherseits macht Mia keine Angaben. Der Vater arbeitet als Fernmeldehandwerker. Seine schul- oder berufsbildenden Abschlüsse gibt Mia nicht an. Da Mia kaum an der Diskussion partizipiert, scheint eine Verortung ihrer bzw. Aussage über ihre habituellen Dispositionen zu wage, weswegen sie aus der Auswertung weitestgehend herausgenommen wurde.

Kurzporträt Elisabeth

Elisabeth (Jahrgang 1991) stammt aus der gleichen Herkunftsregion wie Mia und Daniela. Sie berichtet, nach dem Abitur ein FSJ an einer Ganztagsschule absolviert zu haben, wo sich die drei kennengelernt haben. Über ihre Mutter, die als Grundschullehrerin arbeitet, hat Elisabeth Einblick in den Berufsalltag bekommen und Gefallen an dem Berufsbild gefunden: „Ja, das, was die Mama macht, würd ich auch mal gerne später machen." (Z126-127). Auch Elisabeth hat sich bewusst an Pädagogischen Hochschulen beworben. Ausschlaggebend war die Sicherheit, die sie dem Abschluss Staatsexamen zuweist. Sie pendelt zwischen dem Studienstandort, wo sie seit Aufnahme des Studiums wohnt und dem 50 Kilometer entfernten Wohnort ihres Freundes, mit dem sie an den Wochenenden zusammenlebt. Der Freund strebt einen Master in Informatik an einer Fachhochschule an. Elisabeth stammt aus einem Haushalt, in dem Eltern und Bruder über Abitur und einen Hochschulabschluss verfügen. Ihr älterer Bruder ist als studierter und promovierter Sprachwissenschaftler tätig. Beide Eltern arbeiten als Lehrer (Grundschule / Hauptschule). Über die Eltern der Mutter weiß Elisabeth lediglich, dass der Vater mit abgeschlossener Lehre Angestellter bei der Bahn ist (war). Über die Eltern väterlicherseits ist bekannt, dass die Mutter einen Hauptschulabschluss hat und als pädagogische Fachkraft arbeitet. Elisabeth gibt an, das Studium über ihre Eltern zu finanzieren.

6.4.2 Verlauf und Themensetzung der Gruppendiskussion (Zusammenfassung)

Mit Bezug auf den Grundreiz äußert die Gruppe zunächst kollektiv **Kritik an der Studienorganisation**. Aufhänger sind eine neu eingeführte Studienordnung und die Unsicherheit, von den Lehrenden nicht verlässlich über die formalen Anforderungen und Veränderungen im Rahmen der neuen Ordnung informiert zu werden. Die Gruppe koppelt sich relativ schnell vom Grundreiz ab und findet zu ihrem selbst gewählten Thema, der umfassenden Kritik an Studienstruktur- und Organisation. Einigkeit herrscht in der Gruppe ferner in Bezug darauf, dass das Studium von Konflikten zwischen Studierenden und den Lehrenden überschattet wird. Die neue Studienordnung dient dabei als Aufhänger. Die Studentinnen präsentieren sich kollektiv als Leidtragende eines sich in der Pilotphase befindenden Systems. Dies äußert sich über den geteilten Unmut an Organisations- und Informationsdefiziten. Dabei verwischen im Verlauf der Diskussion die Grenzen zwischen allgemeiner Kritik an den Verhaltensweisen von Lehrenden und der Kritik an der neuen Studienordnung. Der inhaltlichen Auseinandersetzung mit Studieninhalten und der zukünftigen Profession kommt in der Diskussion nur eine marginale Rolle zu.

Deutlich wird über diese Thematisierung eine Orientierung entlang der Rahmenbedingung, zum anderen transportieren sich mit der Kritik Vorstellungen der gegenseitigen Verpflichtungen und Aufgabenverteilungen im Studium. Formuliert wird eine Erwartungshaltung, in der die Verantwortlichkeiten im Studium klar geregelt sein sollten: Die Zuständigkeit für die Vermittlung eindeutiger organisatorischer Vorgaben, entlang derer die Studierenden die Organisation ihres Studiums (langfristig) planen können, wird an die Lehrenden delegiert. Daniela, Mia und Elisabeth thematisieren ihre (enttäuschten) Erwartungen anhand von individuellen Erfahrungen: Lehrenden bieten aus ihrer Sicht keinen Orientierungsrahmen und garantieren keine Sicherheiten für eine regelkonforme Studienorganisation. Elisabeth schildert diesen Konflikt als durchgängig von Studienbeginn an.

> Elisabeth: „[...] man ist irgendwie immer so von A nach B nach C nach D und keiner konnte uns am Anfang so wirklich beraten und es blieb einem dann nichts anderes übrig, als sich selbst da durchzubeißen und eigentlich, was mir am meisten geholfen hat, war sich dann mit Kommilitonen auszutauschen, zu beratschlagen [...]." (Z156-160).

Sie präsentiert einen pragmatischen Umgang mit dieser Situation und sucht mithilfe der Kommiliton*innen einen eigenständigen Weg, um die Informationsdefizite von Seiten der Hochschule zu kompensieren. Sich „durchbeißen" impliziert eine mühevolle, aber auch aktive, hartnäckige Anstrengung, um den Konflikt eigenverantwortlich und gemeinschaftlich zu bewältigen. Elisabeth interpretiert das Informationsdefizit der Lehrenden als ein Zeichen von Überforderung. Sie fordert ein, dass sich auch die Dozierenden an Lösungsprozessen beteiligen.

> Elisabeth: „Das ist so, wie's jetzt ist und dann, finde ich, liegt's auch nicht nur bei uns, sich damit dann irgendwie dann, hmm, nen effektiven Weg zu finden, das sowohl für die Dozenten, als auch für uns angenehm zu machen [...]." (Z198-201).

Deborah und Franziska interpretieren das Verhalten der Verantwortlichen als willkürliche Machtdemonstration, indem den Studierenden absichtlich Informationen vorenthalten werden. Beide betonen eine langfristige und geplante Vorbereitung auf die kommende Examensphase. Hauptkritikpunkt ist das mögliche Überschreiten der Regelstudienzeit aufgrund organisatorischer Probleme, die als „unverschuldet" der nicht funktionsfähigen neuen Studienordnung angelastet werden. Beide präsentieren sich als engagierte und leistungsstarke Studentinnen, die allen Anforderungen im Studium nachkommen. Im Gegenzug erwarten sie, in der organisatorischen Bewältigung unterstützt und über die formalen Rahmenbedingungen und Leistungsanforderungen informiert zu werden. Forderungen an die Hochschule zu stellen, sehen beide über ihre besonderen Leistungen im Feld gerechtfertigt und „verdient". Die Beschwerden sind durchzogen von einer ausgeprägten Leistungs- und Konkurrenzhaltung. So werden besonders die Lehrenden als autoritär empfunden, denen sie Intransparenz bezüglich der Leistungsvorgaben oder das Zurückhalten von Arbeitsmaterialien zur Vorbereitung auf Prüfungen unterstellen. Auch läuft in ihrer Argumentation immer auch die Abgrenzung zu den (aus ihrer Perspektive weniger engagierten) Kommiliton*innen mit.

> Franziska: „[...] immer diese, diese Abwehrhaltung und das keiner einem helfen kann [...] also, ich bin's auch leid, weil ich mein, ich bin nen engagierter Student, das mag Studenten geben, die sich vielleicht da durchwurschteln [...] aber – also ich kann von mir behaupten, dass das auf mich nicht zutrifft." (Z182-188).

Deborah zieht in einem längeren Redebeitrag einen Vergleich zu Erfahrungen aus ihrem Erststudium und beklagt anhand von Beispielen (u.a. Intransparenz bezüglich der geforderten Prüfungsleistungen) ein unfaires Verhalten von Lehrenden gegenüber den Studierenden. In ihrer Kritik transportieren sich partizipativ-egalitären Werteorientierungen, die sie mit einen pädagogischen Anspruch verbinden: Sie erwartet von den Lehrenden einen wertschätzenden Umgang, der sich an den (pädagogischen) Lehrinhalten und Leitlinien der Pädagogischen Hochschule orientiert und verlangt, dass diese im Studienalltag von den Lehrenden praktisch umgesetzt und „gelebt" werden. Die erlebte Diskrepanz wird von ihr als Beleg für eine autoritäre Struktur herangezogen, die dem nach außen vermittelten Leitbild der Pädagogischen Hochschule nicht gerecht wird.

> Deborah: „[...] als zukünftige Lehrerin schau ich mir ja schon auch an, wie jetzt hier Lernprozesse stattfinden [...] wir reflektieren ja auch unsere Lernprozesse, wie wir sie in der Grundschule erlebt haben und sprechen da ja auch drüber, dass wir das nicht gern so haben möchten, wie wir das vielleicht mal im Einzelnen erlebt haben [...] und ich denk, also, hier wird aber nichts anderes gemacht, ja? Wie, ähm, irgendwie so ne Machtdemonstration und man kommt sich so hilflos vor, ne." (Z214-220).

Dass die Lehrenden pädagogische Konzepte, die sie in ihren Lehrinhalten transportieren, nicht als gültige Richtlinien für ihr eigenes Handeln im Umgang mit den Studierenden umsetzen, lässt Deborah ironisch zweifeln: „[...] also, dann frag ich mich wirklich, kennen die ihre Inhalte der, der Texte, ja?" (Deborah, Z223-224). Souverän stellt sie ferner ihre Bereitschaft dar, für einen zeitnahen Abschluss mehr Leistungen erbringen zu können.

> Deborah: „[...] ne, ich schreib auch von mir aus auch irgendwie drei Hausarbeiten parallel, also fachlich würd ich mir das zutrauen so, ne, nur wenn man mich nicht lässt, dann, dann ist da auch irgendwie kein Vorankommen." (Z247-249).

Mia und Daniela bringen sich in die Diskussion ein. Mia schildert an einem persönlichen Beispiel eine negative Beratungssituation und schlussfolgert: „Man hat auch irgendwie den Eindruck, dass manche Dozenten sich einfach überhaupt gar nicht mit der Studienordnung befassen [...]." (Mia, Z250-251). Daniela schließt mit einem Beispiel an und beschreibt das Problem der fehlenden Planbarkeit im Studium. Der Widerspruch liegt für sie darin, dass sie als Studentin angehalten wird, das Semester frühzeitig und eigenständig zu planen, die Lehrenden jedoch ihrer Informationspflicht für diese Planung nicht nachkämen. Die Studentinnen verlangen eine transparente und faire (im Sinne von Leistungsgerechtigkeit) Behandlung seitens der Lehrenden. Seit Beginn des Studiums mehren sich die Anzeichen, sich auf Aussagen seitens der Verantwortlichen zur Organisation des Studiums nicht ausreichend verlassen zu können. Infolgedessen entsteht der

Eindruck, dass die Lehrenden mit den Inhalten der neuen Studienordnung nicht ausreichend vertraut sind. Der Verlust von Garantien bedeutet eine doppelte Verunsicherung. Für Daniela, Leona und Dagmar gerät der Erfolg im Studium dann in Gefahr, wenn die Verantwortlichen in ihrer Rolle der Anleitenden versagen, Orientierungslosigkeit scheint die Folge des durch die Änderung der Studienordnung befürchteten Vakuums zu sein. Auch für Elisabeth ist die neue Studienordnung mit einer drohenden Orientierungslosigkeit verknüpft. In ihrem Umgang mit der neuen Studienordnung dominiert jedoch der Ansatz, mit der vorgefundenen Struktur einen pragmatischen Umgang zu finden. Dafür wählt Elisabeth auch einen gemeinschaftlichen Weg und tauscht sich mit ihren Kommiliton*innen in gleicher Lage aus. Im Gegensatz zu Daniela, Leona und Dagmar scheint Elisabeth sich darüber einen größeren Handlungsraum zu erschließen und wirkt weniger fremdbestimmt. Der Konflikt wird als weniger individualisiert erlebt, indem er gemeinsam mit den „Leidensgenoss*innen" durchschritten wird. Die Gruppe teilt vielfältige Kritik an den Lehrenden. Besonders Franziska und Deborah transportieren ihre Kritik mit einer kämpferischen Abgrenzungsrhetorik („wir" gegen „die"). Beide bedienen sich einer Argumentation, die auf emotionaler und moralischer Betroffenheit basiert und den Konflikt zwischen Studierenden und Lehrenden als ein dramatisches Szenario schildert, in dem Studierende unter den Verhältnissen körperlich und seelisch leiden. Franziska verwendet u. a. den Begriff des „Mobbings" (Franziska: „Wo ich denk, wo wird man hier noch gemobbt?" Z77), um den ihrer Meinung nach rücksichtslosen Umgang eines Teils der Lehrenden mit den Studierenden darzustellen. Beide stilisieren sich dabei als Sprecherinnen für alle Studierenden. Im Verlauf dominieren Franziska und Deborah zunehmend die Diskussion. Sie kommen immer wieder auf ihre aktuelle Problemlage zurück, aufgrund **fehlender Planungssicherheiten**, das Studium nicht in der Regelstudienzeit beenden zu können. Ihre (vielfältigen) Argumentationsstränge pendeln zwischen der Notwendigkeit eines schnellen Abschlusses aufgrund der ökonomischen Situation und dem Anspruch, für studentische Belange einzutreten und ein aktives **Recht auf Mitbestimmung** einzufordern. Franziska und Deborah berichten ausführlich über eine eigenständige Initiative, mit der sie eine Klärung der Examensphase mit den unmittelbar Verantwortlichen anstrebten und dafür Kontakt mit den Verantwortlichen im Studium aufgenommen haben. Ihr Engagement sehen beide als eine kritische Begleitung. Die Rechtmäßigkeit des Anliegens wird von beiden über den Bildungsauftrag der Pädagogischen Hochschule konstruiert, dessen Leitbild Eigenverantwortung und Partizipation der Studierenden einfordern würde. Dass ihr Vorstoß von der Hochschulleitung zurückgewiesen wurde, quittieren beide mit Unverständnis, Enttäuschung, Wut und Resignation.

> Franziska: „Also, ich denk eigentlich immer, wenn ich frage, dann helf ich ja eigentlich der Hochschule auch, weil die dann merken, es gibt Studierende, die sind jetzt

soweit und die erklären uns aus der Praxis, was se für Erfahrungen haben [...] ich hätts besser nicht gemacht, weil jetzt weiß ich nicht, hab ich mir jetzt schon mein Examen versaut? Weil die meinen Namen schon kennen und das find ich grad ganz schlimm [...]." (Z291-296).

Die Zurückweisung wird in die Erfahrung eingeordnet, im Feld keine Anerkennung zu bekommen – weder für die pädagogischen und akademischen Vorerfahrungen, noch für die besonderen Leistungen als engagierte Studentinnen. Beide befürchten nun von den Verantwortlichen als „Querulantinnen" markiert zu sein und einen möglichen Nachteil zu erfahren: Sie verstehen sich als „Opfer" einer ungerechten Struktur, die keinen Widerspruch duldet und gerechtfertigte Kritik blockiert.

Die Durchsetzung von individuellen Interessen (schneller Abschluss) wird von Franziska und Deborah als Kampf um Mitbestimmung inszeniert, gleichzeitig enthält das dargestellte Engagement geringe gemeinschaftliche Bezüge. Für Franziska scheint das individuelle Vorgehen Teil einer distinktiven Praxis, die sie auf Grundlage einer rechtmäßig erworbenen Position (engagierte Studentin) einfordert. Die Selbstvertretung wird aus der Perspektive der fehlenden Zugehörigkeit zu der Gruppe der ‚normalen' Studierenden begründet. Sie sieht sich mit ihrem zentralen Problem alleine: „[...] ich mein, es gibt genug Studierende, denen das egal ist, wie lange sie studieren – bei mir ist das überhaupt nicht egal, also, ich muss wirklich gucken, dass ich in der Regelstudienzeit fertig werd." (Franziska, Z285-287). Verdeutlicht wird darüber die Distanz zu den Kommiliton*innen, die auch in der Gruppendiskussion von ihr zu Statistinnen degradiert werden. In ihren Beiträgen dominiert die Analyse ihrer individuellen Benachteiligung als Alleinerziehende, die sie auf die strukturellen und organisatorischen Bedingungen im Studium zurückführt. Aktiv sucht Franziska regelmäßig das Gespräch mit Lehrenden, um auf ihre besondere Situation aufmerksam zu machen. Diese Strategie will sie als konstruktiven Beitrag verstanden wissen, um die Verantwortlichen auf Probleme hinzuweisen und an der Verbesserung der Organisation mitzuwirken. Trotzdem Franziska ihr Handeln altruistisch im Namen aller Studierenden versteht, laufen in ihren Aussagen Abgrenzungen zu den Kommiliton*innen immer mit. So sieht sie sich nicht nur in einer differenten ökonomischen und individuellen Lebenssituation, sondern attestiert ihren Mitstudierenden ein allgemeines Desinteresse, sich aktiv für Veränderungen im Studium einzusetzen. Ferner präsentiert sie sich im Vergleich als besonders leistungsstark, inhaltlich interessierter und engagierter als ihre Mitstudierenden. Deborah hingegen hebt stärker eine reflektierte Haltung hervor, die auf die Auseinandersetzung und eine globale Kritik an der pädagogischen Einrichtung ansetzt.

Vom Rest der Gruppe wirkt die geäußerte Kritik an den Lehrenden gemäßigter. So teilt Daniela die Ansicht über ein absichtliches Vorenthalten von Informationen seitens der Dozierenden nicht. Sie präsentiert eine Argumentation, die auf der vorsichtigen Entschuldigung der Verantwortlichen beruht. Diese Sichtweise scheint sie mit Elisabeth zu teilen, die in dem Verhalten der Dozierenden eher einen Ausdruck von deren Überforderung sieht. Leona nimmt den Faden der **Problematik eines verlängerten Studiums** auf und teilt die Studierendenschaft in zwei Gruppen: Benachteiligt sieht sie besonders diejenigen, die jenseits einer Normalbiografie in das Studium einsteigen.

> Leona: „[...] wenn man als Student hierherkommt, ähm, einfach, ähm, nach dem Abitur, geh ich jetzt mal einfach davon aus, wenn man nen normalen Werdegang hat, dann, denk ich mir, macht des vielleicht, also, es ist bestimmt auch blöd, aber es macht vielleicht weniger was aus, wenn man dann vielleicht ein, zwei Semester noch dranhängen muss." (Z380-384).

Auch Leona teilt die Sorge, bei einer Verlängerung des Studiums in finanzielle Schwierigkeiten zu geraten. Dagmar knüpft an den Beitrag an. Sie berichtet davon, das Studium über Lohnarbeit zu finanzieren. Im Studienalltag erfährt sie für die Doppelbelastung vonseiten der Lehrenden weder Verständnis noch Unterstützung.

> Dagmar: „[...] wenn man arbeiten geht [...] und man versucht, das Studium über zwei oder drei Tage in Griff zu bekommen, dass man das Geld hat, weil ich kein BAföG bekomm – dann hieß, heißt es auch nur – „Ja, hmm, müssen se gucken wies geht – is nen Vollzeitstudium" – und da fühlt man sich auch extrem allein gelassen, also ja, die verstehen das gar nicht, das, dass manche Leut wirklich kein reiches Elternhaus haben und die Eltern noch helfen können, Wohnung zahlen können und dass man da wirklich angewiesen is, ja, des ischt wie sonen gegeneinander." (Z402-408).

Für Dagmar schließt sich ein interessengeleitetes Studium mit ihren eingeschränkten (zeitlichen) Kapazitäten aufgrund der Lohnarbeit aus. Pragmatisch legt sie ihre Priorität auf die Bewältigung der formalen Leistungsanforderungen und stellt inhaltliches Interesse (dahinter) zurück. Strategisch wählt sie sicherheitsorientiert die Lehrveranstaltungen nach den Anforderungen und Inhalten aus, die sie mit ihren Zeitressourcen vereinbaren kann. Diese Abwägungen beschreibt Dagmar als alternativlos.

> Dagmar: [...] normal mach man das Studium, die Veranstaltungen belegt man, die einen interessieren – bei mir [...] guck ich nach Dozenten, wo ich weiß – ah, da kann ich Prüfungen machen, da bin ich sicher, [...] obwohl ich jetzt eigentlich wirklich in ne andere Veranstaltung gehen würde, wo ich mir aber nicht sicher bin." (Z408-412).

In einem längeren Beitrag berichten Dagmar und Leona von einer Lehrveranstaltung, bei der sie aus inhaltlichem Interesse teilnehmen wollten und trotz Anmeldung abgewiesen wurden. Exemplarisch scheint das Erlebnis für die Grenzen zu stehen, auf die sie im Studium stoßen. Leona und Dagmar beschreiben einen grundsätzlichen Passungskonflikt im Studium. Für ihre Bemühungen erfahren sie keine Anerkennung im Feld, vielmehr bestätigen sich Fremdheit und Distanz durch die Reaktionen und Handlungen von Lehrenden.

> Leona: „[...] wir sind extra auch hier in der Uni geblieben, hätten eigentlich schon viel früher ausgehabt, waren fest eingetragen in der Veranstaltung und aufgrund eines, sag ich jetzt mal Raumwechsels [...] also, sie [die Dozentin] wollte sich nicht die Stimme kaputtmachen und ist deswegen innen kleineren Raum gezogen und aufgrund ihrer persönlichen, ähm, Verhaltensweisen mussten dann auch die Leute gehen." (Z426-431).

Die Gruppendiskussion wird zunehmend emotional geführt. Als Aufhänger für Kritik dienen persönliche negative Erlebnisse im Studienalltag. Dagmar, Leona und Franziska positionieren sich immer wieder außerhalb der Studierenden mit Normalbiografie (nach dem Abitur folgt das Studium) und thematisieren ihre differenten Lebensumstände (Kindererziehung, Lohnarbeit), die sie als zusätzliche Belastung in den Studienalltag integrieren müssen. Das Bewusstsein, der normativen Vorstellung einer Standardbiografie nicht zu entsprechen, wird assoziiert mit **Nachteilen im Studium**. Sie teilen die Ansicht, im Studium aufgrund ihrer sozialen Herkunft (Studium nur für Kinder aus wohlhabenderen Elternhäusern) ausgegrenzt zu werden und sehen sich gefordert, Konflikte in der Studienbewältigung eigenverantwortlich, ohne die Unterstützung der Hochschule, lösen zu müssen.

Die Studienfinanzierung wird im Verlauf der Diskussion besonders von Franziska und Dagmar (und Leona) als Schwierigkeit benannt. Der Hochschule wird attestiert, materielle Standards (etwa für Exkursionen) (als) selbstverständlich vorauszusetzen. Dass es Studierende gibt, die über finanzielle Ressourcen nicht in dem geforderten Maße verfügen, würde von der Hochschule nicht wahrgenommen: „Es ist ne Hochschule für besserverdienende Kinder [...] und ich glaube nicht, dass das den Dozierenden hier bewusst ist, ja?" (Franziska, Z1036-1037).

Besonders Franziska schildert sehr emotional ihre persönliche Situation, in der sie sich von Lehrenden und der Struktur exkludiert sieht. Ein Bezug zu den Beiträgen von Dagmar oder Leona stellt sie nicht her. Der sehr individuelle Blick auf die eigene Benachteiligung scheint keinen Raum zu bieten, um sich solidarisch mit denjenigen Studierenden zu zeigen, die sich auch aufgrund fehlender finanzieller Ressourcen benachteiligt sehen. In ihren Beiträgen transportiert sich die Strategie, handlungsfähig zu bleiben, indem sie bewusst Kontakt zu den Lehrenden sucht und z. B. Ausnahmeregelungen erwirkt. Im Unterschied zu Leona und Dagmar wählt sie den Weg der direkten Kontaktaufnahme, um aktiv für ihre Interessen einzutreten. Franziska und Deborah verweisen in der Diskussion immer wieder auch auf gute Kontakte zu Lehrenden. So lässt besonders Franziska ein persönliches und gutes Verhältnis auf Augenhöhe zu einigen Lehrenden durchblicken. Auch Deborah erwähnt den Austausch mit Dozierenden, den sie in der Diskussion als Insiderwissen anbringt. Für ihre Initiative bekamen Franziska und Deborah ferner Wertschätzung und (moralische) Unterstützung von Teilen der Lehrenden, was von ihnen besonders hervorgehoben wird (während die Erwähnung der Reaktionen der Kommiliton*innen komplett ausgespart wird). Diese Anerkennung dient beiden als Bestätigung ihrer besonderen Stellung im Studium. Außerdem verweisen die Beispiele auf einen selbstbewussten Umgang mit den Lehrenden. So scheint die Kontaktaufnahme, auch wenn diese nicht immer von Erfolg gekrönt ist (Franziska), keine Hürde im Studienalltag darzustellen. Daniela, Dagmar und Leona hingegen eint eine passive und machtlose Haltung. Sie akzeptieren die Lehrenden als Autoritätspersonen und sehen ihre Aufgabe darin, sich der vorgefundenen Struktur anzupassen. Die hierarchische Ordnung wird auf der einen Seite als unveränderlich angesehen und auf der anderen Seite im Studienalltag als problematisch kritisiert. Diese Sichtweise untermauert die Haltung, der vorgefundenen Struktur machtlos ausgeliefert zu sein. Anhand von persönlichen Beispielen illustrieren sie die Machtlosigkeit, mit der sie sich dem als willkürlich erlebten Handeln von Dozierenden ausgeliefert sehen. Lehrende sind nicht per se Ansprechpartner*innen und eine Kontaktaufnahme mit ihnen scheint weniger selbstverständlich. Forderungen an die in der Organisationshierarchie höherstehenden Lehrenden zu stellen, schließt sich aus dieser machtlosen Perspektive aus. Kritik an den Lehrenden wird nur im Rahmen der eigenen Statusgruppe formuliert. Um sich die Struktur zu erschließen, gehen sie in den Austausch mit den Kommiliton*innen und orientieren sich entlang von Lehrenden und Angeboten, die einen Erfolg im Sinne einer risikoarmen, weil transparenten und fairen Leistungsanforderung garantieren. Dagmar und Daniela thematisieren die Unsicherheiten, die sie im Studienalltag begleiten als durchgängig. Diese Erfahrungen werden als individuelle Wahrnehmungen beschrieben, welche die Grenze der demonstrativen Empörung nicht überschreiten. Beide sehen sich in einer defensiven und machtlosen Position mit eingeschränkten Handlungsmöglichkeiten. Von diesem Platz aus werden pragmatische Strategien entwickelt, um den Studienalltag zu bewältigen. Deutlich zeigen sich die unterschiedlichen Positionierungen auch im letzten Punkt in der Gruppendiskussion. So bilden Daniela, Leona und Dagmar eine Teilfraktion, die sich eng an den formalen Vorgaben orientiert. Sie fordern von den Lehrenden verbindliche Aussagen, entlang derer sie ihr Studium gestalten und planen können. Studieren scheint in erster Linie als Weiterführung des schulischen Ausbildungssystems gesehen zu werden. Lehrenden und Lernenden werden feste Rollen zugeschrieben.

Den Lehrenden wird der Status von „Autoritäten“ zugewiesen. Diese sind in dem Konstrukt zuständig für Orientierung, Anleitung und Wissensvermittlung. Anhand der vorgegebenen Kriterien werden die Leistungen gestaltet und erbracht, von deren Bewertung der Studienerfolg abhängt. Den Studierenden kommt die Aufgabe zu, die geforderten Leistungen zu erbringen. Diese Aufgabenverteilung soll die notwendige Sicherheit und Orientierung im Studium gewährleisten. Aus der Perspektive von Dagmar hat das Konfliktpotential im Studienverlauf nicht abgenommen. Im Gegensatz zu Deborah und Franziska, die in ihrer Kritik eine Vertreterinnenposition für alle Studierenden einnehmen, erscheint aus ihrer Sicht das Erleben von Konflikten mit den Lehrenden als ein individuelles Problem.

> Dagmar: „Ich find aber von Semeschter zu Semeschter wurde es schlimmer, zu studieren, also, am Anfang nehm ich das noch hin, denn das spielt sich noch ein. Aber dann kommt wieder ne neues Semeschter, [...] jedes Semeschter kommt sonen Hammer, wo man dann echt, also, wenn ich jetzt echt im zweiten, dritten Modul wär, also, ich würd auch schon, ich glaub, flüchten von hier, entweder auf ne andere PH, mal schauen, wahrscheinlich sieht da auch net besser aus, aber ich, ich empfehl keinem die PH.“ (Z598-607).

Ihre „Fluchtgedanken“ relativiert sie über die Annahme, ähnliche Strukturen auch an anderen Pädagogischen Hochschulen vorzufinden. Damit stellt Dagmar grundsätzlich ihre Passung zur hochschulischen Bildungsinstitution in Frage. Deborah will eine pauschale Kritik an der Pädagogischen Hochschule nicht unkommentiert stehen lassen und hebt die vermittelten Lehrinhalte hervor, die sie als positive Vorbereitung auf den Beruf wertet.

> Deborah: „Wobei ich, also, schon die Ausbildung an sich eigentlich, ähm, gut finde, ja? [...] was wir irgendwie an, an Inhalten mitkriegen und auch eigentlich, ähm – also, was ich in Psychologie gelernt hab, ja? Das ist schon, ähm, gut für mein, für mein Wissen als zukünftige Lehrerin, ja?“ (Z608-6013).

Einmal mehr bestätigt sich hier der Eindruck, dass Deborah wenig Verständnis für ihre Kommilitoninnen aufbringt, die mit ihr in der Gruppenwerkstatt sitzen. Sie blendet geäußerte Kritik aus der Gruppe z. B. von Leona und Dagmar aus und bindet diese nicht in ihre Beiträge ein. Diese teils ignorant wirkende Auftreten gegenüber ihren Kommiliton*innen transportiert sich auch in der Bewertung der Studierendenvertretung, denen sie das Vertrauen abspricht. Zwar plädiert sie für eine gemeinsame Organisation, kritisiert jedoch, dass von der Studierendenvertretung erst bei persönlicher Betroffenheit Handlungsbedarf gesehen werde. Für eine Verbesserung der Bedingungen ist ihr Blick einzig auf die persönliche Verhandlung mit den Verantwortlichen im Feld gerichtet. Gleichzeitig scheinen ihr die Grenzen ihrer Position bewusst und sie erneuert ihre moralische

Empörung über eine hierarchische und autoritäre Struktur, die ihr keinerlei Mitbestimmungsrechte garantiert.

> Deborah: „[...] zu sehen, dass man, dass man eben bei den, also, bei den Leuten, die des irgendwie, also, die was ändern könnten und dies interessieren sollte halt irgendwie überhaupt kein Gehör findet, also, dass man da so machtlos ist, also, ich find, das macht's mir unglaublich schwer [...] das, äh, das anner Pädagogischen Hochschule, das hätt ich nie erwartet, ja." (Z574-588).

Auch Franziska unterstreicht ihr Misstrauen gegenüber den Kommiliton*innen: „[...] ich glaub halt, ganz viel Studierende, denen ist das voll, wirklich egal, weil die sich durch ihr Elternhaus das leisten können." (Franziska, Z644-646). Leona widerspricht dieser Ansicht. Sie denkt, dass viele Studierende sich gegenüber den Verhältnissen machtlos sehen und signalisiert anschließend ihre Bereitschaft, sich für die Verbesserung der Studienbedingungen einsetzen zu wollen, gleichzeitig scheint sie von Pragmatismus geleitet und stellt die Frage, ob sich aufgrund des fortgeschrittenen Studiums eine Auseinandersetzung mit den Verantwortlichen noch „lohnt".

Das Studium schnell beenden zu wollen, wird besonders von der Gruppe der Teilnehmer*innen mit Berufserfahrung thematisiert. Deborah und Franziska, Leona und Dagmar unterstreichen am stärksten die Notwendigkeit, das Studium zügig abzuschließen. Für Mia, Elisabeth und Daniela hingegen, die zu den Studierenden mit „Normalbiografie" zählen, scheint der Zeitpunkt der Beendigung des Studiums weniger konfliktbehaftet. Die Notwendigkeit, sich bereits im sechsten Semester über den Abschluss Gedanken zu machen, scheint weniger vorhanden. Im Wissen um individuelle Spielräume wird dem Thema „Studienabschluss" mit mehr Gelassenheit begegnet zu werden. So gibt Daniela ihre Überlegungen preis, nicht in der ersten Kohorte sein zu wollen, die das Examen unter einer neuen Studienordnung absolvieren. Die Befürchtung, ohne klare Vorgaben seitens der Hochschule und ohne Erfahrungswerte von anderen Kommiliton*innen einen Nachteil im Examen zu haben (der sich auf die Endnote auswirken könnte), bringt sie zu dem Entschluss, das Absolvieren des Examens hinauszögern.

> Daniela: „[...] dieser Gedanke, einfach bei einen von den ersten zu sein und dann auch gar nicht zu wissen, wies überhaupt abläuft, schreckt mich eigentlich auch davon ab, dass ich mir denk: Nee, dann mach ich halt dieses eine Semester länger und hab dann vielleicht ne kleine Sicherheit, um zu wissen wies abläuft." (Z667-670).

Elisabeth und Mia beteiligen sich nicht an der Thematisierung des zügigen Beendens des Studiums. Auch äußern sich die Studentinnen nicht zu den emotionalen Zuständen der Studierendenschaft, die Deborah und Franziska als Beleg für eine Struktur anführen, unter der die Studierenden kollektiv (physisch und psychisch) leiden. Elisabeth verweist auf die gemeinschaftlichen Austauschstrukturen der Studierenden untereinander und zeigt damit auch auf, dass sich die Studierenden proaktiv um eine Vernetzung bemühen, um Informationsdefizite aufzufangen. Der Inszenierung einer handlungsunfähigen Studierendenschaft, wie sie Deborah und Franziska darstellen, wird von ihr widersprochen, ohne dass sie offen in die Opposition zu den beiden geht. Durchgängig benennt auch Elisabeth persönliche Schwierigkeiten mit der Studienorganisation. Im Gegensatz zu Deborah und Franziska sind ihre Redebeiträge getragen von einer Gelassenheit: Sie beschreibt Konflikte etwa in der Organisation und verweist immer auch auf Handlungsoptionen und Lösungsstrategien. Dabei zeigt sich Elisabeth unmittelbar empathisch, indem sie die negativen persönlichen Erfahrungen von ihren Mitdiskutantinnen (etwa bei Franziska, Leona und Dagmar) aufnimmt und solidarisch kommentiert.

Die Gruppe diskutiert im Anschluss den Impuls, welche Bedeutung der spätere **Beamtenstatus** für die Teilnehmenden hat. Auch in dieser Gruppe wird das Motiv der beruflichen Sicherheit durch die Verbeamtung für die Studienwahl zurückgewiesen. Daniela, die in ihren Aussagen zum Studium eine eher sicherheitsorientierte Sichtweise transportiert, weist bezüglich des Beamtenstatus das Motiv „Sicherheit" zurück.

> Daniela: „Also, dann sind die, glaub ich, falsch einfach in dem Beruf, weil man müsste eigentlich andere Gründe haben, um in ne Grundschule zu gehen, als einfach diese Sicherheit, ja, verbeamtet zu werden, sondern man brauch ja auch andere Voraussetzungen oder auch ähm, Wünsche, denen man nachgehen möchte, um in ner Grundschule zu arbeiten." (Z798-802).

Gleichzeitig scheint sie keine Worte dafür zu finden, welche konkreten Wünsche sie mit dem Beruf verbindet, den sie in ihrem Redebeitrag als Voraussetzung für die Studienwahl benennt. Dichotom scheint ihre Denkweise eingeteilt in ein entweder/oder, in dem sich Beamtenstatus und intrinsische Motive als zwei Pole gegenüberstehen. In der Diskussionsrunde hält sich Daniela generell mit der Darstellung von pädagogischen Präferenzen und Wertehaltungen zurück. Eventuell ist diese Zurückhaltung der Dominanz der anderen Diskussionsteilnehmerinnen geschuldet, die sich verbal sehr sicher artikulieren sowie Danielas Befürchtung, selbst etwas „Falsches" zu sagen. Auch Deborah sieht die Motive für ein Lehramtsstudium in idealistischen und intrinsischen Haltungen und stellt diese der Sicherheit des Beamtenstatus als Form des Stillstands gegenübergestellt. Sie nutzt das Thema, um ihre ganzheitliche Haltung gegenüber dem Beruf zu betonen und mit Vorerfahrungen aus dem Praxisfeld zu untermauern. Elisabeth und Dagmar hingegen begrüßen einen Beamtenstatus als „nen netter Nebeneffekt" (Dagmar Z776). In einem längeren Redebeitrag schildert

Leona daraufhin von ihrem Weg ins Studium. Sie berichtet davon, als Erzieherin wenig Anerkennung für ihre Arbeit erfahren zu haben. Bei Kooperationen mit Lehrer*innen, habe sie erlebt, dass diesen seitens der Eltern eine höhere Wertschätzung entgegengebracht wurde. Aus dieser Erfahrung heraus möchte Leona in ihrer Rolle als zukünftige Lehrerin gegenüber den Erzieher*innen eine verstehende und wertschätzende Haltung einnehmen. So sei vor allem die fehlende Anerkennung im Beruf dafür ausschlaggebend gewesen, sich weiter zu qualifizieren, aber auch der finanzielle Aspekt wird von ihr angesprochen. In Leonas Redebeitrag wird deutlich, dass für sie das Erreichen von beruflicher Autonomie ein wesentlicher Motor für die Aufnahme des Studiums war. Wurde in den vier Gruppenwerkstätten der geringen Status der Grundschullehrerin im Vergleich zu anderen Lehramtsformen thematisiert, macht Leona eine Perspektive auf, in der sie auf den niedrigeren Status von Berufsgruppen im pädagogischen Feld verweist, die unterhalb des Lehrer*innenberufs rangieren. So ist es ihr wichtig, ihrer (ehemaligen) Berufsgruppe mit Wertschätzung zu begegnen. Franziska nimmt aus Leonas Beitrag den ökonomischen Aspekt auf. Sie gibt zu bedenken, dass Lehrer*innen in anderen Schulformen mehr Geld verdienen würden, was sie als ungerechtfertigt betrachtet.

Auf die Frage zur **Kompetenzentwicklung im Studium** gehen zunächst Franziska und Elisabeth ein. Beide bedienen sich wie selbstverständlich des Begriffs der Lehrerpersönlichkeit. Beide haben einen familiären Bezug zum Lehrer*innenberuf (Elternteile, die als Lehrer*in tätig sind) und scheinen sich auf Erfahrungen zu berufen, die eventuell dem familiären Hintergrund geschuldet sind, ohne dass sie dies in der Diskussion erwähnen. Auch scheint die Bewertung der Praxisanteile des Studiums durch Elisabeth auf ein Hintergrundwissen zu verweisen, ohne dass es von Elisabeth als solches gekennzeichnet wird.

> Elisabeth: „[...] also, grad was Lehrerpersönlichkeit angeht und auch, ja, Planung und, und überhaupt Unterricht, also, vorher wars viel so fachlich und fachdidaktisch, aber wie mans danach dann wirklich alles nutzen kann, was man hier lernt, dafür fand ichs ISP ganz gut [...].“ (Z939-925).

Dagmar nutzt den angesprochenen Praxisbezug, um erneut die Distanz zu Lehrenden zu thematisieren. In diesem Fall hebt sie eine Lehrende hervor „[...] ich hab wirklich zum Glück ne tolle Begleitdozentin gehabt [...].“ (Dagmar, Z961) und bedient sich dem Terminus „Glück“. Damit zeigt sie auf, dass für sie eine positive Betreuungssituation nicht selbstverständlich ist und sie keinen Einfluss auf die Betreuungsqualität der Lehrenden nehmen kann. Franziska nimmt diesen Beitrag auf, um die Dozierenden als generell unvorbereitet zu beschreiben, was sie resignieren lässt: „Ich bin das auch manchmal dann leid.“ (Z974-975). Deborah geht auf die anfängliche Frage zur Kompetenzentwicklung ein und erklärt ihren persönlichen Anspruch, den Schüler*innen eine positive Sicht auf Lernprozesse vermitteln zu wollen. Sie knüpft sogleich mit einer Kritik an: So würde den Studierenden an der Pädagogischen Hochschule die Motivation zum Lernen systematisch genommen.

> Deborah: „[...] also, ich denk immer, ähm, für mich persönlich ist wichtig, den, den Kindern, ähm, so diese Lust am Lernen zu vermitteln und vor allem zu erhalten, ja? Also, das, denk ich, das ist so, das ist so mein persönlicher Anspruch, ja? Ähm, und das wird einem schon irgendwie vermiest hier [...]." (Z978-980).

Elisabeth und Mia berichtet daraufhin von ihren Schwierigkeiten in einem Seminar inhaltlich zu folgen. Mia, die sich bisher kaum an der Diskussion beteiligt hat, kritisiert: „[...] es wird halt auch einfach viel zu viel vorausgesetzt [...] wir werden einfach überflutet mit Informationen und, ja, wir nur am Schreiben, am Schreiben, am Schreiben und dann hat man das noch nicht mal verstanden." (Mia, Z1003-1007). Im Unterschied zu Deborah und Franziska, welche die inhaltliche Vermittlung von Wissen bzw. dessen Aneignung als einzige positive Komponente im Studium benennen, beziehen Elisabeth und Mia eine gegenteilige Position. Sie sitzen im Seminar und verstehen nur „Bahnhof" (Elisabeth, Z955). Das Seminar wird pflichtbewusst weiterhin besucht und die Materialien bearbeitet. Auch scheinen beide die knappen Zeitressourcen und die allgemein hohe Belastung im Studium dafür verantwortlich zu machen, dass Nachbearbeitungen kaum möglich scheinen. Dem beschrieben Konflikt stellt Elisabeth die Aussicht auf das Ziel der Mühen gegenüber: Die Perspektive, bald autonom im Beruf zu stehen, scheint das pragmatische Aushalten einer, mit Begriffen wie „durchboxen" (Z1012) und „durchbeißen" (Z128) umschriebene Situation im Studium, aushaltbarer werden zu lassen. Auf(zu)geben wird nicht als eine Option verhandelt. Leona hingegen bedient sich einer passiveren Rhetorik. Sie beschreibt durchgängige Verunsicherung, die sie mit der Strategie kompensiert, sich an ihren Kommiliton*innen zu orientieren.

> Leona: „[...] dass ich dasaß, mit diesem fetten Modulhandbuch und ehrlich gesagt mich an zig Kommilitonen einfach irgendwie drangehängt hab, um zu – um zu schauen, was belegscht denn du, dann beleg ich das doch jetzt auch mal und bis heute, muss ich sagen, weiß ich nicht, ob ich das Richtige belegt hab." (Z1122-1125.

Zurückgeworfen auf ein behelfsmäßiges „durchwurschteln" (Leona, Z1140-1141) im Sinne einer fortwährenden Improvisation, scheint sie nicht sicher, ob ihre Investitionen ausreichen, um am Ende das Studium erfolgreich abzuschließen. Aufgrund der vorangeschrittenen Zeit endet die Diskussion an diesem Punkt.

6.4.3 Gruppendynamik

Bereits die Sitzreihenfolge der Gruppe zeigt, dass diejenigen eine räumliche Nähe zueinander gesucht haben, die sich vorab kannten. Mit Elisabeth, Mia und Daniela, die sich im FSJ kennengelernt haben, beginnt die Reihenfolge. Gefolgt von Franziska und Deborah, die nebeneinander in der Mitte des halbkreisförmig angeordneten Tisches platziert haben. Neben Deborah folgen dann Dagmar und Leona, die sich aus Seminaren kennen. Der Grundreiz dient der Gruppe zum Einstieg in das eigentliche Thema, dem Konflikt zwischen Studierenden und Dozierenden und der Kritik an der Studienorganisation an der Pädagogischen Hochschule. Fragen der Moderatorin, die in eine andere Richtung abbiegen (z. B. Beamtenstatus), werden kurz abgehandelt, bevor sich wieder auf das Ursprungsthema konzentriert wird. Diese Dynamik ist vor allem Franziska und Deborah geschuldet, die über weite Strecken die Diskussion dominieren. Beide beziehen sich inhaltlich aufeinander und gehen wenig auf die Beiträge der anderen Teilnehmerinnen ein. Franziska kommt immer wieder auf „ihr" Thema, die Sorge, das Studium nicht in der Regelstudienzeit beenden zu können, zurück. Die Argumentationskette, die sie sich in der Auseinandersetzung mit den Verantwortlichen teilweise angeeignet hat, wird von ihr stetig wiederholt und der Moderatorin präsentiert, ohne dabei Rücksicht auf den Diskussionsstand der Gruppe zu nehmen. Der Eindruck entstand, dass Franziska in der Moderatorin vor allem eine Repräsentantin der Pädagogischen Hochschule gesehen hat, vor der sie noch einmal versucht hat, ihre Motive und die Relevanz ihres Anliegens darzulegen. Ihre Körperhaltung scheint den Zustand der emotionalen Angegriffenheit zu spiegeln: Während der Diskussion sackt sie immer mehr in sich zusammen und stützt ihren Kopf mit den Händen. Auch verlässt Franziska die Gruppenwerkstatt zwischenzeitig. Sie beteiligt sich nicht an der Collagenarbeit, da sie einen individuellen Beratungstermin mit einer Lehrenden vereinbart hat. Elisabeth und Daniela beteiligen sich kontinuierlich (soweit Deborah und Franziska die Möglichkeit dazu geben) an der Diskussion. Elisabeth nimmt Bezug auf die Aussagen ihrer Vorrednerinnen und zeigt sich teilweise mit Zwischenrufen empathisch, etwa wenn Dagmar und Leona von dem Rauswurf aus einem Seminar berichten. Dagmar und Leona hingegen beteiligen sich erst durch die Aufforderung der Moderatorin an dem Gespräch. Beide sind ab diesem Zeitpunkt aktiv in die Diskussion eingebunden. Einzig Mia hält sich sehr zurück. Von ihr kommen die wenigsten Wortbeiträge. Sie orientiert sich dabei überwiegend an Elisabeth als Vorrednerin. Der Eindruck entsteht, dass Mia etwas mehr Zeit benötigt hätte, um an der Diskussion aktiv teilzunehmen. Bei der Arbeit an der Collage, die sie zusammen mit den ihr vertrauten Kommilitoninnen Daniela und Elisabeth anfertigt, scheint sie in der Gruppe gleichberechtigt und integriert zu sein. Bei der Vorstellung der Collage verhält sich Mia jedoch wieder zurückhaltend.

Die Diskussionsgruppe wirkt somit zweigeteilt. Dagmar, Leona, Elisabeth (und Mia) beziehen sich gegenseitig auf ihre Beiträge. Sie gehen aufeinander ein oder knüpfen an Vorreden an. Franziska hingegen unterbricht den Diskussionsfluss immer wieder, indem sie zurück zu ihrem Thema lenkt. Deborah präsentiert in ihren Wortbeiträgen vor allem ihre persönliche Auseinandersetzung mit dem Studium, was teilweise nicht an die laufende Diskussion anknüpft. Dabei scheinen die Teilnehmerinnen die Führungsrolle von Deborah und Franziska zu akzeptieren, indem sie sich an den eingebrachten Inhalten orientieren. Besonders Franziska (begleitet von Deborah) bringt im Verlauf eine zunehmende Schärfe und Emotionalität in die Diskussion ein. Ihre Wortwahl (z. B. „Mobbing“) und drastische negative Schilderungen der Studiensituation sowie der aufgebrachte Ton, den sie anschlägt, scheinen die Diskussion „anzuheizen“. Die Stimmung wird in der Gruppe aufgenommen und es sich kollektiv in eine Empörung gegenüber den Ungerechtigkeiten im Studium und der Unfähigkeit seiner Repräsentant*innen hinein „geschraubt“. Zum Diskussionsende hin führt die Gruppe keine Diskussion im eigentlichen Sinne mehr, vielmehr wird der Rahmen der Gruppenwerkstatt genutzt (z. B. von Leona), um in längeren Redebeiträgen über individuelle Belastungen und Konflikte im Studienalltag zu berichten.

6.4.4 Ergebnisdarstellung der Collagenarbeiten

An der Collagenarbeit ist Franziska nicht beteiligt, da sie einen Beratungstermin wahrnimmt. Zur abschließenden Besprechungsrunde ist sie dann wieder vor Ort.

Elisabeth: „Also, wir freuen uns, glaub ich, alle schon auf den Tag, an dems Studium dann auch irgendwie rum ist, also, indem man dann endlich das tun kann, wofür man sich dann auch [...] abmüht [...].“

Die Collage von Elisabeth, Mia und Daniela setzt sich aus räumlich abgegrenzten Themenbereichen zusammen, die durch das Hinzufügen von roten Pfeilen eine Verbindung zum unteren mittleren Themenblock aufweisen. Zur Visualisierung der Themen wurden einige großformatige Bildmotive gewählt. Es dominieren kleine Textzeilen und einzelne geklebte Wörter (vgl. Abb. 11). Das Schema von Themenblöcken erschließt sich auf den ersten Blick. Jeder Bereich scheint dabei als Collage in der Collage gestaltet (z. B. durch sich überlappende Anordnungen von Text und Bild). Die Themenbereiche wurden räumlich voneinander abgegrenzt, indem keine Überschneidungen zu erkennen sind. Dadurch sowie durch die verbindenden roten Pfeile wirkt die Collage durchdacht und strukturiert. Einige Themenbereiche weisen räumlich eine größere Nähe zueinander auf. Die Verwendung von großformatigen Bildern lässt die linke Seite insgesamt bunter und dichter wirken. Für die Gestaltung der rechten Seite wurden überwiegend

Abbildung 11: „Meine Wünsche und Ziele für die Zukunft" Collage von Elisabeth, Mia und Daniela

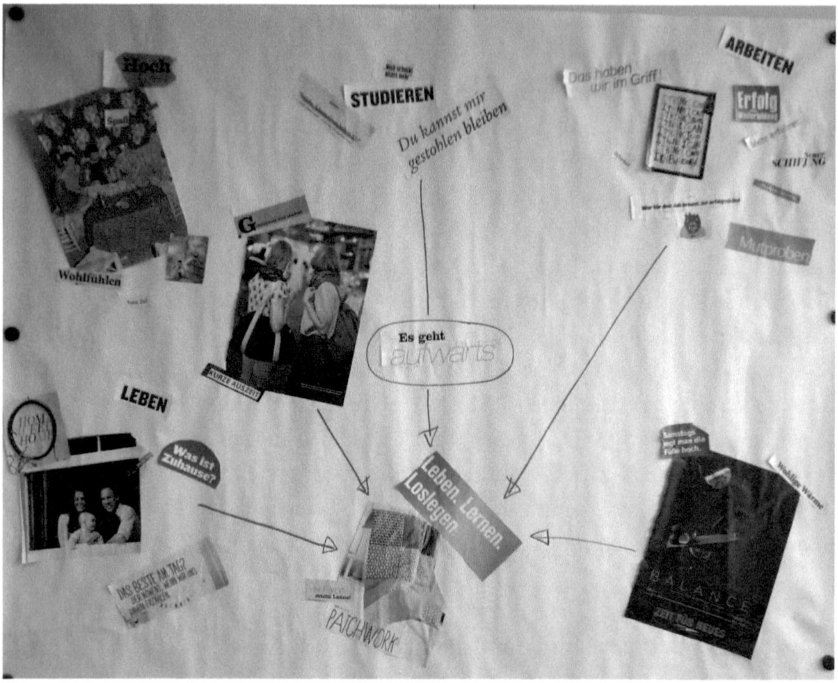

Textmotive gewählt. Diese Seite wirkt übersichtlicher und der obere rechte Themenbereich eher isoliert vom Rest der Collage. Über die eingefügten Pfeile scheint die Aussage visualisiert, dass alle dargestellten Themenblöcke sich in der unteren Mitte zusammenfinden, was diesem Bereich eine besondere Bedeutung zukommen lässt. Die Collage teilt sich in fünf Bereiche. Die rechte Seite spricht berufliche Themen an, während die linke Seite lebensweltliche Themen (Freizeit, Familie, Freundschaft) behandelt. Auf den ersten Blick werden somit Berufliches und Privates als zwei voneinander abgegrenzte Gebiete dargestellt. Die Gruppe stellt ihre Collage als Gemeinschaftsarbeit vor. So sind sich die drei „relativ einig" (Daniela, Z1211) gewesen. Ihr Vorgehen beschreibt die Gruppe als planend. Zunächst wurden in den Zeitschriften Motive gewählt, gesammelt und in Absprache sortiert. Im abschließenden gemeinsamen Prozess wurde „[...] halt kommuniziert, was wo hinsoll und wie wir es gestalten." (Daniela, Z1209). Die Teilnehmerinnen kommentieren nicht alle Bereiche der Collage. So ist Elisabeth der Meinung, dass die Collage selbsterklärend sei: „Ich weiß nicht, was man da noch sagen soll, das spricht halt alles für sich sonst." (Elisabeth; Z1162).

Die **linke obere Hälfte** spricht die Themen Gemeinschaft und Freundschaft an. Dies erschließt sich unmittelbar aus den gewählten Motiven und Textzeilen.

Größe und Anordnung verweisen auf die Relevanz dieses Bereichs. Visualisiert wird das Thema über ein großformatiges *Bild dreier junger Menschen*, die auf einem Sofa sitzen. Durch die Farbgebung (gelbes Sofa, rote Tischdecke, Blumentapete) wirkt das Bild sehr bunt und freundlich. Der Bereich wurde ergänzt mit den Textelementen: *Spaß*; *Hoch die Tassen*; *Freunde*; *Wohlfühlen*, die um das Bildmotiv herum drapiert wurden. Ferner wurde dem Themenbereich das Bild von einer *Frau in einer Therme* angefügt, die sich von einem Wasserstrahl massieren lässt. In unmittelbarer Nähe findet sich die kleine Textzeile *Freie Zeit*. Der gesamte Themenkomplex, der auf die Relevanz des gemeinschaftlichen und geselligen Zusammenseins verweist, wird von der Gruppe nicht weiter beschrieben. Die Wahl des Sofa-Motivs gibt den Hinweis auf eine Vorstellung von Freundschaft als Rückzugs- und Schutzraum, das dem intensiven gegenseitigen Austausch im kleinen Rahmen dient. Ein hedonistisches Lebensgefühl scheint über die Textzeile *Hoch die Tassen* zum Ausdruck zu kommen. Sie bildet einen Kontrast zum Sofa-Motiv und verweist auf aktivere, gemeinschaftliche Formen, die positiv belegt sind. Neben dem Anliegen nach Gemeinschaft, scheinen Bedürfnisse angesprochen, die auf das Individuum gerichtet sind (Bild: *Frau in Therme*) und mittels einer körper- und gesundheitsbetonten Aktivität in Verbindung mit einer ruhigen, entspannten Atmosphäre dargestellt werden. Im Vergleich zu dem Freundschaftsbild ist das Bild von der *Frau in Therme* um einiges kleiner. Dies könnte auf die klassische weibliche Sozialisation zurückzuführen sein, eigene Bedürfnisse weniger ausformulieren zu können bzw. diese nicht in den Vordergrund zu stellen. Im Zusammenhang mit dem kleinen Textmotiv *Freie Zeit* könnte aber auch darauf hingewiesen werden, dass Freiräume als ein kostbares seltenes Gut verstanden werden, was auf die Einschätzung bzw. Erwartung einer hohen Belastung im (beruflichen) Alltag hindeutet.

Mit etwas Abstand folgt der **mittlere linke Bereich**. Geklebt wurde ein großformatiges Bild von zwei *Frauen mit Taschen*. Um das Bildmotiv wurden die Textzeilen *Gemeinsam etwas erleben* und *Kurze Auszeit* eingefügt. Auch in diesem Block erschließt sich der Inhalt unmittelbar über das Bildmotiv und die Textzeilen. Gemeinschaftliche Aktivitäten (mit Freundinnen) werden angesprochen. Für Mia und Daniela symbolisiert der Bereich den Wunsch, zeitlich beschränkt aus dem Alltag auszubrechen.

> Daniela: „Also, auch einfach fürs (Mia: „Auch mal was erleben") erleben halt auch so für vielleicht auch Reisen, halt einfach ne Auszeit haben, das dann auch wieder nen bisschen verknüpft ist unten mit diesem „Balance", dass man halt auch mal Zeit für sich einfach hat und ja, sich vielleicht auch dadurch irgendwelche Wünsche erfüllt, wenn man irgend nen bestimmtes Land zum Beispiel mal sehen will, dann gemeinsam Sachen erleben." (Z1196-1200).

Hier erneuert sich die Aussage des oberen linken Bereichs, gemeinschaftlichen Aktivitäten eine Priorität einzuräumen. Zum anderen scheint die Vorstellung eines zukünftigen strukturierten Alltags zu existieren, der mit außergewöhnlichen Erlebnissen angereichert werden soll, die außerhalb der täglichen Routine liegen. In diesem Zusammenhang von „Auszeit" zu sprechen, könnte auf die Einschätzung hinweisen, sich mit (beruflichen) Belastungen konfrontiert zu sehen, denen es kurzzeitig zu entfliehen gilt, um neue Kraft für den (Berufs-)Alltag zu sammeln. Eine gewisse Bescheidenheit scheint sich über das Bildmotiv der beiden Frauen zu transportieren. Im Gegensatz zu Collagen aus anderen Gruppen wird hier nicht die große (Welt-)Reise angekündigt, vielmehr weisen Gepäck und Bekleidung auf ein Reiseziel in der Nähe hin.

Der **linke untere Bereich** thematisiert den Aspekt Familie. In diesem Block dominiert ein Familienbild des *englischen Kronprinzenpaars*. Um das Bild gruppieren sich die Textzeilen *Home sweet home*; *Leben*; *heile Welt*; *Das Beste am Tag? Der Moment, wenn wir uns davon erzählen*; *Was ist Zuhause?* Der Themenbereich visualisiert den Wunsch nach funktionierenden sozialen Beziehungen im Rahmen der traditionellen Kleinfamilie: „[...] dass wir uns wünschen ne Familie zu haben, später [...]." (Mia, Z1183-1184). Elisabeth und Mia erläutern, dass die Frage *Was ist Zuhause?* für die Unsicherheit steht, ob sich die Zukunftsvorstellungen so einlösen, wie die drei es sich vorstellen.

> Elisabeth: „Weil, das kann man ja schlecht planen. Also, (Mia: Ja) wir wünschen uns glaube ich alle drei ne Familie mit mit, mit Kinder, aber ob man überhaupt Kinder bekommt oder wann und wie viele und und ob man heiratet oder ob man in nem Haus wohnt oder inner Wohnung oder aufm Land oder in der Stadt, überhaupt wo man dann auch später arbeitet."
> Mia „-und dass es halt alles noch sehr offen ist." (Z1186-1190).

Beide verweisen darauf, dass die Gestaltung des zukünftigen Lebens noch nicht abschließend geplant ist. Unbekannt bleibt, wo der zukünftige Berufsweg räumlich hinführt (Stadt oder Land), welche Wohnform gewählt wird (Wohnung oder Haus), und ob sich Kinderwunsch und entsprechende langjährige Partnerschaft (hier angedeutet mit Heirat) auch einlöst. Die berufliche Laufbahn scheint somit im Bereich Familie mitgedacht, da von ihr in wesentlichen Teilen abhängen kann, wie sich das zukünftige Familienleben gestaltet. Es zeigt sich, dass die visuelle Teilung in linke und rechte Hälfte als Privat/Beruf, sich in der Beschreibung der Motive etwas aufhebt. Der Beruf wird so immer mitgedacht. Er beeinflusst die künftige ökonomische Situation und (räumliche) Lebensplanung.

Auch in der Thematisierung von Auszeiten und Erlebnisorientierung scheint eine berufliche Seite mitgedacht worden zu sein, die auf die Sorge vor beruflichen Routinen und gleichförmigen Alltag verweist. In der **oberen Mitte**, prominent platziert, befindet sich der Themenblock Studium. Dieser Bereich wurde mit

Texten visualisiert, deren gewählte Aussagen unmittelbar auf Konfliktpotentiale hinweisen. Drei Textpassagen wurden um das Wort *STUDIEREN* gruppiert: *Mich schockt nichts mehr*; *Welche Alternative haben Sie?*; *Du kannst mir gestohlen bleiben*. Elisabeth erläutert diesen Bereich und stellt ihn in Zusammenhang mit dem Ausblick auf das Ende des Studiums.

> Elisabeth: „Also, wir freuen uns, glaub ich, alle schon auf den Tag, an dems Studium dann auch irgendwie rum ist, also, indem man dann endlich das tun kann, wofür man sich dann auch […] abmüht […].“ (Z1166-1168).

Daniela ergänzt: „[…] weils auch echt nen bisschen belastend ist […] dass wir echt froh sind, wenns vorbei ist und deswegen, dass wir dann erst mal so, dass einen dann erst mal gestohlen bleiben kann.“ (Daniela, Z1169-1172). Das Studium wird hier bereits in der Vergangenheitsform verhandelt und es scheint nur noch eine Frage der Zeit, bis die drei Studentinnen es endlich hinter sich gelassen haben. Trotz Belastung und konflikthaft erlebtem Studium scheint somit das erfolgreiche Beenden als gesetzt. Dies wird bestätigt über die Darstellung des roten Pfeils, der vom Themenbereich Studium zum unteren mittleren Block führt. Dieser wird etwa auf der Hälfte der Strecke durchbrochen, hier wurde die rot umrandete Zeile *Es geht aufwärts!* eingefügt: „[…] dass wir uns einfach wünschen für die Zukunft, dass es aufwärts geht sozusagen, dass wir Erfolge haben.“ (Daniela, Z1155-1156). Der Eindruck, dass das Studium als zu überbrückende Station verstanden wird, wird damit verstärkt. Der Situation wird mit Pragmatismus begegnet und als alternativlos mit „Augen zu und durch“ beschrieben. *Welche Alternative haben Sie?*; *Mich schockt nichts mehr*, verweist auf eine Abgeklärtheit im Umgang mit dem als konfliktbelasteten erlebten Studium und unterstreicht die pragmatische Sicht. Im Vordergrund steht der Blick in die Zukunft, von der sich ein Einlösen der Belohnung für das Verharren in der als negativ erlebten Studiensituation versprochen wird.

Der **rechte obere Bereich** thematisiert den späteren Beruf. Hier finden sich keine Bildmotive. Gruppiert wurden einzelne Wörter und Textelemente um eine bunte Grafik, in der sich der Satz *I think I can* wiederholt. Links der Grafik befinden sich Textzeilen, die pyramidenförmig untereinander geklebt wurden. Groß fällt zunächst das obere Wort *ARBEITEN* in den Blick. Darunter befinden sich die Texte, die sich mit den Erwartungen und Anforderungen an den beruflichen Alltag auseinandersetzen. Dieser Themenkomplex wird von der Gruppe nicht weiter erläutert. Dominant erscheint in diesem Bereich die Auseinandersetzung mit den individuellen Herausforderungen, die mit dem Beruf in Verbindung gebracht werden. Wie ein Mantra wiederholt sich die Zeile *I think I can*. Dies wirkt, als würde sich zum Aufbruch in den Beruf mit den sich wiederholenden Worten Mut zugesprochen. Der Schriftzug *Das haben wir im Griff!* bestätigt den Eindruck einer zuversichtlichen Sicht in die berufliche Zukunft. *Brennen für den Job* verweist auf die Vorstellung, sich dem pädagogischen Feld mit einer Mission zu nähern. Die Textzeile *ARBEITEN* als Überschrift verweist zunächst auf ein Arbeitsethos, das omnipräsent über allen weiteren angesprochenen Themen prangt. Die Hierarchie der darauffolgenden Textzeilen (*Erfolg durch Weiterbildung*; *Mehr erfahren*; *Neuer Schwung!*) thematisiert die Gefahr der Routine im Beruf. Lebenslanges Lernen scheint dabei als eine Garantie, dem vorzubeugen. Sich auf das Berufsfeld zu begeben, wird im Zusammenhang mit dem Wort *Mutprobe* als Herausforderung verstanden, der man sich stellen muss und dafür Grenzen überwunden werden müssen, was wiederum im Zusammenhang mit *starken Nerven* auf Unsicherheiten und Sorgen vor Überforderung hinweisen könnte, die mit der kommenden Profession in Verbindung gebracht werden.

In einigem Abstand folgt in der **rechten unteren Hälfte** ein Bereich, der den Wunsch transportiert, das Gleichgewicht zwischen Arbeit und Freizeit zu halten: „[…] dass man halt auch mal Zeit für sich einfach hat." (Daniela, Z1198). Hier dominiert ein großformatiges Bild. Auf diesem befinden sich Genussmittel (*Glas Rotwein*; *Feigen*; *Käse*) die grafisch aufbereitet auf einer Wippe angeordnet wurden. Im unteren Bildbereich steht das Wort *BALANCE*. Darunter wurde der Schriftzug *Zeit für Neues* eingefügt. Am rechten Bildrand klebt die Textzeile *Wohlige Wärme* und am linken Bildrand die Zeile *Samstags legt man die Füsse hoch*. Dieser Bereich thematisiert die Trennung von Arbeit und Privatem und transportiert die Sorge von Überforderung und Überlastung im künftigen Beruf. Dass der Freizeit ein hoher Wert zugesprochen wird, zeigt sich bereits über die linke Hälfte der Collage, in der lebensweltliche Themen aufbereitet wurden. Mit der Thematisierung der Work-Life-Balance wird Arbeit ferner als ein Aspekt im Leben präsentiert, der mit Anstrengung assoziiert wird. Der Pflichtcharakter verdeutlicht sich über die „Belohnung" mittels Genussmitteln und dem Wunsch nach klar abzugrenzenden Ruhepausen (*Samstags legt man die Füße hoch*).

Der **mittlere untere Bereich**, in den alle Pfeile münden und der mit der Überschrift *Leben. Lernen. Loslegen* versehen wurde, scheint das Ergebnis aus dem Zusammenspiel aller Themenblöcke darzustellen. Unterhalb des Textes wurde das Bild einer bunte-gemusterten Decke angebracht, auf der *PATCHWORK* steht. Am linken unteren Rand dieser Grafik wurde der Text *viel Farbe macht Laune* eingefügt. Dieser Bereich, zu dem alle Pfeile der Grafik hinführen, scheint die Symbiose aus allen anderen Bereichen zu sein und das zu erreichende Lebensziel darzustellen. Daniela kommentiert diesen Bereich.

> Daniela: „Und alles zusammen ist dann, ähm, haben wir halt Pfeile drauf gemacht zum Patchwork, weil ja alles zusammen verbunden werden muss und irgendwie so geregelt und organsiert werden muss, dass alles zusammenspielt und man nichts vernachlässigt und, ja." (Z1158-1161).

Daniela verweist auf einen verpflichtenden selbstverantwortlichen Umgang mit der Zielerreichung im Leben. Alle Lebensbereiche *müssen* zu einem Ganzen zusammengeführt werden. Diese Aussage wirkt sehr planungsaffin und kontrolliert (nichts darf dem Zufall überlassen werden). Die Frage stellt sich nicht, *ob* die Lebensplanung erreicht werden kann, sondern *wie* man die einzelnen Elemente miteinander kombiniert, um ein „buntes" Patchwork-Leben, im Sinne eines abwechslungsreichen Lebens, führen zu können. Damit das Leben „bunt" wird, muss es eine Struktur haben, geregelt und organisiert werden. Dies verweist auf ein hohes Sicherheitsbedürfnis. Zusammenfassend wirkt der lebensweltliche Bereich auf dieser Collage durch die gewählten Bildmotive bunter, größer und vielfältiger. Dem Aspekt Familie als emotionalem Rückzugsort kommt eine hohe Bedeutung zu. In der Collage wird ferner geselligen und gemeinschaftlichen Aspekten viel Raum zugestanden. Hedonistische Anteile im Leben zu bewahren und diese aktiv in Form von gemeinschaftlichen Aktivitäten auszuleben, scheint eine relevante Botschaft der Collage. Auch auf die Pflege eines individuellen Wohlbefindens wird Wert gelegt. Das „Sich belohnen" für die Anstrengungen und Pflichten, die mit dem Thema Arbeit/Beruf assoziiert werden, wird ferner mit dem Themenkomplex der Work-Life-Balance angesprochen. Implizit wird die Sorge angesprochen, dass das Leben zu sehr von der Arbeit bestimmt werden könnte. Die Trennung von beiden Bereichen visualisiert sich ferner darüber, dass die lebensweltlichen Themen räumlich dichter geklebt wurden, wohingegen das Thema Arbeit etwas außerhalb und abgekoppelt zu stehen scheint. Die Themen Studium und Beruf wirken über die gewählten Textmotive abstrakter dargestellt. Hier wurde für die künftige Profession keine bildhafte Visualisierung gewählt. Die Collage präsentiert somit mehr die Auseinandersetzung mit der Frage, sich die künftige Profession „zuzutrauen". Die Überschrift *Arbeiten* für den Themenbereich Beruf und auch die Überschrift des unteren mittleren Zielbereichs (*Leben. Lernen. Loslegen.*) vermittelt den Eindruck, als würde sich die Gruppe gegenwärtig in einer Vorbereitungsphase auf das „wahre" Leben sehen, welches erst mit Beendigung des Studiums volle Fahrt aufnimmt.

Die inhaltliche, pädagogische Auseinandersetzung mit der Profession findet in der Collage keine Erwähnung. Warum diese Aspekte ausgelassen wurden, könnte auf die vorausgegangene Diskussion zurückzuführen sein, in welcher die Kritik an Struktur und Organisation des Studiums im Vordergrund stand. Die Wahl der Themen für die Collage und ihre Darstellung könnte allerdings auch die Lesart zulassen, dass mit der Zukunft, in erster Linie die Erfüllung und Planung von lebensweltlichen Vorstellungen verbunden wird. Im Vergleich zu anderen Gruppen-Collagen wurde die Auseinandersetzung mit materiellen Gütern (Haus, Urlaubsziele, Auto etc.) weitestgehend ausgelassen. Dominantes Thema der Collage scheint die künftige Herausforderung, alle Lebensbereiche zusammenzuführen und die Frage, wie in Zukunft die Balance zwischen Arbeitsverpflichtung und Privatleben (Gemeinschaft, Freunde, Familie) gehalten werden kann und beides miteinander harmonisiert, hier symbolisiert über bunte Patchwork-Decke.

Dagmar: „[...] das Studium verlangt auch, dass wir irgendwie durch, dass wir uns durchbeißen, durchhalten, um später dann die Wende zu schaffen."

Abbildung 12: „Meine Ziele und Wünsche für die Zukunft" Collage von Deborah, Dagmar und Leona

Unter der Überschrift *Wozu das alles?* haben Deborah, Dagmar und Leona ihre Collage in drei Spalten unterteilt (vgl. Abb. 12), unter welche abschließend jeweils ein Symbol mit rotem Filzstift gemalt wurde (linke Seite: *Gewitterwolke*; Mitte: *Wolke, hinter der eine Sonne hervorschaut*; rechte Seite: *Sonne mit lächelnden Gesicht*). Auf den ersten Blick dominieren in der Collage Textzeilen und einzelne Wörter. Zunächst fällt auf, dass dem rechten und linken Bereich der Collage fast der gesamte Platz eingeräumt wird, während die mittlere Sparte wenig Raum einnimmt. Sie wirkt horizontal gedrungen und hat mit acht untereinander geklebten Texten die geringste Dichte. Auf der linken Seite dominieren großflächige Texte und Bilder. Die Spalte wirkt darüber massiver als die rechte Seite, für die kleine kurze Texte und Bilder verwendet wurden. Von links nach rechts betrachtet thematisiert die Collage den Weg vom Studium (*Gewitterwolke*) über das Referendariat (*Wolke mit Sonne*) hin zum späteren Beruf und Privatleben (*Sonnenschein*). Die fragende Überschrift *Wozu das alles?* wird auf der rechten Seite der Collage beantwortet. Der „Lohn" für die Gegenwart scheint in einer Zukunft zu liegen, in der sich die Entbehrungen des Studiums auszahlen. Von der Gruppe wird die inhaltliche Struktur der Collage bestätigt. Die Wahl der drei Stränge beschreibt Deborah als überlegten Schritt, um alle relevanten Lebensbereiche zu berücksichtigen. Dagmar erläutert den Aufbau der Collagen für ihre Gruppe.

> Dagmar: „[...] zum einen ist hier unser Studium, desch hat so nen bisschen Gewidderwolken und einfach was uns schstört, es ist auch recht negativ. Wir brauchen einfach Hilfe, oft sind mir allein und, ähm ja, was uns alles bewegt im Studium, ist die rechte Spalte, ähm, des wär auch die Gewitterwolke, genau. Ähm, in der Mitte haben wir dann, da wird's nen bissel freundlicher, wir haben ja alle Träume und, ähm, wie's weitergeht und wie unser Leben danach aussieht und deswegen kriegt's auch nen bisschen so Sonnenstrahlen dazu, also wird's freundlicher und auf der linken Seite, ähm, haben wir so das Leben nach'm Studium." (Z1225-1233).

Auf der **linken Seite**, welche das Studium thematisiert, dominieren einzelne Schlagwörter und kurze Textzeilen. Drei Bilder wurden eingearbeitet, auf denen jeweils Frauen abgebildet sind. Im oberen Drittel (neben der Überschrift) wurde zunächst das Wort *Balance* angebracht. Darunter finden sich die Textzeilen, die auf eine Auseinandersetzung mit der aktuellen Studiensituation verweisen und in Anlehnung an die Diskussion Themen, z. B. das schnelle Beenden des Studiums und Unzufriedenheiten thematisieren. Rechts von diesen Textelementen befindet sich das *Porträt einer (betenden) Frau*. Unter den diversen Texten wurde abschließend händisch das Bild einer Gewitterwolke gezeichnet. Farblich ist die linke Seite in gedeckten Farben gehalten und wirkt durch das große Porträt einer Frau, die einen nachdenklichen Gesichtsausdruck trägt sowie den deutlich größeren Schriftzug Hilfe eher düster. Deborah und Leona sehen die *Gewitterwolke* als symbolisch-repräsentativ für das gegenwärtige Studium und die damit verbundenen Emotionen.

> Deborah: „Ne, es ist halt der Ist-Zustand-"
> Leona: „-der auch sehr negativ ja momentan angehaucht ist, ja?" (Z1250-1251).

Das Bild von *Frauen am Strand* symbolisiert für sie das benötigte Durchhaltevermögen im Studium: „[...] das Studium verlangt auch, dass wir irgendwie durch, dass wir uns durchbeißen, durchhalten, um später dann die Wende zu schaffen." (Dagmar, Z1261-1262). Auch das *Porträt einer (betenden) Frau*, hat Leona ausgewählt. Der nachdenkliche Gesichtsausdruck der Frau, „[...] sagt einiges über ihren, ihren Gefühlszustand aus und drückt ihre Emotionen irgendwo aus und ich denk, so geht's uns ab und zu ja auch, dass man so nachdenklich für sich ist [...]." (Leona, Z1270-1272). *Schnell sein lohnt sich* und *Schnell gemacht* beziehen Dagmar und Leona auf die Hoffnung, das Studium zügig beendigen zu können.

> Dagmar: „Das ist grad alles schwierig, hoffentlich ist es bald erledigt."
> Leona: „Ja, schnell gemacht und schnell vorbei und dass man praktisch den nächsten Schritt irgendwo anstreben kann." (Z1282-1284).

Mit der Zeile *Ich betrüge ständig* nimmt Leona inhaltlich Bezug auf die vorausgegangene Diskussion: „[...] mit diesem, äh, Sammelscheinen war ja das Thema, dass man irgendwo dazu genötigt ist oder in sonen Zwiespalt steht, [...] und ich fand des ziemlich aussagekräftig – man tut es, aber man möcht's vielleicht net unbedingt." (Leona, Z1255-1258). Mit dem Wort *Balance* thematisiert sie den Wunsch, neben den Anforderungen von Lohnarbeit und Studium auch die Zeit für Regenerationsphasen zu finden: „[...] dass man vielleicht selber auch nicht zu kurz kommt mit Arbeiten so nebenher [...]."." (Leona, Z1310-1314). Die mittlere Spalte der Collage thematisiert, wie Dagmar es ausdrückt: „Das Leben danach [...]." (Z1231) und Deborah ergänzt:„[...] also, von dem aktuellen Stand über, ne, dann gibt's da wahrscheinlich nen Bruch, also, fürs Referendariat und, ähm, in der Hoffnung, dass man dann im Beruf ankommt und, ähm, dann das auch zeigt oder macht, also, wofür man sich jetzt abrackert." (Deborah, Z1244-1246).

Acht Textzeilen wurden hierfür ausgewählt, die in der der Mitte schematisch gerade untereinander angeordnet wurden. Dieser Block steht in einiger Entfernung genau unter der Überschrift. Beginnend mit dem Wort *Traum* folgen kurze Textzeilen, für die Aufbruchstimmung und Auseinandersetzung der beruflichen Verantwortung nach dem Studium stehen. Die Spalte endet mit einer handgezeichneten Wolke, hinter der eine Sonne hervorschaut. Eine langsame Aufwärtsbewegung wird durch ein freundlicheres Wetter (Wolke, hinter der die Sonne hervorschaut) in der mittleren Spalte symbolisiert: „[...] wir haben ja alle Träume und, ähm, wies weitergeht und wie unser Leben danach aussieht und deswegen kriegts auch nen bisschen so Sonnenstrahlen." (Dagmar, Z1230-1231). Dieser Bereich und die gewählten Motive werden von der Gruppe nicht weiter erläutert. Thematisiert werden das Spannungsfeld zwischen dem Wunsch, die Berufspraxis kennenzulernen und der Unsicherheit bezüglich der (neuen) Herausforderungen. Einerseits handelt es sich um die Erfüllung eines „Traums", was auf eine starke Idealisierung des Berufs hinweist. Gleichzeitig könnte dies aber auch auf die Unsicherheit hinweisen, ob der „Traum" überhaupt real wird und das Ziel erreicht werden kann. Der darunterliegende Text *Gott sah, dass es falsch war* könnte diese Zweifel bestätigen. Dass hier eine höhere Macht das Endurteil fällt, könnte darauf verweisen, dass ein Scheitern in der Praxis möglich ist und als unabwendbares Schicksal angenommen wird. Die Zeile *Leben. Lernen. Loslegen.* stimmt hingegen optimistischer und verweist auf den Wunsch, in die Praxis einzutauchen und die neuen Erfahrungen anzunehmen. Allerdings kommen doch wieder Zweifel zum Vorschein, stellt doch der kommende Text *Gleich nach dem Studium so viel Verantwortung?* die Frage, ob man sich den Herausforderungen gewachsen sieht. Schlussendlich stehen die kommenden drei Aussagen für eine optimistische Sicht (*Vorfreude; es geht aufwärts; neu und aufregend fremd*). So scheint die Zeichnung einer Wolke mit aufkommender Sonne die gewählten Texte zu visualisieren. Ähnlich der Sonne, die langsam aus den Wolken kommt, entwickelt sich die Profession in der angeleiteten Praxis. In dieser Sparte kommt deutlich die Relevanz, die der Praxisphase zugesprochen wird, zum Ausdruck sowie das Streben nach Autonomie, auch wenn letzte Unsicherheiten bezüglich der Selbstverantwortung vorhanden scheinen.

Wie die Gruppe bestätigt, thematisiert **die rechte Seite der Collage** das Ankommen im zukünftigen Beruf und die Zukunftsvorstellungen bezüglich des Privatlebens. Auf dieser Seite wechseln sich Textauszüge und Bildmotive ab, die teilweise konkrete Themen ansprechen, teilweise nicht unmittelbar zu entschlüsseln sind. In der Mitte des Bereichs befindet sich ein kleines *Familienporträt*. Ferner wurde ein Motiv mit *bunten Handtaschen* und einer *Weltkarte* aufgeklebt. Ferner wurde das Motiv einer Frau gewählt, die ein technisches Gerät vor sich liegen hat sowie das Bild eines *Mittelklassewagens*. Als Textauszüge finden sich in der Nähe des Familienporträts die Zeilen *bereit* und *Glück*. Der Bereich schließt mit dem Motiv der *Skizze eines Regalsystems* und einer handgezeichneten *Sonne mit lächelndem Gesicht* ab. Das *Regalsystems* beschreibt Dagmar als den Wunsch, dass alle unterschiedlichen Bereiche im späteren Leben miteinander harmonisieren und in ein Gesamtsystem integriert werden können.

> Dagmar: „[...] wie wirs uns vorstellen, dann doch unsere ganzen Wünsche und unsere ganzen Bauteile hierhin gesetzt, also, zum Beispiel auch Familie, wie ihrs habt, und rumkommen im Land, dass wir immer so wie nen Baukasten, wie nen Baukaschtenprinzip das immer noch sonen Stück dazu kommt und unser Leben dann noch vervollständigt." (Z1232-1236).

Die *Handtaschen* bezieht sie auf: „Vielfalt im Leben [...] auch für die Vielfalt der Kinder." (Dagmar, Z1237-1238). Für die Auseinandersetzung mit dem künftigen Beruf wurden diverse Textzeilen ausgewählt. Im Gegensatz zum Themenblock Studium rufen die gewählten Texte positive Assoziationen hervor (u. a. *Einfach rundum wohlfühlen; Erfolgreich im Job; Es gibt was zu feiern; Es geht auch anders*). Sämtliche Zweifel scheinen sich im linken Bereich aufzulösen. Deborah geht zunächst auf die Textzeile *Mir kann man keinen Bären aufbinden* ein, die sie auf ein zukünftiges „Standing" (Z1294) im Beruf bezieht. Selbstbewusst scheint die Gruppe ihren zukünftigen Aufgaben entgegenzusehen. In der Auseinandersetzung mit dem zukünftigen Beruf werden keine pädagogischen Präferenzen und Wertevorstellungen präsentiert. Vielmehr wird das Ankommen im Beruf als

Erfolgsgeschichte inszeniert. Die Nicht-Thematisierung der Inhalte der Profession könnte auf die Dringlichkeit, die Zielmarke zu erreichen, hinweisen. Der Erfolg, künftig als Lehrerin zu arbeiten, ist bereits ein Wert und eine Leistung an sich und scheint eine gestalterische Auseinandersetzung mit den idealistischen Aspekten der Profession (die in der Diskussion besonders von Deborah hervorgehoben wurden) komplett zu verdrängen. Vielmehr wird der Autonomiegewinn thematisiert. Die Textzeilen *Mir kann man keinen Bären aufbinden*; *Es gibt was zu feiern*; *Es geht auch anders*; *So geht's mir heute* scheinen dies zu bestätigen und symbolisieren den Triumph über die Herausforderung(en) des Studiums. Auch die unterschiedlich farblichen *Handtaschen*, die zudem verschiedene Größen und ganz unterschiedliche Gestaltungsmerkmale aufweisen und für die Diversität der Schulkinder stehen soll, unterstreichen diesen Aspekt. So bezieht sich das gewählte Motiv sehr konkret auf die visualisierten Unterschiedlichkeiten der Formen. Es reiht sich ein, in die Auseinandersetzung mit dem kommenden Beruf, für den offensichtlich zum Zeitpunkt der Gruppenwerkstatt keine bildhaften „lebendigen" Elemente gewählt wurden, da die konflikthafte Auseinandersetzung mit dem Studium und seine Überwindung im Mittelpunkt der momentanen Vor- und Rückschau zu stehen scheint. Privater und beruflicher Lebensbereiche werden als ineinander übergehend dargestellt und scheinen gleichberechtigt und miteinander verwoben zu sein. Der Aufbau einer bürgerlichen Existenz als emotionalem Rückzugsort (Familie) und materielle Ansprüche (Auto, Reisen) scheinen mit dem und durch den Beruf möglich. Die Darstellungen wirken dabei an einer realistischen Einschätzung der Möglichkeiten orientiert. Die Größe des Bereichs könnte auf einen Sinn für Bescheidenheit hinweisen. Das Regalsystem steht symbolisch für den immateriellen Wunsch, dass alle unterschiedlichen Bereiche im Leben in ein Gesamtsystem integriert werden können. Dies impliziert einen gewissen Sinn für (harmonische) Ordnung und Struktur. So steht das Regal für den Wunsch, die Dinge einzuordnen, „wegzusortieren" und an einem festen Platz abzulegen. Neu dazu hinzugefügte Regalteile können in der Form variieren, allerdings benötigen sie eine gewisse Passung, um in das Gesamtsystem integriert werden zu können.

Zusammenfassend zeigt sich in der Collage über die Wahl der gesamten linken Hälfte als Präsentationsfläche, das Thema Studium als ein bestimmender und präsenter Aspekt. Durchgängig wird der Studienalltag als negativ präsentiert. Die Collage scheint die aktuelle Gefühlslage widerzuspiegeln und knüpft zum einen an die vorausgegangene Diskussion an, zum anderen zeigt sich, wie wirkungsmächtig das Thema für die Erstellerinnen der Collage ist. Dies bestätigt sich auch darüber, dass die Gruppe sich vorwiegend zu einzelnen Motiven und Texten der linken Seite äußert, wohingegen der mittlere und rechte Bereich wenig erläutert werden. Die gewählten Motive zum Bereich Studium sprechen eine direkte emotionale Ebene an. Thematisiert werden negative Gefühle, die mit dem Studium in Verbindung gebracht werden. Das Studium in erster Linie als Belastung zu sehen, wird über Selbstzweifel und Isolation im Feld angesprochen. Eine resignierende Haltung wird ferner darüber deutlich, dass positive Veränderungen als nicht erwartbar beschrieben werden.

Zum Ausdruck kommt eine disziplinierte Haltung. Im Fokus stehen der Zwang und die Notwendigkeit, das Studium, trotz aller Schwierigkeiten, für das Erreichen des Berufsziels „durchzustehen" und auszuhalten. Über die Collage transportiert sich eine defensive und teils beherrschte Sicht auf das Studium. Pragmatisch scheint die verbleibende Zeit mit einem alternativlosen „Augen zu und durch" besetzt zu sein. Bei allen dargestellten Zweifeln und Unzufriedenheit scheint sich die Gruppe einig, das Studium zu beenden, mit dem Versprechen auf die angestrebte berufliche Zukunft. Autonomie- und Emanzipationsbestrebungen scheinen sich über den Aufbau der Collage zu transportieren. Da weniger die inhaltliche Auseinandersetzung mit der Profession als die „Befreiung" aus den Studienstrukturen thematisiert wird.

6.4.5 Gruppenwerkstatt C: Erste Hinweise zum Zusammenhang von Habitus, Milieu und Studium

Für **Deborah** dient das Studium der beruflichen Emanzipation, die sie mit dem Titel einer anerkannten Lehrkraft erreichen will. Dafür nimmt sie die Mühen eines erneuten Studiums in Kauf. Autonomie und Selbstbestimmung sind zentrale Werte, die sich in ihrer gesamten Arbeitsbiografie spiegeln und die sie sich auch im Studium „erkämpfen" muss, etwa, wenn sie zu Studienbeginn, entgegen ihrer Erwartung, und aufgrund ihrer Vorerfahrung nicht in ein höheres Semester eingestuft wird. Sie präsentiert sich selbstbewusst als Expertin im Feld der Hochschule und im Feld der pädagogischen Praxis. Größter Kritikpunkt ist, dass sie an der Pädagogischen Hochschule für ihren Kompetenzvorsprung nicht die Anerkennung erfährt, die sie sich (besonders von den Lehrenden) erwartet. Vertrautheit mit dem akademischen Feld hat Deborah über ihr Erststudium erworben. Distinktiv erwähnt sie in der Diskussion mehrfach, dass sie als Absolventin mit Universitätsabschluss, die Leistungsanforderungen im Studium als nicht besonders hoch einschätzt. Mehrfach signalisiert sie die Bereitschaft für das schnelle Erreichen des Examens, mühelos zusätzliche Leistungen erbringen zu können. Ihre Betonung liegt auf den moralischen und ideellen Ansprüchen, die sie in der Auseinandersetzung mit dem Studium und der pädagogischen Institution verbindet. Das Studium ist zum einen dem zweckgebundenen Titelerwerb geschuldet, wird aber gerahmt von einem idealistischen und kritisch-emanzipatorischen Wertekanon, der für die beruflichen Wertevorstellungen leitend ist und den Blick auf das Studium dominiert. Von Beginn ihrer Erwerbsbiografie an ist Deborah Gewerkschaftsmitglied. Mitbestimmung wird von ihr als demokratisches Gut vorausgesetzt. Sich gegenüber den Verantwortlichen selbst zu vertreten, scheint keine Hürde. Die Reaktion der Verantwortlichen lässt Deborah erkennen, dass sie keinen Einfluss nehmen kann und ihre Perspektive auf die als konflikthaft erlebte Struktur auf kein Interesse bei den Verantwortlichen stößt. Diesen „Angriff" kann Deborah so nicht stehen lassen. In der Diskussion, die sie über weite Strecken dominiert, setzt sie auf eine moralische und idealistische Sichtweise dem pädagogischen Feld gegenüber, um die Rechtmäßigkeit ihres Anliegens zu erläutern und die Verantwortlichen an der Pädagogischen Hochschule als autoritär zu „entlarven". In der Präsentation der intellektuellen Auseinandersetzung mit dem Studium transportiert sich auch die Abgrenzung gegenüber den Kommiliton*innen. Zwar werden die Konflikte von Mitstudierenden als Beleg für eine autoritäre Struktur herangezogen, ihre Interessen vertritt Deborah aber individuell. Das geringe Vertrauen in ihre Kommilition*innen kann auch darauf zurückgeführt werden, dass sie sich eher in der Nähe der Verantwortlichen verortet, als dass sie Gemeinsamkeiten mit ihren Kommiliton*innen sieht.

Auch für **Franziska** dient das Studium vorrangig dem (schnellen) Titelerwerb. Die Statuspassage soll zügig durchschritten werden. Franziska präsentiert das Studium als einen individualisierten Kampf um ihre Rechte. In der Diskussion schwankt sie zwischen Resignation und Wut darüber, dass ihre Fehleranalysen bezüglich der Schwachstellen in der Studienorganisation von den Verantwortlichen nicht angehört werden. Im Gegensatz zu Deborah fußen Franziskas Forderungen nach Mitbestimmung auf der Sorge, im Konkurrenzkampf mit ihren Kommiliton*innen um eine gute Startposition in den Beruf einen individuellen Nachteil zu befürchten. Franziska wirkt dabei stark am Leistungsprinzip und Konkurrenzdenken orientiert. Sie präsentiert sich als Studentin, die trotz der familiären Belastung, interessengeleitet und engagiert studiert. Hohe Relevanz kommt dabei den Inhalten zu, in deren Zentrum die Reflexion und Weiterentwicklung eigener Fähigkeiten steht, die wiederum mit Blick auf die Anwendbarkeit im Beruf gewählt sind. Aus ihrer Sicht hat Franziska sich durch ihre engagierte Haltung eine besondere Position „verdient" und kann aus diesem Grund auch einfordern, von den Verantwortlichen gehört zu werden. Im Studium agiert Franziska individuell und scheint eher sozial isoliert. Die Kommiliton*innen werden zu Statist*innen degradiert: Ihre Erlebnisse werden als Beleg für eine konflikthafte Studienorganisation herangezogen; in erster Linie nutzt Franziska jedoch den Vergleich zu den Kommiliton*innen, um die eigene Leistungsbereitschaft und Motivationslage aufzuwerten. Franziska verortet sich, ähnlich wie Deborah in der Nähe der Lehrenden. Die Anerkennung durch die Lehrenden stellt für sie einen zentralen Wert dar, bei ihnen sucht Franziska Bestätigung für ihre Leistungen. Dies scheint nicht selbstverständlich zu sein und dessen muss sich immer wieder neu versichert werden. Ihre Strategie der direkten Kontaktaufnahme, die sie seit Beginn des Studiums verfolgt, führt sie auf die Notwendigkeit ihrer besonderen Lebenssituation zurück (Alleinerziehende), scheint aber auch dem Blick geschuldet, in Bezug auf das Studium nur in den Lehrenden kompetente Ansprechpartner*innen auf Augenhöhe zu sehen. Ihre Leitungsorientierung äußert sich auch über den Blick auf die künftige Profession und in der Sorge, für ihren akademischen Abschluss nicht ausreichend anerkannt zu werden. So thematisiert sie die als unberechtigt empfundene geringere Bezahlung von Grundschullehrer*innen gegenüber Lehrer*innen anderer Schulformen.

Pragmatismus und Gelassenheit scheinen im Zentrum von **Elisabeths** Umgang mit dem von ihr kritisierten Strukturen zu stehen. Das Studium wird als abzuleistende Pflicht betrachtet, die als unumgängliche Investition in die Zukunft gesehen wird. In der Gruppendiskussion zeigt sie sich empathisch mit den Gesprächspartnerinnen, auch stimmt sie vielen angesprochenen Kritikpunkten zu. Ihre Beiträge verweisen auf eine im Vergleich souveräne Haltung, mit der auftretende Konflikte bewältigt werden. Elisabeth benennt offen inhaltliche Schwierigkeiten, ohne dass ihre Gelassenheit, das Studium zu bewältigen, dadurch tangiert wird. Sie bleibt stets handlungsfähig und greift auf ein Arrangement aus individuellen und gemeinschaftlichen Strategien zurück, um auftretende Schwierigkeiten eigenständig zu lösen. Elisabeth sucht für die Lösung von Konflikten im Studium nicht die Konfrontation mit den Verantwortlichen: Sie richtet ihren Blick ausschließlich auf die Zeit nach dem Studium und sieht sich für Veränderungen im Studium nicht zuständig. Ihre „Durchhalteparolen“, adressiert an die Gruppe, beinhalten eine pragmatische Sicht auf das Studium als eine verpflichtende Passage – hat man das Studium einmal hinter sich gelassen – hat es für die Berufspraxis ohnehin keine Relevanz mehr.

Elisabeth zeigt sich orientiert an den Vorgaben und der vorgefundenen Struktur. Ihre geäußerte Kritik bezieht sich auf eine dysfunktionale Informationsstruktur. Mehrfach stellt Elisabeth heraus, dass ihr Ansprechpartner*innen für die Organisation des Studiums fehlen. Darüber sieht sie sich gezwungen, sich selbstständig zu informieren. Deutlich wird, dass für Elisabeth ein planmäßiges und zielgerichtetes Durchlaufen des Studiums im Vordergrund steht. Das Studium stellt keinen Raum für Partizipation dar: Erwartet wird eine funktionierende Struktur, die ein reibungsloses Durchlaufen garantiert. Gepocht wird von ihr auf eine Aufgabenverteilung, in der die Studierenden sich mit den Lerninhalten auseinandersetzen und die Hochschule einen funktionierenden organisatorischen Rahmen bietet. Das selbstständige „Kümmern“ versteht Elisabeth als einen zusätzlichen Aufwand, den sie an die Verantwortlichen delegiert. Pragmatisch erfüllt sie alle an sie gestellten Anforderungen im Studium: Alle „Mühen“, „der ganze Stress, den man sich hier gibt“ (Elisabeth, Z1010) sind einzig auf die Zielerreichung ausgelegt. So äußert sich Elisabeth mehrfach über ihre Motivation, als selbstbestimmte Lehrkraft tätig zu werden – wenig erfährt man aber über ihre Gründe, die zu der Berufswahl geführt haben – außer, dass sie hier der mütterlichen Berufswahl folgen möchte. Den Einblick in die Praxis hat Elisabeth über ihre Mutter erhalten, die als Grundschullehrerin arbeitet. Ihre Studienwahl wurde entscheidend von diesen Erfahrungen geprägt und wird von Elisabeth selbstbewusst als realistischer Einblick in den Beruf präsentiert. Elisabeth legt einen hohen Wert auf die praktischen Anteile im Studium. Das Studium bekommt darüber noch mehr die Bedeutung einer Wegmarke. Die *„Lehrerpersönlichkeit"* (Z957) bildet sich ihrer Meinung nach ohnehin erst über die Arbeit im Beruf aus. Elisabeth bedient sich Metaphern vom *„durchbeißen"* (Z156) und *„durchboxen"* (Z1012), was auf eine disziplinierte und selbstverantwortliche Haltung im Umgang mit den Anforderungen hinweist. Einen eher statusorientierten Blick auf das Studium impliziert die Hervorhebung des Staatsexamens. So hat Elisabeth die Pädagogische Hochschule gewählt, weil sie hier eine letzte Möglichkeit sah, den Abschluss „Staatsexamen" zu erhalten.

Der Handlungsspielraum, den Daniela und Leona und Dagmar für sich im Studium sehen, scheint in Relationen am geringsten und wird bestimmt durch Erfahrungen von Machtlosigkeit und Willkür. Alle drei zeigen sich stark verunsichert und belegen anhand individueller Beispiele, auf welche Konflikte sie im Studium stoßen.

Daniela geht sicherheitsorientiert und geplant vor; schon den Weg in die Hochschule beschreibt sie abgesichert über Praktika und Überlegungen, „praxisnah lernen" (Z112) zu wollen. Die Relevanz des praktischen, anwendungsbezogenen gegenüber dem intellektuell-theoretischen Wissenserwerb gibt einen Hinweis darauf, dass ein Studium von Daniela vor allem als eine strukturierte Ausbildung gedacht wird. Daniela transportiert in ihren Aussagen eine Perspektive, in der das Studium auch in die Nähe der Weiterführung des Systems Schule gerückt wird. Dafür sprechen eine starke Orientierung an den Lehrenden sowie die enge Bindung an die formalen Vorgaben. So besteht Daniela auf einem regulierten, strukturierten Aufbereiten von Inhalten mit klaren Vorgaben. Relevanz kommt der Planbarkeit der Leistungsanforderungen zu. Unsicherheiten werden ausgelöst, wenn Lehrende die geforderten Leistungsanforderungen nicht exakt in Umfang und Form vorgeben. Für Daniela ist ein zu hoher Grad an Selbstständigkeit immer mit der Unsicherheit verbunden, ob sie die Leistungserwartungen und formalen Vorgaben auch korrekt – im Sinne der Erwartungen der Lehrenden – erfüllt hat. Sie fordert Transparenz in der Studienorganisation als Richtschnur und Orientierungshilfe ein. Dabei scheint die Aufgabenverteilung zwischen Lehrenden und Lernenden für Daniela klar verteilt: Von den Lehrenden erwartet sie die Erfüllung einer Führsorgepflicht. Auch wenn sie diese häufig nicht erfüllt sieht, spricht sie den Lehrenden ein generelles Vertrauen aus und sucht nach rationalen Gründen, warum diese ihren Pflichten nicht nachkommen. Orientierungslosigkeit droht immer dann, wenn die Lehrenden sich nicht ausreichend mit den Veränderungen in den formalen Vorgaben (neue Studienordnung) beschäftigen. Daniela registriert dies mit Sorge, sieht sich aber nicht in der Position, eine Konfrontation mit den Verantwortlichen einzugehen. Sie verharrt in einer frustrierten Beobachterinnenposition und sucht über individuelle Strategien, handlungsfähig zu bleiben. Sicherheitsorientiert wird z. B. die Planung ihrer Abschlussphase verschoben, um einen individuellen Nachteil zu vermeiden. Das „Abarbeiten“ an Studienorganisation und den Leistungserwartungen scheint das bestimmende Thema zu sein, das Daniela im Studienalltag vor allem beschäftigt. Die Hervorhebung von pädagogischen Präferenzen oder inhaltlichen Interesse wird in der Diskussion hingegen nicht von ihr aufgegriffen.

Dass **Dagmar** sich das Studium mühevoll „erarbeitet“, scheint für sie, als Bildungsaufsteigerin ohne akademische Vorbilder in der Familie, das relevante Thema. Die Notwendigkeit der Lohnarbeit (in einem berufsfremden Feld) präsentiert Dagmar als ursächlich für eine pragmatische und sicherheitsorientierte Strategie, die sich entlang der formalen Aufgabenerfüllung orientiert. Präsentiert wird eine Kosten-Nutzen-Rechnung, in der die Anforderungen möglichst klein gehalten werden sollen, um sie erfolgreich bewältigen zu können. Dagmar erlebt sich vor allem von den Lehrenden exkludiert, von denen sie ihre Legitimität im Studium abgesprochen sieht. Gesteigert wird der als individuell erfahrene Konflikt, indem sie von Lehrenden vermittelt bekommt, dass sich Studium und Nebentätigkeit ausschließen und ihr somit bestätigen, an der Hochschule „falsch“ zu sein. Dagmar betont ihr Interesse an inhaltlichen Themen, ohne diese genauer zu benennen. „Interesse“ wird zu einer Rechtfertigungsstrategie: Den „Luxus“ eines interessengeleiteten Studiums, „[...] normal macht man das Studium, die Veranstaltungen belegt man, die einen interessieren [...].“ (Z408-409), kann sich Dagmar als Studentin ohne „reiches Elternhaus“ (Z406) nicht leisten. Sie fühlt sich nicht zugehörig und attestiert sich aufgrund der Notwendigkeit der Existenzsicherung durch Lohnarbeit eine ausgegrenzte Position. Der Versuch, Studieninteressen trotz zusätzlicher Belastung zu vertiefen, wird von der Struktur torpediert, wie sie an einem Beispiel erläutert. Im Gegensatz zu Franziska koppelt sie diese Sicht nicht an eine Abwertung ihrer Kommiliton*innen. Die Unsicherheit, sich im akademischen Milieu zu bewegen, scheint darüber kompensiert zu werden, sich nicht mehr als gefordert in ihm aufzuhalten. Die Hochschule wird weniger als Raum der Möglichkeiten gesehen, vielmehr geht es darum, pragmatisch die notwendigen Leistungen zu erbringen, um dann den Ort möglichst schnell wieder zu verlassen. Die Wortwahl *„das Studium in den Griff zu bekommen“* verweist ferner auf die Anstrengung, die mit dem Studieren in Verbindung gebracht werden. Soziale Distanz bestimmt das Verhältnis zu den Dozierenden. An welche Lehrpersonen man im Studium gerät, scheint außerhalb des eigenen Einflussbereichs zu liegen (Glück). Am Beispiel der als positiv herausgestellten Lehrkraft, präsentiert Dagmar ferner ihre Anforderungen an die Inhalte des Studiums. Die Orientierung an praxisrelevante Anleitungen durch Lehrpersonen, die ihre Kenntnisse aus der Praxis beziehen und weitergeben, dominiert. Die Aufgabenteilung zwischen Lehrenden und Lernenden sieht Dagmar, ähnlich wie Daniela, wie einen Vertrag. Die genauen Anweisungen zu bedienen, gibt Sicherheit und wird von Dagmar als Garant für einen Studienerfolg betrachtet. Das Studium scheint ferner als eine Fortsetzung von Schule gesehen zu werden, da die von ihr formulierten Anforderungen an die Lehrenden eng an das bekannte Schulsystem gekoppelt sind. Dagmar präsentiert ihre „Fluchtgedanken“ und geht gleichzeitig davon aus, dass sie an anderen PHs auf ähnliche Strukturen treffen würde. Damit bringt Dagmar zum Ausdruck, dass sie sich selbst eine fehlende Passung attestiert, deren Grenzen keinen örtlichen Bezug haben, sondern mit dem Betreten des akademischen Feldes in Verbindung gebracht werden.

Für **Leona** ist das Studium vor allem von Orientierungslosigkeit und Unsicherheiten im Umgang mit den formalen Vorgaben geprägt, die sie von Beginn an kontinuierlich begleiten. Pragmatismus steht im Zentrum ihrer Sicht auf das Studium. Die Strategie, sich an ihren Kommiliton*innen zu orientieren, scheint auch das Resultat aus der Distanz zu den Autoritäten zu sein, die aus ihrer Sicht als Unterstützer*innen nicht in Frage kommen. Eine Nähe hingegen baut sie zu ihren Kommiliton*innen auf. Hier tritt ein gemeinschaftlicher Aspekt in den Vordergrund, der sich auch über die Bereitschaft, sich zu organisieren äußert. Auffällig an Leonas Ausführungen ist der Bezug zum Erzieher*innenberuf. Ihre Begründung, das Studium Lehramt aufgenommen zu haben, findet sich vor allem in der fehlenden Anerkennung, die ihr als Erzieherin zuteilwurde. Konsequenterweise entschied sie sich zu einem beruflichen Aufstieg. Aus ihrer Erfahrung heraus vertritt sie einen idealistischen Wertekanon. Wertschätzung und Anerkennung aller Berufsgruppen, die im pädagogischen Bereich arbeiten, ist für Leona ein Auftrag. So möchte sie als zukünftige Lehrerin mit ihrer persönlichen Erfahrung gegenüber Erzieher*innen eine egalitäre Haltung einnehmen.

6.5 Ergebnisdarstellung und Verlauf der Gruppenwerkstatt D

An der Gruppenwerkstatt D nahmen sieben Personen teil (sechs Studentinnen, ein Student). Die Gruppe setzt sich aus Studierenden zusammen, die über das Scouten in unterschiedlichen Seminaren gewonnen werden konnten und sich selbstständig zur Teilnahme gemeldet haben. Drei der Teilnehmenden haben vor der Aufnahme des Studiums bereits eine Ausbildung absolviert. Bis auf eine Teilnehmerin haben sich alle Teilnehmenden ausschließlich für das Grundschullehramt an einer Pädagogischen Hochschule beworben, davon vier an unterschiedlichen Standorten von Pädagogischen Hochschulen in Baden-Württemberg.

6.5.1 Kurzporträts der Teilnehmenden

Kurzporträt Denise

Denise (Jahrgang 1988) hat ihr Abitur an einem beruflichen Gymnasium absolviert und schloss vor Beginn ihres Studiums zunächst eine Ausbildung in einem nicht-pädagogischen Feld ab (Fachangestellte für Bürokommunikation). Während der Ausbildung arbeitete sie u. a. an einer Schule und bekam Einblicke in den Berufsalltag der Lehrkräfte, was ihre damalige Berufswahl infrage stellte.

> Denise: „[...] in meiner Freizeit [...], bin ich da noch, ähm, freiwillig in Kindereinrichtungen gegangen und hab dann halt immer mehr und mehr gemerkt, dass, ähm, das doch die Richtung ist, die ich einschlagen möchte, vor allem mit kleineren, jüngeren Kindern, weil ich denk, dass es eigentlich auch immer die Chemie stimmt, wie ich bis jetzt mit denen gearbeitet hab und es hat mir auch immer viel Spaß bereitet und vor allem, weil ich auch nen bissel biologienärrisch bin, dachte ich halt, das ist so die perfekte Kombi [...].“ (Z30-38).

Nachdem sie die Ausbildung abgeschlossen hatte, nahm sie nach einem halben Jahr im Ausbildungsberuf, das Studium an der Pädagogischen Hochschule auf. Neben ihrer Tätigkeit in einem biologischen Zentrum, arbeitet Denise als studentische Mitarbeiterin. Finanzielle Unterstützung erhält sie außerdem von ihren Eltern. Denise, die aus einer weiter in Süddeutschland liegenden Region stammt, lebt seit Beginn des Studiums mit ihrem Partner zusammen am Studienstandort. Dieser hat nach dem Abitur eine Lehre im Bereich Industrie und Handel absolviert und studiert gegenwärtig Architektur. Als Hobbys gibt sie gesellige Aktivitäten an, ferner interessiert sie sich für kreative Freizeitbeschäftigungen (Kochen, Backen, Basteln). Denise hat zwei jüngere Geschwister, die gegenwärtig den Real- bzw. Hauptschulabschluss anstreben. Ihre Mutter hat eine Fachhochschule besucht und den Beruf der Textilwirtin erlernt. Sie arbeitet als Angestellte. Der Großvater mütterlicherseits hat den Beruf in der Textilverarbeitung erlernt und einen Meistertitel. Neben dem Handwerk ist er als Gastronom tätig. Die Großmutter mütterlicherseits hat eine Ausbildung zur Textilverkäuferin absolviert. Auch sie war in der Gastronomie tätig. Denises Vater hat mit einem Hauptschulabschluss eine Lehre im Bereich Mechatronik-, Energie- und Elektroberufe absolviert und arbeitet als Leiter eines Entsorgungsbetriebs. Über seine Eltern macht Denise keine Angaben.

Kurzporträt Rena

Rena (Jahrgang 1990) studiert wie Denise im sechsten Semester Grundschullehramt. Beide sind offensichtlich miteinander befreundet. Sie sitzen nebeneinander und beziehen sich auch im Gespräch häufiger aufeinander. Auch Rena arbeitet neben dem Studium im biologischen Zentrum. Finanzielle Unterstützung erhält sie außerdem von ihren Eltern. Rena, die aus einem benachbarten Bundesland stammt, hat ihr Abitur an einer Gesamtschule absolviert. Nach Beendigung der Schule arbeitet Rena auf Vermittlung ihrer Eltern, die beide als Lehrer tätig sind, zunächst drei Monate in einem osteuropäischen Land an einer Grundschule. Sie gibt an, in der Schule unterrichtet und in der Betreuung gearbeitet zu haben. Im Sozialdatenbogen beschreibt sie sich auch als „Feuerwehrlehrerin". Anschließend absolvierte sie eine einjährige Ausbildung zur Theaterpädagogin in einer westdeutschen Großstadt, bevor sie sich für einen Studienplatz Grundschullehramt bewarb.

Für ihre Entscheidung, Grundschullehramt zu studieren, findet Rena verschiedene Begründungen. Zunächst stellt sie die Wahl als einen langjährigen Berufswunsch dar: „[...] so die erste Idee, die ich hatte, wenn ich daran gedacht hab, was ich mal werden will und das hat sich eigentlich konsequent durchgezogen." (Rena, Z68-70). Das Studium scheint jedoch auch aus Ermangelung von Alternativen gewählt worden zu sein: „[...] auch wenn ich andere Berufe kennengelernt habe, war dann immer noch so - Ja, wenn Dir nichts Besseres einfällt, machste das." (Rena, Z72-73). Als Grundschullehrerin sieht Rena ferner die Möglichkeit, ihre unterschiedlichen Interessen (Theater, Biologie) mit ihrer pädagogischen Präferenz, der Arbeit mit Kindern, verbinden zu können. Auch scheint ihr die Berufswahl von außen angeraten worden zu sein:

> Rena: „[...] dann haben halt alle gemeint „Naja, wenn de jetzt die Ausbildung [...] gemacht hast, kann man ja da noch Grundschullehramt studieren" und dann kann man da ja, also, die Ausbildung nutzt einem ja auch dann im Studium und dann natürlich später als Lehrerin und dann hab ich gedacht, okay – also ich merk auch jetzt, dass es passt [...]." (Z76-79).

Rena lebt in einer Wohngemeinschaft. Ihre Angaben zu Hobbys sind geprägt von geselligen und kulturellen Aktivitäten (u. a. Theater). Ferner ist sie aktives Mitglied der katholischen Kirche. Rena hat keine Geschwister. Beide Eltern haben studiert und arbeiten als Lehrkräfte. Über den Bildungsweg der Großeltern weiß Rena wenig zu berichten. Sie gibt lediglich den Beruf des Großvaters mütterlicherseits in der metallverarbeitenden Industrie an sowie den Beruf des Großvaters väterlicherseits in der papierverarbeitenden Industrie.

Kurzporträt Bea

Bea (Jahrgang 1990) hat eine Ausbildung zur Erzieherin absolviert und in dem Beruf ein Jahr gearbeitet. Anschließend holte sie das Abitur an einer Berufsoberschule nach und nahm anschließend das Studium auf. Bea scheint sich stark mit ihrem Ausbildungsberuf zu identifizieren und stellt sich in der Gruppe als Erzieherin vor:

> Bea: „[...] ich bin Erzieherin und daher kommt auch eben dieser Wunsch, ähm, Grundschullehrerin zu werden, weil ich find es ist nen wunderschöner Beruf mit Kindern, ich wollt auch immer mit Kindern arbeiten, leider lebt man sehr schlecht als Erzieherin, man hat sehr wenig Geld und, ähm, das war für mich sonen Beweggrund, weil ich auch mit sechzehn diese Ausbildung angefangen hab, also noch sehr jung war, eben zu studieren, auch nen bisschen etwas zu haben das mit Kindern, eben die Arbeit mit Kindern ist, aber trotzdem, trotzdem nen bisschen lukrativer [...]." (Z92-97).

Bea lebt am Studienstandort mit ihrem Partner zusammen. Dieser hat nach dem Abitur einen Fachhochschulabschluss absolviert und arbeitet als Ingenieur. In ihrer Freizeit geht sie sportlichen und geselligen Aktivitäten (Freunde treffen, Ausgehen) nach. Sie hat eine jüngere Schwester, die nach dem Abitur ein Medizinstudium aufgenommen hat. Beas Eltern stammen beide aus einem osteuropäischen Nachbarland. Die Mutter hat nach dem Abitur im Herkunftsland einen Hochschulabschluss in einem medizinischen Beruf erworben (der in Deutschland als Ausbildungsberuf anerkannt wird) und arbeitet in dem Beruf. Der Vater hat ebenfalls Abitur und einen Hochschulabschluss. Er arbeitet als Lehrer. Über die Großeltern weiß Bea lediglich zu berichten, dass die Eltern der Mutter beide keinen Schulabschluss haben. Die Studienphase finanziert sich Bea mithilfe von BAföG, der Unterstützung ihrer Eltern und einem Nebenjob in der Hausaufgabenbetreuung.

Kurzporträt Elias

Elias (Jahrgang 1990) gehörte der letzten Zivildienstgeneration an und war nach dem Abitur zunächst in der medizinischen Notfallversorgung tätig. Diese Arbeit führt er auch im Studium als Nebenverdienst fort. Das Studium wird außerdem finanziell von den Eltern unterstützt. Ursprünglich kommt er aus der südlichen Region des Bundeslandes. Am Studienstandort lebt er in einer Wohngemeinschaft. Seine Freizeitaktivitäten unterteilt er in werktags und Wochenende. In der Woche dominieren Arbeit und ruhigere gesellige Aktivitäten, während er für das Wochenende die Aktivität „Feiern" angibt. Grundschullehrer zu werden, beschreibt Elias als bereits früh ausgebildeten Berufswunsch, dessen Genese er sich eigentlich nicht erklären kann:

> Elias: „Ähm, Grundschullehrer wollte ich schon immer werden, ich weiß auch nicht warum, ähm, seit ich denken – also, seit ich, seit ich weiß, dass ich nen, ähm, Job wollte, oder seit ich mir Gedanken über nen Job gemacht hab, wollt ich Grundschullehrer werden, warum auch immer." (Z109-111).

Den Schulabschluss seiner Partnerin kennt Elias nicht, er weiß jedoch zu berichten, dass sie einen Bachelor in Psychologie besitzt und gegenwärtig ein

Praktikum bei einem Finanzdienstleister absolviert. Elias' jüngerer Bruder hat das Abitur und strebt einen Bachelor in Volkswirtschaftslehre an. Seine Mutter hat Abitur und an der Universität einen Hochschulabschluss im sprach- und geisteswissenschaftlichen Bereich erworben. Sie arbeitet als Assistentin in der Geschäftsleitung. Ihre Eltern besitzen beide einen Hauptschulabschluss. Der Großvater besitzt den Meistertitel in einem handwerklichen Beruf. Über die Großmutter mütterlicherseits weiß Elias zu berichten, dass sie über keinen berufsbildenden Abschluss und erlernten Beruf verfügt, dass sie jedoch in der textilverarbeitenden Industrie arbeitet. Elias' Vater hat mit einen Fachoberschulabschluss an einer Universität Ingenieurwissenschaften studiert und arbeitet in dem Beruf. Auch seine Eltern haben beide einen Hauptschulabschluss erworben. Der Vater des Vaters hat einen Lehrberuf in der Lebensmittelindustrie erlernt. Elias an, dass er in einer Führungsposition in einem Unternehmen für Zubehör in der Telekommunikation arbeitet. Die Großmutter hat keinen berufsbildenden Abschluss, als erlernten und ausgeübten Beruf gibt Elias „Mutter" an.

Kurzporträt Tina

Tina (Jahrgang 1991) absolvierte zunächst nach dem Abitur ein einjähriges Praktikum in einem Kinderhort. Anschließend nahm sie ein naturwissenschaftliches Studium an einer Universität auf. Nach einem Jahr wechselte sie an die Pädagogische Hochschule ins Grundschullehramt. Als Grund gibt sie neben den unsicheren Berufsaussichten an, dass ihre Leistungen im Fach nicht ausreichend waren, um den Studienabschluss zu erreichen:

> Tina: „[...] ich hab das sehr realistisch gesehen und gemerkt, dass ich das nich schaffen werd und, ähm, hab dann irgendwie geschaut, wie ich das vereinen kann und ich hatte vorher n einjähriges Praktikum gemacht [...] auch in nem Kinderhort und das hat mir eigentlich sehr gutgefallen und ja, dann bin ich eigentlich eher wieder den Schritt zurückgegangen und hab gesagt: Okay, machst du jetzt nichts falsch, vertief dein Fach – alle haben immer gesagt, dass ich andere Leute sehr von nem Fach begeistern kann und dann merk ich jetzt auch, dass es auf jeden Fall das Richtige war, da umzuschwenken." (Z124-131).

Tina finanziert das Studium ausschließlich über BAföG. Sie lebt mit ihrem Partner, der ebenfalls Lehramt studiert, im Studentenwohnheim. Tina hat keine Geschwister. Die Mutter hat nach dem Realschulabschluss eine Lehre als Hotelfachfrau absolviert und arbeitet in diesem Beruf. Die Großeltern mütterlicherseits haben den Hauptschulabschluss erworben. Über beide ist lediglich der ausgeübte Beruf bekannt. So arbeitet der Großvater als Bahnmitarbeiter und die Großmutter als Verkäuferin. Der Vater hat nach dem Realschulabschluss eine Ausbildung in der papierverarbeitenden Industrie absolviert und arbeitet in diesem Bereich. Sein Vater hat die Fachoberschule besucht und arbeitet als medizinischer

Angestellter. Über seine Mutter weiß Tina lediglich, dass sie einen Hauptschulabschluss erworben hat. Als Hobbys gibt Tina neben sportlichen Aktivitäten, das Gärtnern sowie gesellige Aktivitäten (mit Freunden treffen) an.

Kurzporträt Tessa

Tessa (Jahrgang 1992) studiert im vierten Semester. Sie stammt ursprünglich aus Norddeutschland, wo sie das Abitur an einem Gymnasium absolviert hat. Nach einem FSJ in einer Einrichtung für Kinder und Jugendliche mit geistiger Behinderung, entschloss sie sich, Grundschullehramt zu studieren. Als ursächlich für diese Entscheidung zieht sie die Erfahrungen während des FSJ heran:

> Tessa: „[...] das hat mir auch echt viel Spaß gemacht. [...] und im Laufe des FSJs hab ich dann halt entschieden, Grundschullehramt zu studieren und ich wollt halt gern an ne PH. Also, die PHs gibt's ja nur noch hier unten in Baden-Württemberg und dann hab ich mich für [Studienstandort] entschieden [...] es hat nen guten Ruf, deswegen bin ich dann hierher gegangen und hab mich dann, ja, ich glaub, das war auch dann die richtige Entscheidung. Also, so Werkreal oder Gymnasium kam für mich eigentlich nie wirklich in Frage, weil ich gern immer mit jüngeren Kindern arbeiten wollte, deswegen Grundschullehramt." (Z149-156).

Als Hobbys gibt Tessa sportliche (Joggen), kreative (Basteln, Kochen) und gesellige (Freunde treffen) Aktivitäten an. Als einzige in der Gruppe ist sie an der Hochschule in einer Fachschaft aktiv, was von ihr jedoch in der Diskussion nicht weiter thematisiert wird. Tessa lebt in einer Wohngemeinschaft. Ihr Freund absolviert nach dem Abitur gegenwärtig eine Ausbildung bei der Polizei. Tessas älterer Bruder hat nach dem Abitur eine Lehre zum Werkzeugmechaniker gemacht und studiert nun mit dem Ziel Ingenieur. Beide Eltern, die aus Norddeutschland stammen, arbeiten als Lehrer. Die Mutter als Grundschullehrerin, der Vater als Gymnasiallehrer. Über die Eltern der Eltern kann Tessa keine Auskünfte geben. Finanziert werden das Studium und der Lebensunterhalt von den Eltern.

Kurzporträt Kira

Kira (Jahrgang 1993) bewarb sich nach dem Abitur zunächst erfolglos an der Pädagogischen Hochschule und beschloss dann, die Wartezeit mit einem Praktikum an einer Grundschule zu verkürzen. „[...] da durft ich dann auch mal unterrichten, ähm, einzelne Stunden die Klasse übernehmen. [...] und da hab ich dann auch gemerkt, ich kann des gut." (Kira, Z172-174). Kira, die äußerlich einen sehr ruhigen Eindruck vermittelt, indem sie z. B. sehr leise spricht, erwähnt, dass ihr prognostiziert wurde, für den Beruf „viel zu introvertiert und schüchtern" (Kira, Z175) zu sein. Das Praktikum bestärkt Kira jedoch in ihrem Wunsch, Grundschullehrerin zu werden. Kira geht in ihrer Freizeit geselligen Aktivitäten nach. Sie lebt bei ihren Eltern, von denen sie finanziell unterstützt wird. Ferner arbeitet Kira als studentische Mitarbeiterin. Ihr Bruder absolviert gegenwärtig das Abitur. Beide Elternteile haben nach dem Abitur einen naturwissenschaftlichen Abschluss an einer Universität erworben, arbeiten aber in anderen Bereichen. Die Mutter geht einer kaufmännisch-verwaltenden Tätigkeit nach, der Vater arbeitet als Systemadministrator. Der Großvater mütterlicherseits hat mit dem Realschulabschluss eine Lehre mit Abschluss absolviert. Er arbeitet als Angestellter. Die Großmutter hat ebenfalls nach dem Realschulabschluss eine Lehre absolviert und eine Ausbildung im kaufmännisch-verwaltenden Bereich abgeschlossen, geht jedoch aktuell keiner Beschäftigung nach. Der Großvater väterlicherseits verfügt über einen naturwissenschaftlichen Hochschulabschluss und ist auch in diesem Bereich beruflich tätig. Die Großmutter väterlicherseits hat nach dem Abitur ein Studium der Publizistik aufgenommen. Sie arbeitet als Verlagsangestellte.

6.5.2 Verlauf und Themensetzung der der Gruppendiskussion

In der Gruppe werden die Themen entlang von konkreten Beispielen diskutiert. Zu Beginn der Diskussion zeichnen sich bereits die unterschiedlichen Standpunkte ab. Bea und Denise beziehen organisatorische Konflikte, die im Grundreiz benannt werden, auf ihre Studiensituation. Sie kritisieren zunächst die **uneinheitlichen Leistungsanforderungen** in den verschiedenen Fächern. Denise überträgt die kritisierten Punkte im Grundreiz auf die Einführung einer neuen Studienordnung an der Pädagogischen Hochschule. Sie benennt **Kommunikationsprobleme und Informationsdefizite sowie fehlende Beratungsangebote** bezüglich der formalen Prüfungsvoraussetzungen. Tina und Rena sehen die skizzierte Unzufriedenheit von Lehramtsstudierenden im Grundreiz hingegen als ein Problem der universitären Lehrer*innenbildung. Beide nutzen den Vergleich, um die Pädagogische Hochschule positiv hervorzuheben. Sie bedienen sich der Gegensätze von anonymer (Universität) vs. familiärer (PH) Atmosphäre. Auch Tessa hebt den familiären Charakter der Pädagogischen Hochschule hervor. Ihr Vertrauen in die Struktur belegt sie über die Ansprechbarkeit der Lehrenden. Organisatorische Konflikte beschreibt sie als sekundär, solange die Dozierenden sich offen für individuelle Lösungen zeigen.

> Tessa: „[...] es is zwar manchmal n bisschen chaotisch, des stört mich auch, dass die Dozenten in einem Fach nich mal alle die gleichen Informationen haben [...] aber, also, ich find das gut, das man doch mit den Leuten ganz gut reden kann." (Z278-282).

Tessa appelliert an eine selbstverantwortliche Planung und Studienorganisation der Studierenden. Auch Kira und Rena sehen organisatorische Probleme (z. B. Kursüberschneidungen) als eine Frage der persönlichen Planung. Beide betonen, mit einem proaktiven Zugehen auf die Dozierenden stets Hilfestellungen erhalten zu haben. Den Punkt der organisatorischen Schwierigkeiten, den Denise aufmacht, weisen sie als individuell lösbar zurück. Auch Elias kann die Kritik von Denise an der neuen Studienordnung nicht teilen. Er hebt den Autonomiegewinn der neuen Studienordnung hervor, die es ihm ermöglicht, das Studium mit seinem (hedonistischen) Lebensstil zu vereinbaren und sich Freiräume vom Studienalltag zu schaffen:

> Elias: „[...] keiner hat mehr Freizeit als ich, keiner kann, äh, hat mehr Semesterferien und längere Semesterferien als ich. Also, ich find die neue Studienordnung dadurch, dass wir halt so frei sind, absolut geil. Also, ich würd, ich will nichts mehr anders studieren." (Z207-210).

Positiv sieht er die eigenständige Zusammenstellung des Semesterplans und das selbstständige Auswählen und Besuchen von (Pflicht)Seminar: „[...] dass wir selber bestimmen können [...] und wenn man halt irgendwie keine Lust auf eins von denen hat, dann geht man halt dann irgendwann anders dahin." (Elias, Z268-271).

Deutlich wird im ersten Abschnitt der Diskussion die Orientierung der Gruppen an den **strukturellen und organisatorischen Vorgaben**. Die Gruppe kommt im Verlauf der Diskussion immer wieder auf das Thema des ungleichen Umgangs der Fächer mit den Leistungsanforderungen zurück. Kritisiert wird, dass in den Fächern für das Erreichen der gleichen Punktzahl, unverhältnismäßige Unterschiede zwischen den zu erbringenden Leistungen existieren. An die Struktur wird die Erwartung formuliert, den Workload für alle Fächer im Umfang und Schwierigkeitsgrad gleich zu gestalten, um Sicherheit und Planbarkeit zu garantieren. Denise beschreibt in einem längeren Redebeitrag, wie unterschiedlich die Lehrenden die Vorgaben definieren und bewerten. An welche Dozierende sie im Studium gerät, bezeichnet sich fatalistisch als „Glückssache" (Denise, Z309). Elias, Tina und Rena bestätigen die unterschiedlichen Leistungsanforderungen. Elias belegt dies an konkreten Fächern: Hier changiert das Erreichen von Leistungspunkten zwischen der Anwesenheit bis zu aufwendigen Gruppenarbeiten. Denise zählt darauf die Leistungsanforderungen der einzelnen Fächer dezidiert auf und berichtet von ihrem Eindruck, dass mit dem Erreichen des 3. Moduls im sechsten Semester das Niveau der Anforderungen und die Erwartungen der Lehrenden gestiegen sind.

Dass die Anforderungen mit dem Eintreten in höhere Semester anziehen, scheint ein geteilter Konsens, mit dem die Gruppe einen unterschiedlichen Umgang pflegt. Während Denise davon berichtet, ihre Freizeit zunehmend für das Studium zurückzustellen, präsentiert Tessa ihre individuelle Strategie, durch langfristige Planung die Belastung gering zu halten. Sie betont eine konfliktfreie Studienbewältigung, bei der sie höchstens punktuell (in Prüfungsphasen) gefordert wird. Sie greift den Punkt der Selbstorganisation auf. So habe sie sich ihre Seminare bisher so eingeteilt, dass sie keine übermäßige Belastung erlebt hat: „[...] aber sonst bin ich jetzt nich so gestresst, denk ich, nee." (Tessa, Z368). Elias nimmt erneut Bezug auf die Eigenverantwortung der Studierenden. Er scheint dabei großen Wert auf eine Selbstdarstellung zu legen, die einen unkonventionellen, spielerischen Umgang mit den Anforderungen beinhaltet.

> Elias: „Ich glaub auch, dass man einfach selber seines Glückes Schmied is. Und wenn man sich halt selber viel nimmt, dann hat man halt Stress und wenn man halt selber wenig macht, dann eben nich. [...] ich hab die letzten zwei Semester so gut wie gar nich an der Uni verbracht [...] entsprechend is halt dieses Semester n bisschen stressiger [...] aber gut, dafür hat ich die letzten, quasi ein Jahr lang war ich, war ich in der halben Weltgeschichte und hab gearbeitet, aber war so gut wie nie hier." (Z387-394).

Tina gibt zu bedenken, dass neben Pflichtveranstaltungen auch Schulpraktika zu bewerkstelligen sind und revidiert Elias Aussage in die Richtung, dass verpflichtende Anteile im Studium, über die nicht eigenverantwortlich entschieden werden kann, einen Großteil des Semesterplans ausmachen. Sie stimmt dem steigenden Workload zu. Die Mehrbelastung akzeptiert Tina und sieht darin eine gute Berufsvorbereitung, etwa im Hinblick auf das kommende Referendariat: „[...] is auf jeden Fall kein leichter Marsch und dann is es vielleicht ganz gut, wenn man schon n bisschen abgehärtet wird." (Tina, Z403-404). Das vorzeitige „Abhärten" verweist zum einen auf die Annahme, dass die kommende Belastung als hoch eingestuft wird, zum anderen wird ein diszipliniertes, planerisches Vorgehen verdeutlicht, durch das „Überraschungen" möglichst vermieden werden sollen.

Tina, die Elias in der Diskussion mehrfach widerspricht, scheint von seiner selbstbewusst vorgetragenen, „lässigen" Haltung am deutlichsten provoziert. Stress und Belastungen im Studium werden vom Elias zum selbstverursachten Problem erklärt. Dem Leistungsstreben, das besonders Bea, Tina und Denise betonen, setzt er eine selbstbezogene, hedonistische Haltung entgegen. Taktisch strebt er nach Entlastung im zeitlichen (Freizeit) und im psychischen Sinn (kein Stress). Das Studium kommt einem Moratorium gleich, dass er in einem selbstbestimmten Rhythmus zu bewältigen sucht.

Im Anschluss bewertet und diskutiert die Gruppe die **Betreuungssituation im Studium**. Die Gruppe teilt zunächst eine positive Sicht auf die Betreuungssituation. Es werden kaum persönliche Erlebnisse im Bereich der Betreuung geschildert. Lehrende werden weniger als Einzelpersonen benannt, den als Gruppe einem Fach zugeordnet und dementsprechend die Gesamtgruppe bewertet. Hier werden vor allem die Betreuungsangebote der beiden Hauptfächer als zwei Seiten einer Medaille beschrieben. Von Tessa und Kira, die eine durchweg positive Sicht auf die Lehrenden teilen, wird das Betreuungsverhältnis als barrierefrei und unkompliziert dargestellt. Tessa erneuert ihre Aussage von der Ansprechbarkeit und Problemlosigkeit im Umgang mit den Lehrenden. Für sie steht besonders die persönliche Beziehungsebene mit den Dozierenden im Vordergrund. So könne sie „[...] einfach gut mit denen sprechen kann, mit den Dozenten, [...] dass man da auch Lösungen findet, wenn man halt nich weiterkommt.“ (Tessa, Z410 413). Elias schließt sich dieser Sichtweise an. In seinen Aussagen verdeutlicht sich ferner ein distanziertes Verhältnis: Eine geringe Kontaktdichte wird von Elias als Beleg einer konfliktfreien Studienbewältigung dargestellt und selbstbewusst als Zeichen von Selbstständigkeit gewertet: „Also ich hab, ich hab jetzt noch nie irgendwie groß Probleme gehabt oder ne große Betreuung gebraucht [...].“ (Elias, Z424-425). Von der zunächst positiven Beurteilung der Betreuung durch Tessa, Kira und Elias wechselt das Thema zu der mangelnden Erreichbarkeit von Dozierenden. Deutlich zeigt sich, dass die Meinungen und Erfahrungen voneinander abweichen. Während Elias auf der Problemlosigkeit der Erreichbarkeit pocht, berichten Tina, Rena und Denise von gegenteiligen Erfahrungen. Denise und Bea thematisieren die Verpflichtung der Studierenden, Betreuung selbstständig einzufordern.

> „[...] man kann hingehen und Hilfe bekommen und die ist dann auch sehr nützlich, wenn man halt nicht die Hilfe annimmt, dann braucht man sich auch nich wundern, wenn man im Nachhinein, ja, schlechter da steht [...].“ (Denise, Z453-454).

Hinsichtlich der Frage zur **Prüfungsbelastung** diskutiert die Gruppe erneut die **uneinheitlichen Leistungsanforderungen**. Am Punkt der Prüfungsanforderungen weicht Tessa, die sonst ein durchweg positives Bild von der Pädagogischen Hochschule zeichnet, von ihrer Einstellung ab. Sie problematisiert die unterschiedlichen Prüfungsanforderungen und stellt deren Angemessenheit infrage. Tessa beschreibt Unterschiede in den zu erbringenden Leistungen, die zwischen den Polen „unproblematisch“ bis „fast schon ne Zumutung“ (Tessa, Z483) liegen. Eine gute Bewertung wird von ihr teils mit dem fatalistischen Glücksbegriff umschrieben: „[...] Glückssache, wenn man da n paar Punkte dann noch bekommen hat, um zu bestehen.“ (Tessa, Z489-490).

Denise sortiert die Prüfungen fächerabhängig nach dem Schwierigkeitsgrad. Dem eigenmächtigen Vorgehen der Fächerverantwortlichen, sieht sie sich machtlos ausgeliefert. Für die Statusgruppe der Studierenden sieht sie keine Möglichkeit der Einflussnahme. Denise unterscheidet dabei die Fächer, bei denen sie gewinnbringend, weil interessengeleitet gelernt hat. Den Schwierigkeitsgrad der Prüfungen macht sie anschließend abhängig von den Dozierenden und der Verfügbarkeit von Lernmaterialien, die den Studierenden gestellt werden. Sie berichtet davon, dass die Studierenden sich untereinander Empfehlungen zu Wahlfächern und Schwierigkeitsgraden der Prüfungen geben bzw. darüber, welche Lehrenden geringere Leistungen einfordern. Der Äußerung, sich hinsichtlich der Prüfungsanforderungen vorab mit den Kommiliton*innen abzustimmen und auszutauschen, wird allgemein zugestimmt. Bea belegt dies am eigenen Beispiel und resümiert: „ [...] also, es is so, wie die Leute, also, wie die Mitstudenten einem den Rat geben, so is es meistens. [...] Also, man kann gut auf die Kommilitonen hören." (Bea, Z515-522).

Bea und Denise präsentieren einen pragmatischen Umgang mit den als gegeben akzeptierten unterschiedlichen Anforderungen der Fächer. Bei beiden dominiert Form vor Inhalt. Seminare und Prüfungsleistungen werden anhand ihres Schwierigkeitsgrads gewählt. Die Kommilitonen dienen als Informationsquellen, wo und wie die beste Notengebung mit dem geringsten Aufwand zu kombinieren ist. So werden die uneinheitlichen Leistungsanforderungen auf der einen Seite als unverhältnismäßig kritisiert, auf der anderen Seite profitieren Bea und Denise gezielt von den teilweise niedrigen Erwartungen. Diese Strategie erfolgreich anzuwenden, wird besonders von Bea mit einem gewissen Stolz gegenüber der Gruppe präsentiert.

Dieser Fraktion schließt sich auch Tina an. Dabei setzt sie sich (und ihre Leistungen) stets in Relationen zu ihren Kommilitonen, zu denen sie sich in Konkurrenzverhältnis aufbaut. Für Tina dient ein Lernerfolg als Bestätigung für ihre Studienwahl. Sie strebt nach guten Leistungen, um die Studienzeit nicht „umsonst" investiert zu haben. Tina zieht ihr vorheriges (abgebrochenes) naturwissenschaftliches Studium an der Universität zum Vergleich heran. Hier wurde ihr eine intensivere Prüfungsvorbereitung abverlangt, ohne die Garantie, dass auf das investierte Lernen ein gutes Ergebnis folgte. An der Pädagogischen Hochschule gibt ihr Sicherheit, dass die Anforderungen eindeutig eingegrenzt und vorgegeben sind: „[...] dass man schon weiß, was man lernen sollte und dann kommt man damit auch ganz gut durch." (Tina, Z529-530).

Tina, Denise und Bea vertreten die Fraktion, die im Studium am deutlichsten eine Fortsetzung des Schulsystems sehen und an die Aufgabenverteilung von Lehrenden und Studierenden den Maßstab einer Lehrer*innen-Schüler*innen Beziehung setzen. Lernen wird als eine auferlegte Pflicht verstanden, die mit Zwang und individueller Anstrengung in Verbindung gebracht wird. Erst die damit verbundene Anstrengung gibt der Aufgabe einen Wert und führt zu einem Lernerfolg. Den Lehrenden kommt die Aufgabe zu, die Studierenden zu kontrollieren, zu fordern und ihnen Rückmeldungen ihres Lernstandes in Form von Benotungen zu geben. Während für Bea in erster Linie die Benotung durch den Dozierenden im Zentrum des Lernerfolgs steht, teilen Denise und Tina die Lehrenden in Gruppen ein. Für beide entscheidet das Maß der „Strenge" über den Lernerfolg. Sie vertreten die Meinung, je höher der Umfang der geforderten Leistungen und sein Schwierigkeitsgrad sind, desto höher sei der individuelle Lernerfolg. Elias grenzt sich hingegen vom disziplinierten Lernen ab. Er provoziert mit einer Aussage, in welcher er die Prüfungsanforderungen- und Inhalte im Studium generell als niedrig einschätzt. Souverän betont er die Mühelosigkeit und den geringen Aufwand, welche zur Vorbereitung ausreichen würden.

> Elias: „Wenn man n bisschen Nachrichten kuckt und n bisschen sich mit Politik auskennt war des absolut kein Problem, die Prüfung zu bestehen. Also, so ging's mir zu mindestens und, ähm, auch die andern, Mathe, Bio fand ich jetzt auch, also relativ machbar, ohne jetzt groß zu lernen." (Z541-546).

Dem Leistungsstreben, das Bea, Tina und Denise betonen, setzt Elias eine minimalistische Lernstrategie entgegen. Diese implizite Negation der Leistungsanforderungen im Studium, kann besonders Tina nicht akzeptieren. Sie revidiert seine Darstellung und zweifelt an, dass Elias mit der präsentierten Einstellung ohne entsprechende Vorbereitungen die Prüfungen in bestimmten Fächern bestehen kann.

Die Gruppe tauscht sich relativ lange über die Themen **Beamtenstatus und gesellschaftliche Wahrnehmung von Lehrer*innen** aus. Gesellschaftliche Vorurteile gegenüber dem Lehrer*innenberuf kann die Gruppe sofort abrufen. Rena zählt die Klischees auf, mit denen sie Lehramtsstudierende häufig konfrontiert sieht. Sie gibt zu verstehen, dass auch sie die benannten Vorurteile einem Teil der Lehramtsstudierenden unterstellt. Etwa, dass Studierende das Lehramt wählen, weil mit dem Studium niedrigen Leistungsanforderungen assoziiert werden. Da die Statuten der Pädagogischen Hochschule für eine erfolgreiche Bewerbung Vorerfahrung im pädagogischen Bereich erwarten, schließt sie die Studierenden der Pädagogischen Hochschule von dieser Gruppe aus.

> Rena: „[...] es gibt wahrscheinlich einige, die mit den falschen Motiven anfangen, obwohl ich glaube, nich so sehr an der PH [...] man sammelt ja auch quasi Sozialpunkte, um angenommen zu werden [...] und da hat jeder irgendwie schon Vorerfahrungen gesammelt, [...] die, die hier sind, wissen, ich hab schon mal mit Kindern gearbeitet [...]." (Z588-594).

Rena arbeitet sich länger an einem Vergleich zwischen Universität und Pädagogischer Hochschule ab. Sie transportiert in ihrer Aussage einen Blick auf die Pädagogische Hochschule, die vom fachlichen Niveau und den Leistungsanforderungen nicht mit einer Universität konkurrieren kann.

> Rena: „[...] und alle sind an der Uni, nur ich bin an der PH und da [an der Universität] is halt das Studium schwieriger auf jeden Fall und halt sehr fachspezifisch, also, die studieren dann halt richtig Bio, also im Gegensatz zu mir, ich mach halt sehr viel praktisch und sehr viel kleine Projekte und nich so tief in die Materie einsteigen [...] die kommen ins erste Praktikum und merken dann, fuck, sechs Semester umsonst studiert, ja, das is gar nich das, was ich machen will [...] und das is hier dann schon anders." (Z598-606).

Diese implizite Abwertung der eigenen akademischen Ausbildung wird von ihr nivelliert, indem sie die praktischen Anteile der Pädagogischen Hochschule hervorhebt und als die relevanten Inhalte für die spätere Berufspraxis präsentiert. Inwieweit sie den Gedanke, ein Studium der „2. Klasse" aufgenommen zu haben, verinnerlicht hat, thematisiert Rena, wenn sie davon ausgeht, dass an der Universität „richtig" Biologie studiert wird. Eventuell zeigt sich hier eine Rechtfertigungsstrategie, „nur" an einer Pädagogischen Hochschule zu studieren. So ist Rena die Einzige in der Gruppe, die sich für das Lehramtsstudium an einer Universität beworben hat, von dieser jedoch eine Absage bekommen hat. Auch scheint sie mit der Studienwahl in ihrem privaten Umfeld nicht auf Anerkennung zu stoßen. Rena resümiert anschließend, dass für den Beruf des Grundschullehrers ein hohes Maß an Idealismus erforderlich sei, das abseits aller Klischees liege. Denise, Elias und Tina diskutieren die unterschiedlichen Gründe, die sie für das negative Image des Lehrberufs verantwortlich machen. Gemeinsamkeit herrscht in der Annahme, dass frühere Generationen von Lehrer*innen das heutige negative Bild mit zu verantworten haben. Negative Stereotype würden auf die heutigen Lehramtsstudierenden nicht mehr zutreffen.

Tina, Bea und Kira kritisieren, dass ihnen im privaten Umfeld die **Anerkennung für ein Studium abgesprochen** wird. Teils sehen sie sich mit der Behauptung konfrontiert, dass die Vermittlung von elementarem Wissen an Grundschüler*innen keiner akademischen Ausbildung bedarf. Diese Degradierung wird besonders emotional von Bea verurteilt: „[…] ich finde, teilweise wird man da echt abgewertet, selbst von Gleichaltrigen und ich werd da immer total wütend." (Z650-658); „[…] es macht so wütend irgendwie, also, es macht furchtbar wütend, weil man genauso Akademiker is wie alle andren […]." (Bea, Z707-708). Kollektiv geteilt scheint das Erleben von fehlender gesellschaftlicher Wertschätzung und Anerkennung der akademischen Ausbildung. So hat jede*r im privaten Umfeld bereits erlebt, dass die Angemessenheit einer akademischen Ausbildung für den schulischen Primarbereich infrage gestellt wurde. Hier scheinen besonders Studierende anderer Studiengänge die PH-Studierenden zu provozieren. Souverän geht einzig Tessa mit Kritiken um. Sie betont die unterstützende Seite durch ihre Familie, die als Lehrer*innen wissen, was Tessa leistet. Personen, die sich abwertend über ihr Studium äußern, werden von ihr ignoriert. Auch Kira und Tina berichten von Personen, die den akademischen Grad der Ausbildung anzweifeln. Dies scheint für beide eher in den Bereich der „lustigen" Anekdote zu gehören, womit sie sich in der Gruppe über die Unwissenheit der Nicht-Lehramtsstudierenden amüsieren. Bea hingegen kritisiert die fehlende Anerkennung ihres Studiums scharf und versteht dies als Abwertung. Die Gefahr einer Aberkennung ihres Status' und das Anzweifeln ihrer Zugehörigkeit zur Gruppe der Akademiker durch Außenstehende löst geradezu körperliche Reaktionen bei ihr aus (sie wird „furchtbar wütend"). Auch Elias kann solche Aussagen nicht unkommentiert stehenlassen.

Zur Frage nach der Kompetenzaneignung im Studium stellt zunächst Bea fest, dass die Pädagogische Hochschule ein hohes Maß an Selbstständigkeit verlangt, etwa bei der Stundenplanung oder dem Einfordern eines Feedbacks. Für sie sei diese Anforderung eine gute Vorbereitung auf den späteren Beruf. Besonders hervorgehoben werden **die Praxisanteile im Studium.** Einigkeit herrscht in der Relevanz, die dem praktischen Lernen zugesprochen wird. Den **Lehrenden mit Praxiserfahrung** kommt eine Vorbildfunktion zu. Tessa und Kira begründen die Wahl einer Pädagogischen Hochschule als bewusste Entscheidung, die sie auf den hohen Praxisbezug der akademischen Ausbildung zurückführen. Kira lobt die Praxisphasen im Studium, die ihrer Meinung nach noch erweitert werden sollten, um Strategien im Umgang mit Schüler*innen z. B. in Konfliktsituationen frühzeitig praktisch zu erlernen. Für Tessa und Kira dienen **Lehrenden mit Praxiserfahrung als Orientierungen, die ihnen Sicherheit im Praxisfeld** bieten würden. Die Sinnhaftigkeit von „Theorie" bekommt eine sekundäre Bedeutung zugewiesen, die ihrem Anwendungsbezug gemessen wird.

> Tessa: „[...] die grundlegenden Kompetenzen, was Unterrichtsgestaltung zum Beispiel angeht, lernt man schon in den Seminaren, aber ich hab so das Gefühl, dass man das Wichtigste wirklich im Praktikum lernt [...]." (Z783-785).

Elias pflichtet dem bei. In den Seminaren würde man das „Handwerkszeug" (Z793) in Form von didaktischen Kompetenzen erlernen. Erst im Praxistest zeigt sich, inwieweit die Umsetzung funktioniert. Auch Tina hebt die Verzahnung von Theorie und Praxis hervor.

> Tina: „[...] was ich in den Seminaren so theoretisch gelernt hab, glaub ich, kann man dann eben versuchen anzuwenden und deswegen find ich, dass sich das eigentlich echt gut ergänzt und dass es gut strukturiert is hier an der PH dass es echt immer Theorie und Praxis sehr integriert wird." (Z806-809).

In der Auseinandersetzung mit den Lehrenden und den Prüfungsanforderungen der Fächer transportiert die Gruppe ihre Haltungen und Einstellungen gegenüber den **Handlungsspielräumen und der Mitbestimmung** im Studium. Die Gruppe diskutiert, welche Möglichkeiten sie haben, um Rückmeldungen an die Lehrenden zu formulieren. Die Ansicht, dass Studierende keine Mitbestimmungsrechte besitzen und der Struktur machtlos ausgeliefert sind, vertreten besonders Denise und Bea. Fehlende Anerkennung sehen sie darin bestätigt, dass die Lehrenden die Bedarfe der Studierenden nicht berücksichtigen und keine Bereitschaft signalisieren, auf Kritik einzugehen. Welchen Lehrstile und Praktiken von Lehrenden die Studierenden im Studium begegnen, wird von Denise fatalistisch zur „Glückssache" erklärt (Z309). Für sie gestaltet sich das Studium stark „dozentenabhängig" (Z996; Z1009).

> Denise: „[...] aber das war, is, glaub ich, auch wieder dozentenabhängig. Obs einen interessiert, dass da Leute sind, die was lernen wollen oder ob man sagt, ich mach das jetzt so, wie ichs ge-, vorgenommen hab, das Seminar und ob da jetzt Leut drin hocken, dies jetzt nich so verstehen, denen ihr Problem (lacht)." (Z1009-1012).

Aus ihrer Sicht scheint die einzige Handlungsoption, sich dem Seminar / der Lehrperson zu entziehen. Möglichkeiten der kritischen Rückmeldung wie z. B. anonyme Evaluationsbögen misstraut Denise. Sie geht davon aus, dass die Lehrenden die Meinungen der Studierenden ignorieren. Diese kritisch-resignierte Haltung wird von ihr relativiert, indem sie den Verantwortlichen keine gezielte Absicht unterstellt und vielmehr von deren (didaktischen) Unfähigkeiten überzeugt zu sein scheint. Auch Bea sieht im Seminarwechsel eine der wenigen Handlungsoptionen, um sich als Studierende*r bestimmten Lehrpersonen zu entziehen. Sie bezieht die Maßstäbe und Erwartungen, die Studierenden an die Lehrenden stellen, weniger auf didaktische Kompetenzen, sondern sieht diese ganz pragmatisch über die Leistungsvergabe beeinflusst.

> Bea: „[...] es gibt viele Dozenten, die jetzt nicht so viel verlangen, aber zum Beispiel extremst gute Noten geben, also, und man profitiert ja dann auch von diesem Dozenten auf ner anderen Art und Weise." (Z923-925).

Rena und Tina ziehen hingegen aus wahrgenommenen didaktischen Defiziten von Dozierenden die Konsequenz, sich eigenständig zusätzliche thematische Angebote im Studium zu suchen. Tina nutzt den Austausch mit ihren Kommiliton*innen um entsprechende Lehrveranstaltungen zu filtern. Dieses Vorgehen beschreibt sie kritisch als notwendige aktive Selbsthilfe: „[...] man kann halt davon profitieren, wenn man's von andern jetzt weiß, dass manche Dozenten gut sind, aber eigentlich sollte es, find ich, nich so sein." (Tina, Z898 900). Tessa und Kira sehen die Lehrenden hingegen durchweg als Lernbegleitung und Unterstützung der Studierenden in der selbstständigen Aneignung von Wissen und Kompetenz. Beide erwähnen Beispiele aus besuchten Seminaren, indem sie Dozierende benennen, die durch eine besonders engagierte Lehre hervorstechen. Zeigt sich zum Beispiel Rena enttäuscht darüber, dass sie in ihrem Hauptfach bisher wenig didaktisch aufbereitetes und praktisch anwendbares Wissen erlernt hat, setzt Kira ein positives Gegenbeispiel. Auch spielt Kira den Ball zurück an ihre Kommiliton*innen, welche die Unterstützungsangebote der Lehrenden nicht ausreichend anerkennen.

> Kira: „[...] da denk ich: Mein Gott, worum, warum sitzt i- sitzt ihr dann hier? Sie [die Lehrende] bietet uns das an, wir können uns wirklich damit beschäftigen und die Leute sitzen hinter mir und, ja, unterhalten sich darüber, was haben sie letztes Wochenende gemacht. – Ja, okay, dann könnt ihr auch zu Hause bleiben." (Z1045-1049).

Tina nimmt den Faden auf und grenzt sich von Kommiliton*innen ab, die im Unterricht störende Privatgespräche führen.

> Tina: „[...] also, die gibt's einfach immer, die in Vorlesungen gehen, um sich mit ihrer Freundin zu unterhalten und nich um irgendwas zu lernen. Aber das sind wahrscheinlich auch die, die nach vier Semestern merken: Oh, ich möchte doch nicht Lehrer werden, is mir alles zu anstrengend." (Z1051-54).

Kira und Tina fordern von ihren Mitstudierenden eine konzentrierte Mitarbeit als Zeichen der Anerkennung der Lehrenden ein. Eine beflissene Haltung bringen beide zum Ausdruck, indem sie sich von ihren Kommiliton*innen gestört fühlen und deren Sozialverhalten als inakzeptabel verurteilen. Elias nimmt seine Mitstudierenden in Schutz. Für ihn stellt der soziale Austausch eine wichtige Komponente im Studium dar, provokant „outet" er sich als Störer.

> Elias: „[...] ich sitz auch hinten in der letzten Reihe, ich sitz da und red auch mal, wenn ich Sachen schon kenn oder keine Ahnung was, das macht man halt, das weiß ich, das gehört finde ich für mich zum Studium halt dazu [...]." (Z1120-1122).

Das Thema **Selbsttestat** wird von der Gruppe eigenständig eingebracht und führt zu lebhaften Diskussionen. Einigkeit herrscht darüber, dass ein Großteil der Studierenden das Selbsttestat nutzen würde, um sich Seminarleistungen mithilfe der eigenen Unterschrift auch bei Abwesenheit zu bestätigen. Dieser „Regelbruch" wird von der Gruppe verurteilt, indem sich die Diskutierenden einig sind, dass die entsprechenden Kommiliton*innen mit Defiziten in den Beruf starten werden. Denise setzt das Verhalten mit dem „Erschleichen" von Leistungen gleich. Als Konsequenz für ein nicht regelkonformes Verhalten sieht sie den ganzen Studiengang kompromittiert.

> Denise „ [...] da brauch ich mich dann nich wundern, dass vielleicht von andern Seiten so Klischees oder so Gerüchte auftauchen wie, da lernst du nix, das is es easy Studium, da flutschste halt irgendwie durch [...]." (Z1066-1071).

Elias präsentiert sich der Gruppe gegenüber als „Regelbrecher". Für ihn bietet das Selbsttestat die Möglichkeit, seinen Lebensstil trotz Studienverpflichtungen ausleben zu können. Selbstbewusst präsentiert er sich der Gruppe als Nutznießer vom Selbsttestat.

> Elias: „[...] ich könnt mein halbes, mein Studium schmeißen, wenn ich das nich selber attestieren könnte [...] ich versuch schon, regelmäßig da zu sein, aber Sachen wie zum Beispiel Deutsch montags von 10–12 is einfach schon ne harte Zeit, ausm Bett zu kommen [...]." (Z1112-1115).

Elias fährt fort, eine Lanze für das Selbsttestat und für einen „lockeren" Umgang mit dem Studium zu brechen. Einem Teil der Studierenden, die wie er das Selbsttestat für eine geringere Anwesenheit an der Pädagogischen Hochschule nutzen, weist er ein inhaltliches Desinteresse zu. Gegen diese Gruppe grenzt er sich deutlich ab. Elias beschreibt sich als motivierten und interessengeleiteten Studierenden, der in der Lage ist, die geforderten Lernziele, trotz Fehlzeiten mühelos zu erreichen und konstruiert eine Leistungsnorm, die vor allem durch ein „Interesse" an der pädagogischen Profession zu erfüllen ist.

> Elias: „[...] also, ich hab kaum Seminare, wo ichs schaff, dass ich maximal zweimal fehl und trotzdem würd ich mich als relativ fleißigen und nich, als so uninteressierten Student, ähm, empfinden. [...] ich sitz auch hinten in der letzten Reihe, ich sitz da und red auch mal, wenn ich Sachen schon kenn oder keine Ahnung was, das macht man halt, [...] das gehört, finde ich, für mich zum Studium halt dazu." (Z1117-1122).

In der sich anschließenden Diskussion zwischen Bea und Elias, fordert Bea **Leistungsgerechtigkeit** ein: „[...] ich find, es is unfair einfach, weil ich doch n Referat mache oder ich doch da bin oder ich doch nich ausschlafe, obwohl ich auch gestern feiern war [...]." (Bea, Z1131-1131). Elias hingegen vertritt die Ansicht, dass man sich im Studium ausschließlich auf die eigene persönliche Entwicklung konzentrierten sollte. Bea gegenüber stilisiert er sich zum Experten und Vertreter der Pädagogischen Hochschule, indem er ihr die Ziele des Studiums auseinandernimmt und sie paternalistisch darüber aufklärt, dass ihre Motive intrinsisch geleitet sein *sollten*: „Ja, aber du machst es ja für dich. Das is ja das, was du für dich selber machst, dein Studium [...]." (Elias, Z1140-1143). In der Diskussion erhält Bea Unterstützung von Denise. Autoritär fordern Denise und Bea den Ausschluss derjenigen Studierenden, die sich nicht an die Regeln halten. Enttäuscht zeigen sich beide darüber, dass der Missbrauch des Selbsttestats von den Verantwortlichen nicht geahndet wird. Für beide kommt das System Selbsttestat, das sie als ungerecht und unfair brandmarken, einer Entwertung der erbrachten Leistungen gleich. Der Wert einer erbrachten Leistung verfällt dann, wenn nicht alle Studierenden gleichermaßen gefordert sind, diese zu erbringen. Ihr Pflichtbewusstsein, die Regeln einzuhalten und entsprechende Leistungen zu erbringen, wird aus ihrer Perspektive doppelt bestraft. Sie investieren mehr Zeit in „freiwillig" erbrachte Leistungen und konkurrieren am Ende des Studiums um einen guten Start ins Berufsleben mit denjenigen Studierenden, die aus ihrer Sicht nicht regelkonform studiert haben. Neben dem Konkurrenzgedanken, stuften sie einen Teil der Studierenden als „ungeeignete" Lehrkräfte, die für das negative Image des Berufsstands verantwortlich sind.

> Denise: „[...] dass es halt welche gibt, die [...] absolut null Bock haben, Hauptsache, ich krieg irgendwie mein Studium durch und steh am Ende da und des is des halt, wo

> mich auch immer kränkt. Wo ich dann sag, mit so Leuten wirst du dann verglichen, dann heißt: Kuck mal, sowas is Lehrer. Und sowas wirst du auch." (Z1198-1203).

Auch Tina äußert sich abwertend gegenüber Kommiliton*innen, die nicht regelkonform studieren. Für Tina ist das System Selbsttestat im Kern ungerecht, da es nicht nach den Prinzipien der Leistungsgerechtigkeit ausgerichtet ist. Ihren individuellen Handlungsspielraum sieht sie einzig in der Ausgrenzung der „Regelbrecher*innen, so wolle sie „[...] mit diesen Leuten nichts zu tun haben" (Tina, Z1218). Rena und Elias verbinden hingegen mit dem Selbsttestat **Autonomiegewinn und eine emanzipatorische Form der Mündigkeit** im Studium. Beide sehen im Selbsttestat die Möglichkeit, selbstständig inhaltliche Schwerpunkte im Studium zu setzen. Ihre Reflexion darüber, warum die Studierenden das Selbsttestat nicht akzeptieren, bleibt oberflächlich, vielmehr nutzen beide das Thema, ihre Eigenständigkeit zu unterstreichen und sich gegen ihren Kommiliton*innen abzugrenzen. Rena erklärt der Gruppe die Gründe für das Einführen des Selbsttestats.

> „[...] weil die Studenten oder die Studierendenschaft sich ne größtmögliche Freiheit für Studierende gewünscht haben und wir können eigentlich stolz drauf sein, dass wir dieses Konzept haben." (Rena, Z1256-1258).

Sie findet es „[...] eigentlich schade [...]" (Z1258), wenn das Selbsttestat aufgrund fehlender Akzeptanz wieder abgeschafft würde. Sie erklärt ihre Mitstudierenden als zu sehr in einem System von festen, vorgegebenen Strukturen verhaftet, als dass sie das Angebot wertschätzen könnten: „[...] weil die eben noch nich so weit sind, eben wirklich selbstständig zu sein und wirklich zu sagen, es is meine Sache, wo geh ich hin und was möchte ich mir unterschreiben [...]." (Rena, Z1261-1263). Rena und Elias betonen eine selbstbezogenen Perspektive. Selbstbewusst stilisieren sich beide zu Expert*innen, die meinen bewerten zu können, dass ein Teil ihrer Mitstudierenden im Beruf ohnehin keine „guten" Lehrer*innen werden. Schlussendlich, so der Ratschlag von Elias an Denise und Bea, sei es wichtig, sich auf die eigenen Ziele im Studium zu konzentrieren.

> Elias: „[...] das is dein Studium, ist dein Ding. Und zwar keiner zwingt dich zu studieren und, ähm, ja, äh, du kannst machen, was du willst und ich weiß nich, guck nich auf andere, guck auf dich selber und lass die andern machen, was sie wollen. Also, keine Ahnung, so geht's mir [...]." (Z1212-1215).

Diese Sicht kollidiert mit der Perspektive von Bea, Tina und auch Denise. Sie stellen intrinsische Motive, hinter der Erfüllung der Anforderungen und der Leistungsnormen zurück. Sie scheinen mit dem Studium in erster Linie Verpflichtungen zu verbinden, die sie der Statusgruppe Student*in zuweisen. Ihre Optionen interessengeleitet zu studieren, sehen sie eingeschränkt. Im Zentrum steht das Erfüllen von Rahmenbedingungen, wie die Anwesenheit und (konzentrierte) Teilnahme an Lehrveranstaltungen sowie das Erbringen der geforderten Leistungen. Von ihren Mitstudierenden fordern sie ein, sich den Erwartungen anzupassen. Gerechtigkeit bedeutet, dass die Bedingungen für alle Studierenden gleich sind. Die Anstrengungen und Mühen, die sie investieren sollen sich in der Anerkennung der Autoritäten (z. B. durch gute Bewertung) materialisieren. Strategisch werden Seminare notfalls gewechselt und sich sicherheitsorientiert vorab mit Kommiliton*innen über den Lehrstil der Dozierenden ausgetauscht, um den Leistungserfolg nicht zu gefährden. Im Regelfall sehen sie sich jedoch den Lehrenden und ihrem Lehrstil (und dem Umfang ihrer Anforderungen) ausgeliefert. Dementsprechend „Dankbar“ zeigen sie sich für die Seminare, an denen sie mit Interesse partizipieren können, was mit „Zufall“ oder „Glück“ in Verbindung gebracht wird und die Machtlosigkeit in der Struktur unterstreicht. Sich eine Teilnahme zu attestieren, ohne tatsächlich anwesend gewesen zu sein scheint moralisch aus der Perspektive von Tina, Bea und Denise keine Option. Auch Tessa betont den unproblematischen Umgang mit den Anforderungen. Für sie haften weniger die Struktur und ihre Vertreter/innen für Probleme der unterschiedlichen Leistungsanforderungen. An der (lebhaften) Diskussion zum Selbsttestat beteiligt sich Tessa nicht. Für sie scheint eine Konkurrenz zu ihren Mitstudierenden weniger relevant. Das Studium erscheint als eine Station auf dem Weg in den Beruf, bei dem Tessa vor allem die Lehrenden als Orientierungspunkte und Unterstützer*innen sieht. Das Handeln ihrer Kommilitonen findet weder positive noch negative Erwähnung und scheint für Tessa auf ihren Weg in den Lehrerberuf, keine Rolle zu spielen.

6.5.3 Gruppendynamik

Die Gruppe bezieht sich zunächst auf den Grundreiz und diskutiert eng entlang der gestellten Fragen der Moderatorin. Themen werden weniger abstrahiert, als dass sie stets an konkreten (selbsterlebten) Beispielen diskutiert werden. Damit kommen persönliche Erlebnisse zum Ausdruck und gleichzeitig wird der Anspruch auf eine allgemeingültige Aussage negiert. Anhand der Reaktion aus der Gruppe auf das geschilderte Beispiel wird dann untereinander abgeglichen, ob Erfahrungen kollektiv geteilt werden und wer wo anknüpfen kann, um den/die Vorrednerin in ihrer/seiner Aussage zu unterstützen oder sie abzulehnen. Die Benennung konkreter Fächer oder auch konkreter Dozierender wird innerhalb der Gruppe mit einem gegenseitigen Wiedererkennungseffekt aufgenommen und belebt die Diskussion um einen gegenseitigen Erfahrungsaustausch – der besonders denjenigen, die sich (zunächst) etwas ruhiger zeigten, die Möglichkeit gab, sich einzubringen. Elias (als einziger Mann in der Gruppe) tritt sehr selbstbewusst auf. Dies zeigt sich nicht nur an seiner regen Diskussionsteilnahme, sondern auch an seiner körperlichen Performanz. Die männlich sozialisierte Selbstverständlichkeit einen Raum einzunehmen wird von Elias sichtbar bedient. Auch akustisch sticht er mit einer tiefen lauten Stimme gegenüber den teilweise eher leisen Frauenstimmen hervor. Ferner vertritt er souverän seine Meinungen, auch wenn diese konträr zur Vorrednerin oder der Gruppe liegen. Damit provoziert er an einigen Stellen die Gegenrede besonders von Tina und Bea, die sich mit einigen seiner Aussagen nicht einverstanden erklären. Denise, die häufig als Erste das Wort ergreift, lenkt hingegen bei Widerspruch aus der Gruppe relativ schnell ein und relativiert ihre getroffenen Aussagen. In der Gruppe gibt es ferner Teilnehmende, die durch lange Redebeiträge hervorstechen (Denise und Rena). Kira und Tessa halten sich hingegen eher zurück. Bea muss zu Beginn der Diskussion erst mehrfach aufgefordert werden, ihre Ansicht in die Diskussion miteinzubringen. Trotz der unterschiedlichen Längen der Beiträge entsteht jedoch der Eindruck, dass alle Teilnehmenden zu Wort kommen und sich niemand der teilweise lebhaften Diskussion entzieht. Am Ende der Zeit wies die Gruppe noch keinerlei Ermüdungserscheinungen auf und auch die Wortbeiträge von anfänglich ruhigeren Personen, nahmen konstant zu.

6.5.4 Ergebnisdarstellung der Collagenarbeiten

Denise: „[…] dass man erfolgreich im Job ist, dass man sich aber trotzdem gleichzeitig wohl fühlt auch."

Die Collagenarbeit wird von Rena, Denise und Elias angefertigt (vgl. Abb. 13). Zunächst diskutiert die Gruppe, ob sie die Aufgabe als Gemeinschaftsprojekt angehen wollen oder ob jede/r eine Einzelcollage anfertigt. Obwohl sich für Ersteres entschieden wird, beteiligt sich Elias zunächst nicht an der Arbeit und nimmt erst zeitverzögert an der Aufgabe teil. Wie groß Elias' Anteil an der Collage tatsächlich ist, lässt sich nicht abschließend klären. Auch beteiligt er sich kaum an der Präsentation. Von ihm scheint vor allem die Überschrift beigesteuert worden zu sein. Die Gruppe beschreibt die Collage jedoch als Produkt eines gemeinschaftlichen Herstellungsprozesses. Bei der Präsentation der Collage durch Denise scheint sie bei der Bedeutung einiger Motive nicht sicher. Dann springt Rena ein, die sich offensichtlich für die entsprechenden Motive verantwortlich erklärt. Die Gruppe nutzt drei Viertel des verfügbaren Platzes für ausgesuchte Motive. Das obere Viertel wird von einer mit Filzstift verfassten Überschrift belegt (*Beruf ↔ Privat*), die durch ihre Größe sehr dominant wirkt. Als Stilmittel wurden hauptsächlich Bildmotive gewählt. Auf den ersten Blick erschließen sich unterhalb der Überschrift drei Bereiche, die wie Säulen mit von oben nach unten angeordneten Motiven und Texten angeordnet wurden. Dabei wurden die Bereiche jeweils unter einem Wort

Abbildung 13: „Meine Wünsche und Ziele für die Zukunft" Collage von Rena, Denise und Elias

bzw. dem Pfeil der Überschrift platziert. Da sich kaum ein Motiv mit einem anderen überlappt und durch die Form der Anordnung wirkt die Collage klar strukturiert und visuell übersichtlich.

Die Überschrift verweist auf die Inhalte der darunter angeordneten Motive und Texte. So thematisiert die linke Hälfte den späteren Beruf, die rechte Hälfte ist lebensweltlichen Themen (Familie, Konsum, Reisen) vorbehalten. Die mittlere Säule thematisiert die Work-Life-Balance zwischen rechtem und linkem Bereich. Der Gruppe erschien es offensichtlich einfacher, aussagekräftige Bilder für den privaten Bereich zu finden, als dass ihr dies gleichermaßen für den beruflichen Bereich möglich gewesen wäre. Zur Visualisierung des linken Bereichs (Beruf) wurden neben Bildmotiven auch verstärkt kurze Texte geklebt, während im rechten Bereich Bilder dominieren. In der Summe finden sich für beide Bereiche jedoch in etwa gleich viele Motive. In der Mitte dominieren drei relativ große Bildmotive. Hier findet sich ein größerer Text, sowie das Wort *Ende*, dem händisch ein Fragezeichen hinzugefügt wurde. Denise bestätigt die Aufteilung der Collage.

> Denise: „Also, wir haben auch aufgeteilt in Beruf und Privates. Äh, hier sehen wir, des ist so die private Seite (*zeigt auf die linke Seite der Collage*) der Wünsche und Ziele

> und des (*zeigt auf die rechte Seite*), des ist der, der berufliche Part und wir haben uns auch sone Mitte geschaffen, bei Dingen die einfach drauf zutreffen, auf beide, also, so was man sich für beides wünscht, ne Balance, ne gute, zwischen Beruf und privatem Leben oder in beiden Bereichen, im Grunde ist des Bild auch des Gleiche, einfach alles unter Kontrolle haben und diesen Ba-Balanceakt schaffen im Leben.“ (Z1326-132).

Die **linke Säule** thematisiert den Beruf. Sie besteht aus untereinander sortierten Bildern und Texten, die in zwei Reihen nebeneinander geklebt wurden. Unterhalb der Überschrift *Beruf* beginnt die erste Reihe mit dem Text *Die ganz große Freiheit*. Darunter folgt der Satz *Erfolgreich im Job*. Darunter wurde das Bild eines *Gewächshauses* geklebt, an dessen rechten oberen Rand das sehr kleine Motiv eines *Insektenhotels* montiert wurde. Darunter wurde das kleine Wort *Wohlfühlen* angebracht, diesem folgt der Text *Immer auf der Überholspur*. Die Reihe schließt mit dem Foto einer Wortcollage, auf der siebenmal untereinander in bunten Buchstaben der Satz *I think I can* steht. Als Abschluss der Wortcollage steht als letzter Satz *I knew I could*. Die zweite Reihe der rechten Säule beginnt mit dem Wort *Fördern*. Darunter folgt das Bildmotiv von unterschiedlich großen aufeinander *gestapelten Koffern*; aus dem untersten Koffer schauen bunte Bänder hervor. Es folgt ein Bild, auf dem *zwei Mädchen vor einer Tafel* stehen, auf der *PISA* geschrieben steht. Ein Mädchen steht mit der Seite zur Kamera und verbirgt das Gesicht in ihren Händen. Das andere Mädchen hält die Kreide in der Hand und lacht. Das Bild ist unterschrieben mit dem Satz: *Einfach lachhaft, was da alles zur PISA-Studie behauptet wird*. Darunter folgen zwei Bilder, die offensichtlich Schulsituationen darstellen. Auf dem ersten sind *junge Frauen beim Tanzen* abgebildet. Das zweite Foto zeigt eine *Lehrkraft im Dialog mit zwei Schüler*innen*. Dabei sitzen die beiden Schüler*innen an einem mit Schulmaterialien belegten Tisch, während der Lehrer sich zu ihnen beugt. Darunter findet sich das große Motiv einer Stoffeule, auf dem Bild steht *Eulen-Kissen* und *Nähen mit Niveau*. Zunächst nimmt Denise Bezug auf das Motiv der *gestapelten Koffer*. Diese würden symbolisch für die Anforderungen im Beruf stehen.

> Denise: „[...] am Anfang ist es nen großer Block, also, den wir stemmen müssen. Wir müssen viel vorbereiten für die Schule oder für den Beruf allgemein und es wird aber immer etwas weniger, aber es wird nie aufhören.“ (Z1337-1139).

Anschließend erläutert sie das Motiv des Gewächshauses, das speziell von ihr ausgewählt wurde: „Dass es nicht alles nur in den Räumen stattfindet, sondern dass man auch noch die Natur kennenlernt. Dass die Kinder mit der Realität zu tun haben draußen – Beispiel: nen Schulgarten.“ (Denise, Z1342-1343). Das Bild der *Eule* steht für Denise für Kreativität, die sie sich im Schulalltag erhalten möchte. Die ausgewählten Textzeilen erachtet Denise hingegen als selbsterklärend: „[...] dass man erfolgreich im Job ist, dass man sich aber trotzdem gleichzeitig wohlfühlt auch.“ (Denise, Z1345-1346). *Immer auf der Überholspur* erklärt Denise auf Nachfrage als den Anspruch: „[…] dass man nie äh, rastet, sich weiterbildet, dass man immer dabei ist, bei der Sache. Und halt auch trotzdem Spaß dabei hat.“ (Denise, Z1349-135). Das *PISA-Motiv* wird anschließend von Rena erläutert.

> Rena: „[…] ich wünsch mir halt, dass wir irgendwann drüberstehen […] dass man halt selbstbewusst wird im Beruf, dass man sagen kann: Okay, das, was ich mache als Lehrer, wird schon, wird schon passen und ich bereite meine Kinder gut auf den weiteren Lebensweg drauf vor.“ (Z1356-1359).

Beim darunterliegenden Doppelbild (junge Frauen beim Tanzen/Lehrkraft im Dialog mit zwei Schüler*innen) nimmt Rena Bezug auf den Text unter den Bildern. Für Rena transportiert sich in der Aussage die Relevanz von Schule als sozialem Raum: „[…] und dass man das auch fördert. Also, besonders Gruppenzusammenhalt finde ich sehr wichtig, Klassenzusammenhalt ja, sollte man nicht außer Acht lassen.“ (Rena, Z1365-1366). Mit dem PISA-Motiv hebt Rena den Wunsch hervor, unabhängig von gesellschaftlicher Kritik (hier in Form des bildungspolitischen Diskurses), selbstbewusst ihren eigenen Weg als professionelle Lehrkraft zu beschreiten. Diesem sich-verbitten der Einmischung von „außen“, setzt sie ihre pädagogischen Präferenzen in den folgenden Motiven entgegen: Sie stellt die Schule als sozialen Ort, als ein Miteinander ohne Ausgrenzung in den Mittelpunkt ihrer pädagogischen Vorstellungen. Dem folgt der Wunsch, sich die Kreativität im Schulalltag zu erhalten. Der Themenblock Beruf wirkt zweigeteilt, in einen rechten und einen linken Strang. Der rechte Strang scheint sich mit den eigenen Auseinandersetzungen, die an die künftige Profession herangetragen werden, zu beschäftigen. Zunächst wird mit dem Beruf *Die ganz große Freiheit* verbunden. Prominent an oberster Stelle geklebt, scheint dies verknüpft mit einer positiven und freudigen Erwartung gegenüber der beruflichen Zukunft. Dem folgt der Wunsch, *Erfolgreich im Job* zu sein. Darunter wurde die Vorstellung visualisiert, eigene Interessen und Themen (Natur/Biologie) in die Arbeit einfließen zu lassen und im Berufsalltag Spielräume zu besitzen, um diesen nach eigenen Ideen autonom zu gestalten. Dabei spielt das *Wohlfühlen* eine Rolle und auch die Bereitschaft, sich weiterzubilden (*Immer auf der Überholspur*), von Denise synonym mit *Spass haben* umschrieben, um eigene Grenzen zu erweitern und Neues kennenzulernen. Diese positive Vorstellung der zukünftigen beruflichen Perspektive wird unterstrichen von dem abschließenden Mantra *I think I can*, das wie eine Selbstbestätigung am Ende dieses Stranges steht und ein Hinweis darauf sein könnte, dass eine gewisse Sicherheit bezüglich der Bewältigung der kommenden Aufgaben vorhanden ist. Der linke Strang hingegen scheint die Anforderungen, die von außen herangetragen werden, zu thematisieren. Über der obersten Textzeile *Fördern*, den die Ersteller*innen der Collage eventuell als ihren favorisierten pädagogischen Auftrag verstehen, folgt zunächst das Motiv der Koffer. So stehen diese stellvertretend für die Anforderungen an die

Berufsanfänger*innen, die im Verlauf der zunehmenden Routine abnehmen, aber – so Denise, niemals ganz aufhören werden. Auch hier scheint im Kern ein positiver Blick auf die kommenden Belastungen geworfen zu werden. Sicherlich, so die Aussage, ist der Anfang zunächst belastend, aber absehbar, dass sich die Belastung im Verlauf nivelliert. Auch wird hier der Anspruch an sich selber transportiert, sich nie ganz auf eine Routine einzulassen.

Der **mittlere Bereich** liegt genau unter dem Pfeil zwischen Beruf und Privat in der Überschrift. Die Säule beginnt mit dem großen *Motiv von Lebensmitteln* (Käse, Wein, Feigen) die symbolisch für Genussmittel stehen und auf dem Motiv grafisch als ‚Balanceakt' angeordnet wurden. Unterhalb der Abbildung steht plakativ das Wort *BALANCE*. Dem folgt ein Motiv von *Kaffeetassen- und Gläsern*, die in ähnlicher Weise als Balanceakt angeordnet sind. Unterhalb dieser Abbildung steht der Text *Den Schweinehund gibt's bei mir nicht.* Darunter wurde ein Bild geklebt, auf dem ein *Mann mit nacktem Oberkörper* scheinbar mühelos an Speerspitzen lehnt. Der Block endet mit dem Wort *Ende*, dem ein Fragezeichen beigefügt wurde. Nicht alle Motive im mittleren Bereich werden von Rena kommentiert. Stellvertretend wählt sie das Motiv des *Mannes mit nacktem Oberkörper*, welcher an Speerspitzen lehnt. Denise erläutert dieses als Wunsch nach „[…] Stärke und Durchhaltevermögen in unsern beiden Lebenssituationen, also, beruflich als auch privat, weil wir das ja wahrscheinlich oft brauchen werden, dass wir durchhalten müssen, um an unsere Ziele zu kommen." (Denise, Z1334-1336).

Beidem, Beruf und Freizeit scheint in der Collage eine gleichrangige Priorität eingeräumt zu werden. Die Collage vermittelt über ihre Aufteilung weniger den idealisierten Blick auf die Profession als ganzheitliche Lebenshaltung, die Berufliches und Privates selbstverständlich miteinander vermischt. Vielmehr wird in der Collage der Wunsch transportiert, beide Bereiche voneinander abzugrenzen. Genau dieses Thema behandelt die mittlere Säule. Die Balance zu halten, wird zu einer Pflichtaufgabe erklärt. Sie impliziert die Sorge vor der Überforderung im beruflichen – aber auch im privaten Bereich. Ferner scheint sich hier der Wunsch nach einer klaren Struktur und Planbarkeit im Leben zu transportieren. Denise stützt diesen Gedanken, wenn sie als Kommentar den Wunsch nach „Stärke und Durchhaltevermögen" formuliert. Die Balance zu halten, wird somit zu einer (Eigen-)Leistung, die sich selbst mit entsprechender Disziplin abverlangt wird. Das dazugehörige Bild eines Mannes, der seinen Körper auf Speerspitzen jongliert, visualisiert diese Vorstellung. So gelingt es dem Mann, die auf seinen Körper gerichteten Waffen (Speerspitzen) kunststückartig so zu biegen, dass sie ihn mehr tragen, anstatt ihm zu schaden / ihn zu verletzen. Dieses Motiv könnte als Wunsch interpretiert werden, zukünftige Widerstände mit Geschicklichkeit zum eigenen Vorteil zu nutzen.

Die **linke Seite** unterhalb der Überschrift *Privat* beginnt mit einem sehr kleinen Bild eines *schlafenden Säuglings*. Recht neben dem Säugling findet sich das Motiv eines *Hauses*, welches durch Bäume hindurch aufgenommen wurde. Dem folgt ein *Cartoon*, der die Aufgabenverteilung der Kinderbetreuung zwischen einem Paar thematisiert. Rechts von dem Cartoon klebt das Motiv einer *Katze*. Rechts unterhalb des Cartoons findet sich der sehr kleine Textausschnitt, auf dem *Genießen* steht. Direkt unterhalb des Cartoons folgt das Bild eines *Kleinwagens*. Unter diesem Bild findet sich das Motiv eines *lachenden Kindes*, einer *Familie* (Vater, Mutter, drei Kinder) die lächelnd in einem Bett liegen und das Foto eines *Computerbildschirms*, auf dem eine Glühbirne abgebildet ist. Unterhalb der Familie wurde das Bild eines Grenzpfahls, vor dem fünf Gepäckstücke stehen, geklebt. Links davon befindet sich das *Porträt eines älteren Mannes mit Zylinder*. Zunächst erwähnt Denise die Relevanz des Themas Familie: „Man wünscht sich ne Familie zu gründen." (Denise, Z1368). Das *Bild des Hauses* steht dabei stellvertretend für „die eigenen vier Wände" (Denise, Z1373), das *Katzenmotiv* wird von Denise zum visualisierten Wunsch nach einem Haustier erklärt. Nicht alle Bilder können von Denise gleichermaßen erläutert werden, hier scheinen eher individuell Motive ausgewählt worden zu sein. So springt Rena ein und erklärt das *Motiv eines lachenden Kindes* als allgemeinen Wunsch nach Glück (von Denise zunächst fälschlich als Kinderwunsch interpretiert). Auch das Automotiv scheint von Rena ausgewählt. Beim Motiv des *Gepäcks* sind sich beide dann einig, dass dieses Bild den Wunsch nach Freizeit und Urlaubsreisen (Rena: „Weltreise" Z1377) darstellt. Im privaten Bereich scheint der Wunsch nach Gemeinschaft in einer familiären Umgebung zu dominieren. „Glück" wird zum Synonym für eine normative Vorstellung von Familiengründung und dem dazugehörigen „Nestbau" (Haus, Haustier, Kinder). Der angefügte *Cartoon* verweist auf die Auseinandersetzung mit der Doppelbelastung durch Familie und Beruf. Hier ist anzunehmen, dass dieser Bereich eher von den beiden Frauen gestaltet wurde. Statussymbole werden auf dezente, selbstverständliche Art angesprochen. So erwähnt Rena als Reiseziel eine Weltreise. Wohnen wird assoziiert mit einem (freistehenden) Haus in ländlicher Umgebung und der Wunsch nach einem Auto wird über einen Kleinwagen einer traditionell hochpreisigen Automarke verdeutlicht. Hier scheint ein Standard eingefordert zu werden, der als gesetzt gilt (da nicht weiter kommentiert) und einer konventionellen Ästhetik des mittleren gehobenen Milieus folgt (klassisch-gediegen, naturnah, nicht extravagant, aber wertig). Eine im Vergleich sehr kleine Textzeile mit dem Wort *Genießen*, könnte darauf verweisen, dass eine hedonistische Tendenz vorhanden ist, diese aber eine eher untergeordnete Rolle spielt. Das Porträt des Mannes, der sich Weltfrieden und Sonne wünscht, unterstützt den Eindruck, dass der private Bereich eng mit dem Wunsch nach einem idyllischen, friedlichen und zurückgezogenen Leben im Familienkreis dominiert. Das Motiv des *Computers* bringt Rena in Zusammenhang mit dem *Eulenmotiv*. Beide Motive symbolisieren für sie Kreativität: „Ja, der Computer soll für schlaue Ideen stehen, also, mit dieser Glühbirne drinnen, „[...] so ähnlich wie die Eule, also auch für Kreativität für ja, hell im Köpfchen sein, sowas [...]." (Rena, Z1379-1381). Auf

Nachfrage der Moderatorin erläutert Denise anschließend das in der mittleren Säule befindliche Wort *Ende?*

> Denise: „Das Wort *Ende* trifft auf Vieles zu. Einmal, wann hört man auf, wann ist der Schnitt, äh, hört man auf, wenn man grad so am Höhepunkt is vom Glücklich sein, hört man auf, wenn man jetzt sagt, jetzt wär's mal Zeit für Rente – einfach so, weil's doch, bei allem trifft es zu, das Wort *Ende* und des im Grunde is ja auch, wo nen festgelegtes Ziel is, wo wir nicht sagen können – das wünschen wir uns, sondern das ist so fest, dass das trifft irgendwann ein, wann – das weiß man nicht." (Z1388-1393).

Diese offene, nicht beeinflussbare Größe sollte außerdem den Schlusspunkt der Collage darstellen: „Genau, das ist einfach noch nicht so bekannt, dass fanden wir einfach nen schönes Ende für dieses Plakat." (Denise, Z1396-1397). Zusammenfassend behandelt die Collage „klassische" Themen und Wünsche, die auf eine respektable und konventionelle Sichtweise, vor allem im privaten Bereich verweisen. Das Erreichen der Wünsche scheint über die Mitte der Collage verdeutlicht. Hier spielt das Sich-Auferlegen von Disziplin, Leistung und Pflicht zum Erreichen der gewünschten Ziele eine tragende Rolle. Die Auseinandersetzung mit dem zukünftigen Berufsalltag wird mit einem überwiegend positiven und optimistischen Blick transportiert. Trotzdem der Wunsch nach Balance durch die mittlere Säule innerhalb der Collage stark akzentuiert wird, finden sich im Bereich Beruf wenige Anzeichen der Thematisierung von Überforderung und kein Verweis auf Sorgen hinsichtlich einer übermäßigen Belastung. So dominiert eine selbstbewusste Haltung gegenüber den Anforderungen sowie ein starker Wunsch, autonom agieren zu können. Dies betrifft sowohl die Unterrichtsgestaltung als auch den allgemeinen Wunsch nach Anerkennung. In der Diskussion spiegelt sich vor allem von Denise vorgetragenen Bedenken gegenüber der Anerkennung des Lehrerberufs wider. Dies impliziert aber auch, dass nur die im Praxisfeld stehende Lehrkraft das „Recht" hat, über den Beruf zu urteilen. Die bereits in der Diskussion getätigten Abgrenzungen gegenüber den als nicht qualifiziert gewerteten Aussagen zum Lehrerberuf werden in der Collagenarbeit somit erneut aufgegriffen und visualisiert. Die Gruppe präsentiert außerdem mit der Thematisierung der Zeit nach dem Beruf und dem Lebensende, Gedanken an eine Lebensphase, die weit in der Zukunft liegt. Dies verweist erneut auf eine Planungs- und Sicherheitsorientierung. Der Lebensweg scheint so bis zur Rente vorgezeichnet, einzig der Zeitpunkt, wann der Schritt aus der Arbeitswelt vollzogen wird, bleibt offen.

Abbildung 14: „Meine Wünsche und Ziele für die Zukunft" Collage von Kira, Tessa, Tina und Bea

Kira: „[...] wir wünschen uns ne schöne Schule, ähm, ein gutes Kollegium, mit dem wir uns gut verstehen [...]."

Die zweite Collagengruppe, bestehend aus Kira, Tessa, Tina und Bea, geht planvoll und strukturiert an die Aufgabe. Bevor die Zeitschriften gesichtet werden, fertigt die Gruppe eine Skizze an und diskutiert und notiert, welche Aspekte in der Collage thematisiert werden sollen. Um das mittig mit Filzstift geschriebene Wort *Zukunft* gruppieren sich Bildmotive sowie einzelne Wörter (vgl. Abb. 14). Einige Motive wurden thematisch eng umeinander gruppiert. Andere Bilder, besonders in der oberen Hälfte der Collage, stehen einzeln mit Abstand zu den anderen. Die größeren Bildmotive oberhalb der Überschrift scheinen die Collage zu dominieren, da sie als „Eyecatcher" dem Betrachtenden sofort ins Auge fallen. Die untere Hälfte der Collage weißt hingegen größere Lücken auf. Hier befinden sich zwei Themenblöcke mit kleineren Bildmotiven. Besonders die drei in sich verschachtelten Motive unterhalb der mittigen Schrift wirken im Vergleich zur restlichen Verteilung alleinstehend.

Im **linken oberen Viertel** der Collage werden lebensweltliche Themen (Finanzen, Familie und Geselligkeit) visualisiert. In der oberen linken Ecke findet sich ein größeres Motiv einer *stehenden Frau, die ein Mädchen an der Hand* hält. Beide lächeln in die Kamera. Im Hintergrund ist eine Berglandschaft zu sehen. Links davon befindet sich ein sehr kleines Motiv eines *Vogels im Käfig*. Unterhalb die Zeichnung einer *Katze* geklebt. Rechts von dem Bild mit der Frau mit Kind steht das Wort *Kinder*. Darunter findet sich das große Porträt einer *Familie*. Zwischen Katze und Familienbild wurde das Motiv einer Personengruppe um einen *gedeckten Tisch* geklebt. Unterhalb dieses Motivs, auf Höhe des mittig angebrachten Begriffs *Zukunft* wurde rechts das Wort *Geld* montiert, links daneben klebt die Grafik einer *Pyramide*, welche mit dem Text *Sparkassen Finanzkonzept* überschrieben ist. Oberhalb des Begriffs *Zukunft*, rechts neben dem Familienbild klebt das Motiv eines *Jungen auf einer Wasserrutsche*. Darüber findet sich das Wort *Leidenschaft*. Im **linken oberen Viertel** prangt das große Motiv einer *Frau, die in eine Schokolade beißt*. In der linken oberen Ecke dominiert ein großes Bild eines *Kreuzfahrtschiffes*. Links davon klebt eine *Weltkugel*. Zwischen beiden Motiven wurde eine *Reisetasche* montiert. Darunter findet sich eine *Landschaftsaufnahme* von einer Landspitze. Das Motiv ist überschrieben mit dem Wort *Reise*. Rechts davon wurde das Wort *Zeit* angebracht. Unterhalb dieses Themenblocks, auf Höhe der mittigen Schrift *Zukunft* finden sich rechts vier Motive und ein Wort, die als Themenblock gruppiert wurden. Das große Bild eines futuristisch anmutenden *Hauses auf einem Felsen* wird überlappt von einem Motiv, das ein *modernes Einfamilienhaus* darstellt. Darunter folgt das Bild eines *Elektroautos*. Das Wort *Haus* klebt darunter. Der Block schließt ab mit einem kleinen, länglichen Motiv eines *Straßenzugs mit mittelalterlichen Häusern*.

Für die Gruppe erklärt Kira die Collage. Dabei geht sie nicht auf jedes Motiv ein, vielmehr zieht sie einzelne Bilder oder Texte beispielhaft heran, um einen thematischen Block zu erläutern. Sie beginnt mit dem oberen linken Viertel, das für Kinderwunsch, Familiengründung und den Besitz von dazugehörigen Haustieren steht. Auch das Thema Freundschaft fällt in diesen Bereich, wie sie anhand des Bilds mit den *Menschen am gedeckten Tisch* erklärt. Das Bild vom *Jungen in der Wasserrutsche* steht dabei für den hedonistischen Wunsch nach „Spaß". Die *Frau mit Schokolade* symbolisiert für Kira „Leidenschaft und Genuss" (Kira, Z1428). Der Wunsch nach einem Eigenheim wird verknüpft mit einer modernen Ästhetik, die eine Variante des klassischen Einfamilienhauses darstellt. Der Besitz eines Autos geht mit einem ökologischen Bewusstsein einher, symbolisiert über ein Elektroauto. Ferner verweisen die gewählten Motive für Familie auf den Wunsch nach Familiengründung, dem klassisch-normativen Konzept entsprechend sowie der Vorstellung von Harmonie im familiären Rahmen.

In der **linken unteren Ecke** finden sich vier Motive, die kreisförmig um das Wort *Gesund* gruppiert wurden. Kira erläutert diesen zum Themenblock: „[...] dann, ähm, ist auch die Gesundheit für uns wichtig. Also, hier haben wir dann gesundes Essen, dass wir nicht krank sind, ähm ja, natürlich auch Sport damit in Verbindung." (Kira, Z1437-1438). Der Themenblock Sport und Gesundheit unterstreicht eine pflichtbewusste und asketische Haltung. Sport wird zu einer selbstverpflichtenden Aufgabe erklärt (*Joggerin*). Eine gesellige und gemeinschaftliche Seite von Sport findet hier keine Erwähnung. Das Motiv eines *Radrennens* betont hingegen den Aspekt Konkurrenz bei bestimmten Sportarten. Die Abbildung einer *hustenden Frau,* die mit rotem Filzstift durchgestrichen wurde, scheint wie ein Verbotsschild darauf hinzuweisen, was es zu vermeiden gilt: Die selbstauferlegte Verpflichtung, nicht zu erkranken. Im Gegensatz zum oberen Motiv der *Frau mit Schokolade,* wird in diesem Themenblock die Nahrungsaufnahme (*Motiv Fischgericht*) nicht im Kontext von Genuss betrachtet, sondern als die individuelle Verantwortung für die eigene Gesundheit verstanden.

Eine Sicherheitsorientierung wird verdeutlicht über das Wort *Geld* in Verbindung mit dem Motiv vom *Sparkassenfinanzkonzept.* Finanzen werden in Zusammenhang mit einer längerfristigen Planung gedacht. Ferner scheint die Gruppe sich darin einig, in welche materiellen Güter sie investieren wollen. Kira erläutert die Motive: „[...] um so einen gewissen Lebensstandard führen zu können, hätten wir auch gerne Geld. Ja, genau und das alles um unsere Zukunft herum, genau und glücklich sein." (Kira, Z1439-1441). Tina ergänzt diese Erläuterung. Sie geht hierbei auf die Thematisierung von Geld ein:

> Tina: „[...] wenn man wirklich, ähm, reisen möchte und so, ist man einfach auf das Geld angewiesen oder auch allein nur, um sich zu ernähren oder um die Miete zu zahlen und, ähm, deswegen fand ichs notwendig. Es ist nicht unbedingt sehr wichtig, es ist nicht so wichtig, wie jetzt vielleicht, äh, die Familie oder allgemein glücklich zu sein, aber es fördert das halt." (Z1459-1462).

Unterhalb des Begriffs *Zukunft* findet sich zunächst ein kleines vereinzeltes Wort: *Glücklich.* In einigem Abstand darunter folgt ein kleiner Themenblock mit drei Motiven, der den Beruf thematisieren soll. Ein Bild zeigt ein *leeres Klassenzimmer.* Rechts davon findet sich das Motiv von *Personen, die an einem Tisch sitzen* und sich angeregt unterhalten. Unter beiden Motiven findet sich eine *Naturaufnahme* einer Eichel, die von Ameisen transportiert wird.

> Kira: „[...] also, wir haben – wir wünschen uns ne schöne Schule, ähm, ein gutes Kollegium, mit dem wir uns gut verstehen und dass hier, das hier steht auch sonen bisschen für, oh ja, Teamarbeit, also, dass, oder auch sonen bisschen [unverständlich]." (Z1434-1436).
>
> Tina: „Ja, für Teamarbeit oder dass man auch schwere Sachen bewältigen kann." (Z1437).

Bei der Thematisierung der beruflichen Zukunft dominiert die Auseinandersetzung mit den idealen Rahmenbedingungen. Gewünscht wird ein kollektives Miteinander auf Augenhöhe, als Entlastungsstrategie für berufliche Situationen, die alleine nicht zu bewältigen sind. Das Bild der am Tisch miteinander diskutierenden Menschen verweist auf die Relevanz von kollegialem Austausch, der Zugehörigkeit und der Sicherheit innerhalb der Gruppe. Das Motiv der Ameisen, die gemeinsam ein Gewicht tragen, unterstreicht die Wichtigkeit einer funktionierenden Gemeinschaft. Hier scheint die Sorge vor der Überforderung mit den späteren Aufgaben durch den Wunsch nach Entlastung durch gemeinschaftliche Hilfe kompensiert. Ferner suggeriert das gewählte Motiv, dass es dem Einzelnen nicht möglich ist, die Verantwortung alleine zu tragen. Die Hilfe der anderen wird damit lebensnotwendig zum Überleben, um nicht von der Aufgabe (dem Gewicht) „zerquetscht" zu werden. Ferner suggeriert das Motiv die Erwartung einer gewissen Routine im beruflichen Alltag. Der Vergleich mit einer Ameise verweist außerdem auf ein von Disziplin gekennzeichnetes Arbeitsethos und signalisiert die Anpassungsbereitschaft und Einordnung in die vorgefunden Hierarchie. Auffällig ist, dass für die Auseinandersetzung mit dem Beruf auf die Darstellung von z. B. Schüler*innen verzichtet wurde. Als Synonym für eine „schöne Schule" wird stattdessen das Motiv eines (leeren) aufgeräumten Klassenzimmers gewählt. Pädagogische Präferenzen werden ferner nicht thematisiert. Dies könnte ein Hinweis darauf sein, dass sich die vier Erstellerinnen der Collage unausgesprochen einer Haltung sicher sind, die aus ihrer Sicht die Erwähnung dieses Themas nicht mehr notwendig macht. Ferner werden anhand der Thematisierung im Rahmen der Collage Parallelen zur Diskussion deutlich, in der sich häufiger mit Formalitäten und Rahmenbedingungen beschäftigt wurde, als dass Motive und Inhalte zur Sprache kamen.

In der Collage wird der Wunsch nach Gemeinschaft, sowohl im privaten Umfeld als auch im beruflichen Kontext betont. Durch die Vorstellung der Collage nimmt sich besonders Kira, die im Diskussionsteil zurückhaltend agiert hat, den Raum sich zu präsentieren. Die Collage zeichnet ein überwiegend positives Bild von der Zukunft. Es dominieren lebensweltliche Themen. In der Darstellung finden sich neben dem Wunsch nach stabilen Beziehungen in Form der klassischen Familienkonstellation, Sicherheit (Geld) und der Erwerb von Statussymbolen (Haus, Auto) auch hedonistische Ansätze. Lebensfreude wird in mehreren Motiven thematisiert, die an prominenter Stelle der Collage hervorstechen. Positive Emotionen („Leidenschaft") verbunden mit Spaß und Genuss scheinen als Leitthemen für die Zukunft ins Visier genommen. Die Collage wirkt ferner zweigeteilt: Werden im obere Bereich Wünsche und Vorstellungen visualisiert, wird im unteren Bereich mit dem Themenkomplex Gesundheit und Beruf ein Arbeits- und Leistungsethos vermittelt, dessen Darstellung im Vergleich kleiner ausfällt und vom oberen Bereich dominiert erscheint. Drei Motive beschäftigen sich inhaltlich mit der beruflichen Zukunft. Räumlich nehmen diese in der Collage im Vergleich wenig Platz unterhalb der Mitte ein. Die Abgrenzung zwischen privaten Themen und dem Beruf wird ferner durch die räumliche Entfernung visualisiert. So steht der Block Arbeit/Beruf alleine mit großem Abstand zu allen anderen Motiven der Collage. Auch mit dem Muster, die Themen ineinander übergehen zu lassen, wird für den Bereich Beruf (aber auch für den Bereich Gesundheit) gebrochen.

6.5.5 Gruppenwerkstatt D: Erste Hinweise zum Zusammenhang von Habitus, Milieu und Studium

Elias präsentiert eine individualistische Strategie als Garantie für ein erfolgreiches Studium. In seiner Selbstinszenierung dominiert ein hoher Selbstbezug. Betont wird ein gelassener Blick auf die Anforderungen. Gegenüber der Gruppe vertritt Elias einen individuellen Standpunkt und scheut sich nicht davor, seine (teilweise quer zur Gruppenmeinung liegende) Meinung konfrontativ zu verteidigen. Wichtig ist ihm, das Studium autonom zu gestalten. Die neue Studienordnung erklärt er zum Komplizen des Ziels, möglichst viele Freiheiten im Studium zu haben. *Freiheit* wird dabei synonym mit *Freizeit* verwendet. Mit einem selbstbestimmten Studium verbindet Elias vor allem die Abwesenheit von (Anwesenheits-)Kontrollen. Gegenüber der Gruppe „outet" sich Elias als Student, der sich von Hedonismus leiten lässt. Er präsentiert zum einen großes Selbstvertrauen in die eigenen Fähigkeiten, indem er die Leichtigkeit im Umgang mit den Anforderungen betont. Zum anderen nutzt er seine Darstellung, um sich von seinen Kommiliton*innen (und auch der Gruppe) abzugrenzen. Seinen individuellen Umgang mit den Studienzeiten stellt er selbstbewusst als das Ergebnis seiner pädagogischen Eignung für das Studium heraus. Dem Leistungsprinzip setzt Elias hier distinktiv Interesse und Engagement als die eigentlich geforderten Ressourcen im Studium entgegen, ohne dass Elias seine besonderen inhaltlichen Interessen konkret benennt. Bereits die Studienwahl wird von ihm als zufälliger Wunsch beschrieben. In seinen Aussagen zeigt sich aber auch eine Orientierung an den Rahmenbedingungen im Studium: Der Leichtigkeit und unprätentiösen Form, mit der Elias seine Studienbewältigung präsentiert, steht eine Kalkulation entgegen, wie hoch die Dosis an Hedonismus sein darf, um den Studienerfolg nicht zu gefährden. Phasen des „Müßiggangs" müssen von Elias durch Lernphasen kompensiert werden, in denen er die genossenen Freiheiten in Form einer hohen Prüfungsdichte ausgleichen muss. Gegenüber der Gruppe vertritt Elias die Forderung, die Motive und das Handeln von Kommilitonen nicht zu bewerten bzw. zu kritisieren. Zentral sollte hingegen die Aneignung von Studieninhalten für die persönliche Weiterentwicklung sein (*„mach Dein Ding"*). Diese vertretende egalitäre Sichtweise wirkt stellenweise belehrend und distinktiv. So werden Schwierigkeiten und Hürden im Studium, die auch aus der Gruppe heraus angesprochen werden, von Elias einzig in die Verantwortung des Einzelnen zurückgeschoben und zum Ausdruck einer verfehlten Haltung gegenüber dem Studium erklärt. Kritik an der Struktur bzw. an deren Vertreter*innen wird von Elias ausgeblendet.

Für **Bea** zählt im Studium vor allem das Leistungsprinzip. Die Sorge, nicht ausreichend Anerkennung für die erbrachten Leistungen zu erhalten, scheint in vielen angesprochenen Themen mitzuschwingen. Ihr Blick auf das Studium wird stets mit Pflicht und Zwang in Verbindung gesetzt und wirkt außengeleitet. Zentrale Themen sind die Bewältigung der Leistungsanforderungen und darin implizit die Forderung nach Leistungsgerechtigkeit. Sie präsentiert eine sicherheitsorientierte und pragmatische Strategie, um möglichst Dozierende und Studieninhalte zu wählen, die mit geringem Aufwand eine gute Note garantieren. Ihr Interesse an Inhalten (das sie durchaus bekundet) steckt sie selbstverständlich hinter dem Streben nach guter Benotung zurück. Kommiliton*innen werden dabei zur taktischen Informationsquelle, um zu erfahren, in welchem Fach und bei welcher Lehrperson das Ziel möglichst niedrigschwellig zu erreichen ist. Dementsprechend groß ist ihre Kritik an den unterschiedlichen Leistungsanforderungen in den Fächern, bergen sie doch das Risiko, dass ihre Strategie nicht aufgeht bzw. das angestrebte Ziel nicht planbar wird. Die Sorge vor fehlender Anerkennung zieht sich wie ein roter Faden durch Beas Ansichten. Statusorientiert kritisiert sie, dass das Grundschullehramtsstudium gegenüber anderen Studiengängen als weniger wertig angesehen wird und somit ihre akademische Karriere abgewertet wird. Auch die Gleichsetzung des Niveaus der Lehrinhalte des Studiums mit der Wissensvermittlung in der Grundschule (hier greift Bea auf Erlebnisse und Reaktion auf ihr Studium im privaten Rahmen zurück) empfindet sie als fehlende Wertschätzung und Herabsetzung ihrer Anstrengungen im Studium. Das Verhältnis zu ihren Kommiliton*innen ist von Konkurrenzdenken geprägt. Von den Lehrenden fordert sie Leistungsgerechtigkeit. Alle Studierenden sollen unter den gleichen Konditionen studieren. Unter Leistungen versteht Bea dabei Anforderungen in schriftlicher oder mündlicher Form, die ihren Wert einzig durch die Bewertung der Lehrenden erhalten. Die investierte Arbeit wird dann entwertet, wenn sie nicht im Vergleich mit anderen Studierenden bewertet wird. Die Sorge, dass ihre Kommilitonen mit weniger Anstrengungen das gleiche Ziel erreichen, kommt einer fehlenden Anerkennung ihrer Leistungen gleich. Eigenverantwortung und Selbstständigkeit, die im Studium gefordert werden, sieht Bea als eine von außen auferlegte Aufgabe, die für sie jedoch zu einem Autonomiegewinn führt, der außerdem im Sinne einer guten Vorbereitung auf den Beruf positiv zu bewerten ist.

Bereits in der Vorstellungsrunde gibt sich **Rena** selbstbewusst als Expertin zu erkennen. Sie erwähnt, bei einem Praktikumsaufenthalt im Ausland *„als Lehrerin“* (Z84) gearbeitet zu haben. Das Auftreten als Expertin zieht sich auch durch ihre Einschätzung des Umgangs der Pädagogischen Hochschule mit den Studierenden. So nehmen die Lehrenden *„Rücksicht“* (Z254) und es wird *„sich Mühe gegeben“* (Z261), den Studierenden eine gute Studienorganisation zu bieten. Die Struktur wird von ihr in Schutz genommen. Missstände, die mit der neuen Studienordnung entstanden sind, entschuldigt sie als ungewollt und (mittlerweile) von den Verantwortlichen erkannt und korrigiert. Die Problemlosigkeit der Studienorganisation wird betont. Auftretende Schwierigkeiten (etwa mit Überschneidungen) werden zunächst negiert, um sie dann als individuell lösbare Aufgabe herauszustellen. Als Aufgabe der Statusgruppe Student*in pocht sie auf das selbstverständliche Umsetzung der geforderten Eigenverantwortung im Studium. Kritik, die Rena äußert, fokussiert sich auf Defizite von Lehrpersonen, etwa in der didaktischen Vermittlung oder in der praktischen Unterstützung. Dabei formuliert sie auch ihre Kritik aus einer Expertinnensicht und straft die PH aus einer „gönnerhaften“ Position ab, indem sie stets darauf verweist, zu wissen, welche Inhalte und Kompetenzen für eine Grundschullehrkraft im Berufsalltag von Relevanz sind. Ohne dies weiter zu benennen, scheint sie sich hier auch auf die familiären Austausch zu berufen (beide Elternteile arbeiten als Lehrkräfte). Selbstbewusst präsentiert Rena ihre Strategie, eigenständig zu handeln, indem sie didaktische Konzepte aus anderen Fächern adaptiert und sich auf ihre Erfahrungen, die sie bereits im Unterrichten sammeln konnte, stützt, um unabhängig von der Betreuung durch die Lehrenden ihren Weg in der Praxis zu finden. Selbstverantwortung im Studium zu übernehmen, thematisiert Rena als eine Frage von moralischen Grundsätzen im Umgang mit den Freiheiten, die den Studierenden von den Verantwortlichen gewährt werden. Dass die Struktur den Studierenden weitreichende Freiheiten bietet, sollte von den Empfänger*innen nicht als selbstverständlich verstanden werden und mit einem eigenverantwortlichen Umgang „gedankt“ werden. Für sie beinhaltet der Status als Studierende die selbstverständliche Anforderung, Autonomie und Eigenverantwortung im Studium übernehmen zu *wollen* und zu *können*. Die Betonung von Eigenverantwortung wird von ihr als Mittel der Distinktion gegenüber ihren Kommiliton*innen verwendet. Die Differenzierung zwischen Lehramt an der Universität und der Pädagogischen Hochschule impliziert, dass Rena beide Ausbildungen als nicht gleichwertig versteht. Auch scheint Rena mit dem Studium an der Pädagogischen Hochschule einen Statusverlust zu verbinden, denn sie versucht, über die Abwertung der (theorielastigen) universitären Ausbildung zu nivellieren.

Tinas Wahl des Lehramtsstudiums scheint auch die Konsequenz aus dem Nichterreichen des ursprünglichen Ziels (Universitätsabschluss) zu sein. Die Erkenntnis, den Leistungsanforderungen nicht zu genügen und im Wettbewerb nicht zu bestehen sowie die befürchtete berufliche Perspektivlosigkeit (geringe Job-Chancen) führen zum Grundschullehramt als dem „sicheren“ Plan B. Pragmatisch präsentiert sie die realistischen Überlegungen, im Grundschullehramt ihre bisherigen Erfahrungen im pädagogischen Feld und das Interesse an Naturwissenschaften zusammenfließen lassen zu können. Unterstützung scheint sie dabei aus ihrem Umfeld bekommen zu haben, das ihr bestätigt, über die grundlegenden pädagogischen Kompetenzen (Wissen motiviert vermitteln) zu verfügen. In Tinas Diskussionsbeiträgen nehmen die Themen Pflicht und die Erfüllung der Vorgaben eine prominente Stelle ein. Die häufige Verwendung des Modalverbs „muss“ verweist darauf, dass Studieren vor allem mit dem Erfüllen von außen auferlegter Pflichten und Anforderungen in Verbindung steht. Tina präsentiert den Anspruch an sich, alle Anforderungen mit einer mindestens guten Benotung zu erfüllen. Prüfungsergebnisse dienen ihr als Bestätigung und Absicherung, (diesmal) die richtige Studienwahl getroffen zu haben. Die Erfahrung des Studienabbruchs scheint den Absicherungsgedanken gefördert zu haben. Auch zieht Tina mehrmals ihr Erststudium als Referenzrahmen heran, um die Pädagogische Hochschule positiv hervorzuheben (bessere Betreuung, einfachere Prüfungen). Tina vertritt die Auffassung, die Qualität eines Seminars bemesse sich in der Höhe der Leistungsanforderungen. Je mehr sie gefordert wird, um entsprechende Punkte zu bekommen, als umso wertvoller versteht sie den Lernerfolg. Auch beschreibt sie Anforderungen, die sie an ihre Grenzen bringen, als gute Vorbereitung auf die Praxis (das Referendariat). Entspricht ein Seminar nicht ihren Leistungserwartungen, wird dieses von ihr selbstständig an anderer Stelle wiederholt. Tinas Verhältnis zu den Lehrenden ist ein distanziertes. Sie nennt keine Namen und verortet die Dozierenden als Gruppe zu einem Fach (die Deutsch-Dozierenden, die Mathe-Dozierenden). Die Lehrenden werden von ihr als übergeordnete Instanzen akzeptiert, an denen sie sich orientiert. Mit ihren Kommiliton*innen tauscht sich Tina über die Qualität der Lehrstile bestimmter Dozierender aus und wählt entsprechend die Seminare aus. Entspricht eine Lehrveranstaltung nicht den Erwartungen, besucht Tina sicherheitsorientiert zusätzliche Lehrveranstaltungen zum Thema. Dementsprechend hochgehängt werden positive Beispiel von Lehrenden, die durch einen den Studierenden besonders zugewandten Lehrstil auffallen. Ähnlich wie Kira nutzt Tina diese Beispiele, um sich von den Studierenden abzugrenzen, die diese Angebote nicht schätzen und qualifiziert diese als künftig schlechte(re) Lehrer*innen ab. Kritik übt sie ferner an den Studierenden, die sich Leistungen „erschleichen“. Tina empört sich über die Studierenden, die sich unlauterer Mittel bedienen, stellt aber gleichzeitig fest, gegen dieses Verhalten machtlos zu sein. Als Mittel, um ihre Missbilligung zur Schau zu stellen, wählt sie eine soziale Ausgrenzung und meidet den Kontakt. Tina präsentiert ferner ein pragmatisches und taktisches Verhältnis zu Theorie und Praxis. Theorie ist für sie dann von Relevanz, wenn sie auf die Praxis anwendbar ist. Theoretisches Wissen, das keinen praktischen Bezug für sie hat, wird als wertlos erachtet und infrage gestellt. Die spätere pädagogische Bewährung im Feld hat für sie eine höhere Relevanz gegenüber theoretischem Wissen, das später im Feld keinen Wert mehr zu haben scheint.

Im Mittelpunkt von **Kiras** Aussagen steht ein sehr positives Bild vom Studienalltag und der Pädagogischen Hochschule. Dabei positioniert sie sich in ihren wenigen Redebeiträgen aufseiten der Struktur und verteidigt diese auch gegenüber kritischen Stimmen innerhalb der Gruppe. Sie zieht positive Beispiele aus ihrem individuellen Erleben heran, die als Beleg für die funktionierende, positiv besetzte Struktur genutzt werden. Kira akzeptiert die Struktur, der sie sich wie selbstverständlich anpasst. Die Studienorganisation wird von ihr generell als unproblematisch beschrieben. Schwierigkeiten (z. B. Kursüberschneidungen) werden als selbsterlebte Beispiele herangezogen, um individuelle Lösungswege zu präsentieren. Dementsprechend positiv ist auch die Sicht auf die Lehrenden und die Betreuungssituation. Die Ansprechbarkeit scheint stets gegeben und stellt keine Hürde dar. Dabei fungieren die Lehrenden für Kira als Anleiter*innen. Sie erwartet genaue Vorgaben, die von den Studierenden selbstverständlich erfüllt werden müssen. Kira überträgt damit die vertraute Schulsituation auf das System Hochschule. Positiv hebt sie außerdem Lehrende hervor, die in ihrem Unterricht auf die individuellen Bedürfnisse der Studierenden eingehen, indem sie z. B. die unterschiedlichen Wissensstände der Studierenden berücksichtigen. Diesen Punkt nutzt Kira, um sich von Kommiliton*innen abzugrenzen, die diese „Angebote" von Dozierenden missachten. Sie erwartet von ihren Mitstudierenden eine konzentrierte Teilnahme im Gegenzug für einen engagierten Lehrstil. Mit Empörung reagiert sie auf ein respektloses Verhalten gegenüber den Autoritäten und verlangt autoritär den Ausschluss von Mitstudierenden, die in Lehrveranstaltungen nicht entsprechend mitarbeiten. Der Seitenhieb geht auch an Elias (was Elias nicht weiter zu bemerken scheint), der im selben Seminar sitzt und freimütig einen privaten Plausch mit Kommiliton*innen im Seminar als selbstverständlich präsentiert. Dass Kira ihr Studium erfolgreich beendet, steht für sie außer Frage. Die Leistungsanforderungen scheinen für sie keine Hürde darzustellen. Gedanklich scheint sie bereits bei der Frage angelangt zu sein, ob sie im Berufsalltag bestehen kann. Sie hebt die Relevanz einer praxisnahen Ausbildung hervor und würde sich im Studium mehr Praxisphasen wünschen. Hier bestätigt sich erneut, dass die Lehrenden vor allem als Vorbilder fungieren, von denen Kira aufbereitete Handlungsoptionen und Lösungsstrategien erwartet:

> Kira: „[...] wie geht man in ner Situation um? Wie, wenn man nen störenden Schüler hat, was macht man dann? Das kann einem niemand sagen und ich denke, das kommt dann erst so mit der Praxis und deswegen denke ich, die ist sehr, sehr wichtig." (Z821-824).

Kira, die davon berichtet, dass ihr aufgrund ihres zurückhaltenden Auftretens von der Berufswahl abgeraten wurde, spricht in diesem Punkt eine Befürchtung von einer schwierigen Situation an, die ihr in der späteren Berufspraxis begegnen könnte und gegen die sie sich möglichst bereits im Studium wappnen möchte.

Auch **Tessa** teilt einen positiven Blick auf das Studium mit und präsentiert einen souveränen Umgang mit den Anforderungen. Das Studium scheint ein selbstverständlicher Meilenstein auf dem Weg in den Beruf, der von Tessa bisher konfliktfrei gemeistert wurde. Die Wahl einer Pädagogischen Hochschule wird als eine bewusste Entscheidung dargestellt, für die sie einen Ortswechsel quer durch die Bundesrepublik in Kauf genommen hat. Begründet wird dieser Schritt mit dem hohen Praxisbezug, den sie mit einer Ausbildung an einer Pädagogischen Hochschule verbindet. Deutlich wird, dass unter dem Studium an der Pädagogischen Hochschule vor allem eine praxisnahe und anwendungsbezogene Ausbildung verstanden wird, wohingegen der wissenschaftlichen Seite eines Studiums eine geringe Bedeutung beigemessen wird. Eine besondere Rolle gesteht sie dabei den Lehrenden zu, die aus dem Beruf kommend, für Tessa eine Vorbildfunktion haben. Dass die Pädagogische Hochschule nur eine Studienrichtung (Lehramt) anbietet, gibt Tessa außerdem Sicherheit und wird von ihr als Beleg einer qualitativ hochwertigen Ausbildung verstanden. Auch die im Vergleich zur Universität kleine Ausbildungsstätte, scheint Tessa Sicherheit zu vermitteln. So schätzt sie besonders das „Familiär[e]" im Hochschulbetrieb. Lehrende anzusprechen und um Hilfestellung zu bitten, wird von ihr als barrierefrei empfunden. Informationsdefizite der Lehrenden sieht Tessa durchaus kritisch, stellt aber das „Menschliche" in den Vordergrund. Solange ihr die Dozierenden als Ansprechpartner*innen zur Verfügung stehen und unterstützend tätig sind, akzeptiert Tessa, dass die Abläufe an der Pädagogischen Hochschule nicht immer reibungslos funktionieren. Dass Tessa sich in einer Fachschaft engagiert (was von ihr nicht weiter thematisiert wird), könnte auch als eine taktische Maßnahme interpretiert werden, um aktiv persönlichen Kontakt zu Dozierenden aufzubauen. Auch scheint sich Tessa für ihre Interessen im Studium einzusetzen (z. B. um in bereits volle Seminare aufgenommen zu werden). Sie setzt dabei ihr Vertrauen in das Verständnis der Lehrenden, das offensichtlich bisher nicht enttäuscht wurde. Nach ihrem Verständnis ist die argumentative Auseinandersetzung mit den Lehrenden der Schlüssel für eine faire Behandlung im Studium. Tessa präsentiert einen planerischen und strategischen Umgang mit den Studienanforderungen. Hausarbeiten und Seminare werden bewusst so gelegt, dass ein zeitlicher Plan eingehalten wird. Sie zeigt einen pragmatischen und sicherheitsorientierten Umgang mit den Leistungsanforderungen: Lernen wird zu einer von außen geleiteten Verpflichtung, die in erster Linie auf die Wiedergabe von Lerninhalten zielt und weniger einer eigenständigen Auseinandersetzung dient. Sie zeigt sich sehr fokussiert auf ihr Weiterkommen im Studium und präsentiert einen individualistischen Blick, indem auch das Verhältnis zu den Mitstudierenden kaum thematisiert wird. Sie beteiligt sich nicht an der Abgrenzung und Abwertung von Kommiliton*innen in der Gruppe. Aus dieser Sicht scheinen im Studium vor allem der Kontakt und ein gutes Verhältnis zu den Autoritäten relevant sowie das zügige Erreichen eines Abschlusses. Die Institution wird von Tessa pragmatisch durchlaufen. Für sie scheint vor allem das anvisierte Ziel relevant, von dem sie einiges an Wissen aus ihrem familiären Hintergrund mitbringt. Ferner betont sie, bisher keine Schwierigkeiten in der Konfrontation mit Vorurteilen und Klischees in Bezug auf den Lehrerberuf gehabt zu haben. Im Gegenteil sieht sie sich in ihrer Studienwahl durch ihre Familie, in der beide Elternteile als Lehrer arbeiten, gefördert und unterstützt.

Denise vertritt eine pragmatische Sichtweise auf das Studium. Sie präsentiert sich am Machbaren orientiert und wählt (wenn möglich) die Lehrveranstaltungen nach ihrem Schwierigkeitsgrad aus, den sie über die Kommunikation mit ihren Kommiliton*innen vorab herausfiltert. Der Struktur gegenüber verhält sich Denise passiv-angepasst. Eine Einflussnahme gegenüber den Verantwortlichen schließt sie aus ihrer Position als Studentin aus. Ihre Machtlosigkeit gegenüber der Struktur transportiert sich über die Verwendung des Begriffs „Glück“. Die Begegnung mit den Lehrenden (und deren Lehrstilen und Erwartungen) im Feld wird zum nicht beeinflussbaren Schicksal erklärt. Gegenüber ihren Kommiliton*innen dominiert ein konkurrenzbetontes Verhalten. In ihrer Forderung nach Leistungsgerechtigkeit transportiert sie ferner die autoritäre Forderung nach Selektion. Die Abgrenzung gegenüber Kommilitonen wird mit der Befürchtung eines Prestigeverlusts begründet. Die Sorge wird formuliert, dass „unambitionierte“ Studierende als später unambitionierte Lehrkräfte dem kompletten Berufsstand schaden. Kritik, die Denise (häufig als erste in der Gruppe) äußert, wird von ihr relativiert bzw. zurückgenommen, wenn sich aus der Gruppe heraus Gegenargumente formieren. Der Wunsch, mit dem Kollektiv im Einklang zu bleiben, scheint größer als auf einer Einzelmeinung zu beharren. Denise zeigt somit teils eine Unsicherheit und fehlende Souveränität, ihre eigenen Standpunkte dauerhaft zu vertreten. Die Befürchtung davor, sich argumentativ auseinanderzusetzen, wird von ihr ferner thematisiert, wenn sie die fehlende Anerkennung im späteren Beruf (durch die Eltern, die Gesellschaft) als ein zukünftiges Problem beschreibt. Dies spiegelt sich auch im Umgang mit den Lehrenden wider. Andererseits bringt Denise Impulse in die Diskussion ein, die sich an gesellschaftlichen Diskursen orientieren und die sich mit dem pädagogischen Auftrag des Berufs auseinandersetzen. Auch diese Ansätze scheinen stets gekoppelt an die Sorge der fehlenden Anerkennung im späteren Beruf.

7 Zusammenführung der Ergebnisse aus den Gruppenwerkstätten und Beschreibung der herausgearbeiteten Muster

In diesem Kapitel werden fünf Muster vorgestellt (vgl. Abb. 15), die im Anschluss an die Analysen der Gruppenwerkstätte herausgearbeitet wurden und die Teilnehmenden aus den jeweiligen Gruppenkontexten herausgelöst betrachtet. Die Muster beschreiben die handlungsleitenden Motive und milieutypischen Orientierungen der Studierenden, die sich über alle vier Gruppenwerkstätten gezeigt haben. Diese werden im Folgenden beschrieben, an ein bestimmtes Milieu rückgebunden und diskutiert. Muster werden hier verstanden als Verdichtungen, die über Einzelfälle hinausgehen und grundlegende Orientierungen und Haltungen zusammenfassen. Muster haben Ähnlichkeit mit Typen, bedürften allerdings durch Hinzuziehen weiterer Fälle einer empirischen Absicherung. Mit der jeweiligen gewählten Bezeichnung des spezifischen Musters soll das Wesentliche und Überindividuelle der zugeordneten Fälle auf ein Schlagwort zugespitzt, treffend benannt werden (vgl. Hild 2019, S. 228). Gewählt wurde ein Label, das auf die Selbstwahrnehmung der Studierenden im Feld verweist, hinter dem sich eine soziale Praxis verbirgt, die von den Studierenden in Abgrenzung zu anderen Mustern besonders hervorgehoben wurde.

Die Teilnehmenden der vier Gruppenwerkstätten bestätigen zunächst den aus der Forschung bekannten Befund, dass sich Studierende innerhalb eines Studienganges heterogen, aus unterschiedlichen sozialen Milieus im sozialen Raum zusammensetzen (vgl. Kapitel 2.5). Jede Gruppenwerkstatt hat ihre Besonderheiten und findet zu ihren eigenen Themen, die besonders im Fokus der jeweiligen Diskussionen stehen (vgl. Tab. 8). Die jeweilige Gruppendynamik unterscheidet sich deutlich voneinander.

Abbildung 15: Fünf Muster handlungsleitender Motive und milieutypischer Orientierungen von Studierenden im Lehramt Grundschule und ihre Verortung in den Traditionslinien der sozialen Milieus (vgl. Vester 2015, S. 149)

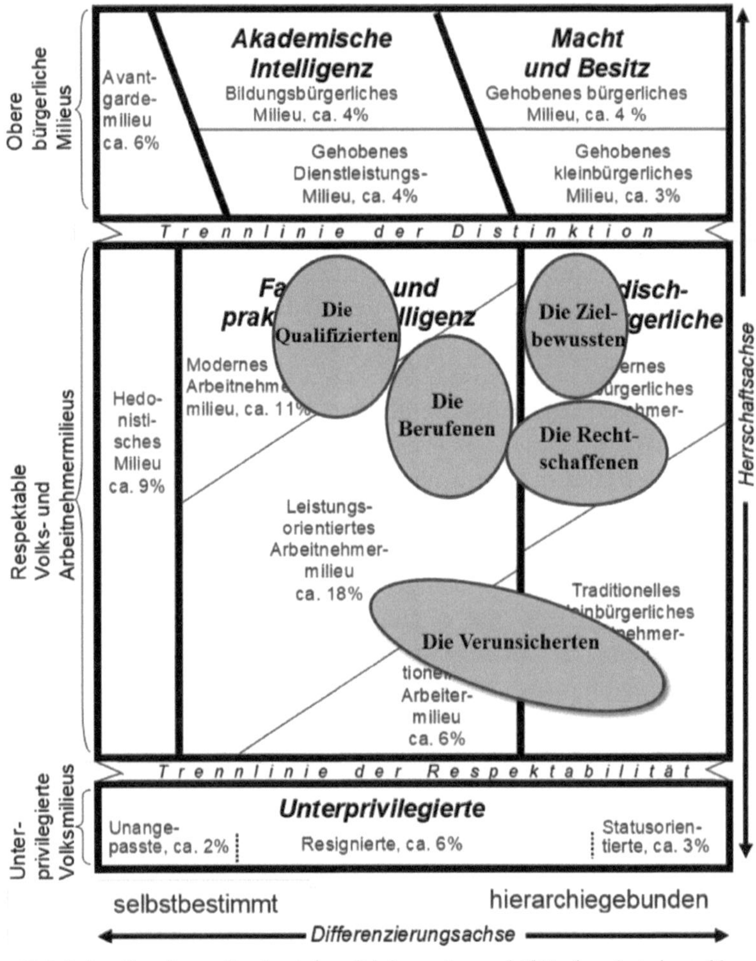

Statistische Grundlage: Repräsentative Erhebung (n = 2.699) der deutschsprachigen Wohnbevölkerung der BRD ab 14 Jahre 1991 (nach: M. Vester u. a., Soziale Milieus im gesellschaftlichen Strukturwandel, Frankfurt a.M.: Suhrkamp 2001); Neufassung der Milieubezeichnungen aufgrund der differenzierenden Neuauswertung der Erhebung (G. Wiebke, Das Gesamtbild: Zwanzig Datenprofile sozialer Milieus. In: W. Vögele/H. Bremer/M. Vester (Hg.). Soziale Milieus und Kirche. Würzburg: Ergon 2002, S. 275-409.); Hochrechnung auf die Milieugrößen von 2003 (nach: Sigma - Sozialwissenschaftliches Institut für Gegenwartsfragen, Die sozialen Milieus in der Verbraucheranalyse, www.sigma.online.de 22.9.2003).- Darstellung: M. Vester / D. Gardemin / A. Lange-Vester – 2015.

Tabelle 8: Übersicht Themenschwerpunktsetzung in den Gruppenwerkstätten

GW A	GW B	GW C	GW D
• Dominanz der Teilfraktion, die sich aufseiten der PH positioniert • Abwehr von Kritik am Studium • Thematisierung von Eigenverantwortung • Thematisierung der (pädagogischen) Eignung • Abgrenzung gegenüber Mitstudierenden als mitlaufendes Thema	• Präsenz der schulischen Sozialisation – Erwartungshaltung in Bezug auf Rollenverteilung Lehrende – Lernende • Orientierung an den formalen Leistungserwartungen • Kritik am Umfang der Leistungsanforderungen und an neuer Studienordnung • Kritik an der Kommunikation zwischen Studierenden und Lehrenden	• Dominanz der Studierenden mit kritischer Haltung • Kritik an der neuen Studienordnung • Organisations- und Informationsdefizite im Studium • Kritik am rücksichtslosen Umgang der Lehrenden mit den Studierenden	• Teils zufriedene, teils kritische Haltung • Orientierung an den formalen Leistungserwartungen und Rahmenbedingungen • Starke Orientierung der Gruppe an den strukturellen Vorgaben
Sonderthema, entwickelt im Diskussionsverlauf • Selektionsmechanismen im Studium	Sonderthema, entwickelt im Diskussionsverlauf • Vorbereitung im Studium auf die inklusive Beschulung	Sonderthema, entwickelt im Diskussionsverlauf • Differente Lebenslagen und Benachteiligung von Studierendengruppen aufgrund der ökonomischen Situation	Sonderthema, entwickelt im Diskussionsverlauf • Kritik am Selbsttestat

7.1 „*Die Berufenen*" – Leitende Handlungs- und Orientierungsmuster von Studierenden mit Bezügen zum Leistungsorientierten Arbeitnehmermilieu

„[...] ich hab vieles, ähm, von dem, was man für den Lehrerberuf später an Kompetenzen braucht, oder die man mitbringen sollte, nicht im Studium gelernt und glaub auch nicht, dass ich sie im Studium noch lernen werde, sondern ich hab sie gelernt durch, äh, so den Umgang mit meinen kleineren Geschwistern, durchs FSJ, durch, ähm, das Praktikum und oder jetzt durch meinen Trainerjob und ja im Praktikum hat das auch ein Dozent so schön zusammengefasst, dass man, also dass sie an der PH zwar uns fachlich und methodisch ausbilden können, aber sonen bestimmten Teil der Kompetenzen, die man für das Lehrerdasein braucht, bringt man entweder mit oder eben nicht." (Katja, GW B; Z782-789).

Die Studierenden, die diesem Muster zugeordnet werden können, haben mehrheitlich die Hochschulreife auf einem Gymnasium erworben.[118] Teils wurde das Studium nach dem Abitur (und den obligatorischen Praktika) direkt angeschlossen, teils folgten zunächst berufliche Suchbewegungen, die in einigen Fällen dem Studium vorgelagert waren. In diesem Muster wird der Weg in das Studium von den Studierenden als vorgezeichnet und einer besonderen Berufung folgend, beschrieben. Auch die Studierenden, die zunächst andere berufliche Pläne verfolgten, fügen das Studium selbstbewusst in die Darstellungen eines langfristig geplanten Berufswunsches Lehrer*in ein. Die Studienaufnahme stellt kein unkalkulierbares Risiko dar. Die Ressourcen für einen vertrauten Umgang mit den Spielregeln und Konventionen im Feld wurden bereits mit in das Studium eingebracht. Die Studierenden verfügen mehrheitlich über einen familiären akademischen Hintergrund. Die Gruppe zeichnet sich ferner über eine hohe Berufsvererbung aus.[119] Dass Grundkenntnisse der Profession, die in den Gruppendiskussionen als Belege für ein besonderes Interesse und als Expert*innenwissen über den Lehrer*innenberuf angeführt werden, auch aus dem familiären Hintergrund stammen könnten, wird von den Studierenden nicht oder nur am Rand thematisiert. Im Gegensatz zum Muster „*die Zielbewussten*", in dem die Studienwahl ausdrücklich mit der Berufstätigkeit der Eltern verbunden wird, wird in diesem Muster ein Zusammenhang zwischen den elterlichen Berufserfahrungen und dem entwickelten Interesse für den Beruf nicht hergeleitet.

Studienwahlmotive und Berufsvorstellung

Als Motivation für die Studienwahl betonen die Studierenden ein hohes inhaltliches Interesse an pädagogischen Themen und eine hohe Identifikation mit dem zukünftigen Beruf. Die Profession wird mit einem ganzheitlichen Berufsethos verbunden. Es dominiert eine Vorstellung, in welcher der Beruf und das Privatleben untrennbar sind. Mit Bezug auf den Begriff der „Lehrerpersönlichkeit" wird diese Haltung umschrieben. Gleichzeitig dient die Verwendung des Terminus dazu, in den Gruppendiskussionen auf das Wissen um vertiefende Diskurse zum Lehrer*innenberuf zu verweisen. Als pädagogischen Auftrag sehen die Studierenden die Unterstützung und Förderung von Lernprozessen. Die Studienwahl Grundschullehramt wird mit einer besonderen Befähigung für bedarfsgerechtes Handeln im Sinne der Grundschulkinder verknüpft. Die beruflichen Intentionen werden selbstbewusst in einen größeren Kontext gestellt und mit einer gesell-

118 Diesem Muster zugeordnet sind die Studierenden Karin (GW A), Lukas (GW A), Katja (GW B) und Rena (GW D).

119 Zur Bedeutung der Berufsvererbung im Lehrer*innenberuf siehe auch Kühne 2006; Rothland/König/Drahmann 2015; Cramer 2016a; Lautenbach 2019; Fischer/Rheinländer/Bach 2020; vgl. auch Kapitel 3.3.

schaftlichen Verantwortungsübernahme verbunden. So möchten die Studierenden dazu beitragen, mit ihrem künftigen Handeln als Lehrer*innen die Grundschule als Lernort für Schüler*innen positiv zu besetzen.

Kernthema: Die besondere Eignung

In diesem Muster vertreten die Studierenden die Ansicht, dass eine Grundeignung für den Lehrer*innenberuf existiert, die in der individuellen Persönlichkeit angelegt ist. Diese quasi „natürliche" Begabung wird als nicht erlernbar beschrieben und von den Studierenden als ein besonderes Talent präsentiert, welches sie bereits mit in das Studium gebracht haben. Erneut wird mit der Existenz einer Lehrer*innenpersönlichkeit argumentiert. Die Aufnahme des Lehramtsstudiums wird als eine logische Konsequenz aus dieser besonderen Eignung beschrieben und als Erläuterung für die hohe Passung zum Studienfach herangezogen. Als Nachweis für die pädagogische Eignung wird die Übernahme von Lehrfunktionen in der Freizeit benannt (z. B. Nachhilfeunterricht, Sporttrainerinnen). Ferner sehen sich die Studierenden über die positiven Rückmeldungen von Lehrenden (z. B. im Umgang mit Schüler*innen in Praktika) in ihrer pädagogischen Befähigung bestätigt. Aus dieser Perspektive dient das Studium der Aneignung fachspezifischer Kenntnisse und dem Erlernen organisatorischer und methodischer Grundlagen für die spätere Unterrichtsplanung und -gestaltung. Die Bedeutung des theoretischen Fachwissens wird in diesem Muster sekundär hinter der vorrangigen Bedeutung pädagogischer und didaktischer Handlungskompetenzen verhandelt.

Formen der Aneignung und Studienbewältigung

Die Studierenden präsentieren sich als Idealtypus eines Lehramtsstudierenden an einer Pädagogischen Hochschule. Sie beschreiben ihre Studienstrategien und ihren Umgang mit den Spielregeln im Feld als Status quo und als übereinstimmend mit den Erwartungen der Hochschule. Die Studienorganisation wird als weitestgehend konfliktfrei erlebt. Die Übernahme von Verantwortung mit den Freiheiten und Pflichten im Studium stellen die Studierenden als ein selbstverständliches Prinzip dar. Sie werten die eigenständige Lösung von Schwierigkeiten in der Studienorganisation als Zeichen von Selbstständigkeit und verknüpfen die Anforderungen mit der Autonomie des Studierendenstatus. Irritationen (z. B. durch eine neue Studienordnung) werden so zu lösbaren positiven Herausforderungen stilisiert. Sich eigenständig um die eigenen Anliegen im Studium zu kümmern, wird als ein Vertrauensbeweis der Hochschule in die Fähigkeiten der Studierenden gewertet.

In diesem Muster beteiligen sich die Studierenden aktiv in studentischen Gremien (wie z. B. Fachschaften) oder gestalten Unterstützungsformate für Erstsemester mit. Ferner arbeiten sie als studentische Mitarbeitende und betonen eine interessengeleitete Aneignung zusätzlicher Lehrinhalte. Für die Studierenden ist die Partizipation im Feld selbstverständlich und wird von ihnen als ein Zeichen ihrer sozialen Zugehörigkeit zur Hochschule interpretiert.

In den Gruppendiskussionen ist es den Studierenden wichtig, ihre Zufriedenheit mit der Hochschule deutlich nach außen zu kommunizieren. Dies äußert sich in der Tendenz einer Überbetonung der Vorzüge der Pädagogischen Hochschule durch die Verwendung von intellektualisierter Paraphrasierung. Die Pädagogische Hochschule wird dabei als eine professionelle Ausbildungsstätte dargestellt, in der die individuelle Kompetenzentfaltung und Entwicklung der Studierenden besonders gefördert und gestärkt wirkt. Teils wird sich in den Gruppendiskussionen aber auch den positiven Bewertungen der Studienstruktur nach den Kriterien der praktischen Berufsvorbereitung angeschlossen und ein hoher Anwendungsbezug hervorgehoben, der realistisch auf die kommende Praxis im Berufsfeld vorbereitet. Kritik an der Struktur und Organisation wird aus einer vermeintlichen Kenntnis der Profession heraus formuliert und in Verbesserungsvorschläge gekleidet, etwa wenn angemahnt wird, dass ein Praktikum zum „falschen" Zeitpunkt im Studium angeboten wird. Das grundsätzliche Einverständnis mit der vorgefundenen Struktur wird in den Gruppendiskussionen ferner darüber deutlich, dass sich die Studierenden auf der Seite der Pädagogischen Hochschule positionieren und gegenüber Lehrenden und der Struktur eine verteidigende Haltung einnehmen. Kritik an der Institution wird widerlegt, indem in Gegenreden auf informelles Wissen aus der Fachschaftsarbeit und auf Informationen zurückgegriffen wird, die aus persönlichen Kontakten zu Lehrenden stammen.

In der Präsentation der hohen Zustimmung zur Hochschule läuft immer auch eine Abgrenzung zu den Kommiliton*innen mit. Konflikte von Kommiliton*innen, z. B. in der Studienorganisation, werden als selbstverantwortlich verschuldet markiert und als Ausdruck einer fehlenden Selbstständigkeit gewertet. In diesem Muster dient das Thema der Übernahme von Eigenverantwortung im Studium dazu, sich von den Kommiliton*innen abzugrenzen und ihnen teils die Befähigung für selbstständiges Handeln abzusprechen. Über diese Argumentation wird zum einen sämtliche Kritik an der Hochschule als nicht zulässig blockiert und Problemlagen von Kommiliton*innen in die individuelle Verantwortung zurückgeschoben. Zum anderen werden die eigenen Handlungskompetenzen und Motive in Bezug auf das Studium aufgewertet.

*Das Verhältnis zu den Lehrenden und zu den Kommiliton*innen im Studienalltag*

Lehrende werden als generell unterstützend und ansprechbar beschrieben. Hervorgehoben wird ein sehr gutes Verhältnis, das auf Basis einer störungs- und konfliktfreien Kommunikation verläuft. Betreuungsbedarfe werden eigenständig eingefordert und die Kontaktaufnahme als barrierefrei und problemlos dargestellt. Betont wird ferner ein persönliches Verhältnis zu den Lehrenden, etwa wenn darauf verwiesen wird, dass die Studierenden unter den Lehrenden namentlich bekannt sind. Dies wird als Ausdruck von Wertschätzung interpretiert und von den Studierenden als Anerkennung einer besonderen Position im Studium verstanden. Die Studierenden in diesem Muster betonen, dass die erfolgreiche Studienbewältigung und Zufriedenheit mit der Institution keine Selbstverständlichkeit darstellen, sondern aus ihrem individuellen Einsatz und Engagement resultieren. Die Anerkennung durch die Lehrenden ist ein Privileg, dass sich berechtigt „verdient" wurde. Im Verweis auf die besondere Stellung im Studium als leistungsstarke, aktive und engagierte Studierende läuft der Hinweis, sich dieses Privileg selbstständig erarbeitet zu haben, immer mit. Die Leistungsanforderungen im Studium werden als machbare Herausforderungen beschrieben. Eine gute Bewertung im Studium stellt jedoch keinen Automatismus dar, sondern ist das Ergebnis von individuell erbrachter Arbeitsleistung. Auch die Form der individuellen Lerngewohnheiten wird in das grundsätzliche Schema eingeordnet, allen Anforderungen im Studium im Sinne der Erwartungen gerecht zu werden. In diesem Muster wird sich gegenüber dem „oberflächlichen" Lernen abgegrenzt, das sich an den Vorgaben orientiert und sich ausschließlich auf das Bestehen von Prüfungsleistungen und Nachweisen konzentriert. Dem wird ein Verständnis von Lernen und Lernprozessen entgegengesetzt, welches auf nachhaltige Effekte und einen Transfer der gelernten Inhalte rekurriert. Dieses Selbstverständnis von Lernen wird als legitime Form der Wissensaneignung präsentiert. Gegenüber der eigenen Statusgruppe dominiert eine kritische Perspektive. Der Blick auf die Kommiliton*innen wird defizitorientiert, auf die als weniger motiviert und „unbegabt" beschriebenen Mitstudierenden gerichtet. Die Studierfähigkeit von Kommiliton*innen wird teils offen angezweifelt. In der Darstellung der eigenen ambitionierten Studienbewältigung läuft stets ein Vergleich zu den Kommiliton*innen mit und darin kommt eine konkurrierende Haltung zum Ausdruck. Der Grad der Abgrenzung in diesem Muster wird unterschiedlich akzentuiert, ist jedoch in allen angesprochenen Themen präsent. Die verteidigende Haltung der Studienstruktur und -Organisation und die Präsentation der eigenen legitimen Studienstrategien werden immer in Relation zu den Kommiliton*innen verhandelt. Geteilt scheint die Ansicht, dass an der Pädagogischen Hochschule ein zu geringes Leistungsniveau eingefordert und darin ein Anreiz geschaffen wird, die „falschen" Studierenden für ein Lehramtsstudium anzusprechen. Unterschwellig leistungsdistinguiert zeigen sich die Studierenden in der Annahme, dass die (vermeintlich) niedrigen Leistungshürden im Studium dazu motivierten, ein Lehramtsstudium ohne Eignung für den späteren Beruf aufzunehmen. Die Forderung nach mehr Selektionsmechanismen im Studium wird teilweise offen, teilweise über einen vermeintlich pädagogischen Diskurs verschleiert, in welchem die Sorge um das Wohl der Schüler*innen in den Fokus gestellt wird. Kommiliton*innen wird unterstellt, trotz fehlender Eignung ein Lehramtsstudium zu wählen und damit das negative Ansehen und einen gesellschaftlichen Prestigeverlust des Berufs zu verantworten. Aus Perspektive der Studierenden in diesem Muster wird der akademische (und berufliche)

Status durch die als ungeeignet markierten Kommiliton*innen entwertet. In den Gruppenwerkstätten wird teilweise in langen Redebeiträgen, mithilfe von Beispielen aus dem Studienalltag, die fehlende Eignung von Kommiliton*innen thematisiert. Dieser Logik folgend kritisieren die Studierenden in diesem Muster auch die Rahmenbedingungen im Lehrer*innenberuf: Externe Anreize, etwa die Aussicht auf eine gesicherte verbeamtete Position, würden die Bewerber*innen mit geringer intrinsischer Motiven geradezu „anlocken". Eine Reflexion der ungleichen Bedingungen und Ressourcenverteilungen, mit denen das Studium bewältigt wird, findet nicht statt. Die Betonung einer egalitären Haltung wird in diesem Muster ausschließlich über das Berufsethos und den Umgang mit einer heterogenen Schüler*innenschaft präsentiert.

Die Bedeutung der Hochschulform und die Wahrnehmung der gesellschaftlichen Sicht auf den Beruf

Die Studierenden, die diesem Muster zugeordnet werden können, haben sich nicht ausschließlich für den Studiengang Grundschullehramt an einer Pädagogischen Hochschule beworben und somit ein universitäres Lehramtsstudium (z. B. in einem anderen Bundesland) nicht von vornherein ausgeschlossen. In diesem Muster wird der Vergleich aufgegriffen und versucht, die Pädagogische Hochschule gegenüber der Universität aufzuwerten.[120] Unausgesprochen scheint ein geteilter Konsens vorhanden zu sein, dass dem Hochschultyp Pädagogische Hochschule ein allgemein geringes akademisches Prestige zugesprochen wird. Die starke Identifikation mit der Pädagogischen Hochschule und das Hervorheben eines pädagogischen Ethos, das als besonderes Leitbild einzig der Pädagogischen Hochschule zugesprochen wird, wirkt wie ein Kompensationsversuch, um einem möglichen Statusverlust durch ein Studium an einer weniger prestigeträchtigen Hochschule entgegenzuwirken.

Auch das Abschlusszertifikat Staatsexamen wird im Fächervergleich von Lehramt zu Medizin und Rechtswissenschaften thematisiert und das niedrigere akademische Prestige des Staatsexamens im Lehramt als ungerechtfertigt problematisiert. Deutlich werden ein Konkurrenzverhältnis und die Sorge hinsichtlich fehlender Anerkennung durch eine vermeintlich geringere Wertigkeit des Hoch-

120 Teils geht dem Studium an der Pädagogischen Hochschule, der Versuch voraus, ein universitäres Studium aufzunehmen (abgebrochenes Studium / abgelehnte Bewerbung). „Insofern kann die Berufswahl Volksschullehrer:in als eine Art horizontale Selbsteliminierung (Bourdieu / Passeron 1971, S. 175) gesehen werden. [...] Allerdings wird dieses Studium innerhalb des akademischen Feldes aufgrund der konkreten Berufsausbildung, der geringen Aufstiegsmöglichkeiten und des geringen Wissenschaftsanteils bei hohem Praxisanteil – auch von den Studierenden selbst – als wenig prestigeträchtig angesehen. Die Studierenden entscheiden sich demzufolge für einen Beruf, der gesamtgesellschaftlich bzw. in ihrem Herkunftsfeld mit wenig symbolischen Kapital versehen wird und bekommen dies auch von ihrem Umfeld zu spüren." (Holzmayer 2023, S. 256 f.).

schultyps, welche die Lehrer*innenbildung an einer Pädagogischen Hochschule im akademischen Feld erfährt. Auch im Familien- und Freundeskreis bedarf das Studieren an einer weniger prestigeträchtigen Pädagogischen Hochschule einer Rechtfertigung. Dass ein Studium an einer Pädagogischen Hochschule weniger anspruchsvoll sei als ein universitäres Studium, wird als ungerechtfertigte und oftmals von außen herangetragene Behauptung zurückgewiesen. Zwar teilen die Studierenden die Ansicht, dass an der Universität ein höheres Leistungsniveau existiert und mehr vertiefendes und theoretisches Fachwissen verlangt wird. Dem setzen sie jedoch die pädagogische Ausrichtung der Pädagogischen Hochschule entgegen und werten darüber die Hochschulform als die qualitativ hochwertigere Ausbildung auf.

Die Sorge um fehlende gesellschaftliche Wertschätzung transportiert sich auch in der Kritik am geringen gesellschaftlichen Prestige von Grundschullehrer*innen. Negativen Stereotypen werden eine fehlende Kenntnis des hohen Arbeitsaufwands und der erforderlichen Leistungsbereitschaft sowie der gesellschaftlichen Verantwortung, die mit dem Beruf einhergehen, entgegengesetzt. Für das gesellschaftliche Image von Lehrer*innen werden erneut auch die Kommiliton*innen (mit)verantwortlich gemacht, die trotz fehlender pädagogischer Eignung ein Lehramtsstudium wählen. In diesem Muster wird die ungleiche Bezahlung von Lehrer*innen der unterschiedlichen Schulformen nicht thematisiert. Finanzielle Aspekte für die Berufswahl wie auch der Beamtenstatus werden einzig als Beleg für „falsche“ Motive herangezogen und kritisiert.

7.2 *„Die Qualifizierten“* – Leitende Handlungs- und Orientierungsmuster von Studierenden mit Bezügen zum Modernen Arbeitnehmer Milieu

> „[…] als zukünftige Lehrerin schau ich mir ja schon auch an, wie jetzt hier Lernprozesse stattfinden, ja? […] Also regt mich das so dermaßen auf, ja? […] Auch so diese Widersprüchlichkeit, ja? In den Psychologietexten, also, da wird eben davon gesprochen, also, man soll Lernprozesse transparent machen und, ähm, klare Kriterien schaffen, was denn jetzt die Prüfungsleistung ist und, ähm, nen wertschätzenden, offenen Umgang mit seinen Schülern irgendwie herstellen und – also, dann frag ich mich wirklich, kennen die ihre Inhalte der, der Texte, ja?“ (Deborah, GW C; Z213-220).

In diesem Muster[121] verfügen die Studierenden über nicht-lineare Bildungsverläufe und lange Berufsbiografien. Gemeinsam ist ihnen, dass sie über berufliche Umwege zum pädagogischen Feld gestoßen sind. Anknüpfungspunkte finden

121 Dem Muster zugeordnet wurden die Studentinnen Franziska und Deborah (beide GW C).

sich ferner über Berufsvererbung sowie über ein bereits abgeschlossenes Hochschulstudium in einer sozialwissenschaftlichen Disziplin. In diesem Muster unterscheiden sich die Studierenden aufgrund bestimmter Merkmale (Alter, Berufserfahrung, Verantwortung für Kinder, abgeschlossenes Hochschulstudium) von den Lebenswelten ihrer Kommiliton*innen. Bewusst wird eine Sonderrolle eingenommen, die als Begründung dafür herangezogen wird, dass sich die Studierenden von der Institution auf vielen Ebenen ausgeschlossen und sozial benachteiligt sehen. Beispielhaft werden organisatorische und finanzielle Rahmenbedingungen im Studium benannt, die nicht auf die Bedarfe derjenigen ausgerichtet sind, die außerhalb der normativen Vorstellung von Studierenden (z. B. Alter) liegen. Die ursprüngliche Planung, das Studium schnell abzuschließen (bspw. durch die Einstufung in ein höheres Semester), konnte etwa deshalb nicht realisiert werden, weil die Hochschule keine gesonderte Anrechnung für berufliche Vorerfahrungen vorsieht. Ferner wird auf die fehlende Berücksichtigung der Zeitressourcen von Studierenden verwiesen, die zusätzlich Kinderbetreuung organisieren müssen. Kritisiert wird außerdem, dass mit teils kostspieligen Studienanteilen (z. B. Exkursionen) von der Hochschule ein ökonomischer Hintergrund vorausgesetzt wird, der Studierende ausschließt, die auf keine finanzielle Unterstützungsstruktur, z. B. durch die Eltern zurückgreifen können.

Studienwahlmotive und Berufsvorstellung

Die Studierenden in diesem Muster verstehen sich vielfach bereits als pädagogische Fachkräfte: Das Studium dient sowohl dem formalen Titelerwerb, um den Status einer anerkannten Lehrkraft zu erlangen, als auch dem Interesse an der intellektuellen Auseinandersetzung mit pädagogischen Fragestellungen. Aus dieser Perspektive scheint das Studium inhaltlich mehr als eine wissenschaftliche Weiterbildung betrachtet, um pädagogische Themen zu vertiefen.[122] Mit dem Studium streben die Studierenden eine berufliche Autonomie an, die ihnen aufgrund des fehlenden akademischen Titels bisher im pädagogischen Feld nicht zugestanden wurde. So bewerten die Studierenden die Bedeutung von Motivation und Idealismus, mit denen eine berufliche Tätigkeit ausgeführt wird, als relevanter, als das Innehaben eines formalen beruflichen Titels – die Studienaufnahme ist jedoch auch der Erfahrung im schulischen Feld geschuldet, in der Hierarchie unter den Lehrkräften mit akademischem Abschluss eingruppiert zu werden (sowohl finanziell als auch in der Übertragung von Verantwortung und Aufgaben) und nur durch den akademischen Abschluss die Chance auf einen gleichberechtigten Status zu erhalten und eigenständig arbeiten zu können.

122 Die Wahrnehmung des Studiums als Weiterbildung schließt an Diskurse zur Durchlässigkeit zwischen beruflicher und hochschulischer Bildung und der Situation von beruflich vorgebildeten Studierenden an (vgl. Wolter 2012; Wolter 2016).

Den Ausschlussmechanismen, mit denen sich die Studierenden im hochschulischen Feld konfrontiert sehen, setzen sie eine hohe inhaltliche Passung und Identifikation entgegen, mit der sie ihre Zugehörigkeit zum pädagogischen Feld rechtfertigen. Selbstbewusst wird auf pädagogische Fachlichkeit und entsprechendes Wissen verwiesen, die in allen Themen mitlaufen und als grundsätzliche, internalisierte Haltung präsentiert werden. Dabei beziehen die Studierenden auch Praxiserfahrung mit ein, die sie bereits im Feld gesammelt haben. Im Gegensatz zu den Studierenden im Muster *„die Berufenen"* verweisen sie nicht auf eine „natürliche" pädagogische Begabung, sondern präsentieren eine Auseinandersetzung mit pädagogischen Themen, die auf Erfahrungswerten, Interesse und bereits erworbenen Handlungskompetenzen beruht.

Kernthema: Der Kampf um Mitbestimmungsrechte im Studium
Im Gegensatz zu den Studierenden im Muster *„die Berufenen"*, die ihr studentisches Engagement als eine selbstverständliche Unterstützung in Form von Mitarbeit an einer gut funktionierenden Struktur verstehen, positionieren sich die Studierenden in diesem Muster kritischer gegenüber der vorgefundenen Struktur. Der Fokus liegt auf dem Anspruch, für (die eigenen) studentischen Belange einzutreten. Eingefordert werden eine grundsätzliche Beteiligung an Entscheidungsprozessen und ein Mitspracherecht der Statusgruppe der Studierenden bei Beschlüssen und Veränderungen, das Studium betreffend. Die studentische Perspektive auf organisatorische und strukturelle Problemlagen im Studium (z. B. der transparente Zugang zu Lehrmaterialien, um eine faire Prüfungsvorbereitung zu garantieren) soll von den Verantwortlichen gehört und in Planungsprozesse einbezogen werden. Die Studierenden inszenieren ihr Engagement im Studium als einen Kampf für die Rechte der Studierenden. Von den Verantwortlichen erwarten sie, dass die Erfahrungswerte der Studierenden in einen Dialog zwischen allen Statusgruppen (Studierenden, Lehrenden, Leitung) einfließen und darüber Schwierigkeiten in der Organisation erkannt und beseitigt werden. Die Auseinandersetzung wird aktiv gesucht, um Argumente und Positionen (für strukturelle und organisatorische Verbesserungen im Studium) an den entsprechenden Stellen (in) der Hochschule zu platzieren. Selbstbewusst treten sie dabei an die Vertreter*innen der PH heran, die Funktionsstellen besetzen (z. B. Prüfungsamt, Studiendekanat). In der teils kämpferischen Rhetorik und Inszenierung eines Konflikts um Mitbestimmung verschwimmen mitunter die Grenzen zwischen der Durchsetzung individueller Interessen (schneller Studienabschluss) und dem Hervorheben des Engagements für die gesamte Statusgruppe. In diesem Muster werden soziale Teilhabe und gesellschaftlicher Partizipationsanspruch als selbstverständliche Gestaltungsmöglichkeit verhandelt. Dies zeigt sich auch im privaten Rahmen, indem soziales und politisches Engagement übernommen wird (z. B. Vereinsarbeit, Gewerkschaftsmitgliedschaft).

Formen der Aneignung- und Studienbewältigung
Die Studierenden heben einen souveränen Umgang mit den Anforderungen im Studium hervor. Betont wird eine hohe Leistungsbereitschaft für ein zielorientiertes und zügiges Durchlaufen des Studiums. Zu erbringende Leistungen im Studium werden nicht als besondere Herausforderung gesehen. Besonders eine Studentin, die bereits einen akademischen (Master-)Abschluss hat, wertet die Anforderungen aus der Perspektive einer Universitätsabsolventin ab. Auch in diesem Muster kommt ein engagiertes und interessengeleitetes Studieren zum Tragen (z. B. durch den Erwerb von Zusatzqualifikationen). Verpflichtet sehen sich die Studierenden einer egalitären Grundhaltung, die eine reflektierte Auseinandersetzung mit einem humanistisch geprägten pädagogischen Wertekanon beinhaltet und die über das Studium hinaus als selbstverständlich verinnerlichtes Handlungsprinzip präsentiert wird. Der Blick auf die Studieninhalte wird – teilweise aus der Sicht der erfahrenden Pädagoginnen – wohlwollend und positiv beurteilt. Studierende in diesem Muster rekurrieren weniger auf eine „natürliche" pädagogische Begabung, denn auf das Vertiefen von berufsbezogenem Wissen: Betont wird das Interesse an fachlicher und theoretischer Auseinandersetzung mit pädagogisch relevanten Themen (z. B. im Fach Psychologie), die an den eigenen pädagogisch-kritischen Wertekanon anknüpfen. Auch in diesem Muster wird die Berufstätigkeit mit gesellschaftlicher Verantwortung und einem Bildungsauftrag verknüpft: Orientiert wird sich an einem Leitbild vom unterstützenden pädagogischen Handeln, das schulische Lernprozesse als selbstbestimmte Bildungsprozesse verhandelt.

*Das Verhältnis zu den Lehrenden und zu den Kommiliton*innen im Studienalltag*
Betont wird ein selbstbewusster Umgang mit den Lehrenden, die als Ansprechpartner*innen im Feld gesehen werden. Zu ihnen wird eine größere soziale (und intellektuelle Nähe) konstruiert, etwa aufgrund der akademischen Vorbildung, der Mutterschaft und des höheren Alters. Eine Kontaktaufnahme im Studienalltag stellt keine Hürde dar. Gesucht wird ein kritischer Dialog unter gleichberechtigten Diskussionspartner*innen. Diese Anerkennung wird ihnen von einem Teil der Lehrenden auch entgegengebracht und als Beleg für eine besondere Position im Studium präsentiert. Es werden aber auch Beispiele von autoritär auftretenden Lehrenden eingebracht, auf welche die Studierenden besonders sensibel reagieren. Argumentiert wird dabei aus einer moralischen und idealistischen Perspektive, die kritisch auf die Grundwerte der pädagogischen Institution verweist. Problematisiert wird, dass die Dozierenden die von ihnen gelehrten Inhalte nicht selbst „leben". Kritisiert wird, dass die Lehrinhalte, die vermittelt werden, wie z. B. pädagogische Lerntheorien oder didaktische Methoden von den Lehrenden im Studienalltag selbst, etwa in der Kommunikation mit den Studierenden, nicht zur Anwendung kommen.

In die eingangs erwähnte, von den Studierenden kritisierte Ausgrenzungsthematik wird ferner eine soziale Distanz zu den Mitstudierenden abgeleitet: Den Kommiliton*innen wird eine passive und unkritische Haltung unterstellt und die Fähigkeit abgesprochen, sich solidarisch zu positionieren und sich im Studium für ihre Interessen und mehr studentische Teilhabe einzusetzen. Aus Perspektive der Studierenden im Muster zeigen sich ihre Mitstudierenden gegenüber den ungleichen Bedingungen im Studium nicht interessiert, weil diese größtenteils aus einer privilegierten Position heraus studieren würden. Problemlagen, wie z. B. die Studienfinanzierung oder das Studieren mit Kind, würden nicht auf die Alltagsrealitäten der Kommiliton*innen zutreffen und werden somit von ihnen auch nicht als Konflikt wahrgenommen. Mit dieser Sichtweise auf die Kommiliton*innen sehen die Studierenden ihren Anspruch begründet, ihre Interessen selbst zu vertreten. Ausgeblendet wird, dass auch Kommiliton*innen sich mit bestimmten Problemlagen im Studium konfrontiert und sich darüber teils exkludiert sehen. Konflikte, die in den Gruppendiskussionen angesprochen wurden, schließen direkt an die Kritik der Studierenden in diesem Muster an. Es gelingt den Studierenden in diesem Muster jedoch nicht, ihre Perspektive als „Einzelkämpfende" zu verlassen und die Kommiliton*innen gleichberechtigt in ein gemeinsames Vorgehen einzuschließen. So werden negative Erfahrungen von Mitstudierenden in der Diskussion als Beispiele und Belege für Missstände im Studium angeführt – im Studienalltag scheinen sozialer Kontakt und Austausch mit den Kommiliton*innen jedoch eine untergeordnete Rolle zu spielen. Die Zusammenarbeit mit anderen Studierenden (und studentischen Vertretungen) wird als nicht effizient beschrieben und abgelehnt.

Auch die Hinwendung zu den Lehrenden als „Sparringspartner*innen" im Feld verweist darauf, dass die Studierenden in diesem Muster ihre Kommiliton*innen nicht als gleichberechtigt akzeptieren und sich bewusst von ihnen abgrenzen. So wirkt das Engagement auch als Teil einer distinktiven Praxis und untermauert einen Führungsanspruch im Studium. Eine Tendenz zur Abwertung von Mitstudierenden kommt ferner dann zum Tragen, wenn diese im Vergleich als weniger interessiert und motiviert beschrieben werden.

Die Bedeutung der Hochschulform und die Wahrnehmung der gesellschaftlichen Sicht auf den Beruf

Durchgängig zieht sich das Thema der fehlenden Wertschätzung durch die Beiträge der Studierenden: Bereits vor dem Studium, im pädagogischen Praxisfeld, haben sie erlebt, dass ihnen – trotz einer hohen Identifikation und intrinsischer Motivation – eine berufliche Autonomie (und Gleichstellung mit den ausgebildeten Lehrpersonen) verweigert wurde, weil sie kein Studienzertifikat vorweisen konnten. Aus Sicht der Studierenden werden sowohl ihr erworbenes pädagogisches (und akademisches) Vorwissen als auch ihre praktischen pädagogischen Erfahrungswerte im Studium erneut entwertet, etwa indem die Studierenden nicht in ein höheres Semester eingestuft wurden und sich darüber mit den Studienanfänger*innen gleichgesetzt sehen, die keine beruflichen (und akademischen) Vorerfahrungen in das Studium mit(ein)gebracht haben.[123] Auch dass im Studium ein gleichberechtigter Dialog mit den Verantwortlichen verweigert wird, erleben die Studierenden als Kränkung und fehlende Anerkennung ihres Engagements im Studium. Ferner wird auch die gesellschaftliche Wahrnehmung des Berufs mit fehlender Anerkennung verknüpft. Thematisiert wird die im Vergleich zu anderen Lehrämtern geringe Besoldung der Grundschullehrer*innen und diese als fehlende Wertschätzung markiert. Kritisch wird sich außerdem gegenüber dem Beamtenstatus positioniert. Dieser wird als extrinsischer Anreiz verurteilt, der über sein Sicherheitsversprechen berufliche Stagnation und Routinen fördert und einen Motivationsverlust zur Folge hat. Untermauert wird diese Sichtweise mit Erfahrungen im pädagogischen Feld und den Lehrer*innen ohne Beamtenstatus ein höherer und langfristiger Motivationsgrad zugesprochen wird.

7.3 *„Die Zielbewussten“* – Leitende Handlungs- und Orientierungsmuster von Studierenden mit Bezügen zum Modernen Kleinbürgerlichen Milieu

> „[...] meine Eltern unterstützen mich, die sind halt auch beide Lehrer und, ähm, wissen auch, dass Grundschullehramt jetzt nich so der easy Job is und, also, ich hab schon so Kommentare schon gehört von Leuten [...] die lassen dann so was fallen wie, ach du spielst basteln oder ach, dafür muss man studieren oder so was, ähm, manchmal sag ich gar nichts dazu oder ich gehe einfach oder so, weil [...] da diskutier ich eigentlich gar nich drüber. Aber sonst so, von näherstehenden, sag ich mal, hab ich jetzt auch noch nich so die, äh, negativen Rückmeldungen bekommen.“ (Tessa, GW D; Z726-733).

Aufseiten der ständisch-kleinbürgerlichen Traditionslinie werden die Studierenden im Muster *„die Zielbewussten“* verortet.[124] Sie haben durchweg die Hochschulreife über den klassischen gymnasialen Bildungsweg erworben und stammen durchgängig aus vollakademischen Elternhäusern. Die Nähe zum Feld wird über eine hohe Berufsvererbung deutlich. Im Gegensatz zu den Studierenden im Muster *„die Berufenen“* wird die Präsentation von Expert*innenwissen in den Gruppendiskussionen bewusst mit dem familiären Hintergrund verknüpft und

123 Die Anfrage nach einer Einstufung in ein höheres Semester bei Studienaufnahme, aufgrund beruflicher Vorerfahrungen bzw. eines akademischen Abschlusses, wurde von der Institution abgelehnt.

124 Dem Muster zugeordnet wurden die Studierenden Elisabeth (GW B), Kira (GW D), Tessa (GW D).

dieser positiv besetzt. Als Lehrer*innen tätige Elternteile (mehrheitlich in der Grundschule) werden als berufliche Vorbilder präsentiert. Teilweise wird auf eine frühe berufliche Weichenstellung und Begeisterung für den Lehrer*innenberuf durch die Eltern verwiesen. Auch werden elterliche Berufserfahrungen als realistische Einblicke in den Berufsalltag und als Spezialwissen über relevante und benötigte Kompetenzen im Beruf präsentiert. Deutlich wird eine souveräne Haltung, die den familiären Background nicht „verschweigt", sondern bewusst als Anknüpfungspunkt und Motivation für die Studienwahl beschreibt. Gemeinsam ist den Studierenden ferner, dass sie mehrheitlich eine vollständige finanzielle Unterstützung durch ihre Eltern erhalten.

Studienwahlmotive und Berufsvorstellung
In diesem Muster scheint der Verweis auf den familiären Hintergrund und die darüber beschriebene hohe Identifikation mit dem künftigen Beruf ausreichend als Begründung für die Studienwahl. Die Studierenden zeichnen sich über eine arrivierte Haltung aus. Im Gegensatz zum Muster *„die Berufenen"* und *„die Qualifizierten"* sehen es die Studierenden als nicht erforderlich an, auf eine besondere individuelle Eignung für die Profession hinzuweisen. Zwar wird sich auch hier des Terminus' der „Lehrer*innenpersönlichkeit" bedient, um auf eine vermeintliche Expertise zu verweisen, jedoch scheint es für die Studierenden in diesem Muster weniger wichtig, in den Gruppendiskussionen ihre intrinsischen und pädagogischen Motivationen besonders hervorzuheben oder diese mit den Präferenzen der Kommiliton*innen zu vergleichen. Die Studienwahl- und Aufnahme wird in eine selbstverständliche Karriereplanung eingeordnet, die keiner weiteren Erläuterung bedarf. Auch wird der Berufswunsch Grundschullehrer*in als ein relevantes und erstrebenswertes Ziel hervorgehoben, ohne dass Details darüber benannt werden, was die Attraktivität des Berufs für die Studierenden im Speziellen ausmacht. Der künftige Beruf wird in einen angestrebten respektablen Lebensentwurf eingefügt. Im Gegensatz zu den Studierenden im Muster *„die Berufenen"* wird eine bewusste Trennung von beruflichem und lebensweltlichem Bereich betont. So zeigen die Collagenarbeiten der Studierenden im Muster einen Lebensentwurf, in dessen Zentrum ein harmonisches Familienleben steht, das als ein emotionaler Rückzugsort vom anstrengenden Arbeitsleben dargestellt wird.

In diesem Muster werden die theoretischen Anteile des Studiums gegenüber der Praxis als sekundär bewertet. In der Gegenüberstellung kommt der Praxis generell eine höhere Wertigkeit zu. Sie wird als Gewähr für eine berufsbezogene Vorbereitung auf den Beruf verstanden. Auch hier zeigt sich eine Sicherheitsorientierung: Praxisanteile werden als Simulationen einer beruflichen Alltagssituation gesehen. Lernen durch Erfahrungen in konkreten Situationen wird als positive Vorbereitung auf den kommenden Beruf verstanden. Sie vermitteln Sicherheit im praktischen Umgang mit den Schüler*innen. Lehrpersonen mit beruflicher Erfahrung als Lehrer*innen und ihre konkreten Handlungsformen dienen dabei als praktische Vorbilder.

Kernthema: Das Studium als Pflichtpassage

Für den erfolgreichen und selbstverständlich vorgezeichneten Weg hin zur Profession, bekommt das Studium die Bedeutung einer abzuleistenden Pflichtveranstaltung zugewiesen. Die Studierenden zeigen sich fokussiert auf den Erwerb des Abschlusses. Um das geplante Ziel zu erreichen, wird sich pragmatisch an den Anforderungen orientiert. Die vorgefundene Struktur und Ordnung werden grundsätzlich akzeptiert, solange sie den Eigeninteressen und Planungen nicht im Weg stehen. Die Studierenden verfolgen im Rahmen der gegebenen Möglichkeiten eine individuelle Studienplanung, die sich an einem zielstrebigen Studieren bis zum Abschluss orientiert. Strategisch wird z. B. über die Kontaktaufnahme zu Lehrpersonen versucht, die individuelle Studienplanung durchzusetzen (z. B. um in bereits volle Seminare aufgenommen zu werden). Was in den Gruppendiskussionen als *„durchbeißen"* und *„durchboxen"* beschrieben wird, verweist zum einen auf eine gewisse Anstrengung, sich mit der Studienorganisation auseinanderzusetzen– und zum anderen wird verdeutlicht, dass durch ein individuelles Behaupten im Studienalltag die gewünschten Erfolge erzielt werden können.

Formen der Aneignung und Studienbewältigung

In diesem Muster wird das Studium zu einer Pflichtpassage, an deren Ende die Kür in Form einer verlässlichen und planbaren beruflichen Zukunft steht. Es dominiert eine funktionalistische Sichtweise auf die Bildungsinstitution, die ausschließlich dem Bildungs- und Zertifikatserwerb dient. Einer sozialen Einbindung, etwa über studentisches Engagement, kommt eine untergeordnete Rolle zu und scheint für die Studierenden keine Funktion, etwa in Form von Zugehörigkeit oder Anerkennung, zu erfüllen. Die Hochschule wird über das Erbringen der erforderlichen Studienleistungen und das Erfüllen des curricularen Studienplans hinaus nicht als Raum angesehen, der sich in Form von Mitgestaltung angeeignet wird. Studentisches Engagement, dem im Muster *„die Berufenen"* und *„die Qualifizierten"* Relevanz zugesprochen wird, hat aus der überwiegend funktionalistischen Perspektive dieser Gruppe auf das Studium keine Bedeutung. Auch weisen die Studierenden gegenüber der Bildungsinstitution eine gewisse „Serviceerwartung" auf. An die Institution wird eine klare Erwartung hinsichtlich der Verteilung und Strukturierung der Verantwortlichkeiten im Studium herangetragen: Organisatorische Rahmenbedingungen sollen für die Studierenden eindeutig vorgegeben werden und sie unkompliziert durch das Studium geleitet werden. Implizit wird mit dem Thema Eigenverantwortung die Aufgabe verbunden, sich selbstständig in die Studienorganisation hineinarbeiten zu *müssen*, weil die Unterstützung durch die Hochschule nicht garantiert ist. Diese Anforderung wird im Gegensatz zu den Studierenden, die in Relation auf der linken Seite des sozialen Raums verortet sind, nicht als Zugewinn an Autonomie oder Vertrauensbeweis der Hochschule in die eigenständigen Handlungskompetenzen der Studierenden verstanden, sondern als lästige und zusätzliche Aufgabe kritisiert, deren eigentliche Zuständigkeit bei den Verantwortlichen liegt.

Die Studierenden in diesem Muster schließen sich kritischen Äußerungen ihrer Kommiliton*innen in den Gruppenwerkstätten, etwa gegenüber Schwierigkeiten in der Studienorganisation, an. In ihren Aussagen transportiert sich jedoch immer die Zuversicht, sich durch eigenständige Handlungsoptionen aus Problemsituationen selbstständig befreien zu können. Präsentiert werden Lösungswege, mit denen in der Vergangenheit auf Konflikte (etwa in der Studienorganisation) reagiert wurde. Die Rolle der Lehrenden in der Auslösung von Schwierigkeiten, z. B. durch Informationsdefizite, wird dabei eher entschuldigt und ihre Unwissenheit auf eine hohe Belastung zurückgeführt. Deutlich wird eine grundsätzlich selbstsichere Haltung in der Studienbewältigung: Die geäußerte Kritik ist weniger von existenzieller Not geprägt und das Studienziel erscheint niemals als ernsthaft gefährdet. Problemlagen werden stets mit der Beschreibung von Strategien und Handlungsoptionen- und Spielräumen verbunden, womit auf die erfolgreiche Lösung und Bewältigung der angesprochenen Schwierigkeiten verwiesen wird. Selbstbewusst werden Eigenständigkeit und Handlungsfähigkeit aufgezeigt, mit denen im Feld jede Schwierigkeit pariert wird. Irritationen, etwa Unsicherheiten bezüglich organisatorischer Fragen, werden so zu kurzen Episoden und bestimmen nicht, wie bei Studierenden im Muster *„die Verunsicherten“*, den Studienalltag.

*Das Verhältnis zu den Lehrenden und zu den Kommiliton*innen im Studienalltag*

Um sich mit der vorgefundenen Struktur zu arrangieren und handlungsfähig zu bleiben, wird auf gemeinschaftsorientierte (Austausch mit Kommiliton*innen) und kommunikative (individuelle Gespräche mit Lehrenden) Strategien zurückgegriffen, um die eigenen Interessen erfolgreich durchzusetzen. Positiv wird die Ansprechbarkeit von Lehrenden hervorgehoben. Mit der räumlich kleineren Pädagogischen Hochschule wird die Sicherheit einer als „familiär“ beschriebenen Atmosphäre assoziiert, die sich im Umgang mit den Dozierenden auch einlöst. Die Betreuung durch Lehrende wird in diesem Muster als unkompliziert und barrierefrei beschrieben. Kritik an Lehrenden richtet sich in erster Linie auf fehlende Orientierungshilfen bezüglich der organisatorischen Rahmenbedingungen. Auch wenn die Erwartungen teils nicht erfüllt werden und z. B. Defizite in der Kommunikationsstruktur der Hochschule individuell ausgeglichen werden müssen, werden die Lehrenden vor Kritik in Schutz genommen. Ihr Verhalten und ihre Umgangsformen werden nicht als Ignoranz gegenüber den Problemen von Studierenden gewertet, wie es z. B. die Studierenden im Muster *„die Qualifizierten“* interpretieren, vielmehr sehen die Studierenden in den Informationsdefiziten der Lehrenden ein Zeichen von deren Überforderung mit einer sich permanent im Wandel befindenden Studienordnung. So stellen sich die Studierenden relativ loyal hinter die Lehrenden und verteidigen diese indirekt gegenüber Kritik.

In diesem Muster präsentieren die Studierenden im Umgang mit allen Statusgruppen ein ausgeglichenes Verhältnis. Ebenso wie die Lehrenden nicht übermäßig kritisiert werden, finden sich in diesem Muster auch kaum abwertende oder negative Bewertungen gegenüber den Kommiliton*innen. Ein Vergleich mit den Kommiliton*innen, etwa um eigene Motive aufzuwerten, wird nicht vorgenommen. In den Gruppendiskussionen wird sich weniger an den negativen Bewertungen der Mitstudierenden und ihrer Motivlagen beteiligt. Teils wird die Gruppe der Studierenden als Kollektiv benannt, das unter bestimmten Problemen aufgrund einer dysfunktionalen organisatorischen Struktur leidet, teils scheint eine individualisierte Sichtweise zu dominieren, in der das Verhältnis zu den Lehrenden ausschlaggebender scheint, als das Verhältnis zu den Kommiliton*innen. So wird ein freundlich-interessierter und gleichzeitig distanzierter Umgang mit den Mitstudierenden beschrieben, der sich auch in den Gruppenwerkstätten zeigt. Negative Erfahrungswerte von Mitstudierenden werden empathisch kommentiert. Teils wird mit eigenen Beispielen von organisatorischen Konflikten zur kritischen Bewertung der Struktur beigetragen. Auch berichten die Studierenden freimütig von inhaltlichen Schwierigkeiten in Lehrveranstaltungen. Konflikte werden dabei jedoch eher anekdotisch vorgetragen und es wird auf die individuellen Lösungsstrategien verwiesen und so scheinen diese Äußerungen mehr dem sozialen Anschluss an die Gruppe zu dienen.

Die Bedeutung der Hochschulform und die Wahrnehmung der gesellschaftlichen Sicht auf den Beruf

Der Weg durch das Studium scheint von dem Bewusstsein geprägt zu sein, dass dieses lediglich als Mittel zum Zweck zu dient. Mit ihrer Haltung gegenüber dem Studium, zeigt sich auch, dass die Studierenden in diesem Muster mit einem relativ festen Gerüst an Vorstellungen vom Berufsstand in das Studium eingetreten sind: Kompetenzen, die für das Ausüben des Berufs benötigt werden, scheinen auf familiärem Hintergrundwissen zu basieren. Auch im Studium kommt dem praktischen Erfahrungswissen eine größere Relevanz zu (z. B. über Lehrpersonen aus dem Schuldienst und Praxisphasen). Das Studium wird so weniger als Unterstützung hin zu einer selbstständigen Auseinandersetzung mit der späteren Profession verstanden und „mitgebrachte“ Erwartungshaltung und Einschätzungen (etwa in Bezug auf relevante und weniger relevante Kompetenzen für die Profession) erweisen sich als relativ stabil. An ihnen scheint auch im Verlauf des Studiums weiter festgehalten zu werden. So scheint stets eine skeptische Distanz zur Institution gewahrt, die sich durch die funktionalistische(n) Perspektive auf das Studium zeigt. Die Studierenden in diesem Muster sehen sich bereits als Teil des Feldes, etwa wenn sie stereotype Sichtweisen über den Beruf mit Selbstsicherheit und Gelassenheit parieren. Auch sehen es die Studierenden in diesem Muster nicht als ihre Aufgabe an, ein negatives gesellschaftliches Bild von Lehrer*innen zurückzuweisen oder zu korrigieren. Aus ihrer Perspektive beruhen Klischees über den Lehrer*innenberuf auf der Unkenntnis der geleisteten Arbeit und dafür erforderlichen Kompetenz. Sich mit diesen Vorurteilen auseinanderzusetzen, scheint den Studierenden keine Mühe wert und wird von ihnen selbstbewusst abgelehnt. Auch betonen sie, im privaten und familiären Umfeld ausschließlich auf positive Unterstützung für ihren Berufswunsch zu stoßen. Die Entscheidung für ein Studium an der Pädagogischen Hochschule wird als bewusste Wahl dargestellt. Ein sicherheitsorientierter Blick auf die Hochschulform impliziert die Betonung einer im Vergleich zur Universität anwendungsbezogenen Lehramtsausbildung. Auch dass an der Pädagogischen Hochschule hauptsächlich eine Studienrichtung (Lehramt) angeboten wird, verstehen diese Studierenden als Garantie für eine qualitativ hochwertige Ausbildung. Die Studierenden sehen darüber hinaus im Erwerb des Abschlusszertifikats an der Pädagogischen Hochschule eine der letzten Möglichkeiten, ein Staatsexamen zu erwerben. Der Titel wird als qualitativ hochwertigeres Abschlusszertifikat bewertet. Die Auseinandersetzung mit dem akademischen Abschlusstitel verweist auch auf eine Orientierung an Prestige und Status.

7.4 *„Die Rechtschaffenen“* – Leitende Handlungs- und Orientierungsmuster von Studierenden auf der Grenze zwischen Modernen – und Kleinbürgerlichen Milieu

> „[...] ich find, es is unfair einfach, weil ich doch n Referat mache oder ich doch da bin oder ich doch nicht ausschlafe, obwohl ich auch gestern feiern war oder so was und, ähm, ich finde des, des führt zu ner Missgunst. Also, ich bin da ganz missgünstig. Ich denk immer so, hoffentlich fliegst du raus beim nächsten Mal.“ (Bea, GW D; Z1169-1176).

Die Studierenden in diesem Muster[125] haben die Hochschulreife teils am klassischen Gymnasium, teils an beruflichen Gymnasien (fachgebunden) erworben. Der Weg in das Lehramtsstudium führt über den Umweg beruflicher Ausbildungen (in pädagogischen und berufsfremden Feldern) sowie eines abgebrochenen Studiums an einer Universität. Im Muster finden sich Studierende aus Elternhäusern sowohl ohne als auch mit akademischem Abschluss.[126] Mehrheitlich verfügen

125 Dem Muster zugeordnet wurden die Studentinnen Bea, Denise und Tina (alle GW D).
126 In einem Fall wurde der im Herkunftsland erworbene akademische Abschluss im bundesdeutschen System nicht anerkannt und darüber entwertet, dass er mit einem Ausbildungsabschluss gleichgesetzt wird.

die Eltern über mittlere Abschlüsse und Ausbildungsberufe. Die Studierenden finanzieren das Studium teils ausschließlich über BAföG, teils aus einer Kombination aus Nebenjobs und Unterstützung durch die Eltern. Die Tätigkeiten, denen neben dem Studium nachgegangen wird, weisen alle eine Verbindung zum Studienfach[127] auf. Gemeinsam ist den Studierenden in diesem Muster, dass sie mit ihren (ebenfalls noch studierenden) Partner*innen zusammenleben.

Studienwahlmotive und Berufsvorstellung
Die Studienaufnahme wird in diesem Muster stärker mit den Ambitionen eines sozialen Aufstiegs verknüpft. Die Studierenden betreten das hochschulische Feld mit beruflichen (Ausbildung) und akademischen (abgebrochenes Erststudium) Vorerfahrungen. Mit der Studienaufnahme nehmen sie eine Korrektur der ursprünglichen Berufswahlentscheidung vor. In allen Fällen nehmen die Studierenden mit dem Wechsel ein Risiko in Kauf, sei es, weil mit der Umstellung von beruflicher auf hochschulische Bildung ein unvertrautes Feld betreten wird oder aber aufgrund der Erfahrung, bereits schon einmal an einem Studium „gescheitert" zu sein. Zum einen wird darüber deutlich, dass die Studienaufnahme weniger selbstverständlich ist als für die Studierenden in den Mustern, die im sozialen Raum vertikal über ihnen angeordnet sind. Zum anderen zeigt sich eine gewisse Flexibilität und Bereitschaft, für den angestrebten beruflichen Aufstieg den eingeschlagenen Pfad zu verlassen und sich neu zu orientieren. In dem Studium wird in erster Linie eine machbare Karriereoption gesehen, in der sich eine sinnstiftende Tätigkeit im pädagogischen Feld mit einer überdurchschnittlichen finanziellen Vergütung und dem Prestige eines akademischen Abschlusses verbindet.

Die Studierenden stellen ihre pädagogischen Präferenzen und intrinsischen Motivationen als Begründung für die Studienwahl weniger prominent in den Vordergrund. Aus Perspektive der Studierenden scheint das Absolvieren eines Lehramtsstudiums als ausreichender Beleg für das Interesse an dem Beruf zu gelten.

Anhand von Ausbildungswegen und praktischen Tätigkeiten zeigt sich, dass Erfahrungen im Kontext des pädagogischen Felds vorhanden sind, teils mehr als z. B. im Muster *„die Berufenen"* oder *„die Zielbewussten"*. Auch wird die pädagogische Fachlichkeit (etwa über eine Ausbildung zur Erzieherin) nicht wie im Muster *„die Qualifizierten"* als Beleg für eine besondere Feldkenntnis herangezogen. Die Studierenden nutzen die Gruppenwerkstatt nicht als Raum für die Darstellung einer besonderen Befähigung, z. B. aufgrund von pädagogischer Vorerfahrung. Sie agieren weniger raumgreifend und verzichten weitgehend auf umfangreiche Beiträge über die eigenen Beweggründe. Ihre Präsentationen der Studienmotivation wirken darüber unprätentiös und zurückhaltender, als bei denjeni-

127 Im Einzelfall ist auch die Tätigkeit als studentische Mitarbeiterin vorhanden, was jedoch in der Gruppenwerkstatt nicht weiter thematisiert wird.

gen Studierenden, die in den vertikal über ihnen angeordneten Mustern im sozialen Raum liegen. Vertiefende Einblicke in Motivlagen und die Erläuterungen der sinnstiftenden Elemente, die mit der Studienwahl verknüpft sind, werden nur auf direkte Nachfrage ausformuliert. Erwähnung finden vorhandene Anschlüsse an pädagogische Praxisfelder (freiwilliges Engagement in Kindergruppen, Erzieherinnenausbildung/Arbeit im Kindergarten/Kinderhort) lediglich in der Vorstellungsrunde. In diesem Muster begründen die Studierenden ihre Berufseignung stärker über die Ebene eines positiven emotionalen Zugangs zu Kindern und verbinden den Berufswunsch mit der Freude an der Arbeit mit Kindern.

Kernthema: Absicherung durch Erfüllung der (Leistungs)Vorgaben
Ähnlich wie im Muster *„die Zielbewussten“* dient das Studium in erster Linie dem Zertifikatserwerb. Eine funktionalistische und nüchterne Sichtweise dominiert, die sich an der Erfüllung von Vorgaben und Anforderungen ausrichtet. Die vorgefundene Struktur im Studium bildet den Orientierungsrahmen, auf welchen Handlungsoptionen abgestimmt werden. Als selbstverständlich wird die Aufgabe angenommen, sich in die vorgegebene Ordnung einzufügen. Im Gegensatz zu den Studierenden im Muster *„die Zielbewussten“* wird das Durchsetzen von eigenen Interessen im Studium von dieser Gruppe weniger stringent verfolgt. Die Studienplanung ist flexibel und wird pragmatisch den strukturellen Bedingungen angepasst. Hinzu kommt eine Orientierung an den Leistungserwartungen- und Vorgaben. Diese werden in der Planung, z. B. beim Belegen von Lehrveranstaltungen, stets mitgedacht und gelten als Garantie für eine erfolgreiche Studienbewältigung. In diesem Muster dominiert eine sicherheitsorientierte Perspektive, auf welche die Strategien zur Studienbewältigung abgestimmt werden. Zentrale Bedeutung kommt den Studienleistungen zu. Aus Perspektive der Studierenden lässt sich aus den Benotungen und Bewertungen von Studienleistungen verlässlich ablesen, ob das Studium erfolgreich verläuft. Sie geben Sicherheit und Bestätigung, die „richtige“ Studienwahl getroffen zu haben und den geplanten Abschluss erreichen zu können. Die Studierenden präsentieren eine Strategie, die auf der Kalkulation von höchster Erfolgswahrscheinlichkeit bei geringstem Aufwand für das Erreichen von guten Bewertungen beruht. Risiken, die einer guten Benotung entgegenstehen könnten, sollen möglichst geringgehalten werden. Die Studierenden präsentieren eine Auseinandersetzung mit der Aneignung von Studieninhalten, in der die abschließende Leistungsbewertung immer mitgedacht wird. Was von den Studierenden im Muster *„die Berufenen“* als „oberflächliches“ Lernen abgewertet wird, erscheint in diesem Muster hingegen als ein fokussiertes Lernen und als sinnvolle und „clevere“ Lernstrategie, um Lernerfolge in Form von guter Benotung zu erzielen. In der Fokussierung auf die Leistungserbringung im Studium wird eine Strategie der Studienbewältigung deutlich, mit der die Anforderungen im hochschulischen Feld „abgearbeitet“ werden.

Formen der Aneignung und Studienbewältigung

Für die Studierenden in diesem Muster ist es selbstverständlich, die Semesterplanung ausschließlich am curricularen Aufbau und den vorgebenden Studieninhalten auszurichten. Im Studium stehen Leistungserfüllung und die Bewältigung der formalen Vorgaben im Vordergrund. Die Studienplanung orientiert sich am modularen Aufbau und dem Erbringen der Leistungsnachweise, die dem modularen Studienaufbau entsprechend erfüllt werden. Wie auch bei den Studierenden im Muster *„die Zielbewussten"* wird das Studium nicht als ein Raum verstanden, der mit individuellen Entfaltungsmöglichkeiten und Vorstellungen von Selbstverwirklichung verbunden ist. Der (im Rahmen der Angebotsmöglichkeiten) bewussten Wahl von Studieninhalten, einer individuellen Schwerpunktsetzung oder dem Belegen von freiwilligen Angeboten, wie es besonders von denjenigen Studierenden betont wird, die im sozialen Raum weiter auf der linken Seite verortet sind, kommt eine geringere Bedeutung zu. Auch wird ein solcher Umgang mit den Anforderungen als zu riskant abgelehnt, weil mit dem Erbringen von „zusätzlichen" Aufgaben, eine mögliche negative Auswirkung auf die Studienplanung assoziiert wird. Studentischem Engagement kommt keine relevante Rolle zu und wird von den Studierenden im Muster nicht weiter thematisiert.

Die Studierenden verstehen sich dabei durchaus als interessiert und engagiert. Engagement wird aus ihrem Blickwinkel auf die aktive Mitarbeit in Lehrveranstaltungen bezogen. Etwa wenn die Vorbereitung für ein Referat in einem verpflichtenden Seminar ohne individuelle Benotung als Form von freiwilligem Engagement bezeichnet wird. Selbstverantwortung zu übernehmen, wird in diesem Muster als zu erfüllende Erwartung und Verpflichtung im Studium erlebt. Wie allen anderen Anforderungen wird dem nachgekommen. Z. b. wird die Aufgabe, sich eigenständig Betreuung durch Lehrende zu organisieren, als Eigenverantwortung im Studium verstanden. Auch wird der selbstständige Umgang mit der Studienorganisation pragmatisch als Vorbereitung auf den kommenden Beruf interpretiert.

Kritisch wird sich in diesem Muster über bestimmte Fächer geäußert, die uneinheitliche und uneindeutige Vorgaben der Leistungserbringung haben und somit keine Orientierungsmöglichkeiten anbieten und dadurch die angestrebte gute Benotung gefährden könnten. Lehrveranstaltungen werden gezielt nach den Kriterien des geringsten Umfangs und niedrigsten Schwierigkeitsgrads der geforderten Leistungsnachweise gewählt. Sicherheitsorientiert werden Seminare bei Lehrenden belegt, die unter den Studierenden für hohe Bewertungen bei geringem Lernaufwand bekannt sind. Diese Strategie erfolgreich anzuwenden, wird mit einem gewissen Stolz gegenüber der Gruppe präsentiert. Auf Lehrveranstaltungen, die in erster Linie inhaltliche Interessen wecken bzw. diese abdecken könnten, wird im Rahmen der Kosten-Nutzen-Abwägung bewusst verzichtet.

Leistungsnachweise werden als klar definierte Anforderungen in schriftlicher oder mündlicher Form verstanden, die von den Lehrenden benotet werden. Aus dieser Perspektive werden verpflichtende Seminare, für die keine individuellen Bewertungen vorgesehen sind und die keiner Anwesenheitskontrolle unterliegen, als nutzlos abgewertet. Besonders ein neuer Studienbereich, der von der Hochschulleitung als überfachliches Format ohne Anwesenheitskontrolle und Benotung verpflichtend in das Curriculum implementiert wurde, stößt in diesem Muster auf Unmut und Unverständnis. Pflichtbewusst leisten die Studierenden die Präsenzzeiten in den dazugehörigen Lehrveranstaltungen ab. Auch Seminare, deren Inhalte keinen unmittelbaren und verständlichen Bezug zum späteren Beruf aufweisen, werden, solange diese als verpflichtend ausgewiesen sind, von Studierenden absolviert, auch wenn der „Sinn" nicht zu erkennen ist. Gegen das bestehende Regelwerk zu handeln und die Lehrveranstaltungen (wie ein Großteil der Kommiliton*innen) auszulassen, ist für die Studierenden in diesem Muster keine Option. Kritisiert werden Kommiliton*innen, die systemseitige „Schlupflöcher" nutzen und sich z. B. Anwesenheitszeiten selbstständig attestieren, ohne die dazugehörigen Seminare zu besuchen. Dies wird als grober Verstoß gegen die Regeln im Studium und als Unterwanderung eines fairen Wettbewerbs angesehen: An die Mitstudierenden wird die (für die Studierenden selbstverständliche) Verpflichtung herangetragen, alle Studienanforderungen wahrheits- und pflichtgemäß zu erfüllen. Unterschieden wird in legale und illegale Strategien, mit denen sich Vorteile im Studium verschafft werden können. Als legale und schlaue Taktik wird die bewusste Wahl von Lehrveranstaltungen mit niedrigen Leistungserwartungen beschrieben. Als unrechtmäßiges Erschleichen einer Studienleistung wird hingegen das bewusste Ausnutzen fehlender Kontrollmechanismen durch die Kommiliton*innen (z. B. Verstoß gegen Präsenzpflicht) verurteilt.

Die Studierenden betonen ein pragmatisches Verhältnis zu Theorie und Praxis im Studium. Sicherheitsorientiert wird vor allem eine realitätsnahe und praktische Vorbereitung auf den künftigen Beruf, etwa durch Praxisphasen, als relevant hervorgehoben. Studieninhalte werden dann hinterfragt, wenn sie einen zu hohen Grad von abstrakt-theoretischem Wissen beinhalten und der praktische Anwendungsbezug nicht unmittelbar zu erkennen ist. Der pädagogischen Bewährung im Beruf wird eine höhere Relevanz zugesprochen als einer vertiefenden Auseinandersetzung mit theoretischem Wissen. Aus Sicht der Studierenden ist für die Vermittlung von kulturellen Grundtechniken in der Altersgruppe der Grundschulkinder ein vertiefendes Fachwissen weniger wichtig als das Wissen um didaktische Vermittlungstechniken und Methoden der Unterrichtsgestaltung. Dementsprechend werden praktische Einheiten im Studium besonders positiv besprochen.

*Das Verhältnis zu den Lehrenden und zu den Kommiliton*innen im Studienalltag*

In diesem Muster treten die Studierenden überwiegend ohne Kenntnisse der impliziten Regeln und Konventionen in das akademische Feld ein. Diese fehlende Vertrautheit kommt auch dadurch zum Ausdruck, dass als Referenzrahmen für das Hochschulstudium das bekannte Schulsystem herangezogen wird. Dies wird zum einen deutlich anhand der Orientierung der Lernstrategien an der Erfüllung der vorgegebenen Leistungsanforderungen und der Orientierung am curricularen Lehrplan. Zum anderen verweist die Erwartungshaltung an die Lehrenden auf Vorstellungen, welche eng an die Rollenverteilung zwischen Schüler*innen und Lehrer*innen angelehnt sind. Den Lehrenden wird eine Führungs- und Leitungsrolle zugesprochen und die Aufgabe zugewiesen, als Wegweiser durch das Studium zu führen. In die fachliche Expertise der Lehrenden setzen die Studierenden ein unhinterfragtes und grundsätzliches Vertrauen. Die Aufgabenverteilung zwischen Studierenden und Dozierenden, angelehnt an das Prinzip Schule, wird eingefordert: Die Lehrenden sind für die Wissensvermittlung und die Leistungsbewertung zuständig – die Studierenden erfüllen im Gegenzug die Vorgaben formal korrekt, diszipliniert und pflichtgemäß. Dafür erwarten sie wiederum von den Lehrenden eine Rückmeldung zum jeweils aktuellen, individuellen Lern- und Leistungsstand in Form von Benotungen. Mit den Kommiliton*innen werden Informationen ausgetauscht und sich gegenseitig Tipps für das Belegen von Lehrveranstaltungen gegeben. Ihre Erfahrungen, etwa über den Lehrstil von bestimmten Dozierenden und den Schwierigkeitsgrad von Studienleistungen bei diesen, dienen als Orientierung zur eigenen Auswahl von Lehrveranstaltungen. Andererseits werden Mitstudierende auch als potenzielle Konkurrent*innen gesehen. Die Studierenden in diesem Muster fordern von ihren Kommiliton*innen ein, sich an die vorgeschriebenen Regeln zu halten. Studienleistungen müssen aus dieser Perspektive unter den gleichen Bedingungen, auf der individuell erbrachten Leistung beruhen. Studierende in diesem Muster kommen in den Gruppendiskussionen immer wieder auf das Thema von Regelverstößen durch Kommiliton*innen zurück. Scharf kritisiert wird, dass sich über unfaire Mittel („Schummeln") ein Vorsprung im Studium verschafft wird. Von der Hochschule und den Lehrenden wird eingefordert, das Ordnungsprinzip mit Sanktionen gegen irreguläres Handeln durchzusetzen, um „faire" Leistungsgerechtigkeit zu garantieren. Auch das unachtsame Verhalten von Mitstudierenden in Seminaren und Vorlesungen wird als Respektlosigkeit verurteilt. So werden Mitstudierende, die sich in den Vorlesungen abgelenkt und uninteressiert zeigen und/oder nicht mitarbeiten, als undankbar (gegenüber den Lehrenden) und störend (gegenüber der eigenen Beflissenheit) abgewertet. Die fehlende Strebsamkeit der Mitstudierenden wird letztlich als geringes Interesse am Studium sowie am Beruf gedeutet.

Die Bedeutung der Hochschulform und die Wahrnehmung der gesellschaftlichen Sicht auf den Beruf

In diesem Muster ist die fehlende gesellschaftliche Anerkennung für den Beruf der Grundschullehrer*in ein Thema. Kritik wird an einem pauschalisierenden, gesellschaftlich negativen Bild des Lehrers/der Lehrerin geäußert. Anhand von Beispielen aus den Familien und Freundeskreisen wird berichtet, wie der Beruf Grundschullehrer*in vereinfacht und klischeehaft dargestellt wird. Die Studierenden werden ferner im privaten Rahmen mit Aussagen konfrontiert, die der Ausbildung zum Grundschullehramt die Notwendigkeit eines Hochschulstudiums absprechen. Dies kommt einer Deklassierung des angestrebten akademischen Status' gleich und wird besonders heftig verurteilt. Im Gegensatz zu Studierenden, die eine zu geringe Entlohnung der Grundschullehrer*innen im Vergleich zu anderen Lehramtsformen kritisieren, wird in diesem Muster aus der Perspektive des Ausbildungsberufs argumentiert und die Entlohnung von Grundschullehrer*innen (etwa im Vergleich zur Erzieherin) positiv bewertet.

7.5 *„Die Verunsicherten"* – Leitende Handlungs- und Orientierungsmuster von Studierenden an der Grenze der Respektabilität

> „[...] wenn man arbeiten geht, bei mir zum Beispiel und man versucht, das Studium über zwei oder drei Tage in Griff zu bekommen, [...] heißt es auch nur: „Ja, hmm, müssen se gucken, wies geht, is nen Vollzeitstudium." – und da fühlt man sich auch extrem allein gelassen, also ja, die verstehen das gar nicht, dass, dass manche Leut wirklich kein reiches Elternhaus haben und die Eltern noch helfen können, Wohnung zahlen können und dass man da wirklich angewiesen is, ja, des ischt wie sonen gegeneinander." (Dagmar, GW C; Z402-408).

Studierende, die diesem Muster zugeordnet werden können[128], haben an allen vier Gruppenwerkstätten partizipiert. Sie verfügen in Relation zu den Studierenden aus den anderen Mustern über die geringste Ressourcenausstattung. Bei den Studierenden handelt es sich ausnahmslos um Bildungsaufsteiger*innen, die teilweise über Umwege einer beruflichen Ausbildung (teilweise aus berufsfremden Feldern) das Studium aufgenommen haben. Ähnlich wie im Muster *„die Rechtschaffenen"* stellt für diese Studierenden das Betreten des hochschulischen Feldes keine Selbstverständlichkeit dar. In dem für sie zunächst unvertrauten Feld sind sie in einem besonderen Maß gefordert, ihre habituellen Dispositionen auf die Anforderungen der Hochschule abzustimmen. Keine*r der Student*innen kann im direkten familiären Umfeld auf Erfahrungen im akademischen Feld

128 Dem Muster zugeordnet wurden die Studentinnen Mira (GW A), Tanja (GW A), Diana (GW B), Liv (GW B) Daniela (GW C), Dagmar und Leona (beide GW D).

zurückgreifen.[129] Die Eltern haben mehrheitlich einen Hauptschulabschluss. Bei den Vätern dominieren Lehrabschlüsse in handwerklichen Berufen, bei den Müttern berufliche Lehrabschlüsse im Dienstleistungssektor und medizinischen Bereichen. Vorbilder für einen bescheidenen beruflichen Auf- und Umstieg finden sich unter den Vätern. Die Hochschulreife erwarben die Studierenden teils über den klassischen gymnasialen Weg, teils über eine hochschulgebundene Fachoberschule. In diesem Muster wird die Finanzierung des Studiums am deutlichsten als Problem thematisiert. Finanzielle Unterstützung erhalten die Studierenden über BAföG, von ihren Eltern und über (teils mehrere) Nebenjobs. Die Tätigkeiten neben dem Studium weisen mehrheitlich keinen Bezug zum Studium auf. Sie sind mit dem ursprünglichen Ausbildungsberuf verknüpft oder sind am Wohnort im Service- und Dienstleistungssektor verortet.

Studienwahlmotive und Berufsvorstellung

In diesem Muster wird die Zusage für einen Studienplatz an der Pädagogischen Hochschule weniger aufgrund der erworbenen Qualifikationen, die für einen Hochschulzugang berechtigen, als vielmehr aufgrund eines „Zufalls“ angesehen, der mit dem Terminus „Glück“ umschrieben wird. Von den Studierenden wird der Beruf Grundschullehrer*in als biografisch langfristig angelegter Wunsch beschrieben („Traumberuf“), dessen Ursprung bis in die Kindheit zurückdatiert wird. In den geäußerten pädagogischen Präferenzen dominieren fürsorglich-pädagogische Motive, wie zum Beispiel eine besondere Empathie für Kinder. In diesem Muster wird die soziale Beziehung zu den Schüler*innen in den Vordergrund gestellt: Soziale Verantwortung wird verbunden mit dem Anliegen, Kinder in Konfliktsituationen zu begleiten und zu unterstützen. Dabei wird sich nicht nur auf schulische Schwierigkeiten bezogen, sondern die Palette auf emotionale und soziale Probleme (Mobbing, Elternhaus) erweitert.[130] Auch spielen sowohl intrinsische Motivation als auch finanzielle Aspekte eine Rolle für die akademische Karriereplanung. Der Gegensatz von ideell und materiell wird dabei weniger dichotom gesehen: Finanzielle Aspekte und die Betonung eines pädagogischen Ethos' stehen gleichberechtigt nebeneinander.

Wie in allen anderen Mustern auch, wird der Berufswunsch als langjährig beschrieben. Ferner wird mit der Studienwahl eine realistische Karriereplanung verbunden. Von Kommiliton*innen, denen materielle Gründe als Studienmotivation unterstellt werden, grenzen sich die Studierenden in diesem Muster deutlich

129 Auch die Geschwister haben durchweg kein Studium aufgenommen, sondern überwiegend nach dem Realschulabschluss eine berufliche Lehre absolviert, wohingegen sich auch bei den Partner*innen der Bildungsaufstieg über den Umweg einer Lehre abzeichnet.

130 Diskutiert werden kann, inwiefern ein Zusammenhang zwischen der Betonung, Kinder in Konfliktsituationen emotional unterstützen zu wollen und den eigenen Erfahrungen von Fremdheit und fehlender Unterstützung im Feld existiert.

ab. In den Collagenarbeiten wird eine Thematisierung sichtbar, in der das Finanzielle als langfristige Absicherung des angestrebten Lebensstils dargestellt wird. Mit einem verlässlichen finanziellen Rahmen wird eine Entlastung verbunden. Diese Betrachtung scheint auch der gegenwärtigen Situation geschuldet: In diesem Muster finden sich Studierende, die teils über mehrere Nebenjobs das Studium finanzieren und die Vereinbarkeit von Studium und Nebentätigkeiten als mit einem hohen Stresslevel verbunden beschreiben.

Kernthema: Zugehörigkeitskonflikt
Den Studienalltag zu bewältigen, bedeutet für die Studierenden in diesem Muster das Erbringen von Akkulturationsleistungen. Die Diskrepanzen zwischen den Erwartungen, wie ein Studium „funktioniert" und der vorgefundenen Struktur werden im Studium als Konflikt erlebt. Ressourcen, um die impliziten Codes im Studium zu entschlüsseln und Unterstützungsstrukturen innerhalb und außerhalb der Hochschule scheinen wenig vorhanden. „Durchwurschteln" kann in diesem Zusammenhang als eine Strategie verstanden werden, und verweist auf behelfsmäßige und defensive Handlungsmöglichkeiten und Spielräume, um die Anforderungen zu bewältigen. Dies führt zu einem hohen Grad an Verunsicherung, der sich in einer bleibenden Distanz ausformuliert. Ähnlich wie bei den Studierenden im Muster *„die Rechtschaffenen"* äußert sich die Unvertrautheit mit dem akademischen Feld über Erwartungen an das Studium, die sich am vertrauten schulischen System orientieren. Ferner scheinen an das Studium Vorstellungen geknüpft, die mehr einer strukturierten Ausbildung gleichen.

Die Studierenden beschreiben die Entscheidung für eine Pädagogische Hochschule als eine bewusste Wahl. Mit der Hochschulform wurde aufgrund der überschaubaren Größe und einem überwiegend auf das Lehramt ausgerichteten Studienangebot die Erwartung verbunden, mehr Orientierung und Sicherheit zu finden. Als Gegensatz wird auf die unübersichtliche und „anonyme" Universität verwiesen. Anders als bei den Studierenden im Muster *„die Zielbewussten"* hat sich diese Erwartung jedoch nicht erfüllt. Die Unsicherheit, sich im akademischen Feld zu bewegen, scheint darüber kompensiert zu werden, sich nicht mehr als gefordert an der Hochschule aufzuhalten. Das (räumliche) „Sich-entziehen" wird somit nicht nur als eine Vermeidungsstrategie (z. B. um Lehrveranstaltungen oder um die Kommunikation mit Lehrenden zu umgehen) angewendet, sondern als ein Prinzip auf den gesamten Hochschulkontext übertragen. Die Hochschule wird nicht als ein sozial-integrativer Ort erlebt, der als Möglichkeitsraum für Teilhabe und Mitgestaltung angenommen wird. Entsprechend wird in diesem Muster die Beteiligung durch studentisches Engagement nicht weiter thematisiert. Die Hochschule bzw. das Studium dient vor allem dem funktionalen Erwerb eines Bildungstitels und wird als Passage hin zum Berufswunsch verstanden, der, abgetrennt von sonstigen Lebenswelten, möglichst zügig durchschritten werden soll. Der räumliche Aufenthalt an der Hochschule orientiert sich ausschließlich an den vorgeschriebenen Präsenzzeiten. Dementsprechend kritisch wird die Studienstruktur gesehen, wenn sie den Aufenthalt der Studierenden „unnötig" verlängert (z. B. durch ungünstig gelegte Seminarzeiten, längere Pausen zwischen Vorlesungen). Dies wird u. a. mit dem Spagat zwischen Studium und Lohnarbeit begründet, da knappe Zeitressourcen aufgeteilt werden müssen. Ferner liegt der soziale Lebensmittelpunkt überwiegend nicht am Studienstandort und die Studierenden nehmen ein Pendeln zwischen Wohnort (meist auch der Herkunftsort) und Hochschule auf sich. Das Studium und das soziale Umfeld werden als zwei voneinander getrennte Sphären betrachtet. Dies zeigt sich u. a. auch an langjährigen Vereins- und Freizeitaktivitäten, die im Herkunftsort fortgeführt werden.[131] Die Trennung von Hochschule und Privatleben zeigt sich ferner über Nebenjobs, die einen geringen Bezug zum Studium aufweisen (Verkäuferin, Werksstudentin) sowie Nebenjobs, denen am Wohn- bzw. Heimatort nachgegangen wird (Servicekraft).

In Bezug auf verschiedene Aspekte sehen sich die Studierenden der Hochschule nicht zugehörig und verbleiben in einer Distanz zum Studium. Als Bildungsaufsteiger*innen sind die Studierenden gefordert, sich die impliziten Spielregeln im Feld der Hochschule erst anzueignen. So eint diese Studierenden ein Blick auf den Studienalltag, in dem sich in vielerlei Hinsicht ein Leiden an den Strukturen offenbart. Die Studienbewältigung geht einher mit der Erfahrung, im Studienalltag auf begrenzte Handlungsspielräume zu stoßen und der vorgefundenen Struktur fremdbestimmt und machtlos ausgeliefert zu sein. Geteilt wird die Auffassung, sich mit der vorgefundenen hierarchischen Ordnung zu arrangieren und eigene Bedarfe dieser unterzuordnen. Auftretende Konflikte (z. B. in der Studienorganisation) werden aus dieser Perspektive als individuelle Problemlagen gesehen, bei denen die eigenen Interessen hinter den strukturellen Vorgaben zurückstehen müssen. Fehlende einheitliche Vorgaben (z. B. in den unterschiedlichen Fächern) und das Erleben einer unzuverlässigen Struktur führen zu einer zusätzlichen Verunsicherung.

Formen der Aneignung und der Studienbewältigung

Die Erfüllung der Leistungsanforderungen wird als unhinterfragte Pflicht präsentiert. In Anlehnung an die schulische Sozialisation wird das Lernen entlang der anstehenden Leistungsnachweise organisiert. Die Studierenden thematisieren dabei weniger eine besondere Leistungsorientierung, wie z. B. die Studierenden im Muster *„die Rechtschaffenen"* – vielmehr dominiert die pragmatische Sichtweise, die erwarteten Leistungsnachweise zu erbringen. Prüfungsphasen werden als besonders lernaufwendig beschrieben und in dieser

131 Zur Diskussion um die Bedeutung der sozialen (und finanziellen) Verbindung zu der Herkunftsfamilie für die Integration in die Hochschule und die Unterschiede zwischen Studierenden aus akademischen und nicht-akademischen Haushalten, siehe auch König 2019, S. 250-255.

Zeit private Aktivitäten den hochschulischen Verpflichtungen untergeordnet. Eigene Handlungsspielräume in der Studienorganisation und -planung werden als gering eingeschätzt. Häufig wird sich in der Sicht auf die Studienstruktur auf „Glück“ berufen, das als Synonym für die geringen Einflussmöglichkeiten, als eine passive Akzeptanz und Umschreibung der Fremdbestimmung verstanden werden kann. Fremdbestimmt zu sein, wird umschrieben mit dem Erleben einer Struktur, auf welche die individuelle Organisation abgestimmt werden muss. Dieses Arrangement unterliegt permanenter Veränderung (etwa wenn Lehrende den Studienplan verändern), die als wenig kalkulierbare und unverlässliche Größe im Studium erlebt wird. Die Studierenden sehen sich gefordert, ihre individuelle Planung immer wieder neu anzupassen. Im Gegensatz zu den Studierenden im Muster *„die Zielbewussten“*, die in solchen Fällen Wege suchen, um ihre individuellen Interessen durchzusetzen, sehen die Studierenden in diesem Muster keine Möglichkeiten, ihre Bedarfe und Interessen anzumelden. Selbstverständlich scheint die geteilte Annahme, sich mit der vorgefundenen Struktur durch Unterordnung der eigenen Bedürfnisse arrangieren zu müssen. Als ein Konflikt im Studium wird der eigenverantwortliche Umgang mit der Studienorganisation thematisiert. Die vorgefundene Studienstruktur verpflichtet aus der Perspektive der Studierenden zu einem hohen Grad an Autonomie. Fehlende verbindliche Orientierungshilfen im Umgang mit formalen Prüfungsvoraussetzungen und mit den organisatorischen Anforderungen stellen Unsicherheitsfaktoren dar, die den Studienalltag begleiten. Gleichzeitig ist die Unwissenheit mit Scham besetzt, was eine Hürde für Nachfragen bei der entsprechenden Stelle (z. B. Prüfungsamt) darstellt. Bei Lehrpersonen Informationen einzuholen, wird aufgrund der zahlreichen negativen Erfahrungen und missverständlichen Aussagen auf Nachfragen als Option meist von vornherein ausgeschlossen. So bleibt als einzige Hilfestellung die Orientierung an (den) Kommiliton*innen. Eigenverantwortung im Studium wird somit auch als mangelnde Fürsorge der Verantwortlichen gegenüber den Studierenden interpretiert. So wird das Studium immer von der Sorge begleitet, durch mögliche „falsche“ Belegungen von Lehrveranstaltungen, die formalen Anforderungen und modularen Kriterien nicht zu erfüllen und damit einen Nachteil im Erreichen des anvisierten Studienziels zu riskieren. Entsprechend fordern die Studierenden beständige und feste Strukturen, die als Orientierung und Garantie für eine fehlerfreie Organisation des Studiums gesehen wird. Als günstig erscheint eine Struktur, die für alle Fächer gleich angelegt ist. Dass sich in den einzelnen Fächern mit jeweils unterschiedlichen Studienanforderungen auseinandergesetzt werden muss, ohne dass vonseiten der Hochschule Orientierungshilfen angeboten werden, ist ein großer Kritikpunkt.

*Das Verhältnis zu den Lehrenden und zu den Kommiliton*innen im Studienalltag*

Als Richtschnur und Orientierung gebende Verantwortliche gelten die Lehrenden im Studium. Auch in diesem Muster gleicht die Auffassung von der Aufgabenverteilung zwischen Studierenden und Lehrenden einem Schüler*innen / Lehrer*innen-Verhältnis. Von den Lehrenden werden planbare und verbindliche Aussagen erwartet, wie Leistungsnachweise (in Form und Umfang) zu erfüllen sind. Die Studierenden verfügen oftmals nicht über die Codes, um die Leistungserwartungen der Lehrenden entschlüsseln zu können. Ein zu hoher Grad an Autonomie in der Aufgabenstellung führt aufseiten der Studierenden zu Irritationen und wird tendenziell als erfolgsgefährdend eingestuft, etwa wenn eine eigenständig interpretierte Aufgabe von den Lehrenden nicht akzeptiert wird und somit die Studierenden für die investierte Arbeit (und Zeit) keine Wertschätzung erfahren. Ein allgemeines Misstrauen gegenüber Lehrenden speist sich aus der Erfahrung, sich wenig auf die Aussagen von Lehrenden verlassen zu können (etwa im Zusammenhang mit der neuen Studienordnung). Problematisiert wird eine drohende Orientierungslosigkeit durch die fehlende Verlässlichkeit. In ihren Bemühungen, die Studienanforderungen zu bewältigen, erleben die Studierenden Lehrende als wenig unterstützend. Belege hierfür werden anhand von individuellen Beispielen präsentiert. Der Studienerfolg wird als dozentenabhängig verhandelt. Aufgrund der Einschätzung, dass sich auf keine stabilen Beziehungen zu den Lehrenden gestützt werden kann, kommt es zu einer fatalistischen Einstellung, in der eine zugewandte Betreuung durch Lehrkräfte „Glückssache“ ist, die sich dem eigenen Einflussbereich entzieht. Einer konflikthaften Betreuung ausgeliefert zu sein, in der fehlende oder missverständliche Feedbacks verunsichern, ist aus der Perspektive der Studierenden jederzeit möglich. Die Kommunikationsformen und der „Umgangston“ von Lehrenden werden ferner teilweise als unfair und abwertend gegenüber den Studierenden beschrieben. Kritisiert wird außerdem, dass die Lehrenden die individuellen Anstrengungen nicht ausreichend anerkennen. Von den Studierenden in diesem Muster wird die stärkere Belastung durch die schwierige Vereinbarkeit von Studium und Erwerbsarbeit thematisiert. Kritisiert wird, dass von den Lehrenden auf prekäre finanzielle Situationen von Studierenden wenig Rücksicht genommen wird (z. B. Finanzierung von Exkursionen) und Lehrende kein Verständnis für Fehlzeiten aufgrund von Erwerbsarbeit aufbringen, was bei den Studierenden ein fehlendes Zugehörigkeitsgefühl zur Statusgruppe und damit ein Fremdheitsgefühl verursacht bzw. verstärkt. Das Verhalten von Lehrenden wird sensibel registriert und pauschalisierende negative Aussagen von Lehrenden (z. B. *„Studierende sind faul“*) werden als fehlende Anerkennung für die Bemühungen der Studierenden im Studium und als sozial deklassierend interpretiert. Negative Erfahrungen mit Lehrenden werden aus einer machtlosen Position heraus „erduldet“. Aus Sicht der Studierenden in diesem Muster sind ausschließlich die Lehrenden in der Position, positive Veränderungen in der Kommunikation zwischen Studierenden und Lehrenden herbeizuführen.

Strategien, die im Umgang mit den Lehrenden gewählt werden, fußen auf der Vermeidung von Konfrontationen, indem sich einem Konflikt durch Kurswechsel oder auch Fachwechsel entzogen wird. Taktisch werden Veranstaltungen weniger nach Inhalten als nach dem „Ruf“ gewählt, welcher bestimmten Lehrenden bei den Studierenden vorauseilt. Dass sich vereinzelt Lehrpersonen als unterstützend und fürsorglich zeigen, ist für die Studierenden nicht selbstverständlich und wird besonders hervorgehoben. Der große Unmut gegenüber den Lehrenden verbleibt innerhalb der eigenen Statusgruppe. Geäußert wird die Befürchtung, durch direkt geäußerte Kritik, einen individuellen Nachteil zu erfahren, z. B. indem eine Leistung eine schlechtere Bewertung erhält. Aus dieser Perspektive sehen sich die Studierenden in einer erpressbaren Situation. In den Gruppenwerkstätten entladen sich Frustration und Enttäuschung teilweise sehr emotional. Eine Studentin hingegen scheint demonstrativ das Bild eines problemfreien Studierens aufrechtzuerhalten, trotz der von ihr geschilderten konflikthaften Studienbewältigung. Die geradezu fröhliche Beschreibung von individuellen negativen Erfahrungen scheint als Normalität verinnerlicht worden zu sein und nicht kritisch reflektiert. Als eine Entlastungsstrategie werden im Studium zwei Gruppen konstruiert: Die *Lehrenden* und die *Studierenden*. Mit diesem dichotomen Schema werden negative Erfahrungen auf die Gesamtgruppe projiziert und Konflikte weniger als individuelle denn als allgemeine Probleme betrachtet, unter denen „alle“ Studierenden leiden. Frustrationen im Studium können so als geteilte Erfahrung besser ausgehalten werden. Das Wissen, dass andere Kommilitonen*innen mit den gleichen Schwierigkeiten konfrontiert sind, wird als Bestätigung interpretiert, dass es „jede*n“ treffen kann und unterstreicht die Normalität der Erfahrungen.

Kommiliton*innen kommt eine durchweg unterstützende Rolle zu. Sie dienen als taktische Quellen und Orientierungshilfen, um Informationen rund um den Studienalltag auszutauschen. Was von den Studierenden an der Grenze der Distinktion als fehlerhafter Informationsfluss kritisiert und teilweise belächelt und verurteilt wird (z. B. der Austausch von Informationen in Studierenden-Chatgruppen), stellt in diesem Muster eine wesentliche und bezogen auf das Studium überlebenswichtige Funktion dar. Kommiliton*innen als Orientierungshilfen für organisatorische Fragen im Studium kompensieren fehlende Ansprechpartner*innen unter den Lehrenden. Dass auch die Verlässlichkeit der Aussagen von Mitstudierenden nicht immer hundertprozentig stimmig ist, ist den Studierenden bewusst. Trotzdem bleiben die Kommiliton*innen aus Mangel an anderen Ansprechpartner*innen im Studium die erste Informationsquelle. Ferner dient der gemeinschaftliche Austausch unter den Kommiliton*innen auch dazu, Informationen über den Lehrstil von Dozierenden einzuholen und darüber taktisch abzuwägen, welche Lehrveranstaltungen gewählt werden. Deutlich betont wird allerdings auch in diesem Muster die Abgrenzung gegenüber Studierenden, denen ausschließlich extrinsische Motive für die Studienwahl unterstellt werden.

Die Bedeutung der Hochschulform und die Wahrnehmung der gesellschaftlichen Sicht auf den Beruf
In diesem Muster wird der Vergleich zwischen Pädagogischer Hochschule und Universität nicht thematisiert. Dies scheint schon allein deshalb ausgeblendet zu werden, weil ein universitäres (Lehramts-)Studium als jenseits der realistischen Möglichkeiten angesehen wird. Die curricularen Inhalte an der Pädagogischen Hochschule werden in dieser Gruppe nicht in den Vergleich zur Universität gesetzt bzw. auch nicht im Vergleich der Hochschulformen als qualitativ höherwertig beurteilt. Eine Studentin, die vormals als Erzieherin gearbeitet hat, wendet die Perspektive: Sie verweist darauf, sich als zukünftige Lehrerin kooperativer und wertschätzender in der Zusammenarbeit mit Erzieher*innen zeigen zu wollen. Aus ihrer Perspektive erfährt der Lehrer*innenberuf im pädagogischen Feld bereits eine gesellschaftliche Anerkennung, die weit oberhalb des Erzieher*innenberufs liegt. Die Anforderungen werden pragmatisch abgearbeitet und die Studieninhalte nach dem praktischen Wert für den späteren Beruf beurteilt. Die Praxis gilt als eigentliche Vorbereitung auf den Beruf – im direkten Umgang mit der Zielgruppe sehen die Studierenden ihre besondere Motivation für den Beruf und auch ihre Stärke im Studium. Der Hochschultyp Pädagogische Hochschule wird in diesem Muster mehrheitlich als Garantie für ein praxisorientiertes Studium verstanden. In diesem Muster wird die hohe Verunsicherung nicht nur in Bezug auf das Studium, sondern auch in Bezug auf den künftigen berufliche Praxis thematisiert. Der Wunsch nach Orientierung erstreckt sich auch auf die kommende pädagogische Praxis: So wird aus dieser Gruppe heraus die Sorge thematisiert, im Studium nicht ausreichend auf den beruflichen Einstieg vorbereitet zu werden. Herausforderungen im späteren beruflichen Alltag werden am Beispiel der inklusiven Beschulung und einer heterogenen Schüler*innenschaft thematisiert. In diesem Muster wird der Umgang mit Schüler*innen mit inklusiven Bedarfen als Konfliktpotenzial und Herausforderung für den späteren beruflichen Alltag thematisiert. Umso stärker wird in den Collagen Harmonie im familiären Umfeld betont. Das Hauptgewicht im Wechselspiel zwischen Arbeit und Privatem wird hier deutlich auf Familie und Lebensstil – auch als Form der Entlastung – gelegt.

7.5.1 Veränderungsprozesse anstoßen: Die horizontale Differenz im Muster „die Verunsicherten"

Anhand des Musters wird deutlich, dass Bildungsaufsteiger*innen im Sample keine homogene Gruppe darstellen (vgl. Lange-Vester 2009; Klebig 2021, siehe auch Kapitel 2.5). Studierende im Muster *„die Verunsicherten"* unterteilen sich horizontal in eine Teilfraktion, die aufseiten der Traditionslinie der ständisch-kleinbürgerlichen Milieus und eine Teilfraktion, die aufseiten der Traditionslinie der Facharbeit und der praktischen Intelligenz verortet ist. Grundsätzlich teilen die Studierenden in diesem Muster ähnliche Perspektiven auf den Studienalltag. Das Erleben und die Bewertung von Organisation und Struktur werden als eine Aufgabenverteilung beschrieben, die eine verpflichtende Einordnung in die Hierarchie vorsieht. Die Position als Studierende wird als machtlos und fremdbestimmt wahrgenommen. Der Willkür der Lehrenden kann aus dieser Perspektive nur wenig entgegengesetzt werden. Konflikte und Passungsprobleme im Feld werden von den Studierenden in diesem Muster an den gleichen Stellen wahrgenommen. Die horizontale Differenz innerhalb des Musters zeigt sich an den Bewältigungsstrategien und den Handlungsoptionen, mit denen den Anforderungen im Feld begegnet werden: Zeigen sich die Studierenden im Muster, die auf der rechten Seite im sozialen Raum stehen (ständisch-kleinbürgerliche Traditionslinie), stärker in den Mechanismen von Unterordnung und Hierarchiegebundenheit verhaftet und darüber deutlicher blockierter, für ihre Bedarfe einzustehen – hingegen „wagen" sich die Studierenden im Muster, die weiter auf der linken Seite im sozialen Raum (Traditionslinie der Facharbeit und praktischen Intelligenz) verortet sind, in begrenztem Rahmen ihre Bedarfe gegenüber den Lehrenden (in Grenzen) zu formulieren. Dabei können sie nicht beliebig aus der (über Unsicherheiten) geprägten Interaktion mit den Lehrenden ausbrechen. Zwar haben sich im Studienverlauf die Bindung und Orientierung an die Lehrenden gelockert, diese werden aber immer noch in der Funktion der Autoritäten im Feld wahrgenommen und anerkannt. Es bleibt ein realistischer Sinn für eine Begrenzung der eigenen Handlungsspielräume. Deutlich wird die Bewegung in einem Spannungsfeld, das sich zwischen Autonomiestreben auf der einen Seite und dem Verhaftet sein in und der Bindung an Hierarchien auf der anderen Seite, bewegt. Verunsicherungen im Studienalltag schlagen dann wieder voll durch, wenn durch Konflikte (z. B. Deklassierung durch Äußerungen von Lehrenden) Fremdheitsgefühle bestätigt werden und darüber ein aufkommendes Selbstbewusstsein ausgebremst wird.

Der Umgang mit der vorgefundenen Ordnung unterscheidet sich insofern, dass die Studierenden aufseiten der Milieus der Traditionslinie der Facharbeit und der praktischen Intelligenz stärker auf Veränderungsprozesse rekurrieren, die durch und mit dem Studium angestoßen wurden (vgl. Kapitel 2.5). Das Studium regt Entwicklungsschritte an, die von den Studierenden als Zugewinn an Autonomie und Handlungskompetenz registriert werden. Die anfänglich selbstverständliche Akzeptanz und Einordnung in die vorgefundene hierarchische Struktur, ist einem selbstbewussteren Blick auf das Studium gewichen. Hervorgehoben wird, sich in vorsichtigem Maße von einem vorbehaltlosen Erfüllen aller an sie herangetragenen Anforderungen emanzipiert zu haben und stärker den eigenen Interessen im Studium zu folgen. Um diese Interessen zu vertreten, suchen sie auch den Kontakt mit (ausgewählten) Lehrpersonen. Im Unterschied zu den Studierenden im Muster *„die Qualifizierten"* fehlt es den Studierenden in diesem Muster jedoch an Sicherheit und dem Selbstbewusstsein, ihre Bedarfslagen zu formulieren und an die Lehrenden zu adressieren. Grenzen werden teils durch eine Strategie der individuellen Leistungsaneignung kompensiert: Inhalte, die in den Lehrveranstaltungen z. B. nicht ausreichend verständlich vermittelt wurden, werden sich eigenständig erarbeitet. Für das Nachbereiten werden zusätzliche Zeitressourcen investiert (die aufgrund von Lohnarbeit häufig knapp sind) oder aber selbstständig Lernunterstützung (außerhalb der Hochschule) organisiert. Studierende, die in Relation weiter im linken Teil des sozialen Raums verortet sind, betonen zudem stärker ihre intrinsischen Studienwahlmotive und pädagogischen Präferenzen. Das Handeln als künftige Lehrer*innen wird in den Dienst einer ganzheitlichen Unterstützung von Schüler*innen gestellt. Teils wird auf eigene schulische Erfahrungen zurückgegriffen, bei welchen Lehrer*innen als Mentor*innen fungiert haben und die Studierenden auf ihrem schulischen Weg aber auch in der Bewältigung von privaten Konflikten unterstützt haben. Auch in der Auseinandersetzung mit Finanzen und Geldverdienen betonen die Studierenden auf der linken Seite im sozialen Raum stärker einen Zwiespalt zwischen einer an idealistischen Motiven orientierten pädagogischen Haltung und einer nüchtern-realistischen Perspektive von ökonomischen Zwängen.

Studien, welche auf die besonderen Passungskonflikte und die unterschiedlichen Verarbeitungsformen unter den Bildungsaufsteiger*innen im Studium verweisen, bestätigen sich somit auch in dieser Untersuchung. Angeschlossen werden kann an Untersuchungen, die diskutieren und aufzeigen, mit welchen besonderen Herausforderungen die Bildungsaufsteiger*innen im Studium konfrontiert werden und wie diese habituell bearbeitet werden (vgl. Schmitt 2010; El-Mafaalani 2012; El-Mafaalani 2017; Maschke 2013; König 2019; siehe auch Kapitel 2.5). Anhand der horizontalen Differenz innerhalb des Musters kann aufgezeigt werden, dass die Bewältigungsstrategien milieuspezifisch geprägt und nicht beliebig veränderbar sind. Das Studium kann als Auslöser für Transformationsprozesse wirken und sich in Strategieänderungen äußern (vgl. Maschke 2013). Dies zeichnet sich anhand einer kleineren Gruppe von Studierenden (in Grenzen) ab, die mit dem Bildungsprozess einen emanzipatorischen Schritt und den Gewinn von größeren Handlungsspielräumen betonen. Auf die durchaus größere Anzahl der Studierenden im Muster trifft dies jedoch weniger zu. Mit der Studienerfahrung verringert sich für sie weder das Gefühl von fehlender Anerkennung im hochschulischen Feld, noch die Begleiterscheinung einer nachhaltigen Verunsicherung. Der Studienalltag, wird mit einer Strategie der Vermeidung von Konflikten entgegengetreten, in welcher das Aushalten und das Abfinden mit der Struktur und den vorgefundenen Bedingungen als selbstauferlegte Aufgabe im Zentrum stehen. Der Prozess der Integration in die Hochschule (vgl. Schmitt 2010; König 2019) wird auch nach mehreren Semestern im Studium individuell nicht als weniger belastend oder einfacher zu bewältigen beschrieben: Vielmehr scheint der Ausblick auf das baldige Studienende der Motor, um das

Studium trotz aller Schwierigkeiten und Unzufriedenheit zu einem Abschluss zu bringen.

8 Schlussfolgerungen und Reflexion der Muster

Lautet eine Fragestellung zu Beginn der Arbeit „Aus welchen sozialen Milieus stammen Studierende im Lehramtsstudiengang Grundschule?“, kann anhand der diskutierten Muster aufgezeigt werden, dass sich die Teilnehmenden aus den Gruppenwerkstätten überwiegend aus Milieus der respektablen Volksmilieus der gesellschaftlichen Mitte rekrutieren (vgl. Abb. 15).[132] Mehrheitlich haben somit an dieser Untersuchung Studierende im Lehramt Grundschule partizipiert, die sich in ihren Wertorientierungen, Grundeinstellungen und Lebensstilen an dem Streben nach sozialer Anerkennung und dem Manifestieren eines respektablen Lebensentwurfs ausrichten. Sie teilen bestimmte Grundformen der Bildungsstrategien und des Bildungserwerbs, die als „typisch“ für die Milieus der gesellschaftlichen Mitte gelten (vgl. Bremer 2010) und sich darüber kennzeichnen, dass sie sich entlang einer Zielorientierung organisieren, die zwischen den Polen von Nützlichkeit und Autonomiebestrebungen pendelt und sich in einer Bildungspraxis darstellt, die sich zwischen Pragmatismus und Selbstverwirklichung bewegen.

Wie im Kapitel 4.5 dargestellt, trennt die Grenze der Distinktion die Milieus der gesellschaftlichen Mitte[133] vertikal von den führenden gesellschaftlichen Milieus, die oberhalb der Mitte im sozialen Raum verortet sind. Durch die Grenze der Respektabilität trennen sich die mittleren Milieus von den unterprivilegierten Volksmilieus, die vertikal unterhalb der Mitte im sozialen Raum verortet sind. Die horizontale Verteilung der herausgearbeiteten Muster konzentriert sich auf die zwei Milieutraditionslinien, die der gesellschaftlichen Mitte zugeordnet werden (vgl. Abb. 16). In den Mustern *„die Berufenen“* und *„die Qualifizierten“* konnten Haltungen und Positionierungen herausgearbeitet werden, die für die Milieus der Traditionslinie der Facharbeit und der praktischen Intelligenz stehen: Die Studierenden (re)präsentieren eine Sicht, die sich relational stärker an den Werten Selbstbestimmung und Eigenverantwortung orientieren. Sie legen ihren Fokus mehr auf die Präsentation eines pädagogischen Ethos, das im Zentrum ihrer Studienmotivation steht. Das Studium wird eng verknüpft mit einem besonderen inhaltlichen Interesse. Hervorgehoben werden ein ideeller Wertekanon und eine

132 Stark individualisierte Strategien aus einem distinguierten bildungsbürgerlichen Milieu sind in dieser Erhebung nur in einem Fall (Martha, GWA) vorhanden. Desweitern wird ein Teilnehmender (Elias; GW D) im hedonistischen Milieu verortet.

133 Ausführlich werden die sozialen Milieus der gesellschaftlichen Mitte bei Gardemin (2006) diskutiert. Siehe auch Vester et al. 2001, S. 510-522.

ganzheitliche Sicht. Die Übernahme von Verantwortung im und für das Studium wird als eine selbstverständliche Aufgabe verstanden. Studierende in der ständisch-kleinbürgerlichen Traditionslinie, die sich in der rechten Hälfte des sozialen Raums gruppieren, hingegen orientieren sich stärker an der Einbindung in die hierarchischen Strukturen (vgl. Abb. 17). Ihr Studium richten sie stärker an den Vorgaben und Rahmenbedingungen aus. Sie werden in den Mustern *„die Zielbewussten“* und *„die Rechtschaffenen“* verortet.

Abbildung 16: Verortung der Studierenden in den Traditionslinien der Milieus der gesellschaftlichen Mitte

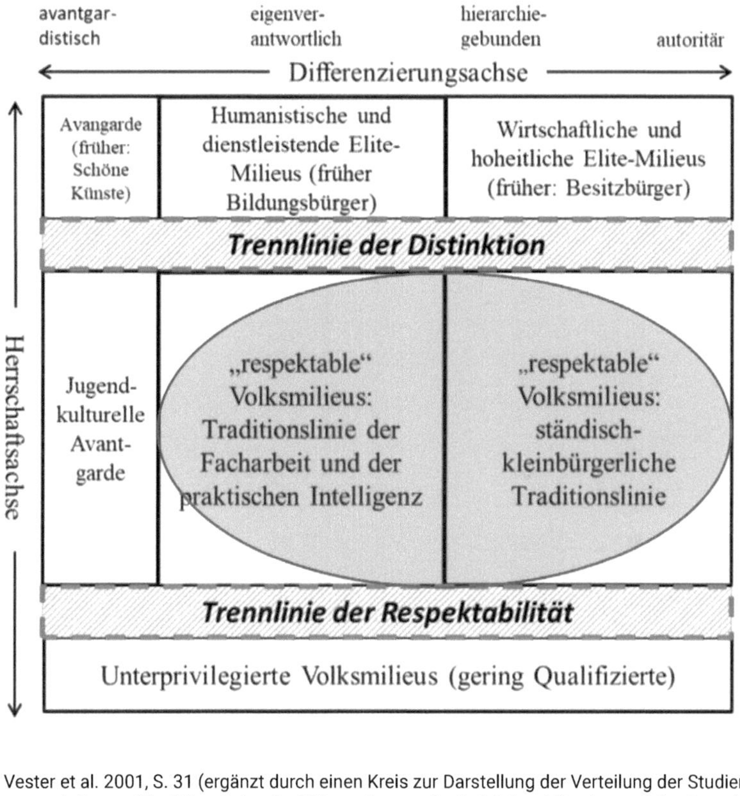

Quelle: Vester et al. 2001, S. 31 (ergänzt durch einen Kreis zur Darstellung der Verteilung der Studierenden-Muster auf die zwei Traditionslinien der Milieus der gesellschaftlichen Mitte im sozialen Raum).

Die Betonung von intrinsischer Motivation und einem interessengeleiteten Studium steht in diesen Mustern weniger im Mittelpunkt und beides wird weniger stark akzentuiert. Die Studierenden eint eine deutlich funktionalistischere Sichtweise auf Bildung. Der Bildungserwerb wird aus einer zweckorientierten Perspektive betrachtet. Der Hochschule wird eine Aufgabe als Dienstleister zugewiesen und sie auf diese reduziert: Das Studium wird weniger als ein Raum verstanden, der Gestaltungsmöglichkeiten bietet und in Partizipationsprozessen erschlossen wird. Entsprechend geringer ist das Interesse, sich außerhalb des Curriculums aktiv einzubringen. Vielmehr steht die (schulische) oft pflichtgemäße Aneignung der Inhalte im Vordergrund. Die Studierenden verknüpfen mit ihrem Status im hochschulischen Feld die selbstverständliche Aufgabe, sich der Struktur anzupassen und sich in die vorgefundene Hierarchie einzuordnen. Diese Orientierung an den formalen Vorgaben impliziert auch eine stärkere Orientierung an den Lehrenden im Feld. In dem Muster *„die Verunsicherten"* zeigt sich anhand der horizontalen Lage, dass der überwiegende Teil der Studierenden auf der Seite der ständisch-kleinbürgerlichen Traditionslinie verorten ist – eine kleine Gruppe jedoch steht in der Traditionslinie der Facharbeit und praktischen Intelligenz. Dies verweist auf die Heterogenität der Gruppe der Bildungsaufsteiger*innen (vgl. Spiegler 2015b; Lange-Vester 2020), die Vieles im Erleben des Studienalltags teilen, den Anforderungen im Studium aber mit unterschiedlichen Strategien begegnen (vgl. Kapitel 7.5.6).

Abbildung 17: Pole der vertikalen und horizontalen Positionierung innerhalb der Traditionslinien der Milieus der gesellschaftlichen Mitte

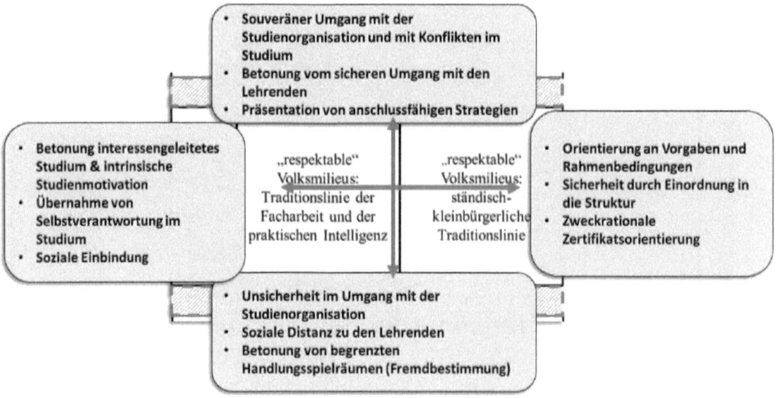

Quelle: Vester et al. 2001, S. 31 (modifiziert zur Darstellung der unterschiedlichen Positionierungen der Studierenden-Muster innerhalb der Traditionslinien der Milieus der gesellschaftlichen Mitte im sozialen Raum).

8.1 Die Thematisierung von Geschlecht in der Untersuchung

Die teilnehmenden Lehramtsstudierenden in den Gruppenwerkstätten setzten sich, was wenig überraschend erscheint, überwiegend aus weiblichen Teilnehmerinnen zusammen. Im Kapitel 3 wurde der Forschungsstand nachgezeichnet, welcher die Gründe für die ungleiche Verteilung vom Geschlecht im Lehramt Primarstufe diskutiert. Verwiesen wird auf die historische Entwicklung der Lehramtstypen und auf die Verbindungen zu einer konservativen Geschlechterordnung, in welcher soziale und pädagogische Berufsfelder lange Zeit im weiblichen Aufgabenbereich verortet wurden. Stereotype Vorstellungen der *„Berufsqualifikation qua Mütterlichkeit“* (Rothland 2022a, S. 95) haben u. a. dazu beigetragen, die Studienwahl Grundschullehramt im Vergleich zu anderen Lehramtstypen abzuwerten und für Männer als unattraktiv zu markieren (vgl. Kapitel 3.1.1).

Für die beschriebenen Muster wurde bewusst eine geschlechtsneutrale Sprache gewählt, um den Eindruck einer Geschlechterspezifik der herausgearbeiteten Muster zu vermeiden. Grundsätzlich schließt sich diese Untersuchung einer Habitus- und Milieuperspektive an, die sich auf eine bestimmte Studienaufnahme im Zusammenhang mit den gesellschaftlichen Bedingungen und der Sozialisation durch und in einem Milieu konzentriert, in welchem auch das Geschlecht eingelagert ist. Im aufgezeigten Forschungsstand (Kapitel 3) wird nachgezeichnet, dass die Ursachen für die ungleiche Geschlechterverteilung im Grundschullehramt meistens diskutiert werden, ohne auf die Bedeutung von Milieuzugehörigkeit und Habitus zu verweisen. Welche Relevanz der Verwobenheit von sozialem Milieu und Geschlecht für die Wahl und Aneignung eines Studiums zukommt, zeigt z. B. Loge (2021) auf. Sie arbeitet anhand einer qualitativen Interviewstudie heraus, dass der Weg in ein Studium und die spezifische Fachwahl für weiblich wie auch für männlich gelesene Studierende vom sozialen Milieu und den in ihm erworbenen spezifischen Habitusmustern geprägt ist:

> „Innerhalb dieses milieuspezifischen Möglichkeitsraums finden vergeschlechtlichte fachliche Prägungen, Ablenkungen, Unterstützungen und Benachteiligungen statt – etwa durch Vorbilder, fachkulturelle Sozialisationsprozesse usw. Quer dazu wiederum liegt die heteronormativ-vergeschlechtlichte Arbeitsteilung von Erwerbs- und Familienarbeit, die milieuübergreifend zu finden, aber milieuspezifisch gefärbt ist: Sie beeinflusst entscheidend die Ungleichverteilung von sozialen Positionen innerhalb jedes Milieus und ist Teil des Gesamtbildes, das die Passung zu einer Fachkultur und einem Beruf ausmacht.“ (Loge 2021, S. 282).

Diese Sichtweise wird auch durch die vorliegende Untersuchung gestützt. Am Beispiel der Positionierung zur Vereinbarkeit von Familie und Beruf kann aufgezeigt werden, dass sich Einstellungen und Perspektiven der Studierenden im Lehramt Grundschule weniger anhand der Kategorie Geschlechtszugehörigkeit als an den unterschiedlichen Mustern unterscheiden, die bestimmten Milieus in der gesellschaftlichen Mitte im sozialen Raum zugeordnet sind. Die Thematisierung der Vereinbarkeit von Familie und Beruf, die in einigen Studien als wichtiges Berufswahlmotiv von Studentinnen im Grundschullehramt benannt wird (vgl. Kapitel 3), wird von den überwiegend weiblichen Teilnehmerinnen zunächst nicht in den Gruppenwerkstätten explizit erwähnt. Spätestens in den Collagenarbeiten hat sich jedoch gezeigt, dass einem Zukunftsentwurf, in dem eine Familiengründung als zentral dargestellt wird, mehrheitlich und geschlechtsunabhängig eine hohe Bedeutung zukommt. Familiengründung und Kinderwunsch werden von nahezu allen Teilnehmenden als integrale Elemente der Zukunftsplanung verhandelt. Mehrheitlich wurde ferner von den weiblichen Teilnehmerinnen ein Lebensentwurf in einer gleichberechtigten Partnerschaft betont, in dem eine grundsätzliche Teilung von Care-Arbeit angestrebt wird. Die grundsätzliche Möglichkeit, im Lehrer*innenberuf Familie und Beruf miteinander vereinbaren zu können, scheint eine selbstverständliche geteilte Annahme, die von den Gruppen als ein Konsens nicht weiter thematisiert wurde. Dass dieser Lebensentwurf durch ein gesichertes finanzielles Einkommen realisiert werden wird, das einen hohen Lebensstandard garantiert, scheint ebenfalls eine formulierte Zukunftserwartung, die einen Konsens quer über alle Gruppen darstellt. Dies zeigt sich in allen Collagen über die Wahl und Darstellung der gewünschten Wohnform, der Freizeitaktivitäten und den Konsumgütern.[134]

Unterschiede zeigen sich jedoch in den Collagenarbeiten, in denen lebensweltlichen Themen, wie z. B. Familiengründung und Partnerschaft unterschiedliche Relevanz zu kommt (z. B. durch die Größe des Themenblocks). Auch die Verbindung von privatem und beruflichem Leben, etwa in Form von Überlegungen zu einer möglichen Abgrenzungsproblematik, äußert sich in den Mustern in verschiedener Art und Weise: Studierende, die den Mustern der Traditionslinie der Facharbeit und praktischen Intelligenz zugeordnet sind, mit Bezügen zum Leistungsorientierten Arbeitnehmermilieu (Muster *„die Berufenen“*) und zum Modernen Arbeitnehmer Milieu (Muster *„die Qualifizierten“*), weisen die Vereinbarkeit von Beruf und Familie als ein Grund für die Studienwahl als ein extrinsisches Motiv zurück, das im Gegensatz zu der hohen Identifikation mit der Profession steht. Der Beruf wird mit einer idealistischen Haltung verbunden, die in ein ganzheitli-

134 Angeschlossen werden kann an König (2019), die in einer Längsschnittuntersuchung von jungen Erwachsenen, in der u. a. Lehramtsstudierende interviewt wurden, resümiert: „Sicherheitsorientierung ist in dem Subsample eng mit einer *Familienplanung* verwoben. Nicht Luxus und Reichtum, sondern ausreichend Geld, um eine Familie ernähren zu können, wird angestrebt. Wiederholt wird dabei die Familie im „eigenen Haus“ imaginiert. Wenn bei der Fragebogenerhebung unter den Studierenden die *Orientierung an Status und Profit* weniger ausgeprägt zu sein scheint als bei den Auszubildenden, so wird in den qualitativen Interviews deutlich, dass ein gehobener Lebensstandard selbstverständlich erwartet wird.“ (König 2019, S. 166, H.i.O.).

ches Konzept von „Lehrer*in-sein" integriert ist. Beispielhaft nutzt eine Studentin diese Einstellung, um sich von ihren Kommiliton*innen abzugrenzen:

> „[…] gibt viele, die sagen: „Naja da kann man ja auch gut halbtags arbeiten und dann kann ich gut Familie und meine Hobbys und mein Chor und so mitvereinbaren." [..] Ich denk, da gibt's so zwei Richtungen, also die hier auch studieren, die einen, die das so sehen als "mach ich halt meinen Job so nebenbei" und die anderen, die sone Passion haben, die irgendwie nur Grundschullehrer sein wollen *(lacht)*." (Karin, GW A; Z740-744).

In den Collagenarbeiten wird das Thema Familiengründung deutlich hinter der Auseinandersetzung mit dem Beruf verhandelt. Berufliche soziale Verantwortung und Herausforderungen („Brennen" für den Job) werden stärker ins Zentrum gestellt und eine möglicherweise fehlende Abgrenzung von Privatleben und Beruf als zukünftiges Problem thematisiert. Studierende, die den Mustern in der ständisch-kleinbürgerlichen Traditionslinie zugeordnet werden (*„die Zielbewussten"*, *„die Rechtschaffenen"*), präsentieren hingegen den künftigen Familienentwurf als ein selbstverständliches und unhinterfragtes Element ihrer Lebensplanung. In dieser Traditionslinie werden in den Collagenarbeiten lebensweltliche Themen stärker thematisiert und mögliche Abgrenzungsproblematik zwischen Beruf und Familienleben weniger stark problematisiert. Die Aussicht auf ein „stabiles" Privatleben scheint selbstverständlich zusammen mit einer Familiengründung in sicheren ökonomischen Verhältnissen gedacht zu werden. Die Profession wirkt weniger idealistisch aufgeladen und wird deutlich pragmatischer als Sicherung für den angestrebten Lebensstil verhandelt. Auch der Wunsch nach einer Trennung bzw. einer Work-Life-Balance zwischen dem Arbeitsleben und Familienleben wird stärker betont. Zusammenfassend zeigt sich, dass die Vorstellungen der Studierenden, die mit dem Beruf verbunden sind, nach Traditionslinien und Milieuzugehörigkeit ausdifferenziert betrachtet werden müssen. Die Differenz ausschließlich anhand von weiblich und männlich gelesenen Studierenden auszumachen, lässt viele Feinheiten und Unterschiede aufgrund sozialer Bedingungen außen vor.

8.2 Vertikale und horizontale Differenzen

8.2.1 Ungleiche kulturelle Ressourcen am Beispiel der familiären Bildungsherkunft

Die vertikale Differenz im sozialen Raum verläuft in der Untersuchung deutlich entlang der Kategorie des – akademischen bzw. nicht-akademischen familiären

Bildungshintergrunds. Im Sample finden sich Studierende mit akademischem Bildungshintergrund ausschließlich in der oberen Hälfte der Mitte. Der überwiegende Teil der Bildungsaufsteiger*innen hingegen ist vertikal im sozialen Raum im unteren Drittel der Mitte verortet. Damit schließt die Untersuchung an Befunde an, die diskutieren, wie sich eine akademische bzw. nicht-akademische familiäre Mitgift auf die Studienbewältigung auswirkt und die soziale Herkunft und ihre differenten Bildungshintergründe ein relevanter Faktor für die Prägung eines hochschulaffinen Habitus darstellen. Die aus der Bildungsforschung bekannte These bestätigt sich, dass Kinder aus Haushalten mit akademischen Vorbildern in den Herkunftsfamilien den Vorteil haben, sich im akademischen Feld sicherer bewegen zu können (vgl. Kapitel 2). Das „*Privileg der gebildeten Klassen*“ (Bourdieu/Passeron 1971, S. 39) äußert sich in einer kulturellen Passung zwischen den in der Herkunftsfamilie erworbenen und eingeübten kulturellen Techniken und den (unausgesprochenen) Voraussetzungen und Erwartungen, die das akademische Feld und die institutionellen Bedingungen kennzeichnen.[135] Dieses herkunftsbedingte kulturelle Erbe zeigt sich im Studienalltag in einem starken Selbstbewusstsein im Umgang mit den Anforderungen und in der Interaktion mit den Lehrenden. In der Darstellung der Studierendenmuster konnte nachgezeichnet werden, dass sich bei den Studierenden, die vertikal in der Nähe der Grenze der Distinktion verortet sind, arrivierte Habituszüge andeuten. Ihre Sicht auf das Studium und ihr Umgang mit den hochschulischen Konventionen wirken souveräner. Es gelingt ihnen besser, sich das Studium „zu eigen“ zu machen, etwa indem sie bei auftretenden organisatorischen Schwierigkeiten, z. B. durch die neue Studienordnung stets handlungsfähig bleiben. Sie treten selbstbewusster für ihre Interessen ein und verweisen auf Handlungsalternativen, die dann zum Einsatz kommen, wenn die ursprüngliche Planung z. B. aufgrund von schwierigen Rahmenbedingungen im Feld nicht erfolgversprechend scheint. Auch sie sehen sich teils im „Kampf“ mit der Studienorganisation und kritisieren teils „chaotische“ Bedingungen, die sich vor allem aus einer neuen und wenig erprobten Studienordnung ergeben. Allerdings wird selbst bei einem kritischen Blick auf die Struktur stets auch auf die positiven Seiten des Studiums hingewiesen, wie etwa auf die Unterstützungsmöglichkeiten und auch auf eigene Handlungsoptionen und Spielräume, mit denen auf Konfliktsituationen reagiert werden kann. Das Studium wird deutlich stärker als eine positive Herausforderung verhandelt. Auch die Konfrontation und Auseinandersetzung mit gesellschaftlichen „Vorurteilen“ gegenüber dem Beruf und der Hochschulform werden selbstsicher „gekontert“, je weiter die Studierenden sich der Distinktionsgrenze nähern.

135 Zur ausführlichen Diskussion von Passungsverhältnissen und Studienstrukturen am Beispiel von unterschiedlichen Fachkulturen an einer Fachhochschule, siehe Evertz 2023.

Dieser herkunftsbedingte Vorteil eines hochschulaffinen Habitus wird von den Studierenden selbst in ein personelles Merkmal der besonderen Eignung übersetzt und in keinem Fall als Vorteil reflektiert, der sich aus den Ressourcen der sozialen Herkunft speist. Studierende, die nicht aus einem akademisch geprägten Haushalt stammen und somit nicht den Vorteil des familiären Erbes miteinbringen, scheinen hingegen viel stärker damit zu hadern, „ihren Platz" im Studium zu finden. Auch sie verbinden Schwierigkeiten im Studium, wie etwa die eigenen Bedarfe aktiv gegenüber den Lehrenden einzufordern, nicht mit ungleichen Ausgangsbedingungen und den sich im Studium fortsetzenden Mechanismen von struktureller sozialer Ungleichheit. Vielmehr werden Konflikte personalisiert und teils als individuelle Kommunikationsproblematik mit bestimmten Lehrenden oder als selbst verschuldete (Leistungs-)Problematik angesehen werden. Aus dieser Perspektive wird stärker ein fremdbestimmtes „Durchleiden" des Studiums betont.

8.2.2 Die Bedeutung der Berufsvererbung und Aspekte der Professionalität

In der Untersuchung zeigt sich ein Zusammenhang zwischen der Berufsvererbung und der vertikalen Position im sozialen Raum. In den Mustern im oberen Drittel der gesellschaftlichen Mitte findet sich die höchste Dichte an Studierenden, die aus Kernfamilien stammen, in denen mindestens ein Elternteil ein Lehramtsstudium absolviert hat (vgl. A1; Tab. 9). Die Studierenden scheinen eine Kenntnis über berufliche Codes zu teilen, die auch aus dem familiären Background stammen. Dies äußert sich in den Gruppenwerkstätten teils darin, wie die Studierenden über den Berufsalltag sprechen. Studierende mit Eltern, die als Lehrer*innen tätig sind, greifen dabei auf ein Expert*innenwissen zurück, etwa indem sie über berufliche Fallstricke sprechen, mit denen sie im späteren beruflichen Alltag konfrontiert werden könnten. Teils wird die Nützlichkeit des Curriculums nach dem persönlichen Einblick in den Beruf bewertet. Studierende ohne familiäre Verbindungen zum Berufsalltag verbinden hingegen andere Themen mit dem Beruf (z. B. die Sorge vor Überforderung).

Deutlich wird ferner eine horizontale Differenz in der Bewertung und der Offenheit des Umgangs mit dem familiären beruflichen Erbe: Die Studierenden aufseiten der Facharbeit und praktischen Intelligenz beziehen sich in ihren Aussagen weniger auf den familiären Hintergrund. Die vorhandenen Verbindungen und Einblicke in den Beruf werden höchstens in einem Nebensatz erwähnt oder ergeben sich erst aus den Angaben im Sozialdatenbogen. Präsentiert wird eine Auseinandersetzung mit dem Beruf, der mit Professionswissen untermauert wird und als eigenständiger Reflexionsprozess und Beleg für eine besondere Eignung interpretiert und eingeordnet wird. Kenntnisse über den beruflichen Alltag und für den Lehrer*innenberuf benötigte Kompetenzen werden von den Studierenden somit eher als besondere Form des Könnens gedeutet. Die Studierenden aufseiten der ständisch-kleinbürgerlichen Traditionslinie dagegen beschreiben den Zusammenhang zwischen der Studienwahlentscheidung und dem elterlichen Beruf und benennen diesen offen als eine besondere Studienmotivation. Die Selbstverständlichkeit ihrer Berufswahl und ihren souveränen Auftritt ordnen sie zum Teil auch einer familiären Vertrautheit mit bestimmten Codes im Lehrer*innenberuf zu.

Gemeinsam ist den Studierenden, die einen familiären Bezug zum Beruf haben, die Verwendung des Begriffs „Lehrerpersönlichkeit". Dieser Ausdruck findet ausschließlich in Mustern Verwendung, die im oberen Drittel der gesellschaftlichen Mitte verortet sind. In der Forschung zur Lehrer*innenbildung wird der Terminus kritisch diskutiert (vgl. Nolle 2016; Kunina-Habenicht 2020; Rothland 2021). Rothland (2021) fasst den „Mythos" wie folgt zusammen:

> „Die Wesensmerkmale, die mit der „Lehrerpersönlichkeit" verbunden werden, schließen ungebrochen an die Tradition geisteswissenschaftlicher Pädagogik an, die in idealisierenden Übertreibungen des Persönlichkeitskonzeptes in Gestalt von Tugendkatalogen ihren Ausdruck findet [...]." (Rothland 2021, S. 189).

Für die Studierenden in den Gruppenwerkstätten, die Bezug auf die „Lehrerpersönlichkeit" nehmen, wird dieser Begriff hingegen als Beleg für ein besonderes Professionswissen präsentiert. Deutlich zeigt sich dadurch, dass Reflexionsprozesse im Studium noch weiterer curricularer Verankerung bedürfen. Dieses Ergebnis schließt an eine Studie von Holzmayer (2023) an. Untersucht wurde die Berufswahl Lehramt Volksschullehrer*in (Österreich) im Kontext kultureller Passungsverhältnisse von Habitus und Feld. Auch in seinen Fallanalysen von Studierenden trifft Holzmayer auf den geteilten Konsens, dass der Erwerb der benötigten Kompetenzen für den Lehrer*innenberuf auf einer nicht erlernbaren, besonderen natürlichen Begabung beruht, hinter der die curricularen Inhalte der akademischen Ausbildung als sekundär bewertet werden (vgl. Holzmayer 2023, S. 264). In Anschluss an Bourdieu diskutiert Holzmayer die These vom Begabungsmythos als einem „Irrtum [...] der zu Beginn des Studiums einer grundlegenden Entzauberung bedarf." (Holzmayer 2023, S. 264) und kritisiert, dass es im Lehramtsstudium wenig gelingt, notwendige Reflexionsprozesse anzustoßen. Forschungen zur beruflichen Professionalität im Lehrer*innenberuf[136] unterstützen diese Erkenntnis. Sie weisen nach, dass Lehrkräfte ihre beruflichen Fähigkeiten und Kompetenzen in erster Linie in Verbindung mit Persönlichkeitsmerkmalen beschreiben (Überblick bei Bromme / Haag 2008; siehe auch Rothland

136 Pädagogische Professionalität und Professionalisierung im Kontext des Lehrer*innenberufs stellt ein eigenes komplexes Forschungsfeld dar (vgl. Cramer / Rothland 2021; Helsper 2021).

2021). Untersuchungen, in denen Lehrkräfte Selbstauskunft geben, zeigen auf, dass Professionalität weniger als Prozess der Berufstätigkeit verstanden wird, sondern dass sich auf (nicht erlernbare) personelle Kompetenzen berufen wird, die lediglich durch erlerntes Fachwissen in der Ausbildung untermauert werden.

> „Über den Ursprung der eigenen Lehrerpersönlichkeit wird das Moment des „geborenen Erziehers“ deutlich. In etlichen Fällen wird davon berichtet, dass man bereits vor Aufnahme des Studiums gut mit Kindern / Jugendlichen umgehen konnte. Für die Berufswahlentscheidung waren auch Erfahrungen aus der eigenen Schulzeit wichtig, es wird von der Persönlichkeit der ehemaligen Lehrer gesprochen. Als erste positive Lernerfahrungen zu Berufsbeginn dienten Seminarlehrer, Mentoren als Vorbilder, die wiederum über Persönlichkeitsmerkmale beschrieben werden.“ (Bromme / Haag 2008, S. 803).

Auch die vorliegende Untersuchung streift die Frage, welchen Beitrag die Lehrer*innenbildung für die Entwicklung einer professionellen pädagogischen Haltung leistet bzw. leisten kann und wie im Rahmen des 1. Abschnitts der Lehrer*innenbildung eine kritisch-reflexive Auseinandersetzung angestoßen werden kann, um die verfestigten „mitgebrachten“ Einstellungen und Vorstellungen aufzubrechen und Reflexionsprozesse anzuregen. Die Ergebnisse schließen an Diskurse an, die sich auf Professionalisierungsprozesse in der Lehrer*innenbildung fokussieren (vgl. Maschke 2013; Schwer / Solzbacher 2014; Helsper 2018a, Helsper 2018b; Kramer / Pallesen 2019; Rotter / Schülke / Bressler 2019; Helsper 2021; Betz et al. 2022; Rutter / Weitkämper 2022; Holzmayer 2023; Pape 2023). Ein Augenmerk liegt dabei auf der Fragestellung, was kann und soll die hochschulische Lehrer*innenbildung leisten, um „[…] eine professionelle (kritisch-emanzipative) Haltung im pädagogischen Handeln […].“ (Wiesner / Prieler 2020, S. 1) zu ermöglichen und auszubilden. Helsper (2019) stellt fest, dass Formen der reflexiven Auseinandersetzung im Lehramtsstudium wenig verankert scheinen und, „[…] angeeignete theoretische Wissen nur wenig handlungsrelevant wird und demgegenüber, früh erworbene, implizite und nicht reflexiv verfügbare Wissensbestände und Haltungen handlungsrelevanter für den Schulalltag bleiben […].“ (Helsper 2019, S. 49).

Ferner zeigt die Untersuchung auf, dass die Studierenden einer dichotomen Betrachtung von Theorie und Praxis folgen und diese als zwei gegensätzliche Pole verstanden werden, die in ihrer Relevanz für den späteren Beruf unterschiedlich bewertet werden. Praxis scheint synonym für pädagogisches Handeln, wohingegen Theorie in erster Linie auf Fächerwissen bezogen und mit der Frage verknüpft wird, auf welchem Niveau ein vertiefendes theoretisches Wissen für die Vermittlung von Grundtechniken und Kompetenzen in der Primarstufe (im Gegensatz zur Gymnasialstufe) tatsächlich notwendig erscheint. Die These der *„Entkoppelung der inhaltlichen von den pädagogischen Ansprüchen“* (Faulstich-

Wieland/Niehaus/Scholand 2010, S. 41; siehe auch Holzmayer 2023, S. 265) deutet sich somit auch in dieser Untersuchung an.[137] Die Beobachtung, dass von den Lehramtsstudierenden pädagogisches Handeln als individuelles Handeln beruhend auf personellen Kompetenzen verstanden wird, das kaum mit Wissenschaftlichkeit verknüpft wird, findet sich in den Aussagen der Studierenden in der Stichprobe bestätigt (vgl. Bromme/Haug 2008; Faulstich-Wieland/Niehaus/Scholand 2010; Rothland 2021). Innerhalb der Gruppenwerkstätte scheint ein geteilter Konsens gegenwärtig, der die theoretische Auseinandersetzung mit pädagogischer Handlungskompetenz in der ersten Phase der Lehramtsausbildung als sekundär einstuft. Entsprechend hoch wird die Relevanz von Praxisphasen eingeschätzt, da hier pädagogische Fachlichkeit in der Praxis unter Anleitung von erfahrenden Pädagog*innen erlernt und eingeübt werden kann und die Annahme sehr verfestigt scheint, dass sich professionelle pädagogische Haltung erst in der Praxis entwickelt.[138]

Ferner findet sich die Beobachtung bestätigt, dass von den Lehramtsstudierenden pädagogisches Handeln kollektiv als eine generelle Haltung beruhend auf personellen Kompetenzen verstanden wird, die wenig mit Wissenschaftlichkeit verknüpft zu sein scheint (vgl. Bromme/Haug 2008; Faulstich-Wieland/Niehaus/Scholand 2010; Wenzl/Wernet/Kollmer 2018; Rothland 2021; Holzmayer 2023). In den Gruppendiskussionen hat sich gezeigt, dass die Vorstellung einer internalisierten „richtigen" pädagogischen Haltung dominiert, die als Begründung für die Studien- und Berufswahl herangezogen wird. Diese grundsätzliche Annahme scheint innerhalb der Gruppenwerkstätten ein geteilter Konsens, der keiner weiteren Explikationen bedarf. Die daraus resultierende Unschärfe knüpft an die Verwendung des Begriffs der professionellen pädagogischen Haltung in pädagogischen Kontexten an, der teils undefiniert bleibt und ohne Bezug zum theoretischen Zugang genutzt wird (vgl. Rotter 2014).

8.2.3 Die Milieuspezifität in den Vorstellungen vom pädagogischen Auftrag

Dass sich die Studienwahl ausschließlich auf das Lehramt fokussiert, bestätigt die über alle Gruppen hinweg geteilte Aussage, sich mit dem Studium einen langfristigen Berufswunsch zu erfüllen. Mehrheitlich wird der Berufswunsch

---

137 Zur „Theorie-Praxis Problematik" und den Erwartungshaltungen von Lehramtsstudierenden zu Praxisphasen im Studium als nützliche Fähigkeit zur Bewältigung des zukünftigen Berufsalltags siehe auch Wenzl/Wernet/Kollmer 2018.

138 Zum Konstrukt der pädagogischen Haltung in der Lehrer*innenbildung und den wechselnden gesellschaftlichen Entwicklungen, Ansprüchen und Erwartungen, die mit dem Begriff einhergehen, siehe auch Fiegert/Solzbacher 2014.

Lehrer*in als bis zurück in die Kindheit reichend dargestellt. Die Studienwahl mit einem besonderen pädagogischen Interesse zu verbinden, kommt in allen Diskussionsgruppen eine hohe Bedeutung zu. Die von den Studierenden thematisierten pädagogischen Präferenzen und Interessen, die oftmals als der Hauptgrund für die Studienaufnahme beschrieben werden, scheinen in erster Linie individuellen (Gerechtigkeits-)Vorstellungen und Haltungen zu folgen. „Pädagogik“ wird zu einem diffusen Sammelbecken von Vorstellungen, was „richtiges“ pädagogisches Handeln ist und wird vor allem verknüpft mit dem praktischen Handeln im Umgang mit der Zielgruppe. Offensichtlich gelingt es im 1. Abschnitt der Lehrer*innenbildung nicht hinreichend, theoretische und wissenschaftlich fundierte Konzepte an die Studierenden heranzutragen, die eine nachhaltige Reflexion (und ggf. Modifikation) der individuell verfestigten Vorstellungen ermöglichen (könnten).

Anhand der pädagogischen Präferenzen werden die Orientierungen an unterschiedlichen Haltungen und Werten erkennbar, die im Zusammenhang mit der Milieuspezifität der Teilnehmenden gedeutet werden können und in den Mustern unterschiedlich akzentuiert werden. Sie pendeln zwischen der zuversichtlichen Sicht auf die berufliche Zukunft, in welcher den kommenden beruflichen Herausforderungen positiv und mit einer selbstsicheren Haltung begegnet wird und einer Auseinandersetzung mit dem „Ankommen im Beruf“, in welcher Befürchtungen von Überforderung im Mittelpunkt stehen. Die Einstellungen folgen beruflichen Vorstellungen, die als künftige Aufgabe im Beruf die kompetenzorientierte Wissensvermittlung und eine analytisch-pädagogische Haltung („sich in Kinder hineinversetzen“) betonen. Sie äußern sich aber auch in der Dominanz einer fürsorglich-pädagogischen und empathischen Einstellung („sich um die Probleme von Kindern kümmern“) und nicht zuletzt in einer sicherheitsorientierten Haltung (die Altersgruppe in der Grundschule wird als „pflegeleichter“ als Jugendliche in weiterführenden Schulen gesehen). Deutlich wird ein vertikaler und horizontaler Unterschied zwischen den jeweiligen Vorstellungen, die mit den künftigen Aufgaben im Beruf verbunden werden: Wissensvermittlung scheint deutlicher ein Motiv der in Relation weiter obenstehenden Milieus darzustellen, wohingegen ein fürsorglich-pädagogischer Ansatz eher von Studierenden aus Milieus im unteren Drittel der Mitte benannt werden (vgl. Ergebnisdarstellung Kapitel 7). Bei den Studierenden, die stärker an eine fürsorgliche Perspektive anknüpfen, wird auch das familiäre Umfeld der Schüler*innen als mögliches Konfliktfeld (z. B. „Scheidungskinder“) miteinbezogen. Ferner wird es als ein pädagogischer Auftrag angesehen, soziale Ausgrenzung (z. B. Mobbing) von Kindern zu verhindern und sich als Unterstützer*in und Ansprechpartner*in für diejenigen Schüler*innen anzubieten, die soziale Ausgrenzung im Schulalltag erfahren. Bei den Studierenden, die stärker eine Kompetenz- und Wissensvermittlung in den Vordergrund stellen, wird hingegen weniger die persönliche Beziehungsebene zu den Schüler*innen benannt, als dass mit dem Beruf die individuelle Verantwortung verbunden wird, Schule zu einem positiv besetzen Lernort für Schüler*innen zu gestalten.

Deutlich lassen sich anhand der unterschiedlichen pädagogischen Präferenzen und Vorstellungen handlungsleitende Orientierungen und Überzeugungen ableiten, die auf die verschiedene habituelle Orientierung der Studierenden verweisen. Anknüpfungspunkte finden sich zu Bischoff-Papst (2017), die in einer Studie die heterogenen Habitusmuster von Fachkräften in der Frühpädagogik rekonstruiert. Stehen bei Bischoff-Papst berufstätige Fachkräfte der Frühpädagogik im Zentrum, sind die zentralen theoretischen Befunde auch für diese Arbeit von Bedeutung.[139] Bischoff-Papst übt Kritik an einer kompetenztheoretischen Perspektive, die eine defizitorientierte Sicht auf die Pädagog*innen einnimmt und Professionalisierungsprozesse über die Vermittlung von Fachwissen und Weiterbildungen vertritt (vgl. Bischoff-Papst 2017, S. 311 ff.). Mit Anschluss an Bourdieu knüpft sie an die Bedeutung des Habitus für professionelles Denken und Handeln an und plädiert dafür, den sozialen Ort, in welchem die Pädagog*innen sozialisiert wurden, nicht auszublenden, sondern als Ausgangspunkt für die pädagogischen Orientierungen zu verstehen:

> „Die Habitusmuster sind milieuspezifisch ausgeformt. Es wird deutlich, wie unterschiedlich die im pädagogischen Denken und Handeln rekonstruierten Habitusmuster der untersuchten Fachkräfte sind und welche Bedeutung diese für die pädagogische Praxis haben, z. B. auf welche Art und Weise die Fachkräfte mit den Kindern interagieren oder wie sie Eltern wahrnehmen." (Bischoff-Papst 2017, S. 311).

Auch für das Curriculum im 1. Abschnitt der Lehrer*innenbildung gilt es, die reflexive Auseinandersetzung mit dem eigenen Habitus der angehenden Lehrkräfte durch Lehr- und Lernarrangements stärker zu verankern (vgl. Weitkämper 2019; Helsper 2018a; Helsper 2019; Weitkämper / Rutter 2022).

139 Schule und Kindertagesstätten sind insofern vergleichbar, als sie als „institutionell fundierte pädagogische Teilfelder mit klaren Zuordnungen für das pädagogische Personal" (Helsper 2021, S. 250) definiert werden. Jedoch unterscheidet sich pädagogisches Personal auf beiden Teilfeldern mehrheitlich durch den Ausbildungsweg, denn: „Die Frage der Akademisierung ist – abgesehen von Status-, Prestige- und Einkommensfragen für die pädagogisch Beschäftigten – professionstheoretisch deswegen so bedeutsam, weil nur durch die handlungsentlastete Auseinandersetzung mit nicht-subsumtiver Erkenntnisbildung im Rahmen eines wissenschaftlichen Studiums jene für professionelles Handeln so eminent bedeutsame Fähigkeit der kritischen Reflexion und der Geltungsüberprüfung generiert werden kann, die bezüglich der kritischen Reflexion des eigenen Handelns und seiner Bedingungen unabdingbar ist. Dafür ist Akademisierung im Sinne einer Hochschulbildung eine notwendige, allerdings noch keine hinreichende Voraussetzung." (Helsper 2021, S. 247).

8.2.4 Ungleiche ökonomische Ressourcen: Die Studienfinanzierung

Die Studienfinanzierung ist ein relevantes Thema, das in der Hochschulforschung als Hürde für die Studienaufnahme und als besondere Belastung im Studium diskutiert wird und besonders für Kinder aus Familien mit geringeren ökonomischen und kulturellen Ressourcen eine Problemlage darstellt (vgl. Bargel / Bargel 2010; Meyer-Gucke et al. 2021; Bildungsbericht 2022; siehe auch Kapitel 2.2.2). In der vorliegenden Untersuchung zeigt sich am Beispiel der Thematisierung der Verfügbarkeit von finanziellen Mitteln deutlich, dass die Finanzierung von Studium und Lebensunterhalt in der Studienphase eine Schwierigkeit besonders der Studierenden im unteren Drittel der Mitte darstellt. Die Studierenden im Muster *„die Verunsicherten"* benennen die Vereinbarkeit von Nebentätigkeit(en) und Studium als eine große Belastung im Studienalltag. Neben der zeitlichen Koordination werden Schwierigkeiten durch das Finanzieren von Sonderausgaben erwähnt, wie etwa die Teilnahmepflicht an Exkursionen, die eigenanteilig finanziert werden müssen. Auch wird in diesem Muster am stärksten das fehlende Verständnis der Lehrenden für Fehlzeiten aufgrund von Lohnarbeit kritisiert. Die negativen Rückmeldungen von Lehrenden werden teils erneut als Beleg für die fehlende Zugehörigkeit der Studierenden zum Feld gewertet. Anhand der Sozialdaten zeigt sich ferner, dass die Studierenden im unteren Drittel der Mitte mehrheitlich Nebenjobs nachgehen, die ausschließlich dem Gelderwerb dienen und keinen Bezug zur Karriereplanung bzw. der Studienrichtung aufweisen. Demgegenüber finden sich diejenigen Studierenden, die als studentische Mitarbeiter*innen[140] arbeiten und Nebentätigkeiten mit Bezug zum Studium (z. B. mit Verbindungen zu pädagogischen Bereichen) ausüben, überwiegend im oberen Drittel der Mitte.

8.2.5 Ungleiche Wege ins Studium

Die Karriereplanung durch die Studienaufnahme als direkter bzw. ungerader Weg steht im Zusammenhang mit der vertikalen Verteilung im sozialen Raum.

---

140 Schneickert (2013) beschreibt die Tätigkeit als studentische*r Mitarbeiter*in als eine Investition und Strategie, (um) sich einen individuellen Zugang zum wissenschaftlichen Feld zu sichern und sich im Konkurrenzkampf der Studierenden vorteilhaft(er) zu positionieren. Durch die institutionelle Einbindung und den persönlichen Kontakt zu den Lehrpersonen, aber auch zu den „Schaltstellen" der Hochschule (z. B. dem Sekretariat) können sich positive Effekte ergeben, wie z. B. die Förderung des Selbstbewusstseins durch die besondere Form der Integration. Ferner wird durch die Arbeit feldspezifisches inkorporiertes kulturelles Kapital vermittelt. Er resümiert: „[...] neben dem symbolischen Kapital (der Anerkennung) und den Distinktionsgewinnen gegenüber anderen „regulären" Studierenden werden auch Fähigkeiten bzw. Kapitalsorten akkumuliert, die auf dem wissenschaftlichen Feld große Bedeutung besitzen." (Schneickert 2013, S. 162).

Zwar hat der überwiegende Teil der Studierenden das Studium in Anschluss an den Erwerb der Hochschulreife angetreten, ein Blick auf die beruflichen Ausbildungen vor Aufnahme des Studiums zeigt allerdings, dass die Fälle von Studierenden, die von beruflicher auf hochschulische Bildung umgestellt haben, sich auf die Muster *„die Rechtschaffenen"* und *„die Verunsicherten"* verteilen und sich von der Mitte bis ins untere Drittel der Mitte im sozialen Raum erstrecken. Einzelfälle von Studierenden mit Vorerfahrung im akademischen (anderen Studienfächer) und pädagogischen Feld (mit Zertifizierungen für spezifische pädagogische Angebote mit Bezug zu Kunst/Natur) erstrecken sich hingegen von der Mitte ausgehend auf das obere Drittel der Mitte (Muster *„die Rechtschaffenen"* bis zu den Mustern *„die Berufenen"* und *„die Qualifizierten"*). Die Untersuchung schließt an Befunde aus der Bildungsforschung an, die diskutiert, dass Studienberechtigte aus Elternhäusern ohne akademische Bildungsabschlüsse häufiger zunächst eine Berufsausbildung anstreben als Studienberechtigte mit Eltern, die über einen akademischen Bildungsabschluss verfügen und direkt nach Erwerb der Hochschulreife ein Hochschulstudium aufnehmen (vgl. Kapitel 2.2). Anhand der Einzelfälle in Mustern des oberen Drittels könnte ferner diskutiert werden, ob die Studienaufnahme im Lehramt Grundschule nach anfänglichen beruflichen Suchbewegungen der sozialen Statussicherung dient, nachdem eine ursprünglich angestrebte Platzierung auf anderen akademischen (und künstlerischen) Feldern nicht gelungen ist.

8.2.6 Konkurrenz, Abgrenzung und Anerkennungsproblematik

Die Untersuchung zeigt auf, dass sich die Studierenden in der sozialen Interaktion und im Umgang mit den Mitstudierenden entlang der herausgearbeiteten Muster und ihren Verortungen im sozialen Raum unterscheiden. Die Souveränität der Studierenden an der Grenze der Respektabilität (Muster *„die Zielbewussten"*) äußert sich in der Interaktion und der Wahrnehmung der Kommiliton*innen, mit denen in einer Art Koexistenz gelebt wird und mit denen teilweise ein gegenseitiger Austausch besteht. Teils zeigt sich in der Konzentration auf die selbstgesetzten Ziele aber auch eine weitgehende Ignoranz gegenüber den Mitstudierenden, etwa im Muster *„die Qualifizierten"*. Zur Mitte hin nimmt in den herausgearbeiteten Mustern die Abgrenzung zu den Kommiliton*innen zu, was sich in einem unsolidarischen Blick auf die Kommiliton*innen äußert. Im Streben nach Anerkennung im Feld werden die Kommiliton*innen verstärkt als Konkurrenz wahrgenommen. Dies äußert sich in der Thematisierung der mangelnden Eignung von Mitstudierenden. Bildlich ausgedrückt sehen sich die Studierenden in einem Wettstreit um die bessere Position im Feld der Hochschule: Sie werfen stets einen Blick auf ihre Konkurrent*innen im Feld, die ihnen die Position streitig machen könnten. Das Verhältnis zu den Kommiliton*innen scheint geprägt von Vergleichen, in welchem die eigenen Leistungen gegenüber den Mitstudierenden aufgewertet werden und sich darüber eine Legitimität als die „besseren" Studierenden versichert wird. Die Abgrenzung zu den Kommiliton*innen äußert sich über einen teils abwertenden und pauschalisierenden Blick auf die Mitstudierenden, deren Fähigkeiten und Kompetenzen im Vergleich stets als weniger wertig betrachtet werden und deren Leistungen und Motive angezweifelt werden. Darin scheint die permanente Sorge enthalten zu sein, dass die selbsterbrachten Leistungen und das Engagement im Studium von den Lehrenden nicht ausreichend gesehen werden könnten und die geleistete (Mehr-)Arbeit nicht die entsprechende Wertschätzung und Anerkennung im Feld bzw. von den Dozierenden erfährt. Auch sehen die Studierenden ihren Gerechtigkeitssinn und ihr Verständnis von Fairness verletzt, wenn sie mit Kommiliton*innen gleichgesetzt werden, die aus ihrer Perspektive weniger leisten. Horizontal wird dieser Leistungsbegriff unterschiedlich gefasst: Zum einen in einem Verständnis von diszipliniertem Mitarbeiten und einer Leistungserbringung, die sich an der Benotung durch die Lehrenden orientiert. Etwa im Muster *„die Rechtschaffenen"*, die einen stärkeren Grad der Hierarchiebindung aufweisen. Hingegen auf der linken Seite im sozialen Raum, der Leistungsbegriff mehr mit Engagement, eigenverantwortlichem Handeln und inhaltlicher Mitarbeit in Verbindung gebracht wird (Muster *„die Berufenen"*). Deutlich wird der Kampf um Anerkennung in diesen Mustern auch über das „Abarbeiten" und den Vergleich zur universitären Lehrer*innenbildung und zu anderen (universitären) Fächern, die mit dem Staatsexamen abgeschlossen werden. Hinter den Forderungen nach der Gleichwertigkeit von akademischen Titeln unabhängig der Hochschulform, scheint ein unausgesprochener Konsens zu stehen, dass der Pädagogischen Hochschule als spezifischer Hochschulform im akademischen Ranking ein gering(er)es soziales Prestige zugesprochen wird. Die Sorge um mangelnde Anerkennung spiegelt sich ferner in den Versuchen einer gesellschaftlichen Stigmatisierung des Lehrer*innenberufs argumentativ entgegenzutreten, indem die Verantwortung für ein schlechtes Image an die Kommiliton*innen weitergereicht wird.

Im unteren Drittel der gesellschaftlichen Mitte (Muster *„die Verunsicherten"*) fällt die Wahrnehmung und Positionierung gegenüber den Kommiliton*innen weniger kritisch aus. Der Studienalltag scheint vor allem vom Bestehen im System bestimmt und die Mitstudierenden werden als wichtige Stütze benötigt, um die fehlenden Kommunikationsmöglichkeiten mit den Lehrenden zu kompensieren. Gemeinschaftlicher wirkt der Umgang mit den Kommiliton*innen dadurch, dass sie als notwendige Orientierungshilfe in der Studienorganisation eine wesentliche Rolle spielen. Auch werden die Konflikte von Kommiliton*innen als Beleg dafür herangezogen, die individuelle Problemlagen im vermeintlichen Kollektiv der Studierenden („wir" gegen „die") zu kompensieren.

Besonders ausgeprägt zeigt sich in dieser Untersuchung, dass Studierende, die näher an der Grenze der Respektabilität verortet sind, Hochschule und Schule als zwei synonyme Systeme betrachten. Das Hochschulstudium scheint entlang des vertrauen Schulsystems gedacht und teils wie eine weitere Schulstufe beschrieben. Diese Perspektive wird von Studierenden, die horizontal an der Grenze der Distinktion verortet sind, nicht selten als Beleg für die fehlende Reife und Bereitschaft ihrer Mitstudierenden zum selbstständigen Handeln abqualifiziert. Die Gleichsetzung von Schule und Hochschule scheint jedoch nicht zufällig gewählt und weder Ausdruck von Unselbstständigkeit noch ein Beleg für mangelnde Eignung für das Studium. Vielmehr kann der Vergleich zwischen Schule und Hochschule und dem Festhalten am bekannten Schulsystem auch als Orientierungsversuch im Studienalltag diskutiert werden, um sich die Hochschule mit ihren Regeln zu erschließen und die (teils als unverständlich beschrieben) Erwartungen der Lehrenden zu deuten.[141] Besonders die Studierenden im Muster *„die Verunsicherten“* sehen sich gefordert, fehlende Informationen und organisatorische Unterstützungsangebote zu kompensieren, ohne sich an Verantwortliche in der Institution zu wenden. Nachfragen bei den Lehrenden werden vermieden, in der Sorge, einen defizitären Eindruck zu hinterlassen, der die Studierfähigkeit infrage stellen könnte. „Durchwurschteln“ kann in diesem Zusammenhang als eine Strategie verstanden werden, die auf behelfsmäßige und defensive Handlungsmöglichkeiten- und Spielräume verweist, um den Anforderungen zu begegnen.

8.3 Fazit und Ausblick: Das Studium bewältigen: Durchschreiten, Durchkämpfen, Durchwurschteln oder Durchleiden?

Um noch einmal auf den eingangs zitierten Satz von Schmitt (2010) zurückzukommen: „Studieren als Lebenswelt ist für alle neu, aber nicht für alle gleichermaßen fremd.“ (Schmitt 2010, S. 64). Mit Bourdieu gesprochen sind es die dauerhaft inkorporierten habituellen Dispositionen, auf deren Basis ein Studium angeeignet und bewältigt wird. Aufgezeigt werden konnte anhand der diskutierten Muster, wie sich die im Herkunftsmilieu erworbenen kulturellen Gewohnheiten in die verschiedenen Perspektiven auf das Studium übersetzen. Die Bewältigung des Studienalltags kann sich in einem aktiven Durchkämpfen,

141 König (2019) beschreibt dazu passend: „Die universitäre Ordnung stellt sich für die Studierenden vor allem als ein hierarchisches Gefüge dar, in dem eine Menge von Studierenden wenigen Dozierenden gegenübersteht. Früh schon formieren sich innerhalb der Studierendenkohorte Kleingruppen, die sich gemeinsam durch das Studium bewegen. In dieser Bewegung ist die Statuspassage der Schule ähnlich. Ferner ist den Studierenden die inhaltliche und zeitliche Vorstrukturierung aus der Schule vertraut. Was die Hochschule von der Schule unterscheidet, ist die geringe individuelle Ansprache von Seiten der Lehrenden, die vor allem zu Beginn kaum als Personen in Erscheinung treten. Insbesondere diejenigen, die eine unwahrscheinliche Wahl getroffen haben, verunsichert diese Anonymität (vgl. Schmitt 2010) und der damit verbundene Mangel an Bestätigung des Selbstprojekts.“ (König 2019, S. 260).

einem passiven Durchleiden oder einem orientierungssuchenden Durchwurschteln – aber auch in einem scheinbar mühelosen Durchschreiten äußern. Die feldspezifischen Bedingungen der akademischen Kultur sind dabei eben *„nicht für alle gleichermaßen fremd“* – die Studierenden betreten das akademische Feld mit ungleichen Start- und Ausgangsbedingungen. Sie sind für die Bewältigung mit unterschiedlichen Ressourcen (aus)gerüstet und setzen verschiedene Erwartungen und Vorstellungen in den Bildungserwerb an der Hochschule. Ihre Strategien im Umgang mit den Anforderungen gestalten sich (milieuspezifisch) unterschiedlich. Sie stoßen auf eine hochschulische Kultur, die wiederum durch bestimmte Erwartungen und Vorstellungen geprägt ist und den Bewältigungs- und Aneignungsformen der Studierenden einen unterschiedlichen Grad von Akzeptanz und Anerkennung entgegenbringt.

> „Dennoch erleben Studierende das, was sie an Ressourcen und sozialen Dispositionen mitbringen, im Abgleich mit den Strukturen, die sie an der Hochschule vorfinden. Soziale Ungleichheit und soziale Herkunft werden konkret erfahren, denn diese Strukturen sind für unterschiedliche „Mitbringsel“ der Studierenden in unterschiedlicher Weise mehr oder weniger passend bzw. sensibel.“ (Schmitt 2018, S. 135).

Die Herausforderung, ein Studium zu bewältigen, erfordert unterschiedlich hohe Anstrengungen der zu erbringenden Akkulturationsleistung: Während bei einigen Studierenden die Affinität zum hochschulischen Feld durch das erworbene und verinnerlichte kulturelle Kapital aus der Herkunftsfamilie vorhanden ist, sind andere stärker gefordert, sich die impliziten Feldlogiken und Spielregeln erst anzueignen. *„Die Prägekraft der Ausgangsverteilung.“* (Spiegler 2018, S. 6) setzt sich somit weiter fort. Auch nach einiger Zeit im Studium – die Studierenden befinden sich zum Zeitpunkt der Teilnahme an den Gruppenwerkstätten allesamt in mittleren Semestern – wirken die familiär erworbenen und langfristig angelegten und milieuspezifischen Prägungen, auf deren Grundlage sich das Studium angeeignet wird, als eine entscheidende Größe weiter. Die Untersuchung zeigt, *wie* sich soziale Bevorteilung und Benachteiligung im Studienverlauf weiter fortsetzen. Im Studienalltag sind diejenigen Studierenden erkennbar im Vorteil, die über eine Vertrautheit und soziale Nähe zu den kulturellen Codes und impliziten Regeln im Feld verfügen. Das Privileg äußert sich u. a. in einem Passungsverhältnis, das sich sowohl in größeren Handlungsspielräumen im Umgang mit den strukturellen und organisatorischen Bedingungen zeigt als auch in der sichereren Interaktion mit den Lehrenden. Die vielfältigen Erwartungen, die das hochschulische Feld an die Studierenden stellt, können erfolgsversprechender und gleichzeitig weniger mühsam bewältigt werden. Dieses soziale Erbe wird von den Studierenden als selbsterarbeiteter (Leistungs-)Vorsprung verstanden und als ein Beleg für die besondere Eignung herangezogen und in keinem Fall als Vorteil der sozialen Herkunft reflektiert.

Die Untersuchung konnte am Beispiel von Studierenden im Lehramt Grundschule aufzeigen, wie sich die Reproduktion von sozialer Privilegierung und Benachteiligung für die unterschiedlichen Gruppen von Studierenden im hochschulischen Feld darstellt und hat diese im Kontext sozialstruktureller Ungleichheit analysiert. Sie knüpft an Befunde in der Studierendenforschung an, die den Blickwinkel auf die unterschiedlichen sozialen Gruppen von Studierenden innerhalb eines Studiengangs lenkt und die Heterogenität an Hochschulen „[…] als einen Ausdruck sozialer Ungleichheit innerhalb der Studierendenschaft […].“ (Lange-Vester/Bremer 2020, S. 86) benennt. Im Kapitel 2.3 wurden Diskurse der Umsetzung und Anerkennung von Differenz im Kontext der Hochschule nachgezeichnet. Hochschulen betonen ihre Verantwortung gegenüber einer heterogenen Studierendenschaft, welcher sie beispielsweise versuchen, durch die (Weiter-)Entwicklung von Qualitätssicherungsinstrumenten nachzukommen. Bekenntnisse zur Heterogenität und Diversität und die Betonung auf Chancengleichheit im Umgang mit dem heterogenen Spektrum der Studierenden gehören zum Standard und zum Selbstverständnis von Hochschulen. Ein Wandel der Organisationskultur zu mehr Chancengerechtigkeit und der Aufbau einer diskriminierungskritischen Hochschulkultur werden u. a. als strategische Zielvereinbarungen und als eine Selbstverpflichtung benannt, die in allen Bereichen der Hochschule, in Forschung, Lehre und Studium umgesetzt werden sollen. Gleichstellungsbüros- und Teams sowie die Hochschuldidaktik arbeiten an den entsprechenden Themenschwerpunkten, um konkrete Unterstützungs- und Beratungsangebote zu konzipieren und den unterschiedlichen Zielgruppen anzubieten.

Die Ergebnisse der Untersuchung unterstreichen, wie wesentlich sich die Bedeutung der sozialen Herkunft für die Aneignung und Bewältigung eines Studiums darstellt. Um soziale Ungleichheit im Studium zu erkennen und die Effekte abzubauen, kann sich den Forderungen, die soziale Herkunft stärker in Diskursen und Konzepten zur Gleichstellung und Diversität zu berücksichtigen, nur angeschlossen werden (vgl. Kapitel 2.3). Um die Mechanismen von sozialer Privilegierung und Benachteiligung zu brechen und wirksam aufzuheben, muss die Dimension der sozialen Herkunft als gleichwertiges Diskriminierungsmerkmal in Konzepten und Ansätzen für eine an Diversität und Heterogenität orientierte Hochschule mitgedacht werden. Aus der im vorherigen Kapitel diskutierten und dargestellten milieu- und habitusspezifischen Perspektive auf die Studienaneignung und die Studienstrategien von Studierenden lassen sich Impulse für die unterschiedlichen Akteur*innen im Feld der Hochschule ableiten, die abschließend formuliert werden.

8.3.1 Habitussensibilität als Professionalisierungsaufgabe der Lehrenden

> „[...] natürlich sind auch die Hochschullehrenden, die in der Lehrer*innenbildung tätig sind, nicht homogene und unreflektierte Vertreter*innen ihrer Disziplin. Wir bringen eine Bildungs- und Berufsbiographie mit, und ggf. haben wir im Rahmen der eigenen wissenschaftlichen Sozialisation spezifische Erfahrungen gemacht. Wenn wir als Lehrer*innenbildner*innen das Ziel verfolgen, Studierenden mit ganz unterschiedlichen Hintergründen und Perspektiven einen wirklichen Zugang zu unserer Disziplin und zur Wissenschaft als Bildungskontext zu eröffnen, müssen wir uns Gedanken darüber machen, welche Rolle unsere eigenen habituellen Prägungen spielen, wie wir den Studierenden gegenübertreten und wie wir zu einer Verständigung über habituelle Irritationen, gegenseitige Wahrnehmungen, Nicht- und Missverstehen usw. kommen." (Jenert 2021, S. 88).

Dass Bildungsaufsteiger*innen sich an einer Hochschule für angewandte Wissenschaften „besser" aufgehoben fühlen, ist auch ein Ausdruck und ein Ergebnis milieuspezifischer Zugänge und Vorstellungen von Bildung. Auch in dieser Untersuchung waren es mehrheitlich die Bildungsaufsteiger*innen, die ihre Studienwahl ausschließlich auf eine Pädagogische Hochschule konzentriert haben.[142] Mit dem Hochschultyp „Pädagogische Hochschule" wurde ein Zugang zu einem akademischen Karriereweg assoziiert, der gleichzeitig die Grenze dessen markiert, was als realistische und erreichbare akademische Bildungskarriere möglich erschien. So wurde die Pädagogische Hochschule zumeist im *„Vergleich zu"* beschrieben: als Gegenstück zur Universität, die als zu groß, zu anonym erachtet und (entsprechend) mit der Sorge um einen fehlenden sozialen Anschluss betrachtet wurde.[143] Zum anderen wurde die Universität als „zu theoretisch" in ihren Lehrinhalten verhandelt – Leistungserwartungen und Lernanforderungen wurden als zu hoch und möglicherweise überfordernd eingeschätzt. Das Anstreben eines akademischen Abschlusses an einer Universität wurde somit von vornherein ausgeschlossen, was die These von der Abdrängung und dem Selbstausschluss von Bildungsaufsteiger*innen in Bezug auf einen universitären Hochschulbesuch bestätigt (vgl. Bargel 2007; Rheinländer 2014; Merkel 2015; Müller/Pollak 2016).

Die Perspektive wurde mit der Annahme verknüpft, an der Pädagogischen Hochschule eine Hochschulkultur vorzufinden, die eine *im Vergleich* offenere und kommunikativere Atmosphäre in sich trägt und ein sozial integrativeres Klima

142 Studierende mit einer akademischen Bildungsherkunft haben sich teils auch an Universitäten für das Lehramt Grundschule in angrenzenden Bundesländern beworben.

143 Zur Anonymitätserfahrung als Missachtungserfahrung für Studierende ohne akademischen Hintergrund siehe auch Bargel 2007; Schmitt 2010, S. 217-222; zum Anonymitätsempfinden siehe auch Evertz 2023, S. 334-338.

bietet. Besonders Studierende, die von beruflicher auf akademische Bildung umgestellt haben, scheinen diese Erwartungen mit dem Studium an einer Pädagogischen Hochschule verbunden zu haben. Die Studierenden versprachen sich ein Lehrpersonal, das aus der Schulpraxis kommend, weniger „theoretisch abgehoben“ ist und stattdessen authentisch praktische und anwendungsbezogene Inhalte vermittelt. Neben der Erwartung, an einer Hochschule für angewandte Wissenschaft eine berufs- und praxisorientierte(re) Ausbildung vorzufinden (vgl. Kapitel 3.3.1), vermuteten die Studierenden eine größere soziale Nähe zwischen den Statusgruppen. Sie erhofften sich, dass die Lehrenden (habituell) näher an der kulturellen Praxis und den Gewohnheiten der Studierenden agieren würden. Ein weiterer Aspekt, der mit der Institution (PH) als einer realistischen Eintrittsmöglichkeit in das akademische Feld verbunden wurde, war die Annahme, dass die eigenen Vorerfahrungen aus der Praxis, die als individuelle Stärke und besondere Motivation und Kompetenz verstanden werden, Anschlussmöglichkeiten bieten und an der Pädagogischen Hochschule gewinnbringend eingebracht werden können. Für einen Teil der Studierenden haben sich die Erwartungen, die sie mit dem Hochschultyp „Pädagogische Hochschule“ verknüpft hatten, nicht erfüllt: Besonders die Kommunikation und der Umgang mit den Hochschullehrenden wurden als Barriere benannt. Der Institution und ihren Repräsentant*innen scheint es im Studienalltag anscheinend wenig zu gelingen, die soziale Distanz zwischen Studierenden und Lehrenden abzubauen. Was von Studierenden im Studienalltag teils als individuelle Ausgrenzungsproblematik im Konflikt mit bestimmten Lehrenden erlebt wird, kann als Ausdruck einer hochschulischen Kultur verstanden werden, die sich in einer fehlenden ungleichheitssensiblen Hochschullehre manifestiert (vgl. Rheinländer 2014; Rheinländer 2015; Rheinländer / Fischer 2018).

Lehrende sind demnach besonders gefordert, ihre „*Praktiken sozialer Sensibilität in der Hochschullehre*“ (Rheinländer 2014, S. 247) zu hinterfragen und ihre Annahmen und Erwartungshaltungen, die sich an eigenen Lebensprinzipien orientieren, zu reflektieren. In Diskursen um eine heterogene Studierendenschaft[144] wird u. a. auf die soziale Verantwortung von Lehrenden im hochschulischen Feld und auf die Relevanz einer reflexiven und differenzsensiblen Hochschullehre hingewiesen. Wenn es um den Abbau sozialer Schranken geht, nehmen Lehrende eine Schlüsselrolle ein. Mit ihrem Interaktions- und Kommunikationsstil tragen sie dazu bei, von den Studierenden als Orientierungshilfe und Ansprechpartner*innen im Hochschulalltag wahrgenommen zu werden.[145] Sie können aktiv Einfluss darauf nehmen, ob sich Studierende individuell „gesehen“ fühlen, ihre Anliegen

144 Zu Diskursen um die strukturellen Bedingungsfaktoren der Studierbarkeit entlang der heterogenen Lebenssituationen der Studierenden und deren spezifischen Vereinbarungskonflikten siehe z. B. Buß 2019.

145 Zur Relevanz der Studierendennähe von Lehrenden siehe auch Evertz 2023, S. 334-337.

und Nachfragen „ernst“ genommen werden und sie ermutigt werden, in einen Austausch zu treten und ihre Bedarfe zu formulieren. Das Feedback der Lehrenden stellt für die Studierenden nicht nur eine entscheidende Bestätigung für ihre Studienleistungen und den Studienerfolg dar, sondern trägt auch dazu bei, die Studierenden darin zu unterstützen, sich das Feld zu erschließen und dadurch (Selbst-)Vertrauen, Zugehörigkeit und Selbstsicherheit im Studienalltag aufzubauen.

Um als Ansprechpartner*innen für *alle* Studierenden und ihre diversen Unterstützungsbedarfe zu fungieren, sind besonders die Lehrenden gefordert, ihren Umgang mit den Studierenden zu hinterfragen und ihre Erwartungshaltungen und Einstellungen zu reflektieren und dabei sowohl die unterschiedlichen sozialen Zugänge der Studierenden als auch die eigene (Bildungs-)Biografie in die Überlegungen mit einzuschließen (vgl. Schwendowius/Thoma 2016; Schmidt 2020; Schmidt 2022; Pape et al. 2022; Stoll 2022). Die Untersuchung hat aufgezeigt, dass ein Teil der Studierenden, vor allem das heterogene Spektrum der Bildungsaufsteiger*innen, sich in der Bewältigung des Studienalltags vom Lehrpersonal wenig unterstützt sehen. Besonders wenn die Anforderungen an die Gruppe der Studierenden von den Lehrenden nicht explizit benannt werden und zudem als nicht weiter begründete Anforderungen an sie herangetragen werden[146].

Die Gruppe der Lehrenden setzt sich aus unterschiedlichen sozialen Herkunftsgruppen zusammen (vgl. Möller 2015; Blome 2023). Ihr Weg in die Wissenschaft gestaltete sich auf Grundlage der biografischen Bildungserfahrungen und der Passungsverhältnisse, mit welchen die akademische Position erreicht wurde.[147] Pädagogische Vorstellungen und Präferenzen und die Erwartungen an- sowie Normvorstellungen von Studierenden und guter Lehre im System Hochschule sind durch die soziale Herkunft der Lehrenden geprägt und mit den spezifischen Bedingungen und Praktiken der wissenschaftlichen Fachkultur verwoben.[148] Die pädagogische Kommunikation und Interaktion zwischen

146 Beispielhaft kann hier die überfachliche Anforderung der Eigenverantwortung im Studium benannt werden.

147 Zu den Machtverhältnissen im Feld der Wissenschaft und den Hierarchien der beruflichen Positionen am Beispiel der sozialen Herkunftsstrukturen der Professor*innenschaft, siehe auch Möller 2018; Blome 2023.

148 „[...] z. B. der Gebrauch einer bestimmten Sprache, eines Zitationsstils, argumentativer Figuren usw., stellen für die Hochschullehrenden als Angehörige der Disziplin eine Selbstverständlichkeit dar, kommen für Studierende aber häufig als implizite und unerklärte Normerwartung daher. [...] Häufig werden diese normierenden Praktiken aber nicht erklärt – ihre Sinnhaftigkeit haben sich Angehörige einer Disziplin längst erschlossen [...]. Das Nichterklären disziplinärer Praktiken durch die Lehrenden wie auch das Nichtverstehen durch (Teile der) Studierenden führen dann mitunter zu wechselseitigen Irritationen, die auf beiden Seiten nicht gewollt und auch nicht verstehbar sind. Hier wird das Typische des Habitus sichtbar: Hochschullehrende selbst sind sich der impliziten und normierenden Natur ihrer Praktiken häufig gar nicht bewusst; sie sind im eigenen disziplinären Habitus gefangen.“ (Jenert 2021, S. 85 f.).

Lehrenden und Lernenden ist somit sozial vorstrukturiert und sozialkulturell geprägt:

> „Neben der Kommunikation über Lerngegenstände, die das explizite Thema der Lehr-Lernbeziehung darstellen, enthält die Interaktion auch eine Ebene, auf der Angehörige verschiedener oder gleicher Milieus miteinander reden, Signale aussenden und empfangen, Codes dechiffrieren usw. […] Die Vermittlung von Lerninhalten ist demnach eingebunden in eine Kommunikationspraxis, die von „sprachlichen und kulturellen Mustern" (ebd.) und somit soziokulturell geprägt ist. Bourdieu spricht von einem „sozialem Verhältnis des Verstehens", durch das „Lehrende wie Lernende gewissermaßen stillschweigend zu einem Übereinkommen gebracht werden" (Bourdieu 1992, S. 136). […] Somit lässt sich die pädagogische Interaktion als Zusammenspiel unterschiedlicher Wahrnehmungs-, Klassifikations- und Beurteilungsmuster beschreiben, das dazu tendiert, dass sich „ohne jede eigentliche pädagogische Intention" (Bourdieu 1988, S. 355) Milieustrukturen reproduzieren." (Bremer/Lange-Vester 2015, S. 79).

Ansatzpunkte zur *„Überbrückung von sozialer Distanz"* (vgl. Sander 2014, S. 11) bietet das Konzept der Habitussensibiliät, das im Kontext professionellen Handelns als ein Instrument zum Abbau sozialer Barrieren gehandelt wird:

> „Habitussensibilität verstehen wir als eine Art ausgeprägtes Gespür für das Gegenüber, als eine Schlüsselkompetenz und Voraussetzung im pädagogischen Alltag von Lehrkräften, die dem „Verstehen" im Sinne von Pierre Bourdieu (1997) sehr nahe kommt." (Lange-Vester/Teiwes-Kügler 2014, S. 178).

Die Entwicklung einer habitusreflexiven Haltung erfordert die Auseinandersetzung mit der eigenen sozialen Herkunft und dem eigenen biografischen Werdegang. Habitusmuster und verinnerlichte gesellschaftliche Teilungsprinzipien können reflektiert und im Kontext der sozialstrukturellen Bedingungen betrachtet werden, unter denen sie erworben und ausgebildet wurden. Die Kompetenz der Habitussensibiliät unterstützt somit dabei, sich bewusster zu werden, mit welcher Denk-, Handlungs- und Bewertungspraxis der sozialen Welt begegnet wird und „[…] leitet folglich dazu an, eine reflexive Haltung einzunehmen und eigene Handlungsroutinen und Klassifizierungsschemata in der Praxis zu hinterfragen." (Pape 2023, S. 261). Die (Kompetenz der) Habitussensibilität bei Lehrpersonen zu fördern, kann dazu beitragen, die soziale Sensibilität im Umgang mit den Studierenden im hochschulischen Alltag stärker in den Mittelpunkt der pädagogischen Kommunikation zu rücken.[149] Lehrende werden herausgefor-

149 Z. B. plädiert Möller (2018) für den fallorientierten Ansatz in der Weiterbildung von Lehrenden, um ihr Verständnis zu schulen: „Anders als in den zunehmend angebotenen Diversity-Trainings

dert, ihre (gruppenbezogenen) Bewertungen, Erwartungen und Einstellungen gegenüber den Studierenden zu hinterfragen und in Bezug zu dem sozialen Ort zu setzen, wo diese ihren Ursprung haben (vgl. Lange-Vester/Teiwes-Kügler 2014; Sander 2014; Rheinländer 2018; Kergel/Heitkamp 2019; Schneickert 2019; Jenert 2021; Stoll/Kiehne 2022; Pape 2023). Auch für die hochschulischen Personengruppen, die Serviceangebote und Beratung für Studierende und Studieninteressierte konzeptionieren und verantworten, gilt es Habitussensibilität aufzubauen und weiterzuentwickeln (zu habitussensibler Studienberatung siehe auch Vogel 2019; Schmidt 2020; Schmidt 2022; Heimann/Gröning 2021). Hochschulen bieten eine Reihe von didaktischen Weiterbildungs-, Beratungs- und Coachingangeboten sowohl für das Lehrpersonal als auch für Professor*innen an, um diese in der (Weiter-)Entwicklung von Lehrkompetenzen zu schulen und zu unterstützen. Gefordert ist demnach eine stärkere institutionelle Verankerung von Hochschuldidaktik und hochschuldidaktischen Weiterbildungssettings, die das Konzept der Habitussensibilität einschließen:

> „Hier setzen hochschuldidaktische Strategien für eine habitussensible Lehre an: Im Zuge habitussensibler Reflexionen geraten Fragen nach dem eigenen Professionsverständnis und dessen milieuspezifischen Implikationen ebenso in den Blick wie milieuspezifische Implikationen des Bildungsraums Hochschule.“ (Kergel/Heitkamp 2019, S. 6).

Der Einstieg in die Hochschullehre erfolgt zumeist ohne die Voraussetzung einer strukturierten, pädagogisch-didaktischen Ausbildung.[150] Wolf (2021) kritisiert am Beispiel der universitären Lehrer*innenbildung, dass mit der Übernahme einer Lehrfunktion an einer Hochschule „[...] keinerlei institutionalisierte Instanzen der Einsozialisation in die neue Community [...].“ (Wolf 2021, S. 10) existieren:

---

für Lehrende, in denen Differenzen faktisch oft als essentielle Merkmale von Personengruppen konzipiert werden und die deshalb Gefahr laufen, kategoriale Denkweisen zu bestätigen, ermöglicht die Arbeit mit biographischen Fallgeschichten einen Zugang zum Individuell-Besonderen. Sie könnte deshalb sowohl dazu beitragen, typisierende Vorstellungen über bestimmte Studierendengruppen aufzubrechen, als auch dazu, für die je spezifischen Bedingungen, Konstellationen und Dynamiken zu sensibilisieren, die im Einzelfall für die Studienbiographie bedeutsam sind.“ (Möller 2018, S. 231).

150 „Die Lehrkompetenz wird in Deutschland in Berufungsverfahren durch die Feststellung der pädagogischen Eignung geprüft. Diese Prüfung ist in Deutschland im Hochschulrahmengesetz und in den Landeshochschulgesetzen geregelt. Die Landeshochschulgesetze der 16 deutschen Bundesländer geben ganz unterschiedliche Verfahrensrahmen zur Feststellung der pädagogischen Eignung in Berufungsverfahren vor.“ (Merkt 2016, S. 14).

„Ein Trainee-Programm, eine Ausbildung, ein Volontariat oder Praktikum sind universitär nicht vorgesehen; die Qualifikation „Hochschulabschluss" stellt gewissermaßen den Blankoscheck für die Befähigung dar, bspw. ein Seminar zu halten und gleichzeitig Lehrende*r sein zu können." (Wolf 2021, S. 10).

Teils sind Lehrende darauf zurückgeworfen, sich die Rolle als Lehrkraft (darüber) zu erschließen, indem sie auf die subjektiven Erfahrungen im Studium und somit auf die eigene akademische Sozialisation zurückgreifen. Teils können sie sich über (freiwillige) hochschuldidaktische Weiterbildungsangebote in ihre Rolle als Lehrende einarbeiten. Die Bereitschaft und das Interesse für den Erwerb von Lehrkompetenzen kann ferner aber auch durch institutionelle Rahmenbedingungen und die vorgefundene Lehr-/Lernkultur ausgebremst werden (vgl. Merkt 2016; Jansen-Schulz 2019).

Auch stellt die Lehraufgabe nur *ein* Handlungsfeld des wissenschaftlichen Lehrpersonals im Tätigkeitsspektrum zwischen Lehre, Forschung und akademischer Selbstverwaltung dar. Gehören die Lehrenden dem wissenschaftlichen Mittelbau an, unterliegen sie zudem zumeist den Befristungsregelungen im Wissenschaftszeitvertragsgesetz. Sie sind betroffen von prekären Beschäftigungsverhältnissen und unsicheren Berufsperspektiven (vgl. Lange-Vester/Teiwes-Kügler 2013c; Schneickert 2019). Die über befristete Arbeitsverträge geregelte Zeit an einer Hochschule muss zudem auch genutzt werden, um die eigene akademische Laufbahn voranzutreiben und sich im wissenschaftlichen Feld zu positionieren.[151]

„Ob eine heterogene vielfältige Lehrendengruppe tatsächlich auch didaktisch die Vielfalt der Studierenden berücksichtigt, hängt jedoch nicht nur von deren individuellen Diversitätserfahrungen ab, sondern auch von deren Einstellungen zur Lehre, von ihren didaktischen Positionen, von ihren Lehrkompetenzen und von der strukturellen Möglichkeit zur Verortung und Anerkennung von Lehre in den Hochschulstrukturen in Bezug auf ihre individuelle Wissenschaftskarriere." (Jansen-Schulz 2019; S. 163).

Die Anforderungen einer habitussensiblen Hochschullehre werden im Widerspruch zu den Rahmenbedingungen und den Ressourcen der Hochschulleh-

151 Lehrtätigkeiten können in Konkurrenz zur Forschungstätigkeit stehen, denn für die individuelle akademische Karriereplanung kann mitunter der Forschungstätigkeit ein höherer Stellenwert zukommen. So stellt die Forschung „[…] noch immer die maßgebliche Größe, die an der Zahl der Publikationen gemessen wird und die die wissenschaftliche Reputation ausmacht. Auch das Einwerben von Drittmitteln gewinnt immer mehr an Bedeutung. […] Das Renommee einer Universität als Gesamtsystem sowie ihr Selbstverständnis hängen stark von ihrer Darstellung als Forschungsuniversität ab, womit sie sich gerne von anderen Hochschulen im tertiären Sektor abhebt und abgrenzt." (Salmhofer 2016, S. 168).

renden diskutiert, die sich zwischen dem „[…] eigenen Karrieredruck in einer Zeit befristeter Arbeitsverträge sowie curricularen Vorgaben der Lehrinhalte aufspannt […].“ (Kergel/Heitkamp 2019, S. 14, siehe auch Egger 2016, S. 35 f.). Kergel/Heitkamp (2019) stellen heraus, dass für eine diversitäts- und habitussensible Hochschullehre die Aneignung von Fachkompetenz in Form von diversitätsbezogenem Fachwissen im Kontext der zu vermittelnden Fachinhalte, als auch bezogen auf die hochschulischen Diversitymaßnahmen, eine Voraussetzung darstellt. Sie regen an, in innovativen didaktischen Lehrkonzepten „[…] die konkreten und alltäglichen Herausforderungen der Lehrenden in den Mittelpunkt hochschuldidaktischer Reflexionen zu stellen.“ (Kergel/Heitkamp 2019, S. 14). Auch Schneickert (2019) verweist darauf, dass sich der (Mehr-)Aufwand, der mit der Gestaltung einer habitussensiblen Lehre verbunden ist, unter den Bedingungen der institutionellen Anforderungen und Vorgaben sowie den als prekär bezeichneten Arbeitsverhältnissen als eine schwierige Aufgabe erweist. Kritisch merkt er an: „Unter den gegebenen Umständen bleibt eine Professionalisierung der Lehre eine Frage des guten Willens einzelner Lehrkräfte.“ (Schneickert 2019, S. 101).

Zusammenfassend kann festgestellt werden, dass die Herausforderungen der Entwicklung einer habitusreflexiven Haltung grundsätzliche strukturelle Veränderungen im Hochschulsystem erfordern. Zur Qualitätsentwicklung und Professionalisierung der Hochschullehrenden trägt nicht nur eine stärkere institutionelle Verankerung der Hochschuldidaktik bei (vgl. Egger/Merkt 2016) – auch die Verbesserung der Arbeitsbedingungen der heterogenen Gruppe der Hochschullehrenden darf nicht aus dem Blick geraten. Die Vermittlung und Förderung von Habitussensibilität und die Umsetzung habitussensibler Lehre können demnach nicht nur als eine Anforderung an die einzelne Lehrkraft formuliert werden, sondern muss als *ein Strang* einer Gesamtstrategie an Hochschulen verstanden werden, die von allen Organisationsebenen mitgetragen und durch die Schaffung der entsprechenden institutionellen Rahmenbedingungen gefördert werden muss.

8.3.2 Förderung der Habitussensibilität bei Studierenden

Jenert (2021) definiert die Entwicklung einer habitusreflexiven Haltung als eine Aufgabe in der Lehrer*innenbildung, die sowohl als Professionalisierungsaufgabe der Lehrenden als auch der Studierenden zu verstehen ist:

> „[…] einerseits als Aufforderung an die Studierenden, sich mit ihrer eigenen Bildungsbiographie und damit einhergehenden habituellen Prägungen auseinanderzusetzen, andererseits als Anforderung an die Lehrer*innenbildner*innen, ihren eigenen wissenschaftlich-disziplinären Habitus im Umgang mit den Studierenden

zu reflektieren und diesen Prozess der Selbsterkundung und -kritik den Studierenden gegenüber transparent zu machen." (Jenert 2021, S. 83).

Auch Massumi (2019) verweist kritisch darauf, dass die einseitige Perspektive auf die Entwicklung von professioneller Handlungskompetenz in Richtung der diversen Schüler*innenschaft, die soziale Verantwortung der Hochschule ausblendet: Die Reflexion des Zusammenhangs von sozialer Herkunft und Bildungsbenachteiligung lediglich auf die zukünftige Rolle als Lehrperson zu beziehen, klammert die immanente Wirkungsmacht von sozialer Ungleichheit am Lernort Hochschule aus. Um einen solidarischeren und demokratischen Umgang der Studierenden untereinander zu fördern, sind auch diese aufgefordert, ihre Annahmen und Sichtweisen aufeinander zu reflektieren und aufzubrechen. Die Kompetenz, eine habitusreflexive Haltung aufzubauen bzw. zu entwickeln, kann somit nicht nur als eine Forderung an die Lehrenden gerichtet werden, sondern stellt auch eine Reflexions- und Professionalisierungsaufgabe für die Studierenden dar, um im studentischen Alltag durch soziale Sensibilität und das Verstehen für die Handlungsorientierung(en) des Gegenübers aufzubringen. In den Gruppenwerkstätten haben sich Konfliktlinien zwischen den Studierenden gezeigt, die über mehr oder weniger offene Abwertung (etwa von Berufswahlmotiven und Berufseignung) ausagiert wurden. Die gegenseitige Wahrnehmung der Studierenden lässt sich mitunter in Konkurrenz und missgünstiger Abwertung ausbuchstabieren. Das abwertende Sprechen über Mitstudierende wurde teils im Zusammenhang mit einem gesellschaftlich negativen Image des Berufs gestellt, für welches ein Teil der (nicht anwesenden) Kommiliton*innen verantwortlich gemacht wurde. Umso wichtiger scheint es, stigmatisierende Sichtweisen und defizitorientierte Perspektiven auf Kommiliton*innen aufzubrechen und den Zusammenhang zu den dahinterliegenden (unbewussten) Wahrnehmungs-, Klassifikations- und Beurteilungsmustern zu ergründen. Für die Gruppe der Studierenden gilt, dass eine selbstreflexive Auseinandersetzung und das Herausbilden von Habitussensibilität zum Fremdverstehen beitragen und der Gefahr der sozialen Exklusion und Formen des Ausschlusses, die auch unter den Studierenden weitergetragen werden, entgegenzuwirken.

Anhand der Muster konnte aufgezeigt werden, dass sich (das Verhältnis von) Nähe und Distanz im Studium milieuspezifisch ausformt und sich die Aneignung des Hochschulraums über Lehrveranstaltungen und Präsenzformate hinaus ganz unterschiedlich darstellt. Mit der positiven Hervorhebung von studentischem Engagement lief immer auch eine Abgrenzung gegenüber den vermeintlich weniger engagierten Studierenden mit. Soziale Einbindung in Form von studentischem Engagement, Möglichkeiten der institutionellen Einbindung und Partizipation, etwa durch studentische Gremien, können auch als Teil einer distinktiven Praxis gesehen werden. So zeigte sich, dass an Gremienarbeit in Fachschaften überwiegend Studierende partizipieren, die ein positives, anerkennendes Verhältnis zur

Institution benannten. Das wiederum von den Verantwortlichen durch die studentische Partizipationsform erneut bestätigt wurde. Ferner kann der Umgang mit Eigenverantwortung im Studium hier als Beispiel genannt werden. Die Wahrnehmungen und Bewertungen der Handlungsorientierungen der Mitstudierenden verweisen auf „blinde Flecken", die sich in mangelndem und fehlendem Verständnis für die Beweggründe der Kommiliton*innen und ihre unterschiedlichen Lebenssituationen äußern.

Die Studierenden treffen im Studium aufeinander und verbringen viel Zeit miteinander: Kontaktaufbau und sozialer Austausch untereinander scheinen jedoch begrenzt und Möglichkeiten, sich zu begegnen und sich kennenzulernen, abseits von den Peergroups kaum genutzt zu werden.[152] Um die Hochschule zu einem sozial inklusiven Ort für alle Studierenden umzubauen, bedarf es institutioneller Angebote und Überlegungen, wie soziale Einbindung und Zugehörigkeit identitätsstiftend für *alle* Studierenden gestaltet werden kann. Soziale Sensibilität zu entwickeln bedeutet auch *innerhalb* der Statusgruppe ein besseres gegenseitiges Verständnis aufzubringen und ein demokratischeres und solidarischeres Miteinander im Studienalltag zu gestalten und zu praktizieren. Die Förderung des Austauschs und der Begegnung von Studierenden auf dem Campus kann dazu beitragen, soziale Barrieren abzubauen.

8.3.3 Plädoyer für eine rationale und (selbst-)reflexive pädagogische Arbeit in der Lehrkräftebildung

Lehrkräfte bewegen sich in einem Spannungsfeld von widersprüchlichen Aufgaben (vgl. Rutter/Weitkämper 2022, S. 13). An sie wird die Verantwortung delegiert, ihre pädagogische Praxis so zu gestalten, dass ihr Handeln einen professionellen pädagogischen Umgang mit einer heterogenen Schüler*innenschaft gewährleistet und sie in einem Bewusstsein für Diversität handelt.[153] Zugleich sind sie konfrontiert mit den Rahmenbedingungen und der Strukturlogik der Organisation Schule, die teils im Widerspruch zu einem selbstreflexiven und habitus-

152 In den Gruppenwerkstätten sind zum Beispiel Studierende zusammengekommen, die, obwohl sie bereits einige Semester im gleichen Studiengang studiert haben, teils noch nie in Kontakt zueinander getreten waren. In allen Gruppen gab es für die Möglichkeit des Austauschs ein positives Feedback. Teils wurde sich erstaunt darüber gezeigt, bisher nicht miteinander kommuniziert zu haben.

153 Diskurslinien gestalten sich entlang allgemeinpädagogischer didaktischer Diskussionen, neueren Lehr- Lerntheorien zur Unterrichtsforschung und dem Einfluss der Ergebnisse von international vergleichenden Schulleistungsstudien (PISA, IGEL). Nicht zuletzt sind es gesellschaftliche Debatten um ungleiche Bildungs- und Teilhabechancen sozialer Gruppen, die sich auch in Form von pädagogisch-didaktischen Forderungen an das Schulsystem äußern (vgl. Breiwe/Liegmann/Otto 2015; Budde 2017).

sensiblen Handeln stehen (vgl. El-Mafaalani 2014a, S. 241 f.). Dass die Lehrkräfte Einfluss auf die Bildungslaufbahnen der Schüler*innen nehmen und ihr pädagogisches Handeln im schulischen Alltag auf unterschiedliche Weise zur Reproduktion von Bildungsungleichheit beitragen, ist vielfach untersucht und bekannt (vgl. Kapitel 3). Entsprechend liegt es auch in der Verantwortung der Lehrkräftebildung, Lehrformate und Inhalte systematisch in das Curriculum zu implementieren, um die Studierenden stärker für soziale Ungleichheit zu sensibilisieren und sie dazu aufzufordern, sich mit den Mechanismen der Reproduktion sozialer Ungleichheit im schulischen Feld auseinanderzusetzen. Konzepte, die konkrete Lehrinhalte zur habitusreflexiven Kompetenzerweiterung für die Entwicklung einer professionellen Haltung von Lehramtsstudierenden vorschlagen (vgl. z. B. Jenert 2021; Rutter / Weitkämper 2022; Stoll / Kiehne 2022; Pape 2023; zu Konzepten der habitussensiblen Beratung im Kontext von Schule siehe auch Vogel 2019), fokussieren sowohl auf die eigene Bildungsbiografie und soziale Herkunft als auch auf das pädagogische Handeln als künftige Lehrer*in:

> „Dafür ist zum einen zentral, dass (angehende) Lehrkräfte den eigenen Habitus und seine Entstehungsbedingungen reflektieren. Zum anderen ist damit verbunden, dass Lehrkräfte die Haltungen und Praktiken der Schüler*innen als Ausdruck sozialer Ungleichheit (an-)erkennen und sie nicht vorschnell, wie dies unter Belastungen des Alltags oft geschieht, als defizitär klassifizieren." (Pape 2023, S. 260).

Kritisiert wird, dass die Hochschulen der Verantwortung zu wenig nachkommen, bei den angehenden Lehrkräften das Problembewusstsein für die *eigene* Handlungspraxis anzustoßen. So würde Lehrangeboten, die sich thematisch mit sozialstruktureller Ungleichheit auseinandersetzen, eine zu geringe Bedeutung im Curriculum zukommen; zudem werden diese als zu theoretisch beschrieben (vgl. Fabel-Lamla / Klomfaß 2014; Helsper 2018; Rutter 2021; Rutter / Weitkämper 2022; Stoll / Kiehne 2022). Damit sich in der Lehrkräftebildung deutlich stärker mit den Mechanismen von Bildungsungleichheit im deutschen Schulsystem auseinandergesetzt wird und dabei die *eigene* Rolle der künftigen Lehrkräfte prominenter ins Zentrum der Reflexion rückt, müssen nicht nur entsprechende Konzepte und Ansätze im Lehramt platziert werden[154], sondern auch die dafür notwenigen Kapa-

154 Pape (2023) stellt in einem Beitrag die Lernzielkategorien vor, die zur Ausbildung einer „heterogenitätssensiblen reflexiven Handlungsfähigkeit" (Pape 2023, S. 261) im Lehramtsstudium beitragen sollen. Exemplarisch stellt sie ein Anwendungsbeispiel vor, das methodisch mit einem habituell-selbstreflexiven fallorientierten Ansatz arbeitet (siehe auch Helsper 2018a). Auch Rutter / Weitkämper (2022) legen auf Grundlage des Konzepts der Sozioanalyse nach Bourdieu ein konkretes Lehr-Lernkonzept für Lehramtsstudierende in Form eines modularen Aufbaus vor.

zitäten im Curriculum geschaffen werden und die institutionellen Rahmenbedingungen entsprechend angepasst werden. So fordert z. B. Pape (2023):

> „[...] ein systematisch aufeinander aufbauendes Angebot für alle angehenden Lehrkräfte [...] das idealerweise lehramtsübergreifend organisiert ist. Dieses muss über einen längeren Zeitraum studienbegleitend stattfinden, da der Habitus dauerhaft erworben und nicht „auf Knopfdruck" veränderbar ist. Auf *curricularer Ebene* bedeutet das, Kapazitäten dafür im Lehramtsstudium auszubauen, damit die Studierenden auch die Zeit haben, sich diesem Prozess vollumfänglich zu widmen. Auf Ebene der *Lehr-Lern-Arrangements* braucht es zur tiefergehenden Erschließung unbewusster Anteile des eigenen Habitus einen geschützten Rahmen." (Pape 2023, S. 264, H.i.O.).

Abschließend kann sich diesem Appell für eine rationale und (selbst-)reflexive pädagogische Arbeit in der Lehrkräftebildung zur Vorbereitung auf den Schuldienst nur angeschlossen werden. Um hier noch einmal den Bogen zu den Teilnehmenden dieser Untersuchung zu schlagen: Ganz sicher würden alle Studierenden, die an den Gruppenwerkstätten teilgenommen haben, eine Mitbeteiligung an einem Schulsystem, das ungleiche Bildungs- und Teilhabechancen sozialer Gruppen verfestigt, anstatt diese abzubauen, weit von sich weisen. Vielmehr sehen sie ihren pädagogischen Auftrag darin, den Lernort Schule so zu gestalten, dass dieser für alle Schüler*innen einen diskriminierungsfreien Raum bietet. Mit dem Berufswunsch wurde eine hohe intrinsische Motivation verbunden und das Engagement, für die Bedarfe der Schüler*innen eintreten zu wollen, wurde stets betont. Teils wurde die Ansicht vertreten, einer „neuen" Generation von kommenden Lehrer*innen anzugehören, die im Beruf motivierter, engagierter und sozial gerechter handeln würden als die Generation(en) vor ihnen. So unterschiedlich akzentuiert die pädagogischen Präferenzen betont wurden, werden von allen Studierenden die Bedürfnisse der Schüler*innen in den Mittelpunkt gestellt: Thematisiert werden der Wunsch und die Vorstellung, den Kindern im künftigen Beruf mit Empathie und Verständnis zur Seite stehen, um sie auf ihrem Weg durch die Grundschule zu unterstützen und ihre Lernprozesse zu begleiten.

Das ist zunächst eine gute Nachricht. Darauf aufbauend und daran anknüpfend sollte es Aufgabe und Ziel der Lehrer*innenbildung sein, die Studierenden konkret und strukturiert darin zu unterstützen, diese „guten Vorsätze" systematisch durch die Aneignung von Wissen und Reflexion auszubauen (Pape 2023, S. 261 f.). Eine habitusreflexive Haltung von Lehrenden und Lernenden zu fördern, ist ein erster Schritt hin zum Abbau sozialer Ungleichheit. *„Die Selbstreflexion des sozialen Standortes"* (Rutter/Weitkämper 2022, S. 18) schult das Verstehen von eigenen Bewertungen und Klassifizierungen wie auch die des Gegenübers und trägt dazu bei, gewohnte und eingeübte Sichtweisen aufzubrechen, selbstkritisch zu hinterfragen und einen Bezug zu sozialer Ungleichheit herzustellen. Umso wichtiger ist es, diese Reflexionsangebote stärker im Curriculum des Lehramtsstudiums zu verankern und sie aus der Nische von zusätzlichen Lehrangeboten für interessierte Studierende herauszuholen.

Literatur

Abels, Heinz / König, Alexandra (2010): Sozialisation: Soziologische Antworten auf die Frage, wie wir werden, was wir sind, wie gesellschaftliche Ordnung möglich ist und wie Theorien der Gesellschaft und der Identität ineinanderspielen. 1. Auflage. Wiesbaden: VS Verlag für Sozialwissenschaften.

Akbaba, Yalız / Bräu, Karin / Zimmer, Meike (2013): Erwartungen und Zuschreibungen. Eine Analyse und kritische Reflexion der bildungspolitischen Debatte zu Lehrer / innen mit Migrationshintergrund. In: Bräu, Karin / Georgi, Viola B. / Karakaşoğlu, Yasemin / Rotter, Carolin K. (Hrsg.): Lehrerinnen und Lehrer mit Migrationshintergrund. Zur Relevanz eines Merkmals in Theorie, Empirie und Praxis. Münster: Waxmann, S. 37–57.

Autor:innengruppe Bildungsberichterstattung (2024): Bildung in Deutschland 2024. Ein indikatorengestützter Bericht mit einer Analyse zu beruflicher Bildung. Bielefeld: wbv Publikation.

Autor:innengruppe Bildungsberichterstattung (2022): Bildung in Deutschland 2022. Ein indikatorengestützter Bericht mit einer Analyse zum Bildungspersonal. Bielefeld: wbv Publikation.

Baader, Meike Sophia / Freytag, Tatjana (Hrsg.) (2017): Bildung und Ungleichheit in Deutschland. Wiesbaden: Springer VS. DOI: 10.1007/978-3-658-14999-4

Baar, Robert (2010): Allein unter Frauen: Der berufliche Habitus männlicher Grundschullehrer. Wiesbaden: Springer VS.

Bachsleitner, Anna (2020): Soziale Herkunftseffekte in der Wahl der Hochschulform. Zeitschrift für Erziehungswissenschaft, 23(2), S. 393–425. DOI: 10.1007 / s11618-020-00941-1

Banscherus, Ulf (2021): Gesellschaftliche Teilhabe durch Bildung? Ein sozial inklusives Bildungssystem braucht Alternativen zum Prinzip der Meritokratie. In: Blank, Florian / Schäfer, Claus / Spannagel, Dorothee (Hrsg.): Grundsicherung weiterdenken. Bielefeld: transcript, S. 227-244.

Bargel, Tino (Hrsg.) (2007): Soziale Ungleichheit im Hochschulwesen. Barrieren für Bildungsaufsteiger. Hefte zur Bildungs- und Hochschulforschung, 49. Konstanz: Arbeitsgruppe Hochschulforschung. nbn-resolving.org / urn:nbn:de:0168-ssoar-294394 (Abfrage 20.01.2025).

Bargel, Tino (2020): Heterogenität und Studienerfolg. Wie ist beides auf einen Nenner zu bringen? In: Lange-Vester, Andrea / Schmidt, Martin (Hrsg.): Herausforderungen in Studium und Lehre. Heterogenität und Studienabbruch, Habitussensibilität und Qualitätssicherung. Weinheim und Basel: Beltz Juventa, S. 48–65.

Bargel, Tino / Bargel, Holger (2010): Ungleichheiten und Benachteiligungen im Hochschulstudium aufgrund der sozialen Herkunft der Studierenden. Arbeitspapier 202. Düsseldorf: Hans-Böckler-Stiftung. https://www.boeckler.de/pdf/p_arbp_202.pdf (Abfrage 20.01.2025).

Barlösius, Eva (2011): Pierre Bourdieu. 2. Auflage. Frankfurt am Main: Campus.

Barth, Bertram / Flaig, Berthold Bodo / Schäuble, Norbert / Tautscher, Manfred (Hrsg.) (2018): Praxis der Sinus-Milieus®. Gegenwart und Zukunft eines modernen Gesellschafts- und Zielgruppenmodells. Wiesbaden: Springer VS. DOI: 10.1007/978-3-658-19335-5

Bauer, Ullrich (2012): Sozialisation und Ungleichheit. Eine Hinführung. 2., korrigierte Auflage. Wiesbaden: Springer VS. DOI: 10.1007/978-3-531-93488-4

Becker, Rolf / Hadjar, Andreas (2017): Meritokratie – Zur gesellschaftlichen Legitimation ungleicher Bildungs-, Erwerbs- und Einkommenschancen in modernen Gesellschaften. In: Becker, Rolf (Hrsg.): Lehrbuch der Bildungssoziologie. 3. Auflage. Wiesbaden: Springer VS, S. 33–62.

Becker, Rolf / Hecken, Anna Etta (2008): Warum werden Arbeiterkinder vom Studium an Universitäten abgelenkt? Eine empirische Überprüfung der „Ablenkungsthese“ von Müller und Pollak (2007) und ihrer Erweiterung durch Hillmert und Jacob (2003). In: KZfSS Kölner Zeitschrift für Soziologie und Sozialpsychologie, 60(1), S. 7–33.

Becker, Rolf/Lauterbach, Wolfgang (Hrsg.) (2016): Bildung als Privileg. Erklärungen und Befunde zu den Ursachen der Bildungsungleichheit. 5., aktualisierte Auflage. Wiesbaden: Springer VS.

Behrmann, Laura (2022): Bildung und soziale Ungleichheit. Deutungen und Erfahrungen von Lehrer:innen an Gesamtschulen. Frankfurt am Main: Campus.

Bender, Justus (2008): Was Studenten wollen. Angehende Lehrer sind unglücklich, Studenten in der Provinz zufrieden. Und Elitestudenten merken nichts von ihrem Glück. Ergebnisse einer Umfrage. In: ZEIT Campus 01/2008. https://www.zeit.de/campus/2008/01/studenten-umfrage (Abfrage 20.01.2025).

Berthold, Christian/Leichsenring, Hannah (Hrsg.) (2012): Diversity Report. Der Gesamtbericht (A1 – D3). Centrum für Hochschulentwicklung (CHE). Gütersloh: Bertelsmann Stiftung.

Besa, Kris-Stephen (2018): Studien zur lehramtsbezogenen Berufswahlmotivation in schulpraktischen Ausbildungsphasen. Hildesheim: UVH Universitätsverlag Hildesheim.

Betz, Tanja/Meyer-Hamme, Alexa/Halle, Arne-Christoph (2022): Soziale Ungleichheit und die Rolle sozialer Beziehungen in der (Ganztags-)Schule. Kein Thema für die Fortbildung? Gütersloh: Bertelsmann Stiftung. DOI: 10.11586/2022080

Betz, Tanja/Bischoff-Pabst, Stefanie/de Moll, Frederick (Hrsg.) (2020): Leitbilder »guter« Kindheit und ungleiches Kinderleben. Weinheim und Basel: Beltz Verlag.

Bischoff, Stefanie/Betz, Tanja (2016): Wahrnehmung von und Umgang mit Heterogenität. Handlungsorientierungen von Grundschullehrkräften als Professionalisierungsgegenstand. In: Liebers, Katrin/Landwehr, Brunhild/Reinhold, Simone/Riegler, Susanne/Schmidt, Romina (Hrsg.): Facetten grundschulpädagogischer und -didaktischer Forschung. Wiesbaden: Springer VS, S. 87–92.

Bischoff-Pabst, Stefanie (2017): Habitus und frühpädagogische Professionalität. Eine qualitative Studie zum Denken und Handeln von Fachkräften in Kindertageseinrichtungen. Weinheim und Basel: Beltz Juventa.

Blome, Frerk (2023): Universitätskarrieren und soziale Klasse. Soziale Aufstiegs- und Reproduktionsmechanismen in der Rechts- und Erziehungswissenschaft. Weinheim und Basel: Beltz Juventa.

Blömeke, Sigrid (2005): Das Lehrerbild in Printmedien. Inhaltsanalyse von „Spiegel"- und „Focus"-Berichten seit 1990. In: Die deutsche Schule, 97(1), S. 24–39.

Blossfeld, Hans-Peter/Bos, Wilfried/Daniel, Hans-Dieter/Hannover, Bettina/Lenzen, Dieter/Prenzel, Manfred/Wößmann, Ludger (Hrsg.) (2011): Bildungsreform 2000 – 2010 – 2020. Jahresgutachten 2011. Vereinigung der Bayerischen Wirtschaft. Wiesbaden: VS-Verlag für Sozialwissenschaften.

Boeger, Annette (Hrsg.) (2016): Eignung für den Lehrerberuf. Auswahl und Förderung. Wiesbaden: Springer VS.

Bohl, Thorsten/Beck, Nina (2020): Aktuelle Entwicklungen in der institutionalisierten Lehrerinnen- und Lehrerbildung. In: Cramer, Collin/König, Johannes/Rothland, Martin/Blömeke, Sigrid (Hrsg.): Handbuch Lehrerinnen- und Lehrerbildung. Bad Heilbrunn: Klinkhardt, S. 280–289.

Böhme, Jeannette/Hummrich, Merle/Kramer, Rolf-Torsten (Hrsg.) (2015): Schulkultur. Theoriebildung im Diskurs. Wiesbaden: Springer VS.

Böhner-Taute, Eileen (2018): Chancenungleichheiten im Bildungsverlauf. Soziale, ethnische und bundeslandspezifische Einflüsse. Wiesbaden: Springer VS. DOI: 10.1007/978-3-658-19184-9

Bohnsack, Ralf (1989): Generation, Milieu und Geschlecht. Ergebnisse aus Gruppendiskussionen mit Jugendlichen. Opladen: Leske + Budrich.

Bohnsack, Ralf (2001): Dokumentarische Methode. Theorie und Praxis wissenssoziologischer Interpretation. In: Hug, Theo (Hrsg.): Einführung in die Methodologie der Sozial- und Kulturwissenschaften. Wie kommt Wissenschaft zu Wissen? (Bd. 3). Baltmannsweiler: Schneider Verlag, S. 326-345.

Bohnsack, Ralf (2010): Rekonstruktive Sozialforschung. Einführung in qualitative Methoden. 8., durchgesehene Auflage. Opladen, Berlin, Toronto: Barbara Budrich.

Bohnsack, Ralf (2013): Dokumentarische Methode und die Logik der Praxis. In: Lenger, Alexander/ Schneickert, Christian/Schumacher, Florian (Hrsg.): Pierre Bourdieus Konzeption des Habitus. Grundlagen, Zugänge, Forschungsperspektiven. Wiesbaden: Springer VS, S. 175–200.

Bohnsack, Ralf (2022): Gruppendiskussion. In: Flick, Uwe/Kardorff, Ernst von/Steinke, Ines (Hrsg.): Qualitative Forschung: ein Handbuch. 14. Auflage, Originalausgabe. Hamburg: Rowohlt, S. 369–384.

Bohnsack, Ralf/Nentwig-Gesemann, Iris/Nohl, Arno-Michael (Hrsg.) (2013): Die dokumentarische Methode und ihre Forschungspraxis. Grundlagen qualitativer Sozialforschung. Wiesbaden: Springer VS.

Boudon, Raymond (1974): Education, opportunity, and social inequality. Changing prospects in Western society. New York: Wiley.

Bourdieu, Pierre (1974): Zur Soziologie der symbolischen Formen. 6. Auflage 2016. Frankfurt am Main: Suhrkamp.

Bourdieu, Pierre (1976): Entwurf einer Theorie der Praxis. Auf der ethnologischen Grundlage der kabylischen Gesellschaft. 4. Auflage 2015. Frankfurt am Main: Suhrkamp.

Bourdieu, Pierre (1982): Die feinen Unterschiede. Kritik der gesellschaftlichen Urteilskraft. 1 Auflage 1987. Frankfurt am Main: Suhrkamp.

Bourdieu, Pierre (1983): Ökonomisches Kapital, kulturelles Kapital, soziales Kapital. In: Kreckel, Reinhard (Hrsg.): Soziale Ungleichheiten. Sonderband 2 der Sozialen Welt. Göttingen: Otto Schwartz, S. 183–198.

Bourdieu, Pierre (1985): Sozialer Raum und „Klassen". Zwei Vorlesungen. 4. Auflage 2016. Frankfurt am Main: Suhrkamp.

Bourdieu, Pierre (1987): Sozialer Sinn. Kritik der theoretischen Vernunft. 1. Auflage 1993. Frankfurt am Main: Suhrkamp.

Bourdieu, Pierre (1992): Die verborgenen Mechanismen der Macht. Durchgesehene Neuauflage der Erstauflage 1992 (2015). Hamburg: VSA Verlag.

Bourdieu, Pierre (1998): Praktische Vernunft. Zur Theorie des Handelns. 10. Auflage 2018. Frankfurt am Main: Suhrkamp.

Bourdieu, Pierre (2001a): Meditationen. Zur Kritik der scholastischen Vernunft. 1. Auflage. Frankfurt am Main: Suhrkamp.

Bourdieu, Pierre (2001b): Wie die Kultur zum Bauern kommt. Über Bildung, Schule und Politik. Unveränderter Nachdruck 2017. Hamburg: VSA Verlag.

Bourdieu, Pierre (2018): Schriften. Band 10: Bildung. Schriften zur Kultursoziologie 2, 1. Auflage. Frankfurt am Main: Suhrkamp.

Bourdieu, Pierre/Passeron, Jean-Claude (1971): Die Illusion der Chancengleichheit. Untersuchungen zur Soziologie des Bildungswesens am Beispiel Frankreichs. Stuttgart: Klett.

Bourdieu, Pierre/Passeron, Jean-Claude (2007): Die Erben. Studenten, Bildung und Kultur. Konstanz: UVK.

Bourdieu, Pierre/Wacquant, Loïc (1996) [1993]: Reflexive Anthropologie. 1. Auflage. Frankfurt am Main: Suhrkamp.

Brake, Anna/Bremer, Helmut/Lange-Vester, Andrea (Hrsg.): (2013): Empirisch Arbeiten mit Bourdieu. Theoretische und methodische Überlegungen, Konzeptionen und Erfahrungen. Weinheim und Basel: Beltz Juventa.

Brake, Anna/Büchner, Peter (2012): Bildung und soziale Ungleichheit. Eine Einführung. Stuttgart: Kohlhammer.

Brand, Alexander/Kuhn, Annette (2024): Lehrergehalt. Wo verdienen Lehrkräfte A 13 und wo A 12? Deutsches Schulportal der Robert Bosch Stiftung. Stuttgart: Robert Bosch Stiftung GmbH. www. deutsches-schulportal.de/bildungswesen/besoldung-wo-verdienen-lehrkraefte-a-13-und-wo-a-12/(Abfrage 20.01.2025).

Brandl, Werner (2019): Professionalisierung und Professionalität. Anmerkungen zur Bedeutung und Entwicklung von Lehrkompetenz. In: Haushalt in Bildung & Forschung 8(4), S. 18-46. DOI: 10.3224/hibifo.v8i4.02

Brändle, Thomas (2019): Passfähige Sonderlinge? Zur Relevanz von fachkultureller Passung sowie von sozialem, kulturellem und ökonomischem Kapital für nicht-traditionelle Studierende. Weinheim und Basel: Beltz Juventa.

Bräu, Karin / Georgi, Viola B. / Karakasoglu, Yasemin / Rotter, Carolin (Hrsg.) (2013): Lehrerinnen und Lehrer mit Migrationshintergrund. Zur Relevanz eines Merkmals in Theorie, Empirie und Praxis. 1. Auflage. Münster und New York: Waxmann.

Breiwe, René / Liegmann, Anke / Otto, Stephan (2015): Von Heterogenität zu Diversität. Anschlussmöglichkeiten aus dem Kontext Schule für ungleichheitssensible Hochschullehre. In: Rheinländer, Kathrin (Hrsg.): Ungleichheitssensible Hochschullehre. Positionen, Voraussetzungen, Perspektiven. Wiesbaden: Springer VS, S. 237–256. DOI: 10.1007/978-3-658-09477-5_13

Bremer, Helmut (2004): Von der Gruppendiskussion zur Gruppenwerkstatt. Ein Beitrag zur Methodenentwicklung in der typenbildenden Mentalitäts-, Habitus- und Milieuanalyse. Münster: LIT-Verlag.

Bremer, Helmut (2007): Schicht, Klasse, Milieu. Bezugskonzepte der Weiterbildungsforschung 1957–2007. DIE Zeitschrift für Erwachsenenbildung, 57(4), S. 26–31.

Bremer, Helmut (2010): Zielgruppen in der Praxis. Erwachsenenbildung im Gefüge sozialer Milieus. In: Magazin erwachsenenbildung.at, Das Fachmedium für Forschung, Praxis und Diskurs. H. 10, S. 4- 1 – 4–10.

Bremer, Helmut (2012): Die Milieubezogenheit von Bildung. In: Bauer, Ullrich / Bittlingmayer, Uwe, H. / Scherr, Albert (Hrsg.): Handbuch Bildungs- und Erziehungssoziologie. Wiesbaden: Springer VS, S. 829–846.

Bremer, Helmut (2014): Soziale Milieus und alltägliche Klassenpraxis. Theoretische Bezüge und empirische Zugänge zu einem sozialstrukturellen Milieukonzept. In: Isenböck, Peter / Nell, Linda / Renn, Joachim (Hrsg.): Die Form des Milieus. Zum Verhältnis von gesellschaftlicher Differenzierung und Formen der Vergemeinschaftung. Zeitschrift für Theoretische Soziologie (ZTS). 1. Sonderband. Weinheim und Basel: Beltz Juventa, S. 258–278.

Bremer, Helmut / Teiwes-Kügler, Christel (2007): Die Muster des Habitus und ihre Entschlüsselungen. Mit Transkripten und Collagen zur vertiefenden Analyse von Habitus und sozialen Milieus. In: Friebertshäuser, Babara / von Felden, Heide / Schäffer, Burkhard (Hrsg.): Bild und Text. Opladen, Berlin, Toronto: Barbara Budrich, S. 81–104.

Bremer, Helmut / Teiwes-Kügler, Christel (2012): Gruppenwerkstatt. In: Schäffer, Burkhard / Dörner Olaf (Hrsg.): Handbuch Qualitative Erwachsenen- und Weiterbildungsforschung. Opladen, Berlin, Toronto: Barbara Budrich, S. 363–380.

Bremer, Helmut / Teiwes-Kügler, Christel (2013a): Habitusanalyse als Habitus-Hermeneutik. In: ZQF- Zeitschrift für qualitative Forschung, 14(2), S. 199–219.

Bremer, Helmut / Teiwes-Kügler, Christel (2013b): Zur Theorie und Praxis der "Habitus-Hermeneutik". In: Brake, Anna / Bremer, Helmut / Lange-Vester, Andrea (Hrsg.): Empirisch arbeiten mit Bourdieu. Theoretische und methodische Überlegungen, Konzeptionen und Erfahrungen. Weinheim und Basel: Beltz Juventa, S. 93–129.

Bremer, Helmut / Lange-Vester, Andrea (2014a). Die Pluralität der Habitus- und Milieuformen bei Lernenden und Lehrenden. Theoretische und methodologische Überlegungen zum Verhältnis von Habitus und sozialem Raum. In: Helsper, Werner / Kramer, Rolf-Torsten / Thiersch, Sven (Hrsg.): Schülerhabitus. Theoretische und empirische Analysen zum Bourdieuschen Theorem der kulturellen Passung. Wiesbaden: Springer VS, S. 56–81.

Bremer, Helmut / Lange-Vester, Andrea (2014b). Zur Entwicklung des Konzeptes sozialer Milieus und Mentalitäten. In: Bremer, Helmut / Lange-Vester, Andrea (Hrsg.): Soziale Milieus und Wandel der Sozialstruktur. Wiesbaden: Springer VS, S. 13–41.

Bremer, Helmut / Lange-Vester, Andrea (2015): Selektionsmechanismen in Bildungsinstitutionen. Theoretische Perspektiven im Anschluss an Pierre Bourdieu. In: Helsper, Werner / Krüger, Heinz Hermann (Hrsg.): Auswahl der Bildungsklientel. Zur Herstellung von Selektivität in "exklusiven" Bildungsinstitutionen. Wiesbaden: Springer VS, S. 69–92.

Bremer, Helmut / Lange-Vester, Andrea (2019): Studienfachwahl im Kontext von Habitus und sozialer Auslese im Bildungswesen. In: Haffner, Yvonne / Loge, Lena (Hrsg.): Frauen in Technik und Naturwissenschaft. Eine Frage der Passung. Aktuelle Erkenntnisse und Einblicke in Orientierungsprojekte. Opladen, Berlin, Toronto: Barbara Budrich, S. 21–42.

Bremer, Helmut / Lange-Vester, Andrea (Hrsg.) (2022): Entwicklungen im Feld der Hochschule. Grundlegende Perspektiven, Steuerungen, Übergänge und Ungleichheiten. Weinheim und Basel: Beltz Juventa.

Bremer, Helmut / Teiwes-Kügler, Christel / Lange-Vester, Andrea (2019): Habitus-Hermeneutik. In: Kramer, Rolf-Torsten / Pallesen, Hilke (Hrsg.): Lehrerhabitus: Theoretische und empirische Beiträge zu einer Praxeologie des Lehrerberufs. Bad Heilbrunn: Bad Heilbrunn: Klinkhardt, S. 263–284.

Bremer, Helmut / Faulstich, Peter / Teiwes-Kügler, Christel / Vehse, Jessica (2015): Gesellschaftsbild und Weiterbildung: Auswirkungen von Bildungsmoratorien auf Habitus, Lernen und Gesellschaftsvorstellungen. Baden-Baden: edition sigma.

Bressler, Christoph / Rotter, Carolin (2018): Seiteneinsteigende im Lehrerberuf. Zur Notwendigkeit einer Auseinandersetzung mit erziehungswissenschaftlichem Wissen in der (alternativen) Lehrerbildung. In: Böhme, Jeanette / Cramer, Colin / Bressler, Christoph (Hrsg.): Erziehungswissenschaft und Lehrerbildung im Widerstreit!? Verhältnisbestimmungen, Herausforderungen und Perspektiven. Bad Heilbrunn: Klinkhardt, S. 223–233.

Bromme, Rainer / Haag, Ludwig (2008): Forschung zur Lehrerpersönlichkeit. In: Helsper, Werner / Böhme, Jeannette (Hrsg.): Handbuch der Schulforschung 2., durchgesehene und erweiterte Auflage. Wiesbaden: Springer VS, S. 803–814.

Büchler, Theresa (2012): Studierende aus nichtakademischen Elternhäusern im Studium. Expertise im Rahmen des Projektes „Chancengleichheit in der Begabtenförderung“ der Hans-Böckler-Stiftung. Arbeitspapier 249. Düsseldorf: Hans-Böckler-Stiftung.

Budde, Jürgen (2017): Heterogenität: Entstehung, Begriff, Abgrenzung. In: Bohl, Thorsten / Budde, Jürgen / Rieger-Ladich, Markus (Hrsg.): Umgang mit Heterogenität in Schule und Unterricht: Grundlagentheoretische Beiträge, empirische Befunde und didaktische Reflexionen. Bad Heilbrunn: Klinkhardt, S. 13–26.

Bülow-Schramm, Margret (2015): Integration als Antwort auf eine differenzierte Studierendenschaft. Aus Sicht der Hochschuldidaktik. In: Hanft, Anke / Zawacki-Richter, Olaf / Gierke, Willi B. (Hrsg.): Herausforderung Heterogenität beim Übergang in die Hochschule. Münster und New York: Waxmann, S. 53–68.

Bülow-Schramm, Margret (2016): Expansion, Differenzierung und Selektion im Hochschulsystem: Die Illusion der heterogenen Hochschule. Zum Widerspruch zwischen Heterogenität und Homogenität. In: Lange-Vester, Andrea / Sander, Tobias (Hrsg.): Soziale Ungleichheiten, Milieus und Habitus im Hochschulstudium. Weinheim und Basel: Beltz Juventa, S. 49–70.

Bundesministerium für Arbeit und Soziales (2007): Nationaler Integrationsplan Arbeitsgruppe 3 "Gute Bildung und Ausbildung sichern, Arbeitsmarktchancen erhöhen". Dokumentation des Beratungsprozesses. Bonn. nbn-resolving.org/urn:nbn:de:0168-ssoar-323840 (Abfrage 20.01.2025).

Bundesministerium für Familie, Senioren, Frauen und Jugend (2024): Anteil von Frauen und Männern an den erfolgreich abgelegten Abschlussprüfungen für das Lehramt Primarbereich. https://www.daten.bmfsfj.de/daten/daten/anteil-von-frauen-und-maennern-an-den-erfolgreich-abgelegten-abschlusspruefungen-fuer-das-lehramt-primarbereich-134444 (Abfrage 20.01.2025).

Bundesministerium der Justiz (2024): BGBl 2024 I Nr. 249 vom 24.07.2024. Neunundzwanzigstes Gesetz zur Änderung des Bundesausbildungsförderungsgesetzes (29. BAföGÄndG). Berlin: Bundesministerium der Justiz. https://www.recht.bund.de/bgbl/1/2024/249/VO.html (Abfrage 20.01.2025).

Bundeszentrale für politische Bildung (Hrsg.) (2024): Sozialbericht 2024. Ein Datenreport für Deutschland. Herausgeber: Statistisches Bundesamt (Destatis); Wissenschaftszentrum Berlin für Sozialforschung (WZB); Bundesinstitut für Bevölkerungsforschung (BiB) in Zusammenarbeit mit: Das Sozio-oekonomische Panel (SOEP) am Deutschen Institut für Wirtschaftsforschung (DIW Berlin). Bonn: Bundeszentrale für politische Bildung (bpb).

Busch, Anne (2013): Die berufliche Geschlechtersegregation in Deutschland. Ursachen, Reproduktion, Folgen. Wiesbaden: Springer VS.

Buß, Imke (2019): Flexibel studieren – Vereinbarkeit ermöglichen. Studienstrukturen für eine diverse Studierendenschaft. Wiesbaden: Springer VS.

Buß, Imke / Erbsland, Manfred / Rahn, Peter / Pohlenz, Philipp (Hrsg.) (2018): Öffnung von Hochschulen. Impulse zur Weiterentwicklung von Studienangeboten Wiesbaden: Springer VS.

CHE Centrum für Hochschulentwicklung (2024): Monitor Lehrerbildung. Grundschule bzw. Primarstufe (Länderebene) https://www.monitor-lehrerbildung.de/lehramtstypen/grundschule-bzw-primarstufe/ (Abfrage 20.01.2025).

Choi, Frauke / Schmidt, Uwe (2006): Leistungsmilieus und Bildungsoptionen. Eine explorative Studie zu Ursachen sozialer Ungleichheit im Bildungssystem. In: Schmidt, Uwe (Hrsg.): Übergänge im Bildungssystem. Motivation, Entscheidung, Zufriedenheit. Wiesbaden: VS Verlag für Sozialwissenschaften, S. 11–92.

Combe, Arno (1971): Kritik der Lehrerrolle. Gesellschaftliche Voraussetzungen und soziale Folgen des Lehrerbewusstseins. München: List.

Combe, Arno (1996): Pädagogische Professionalität, Hermeneutik und Lehrerbildung. Am Beispiel der Berufsbelastung von Grundschullehrkräften. In: Combe, Arno / Helsper, Werner (Hrsg.): Pädagogische Professionalität. Untersuchungen zum Typus pädagogischen Handelns. Frankfurt am Main: Suhrkamp, S. 501–520.

Corbin, Juliet M. / Strauss, Anselm L. (2015): Basics of qualitative research: techniques and procedures for developing grounded theory. Fourth edition. Los Angeles London New Delhi Singapore Washington DC Boston: SAGE.

Cramer, Colin (2010): Sozioökonomische Stellung Lehramtsstudierender. In: Lehrerbildung auf dem Prüfstand, 3(1), S. 4–22. DOI:10.25656/01:14708

Cramer, Colin (2012): Entwicklung von Professionalität in der Lehrerbildung. Empirische Befunde zu Eingangsbedingungen, Prozessmerkmalen und Ausbildungserfahrungen Lehramtsstudierender. Bad Heilbrunn: Klinkhardt.

Cramer, Colin (2016a): Berufswahl Lehramt. Wer entscheidet sich warum? In: Rothland, Martin (Hrsg.): Beruf Lehrer / Lehrerin. Ein Studienbuch. Münster und New York: Waxmann.

Cramer, Colin (2016b): Personale Merkmale Lehramtsstudierender als Ausgangslage der professionellen Entwicklung. Dimensionen, Befunde und deren Implikationen für die Lehrerbildung. In: Boeger, Annette (Hrsg.): Eignung für den Lehrerberuf. Auswahl und Förderung. Wiesbaden: Springer VS, S. 31–56.

Cramer, Colin / Rothland, Martin (2021): Pädagogische Professionelle in der Schule. In: Hascher, Tina / Idel, Till-Sebastian / Helsper, Werner (Hrsg.): Handbuch Schulforschung. 3., überarbeitete und aktualisierte Auflage. Wiesbaden: Springer VS, S. 1–23.

Cramer, Colin / König, Johannes / Rothland, Martin / Blömeke, Sigrid (Hrsg.) (2020): Handbuch Lehrerinnen- und Lehrerbildung. Bad Heilbrunn: Klinkhardt.

Cramer, Colin / Pietsch, Marcus / Tulowitzki, Pierre / Groß Ophoff, Jana (2022): Leadership in German Schools (LineS2020). Schulleitungen in Deutschland. Kurzbericht zur Studie. DOI: 10.17605/OSF.IO/GNCFU de Moll, Frederick / Bischoff, Stefanie / Lipinska, Marta / Pardo-Puhlmann, Margaret / Betz, Tanja (2016): Projekt EDUCARE. Skalendokumentation zur Lehrkräftebefragung an Grundschulen. Frankfurt am Main: Goethe-Universität Frankfurt am Main. DOI: 10.25656/01:12395

Deppe, Ulrike / Hadjar, Andreas (2020): Schule und soziale Ungleichheit. In: Hascher, Tina / Idel, Till-Sebastian / Helsper, Werner (Hrsg.): Handbuch Schulforschung. 3., überarbeitete und aktualisierte Auflage. Wiesbaden: Springer VS, S. 1–25.

Deutscher Bundestag (2022): Wissenschaftliche Dienste: Hochschulen für Angewandte Wissenschaften mit Promotionsrecht in Deutschland und anderen EU-Staaten. Dokumentation, WD 8–3000-022/22. Berlin: Deutscher Bundestag.

Diaz-Bone, Rainer (2003): Milieumodelle und Milieuinstrumente in der Marktforschung. In: Sozialwissenschaften und Berufspraxis, 26(4), S. 365–380.

Diaz-Bone, Rainer (2010): Kulturwelt, Diskurs und Lebensstil. Eine diskurstheoretische Erweiterung der Bourdieuschen Distinktionstheorie. 2., erweiterte Auflage. Wiesbaden: VS Verlag für Sozialwissenschaften.

Dippelhofer, Sebastian (2009): Gesellschaftspolitische Orientierungen von Studierenden an der Pädagogischen Hochschule Freiburg. Empirische Befunde aus einer standardisierten, schriftlichen Befragung. Hefte zur Bildungs- und Hochschulforschung, 55. Konstanz: Universität Konstanz, https://nbn-resolving.org/urn:nbn:de:0168-ssoar-236302 (Abfrage 20.01.2025).

Dippelhofer-Stiem, Barbara (2017): Sind Arbeiterkinder im Studium benachteiligt? Empirische Erkundungen zur schichtspezifischen Sozialisation an der Universität. Weinheim und Basel: Beltz Juventa.

Ditton, Helmut (2016): Der Beitrag von Schule und Lehrern zur Reproduktion von Bildungsungleichheit. In: Becker, Rolf / Lauterbach, Wolfgang (Hrsg.): Bildung als Privileg. 5., aktualisierte Auflage. Wiesbaden: VS Verlag für Sozialwissenschaften, S. 281–312.

Doğmuş, Aysun (2022): Professionalisierung in Migrationsverhältnissen. Eine rassismuskritische Perspektive auf das Referendariat angehender Lehrer*innen. Wiesbaden: Springer VS.

Dohmen, Dieter / Babyesiza, Akiiki / Tiedtke, Jullian / Bayreuther, Tamara (2021): Entwicklung der Einnahmen von Studierenden. Eine Re-Analyse der 19., 20. und 21. Sozialerhebung. Studie für das Deutsche Studentenwerk (DWS). Berlin, Septemer 2021, FIBS Forschungsinstitut für Bildungs- und Sozialökonomie Berlin: Deutsches Studentenwerk. https://www.studierendenwerke.de/beitrag/entwicklung-der-einnahmen-von-studierenden-eine-re-analyse-der-19-20-und-21-sozialerhebung (Abfrage 20.01.2025).

Domke, Lea (2017): Die Übergangsentscheidung von der Schule zum Studium. In: Baader, Meike Sophia / Freytag, Tatjana (Hrsg.): Bildung und Ungleichheit in Deutschland. Wiesbaden: Springer Fachmedien, S. 293–310.

Drahmann, Martin / Rothland, Martin (2017): Die soziale Herkunft von Lehramtsstudierenden in Begabtenförderungswerken. Eine vergleichende Analyse. In: Zeitschrift für Pädagogik 1, 63, S. 52–71. DOI:10.25656/01:18480

Dreke, Claudia (2012): Künftige Lebenswege von Schulkindern. Deutungsmuster sozialer Ungleichheit von Lehrkräften in Italien und Deutschland. Wiesbaden: VS Verlag für Sozialwissenschaften.

Eder, Ferdinand / Oberwimmer, Konrad / Hörl, Gabriele (2021): Biografische und sozialstrukturelle Merkmale von Lehramtsstudierenden. In: Eder, Ferdinand / Hörl, Gabriele (Hrsg.): Die zukünftigen Lehrerinnen und Lehrer. Wiesbaden: Springer VS, S. 27–52.

Egger, Rudolf (2016): Hochschuldidaktik und Organisationsentwicklung. Über den Zusammenhang institutioneller Rahmenbedingungen und die Steigerung der Lehrqualität. In: Egger, Rudolf / Merkt, Marianne (Hrsg.): Teaching Skills Assessments. Qualitätsmanagement und Personalentwicklung in der Hochschullehre. Wiesbaden: Springer VS, S. 27–48.

Egger, Rudolf / Merkt, Marianne (Hrsg.): Teaching Skills Assessments. Qualitätsmanagement und Personalentwicklung in der Hochschullehre. Wiesbaden: Springer VS.

Eickhoff, Verena / Schmitt, Lars (2016): Herausforderungen hochschulischer Diversity-Politik. Für einen reflexiven, differenz- und ungleichheitssensiblen Umgang mit einem deutungsoffenen Phänomen. In: Fereidooni, Karim / Zeoli, Antonietta P. (Hrsg.): Managing Diversity. Die diversitätsbewusste Ausrichtung des Bildungs- und Kulturwesens, der Wirtschaft und Verwaltung. Wiesbaden: Springer VS, S. 199–228.

El-Mafaalani, Aladin (2012): BildungsaufsteigerInnen aus benachteiligten Milieus. Wiesbaden: VS Verlag für Sozialwissenschaften.

El-Mafaalani, Aladin (2014a): Habitus-Struktur-Sensibilität. (Wie) kann ungleichheitssensible Schulpraxis gelingen? In: Sander, Tobias (Hrsg.): Habitussensibilität. Eine neue Anforderung an professionelles Handeln. Wiesbaden: Springer VS, S. 229–245.

El-Mafaalani, Aladin (2014b): Vom Arbeiterkind zum Akademiker. Über die Mühen des Aufstiegs durch Bildung. Sankt Augustin Berlin: Konrad-Adenauer-Stiftung.

El-Mafaalani, Aladin (2017): Transformationen des Habitus. Praxeologische Zugänge zu sozialer Ungleichheit und Mobilität. In: Rieger-Ladich, Markus / Grabau, Christian (Hrsg.): Pierre Bourdieu. Pädagogische Lektüren. Wiesbaden: Springer VS, S. 103-1027.

Engler, Steffanie (1993). Fachkultur, Geschlecht und soziale Reproduktion. Eine Untersuchung über Studentinnen und Studenten der Erziehungswissenschaft, Rechtswissenschaft, Elektrotechnik und des Maschinenbaus. Weinheim: Deutscher Studien Verlag.

Engler, Steffanie (2013): Der wissenschaftliche Beobachter in der modernen Gesellschaft. In: Brake, Anna / Bremer, Helmut / Lange-Vester, Andrea (Hrsg.): Empirisch Arbeiten mit Bourdieu. Theoretische und methodische Überlegungen, Konzeptionen und Erfahrungen. Weinheim und Basel: Beltz Juventa. S. 35–58.

Engler, Steffanie (2014): Studentische Lebensstile und Geschlecht. In: Bremer, Helmut / Lange-Vester, Andrea (Hrsg.): Soziale Milieus und Wandel der Sozialstruktur. Wiesbaden: Springer VS, S. 173–189.

Enzelberger, Sabine (2001): Sozialgeschichte des Lehrerberufs. Gesellschaftliche Stellung und Professionalisierung von Lehrerinnen und Lehrern von den Anfängen bis zur Gegenwart. Weinheim und München: Juventa.

Ernst, Christian (2018): Professionalisierung, Bildung und Fachkultur im Lehrerberuf. Rekonstruktionen zur biographischen Entwicklung von Sportlehrkräften. Wiesbaden: Springer VS.

Esser, Hartmut (1999): Soziologie. Spezielle Grundlagen. Frankfurt am Main: Campus.

Evertz, Sabine (2023): Habitus, Ressourcen und Studienstrukturen. Passungen und Nicht-Passungen im Fachhochschulstudium. Wiesbaden: Springer VS.

Fabel-Lamla, Melanie / Klomfaß, Sabine (2014): Lehrkräfte mit Migrationshintergrund. Habitussensibilität als bildungspolitische Erwartung und professionelle Selbstkonzepte. In: Sander, Tobias (Hrsg.): Habitussensibilität. Eine neue Anforderung an professionelles Handeln. Wiesbaden: Springer VS, S. 209–228.

Faulstich-Wieland, Hannelore / Niehaus, Ingo / Scholand, Barbara (2010): Lehramt Grundschule: „niedrigste Stufe dieses Lehrerberufs“ versus „ich liebe Kinder“. Oder: Was SchülerInnen vom Lehramt abhält und Studierende daran reizt. In: Erziehungswissenschaft 21(41), S. 27–42. DOI: 10.25656/01:4031

Faulstich-Wieland, Hannelore (2012a): Sollten Grundschullehrer vor allem Vorbild für Jungen sein? Zusammenhänge zwischen Studienmotivation von Lehramtsstudierenden, Diskursen um "mehr Männer in die Grundschule“ und Perspektiven guter (Grund-)Schulen. In: Hastedt, Sabine / Lange, Silvia (Hrsg.): Männer und Grundschullehramt. Diskurse, Erkenntnisse, Perspektiven. Wiesbaden: Springer VS, S. 13–30.

Faulstich-Wieland, Hannelore (2012b): Zur „Feminisierung“ des Lehrberufs. Vermutete Ursachen, Problemeinschätzung. Zeitschrift für Bildungsverwaltung, 28(2), S. 73–84.

Fereidooni, Karim (2016): Diskriminierungs- und Rassismuserfahrungen im Schulwesen. Eine Studie zu Ungleichheitspraktiken im Berufskontext. Wiesbaden: Springer VS.

Fereidooni, Karim / Zeoli, Antonietta P. (Hrsg.) (2016): Managing Diversity. Die diversitätsbewusste Ausrichtung des Bildungs- und Kulturwesens, der Wirtschaft und Verwaltung. Wiesbaden: Springer VS.

Fereidooni, Karim / El, Meral (2017): Rassismus im Lehrer_innenzimmer. In: Fereidooni, Karim / El, Meral (Hrsg.): Rassismuskritik und Widerstandsformen. Wiesbaden: Springer VS, S. 477-492.

Fiedler, Helmut (2012): Biographische Profile ostdeutscher Lehrkräfte. Das Beispiel der Freien Waldorfschulen. Wiesbaden: Springer VS.

Fiegert, Monika / Solzbacher, Claudia (2014): „Bescheidenheit und Festigkeit des Charakters…" Das Konstrukt Lehrerhaltung aus historisch-systematischer Perspektive. In: Schwer, Christina / Solzbacher, Claudia (Hrsg.): Professionelle pädagogische Haltung. Historische, theoretische und empirische Zugänge zu einem viel strapazierten Begriff. Bad Heilbrunn: Klinkhardt, S. 17-46.

Finger, Claudia (2022): Soziale Herkunft und die Umsetzung von Studienaspirationen. Opladen, Berlin, Toronto: Barbara Budrich.

Fischer, Thomas / Rheinländer, Kathrin / Bach, Andreas (2020): Einstellungen von Lehrer*innenkindern zum Theorie-Praxis-Verhältnis. In: Rheinländer, Kathrin / Scholl, Daniel (Hrsg.): Verlängerte Praxisphasen in der Lehrer*innenbildung. Konzeptionelle und empirische Aspekte der Relationierung von Theorie und Praxis. Bad Heilbrunn: Klinkhardt, S. 123–134.

Flaig, Berthold Bodo / Meyer, Thomas / Ueltzhöffer, Jörg (1993): Alltagsästhetik und politische Kultur. Zur ästhetischen Dimension politischer Bildung und politischer Kommunikation. Bonn: Dietz.

Foerster, Frank (2022): Wer entscheidet sich für das Grundschullehramt? Personale Eingangsmerkmale von Grundschullehrkräften. In: Mammes, Ingelore / Rotter, Carolin (Hrsg.): Professionalisierung von Grundschullehrkräften. Kontext, Bedingungen und Herausforderungen. Bad Heilbrunn: Klinkhardt, S. 75-94.

Förster, Magdalena (2021): Berufsbezogene Orientierungsmuster von Lehramtsstudierenden im Hinblick auf schulische Inklusion. Weinheim und Basel: Beltz Juventa.

Friebertshäuser, Barbara (1992): Übergangsphase Studienbeginn. Eine Feldstudie über Riten der Initiation in eine studentische Fachkultur. Weinheim und München: Juventa Verlag.

Fröhlich, Gerhard (1999): Habitus und Hexis. Die Einverleibung der Praxisstrukturen bei Pierre Bourdieu. In: Schwengel, Hermann / Höpken, Britta (Hrsg.): Grenzenlose Gesellschaft? Band II/2. Ad-hoc-Gruppen Foren. Herbolzheim: Centaurus Verlag, S. 100–102.

Fröhlich, Gerhard / Rehbein, Boike (Hrsg.) (2009): Bourdieu-Handbuch: Leben – Werk – Wirkung. Sonderausgabe. Stuttgart: J.B: Metzler.

Frommberg, Dietmar / Lange, Silke (2018): Zur Ausbildung von Lehrkräften für berufsbildende Schulen. Befunde und Entwicklungsperspektiven. Forschungsförderung Working Paper Nummer 60, März 2018. Düsseldorf: Hans-Böckler-Stiftung.

Gapski, Jörg / Köhler, Thomas / Lähnemann, Martin (2000): Alltagsbewußtsein und Milieustruktur der westdeutschen Studierenden in den 80er und 90er Jahren. Studierende im Spiegel der Milieulandschaft Deutschlands. (HIS-Kurzinformationen A, A1/2000). Hannover: HIS Hochschul-Informations-System GmbH.

Gardemin, Daniel (2006): Soziale Milieus der gesellschaftlichen „Mitte". Eine typologisch-sozialhistorische und multivariat-sozialstatistische Makroanalyse des Leistungsorientierten Arbeitnehmermilieus und des Kleinbürgerlichen Arbeitnehmermilieus. Dissertation, Philosophische Fakultät. Hannover: Gottfried-Wilhelm-Leibniz-Universität Hannover. DOI: 10.15488/6691

Garz, Detlef / Raven, Uwe (2015): Theorie der Lebenspraxis. Einführung in das Werk Ulrich Oevermanns. Wiesbaden: Springer VS.

Geiger, Theodor Julius (1987): Die soziale Schichtung des deutschen Volkes. Soziographischer Versuch auf statistischer Grundlage. Faksimile-Nachdruck der 1. Auflage 1932. Stuttgart: Ferdinand Enke Verlag.

Geiling, Heiko (2014): Soziale Milieus mit Migrationshintergrund. Ein Beitrag aus der Perspektive der politischen Soziologie Pierre Bourdieus. In: Isenböck, Peter / Nell, Linda / Renn, Joachim

(Hrsg.): Die Form des Milieus. Zum Verhältnis von gesellschaftlicher Differenzierung und Formen der Vergemeinschaftung. Zeitschrift für Theoretische Soziologie (ZTS). 1. Sonderband. Weinheim und Basel: Beltz Juventa, S. 279–288.

Geiling, Heiko/Gardemin, Daniel/Meise, Stephan/König, Andrea (2011): Migration. Teilhabe. Milieus. Spätaussiedler und türkeistämmige Deutsche im sozialen Raum. Wiesbaden: VS Verlag für Sozialwissenschaften.

Geißler, Rainer (2014): Die Sozialstruktur Deutschlands. 7. Auflage. Wiesbaden: Springer VS.

Genenger-Stricker, Marianne (2023): Hochschule und soziale Heterogenität. Anforderungen und Impulse für eine diversitätssensible und -gerechte Hochschulentwicklung. In: Klomann, Verena/Schmidt-Koddenberg, Angelika (Hrsg.): Studienpionier:innen und Soziale Arbeit. Motive, Herausforderungen und gesellschaftliche Konsequenzen. Wiesbaden: Springer VS, S. 227–238.

Georg, Werner (1998): Soziale Lage und Lebensstil. Eine Typologie. Wiesbaden: VS Verlag für Sozialwissenschaften.

Georg, Werner (2005): Studienfachwahl. Soziale Reproduktion oder fachkulturelle Entscheidung. In: ZA – Information/Zentralarchiv für Empirische Sozialforschung 57, S. 61–82.

Georgi, Viola B./Ackermann, Lisanne/Karakas, Nurten (2011): Vielfalt im Lehrerzimmer. Selbstverständnis und schulische Integration von Lehrenden mit Migrationshintergrund in Deutschland. Münster: Waxmann.

Gerhards, Jürgen/Sawert, Tim (2018): »Deconstructing Diversity«. Soziale Herkunft als die vergessene Seite des Diversitätsdiskurses. In: Leviathan, 46(4), S. 527–550.

Gesk, Inge (2001): Studienabbruch an pädagogischen Hochschulen. Dargestellt am Studiengang für das Lehramt an Grund- und Hauptschulen. Frankfurt am Main: Wissenschaftsverlag Peter Lang.

GEW Gewerkschaft Erziehung und Wissenschaft (2024): A13/E13: Stand der Dinge. https://www.gew.de/ja13/a13-stand-der-dinge (Abfrage 20.01.2025).

Gläser, Eva/Miller, Susanne/Toppe, Sabine (2008): Zwischen Ausgrenzung und Normalität. Perspektiven auf Armut in der Grundschule. In: Ramseger, Jörg/Wagener, Matthea (Hrsg.): Chancenungleichheit in der Grundschule. Ursachen und Wege aus der Krise. Wiesbaden: Springer VS, S. 91–94.

Glutsch, Nina/König, Johannes/Rothland, Martin (2018): Die Berufswahlmotivation von angehenden Lehrkräften bei Eintritt in ihre Ausbildung. Zeitschrift für Pädagogik, 64(4), S. 461–485.

Grunau, Janika (2017): Habitus und Studium. Rekonstruktion und Typisierung studentischer Bildungsorientierung. Wiesbaden: Springer VS.

Gülen, Şeyma. (2021): Lehramtsstudium mit Migrationshintergrund. Einflussfaktoren auf die Studienfachentscheidung und den Studienverlauf. Wiesbaden: Springer VS.

Haas, Erika (1999): Arbeiter- und Akademikerkinder an der Universität. Eine geschlechts- und schichtspezifische Analyse. Frankfurt am Main: Campus.

Haas, Tobias (2012): Soziale Herkunftsverhältnisse und Bildungslaufbahnen von Lehrern. Vom Zugang in ein uneinheitliches Akademikerfeld. Baden-Baden: Tectum.

Hanft, Anke/Zawacki-Richter, Olaf/Gierke, Willi B. (Hrsg.) (2015): Herausforderung Heterogenität beim Übergang in die Hochschule. Münster und New York: Waxmann.

Hannover, Bettina (2015): Geschlecht und soziale Ungleichheit. In: Reinders, Heinz/Ditton, Hartmut/Gräsel, Cornelia/Gniewosz, Burkhard (Hrsg.): Empirische Bildungsforschung. Gegenstandsbereiche. 2. Auflage. Wiesbaden: Springer VS, S. 201–213.

Hartmann, Viola (2018): Wenn Bildungsungleichheit zur Bildungsungerechtigkeit wird. Einflussfaktoren auf die Bildungsentscheidung an der Schwelle Schule/Hochschule in Deutschland. Baden-Baden: Ergon.

Hasenjürgen, Brigitte (2023): Bildung in der postmigrantischen Gesellschaft. Ein ungleichheitsorientierter Blick auf ausgewählte empirische Befunde. In: Klomann, Verena/Schmidt-Koddenberg, Angelika (Hrsg.): Studienpionier:innen und Soziale Arbeit. Motive, Herausforderungen und gesellschaftliche Konsequenzen. Wiesbaden: Springer VS, S. 71–87.

Hastedt, Sabine/Lange, Silvia (Hrsg.) (2012): Männer und Grundschullehramt. Diskurse, Erkenntnisse, Perspektiven. Wiesbaden: VS Verlag für Sozialwissenschaften. DOI: 10.1007/978-3-531-18768-6

Heil, Kerstin/Opheys, Catrin/Pape, Natalie/Bremer, Helmut/Lange-Vester, Andrea (2021): Die Bedeutung von Habitus und Gesellschaftsbildern von (ehemaligen) Studierenden für das Studium der Sozialen Arbeit und der Erziehungswissenschaft. In: Scheller, Gitta/Rohloff, Sigurður (Hrsg.): Habitus und Geschmack in der Sozialen Arbeit. Ein Lehr- und Praxisbuch. Weinheim und Basel: Beltz Juventa. S. 53–82.

Heimann, Regina/Gröning, Katharina (2021): Habitussensibilität und Sozioanalyse in der Studienberatung. In: Grüneberg, Tillmann/Blaich, Ingo/Egerer, Juliane/Knickrehm, Barbara/Liebchen, Maria/Lutz, Lukas/Nachtigäller, Ulrike/Thiel, Rainer (Hrsg.): Handbuch Studienberatung. Band 2. Bielefeld: wbv, S. 790–805.

Helsper, Werner (2001): Schülerpartizipation und Schulkultur. Bestimmungen im Horizont schulischer Anerkennungsverhältnisse. In: Böhme, Jeannette/Kramer, Rolf-Torsten (Hrsg.): Partizipation in der Schule. Opladen: Leske+Budrich, S. 37–48.

Helsper, Werner (2008): Schulkulturen. Die Schule als symbolische Sinnordnung. Zeitschrift für Pädagogik, 54(1). DOI: 10.25656/01:4336

Helsper, Werner (2018a). Lehrerhabitus. Lehrer zwischen Herkunft, Milieu und Professionalität. In: Paseka, Angelika/Keller-Schneider, Manuela/Combe, Arno (Hrsg.): Ungewissheit als Herausforderung für pädagogisches Handeln. Wiesbaden: Springer VS, S. 105–140.

Helsper, Werner (2018b). Vom Schülerhabitus zum Lehrerhabitus. Konsequenzen für die Lehrerprofessionalität. In: Leonhard, Tobias/Košinár, Julia/Reintjes, Christian (Hrsg.): Praktiken und Orientierungen in der Lehrerbildung. Potentiale und Grenzen der Professionalisierung. Bad Heilbrunn: Klinkhardt, S. 17–40.

Helsper, Werner (2019): Vom Schüler- zum Lehrerhabitus. Reproduktions- und Transformationspfade. In: Kramer, Rolf-Torsten/Pallesen, Hilke (Hrsg.): Lehrerhabitus. Theoretische und empirische Beiträge zu einer Praxeologie des Lehrerberufs. Bad Heilbrunn: Klinkhardt, S. 49–72.

Helsper, Werner (2021): Professionalität und Professionalisierung pädagogischen Handelns. Eine Einführung. Opladen, Berlin, Toronto: Barbara Budrich.

Helsper, Werner/Kramer, Rolf-Torsten/Thiersch, Sven (Hrsg.) (2014): Schülerhabitus. Theoretische und empirische Analysen zum Bourdieuschen Theorem der kulturellen Passung. Wiesbaden: Springer VS.

Hepp, Andreas/Krotz, Friedrich/Thomas, Tanja (Hrsg.) (2009): Schlüsselwerke der Cultural Studies. Wiesbaden: VS Verlag für Sozialwissenschaften.

Hericks, Uwe (2006): Professionalisierung als Entwicklungsaufgabe. Rekonstruktionen zur Berufseingangsphase von Lehrerinnen und Lehrern. Wiesbaden: VS Verlag für Sozialwissenschaften.

Herrmann, Sonja (2022): Private Hochschulen in Deutschland. Eine Bestandsaufnahme deutscher Privathochschulen und empirische Vergleichsanalysen zwischen Studierenden privater und staatlicher Hochschulen. 1. Auflage 2022. Baden-Baden: Georg Olms Verlag.

Heublein, Ulrich/Ebert, Julia/Hutzsch, Christopher/Isleib, Sören/König, Richard/Richter, Johanna/Woisch, Andreas (2017): Zwischen Studienerwartungen und Studienwirklichkeit. Ursachen des Studienabbruchs, beruflicher Verbleib der Studienabbrecherinnen und Studienabbrecher und Entwicklung der Studienabbruchquote an deutschen Hochschulen. Hannover: DZHW, Deutsches Zentrum für Hochschul- und Wissenschaftsforschung.

Heyer, Robert (2016): Musiklehramt und Biographie. Rekonstruktion biographischer Orientierungen angehender Musiklehrkräfte. Wiesbaden: Springer Fachmedien Wiesbaden.

Hild, Petra (2019): Habitus und seine Bedeutung im Hochschulstudium. Aneignungspraktiken und -logiken von Studierenden. Weinheim und Basel: Beltz Juventa.

Hochschulrektorenkonferenz (HRK) (2021): Statistische Daten zu Studienangeboten an Hochschulen in Deutschland. Studiengänge, Studierende, Absolventinnen und Absolventen. Wintersemester 2021/2022. Statistiken zur Hochschulpolitik 1/2021. Berlin, Oktober 2021.

Hollenstein, Lena / Brühwiler, Christian / Biedermann, Horst (2020): Lehrerinnen- und Lehrerbildung an Universitäten und Pädagogischen Hochschulen. In: Cramer, Colin / König, Johannes / Rothland, Martin / Blömeke, Sigrid (Hrsg.): Handbuch Lehrerinnen- und Lehrerbildung. Bad Heilbrunn: Klinkhardt, S. 323-331.

Hollstein, Bettina (2008): Der Anteil der Lehrer an der Reproduktion sozialer Ungleichheit. Grundschul-empfehlungen und soziale Selektion in verschiedenen Berliner Sozialräumen. In: Rehberg, Karl-Siegbert (Hrsg.): Die Natur der Gesellschaft. Verhandlungen des 33. Kongresses der Deutschen Gesellschaft für Soziologie in Kassel 2006. Teilband 1 und 2. Frankfurt am Main: Campus, S. 2605–2613.

Holzmayer, Michael (2023): Die Illusion der Berufswahl. Zur Passung von Habitus und Feld bei Lehramtsstudierenden. Bad Heilbrunn: Klinkhardt.

Hopf, Wulf (2023): Bildung, bürgerlicher Staat und soziale Ungleichheit. Weinheim und Basel: Beltz Juventa.

Hradil, Stefan (1987): Sozialstrukturanalyse in einer fortgeschrittenen Gesellschaft. Von Klassen und Schichten zu Lagen und Milieus. Opladen: Leske + Budrich.

Hradil, Stefan (2001): Soziale Ungleichheit in Deutschland. 8. Auflage. Wiesbaden: Springer Fachmedien.

Huber, Ludwig (1991): Fachkulturen. Über die Mühen der Verständigung zwischen den Disziplinen. In: Neue Sammlung, 31(1), S. 3–24.

Huber, Ludwig / Liebau, Eckart / Portele, Gerhard / Schütte, Wolfgang (1983): Fachcode und studentische Kultur. Zur Erforschung der Habitusausbildung in der Hochschule. In: Becker, Egon (Hrsg.): Reflexionsprobleme der Hochschulforschung. Beiträge zur Theorie- und Methodendiskussion. Weinheim: Beltz, S. 144–170.

Hüpping, Birgit (2017): Migrationsbedingte Heterogenität. Wiesbaden: Springer Fachmedien.

Hurrelmann, Klaus / Schultz, Tanjev (2012): Jungen als Bildungsverlierer. Brauchen wir eine Männerquote in Kitas und Schulen? Weinheim und Basel: Beltz Juventa.

Ihlau, Uwe (2012): Eine Männerquote behindert Qualifizierungsprozesse. In Hurrelmann, Klaus / Schultz, Tanjev (Hrsg.), Jungen als Bildungsverlierer. Brauchen wir eine Männerquote in Kitas und Schulen? Weinheim und Basel: Beltz Juventa, S. 155-168.

Isleib, Sören (2019): Soziale Herkunft und Studienabbruch im Bachelor- und Masterstudium. In: Lörz, Markus / Quast, Heiko (Hrsg.): Bildungs- und Berufsverläufe mit Bachelor und Master. Wiesbaden: Springer Fachmedien Wiesbaden, S. 307–337.

Jacke, Christoph (2009): John Clarke, Toni Jefferson, Paul Willis und Dick Hebdige. Subkulturen und Jugendstile. In: Hepp, Andreas / Krotz, Friedrich / Thomas, Tanja (Hrsg.): Schlüsselwerke der Cultural Studies. Wiesbaden: VS Verlag für Sozialwissenschaften, S. 138-155.

Jansen-Schulz, Bettina (2019): Hochschuldidaktik in Vielfalt. zwischen Antidiskriminierungs- und Kompetenzansatz. In: Domsch, Michel E. / Ladwig, Désirée H. / Weber, Florian C. (Hrsg.): Vorurteile im Arbeitsleben. Unconscious Bias erkennen, vermeiden und abbauen. Berlin, Heidelberg: Springer Gabler, S. 157–180.

Jenert, Tobias (2021): Anderssein als Ressource. Habitus und Habitusreflexion in der Lehrer*innenbildung. In: PFLB PraxisForschungLehrer*innenBildung. Zeitschrift für Schul- und Professionsentwicklung. 3(5), S. 82–92. DOI: 10.11576/PFLB-4801

Jungbauer-Gans, Monika / Gottburgsen, Anja (Hrsg.) (2021): Migration, Mobilität und soziale Ungleichheit in der Hochschulbildung. Wiesbaden: Springer VS.

Jungkamp, Burkhard / Pfafferott, Martin (Hrsg.) (2020): Sprung ins kalte Wasser. Stärkung von Seiten- und Quereinsteiger_innen an Schulen. Berlin: Friedrich Ebert Stiftung.

Kahlau, Joana (2023). (De-)Professionalisierung durch Schulpraxis. Rekonstruktionen zum Studierendenhabitus und zu studentischen Entwicklungsaufgaben. Bad Heilbrunn: Klinkhardt.

Kampa, Nele / Kunter, Mareike / Maaz, Kai / Baumert, Jürgen (2011): Die soziale Herkunft von Mathematik-Lehrkräften in Deutschland. Der Zusammenhang mit Berufsausübung und berufsbezo-

genen Überzeugungen bei Sekundarstufenlehrkräften. Zeitschrift für Pädagogik 57(1), S. 70-92. DOI: 10.25656/01:8703
Kappler, Christa (2013): Berufswahlprozesse und Motive angehender Lehrer. Eine qualitative Studie aus geschlechter- und berufsbiographisch-vergleichender Perspektive. Bern: Haupt Verlag.
Karakaş, Nurten (2022): Migrationshintergrund. Problematisierung einer Differenzkonstruktion und ihrer Thematisierung in der Lehrer*innenbildung. In: Akbaba, Yalız/Bello, Bettina/Fereidooni, Karim (Hrsg.): Pädagogische Professionalität und Migrationsdiskurse. Wiesbaden: Springer VS.
Kaube, Jürgen (2007): Die Profession der Lehrer und die Konstruktion der Pädagogik in den Medien. In: Ricken, Norbert (Hrsg.): Über die Verachtung der Pädagogik. Analysen, Materialen, Perspektiven. Wiesbaden: VS Verlag für Sozialwissenschaften, S. 185-198.
Keller-Schneider, Manuela/Weiß, Sabine/Kiel, Ewald (2018): Warum Lehrer/in werden? Idealismus, Sicherheit oder "da wusste ich nichts Besseres"? Ein Vergleich von Berufswahlmotiven zwischen deutschen und schweizerischen Lehramtsstudierenden und die Bedeutung von länderspezifischen Bedingungen – In: Schweizerische Zeitschrift für Bildungswissenschaften 40(1), S. 217-242. DOI: 10.25656/01:17982
Kergel, David/Heidkamp, Birte (Hrsg.) (2019): Praxishandbuch Habitussensibilität und Diversität in der Hochschullehre. Wiesbaden: Springer VS.
Klammer, Ute (2019): Diversity Management und Hochschulentwicklung. In: Kergel, David/Heidkamp, Birte (Hrsg.) (2019): Praxishandbuch Habitussensibilität und Diversität in der Hochschullehre. Wiesbaden: Springer VS, S. 45–68.
Klebig, Katja (2021): Studierendenmilieus und fachkulturelle Passung: Eine Analyse am Beispiel des Elitenetzwerks Bayern. Wiesbaden: Springer VS.
Klein, Uta (2017): Gleichstellungspolitiken und Diversitykonzepte an Hochschulen. Problematische oder konstruktive Verbindungen? In: Heitzmann, Daniela/Klein, Uta (Hrsg.): Diversity konkret gemacht. Wege zur Gestaltung von Vielfalt an Hochschulen. 2. Auflage. Weinheim und Basel: Beltz Juventa, S. 159–180.
Klemm, Klaus (2022): Zum Mangel an Grundschullehrkräften. In: Mammes, Ingelore/Rotter, Carolin (Hrsg.): Professionalisierung von Grundschullehrkräften. Kontext, Bedingungen und Herausforderungen. Bad Heilbrunn: Klinkhardt, S. 304–314.
Klemm, Klaus/Zorn, Dirk (2018): Lehrkräfte dringend gesucht. Bedarf und Angebot für die Primarstufe. Gütersloh: Bertelsmann Stiftung. DOI: 10.11586/2017048
Kloß, Alexandra (2016): Der Studienwahlprozess. Soziale und institutionelle Einflussfaktoren. Wiesbaden: Springer Gabler.
Kob, Janpeter (1958): Das soziale Berufsbewusstsein des Lehrers der Höheren Schule. Würzburg: Werkbund.
Kocher, Eva/Porsche, Stefanie/Wenckebach, Johanna (2016): Mittelbare Geschlechtsdiskriminierung bei der Besoldung von Grundschullehrkräften nach A 12. Frankfurt am Main: GEW Gewerkschaft Erziehung und Wissenschaft.
Köller, Michaela/Stuckert, Martin/Möller, Jens (2019): Das Lehrerbild in den Printmedien. Keine „Faulen Säcke“ mehr! In: Zeitschrift für Erziehungswissenschaft 22(2), S. 373–387.
König, Alexandra (2019): Spielfelder des Selbst. Eine Längsschnittstudie zu jungen Erwachsenen in Handwerksbetrieben, Hochschulen und Kunstakademien. Weinheim und Basel: Beltz Juventa.
Kowalski, Marlene (2020): Nähe, Distanz und Anerkennung in pädagogischen Beziehungen. Rekonstruktionen zum Lehrerhabitus und Möglichkeiten der Professionalisierung. Wiesbaden: Springer VS.
Kracke, Nancy/Schwabe, Ulrike/Buchholz, Sandra (2024): Neuer Bildungstrichter. Trotz Akademisierungsschub immer noch ungleicher Zugang zur Hochschule. Brief 2|2024. Hannover: DZHW.
Kracke, Nancy/Middendorff, Elke/Buck, Daniel (2018): Beteiligung an Hochschulbildung. Chancen(un)gleichheit in Deutschland. Brief 3|2018. Hannover: DZHW.
Krais, Beate/Gebauer, Gunter (2017): Habitus. 7., unveränderte Auflage. Bielefeld: transcript.

Krämer, Angelika (2008): Lehrerurteile – Schülerbeurteilungen. Ergebnisse einer Lehrerbefragung an Grundschulen. In: Rosen, Lisa / Auernheimer, Georg / Farrokhzad, Schahrzad / Roth, Hans-Joachim / Hawary, Claudia el (Hrsg.): Macht – Kultur – Bildung: Festschrift für Georg Auernheimer. Münster und New York: Waxmann.

Kramer, Rolf-Torsten (2002): Schulkultur und Schülerbiographien. Wiesbaden: VS Verlag für Sozialwissenschaften.

Kramer, Rolf-Torsten (2011): Sekundäre Herkunftseffekte und differentielle Lernmilieus. Zur Dominanz eines wiederkehrenden Musters der Erklärung der Bildungsungleichheit. In: Kramer, Rolf-Torsten (Hrsg.): Abschied von Bourdieu? Wiesbaden: VS Verlag für Sozialwissenschaften, S. 117–141.

Kramer, Rolf-Torsten (2013): Kulturelle Reproduktion und symbolische Gewalt. Pierre Bourdieus Beitrag zur Bildungssoziologie. In: Enzyklopädie Erziehungswissenschaft online. Weinheim und Basel: Beltz Juventa. DOI: 10.3262 / EEO20130287

Kramer, Rolf-Torsten (2015): Die Theorie der Schulkultur in Entwicklung? Ausgangspunkte, Weiterführungen und ‚heimliche' Umbauten durch Werner Helsper. In: Böhme, Jeannette / Hummrich, Merle / Kramer, Rolf-Torsten (Hrsg.): (2015): Schulkultur. Theoriebildung im Diskurs. Wiesbaden: Springer VS, S. 23–47.

Kramer, Rolf-Torsten (2016): Der Ansatz „Schulkultur". Theoretische und empirische Perspektiven zum Verständnis von Bildungssystem und Bildungsinstitutionen. In: Maier, Maja S. (Hrsg.): Organisation und Bildung. Theoretische und empirische Zugänge. Wiesbaden: Springer VS, S. 33–50.

Kramer, Rolf-Torsten (2018): Sequenzanalytische Habitusrekonstruktion. In: Heinrich, Martin / Wernet, Andreas (Hrsg.): Rekonstruktive Bildungsforschung. Zugänge und Methoden. Wiesbaden: Springer VS, S. 243–267.

Kramer, Rolf-Torsten (2019): Auf die richtige Haltung kommt es an? Zum Konzept des Lehrerhabitus und zu Implikationen für seine absichtsvolle Gestaltung. In: Rotter, Carolin / Schülke, Carsten / Bressler, Christoph (Hrsg.): Lehrerhandeln – eine Frage der Haltung? 1. Auflage 2019. Weinheim und Basel: Beltz Juventa, S. 30–52.

Kramer, Rolf-Torsten / Helsper, Werner (2010): Kulturelle Passung und Bildungsungleichheit. Potenziale einer an Bourdieu orientierten Analyse der Bildungsungleichheit. In: Krüger, Heinz-Hermann / Rabe-Kleberg, Ursula / Kramer, Rolf-Torsten / Budde, Jürgen (Hrsg.): Bildungsungleichheit revisited. Wiesbaden: Springer VS, S. 103–125.

Kramer, Rolf-Torsten / Pallesen, Hilke (Hrsg.) (2019): Lehrerhabitus. Theoretische und empirische Beiträge zu einer Praxeologie des Lehrerberufs. Bad Heilbrunn: Klinkhardt.

Kramer, Rolf-Torsten / Idel, Till-Sebastian / Schierz, Matthias (2018): Habitus und Berufskultur von Lehrkräften. Kulturtheoretische und praxeologische Zugänge. In: Zeitschrift für interpretative Schul- und Unterrichtsforschung 7(1), S. 3–36. DOI: 10.3224 / zisu.v7i1.01

Kramer, Rolf-Torsten / Helsper, Werner / Thiersch, Sven / Ziems, Carolin (2013): Das 7. Schuljahr. Wandlungen des Bildungshabitus in der Schulkarriere? Wiesbaden: Springer VS.

Kreckel, Reinhard (2015): Struktur der Studierendenauswahl im expandierenden Hochschulsystem der Bundesrepublik Deutschland. In: Helsper, Werner / Krüger, Heinz Hermann (Hrsg.): Auswahl der Bildungsklientel. Wiesbaden: Springer VS, S. 405–419.

Krempkow, René (2022): Gleiche Chancen für alle? Konzeption und Ergebnisse eines „Migrations-Bildungstrichters". Frankfurt am Main: GEW Gewerkschaft Erziehung und Wissenschaft.

Kroher, Martina / Beuße, Mareike / Isleib, Sören / Becker, Karsten / Ehrhardt, Marie-Christin / Gerdes, Fredericke / Koopmann, Jonas / Schommer, Theresa / Schwabe, Ulrike / Steinkühler, Julia / Völk, Daniel / Peter, Frauke / Buchholz, Sandra (2023): Die Studierendenbefragung in Deutschland. 22. Sozialerhebung Die wirtschaftliche und soziale Lage der Studierenden in Deutschland 2021. Berlin: Bundesministerium für Bildung und Forschung.

Kühn, Thomas / Koschel, Kay-Volker (2018): Gruppendiskussionen. Ein Praxis-Handbuch. 2. Auflage. Wiesbaden: Springer VS.

Kühne, Stefan (2006): Das soziale Rekrutierungsfeld der Lehrer. Empirische Befunde zur schichtspezifischen Selektivität in akademischen Berufspositionen. In: Zeitschrift für Erziehungswissenschaft, 9(4), S. 617–631.

KMK Kultusministerkonferenz (2024): Vorausberechnung der Zahlen der Schüler/-innen und Absolvierenden 2023 bis 2035. Statistische Veröffentlichungen der Kultusministerkonferenz, Nr. 242, November 2024. Beschluss der Kultusministerkonferenz vom 08.11.2024. Berlin: Sekretariat der Ständigen Konferenz der Kultusminister der Länder in der Bundesrepublik Deutschland.

KMK Kultusministerkonferenz (2023): Lehrkräfteeinstellungsbedarf und –angebot in der Bundesrepublik Deutschland 2023 – 2035. Zusammengefasste Modellrechnungen der Länder Statistische Veröffentlichungen der Kultusministerkonferenz, Dokumentation Nr. 238, Dezember 2023. Beschluss der Kultusministerkonferenz vom 08.12.2023. Berlin: Sekretariat der Ständigen Konferenz der Kultusminister der Länder in der Bundesrepublik Deutschland.

KMK Kultusministerkonferenz (2009): Gemeinsame Leitlinien der Länder zur Deckung des Lehrkräftebedarfs. Beschluss der Kultusministerkonferenz vom 18.06.2009. https://www.kmk.org/fileadmin/veroeffentlichungen_beschluesse/2009/2009_06_18-Deckung-Lehrkraeftebedarf.pdf (Abfrage 20.01.2025).

Kunina-Habenicht, Olga (2020): Wissen ist Macht. Ein Plädoyer für ein wissenschaftliches Lehramtsstudium. In: Scheid, Claudia / Wenzl, Thomas (Hrsg.): Wieviel Wissenschaft braucht die Lehrerbildung? Wiesbaden: Springer VS, S. 109–126.

Laimbauer, Viktoria (2011): Wer wird Lehrer_in? In: Erler, Ingolf (Hrsg.): Wie Bourdieu in die Schule kommt. Analysen zu Ungleichheit und Herrschaft im Bildungswesen. Innsbruck: StudienVerlag, S. 69–77.

Lamnek, Siegfried (1995): Qualitative Sozialforschung. Band 2. Methoden und Techniken. 3., korrigierte Ausgabe. Weinheim: Beltz, Psychologie Verlags Union.

Lamnek, Siegfried (2005): Gruppendiskussion. Theorie und Praxis. 2., überarbeite und erweiterte Auflage. Weinheim und Basel: Beltz.

Lange-Vester, Andrea (2009): Bildungsaußenseiter. Sozialdiagnose in der „Gesellschaft mit beschränkter Haftung“. In: Friebertshäuser, Barbara / Rieger-Ladich, Markus / Wigger, Lothar (Hrsg.): Reflexive Erziehungswissenschaft. Forschungsperspektiven im Anschluss an Pierre Bourdieu. 2. Auflage. Wiesbaden: VS Verlag für Sozialwissenschaften, S. 267–285.

Lange-Vester (2010): „Ich merke immer mehr Druck“. Schulpolitik und ihre Folgen für Schulleitungen und Lehrkräfte an Grundschulen. In: Schultheis, Franz / Vogel, Berthold / Gemperle, Michael (Hrsg.): Ein halbes Leben. Biografische Zeugnisse aus einer Arbeitswelt im Umbruch. Konstanz: UVK, S. 301–319.

Lange-Vester, Andrea (2014): Ausschluss und Selbstausschluss. Selektion und soziale Ungleichheit in hochschulischen Übergängen. In: Banscherus, Ulf / Bülow-Schramm, Margret / Himpele, Klemens / Staack, Sonja / Winter, Sarah (Hrsg.): Übergänge im Spannungsfeld von Expansion und Exklusion. Eine Analyse der Schnittstellen im deutschen Hochschulsystem. Bielefeld: WBV, S. 193–209.

Lange-Vester, Andrea (2015): Habitusmuster von Lehrpersonen. Auf Distanz zur Kultur der unteren sozialen Klassen. In: Zeitschrift für Soziologie der Erziehung und Sozialisation, 35(4), S. 360–376.

Lange-Vester, Andrea (2020): Über Habitusmuster und Milieuherkunft von Bildungsaufsteiger*innen im akademischen Feld. In: Reuter, Julia / Gamper, Markus / Möller, Christina / Blome, Frerk (Hrsg.): Vom Arbeiterkind zur Professur. Bielefeld: transcript, S. 845–874.

Lange-Vester, Andrea (2022): Jugend und Studium. In: Krüger, Heinz-Hermann / Grunert, Cathleen / Ludwig, Katja (Hrsg.): Handbuch Kindheits- und Jugendforschung. 3. Auflage. Wiesbaden: Springer VS, S. 845–874.

Lange-Vester, Andrea / Teiwes-Kügler, Christel (2004): Soziale Ungleichheiten und Konfliktlinien im studentischen Feld. Empirische Ergebnisse zu Studierendenmilieus in den Sozialwissenschaften. In: Engler, Steffani / Krais, Beate (Hrsg.): Das kulturelle Kapital und die Macht der Klassenstrukturen. Sozialstrukturelle Verschiebungen und Wandlungsprozesse des Habitus. Weinheim und München: Beltz Juventa, S. 159–187.

Lange-Vester, Andrea / Teiwes-Kügler, Christel (2006): Die symbolische Gewalt der legitimen Kultur. Zur Reproduktion ungleicher Bildungschancen in Studierendenmilieus. In: Georg, Werner (Hrsg.): Soziale Ungleichheit im Bildungssystem. Eine empirisch-theoretische Bestandsaufnahme. Konstanz: UVK, S. 55–92.

Lange-Vester, Andrea / Teiwes-Kügler, Christel (2013a): Zwischen W 3 und Hartz IV. Arbeitssituation und Perspektiven wissenschaftlicher Mitarbeiterinnen und Mitarbeiter. Opladen: Babara Budrich.

Lange-Vester, Andrea / Teiwes-Kügler, Christel (2013b): Habitusmuster und Handlungsstrategien von Lehrerinnen und Lehrern. Akteure und Komplizen im Feld der Bildung. In: Söffner, Hans-Georg (Hrsg.): Transnationale Vergesellschaftungen: Verhandlungen des 35. Kongresses der Deutschen Gesellschaft für Soziologie in Frankfurt am Main 2010. Band 1 und 2. Wiesbaden: Springer VS (16 S.).

Lange-Vester, Andrea / Teiwes-Kügler, Christel (2013c): Das Konzept der Habitushermeneutik in der Milieuforschung. In: Lenger, Alexander / Schneickert, Christian / Schumacher, Florian (Hrsg.): Pierre Bourdieus Konzeption des Habitus. Wiesbaden: Springer VS, S. 149-174.

Lange-Vester, Andrea / Teiwes-Kügler, Christel (2014): Habitussensibilität im schulischen Alltag als Beitrag zur Integration ungleicher sozialer Gruppen. In: Sander, Tobias (Hrsg.): Habitussensibilität. Eine neue Anforderung an professionelles Handeln. Wiesbaden: Springer VS, S. 177–207.

Lange-Vester, Andrea / Sander, Tobias (Hrsg.) (2016): Soziale Ungleichheiten, Milieus und Habitus im Hochschulstudium. Weinheim und Basel: Beltz Juventa.

Lange-Vester, Andrea / Vester, Michael (2018): Lehrpersonen, Habitus und soziale Ungleichheit in schulischen Bildungsprozessen. In: Braun, Karl-Heinz / Stübig, Frauke / Stübig, Heinz (Hrsg.): Erziehungswissenschaftliche Reflexion und pädagogisch-politisches Engagement. Wolfgang Klafki weiterdenken. Wiesbaden: Springer VS, S. 159–183.

Lange-Vester, Andrea / Bremer, Helmut (2020): Zur Bedeutung des Habitus für die Aneignung eines Studiums. In: Lange-Vester, Andrea / Schmidt, Martin (Hrsg.): Herausforderungen in Studium und Lehre. Heterogenität und Studienabbruch, Habitussensibilität und Qualitätssicherung. 1. Auflage. Weinheim und Basel: Beltz Juventa, S. 86–121.

Lange-Vester, Andrea / Schmidt, Martin (Hrsg.) (2020): Herausforderungen in Studium und Lehre. Heterogenität und Studienabbruch, Habitussensibilität und Qualitätssicherung. 1. Auflage. Weinheim und Basel: Beltz Juventa.

Lange-Vester, Andrea / Teiwes-Kügler, Christel / Bremer, Helmut (2019): Habitus von Lehrpersonen aus milieuspezifischer Perspektive. In: Kramer, Rolf-Torsten / Pallesen, Hilke (Hrsg.): Lehrerhabitus. Theoretische und empirische Beiträge zu einer Praxeologie des Lehrerberufs. Bad Heilbrunn: Klinkhardt, S. 27–48.

Lautenbach, Corinna (2019): Das Lehramt als Aufstiegsstudium? Die Wahl von Lehramtsstudiengängen aus werterwartungstheoretischer Sicht. In: Zeitschrift für Erziehungswissenschaft 22(6), S. 1461–1488. DOI: 10.1007 / s11618-018-0846-7

Leichsenring, Hannah (2013): Studierende im Lehramt. Unterschiede zwischen Universitäts- und PH-Studium. Exemplarische Untersuchung einer Universität und einer Pädagogischen Hochschule [Unveröffentlicht]. Berlin: CHE Consult GmbH.

Lenger, Alexander / Schneickert, Christian / Schumacher, Florian (Hrsg.) (2013): Pierre Bourdieus Konzeption des Habitus. Grundlagen, Zugänge, Forschungsperspektiven. Wiesbaden: Springer VS.

Lenger, Alexander / Rhein, Philipp (2018): Die Wissenschaftssoziologie Pierre Bourdieus. Wiesbaden: Springer VS.

Lengyel, Drorit / Rosen, Lisa (2012): Vielfalt im Lehrerzimmer?! Erste Einblicke in ein Lern- / Lehr- und Forschungsprojekt mit Lehramtsstudentinnen mit Migrationshintergrund an der Univer-

sität Köln. In: Fereidooni, Karim (Hrsg.): Das interkulturelle Lehrerzimmer. Wiesbaden: Springer VS, S. 71–87.
Lerche, Thomas / Weiß, Sabine / Kiel, Ewald (2013): Mythos pädagogische Vorerfahrung. In: Zeitschrift für Pädagogik 59(5), S. 762-782. DOI: 10.25656/01:11991
Liebau, Eckhart (2011): Was Pädagogen an Bourdieu stört. In: Wie Bourdieu in die Schule kommt. Analysen zu Ungleichheit und Herrschaft im Bildungswesen. Innsbruck: StudienVerlag, S. 10–21.
Liebau, Eckhart / Huber, Ludwig (1985): Die Kulturen der Fächer. In: Liebau, Eckart / Müller-Rolli, Sebastian (Hrsg.): Lebensstil und Lernform. Zur Kultursoziologie Pierre Bourdieus. Stuttgart: Klett-Cotta, S. 314–339.
Loge, Lena (2021): Von Bauingenieurinnen und Sozialarbeitern. Studien(fach)wahlen im Kontext von sozialem Milieu und Geschlecht. Wiesbaden: Springer VS.
Loos, Peter / Schäffer, Burkhard (2001): Das Gruppendiskussionsverfahren. Theoretische Grundlagen und empirische Anwendung. Opladen: Leske + Budrich.
Lörz, Markus (2017): Soziale Ungleichheiten beim Übergang ins Studium und im Studienverlauf. In: Baader, Meike Sophia / Freytag, Tatjana (Hrsg.): Bildung und Ungleichheit in Deutschland. Wiesbaden: Springer VS, S. 311–338.
Lörz, Markus (2019): Intersektionalität im Hochschulbereich. In welchen Bildungsphasen bestehen soziale Ungleichheiten nach Migrationshintergrund, Geschlecht und sozialer Herkunft – und inwieweit zeigen sich Interaktionseffekte? Zeitschrift für Erziehungswissenschaft, 22(S1), S. 101–124. DOI: 10.1007/s11618-019-00885-1
Lübben, Sonja / Müskens, Wolfgang / Zawacki-Richter, Olaf (2015): Nicht-traditionelle Studierende an deutschen Hochschulen. Implikationen unterschiedlicher Definitionen- und Einteilungsansätze. In: Hanft, Anke / Zawacki-Richter, Olaf / Gierke, Willi B. (Hrsg.): Herausforderung Heterogenität beim Übergang in die Hochschule. Münster und New York: Waxmann, S. 29–51.
Mangold, Werner (1960): Gegenstand und Methode des Gruppendiskussionsverfahrens. Aus der Arbeit des Instituts für Sozialforschung. Frankfurter Beiträge zur Soziologie 9. Frankfurt am Main: Europäische Verlagsanstalt.
Mannheim, Karl (1980): Strukturen des Denkens. 1. Auflage. Frankfurt am Main: Suhrkamp.
Martens, Matthias / Wittek, Doris (2019): Lehrerhabitus und Dokumentarische Methode. In: Kramer, Rolf-Torsten / Pallesen, Hilke (Hrsg.): Lehrerhabitus. Theoretische und empirische Beiträge zu einer Praxeologie des Lehrerberufs. Bad Heilbrunn: Klinkhardt, S. 285–306.
Maschke, Sabine (2013): Habitus unter Spannung. Bildungsmomente im Übergang.: Eine Interview- und Fotoanalyse mit Lehramtsstudierenden. Weinheim und Basel: Beltz Juventa.
Massumi, Mona (2019): Diversitätssensibilität in der Lehrer*innenbildung. In: Kergel, David / Heidkamp, Birte (Hrsg.): Praxishandbuch Habitussensibilität und Diversität in der Hochschullehre. Wiesbaden: Springer VS, S. 153–170.
Massumi, Mona. (2014): Diversität in der Lehrerinnen- und Lehrerbildung. Zur Bedeutung von Lehrkräften mit Migrationshintergrund. Haushalt in Bildung / Forschung, 3(1), S. 87–95. DOI: 10.25656/01:20413
Matthes, Dominique / Pallesen, Hilke (Hrsg.) (2022): Bilder von Lehrer*innenberuf und Schule. (Mediale) Entwürfe zwischen Produktion, Rezeption und Aneignung. Wiesbaden: Springer VS.
Mayr, Johannes / Hanfstingl, Barbara / Neuweg, Georg Hans (2020): Persönlichkeitsansatz in der Lehrerinnen- und Lehrerbildung. In: Handbuch Lehrerinnen- und Lehrerbildung. Bad Heilbrunn: Klinkhardt. S. 141–146.
Mayr, Johannes / Müller, Florian / Nieskens, Birgit (2016): CCT – Career Counselling for Teachers. Genese, Grundlagen und Entwicklungsstand eines webbasierten Beratungsangebots. In: Boeger, Annette (Hrsg.): Eignung für den Lehrerberuf. Auswahl und Förderung. Wiesbaden: Springer VS, S. 181–214.
Mecheril, Paul / Kourabas, Veronika / Rangger, Matthias (Hrsg.) (2016): Handbuch Migrationspädagogik. Weinheim und Basel: Beltz.

Mecheril, Paul/Vorrink, Andrea (2017): Chancengleichheit und Anerkennung. Normative Referenzen im Diskurs um Heterogenität und Bildungsgerechtigkeit. In: Bohl, Thorsten/Budde, Jürgen/Rieger-Ladich, Markus (Hrsg.): Umgang mit Heterogenität in Schule und Unterricht. Grundlagentheoretische Beiträge, empirische Befunde und didaktische Reflexionen. 1. Auflage. Bad Heilbrunn: Klinkhardt, S. S. 48–65.

Meise, Stefan (2023): Studierende der Sozialen Arbeit. In: Friele, Boris/Kart, Mehmet/Kergel, David/Rieger, Jens/Schomers, Bärbel/Sen, Katrin/Staats, Martin/Trotzke, Patrick (Hrsg.): Soziale Arbeit und gesellschaftliche Transformation zwischen Exklusion und Inklusion. Wiesbaden: Springer VS, S. 281–297.

Mentges, Hanna/Spangenberg, Heike (2021): Migrationsspezifische Unterschiede bei der Studienfachwahl. In: Jungbauer-Gans, Monika/Gottburgsen, Anja (Hrsg.): Migration, Mobilität und soziale Ungleichheit in der Hochschulbildung. Wiesbaden: Springer VS, S. 59–79. DOI: 10.1007/978-3-658-31694-5_3

Menzel, Britta/Bischoff-Pabst, Stefanie (2020): „Da steht man ja vor Windmühlen, ne?“ Perspektiven von Grundschullehrkräften auf Bildungsungleichheit. In: Betz, Tanja/Bischoff-Pabst, Stefanie/Moll, Frederick de (Hrsg.): Leitbilder »guter« Kindheit und ungleiches Kinderleben. 1. Auflage. Weinheim und Basel: Beltz Juventa, S. 273–290.

Mergner, Julia/Bosse, Elke (2018): Parallelen und Unterschiede im Umgang mit der politischen Forderung nach Öffnung der Hochschulen am Beispiel des Qualitätspakt Lehre. In: Buß, Imke/Erbsland, Manfred/Rahn, Peter/Pohlenz, Philipp (Hrsg.): Öffnung von Hochschulen. Impulse zur Weiterentwicklung von Studienangeboten. Wiesbaden: Springer VS, S. 55-83.

Merkel, Mirjam Christine (2015): Bildungsungleichheit am Übergang in die Hochschule. Weinheim und Basel: Beltz Juventa.

Merkens, Hans (Hrsg.) (2005): Lehrerbildung. Zentren für Lehrerbildung. Wiesbaden: Springer VS.

Merkt, Marianne (2016): Zwischen individueller Kompetenzentwicklung und strategischem Qualitätsmanagement. Anforderungen an eine hochschuldidaktische Professionalisierung zur Entwicklung von Lehr- und Lernkulturen. In: Egger, Rudolf/Merkt, Marianne (Hrsg.): Teaching Skills Assessments. Wiesbaden: Springer VS, S. 7–26.

Meyer-Gucke, Volker/Klier, Julia/Kirchherr, Julian/Suessenbach, Felix (2021): Vom Arbeiterkind zum Doktor. Der Hürdenlauf auf dem Bildungsweg der Erststudierenden. Essen: Stifterverband für die Deutsche Wissenschaft e.V.

Middendorff, Elke/Apolinarski, Beate/Becker, Karsten/Bornkessel, Phillip/Brandt, Tasso/Heißenberg, Sonja/Poskowsky, Jonas (2017): Die wirtschaftliche und soziale Lage der Studierenden in Deutschland 2016. Zusammenfassung zur 21. Sozialerhebung des Deutschen Studentenwerks – durchgeführt vom Deutschen Zentrum für Hochschul- und Wissenschaftsforschung. Berlin: Bundesministerium für Bildung und Forschung (BMBF). https://www.sozialerhebung.de (Abfrage 20.01.2025).

Miethe, Ingrid (2017): Der Mythos von der Fremdheit der Bildungsaufsteiger_innen im Hochschulsystem. Ein empirisch begründetes Plädoyer für eine Verschiebung der Forschungsperspektive. In: Zeitschrift für Pädagogik 63, S. 686–707. DOI: 10.25656/01:18822

Miller, Susanne (2012): Die Herstellung von Bildungsungleichheit durch die Schule. Grundschullehrerinnen und Grundschullehrer als Akteure. In: Braches-Chyrek, Rita/Lenz, Gaby/Kammermeier, Bernd (Hrsg.): Soziale Arbeit und Schule. Im Spannungsfeld von Erziehung und Bildung. Opladen, Berlin, Toronto: Barbara Budrich, S. 95–115.

Ministerium für Wissenschaft, Forschung und Kunst Baden-Württemberg (2024a): Lehrerorientierungstest für Studieninteressierte. mwk.baden-wuerttemberg.de/de/hochschulen-studium/lehrenden-bildung/lehrerorientierungstest-fuer-studieninteressierte (Abfrage 20.01.2025).

Ministerium für Wissenschaft, Forschung und Kunst Baden-Württemberg (2024b): Pädagogische Hochschulen. mwk.baden-wuerttemberg.de/de/hochschulen-studium/hochschullandschaft/hochschularten/paedagogische-hochschulen (Abfrage 20.01.2025).

Möller, Christina (2018): Prekäre Wissenschaftskarrieren und die Illusion der Chancengleichheit. In: Laufenberg, Mike / Erlemann, Martina / Norkus, Maria / Petschick, Grit (Hrsg.): Prekäre Gleichstellung. Wiesbaden: Springer VS, S. 257–278.
Möller, Christina (2015): Herkunft zählt (fast) immer. Soziale Ungleichheiten unter Universitätsprofessorinnen und -professoren. Weinheim und Basel: Beltz Juventa.
Müller, Stella / Zimmermann, Jens (Hrsg.) (2018): Milieu – Revisited: Forschungsstrategien der qualitativen Milieuanalyse. Wiesbaden: Springer VS.
Müller, Walter / Pollak, Reinhard (2016): Weshalb gibt es so wenige Arbeiterkinder in Deutschlands Universitäten? In: Becker, Rolf / Lauterbach, Wolfgang (Hrsg.): Bildung als Privileg. 5., aktualisierte Auflage. Wiesbaden: Springer VS, S. 345-386.
Müller, Walter / Pollak, Reinhard / Reimer, David / Schindler, Steffen (2011): Hochschulbildung und soziale Ungleichheit. In: Becker, Rolf (Hrsg.): Lehrbuch der Bildungssoziologie. Wiesbaden: VS Verlag für Sozialwissenschaften, S. 289-329.
Multrus, Frank (2004): Fachkulturen. Begriffsbestimmung, Herleitung und Analysen. Eine empirische Untersuchung über Studierende deutscher Hochschulen. Konstanz: Universität Konstanz. urn:nbn:de:bsz:352-opus-13267 (Abfrage 20.01.2025).
Multrus, Frank (2007): Fachtradition und Bildungsherkunft: Einfluss der elterlichen Ausbildung auf Studierende und Studium. Konstanz: Universität Konstanz. http://nbn-resolving.de/urn:nbn:de:bsz:352-opus-116876
Multrus, Frank (2020): Zur Fachkultur der Fachhochschulen. die hochschullehre. Jahrgang 6/2020. S. 388–401. DOI: 10.3278/HSL2026W
Multrus, Frank / Majer, Sandra / Bargel, Tino / Schmidt, Monika (2017): Studiensituation und studentische Orientierungen Zusammenfassung zum 13. Studierendensurvey an Universitäten und Fachhochschulen. Berlin: Bundesministerium für Bildung und Forschung (BMBF).
Neugebauer, Martin (2013): Wer entscheidet sich für ein Lehramtsstudium – und warum? Eine empirische Überprüfung der These von der Negativselektion in den Lehrerberuf. In: Zeitschrift für Erziehungswissenschaft 16(1), S. 157–184. DOI: 10.1007/s11618-013-0343-y
Niehaus, Ingo (2012): Männer in der Grundschule. Geschlechtsstereotype Erwartungen und pädagogische Praxis – erste Ergebnisse einer qualitativen Untersuchung an Hamburger Grundschulen. In: Hastedt, Sabine / Lange, Silvia (Hrsg.): Männer und Grundschullehramt. Wiesbaden: Springer VS, S. 45–61.
Nieskens, Birgit (2016): Eignungsabklärung und Zulassungssteuerung für den Lehrerberuf. Perspektiven, Instrumente und Erfahrungen. In: Boeger, Annette (Hrsg.): Eignung für den Lehrerberuf. Auswahl und Förderung. Wiesbaden: Springer VS, S. 155–179.
Nohl, Arnd-Michael (2017): Interview und dokumentarische Methode. Anleitungen für die Forschungspraxis. 5., aktualisierte und erweiterte Auflage. Wiesbaden: Springer VS.
Nolle, Timo (2016): Eignungsvoraussetzungen für einen sich ständig verändernden Beruf. In: Boeger, Annette (Hrsg.): Eignung für den Lehrerberuf. Auswahl und Förderung. Wiesbaden: Springer VS, S. 13–30.
Oevermann, Ulrich (1996): Theoretische Skizze einer revidierten Theorie professionalisierten Handelns. In: Combe, Arno / Helsper, Werner (Hrsg.): Pädagogische Professionalität. Untersuchungen zum Typus pädagogischen Handelns. 1. Auflage. Frankfurt am Main: Suhrkamp, S. 70–182.
Ordemann, Jessica / Peter, Frauke / Buchholz, Sandra (Hrsg.): (2023). Vielfalt von hochschulischen Bildungsverläufen. Wege in das, durch das und nach dem Studium. Wiesbaden: Springer VS.
Pape, Natalie (2023): Habitusmuster von Lehrkräften und Habitussensibilität als Querschnittsaufgabe einer inklusiven Lehrkräftebildung. In: Herausforderung Lehrer*innenbildung - Zeitschrift zur Konzeption, 6(1), S. 252–268.
Pape, Natalie / Heil, Kerstin / Lange-Vester, Andrea / Bremer, Helmut (2022): Studienzweifel und Studienabbruch als Folge kultureller Passungsverhältnisse im Hochschulalltag. Ergebnisse aus dem qualitativen Verbundprojekt „Studienabbruch, Habitus und Gesellschaftsbild“ (STHAGE).

In: Neugebauer, Martin / Daniel, Hans-Dieter / Wolter, Andrä (Hrsg.): Studienerfolg und Studienabbruch. Wiesbaden: Springer VS, S. 95–125.

Papilloud, Christian (2003): Bourdieu lesen: Einführung in eine Soziologie des Unterschieds. Bielefeld: transcript.

Pille, Thomas (2013): Das Referendariat. Eine ethnographische Studie zu den Praktiken der Lehrerbildung. Bielefeld: transcript.

Pollock, Friedrich (1955): Gruppenexperiment. Ein Studienbericht. Frankfurt am Main: Europäische Verlagsanstalt.

Popitz, Heinrich / Bahrdt, Hans P. / Jüres, Ernst A. / Kesting, Hanno (2018): Das Gesellschaftsbild des Arbeiters. Soziologische Untersuchungen in der Hüttenindustrie. Herausgegeben von Jochen Dreher. Wiesbaden: Springer VS.

Porsch, Raphaela (2021): Quer- und Seiteneinsteiger*innen im Lehrer*innenberuf. Thesen in der Debatte um die Einstellung nicht traditionell ausgebildeter Lehrkräfte. In: Reintjes, Christian / Idel, Till-Sebastian / Bellenberg, Gabriele / Thönes, Kathi V. (Hrsg.): Schulpraktische Studien und Professionalisierung. Kohärenzambitionen und alternative Zugänge zum Lehrberuf. Münster und New York: Waxmann, S. 207–222.

Preißer, Rüdiger (2003): Zur Reproduktion sozialer Ungleichheit durch Bildungsentscheidungen. Ein Beitrag zum Verhältnis von Sozialstruktur und individuellem Handeln. Bonn: Deutsches Institut für Erwachsenenbildung. urn:nbn:de:101:1-200911101012

Przyborski, Aglaja / Riegler, Julia (2010): Gruppendiskussion und Fokusgruppe. In: Mey, Günter / Mruck, Katja (Hrsg.): Handbuch qualitative Forschung in der Psychologie. 1. Auflage. Wiesbaden: Springer VS, S. 436–448.

Puderbach, Rolf (2016): Wer studiert Sekundarstufe-I-Lehramt? Die Bedeutung von sozialer Herkunft und Bildungsbiografie für die Schulformwahl von Lehramtsstudierenden am Beispiel der sächsischen Mittelschule. In: Die deutsche Schule 108(1), S. 47–66. DOI: 10.25656/01:25945

Puderbach, Rolf / Gehrmann, Axel (2020): Quer- und Seiteneinstieg in den Lehrerinnen und Lehrerberuf. In: Cramer, Colin / König, Johannes / Rothland, Martin / Blömeke, Sigrid (Hrsg.): Handbuch Lehrerinnen- und Lehrerbildung. Bad Heilbrunn: Klinkhardt, S. 354–259.

Quenzel, Gudrun / Hurrelmann, Klaus (Hrsg.) (2010): Bildungsverlierer. Neue Ungleichheiten. Wiesbaden: Springer VS.

Raidt, Tabea (2010): Bildungsreformen nach PISA. Paradigmenwechsel und Wertewandel. Hamburg: tredition. DOI: 10.25656/01:5372

Ramírez-Rodríguez, Rocío / Dohmen, Dieter (2010): Ethnisierung von geringer Bildung. In: Quenzel, Gudrun / Hurrelmann, Klaus (Hrsg.): Bildungsverlierer. Neue Ungleichheiten. Wiesbaden: Springer VS, S. 289–311.

Rehbein, Boike (2006): Die Soziologie Pierre Bourdieus. Konstanz: UVK.

Reimer, David / Schindler, Steffen (2010): Soziale Ungleichheit und differenzierte Ausbildungsentscheidungen beim Übergang zur Hochschule. In: Becker, Birgit / Reimer, David (Hrsg.): Vom Kindergarten bis zur Hochschule. Die Generierung von ethnischen und sozialen Disparitäten in der Bildungsbiographie. Wiesbaden: Springer VS, S. 251–284.

Reiss, Kristina / Weis, Mirjam / Klieme, Eckhard / Köller, Olaf (Hrsg.) (2019): PISA 2018. Grundbildung im internationalen Vergleich. Münster und New York: Waxmann.

Retelsdorf, Jan / Möller, Jens (2012): Grundschule oder Gymnasium? Zur Motivation ein Lehramt zu studieren. In: Zeitschrift für Pädagogische Psychologie 26(1), S. 005–017. DOI: 10.1024/1010-0652/a000056

Rheinländer, Kathrin (2014): Wie sehen Hochschullehrende die Studierenden? Praktiken sozialer Sensibilität. In: Sander, Tobias (Hrsg.): Habitussensibilität. Eine neue Anforderung an professionelles Handeln. Wiesbaden: Springer VS, S. 247–278.

Rheinländer, Kathrin (Hrsg.) (2015): Ungleichheitssensible Hochschullehre. Positionen, Voraussetzungen, Perspektiven. Wiesbaden: Springer VS.

Rheinländer, Kathrin / Fischer, Thomas (2018): Einstellungen von Hochschullehrenden zur Öffnung der Hochschule zwischen Responsivität und Skepsis. In: Buß, Imke / Erbsland, Manfred / Rahn, Peter / Pohlenz, Philipp (Hrsg.): Öffnung von Hochschulen. Wiesbaden: Springer VS, S. 85–104.

Rieger-Ladich, Markus (2017): Emanzipation als soziale Praxis. In: Rieger-Ladich, Markus / Grabau, Christian (Hrsg.): Pierre Bourdieu. Pädagogische Lektüren. Wiesbaden: Springer VS, S. 335–362.

Rothland, Martin (2014): Wer entscheidet sich für den Lehrerberuf? In: Terhart, Ewald / Bennewitz, Hedda / Rothland, Martin (Hrsg.): Handbuch der Forschung zum Lehrerberuf. 2. überarbeitete und erweiterte Auflage. Münster und New York: Waxmann, S. 319–348.

Rothland, Martin (2016): Der Lehrerberuf. Anerkannt, verkannt, verachtet? In: Pädagogik, 68(5), S. 32-35.

Rothland, Martin (2021): Die „Lehrerpersönlichkeit": Das Geheimnis des Lehrberufs? Die deutsche Schule, 2(113), S. 188–198. DOI: 10.25656/01:22238

Rothland, Martin (2022a): Berufswahl Grundschullehrer*in – Kindorientiert, nicht fachinteressiert? In: Mammes, Ingelore / Rotter, Carolin (Hrsg.): Professionalisierung von Grundschullehrkräften. Bad Heilbrunn: Klinkhardt, S. 95–113.

Rothland, Martin (2022b): Keine „Faulen Säcke" mehr? Bedingungen und vermeintliche Folgen des Lehrerinnen- und Lehrerbildes in der Öffentlichkeit. In: Matthes, Dominique / Pallesen, Hilke (Hrsg.): Bilder von Lehrer*innenberuf und Schule. Wiesbaden: Springer VS, S. 55–72.

Rothland, Martin / Terhart, Erhart (2011): Eignungsabklärung angehender Lehrerinnen und Lehrer. Einführung in den Thementeil. Zeitschrift für Pädagogik, 5(57), S. 635–638.

Rothland, Martin / Cramer, Colin / Terhart, Erhart (2018): Forschung zum Lehrerberuf und zur Lehrerbildung. In: Tippelt, Rudolf / Schmidt-Hertha, Bernhard (Hrsg.): Handbuch Bildungsforschung. Wiesbaden: Springer Fachmedien, S. 1011–1034.

Rothland, Martin / König, Johannes / Drahmann, Martin (2015): Lehrerkinder – Zur Bedeutung der Berufsvererbung für die Berufswahl Lehramt. In: Zeitschrift für Bildungsforschung 5(2), S. 129–144. DOI: 10.1007 / s35834-015-0124-1

Rothland, Martin / König, Johannes / Darge, Kerstin / Lünnemann, Melanie / Tachtsoglou, Sarantis (2014): Mit „männlicher Wucht" in das „weibliche Biotop"? Über Männer, die Grundschullehrer werden wollen. In: Soziale Passagen 6(1), S. 141–159. DOI: 10.1007 / s12592-014-0155-9

Rotter, Carolin (2012): Lehrkräfte mit Migrationshintergrund als eine neu entdeckte Ressource im Umgang mit schulischer Heterogenität? Wirkungsannahmen – empirische Befunde – kritische Diskussion. Hastedt, Sabine / Lange, Silvia (Hrsg.): Männer und Grundschullehramt. Diskurse, Erkenntnisse, Perspektiven. Wiesbaden: Springer VS, S. 101–118.

Rotter, Carolin (2014): Zwischen Illusion und Schulalltag. Berufliche Fremd- und Selbstkonzepte von Lehrkräften mit Migrationshintergrund. Wiesbaden: Springer VS.

Rotter, Carolin / Schülke, Carsten / Bressler, Christoph (Hrsg.) (2019): Lehrerhandeln. Eine Frage der Haltung? 1. Auflage 2019. Weinheim und Basel: Beltz Juventa.

Rutter, Sabrina (2021): Sozioanalyse in der pädagogischen Arbeit. Ansätze und Möglichkeiten zur Bearbeitung von Bildungsungleichheit. Wiesbaden: Springer VS.

Rutter, Sabrina / Weitkämper, Florian (2022): Die (Re-)Produktion sozialer Ungleichheit in der Schule. Ein Thema für die Lehrkräfteausbildung. Gütersloh: Bertelsmann Stiftung. DOI: 10.11586/2022072.

Sabla, Kim-Patrick / Rohde, Julia (2014): Vergeschlechtlichte Professionalität. Zuschreibungen einer ‚gelingenden' Praxis qua Geschlecht. In: Budde, Jürgen / Thon, Christine / Walgenbach, Katharina (Hrsg.): Jahrbuch Frauen- und Geschlechterforschung in der Erziehungswissenschaft. Männlichkeiten. Geschlechterkonstruktionen in pädagogischen Institutionen. Opladen, Berlin, Toronto: Barbara Budrich, S. 187–200.

Salmhofer, Gudrun (2016): „Karriere mit Lehre?" Der Stellenwert der Lehre im Berufungsverfahren an der Universität Graz. In: Egger, Rudolf / Merkt, Marianne (Hrsg.): Teaching Skills Assessments. Wiesbaden: Springer VS, S. 167–184.

Sander, Tobias (Hrsg.) (2014): Habitussensibilität. Eine neue Anforderung an professionelles Handeln. Wiesbaden: Springer VS.
Scarvaglieri, Claudio/Zech, Claudia (2013): „ganz normale Jugendliche, allerdings meist mit Migrationshintergrund“. Eine funktional-semantische Analyse von „Migrationshintergrund“. In: Zeitschrift für Angewandte Linguistik 58, S. 201–227. DOI: 10.1515/zfal-2013-0008
Scharfenberg, Jonas/Weiß, Sabine/Hellstén, Meeri/Keller-Schneider, Manuela/Sava, Simona/Kiel, Ewald (2022): Die Studien- und Berufswahlmotive von Grundschullehramtsstudierenden im internationalen Vergleich. In: Zeitschrift für Grundschulforschung 15(2), S. 251–272. DOI: 10.1007/s42278-022-00150-1
Schimpl-Neimanns, Bernhard (2000): Soziale Herkunft und Bildungsbeteiligung. Empirische Analysen zu herkunftsspezifischen Bildungsungleichheiten zwischen 1950 und 1989. In: KZfSS Kölner Zeitschrift für Soziologie und Sozialpsychologie 52(4), S. 636–669. DOI: 10.1007/s11577-000-0102-y
Schmidt, Bernhard (2009): Weiterbildung und informelles Lernen älterer Arbeitnehmer. Bildungsverhalten, Bildungsinteressen, Bildungsmotive. Wiesbaden: Springer VS.
Schmidt, Claudia/Schuchart, Claudia (2002): Soziale Lage und Ausbildungsbedingungen in pädagogischen Studiengängen. In: Merkers, Hans/Rauschenbach, Thomas/Weishaupt, Helmut (Hrsg.): Datenreport Erziehungswissenschaft. 2. Ergänzende Analysen. Opladen: Leske + Budrich, S. 45–73.
Schmidt, Martin (2020): Habitussensibilität in der Hochschulberatung. Herausforderung für Beratende. In: Lange-Vester, Andrea/Schmidt, Martin (Hrsg.): Herausforderungen in Studium und Lehre. Heterogenität und Studienabbruch, Habitussensibilität und Qualitätssicherung. 1. Auflage. Weinheim und Basel: Beltz Juventa, S. 104–121.
Schmidt, Martin (2022): Die Studienberatung im Kontext ungleicher Bildungschancen im Studium. In: Bremer, Helmut/Lange-Vester, Andrea (Hrsg.): Entwicklungen im Feld der Hochschule. Grundlegende Perspektiven, Steuerungen, Übergänge und Ungleichheiten. Weinheim und Basel: Beltz Juventa, S. 197-212.
Schmidt, Uwe/Besch, Christoph/Schulze, Katharina/Heinzelmann, Susanne/Andersson, Michelle (2020): Evaluation des Bund-Länder-Programms für bessere Studienbedingungen und mehr Qualität in der Lehre (Qualitätspakt Lehre). Abschlussbericht über den gesamten Förderzeitraum 2011–2020. Berlin; Mainz: Zentrum für Qualitätssicherung und -entwicklung (ZQ).
Schmitt, Lars (2010): Bestellt und nicht abgeholt. Soziale Ungleichheit und Habitus-Struktur-Konflikte im Studium. Wiesbaden: VS Verlag für Sozialwissenschaften.
Schmitt, Lars (2014): Habitus-Struktur-Reflexivität. Anforderungen an helfende Professionen im Spiegel sozialer Ungleichheitsbeschreibungen. In: Sander, Tobias (Hrsg.): Habitussensibilität. Eine neue Anforderung an professionelles Handeln. Wiesbaden: Springer VS, S. 67-84.
Schmitt, Lars (2018): Der Herkunft begegnen. Habitus-Struktur-Reflexivität in der Hochschullehre. In: Auferkorte-Michaelis, Nicole/Linde, Frank (Hrsg.): Diversität lernen und lehren. Ein Hochschulbuch. Opladen, Berlin, Toronto: Barbara Budrich, S. 135–150. DOI: 10.25656/01:15847
Schneickert, Christian (2013): Studentische Hilfskräfte und MitarbeiterInnen. Soziale Herkunft, Geschlecht und Strategien im wissenschaftlichen Feld. Konstanz: UVK.
Schneickert, Christian (2019): Die Bildungsexpansion und die Beschäftigungssituation des akademischen Mittelbaus als Herausforderungen habitussensibler Hochschullehre. In: Kergel, David/Heidkamp, Birte (Hrsg.): Praxishandbuch Habitussensibilität und Diversität in der Hochschullehre. Wiesbaden: Springer VS, S. 83– 105.
Schneider, Heidrun (2016): „Mmh…ich dachte man lernt gut Programmieren und alles über Computer (lacht).“ Studienabbruch und Habitus in der Informatik. In: Lange-Vester, Andrea/Sander, Tobias (Hrsg.): Soziale Ungleichheiten, Milieus und Habitus im Hochschulstudium. Weinheim und Basel: Beltz Juventa, S. 107–124.
Schölling, Markus (2005): Soziale Herkunft, Lebensstil und Studienfachwahl. Eine Typologie. Frankfurt am Main und New York: Peter Lang.

Schulmeister, Ralf (2018): Zur Rolle von Fachhochschulen im Bildungswesen. Eine historische Einordnung. In: Beer, Udo / Metzger, Christiane / Rieck, André (Hrsg.): Lehre und Lehrentwicklung an Fachhochschulen. Festschrift für Prof. Dr. med. Wolfgang Huhn. Münster: Waxmann, S. 21–33.

Schulze, Mandy / Kondratjuk, Maria / Pohlenz, Philipp / Rathmann, Annika / Anacker, Judit / Flügge, Tim / Wendt, Claudia (2015): Lehrauffassung, Lehrhandeln und Wahrnehmung der Studierenden. Aus- und Wechselwirkungen. In: Rheinländer, Kathrin (Hrsg.): Ungleichheitssensible Hochschullehre. Positionen, Voraussetzungen, Perspektiven. Wiesbaden: Springer VS, S. 165–175.

Schumacher, Eva (2002): Die soziale Ungleichheit der Lehrer / innen – oder: Gibt es eine Milieuspezifität pädagogischen Handelns? In: Mägdefrau, Jutta / Schumacher, Eva (Hrsg.): Pädagogik und soziale Ungleichheit. Aktuelle Beiträge – neue Herausforderungen. Bad Heilbrunn: Klinkhardt, S. 253–269.

Schwendowius, Dorothee (2015): Bildung und Zugehörigkeit in der Migrationsgesellschaft. Biographien von Studierenden des Lehramts und der Pädagogik. Bielefeld: transcript.

Schwendowius, Dorothee / Thoma, Nadja (2016): Studienbiographien „mit Migrationshintergrund"? Kritische Anmerkungen zu Praktiken der Besonderung in der universitären Praxis. In: Zeitschrift für Qualitative Forschung 17(1–2), S. 221–235.

Schwer, Christina / Solzbacher, Claudia (2014): Professionelle pädagogische Haltung. Historische, theoretische und empirische Zugänge zu einem viel strapazierten Begriff. Bad Heilbrunn: Klinkhardt.

Schwingel, Markus (1995): Bourdieu zur Einführung. 1. Auflage. Hamburg: Junius-Verlag.

Seidel, Susan (2014): Defizitär oder Produktiv. Die Heterogenität der Studierenden. In: Die Hochschule : Journal für Wissenschaft und Bildung 23. DOI: 10.25656/01:16235

Solga, Heike / Becker, Rolf (2012): Soziologische Bildungsforschung – eine kritische Bestandsaufnahme. In: Becker, Rolf / Solga, Heike (Hrsg.): Soziologische Bildungsforschung. Wiesbaden: Springer VS, S. 7–43.

Spiegler, Thomas (2015a): Erfolgreiche Bildungsaufstiege. Ressourcen und Bedingungen. Weinheim und Basel: Beltz Juventa.

Spiegler, Thomas (2015b): Wie viel Sensibilität erfordert die Ungleichheit und wie viel Ungleichheit schafft die Sensibilität? Zur Situation von Bildungsaufsteiger_innen an Hochschulen. In: Rheinländer, Kathrin (Hrsg.): Ungleichheitssensible Hochschullehre. Positionen, Voraussetzungen, Perspektiven. Wiesbaden: Springer VS, S. 71–87.

Spiegler, Thomas (2018): Wie erfolgreiche Bildungsaufstiege zustande kommen und wodurch sie gefördert werden können. In: Magazin erwachsenenbildung.at 34, 9 Seiten. DOI: 10.25656/01:15735

Stanat, Petra / Edele, Aileen (2015): Zuwanderung und soziale Ungleichheit. In: Reinders, Heinz / Ditton, Hartmut / Gräsel, Cornelia / Gniewosz, Burkhard (Hrsg.): Empirische Bildungsforschung 2: Gegenstandsbereiche. 2. Auflage. Wiesbaden: Springer VS, S. 215–228.

Statistisches Bundesamt (2024): Anzahl der mit BAföG geförderten Studierenden in Deutschland von 1991 bis 2023. Zitiert nach de.destatis.com: de.statista.com / statistik / daten / studie/219 / umfrage / anzahl-der-bafoeg-gefoerderten-studenten/(Abfrage 20.01.2025).

Statistisches Bundesamt (2023a): Bildung und Kultur. Studierende an Hochschulen. Vorbericht. Wintersemester 2022/2023 (Berichtnummer 2110410238004; Fachserie 11; Reihe 4.1). Wiesbaden.

Statistisches Bundesamt (2023b): Bevölkerung und Erwerbstätigkeit Bevölkerung mit Migrationshintergrund – Ergebnisse des Mikrozensus 2021. (Endergebnisse). Fachserie 1; Reihe 2.2. 31. Januar 2023, ergänzt um Tabellen 14 am 27. Februar 2023. Wiesbaden.

Statistisches Bundesamt (2023c): Internationale Bildungsindikatoren im Ländervergleich. Ausgabe 2023. Tabellenband. Wiesbaden: Statistische Ämter des Bundes und der Länder. https://www.destatis.de/DE/Themen/Gesellschaft-Umwelt/Bildung-Forschung-Kultur/Bildungsstand/

Publikationen/Downloads-Bildungsstand/bildungsindikatoren-1023017237004.pdf?__blob=publicationFile (Abfrage 20.01.2025).
Statistisches Bundesamt (2023d): Pressemitteilung Nr. N053 vom 04. Oktober 2023. Jede zwölfte Lehrkraft an allgemeinbildenden Schulen war im Schuljahr 2021/2022 Quer- oder Seiteneinsteiger/-in. Zitiert nach de.destatis.com: https://www.destatis.de/DE/Presse/Pressemitteilungen/2023/10/PD23_N053_21.html (Abfrage 20.01.2025).
Statistisches Bundesamt (2021): Pressemitteilung Nr. N 052 vom 31. August 2021: 50 Jahre BAföG: Weniger geförderte Personen, Förderbeträge steigen. Zitiert nach de.destatis.com: https://www.destatis.de/DE/Presse/Pressemitteilungen/2021/08/PD21_N052_214.html (Abfrage 20.01.2025).
Steins, Gisela (2022): Frauen im Grundschullehrer*innenberuf. In: Mammes, Ingelore/Rotter, Carolin (Hrsg.): Professionalisierung von Grundschullehrkräften. Kontext, Bedingungen und Herausforderungen. Bad Heilbrunn: Klinkhardt, S. 114-124. DOI: 10.35468/5949-07
Stellmacher, Anne/Paetsch, Jennifer (2023): Profile der Berufswahlmotivation von Studierenden des beruflichen Lehramts und deren Zusammenhänge mit berufsbezogenem Selbstkonzept und Berufswahlsicherheit. In: Zeitschrift für Erziehungswissenschaft 26(4), S. 847–873. DOI: 10.1007/s11618-023-01170-y
Stifterverband für die Deutsche Wissenschaft e.V (Hrsg.) (2022): Hochschulbildung in der Transformation. Ein Fazit nach 10 Jahren Bildungsinitiative. Stand: April 2022. Essen: Edition Stifterverband.
Stocké, Volker (2012): Das Rational-Choice Paradigma in der Bildungssoziologie. In: Bauer, Ullrich/Bittlingmayer, Uwe H./Scherr, Albert (Hrsg.): Handbuch Bildungs- und Erziehungssoziologie. Wiesbaden: Springer VS, S. 423–436. DOI: 10.1007/978-3-531-18944-4_26
Stoll, Christian (2022): Habituelle Passung im Studium. Herausforderungen und Problemlagen im beruflichen Lehramtsstudium. In: bwp@ Berufs- und Wirtschaftspädagogik – online 42, S. 1–28.
Stoll, Christian/Kiehne, Björn (2022): Habitussensible Lehre? Bourdieu und Lernbiografie in der Lehrkompetenzentwicklung nutzen. In: die hochschullehre 8, S. 96–113. DOI:10.3278/HSL2207W
Streckeisen, Ursula/Hänzi, Denis/Hungerbühler, Andrea (2007): Fördern und Auslesen. Deutungsmuster von Lehrpersonen zu einem beruflichen Dilemma. Wiesbaden: VS Verlag für Sozialwissenschaften.
Stuve, Olaf/Rieske, Thomas Viola (2018): Männer ins Grundschullehramt. Wie Geschlechtervielfalt in Kollegien von Grundschulen erreicht werden kann. Frankfurt am Main: GEW Gewerkschaft Erziehung und Wissenschaft.
Sudheimer, Swetlana/Buchholz, Sandra (2021): Muster migrationsspezifischer Unterschiede unter Studienberechtigten in Deutschland: Soziale Herkunft – Schulische Leistungen – Bildungsaspirationen. In: Jungbauer-Gans, Monika/Gottburgsen, Anja (Hrsg.): Migration, Mobilität und soziale Ungleichheit in der Hochschulbildung. Wiesbaden: Springer VS, S. 27–58.
Tausendpfund, Markus/Westle, Bettina (Hrsg.) (2020): Politisches Wissen in Deutschland. Empirische Analysen mit dem ALLBUS 2018. Wiesbaden: Springer VS.
Teiwes-Kügler, Christel (2001): Habitusanalyse und Collageninterpretation. Ein Beitrag zur Entwicklung einer methodisch-theoretisch begründeten Hermeneutik am Beispiel von empirischen Einzelfallanalysen aus Gruppenwerkstätten mit zwei sozialen Milieus. Diplomarbeit, unveröffentlicht. Universität Hannover.
Teiwes-Kügler, Christel/Lange-Vester, Andrea (2018): Das Konzept der Habitus-Hermeneutik in der typenbildenden Milieuforschung. In: Müller, Stella/Zimmermann, Jens (Hrsg.): Milieu – Revisited. Wiesbaden: Springer Fachmedien Wiesbaden, S. 113–155.
Terhart, Ewald (2014): Dauerbaustelle Lehrerbildung. In: Pädagogik 66, S. 43–47.
Terhart, Ewald/Bennewitz, Hedda/Rothland, Martin (Hrsg.) (2014): Handbuch der Forschung zum Lehrerberuf. 2. überarbeitete und erweiterte Auflage. Münster und New York: Waxmann.

Theling, Gabriele (1986): Vielleicht wär´ ich als Verkäuferin glücklicher geworden. Arbeitertöchter und Hochschule. Münster: Verlag Westfälisches Dampfboot.
Thomas, Bernd (2013): Von der Exotik zur Dominanz. Frauen und Männer im Lehramt für die Grundschule. In: Die Hochschule : Journal für Wissenschaft und Bildung 22(1), S. 138–149. DOI:10.25656/01:16277
Timm, Elisabeth / Lange-Vester, Andrea / Teiwes-Kügler, Christel (2010): Neue Kräfteverhältnisse. Erziehung zwischen Bildungsauftrag, ökonomischen Druck und bürokratischer Reglementierung. In: Schultheis, Franz / Vogel, Berthold / Gemperle, Michael (Hrsg.): Ein halbes Leben. Biografische Zeugnisse aus einer Arbeitswelt im Umbruch. Konstanz: UVK, S. 293–394.
Treptow, Eva (2006): Bildungsbiografien von Lehrerinnen und Lehrern. Eine empirische Untersuchung unter Berücksichtigung geschlechtsspezifischer Unterschiede. Münster: Waxmann.
Vester, Michael (1997): Kapitalistische Modernisierung und gesellschaftliche (Des-)Integration. Kulturelle und soziale Ungleichheit als Problem von „Milieus" und „Eliten". In: Heitmeyer, Wilhelm (Hrsg.): Was hält die Gesellschaft zusammen? Frankfurt am Main: Suhrkamp, S. 149–203.
Vester, Michael (2002): Die sozialen Milieus der Bundesrepublik Deutschland. In: Vögele, Wolfgang / Bremer, Helmut / Vester, Michael (Hrsg.): Soziale Milieus und Kirche. Würzburg: Ergon-Verlag, S. 87–107.
Vester, Michael (2004): Die sozialen Milieus und die gebremste Bildungsexpansion. In: Report: Zeitschrift für Weiterbildungsforschung, 27(1), S. 15–34.
Vester, Michael (2006): Die geteilte Bildungsexpansion – die sozialen Milieus und das segregierende Bildungssystem der Bundesrepublik Deutschland. In: Giesecke, Dana / Kappler, Susanne / Dumke, Thomas / Rehberg, Karl-Siegbert (Hrsg.): Soziale Ungleichheit, kulturelle Unterschiede: Verhandlungen des 32. Kongresses der Deutschen Gesellschaft für Soziologie in München 2004. Frankfurt am Main: Campus, S. 73–89.
Vester, Michael (2012): Partizipation, sozialer Status und Milieus. In: Rosenbrock, Rolf / Hartung, Susanne (Hrsg.): Handbuch Partizipation und Gesundheit. 1. Auflage. Bern: Verlag Hans Huber, S. 40–56.
Vester, Michael (2013): Die selektive Bildungsexpansion. Die ständische Regulierung der Bildungschancen in Deutschland. In: Berger, Peter A. / Kahlert, Heike (Hrsg.) (2013): Institutionalisierte Ungleichheiten. Wie das Bildungswesen Chancen blockiert. 3. Auflage. Weinheim und Basel: Beltz Juventa, S. 39–70.
Vester, Michael (2014): Milieu als soziologisches Modell oder als historische Praxis? Milieu- und Klassenbegriff in der vergessenen klassischen Soziologie von Weber, Durkheim, Marx und Geiger. In: Isenböck, Peter / Nell, Linda / Renn, Joachim (Hrsg.): Die Form des Milieus. Zum Verhältnis von gesellschaftlicher Differenzierung und Formen der Vergemeinschaftung. Zeitschrift für Theoretische Soziologie (ZTS). 1. Sonderband. Weinheim und Basel: Beltz Juventa. S. 222–257.
Vester, Michael (2015): Die Grundmuster der alltäglichen Lebensführung und der Alltagskultur der sozialen Milieus. In: Freericks, Renate / Brinkmann, Dieter (Hrsg.): Handbuch Freizeitsoziologie. Wiesbaden: Springer VS, S. 143–187.
Vester, Michael (2017): Die Gesellschaft als Kräftefeld. Klassen, Milieus und Praxis in der Tradition von Durkheim, Weber und Marx. In: Huber, Florian / Wessely, Christina (Hrsg.) Milieu. Umgebungen des Lebendigen in der Moderne. Paderborn: Wilhelm Fink. S. 136–175.
Vester, Michael (2019): Von Marx bis Bourdieu. Klassentheorie als Theorie der Praxis. 2. Auflage. Berlin: Rosa Luxemburg Stiftung, S. 9–67.
Vester, Michael / Teiwes-Kügler, Christel / Lange-Vester, Andrea (2007): Die neuen Arbeitnehmer: Zunehmende Kompetenzen – wachsende Unsicherheit. Hamburg: VSA Verlag.
Vester, Michael/von Oertzen, Peter/Geiling, Heiko/Herrmann, Thomas/Müller, Dagmar (Hrsg.) (2001): Soziale Milieus im gesellschaftlichen Strukturwandel: Zwischen Integration und Ausgrenzung. 1. Auflage. Frankfurt am Main: Suhrkamp.
Vogel, Dagmar (2019): Habitusreflexive Beratung im Kontext von Schule. Ein Weg zu mehr Bildungsgerechtigkeit. Wiesbaden: Springer VS.

Vögele, Wolfgang / Bremer, Helmut / Vester, Michael (Hrsg.) (2002): Soziale Milieus und Kirche. Würzburg: Ergon.

Weeber, Sonja / Hobler, Dietmar (Hrsg.) (2015): Lehramtsstudent_innen nach Studiengängen und Fächern im Wintersemester 2013/14 in Deutschland: Auswertung für das GEW-Zukunftsforum Lehrer_innenbildung. Frankfurt am Main: GEW Gewerkschaft Erziehung und Wissenschaft.

Weiß, Sabine / Lerche, Thomas / Kiel, Ewald (2011): Der Lehrberuf. Attraktiv für die Falschen? In: Lehrerbildung auf dem Prüfstand 4(2), S. 349–367. DOI: 10.25656/01:14727

Weitkämper, Florian (2019): Lehrkräfte und soziale Ungleichheit. Eine ethnographische Studie zum un / doing authority in Grundschulen. Wiesbaden: Springer VS.

Wenzl, Thomas / Wernet, Andreas / Kollmer, Imke (2018): Praxisparolen. Dekonstruktionen zum Praxiswunsch von Lehramtsstudierenden. Wiesbaden: Springer VS.

Wielepp, Franziska (2013): Heterogenität. Herausforderung der Hochschulbildung im demografischen Wandel. In: Pasternack, Peer (Hrsg.): Jenseits der Metropolen. Hochschulen in demografisch herausgeforderten Regionen. Leipzig: Akademische Verlagsanstalt, S. 363–387.

Wiesner, Christian / Prieler, Tanja (2020): Das transformative Lernen in der LehrerInnenbildung: Pädagogische Professionalität und Entwicklung des Lehrerhabitus. In: R&E-SOURCE Open Online Journal for Research and Education, http://journal.ph-noe.ac.at., ISSN: 2313–1640, S. 1–18.

Wiezorek, Christine / Merten, Roland / Soremski, Regina (2020): Soziale Ungleichheit. In: Bollweg, Petra / Buchna, Jennifer / Coelen, Thomas / Otto, Hans-Uwe (Hrsg.): Handbuch Ganztagsbildung. Wiesbaden: Springer VS.

Winker, Gabriele / Degele, Nina (2009): Intersektionalität: zur Analyse sozialer Ungleichheiten. Bielefeld: transcript.

Winkler, Oliver (2020): Mehr Chancengleichheit durch mehr Durchlässigkeit? In: Thiersch, Sven / Silkenbeumer, Mirja / Labede, Julia (Hrsg.): Individualisierte Übergänge. Wiesbaden: Springer VS, S. 35–59.

Wittek, Doris / Jacob, Cornelia (2020): (Berufs-)biografischer Ansatz in der Lehrerinnen- und Lehrerbildung. In: Handbuch Lehrerinnen- und Lehrerbildung. Bad Heilbrunn: Klinkhardt, S. 196–203.

Wojciechowicz, Anna Aleksandra (2018): Erkämpfte Hochschulzugänge in der Migrationsgesellschaft. Rassismuskritische Perspektiven auf Biografien von Lehramts- und Jurastudentinnen. Wiesbaden: Springer VS.

Wolf, Eike (2021): Auf der anderen Seite des Schreibtischs. Ein Versuch über Ordnungskategorien zur Rollenfindung als Lehrende*r in der universitären Lehrerbildung. In: PFLB – PraxisForschungLehrer*innenBildung, 3(5), S. 8–13. DOI: 10.11576 / PFLB-4773

Wolter, Andrä (2012): Die Öffnung für Berufstätige als Beitrag zur Diversität der Hochschule. In: Journal Hochschuldidaktik 29(1–2), S. 23–25.

Wolter, Andrä (2016): Die Heterogenität beruflich Qualifizierter im Hochschulstudium. Aktuelle Forschungsergebnisse zur Teilnahme an Hochschulweiterbildung. In: Hochschule und Weiterbildung 1, S. 9–19. DOI: 10.25656/01:14846

Wolter, Andrä / Banscherus, Ulf (2015): Der Bund-Länder-Wettbewerb „Aufstieg durch Bildung: offene Hochschulen" im Kontext der (inter-)nationalen Diskussion um lebenslanges Lernen. In: Klages, Benjamin / Bonillo, Marion / Reinders, Stefan / Bohmeyer, Axel (Hrsg.): Gestaltungsraum Hochschullehre. Opladen: Budrich UniPress, S. 17–35

Zinnecker, Jürgen (2004): Die studentische Fachkultur der Sozialpädagogen im Vergleich. Eine kulturanalytisch-ethnographische Perspektive. In: Pädagogische Rundschau 58(5), S. 527–548.

Zosel, Tim (2021): Politikbilder und Habitus: Eine soziologische Untersuchung von Politiklehrer*innen in Deutschland und Israel. Universität Duisburg-Essen Hochschulschriften. DOI: 10.17185 / DUEPUBLICO/74823

Anhang 1

Tabellenband ausgewählte Sozialdaten

Tab. 1: Semesteranzahl: Stichprobe nach Gruppenwerkstatt

Semesteranzahl	n	3. Sem.	4. Sem.	5. Sem.	6. Sem.
GW A	5	2	2		1
GW B	5				5
GW C	7				7
GW D	7	1	3	1	2
Gesamt	24	2	6	1	15

Tab. 2: Geschlecht der Teilnehmenden und Formen vom Scouting

Teilnehmende	GW A	GW B	GW C	GW D	Gesamt
Weiblich	4	5	7	6	22
Männlich	1			1	2
Gesamt	5	5	7	7	24
Dauer der GW	4 h	3,5 h	3,5 h	4 h	
Scouting	Werbung	Seminar	Seminar	Werbung	

Tab. 3: Höchster schulischer Abschluss der teilnehmenden Studierenden

Höchster schulischer Abschluss (n=24)				
Gymnasium	Berufliches Gymnasium/Fachgymnasium	Gesamtschule mit gymnasialer Oberstufe	Berufsoberschule	Fachoberschule
16	3	2	2	1

Tab. 4: Berufliche Tätigkeiten der Teilnehmenden vor der Studienaufnahme

Tätigkeiten vor Studienaufnahme (n=12)	
Berufliche Ausbildung	**n**
Staatlich anerkannte Erzieherin	2
Fachangestellte (medizinischer/kaufmännischer Bereich) (n=3)	3
Facharbeiterin (Industrie)	1
Zertifizierte Weiterbildung	**n**
Medizinischer Bereich	1
Pädagogischer Bereich	2
Studium (Universität)	**n**
Philosophische Fakultät (ohne Abschluss)	1
Naturwissenschaftliche Fakultät (ohne Abschluss)	1
Sozialwissenschaftliche Fakultät (Masterabschluss)	1

Tab. 5: Finanzierungsmodelle der Teilnehmenden im Studium

Formen der Studienfinanzierung	**n**
Eltern & Nebenjob	10
Eltern	4
BAföG	3
Eltern & Nebenjob & BAföG	3
Nebenjob	3
BAföG & Nebenjob	1

Tab. 6: Häufigkeit von aufgezählten Freizeitaktivitäten

„Was tun Sie in Ihrer Freizeit?" (Freitext mit Mehrfachantwortmöglichkeiten)	
Freizeitaktivität	**n**
Freunde treffen	20
Sportliche Aktivitäten (Vereinssport/Einzelaktivitäten)	19
Buch lesen	10
Kreative Aktivitäten (Kochen, Basteln, Backen, Zeichnen, Gärtnern)	9
Nebenjob als Freizeitbeschäftigung	9
Musische Aktivitäten (Chor, Instrument spielen, Musikverein)	8
Kinobesuch	6
Familie treffen/besuchen	3
Ausruhen	3
Politisches Engagement	1
Reisen	1
Theater spielen	1

Tab. 7: Schulische Abschlüsse der Eltern

Höchster schulischer Abschluss Eltern (n=48)					
	Hauptschule	Realschule	Gymnasium /Abitur	Fachoberschu-le	keine Angabe
Mutter	5	7	10	1	1
Vater	6	6	10	1	1
Gesamt	11	13	20	2	2

Tab. 8: Berufliche Abschlüsse der Eltern

Höchster berufliche Abschluss Eltern (n=48)						
	Berufl. Lehre	Universität	Fachhoch-schule	(Berufs) Fachschule	ohne Abschluss	keine Angabe
Mutter	8	9	1	3	1	2
Vater	9	9	2	1		3
Gesamt	17	18	3	4	1	5

Tab. 9: Berufsvererbung innerhalb der Stichprobe

Berufsvererbung: Elter und Großeltern mit Lehramtsstudium (n=13)				
	Mutter	Vater	Großmutter	Großvater
Lehramtsstudium	5	5	1	2

Tab. 10: Schulische Abschlüsse der Großmütter

Schulabschluss Großmutter (n=48)					
	Hauptschule	Realschule	Gymnasium /Abitur	kein Schulab-schluss	Schulab-schluss un-bekannt
mütterlicher-seits	8	1	2	2	11
väterlicherseits	9		4		11
Gesamt	17	1	6	2	22

Tab. 11: Schulische Abschlüsse der Großväter

Schulabschluss Großvater (n=48)					
	Hauptschule	Realschule	Gymnasium /Abitur	kein Schulab-schluss	Schulabschluss unbekannt
mütterlicher-seits	6	2	3	2	11
väterlicherseits	7		6		11
Gesamt	13	2	9	2	22

Tab. 12: Berufliche Abschlüsse der Großmütter

Beruflicher Abschluss Großmutter (n=48)						
	Berufl. Lehre	Universität	anderer Abschluss	(Berufs)-Fachschule	ohne Abschluss	Abschluss unbekannt
mütterlicher-seits	3	1			7	13
väterlicherseits	2	1	1	1	2	17
Gesamt	5	2	1	1	9	30

Tab. 13: Berufliche Abschlüsse der Großväter

Beruflicher Abschluss Großvater (n=48)						
	Berufl. Lehre	Universität	anderer Abschluss	Meister/ Techniker	ohne Abschluss	Abschluss unbekannt
mütterlicher-seits	3	2		3	1	15
väterlicherseits	2	5	1	1	1	14
Gesamt	5	7	1	4	2	29

Abbildungsverzeichnis

Tabellenverzeichnis